Excel Spezial

Daten abrufen, aufbereiten & mit Pivot-Tabellen auswerten

Inge Baumeister

Verlag:
BILDNER Verlag GmbH
Bahnhofstraße 8
94032 Passau

http://www.bildner-verlag.de
info@bildner-verlag.de

ISBN: 978-3-8328-0409-1

Bestellnummer: RP-0433

Autorin: Inge Baumeister
Herausgeber: Christian Bildner

Druck: CPI Clausen & Bosse GmbH, Birkstr. 10, 25917 Leck

Bildquellen:
Cover: © lev dolgachov - stock.adobe.com
Kapitelbild: © Tatiana Epifanova - stock.adobe.com

Auf einen Blick

1 Einführung und Übersicht 15

2 Datentabellen mit Excel anlegen und verwalten 21

3 Textdateien öffnen und bereinigen 59

4 Datenimport per Verbindung / Abfrage 71

5 Daten mit Power Query abrufen und aufbereiten 83

6 Auswertungen mit Pivot-Tabellen 159

7 Einführung in die Datenmodellierung 235

8 Datenmodelle und Berechnungen mit Power Pivot 257

Stichwortverzeichnis 333

Vorwort

Dieses Buch widmet sich ganz dem Import, der Aufbereitung, Bereinigung und Analyse umfangreicher Datenbestände. Diese stammen in der Praxis nur selten aus Excel-Arbeitsmappen, sondern wurden meist zuvor aus diversen Anwendungsprogrammen, z. B. einem Warenwirtschaftssystem in eine CSV-Datei oder ein anderes Dateiformat exportiert. Vor der eigentlichen Datenanalyse ist in vielen Fällen allerdings noch eine Bereinigung oder Aufbereitung der Ausgangsdaten erforderlich.

Genau mit diesen Arbeitsschritten und der Reduzierung des dafür erforderlichen Arbeitsaufwands befasst sich dieses Buch. Die idealen Werkzeuge dazu bringt Excel mit, nämlich Power Query, Power Pivot und PivotTable-Berichte und PivotCharts. Power Query und Power Pivot sind auch Bestandteil von Power BI (Business Intelligence), einer Sammlung von Werkzeugen zur Analyse und Visualisierung von Geschäftsdaten. Dieses Buch befasst sich allerdings ausschließlich mit dem Einsatz von Power Query und Power Pivot in Excel.

- Mit Power Query rufen Sie externe Daten ab und bereinigen diese. Dazu gehören beispielsweise beim Import aus Textdateien die korrekte Umwandlung von Zahlen und Datumswerten, das Entfernen überflüssiger Zeilen und Spalten oder die Berechnung weiterer Spalten.
- Power Pivot importiert ebenfalls Daten aus externen Quellen, der Schwerpunkt liegt hier aber im Zusammenführen von Daten aus unterschiedlichen Quellen und in der Berechnung häufig benötigter Werte mit speziellen Funktionen.
- Die eigentliche Datenanalyse und Zusammenfassung erfolgt mit Pivot-Tabellen bzw. PivotTable-Berichten und PivotCharts. Wer einmal versucht hat, eine größere Datentabelle mit Funktionen wie SUMMEWENN auszuwerten oder einzelne Werte mit Copy & Paste zusammenzufassen, wird auf Pivot-Tabellen nicht mehr verzichten wollen.

Die genannten Werkzeuge kommen zwar vorwiegend im Controlling zum Einsatz, eignen sich aber auch für alle anderen Bereiche, in denen regelmäßig große Datenmengen anfallen, die anschließend analysiert werden müssen. Aus diesem Grund verwendet dieses Buch zwar in erster Linie Beispiele aus dem Controlling, diese sind jedoch so gehalten, dass sie auch für Excel-Anwender anderer Fachgebiete leicht nachvollziehbar sind.

Welche Kenntnisse sollten Sie mitbringen?

Dieses Buch setzt beim Leser bereits etwas Grundlagenwissen voraus. Dazu zählen beispielsweise der allgemeine Umgang mit Excel-Arbeitsmappen und Tabellenblättern, der Einsatz von Zahlen- und Zellformaten, sowie das Erstellen und Bearbeiten von Standarddiagrammen. Außerdem sollten Ihnen Berechnungen mit Formeln und einfachen Funktionen, z. B. SUMME und MITTELWERT geläufig sein.

Welche Excel-Version?

Grundsätzlich eignet sich dieses Buch für alle Excel-Versionen ab 2013. Jedoch ist die Verfügbarkeit von Power Query und Power Pivot je nach Version und Edition unterschiedlich:

- Power Query ist ab Excel 2016 fest integriert, für Excel 2013 wird das Add-In von Microsoft zum kostenlosen Download bereit gestellt. Download und Installation werden in Kapitel 4 beschrieben.
- Power Pivot ist in Office 365 und allen Excel 2019 Editionen enthalten. Von den Kaufversionen 2013 und 2016 enthalten dagegen nur die eigenständigen Excel-Versionen sowie die Office Professional Plus Editionen Power Pivot. In allen übrigen Editionen von Office 2013 und 2016, z. B. der beliebten Home & Student 2013/2016 oder Office für Mac ist Power Pivot nicht verfügbar.

Excel 2013, 2016 sowie Office 365 bzw. Excel 2019 unterscheiden sich in einigen Punkten geringfügig voneinander. Dieses Buch und fast alle Abbildungen basieren auf Excel 2019, etwaige Abweichungen in Excel 2013 und 2016 werden jedoch berücksichtigt, soweit erforderlich. Bei einigen Beispielen finden Sie auch in der Randspalte Hinweise auf Besonderheiten. Beachten Sie außerdem, dass sich bei Office 365 aufgrund von Updates laufend kleinere Änderungen ergeben können.

Schreibweise

Befehle, Bezeichnungen von Schaltflächen und Beschriftungen von Dialogfenstern sind zur besseren Unterscheidung farbig und kursiv hervorgehoben, zum Beispiel Register *Start* ▶ *Kopieren*. Auch Dateinamen und Spaltenbezeichnungen der verwendeten Beispiele sind an dieser Schreibweise leicht zu erkennen.

Download der Beispieldateien

Sämtlich verwendeten Beispiele erhalten Sie auf unserer Homepage kostenlos zum Download. Rufen Sie dazu die folgende Seite auf:

www.bildnerverlag.de/00433

Viel Spaß und Erfolg mit dem Buch wünschen Ihnen
BILDNER Verlag und die Autorin Inge Baumeister

Inhalt

1 Einführung und Übersicht 15

1.1 Einführung 16
Ausgangslage 16
Die Werkzeuge 16
Der Aufbau dieses Buches 17

1.2 Die Werkzeuge - eine Übersicht 18
Power Query 18
Power Pivot 19
Was sind PivotTable-Berichte und PivotCharts? 20

2 Datentabellen mit Excel anlegen und verwalten 21

2.1 Vorbereitungen 22
Excel oder Datenbankanwendung? 22
Vorüberlegungen zum Tabellenaufbau 22

2.2 Dynamische Tabellenbereiche nutzen 24
Was unterscheidet eine Tabelle von einem normalen Zellbereich? 24
Zellbereich in einen Tabellenbereich umwandeln/Tabelle einfügen 25
Tabellenformat ändern 27
Tabellenbereich manuell erweitern/verkleinern 28
Ergebniszeilen anzeigen 28
Tabelle umbenennen 29
Tabelle zurück in normalen Bereich konvertieren 30
Strukturierte Verweise auf Tabellen und Tabellenelemente 31

2.3 Datenkontrolle während der Eingabe 33
Wertebereich und Datentyp vorgeben 34
Die Eingabe auf die Auswahl aus einer Liste beschränken 36
Zulässige Eingaben mit einer Formel berechnen 38
Tipps zur Datenüberprüfung 38

2.4 Tabellen sortieren 40
Was Sie beim Sortieren berücksichtigen sollten 40
Einfaches Sortieren nach einer einzigen Spalte 41
Erweiterte Sortiermöglichkeiten 43

2.5 **Filter einsetzen** 46
Die Filterschaltflächen benutzen (AutoFilter) 46
Erweiterte Filtermöglichkeiten mit dem Spezialfilter 48
Filtern mit Datenschnitten 50

2.6 **Häufige Probleme in Datenbanken beheben** 53
Textinhalte in mehrere Spalten aufteilen 53
Duplikate in Tabellen aufspüren und entfernen 55

3 Textdateien öffnen und bereinigen 59

3.1 **Textdateien öffnen und konvertieren** 60
Textdatei (.txt) mit dem Textkonvertierungs-Assistent öffnen 60
CSV-Dateien öffnen 63

3.2 **Datenbereinigung mit Excel-Funktionen** 64
Leerzeichen, Zeilenumbrüche und andere Steuerzeichen aus Text entfernen 64
Einzelne Zeichen oder Zeichenfolgen ersetzen 64
Teile aus Spalten extrahieren 65
Die Inhalte mehrerer Spalten in einer einzigen zusammenfügen 66
Als Text gespeicherte Zahlen umwandeln 68

4 Datenimport per Verbindung / Abfrage 71

4.1 **Vor- und Nachteile** 72

4.2 **Datenimport mit dem Textkonvertierungs-Assistent** 72
Beispiel: Datenimport aus einer Textdatei (csv oder txt) 73
Excel 2019: Textkonvertierungs-Assistent der Schnellzugriffsleiste hinzufügen 75

4.3 **Daten mit Power Query abrufen** 76
Power Query als Add-In für Excel 2013 installieren 76
Einfaches Abrufen von Daten 77
Beispiel: Daten aus Textdatei (.txt) importieren 78

4.4 **Daten aus Verbindungen/Abfragen im Tabellenblatt** 80
Daten aus Verbindung aktualisieren 80
Sicherheitseinstellungen beim Öffnen der Mappe 81
Verbindung aufheben 81

5 Daten mit Power Query abrufen und aufbereiten 83

5.1 Wann sollten Sie Power Query einsetzen? 84

5.2 Eine einfache Abfrage mit Power Query erstellen 85
Beispiel: Daten aus einer Textdatei (CSV) importieren 85
Daten im Power Query-Editor bearbeiten 86
Importschritte kontrollieren 87
Datentypen ändern 89
Power Query-Editor beenden und Daten in die Arbeitsmappe einfügen 92

5.3 Abfragedaten in die Arbeitsmappe laden 93
Optionen beim Schließen 93
Abfragedaten im Tabellenblatt 95
Daten aktualisieren 96
Daten löschen und erneut laden, Verbindung löschen 98

5.4 Datenbanken, Excel-Tabellen usw. als Datenquelle 99
Daten aus einer Datenbank abrufen 99
Excel-Tabellen als Datenquelle 101
Daten aus dem Web abrufen 102
Daten aus XML-Dateien importieren 104

5.5 Grundlegende Arbeitstechniken im Power Query-Editor 108
Power Query-Editor öffnen 108
Bildschirmelemente 109
Bearbeitungsschritte kontrollieren und ändern 110
Mögliche Importprobleme beheben 110
Spalten umbenennen, verschieben oder entfernen 112
Datentypen 114
Datentyp mit Gebietsschema ändern 115
Datensätze filtern 116
Datenquelle ändern 117

5.6 Spalten berechnen 119
Neue Spalte oder bestehende Spalte ändern (transformieren)? 119
Datumsinformationen extrahieren 119
Neue Spalte mit einer Formel berechnen 121
Spalte umwandeln (transformieren) 124
Zahlen runden 125
Werte aus Spalten zusammenführen 125
Spalten aufteilen 126

Werte ersetzen 127
Die Power Query M-Formelsprache 131
Spaltenwerte mit einer Bedingung (WENN) berechnen 132
Leere Werte beim Multiplizieren oder Addieren ignorieren 134

5.7 Weitere Abfragetechniken 135
Eine Abfrage als Datenquelle für eine weitere Abfrage verwenden 135
Abfrage umbenennen 135
Datensätze gruppieren 136
Eine Kreuztabelle erzeugen 138
Daten entpivotieren 139
Aus Monatsnamen ein gültiges Datum erhalten 140

5.8 Daten aus mehreren Tabellen kombinieren 142
Mehrere Elemente derselben Datenquelle auswählen 142
Daten aus zwei Tabellen zusammenführen (statt SVERWEIS) 143
Dateien aus Ordner importieren und aneinanderfügen 147
Daten importieren und manuell aneinanderfügen 152
Abfragen im Excel-Arbeitsblatt zusammenführen 154

5.9 Nützliche Abfrageoptionen, Datenquellen verwalten 155
Standardeinstellung zum Laden in die Arbeitsmappe ändern 155
Editoreinstellungen 156
Datenquelle und Anmeldeinformationen verwalten 156

6 Auswertungen mit Pivot-Tabellen 159

6.1 Einführung 160
Was sind Pivot-Tabellen? 160
Besonderheiten von Pivot-Tabellen 163
Welche Daten eignen sich für Pivot-Tabellen? 163

6.2 So erstellen Sie eine Pivot-Tabelle 165
Aus Vorlage erstellen 165
Leere Pivot-Tabelle einfügen und Felder anordnen 166
Der Aufgabenbereich PivotTable-Felder 168
Pivot-Tabelle nachträglich verschieben oder löschen 170
Mehrere Zeilen- und Spaltenfelder verwenden, Felder hierarchisch anordnen 171
Funktion zur Zusammenfassung ändern 172

6.3 **Pivot-Tabellen aktualisieren 173**
Tabelle aktualisieren 173
Nachträglich hinzugefügte Zeilen und Spalten einbeziehen 174

6.4 **Tabellenlayout und Formatierung 175**
Tabellenformate 175
Tabellenelemente markieren und hervorheben 176
Zahlen formatieren 177
Bedingte Formatierung in Pivot-Tabellen 178
Beschriftungen ändern 180
Berichtslayout ändern 181
Weitere Layouteinstellungen in den PivotTable-Optionen 182
Die Anzeige von Gesamt- und Zwischenergebnissen steuern 183
Einzeldatensätze anzeigen (Drilldown) 185
Tabelle sortieren 186

6.5 **Pivot-Tabelle filtern 187**
Tabelle mit dem Berichtsfilter filtern 187
Nicht benötigte Zeilen- und Spaltenelemente ausblenden 187
Wertefilter: Nur die umsatzstärksten Kunden (Top 10) 188
Ein bestimmtes Beschriftungselement suchen 189
Datenschnitte zum Filtern einsetzen 190
Mit Zeitachsen filtern 192

6.6 **Elemente eines Feldes gruppieren 195**
Beschriftungselemente in Gruppen zusammenfassen 195
Automatisches Gruppieren von Datumswerten 196
Zahlenwerte gruppieren 199

6.7 **Weitergehende Berechnungsmöglichkeiten 199**
Einfache Prozentanteile 199
Weitere Anzeigemöglichkeiten von Prozentwerten 201
Werte miteinander vergleichen 202
Kumulierte Werte anzeigen (ABC-Analyse) 204
Rangfolge erstellen und anzeigen 206
Anzahl ohne Duplikate (Diskrete Anzahl) ermitteln 207

6.8 **Berechnungen mit Formeln 210**
Feld berechnen 210
Elemente eines Feldes berechnen 212
Die Funktion PIVOTDATENZUORDNEN 214

6.9 **Workshop Umfrageauswertung 215**

6.10 Pivot-Tabellen aus zwei oder mehr Tabellen erstellen 216
Mehrere Tabellen mit identischem Aufbau zusammenführen 216
Beziehungen statt SVERWEIS 221
Pivot-Tabelle mit Feldern aus beiden Tabellen erstellen 222

6.11 Pivot-Diagramme (PivotChart) 226
Pivot-Diagramm aus Pivot-Tabelle erstellen 226
Pivot-Diagramm neu erstellen 227
PivotChart filtern 229
Diagrammtyp ändern 231
Diagramm bearbeiten 231
Diagrammgestaltung 233

7 Einführung in die Datenmodellierung 235

7.1 Grundlagen und Grundbegriffe 236
Das relationale Datenmodell einer einfachen Bestellverwaltung 236
Die Bedeutung von Schlüsselfeldern 237
Verbindungsarten (Join) 238
Datenmodellierung mit Excel - ein Überblick 239

7.2 Ein Datenmodell mit Excel erstellen 240
Daten aus einer externen Quelle/Arbeitsmappe 240
Beziehung zwischen zwei Excel-Tabellen derselben Arbeitsmappe 245

7.3 Power Query und Datenmodelle 246
Tabellen und Datenmodell mit Power Query importieren 247
In Power Query mit einem importierten Datenmodell arbeiten 250
Im Power Query-Editor manuell zwei Abfragen zusammenführen 253

8 Datenmodelle und Berechnungen mit Power Pivot 257

8.1 Überblick und Vorbereitungen 258
Was ist Power Pivot? 258
Das Add-In Power Pivot 258
Das Register Power Pivot 260

8.2 Erste Schritte: Ein einfaches Datenmodell mit Excel-Tabellen 260
Tabellen dem Datenmodell hinzufügen 261
Die Power Pivot Arbeitsumgebung 263
Beziehung zwischen den Tabellen herstellen 265
Pivot-Tabelle aus dem Datenmodell erstellen 267

8.3 Grundlegende Arbeitstechniken in Power Pivot 268
Datenimport aus Textdatei (.txt, .csv) 268
Datenimport aus Datenbank 270
Daten aus Power Query übergeben 272
Zeilen und/oder Spalten beim Import ausschließen 273
Datentypen und Formate 274
Beziehungen zwischen Tabellen erstellen und bearbeiten 276
Daten aktualisieren 279
Externe Datenquelle ändern 280

8.4 Spalten im Datenmodell berechnen 282
Formel eingeben 282
Spalte umbenennen und formatieren 284

8.5 Berechnungen mit DAX-Funktionen 285
Datumsfunktionen 285
Berechnungen mit Spalten verknüpfter Tabellen (Funktion RELATED) 289
Bedingungen mit der Funktion IF 290
Mehrere IF-Funktionen verschachteln 291
So vermeiden Sie Fehler bei der Eingabe von Formeln und Funktionen 292
Weitere nützliche DAX-Funktionen 293
Berechnete Spalten in PivotTable verwenden 295

8.6 Measures berechnen 296
Was sind Measures? 296
Measure im Arbeitsblatt erstellen 297
Einfache zusammenfassende Funktionen im Power Pivot-Fenster berechnen 299

Zusammenfassung statt berechneter Spalten 302
Measures mit Bedingungen verknüpfen 302
Diskrete Häufigkeit mit DISTINCTCOUNT ermitteln 304
Measures in der Pivot-Tabelle verwenden 305
Measures in einer gesonderten Tabelle berechnen 306

8.7 PivotTable und PivotChart mit Power Pivot 308
Überflüssige Spalten in der Feldliste verbergen 308
Details anzeigen (Drilldown) und schnelle Filter 309
Hierarchien einsetzen 311
Daten mit KPI visualisieren 314
Mehrere PivotCharts einfügen und anordnen 317

8.8 Zugriff auf Werte des Datenmodells mit Cube-Funktionen 318
Die Funktion CUBEWERT 318
Die Funktion CUBEELEMENT 320
Datenschnitte mit CUBEWERT verbinden 320
Pivot-Tabelle in Cube-Funktionen konvertieren 323

8.9 Kalendertabelle erzeugen und nutzen 324
Datumstabelle mit Power Pivot erzeugen 324
Kalendertabelle in gesonderter Arbeitsmappe erstellen 328
Eine Sortierung nach Monatsnamen erzeugen 332

Stichwortverzeichnis 333

1 Einführung und Übersicht

In diesem Kapitel finden Sie...

- Ausgangsszenarien
- Aufbau und Inhalt des Buches
- Eine erste Übersicht über die Werkzeuge Power Query, Power Pivot und PivotTable

1.1 Einführung

Ausgangslage

In diesem Buch dreht sich alles um große Datenmengen, egal ob Sie diese in einer Excel-Arbeitsmappe erstellen und verwalten oder aus einer externen Quelle beziehen. Vielleicht kennen Sie das folgende Szenario: In der Firma oder Abteilung werden stets aktuelle Daten benötigt, am besten in übersichtlicher Form zusammengefasst. Die Ausgangsdaten werden aus einer Standardsoftware, z. B. aus einem Warenwirtschaftssystem, täglich neu als CSV-Dateien oder in anderer Form exportiert.

Allerdings sind die Daten ungünstig aufgebaut, d. h. vor der eigentlichen Auswertung müssen die Daten bereinigt, um Spalten ergänzt und im schlimmsten Fall sogar komplett umgestellt werden. Möglicherweise müssen Sie auch überflüssige Zeilen und Spalten löschen, Daten aus mehreren Dateien aneinander kopieren oder mit Daten aus einer zweiten Tabelle zusammenführen, z. B. mit der Excel-Funktion SVERWEIS. Dass diese Arbeiten umständlich, zeitraubend und zudem fehleranfällig sind, ist klar. Hinzu kommt noch, dass eine Excel-Arbeitsmappe mit 100.000 Datensätzen und mehr beim Öffnen und Aktualisieren Zeit benötigt.

Die Werkzeuge

Dieser klassische Arbeitsablauf, nämlich Importieren, Bereinigen, Berechnen und Auswertung lässt sich mit den passenden Werkzeugen erheblich vereinfachen und beschleunigen, diese bringt Excel seit der Version 2013 mit.

- Mit Power Query importieren Sie externe Daten und bereiten diese für nachfolgende Auswertungen auf. Dieses Tool ist auch unter der Bezeichnung Abrufen und transformieren bekannt.
- PivotTable-Berichte und PivotChart sind seit langem fester Bestandteil von Excel. Sie fassen Daten, z. B. in Form einer Kreuztabelle, zusammen und sind interaktiv, d. h. sie können schnell umgestellt und nahezu beliebig gefiltert werden.
- Power Pivot bildet die ideale Ergänzung zu Power Query und Pivot-Tabellen. Hier berechnen Sie mit speziellen Funktionen zusätzliche Werte, um diese anschließend in der Pivot-Tabelle darzustellen. Außerdem unterstützt Power Pivot auch Datenmodelle, das bedeutet, Sie können Daten aus zwei und mehr Datenquellen miteinander verknüpfen und auf diese Weise in die Auswertung einbeziehen.

Hinweis: Power Query und Power Pivot sind auch Bestandteil von Microsoft Power BI (Business Intelligence), einer Sammlung von Werkzeugen zur Analyse und Visualisierung von Geschäftsdaten. Dieses Buch befasst sich allerdings ausschließlich mit ihrem Einsatz in Excel-Arbeitsmappen.

Welcher Datenumfang wird unterstützt?
Zur nachfolgenden Auswertung mit Pivot-Tabellen müssen die Ausgangsdaten nicht zwingend in die Arbeitsmappe eingefügt werden. Dies hebt auch die Beschränkung auf etwas mehr als 1 Mio Zeilen bzw. Datensätze im Arbeitsblatt auf. Power Pivot unterstützt außerdem Dateien mit bis zu 2 GB und ermöglicht das Arbeiten mit bis zu 4 GB an Daten im Arbeitsspeicher.

Der Aufbau dieses Buches

Nicht in jedem Fall stammen die auszuwertenden Daten aus einer externen Quelle. Aus diesem Grund befasst sich Kapitel 2 dieses Buches mit Datentabellen in Excel-Arbeitsmappen. Hier lassen sich durch sorgfältige Planung viele Fehler und Probleme in späteren Auswertungen vermeiden. Sie erhalten unter anderem Tipps zum Aufbau der Tabellen, zur Vermeidung von Fehlern bei der Dateneingabe oder zum nachträglichen Aufspüren ungültiger Daten oder Duplikate. Auch grundlegende Techniken wie Filtern und Sortieren sind Teil dieses Kapitels, da sie auch auf Pivot-Tabellen anwendbar sind.

Text- und CSV-Dateien lassen sich im einfachsten Fall auch mit Excel öffnen, diese Methode einschließlich der wichtigsten Techniken der nachfolgenden Datenaufbereitung im Arbeitsblatt beschreibt Kapitel 3. Bei Textdateien mit der Dateinamenerweiterung .txt tritt dabei der Textkonvertierungs-Assistent in Aktion, der in begrenztem Umfang auch Zahlen mit Punkt statt Komma korrekt umwandeln kann. Allerdings eignet sich diese Vorgehensweise in erster Linie für den schnellen Zugriff auf Textdateien. Wenn aber die Daten regelmäßig aktualisiert werden, dann sollten Sie sich stattdessen mit Power Query in Kapitel 4 und 5 befassen. Aus diesem Grund ist Kapitel 3 auch sehr kurz gehalten.

Statt Öffnen besteht in den meisten Fällen die bessere Lösung darin, externe Daten, z. B. aus einer Textdatei, über eine Verbindung oder Abfrage in die Excel-Arbeitsmappe zu importieren. Diese Vorgehensweise hat den Vorteil, dass bei einer Änderung der Ausgangsdaten die Daten schnell erneut über die Verbindung abgerufen und somit aktualisiert werden können. Vorausgesetzt, Dateiname und Speicherort bleiben gleich. Kapitel 4 stellt Ihnen die beiden grundsätzlichen Möglichkeiten vor.

- In Excel 2019 und Office 365 erstellen Sie eine Abfrage mittels *Abrufen und transformieren* bzw. mit Power Query.
- In den Vorgängerversionen 2013 und 2016 existiert parallel dazu auch noch der ältere Befehl *Externe Daten abrufen*, der abgesehen vom Textkonvertierungs-Assistent keinerlei Aufbereitung unterstützt. Dieser Befehl befindet in Excel 2019 bzw. Office 365 nicht mehr im Menüband, kann aber bei Bedarf der Symbolleiste für den Schnellzugriff hinzugefügt werden.

Kapitel 5 zeigt Ihnen, wie Sie mit Power Query Daten aus den verschiedensten externen Datenquellen, z. B. Textdateien, Datenbanken, XML-Dateien und aus dem Web sowie aus Excel-Arbeitsmappen importieren, im Power Query-Editor aufbereiten und anschließend entweder in die Arbeitsmappe einfügen oder für die anschließende Auswertung mit Pivot-Tabellen nur eine Verbindung erstellen. Alle Schritte, angefangen vom Import über das Entfernen überflüssiger Spalten und Zeilen bis zur Berechnung weiterer Spalten, werden gespeichert und bei jeder Aktualisierung automatisch ausgeführt. Ständig wiederkehrende zeitraubende Aufbereitungsarbeiten im Arbeitsblatt werden dadurch überflüssig. Darüber hinaus lassen sich auch Daten aus mehreren Datenquellen aneinanderfügen oder zusammenführen und vorheriges Konsolidieren oder die Verwendung von Verweisfunktionen, z. B. SVERWEIS erübrigen sich.

Kapitel 6 beschreibt ausführlich, wie Sie aus Excel-Tabellen oder importierten Daten eine Pivot-Tabelle erstellen, darin Felder anordnen und umstellen, Werte zusammenfassen und dies auch noch fast ohne Formeln. Falls Sie schon einmal versucht haben, eine größere Tabelle mit Funktionen wie SUMMEWENN oder den DB-Funktionen auszuwerten oder Teilergebnisse mit Copy & Paste zusammenzustellen, dann werden Sie Pivot-Tabellen aufgrund ihrer einfachen Handhabung schnell schätzen. Auch die verschiedenen Berichtslayouts, die Anzeige von Teil- und Gesamtergebnissen, die vielfältigen und schnellen Filtermöglichkeiten und die grafischen Darstellungsmöglichkeiten mit PivotCharts sind Teil dieses Kapitels.

Kapitel 8 zeigt Ihnen, wie Sie mit Power Pivot ein Datenmodell erstellen bzw. zwei und mehr Tabellen miteinander verknüpfen. Zuvor vermittelt Ihnen Kapitel 7 die Grundlagen der Datenmodellierung und macht Sie mit den wichtigsten Grundbegriffen, z. B. Schlüsselfelder und Join vertraut. In Kapitel 8 führen Sie dann Daten aus verschiedenen Datenquellen zusammen und erstellen unter anderem ein Datenmodell mit Excel-Tabellen. Ferner erhalten Sie eine Einführung in die DAX-Funktionen (Data Analysis Expressions) und berechnen weitere Spalten und/oder zeitsparende Measures.

1.2 Die Werkzeuge - eine Übersicht

Power Query

Power Query Power Query unterstützt den Import aus zahlreichen Datenquellen, darunter fast alle gängigen Datenbanken, hier nur einige der wichtigsten:

- Excel-Arbeitsmappen und Tabellen
- Text-Dateien (.csv- und .txt)
- XM- und HTML-Dateien
- ODBC Datenquellen
- Datenbanken wie Microsoft Access-Datenbanken, Microsoft SQL Server, Oracle, MySQL, PostgeSQL, SAP HANA Datenbank (nur Excel 2019/Office 365)
- Webdatenbanken, sowie Microsoft Azure und SharePoint-Listen

Mit einem einfachen Import ist es in vielen Fällen nicht getan, sondern die Daten erfordern noch eine Bereinigung und Aufbereitung. Power Query entlastet Sie dabei von zahlreichen wiederkehrenden Arbeitsschritten, hier nur einige Beispiele:

- Entfernen überflüssiger Angaben im Tabellenkopf, z. B. zu Datenquelle, Codierung oder Exportdatum.
- Konvertieren von Zahlen und Datumswerten, die nicht in der erforderlichen Form, sondern in länderspezifischer Schreibweise vorliegen, z. B. mit Punkt statt Komma als Dezimalzeichen. Hierzu bietet Power Query eine Typenkonvertierung mit Gebietsschema an.
- Berechnen weiterer Spalten, z. B. Jahr, Monat oder Kalenderwoche aus Datumswerten.
- Über mehrere Datenquellen verteilte Daten aneinanderfügen oder zusammenführen.

Power Query erzeugt im dazugehörigen Power Query-Editor eine Abfrage, die alle Ihre Bearbeitungsschritte speichert, ähnlich dem Makro-Recorder von Excel. Diese Abfrage wird später beim Aktualisieren der Daten automatisch ausgeführt.

Ein weiterer Vorteil: Wenn für die Zusammenfassung mit Pivot-Tabellen die Ausgangsdaten in der Arbeitsmappe nicht benötigt werden und/oder zu umfangreich für eine Excel-Arbeitsmappe sind, dann erstellen Sie nur eine Verbindung ohne Einfügen der Daten in die Arbeitsmappe.

Power Pivot

Genau wie mit Power Query lassen sich auch mit Power Pivot externe Daten importieren und anschließend aufbereiten. Im Vergleich zu Power Query liegt jedoch die Stärke von Power Pivot in der Erstellung von Datenmodellen, also dem Verknüpfen mehrerer Datenquellen und in der Berechnung weiterer Werte. Hierzu verfügt Power Pivot über eine gesonderte Formelsprache, Data Analysis Expressions oder kurz DAX, die sich in einigen Punkten von Excel-Funktionen unterscheidet.

Die weiteren Vorteile:

- Bei großen Datenmengen können Sie den Speicherplatzbedarf sowie das Laden und Aktualisieren der Arbeitsmappe mit der Berechnung von Measures erheblich beschleunigen. Hierbei handelt es sich um Kennzahlen, z. B. Summen, die anschließend in der Pivot-Tabelle als Werte Verwendung finden.
- Mit KPIs (Key Performance Indicators) lassen sich außerdem Werte mit Symbolen visualisieren, vergleichbar mit der bedingten Formatierung.
- Um Datums- und Zeiteinheiten zu erhalten, verknüpfen Sie die Ausgangsdaten mit einer gesonderten Kalendertabelle, in der Sie alle benötigten Einheiten be-

rechnen. Eine solche Kalendertabelle kann auch von mehreren Datenmodellen genutzt werden.

Beim Import dagegen unterstützt Power Query nicht jeden Dateityp und auch die Möglichkeiten der Datenbereinigung, insbesondere beim Import aus Textdateien, z. B. zur Konvertierung von Zahlen und Datumswerten sind beschränkt. Meine Empfehlung in solchen Fällen lautet:

1. Erledigen Sie den Datenimport und die Bereinigung mit Power Query. Falls nicht alle Datensätze benötigt werden, sollten Sie hier die Daten auch gleich filtern.
2. Fügen Sie die Daten nicht in die Arbeitsmappe ein, sondern erstellen Sie nur eine Verbindung bzw. Abfrage und fügen Sie die Daten dem Datenmodell der Arbeitsmappe hinzu.
3. Die aufbereiteten Daten sind anschließend in Power Query verfügbar. Erstellen Sie hier, falls erforderlich, Beziehungen zwischen den Datenquellen und berechnen Sie die weiteren benötigten Werte.

Auch für Power Pivot gilt: Das Datenmodell und sämtliche Formeln werden mit der Arbeitsmappe gespeichert und bei einer Änderung der Ausgangsdaten brauchen Sie nur das Datenmodell aktualisieren.

Was sind PivotTable-Berichte und PivotCharts?

Lassen Sie sich nicht von der Bezeichnung PivotTable bzw. Pivot abschrecken. Denn dahinter verbirgt sich ein äußerst nützliches und komfortables Excel-Werkzeug zur Auswertung und Zusammenfassung großer Datenmengen. Pivot-Tabellen eignen sich hervorragend für ergänzende Datenanalysen, die Datenbanken und Anwendungen, z. B. aus den Bereichen Personal, Rechnungswesen oder Warenwirtschaft nicht liefern können. Einmal kennengelernt, werden Sie auf Pivot-Tabellen nicht mehr verzichten wollen, denn diese ersetzen nebenbei auch so manche Excel-Funktion.

Die Bezeichnung Pivot-Tabelle (PivotTable) beruht auf dem englischen Begriff „pivot" = Dreh- oder Angelpunkt und bedeutet, dass Sie mit Pivot-Tabellen Daten wie Bausteine nach verschiedenen Gesichtspunkten anordnen und zusammenfassen können. Die Ausgangsdaten bleiben dagegen unverändert.

Ein weiterer Vorteil: Eine Pivot-Tabelle ist interaktiv, d. h. sie kann vom Benutzer jederzeit und jederzeit verändert werden, beispielsweise um nach bestimmten Kriterien zu filtern oder um Daten auszublenden.

Als Ergänzung visualisieren Sie die Daten mit PivotCharts, Diagrammen die schnell aus einer Pivot-Tabelle erstellt werden können und genauso flexibel in der Handhabung sind.

2 Datentabellen mit Excel anlegen und verwalten

In diesem Kapitel lernen Sie...

- Eine Tabelle planen
- Intelligente Tabellenbereiche erstellen und nutzen
- Daten während der Eingabe prüfen
- Filter- und Sortiertechniken
- Duplikate in Tabellen aufspüren und entfernen

Das sollten Sie wissen

- Daten eingeben und formatieren
- Formeln und einfache Funktionen
- Zellbezüge in Formeln

2.1 Vorbereitungen

Excel oder Datenbankanwendung?

Mit Excel auch größere Tabellen erstellen und verwalten, ist relativ einfach, vor allem, da Excel bereits seit langem über grundlegende Datenbankfunktionen wie Filtern und Sortieren sowie verschiedene Auswertungsmöglichkeiten verfügt.

Einschränkungen ergeben sich aus der maximalen Anzahl der Zeilen eines Excel-Tabellenblattes, seit der Version Excel 2007 sind dies 1.048.576, also etwas mehr als 1 Mio Zeilen. Für sehr umfangreiche Datentabellen sollte also in jedem Fall eine spezielle Datenbankanwendung, z. B. Microsoft Access gewählt werden. Zudem eignet sich eine Datenbank mit Excel eigentlich nur als Einzelplatzlösung, da eine gleichzeitige Eingabe und Bearbeitung von mehreren Benutzern nicht unterstützt wird.

Vorüberlegungen zum Tabellenaufbau

In diesem Buch werden die gebräuchlichen Datenbankbegriffe verwendet, in der nachfolgenden Tabelle eine kurze Beschreibung.

Begriff	Bedeutung
Datensatz	Ein Datensatz entspricht einer Tabellenzeile und bildet eine Einheit. So bildet beispielsweise in einer Tabelle mit Kundenadressen jeder Kunde einen Datensatz.
Datenfeld	Als Datenfelder oder kurz Felder werden die Spalten einer Tabelle bezeichnet. Sie enthalten Eigenschaften, die jeden Datensatz näher beschreiben. In einer Tabelle mit Kundenadressen könnten dies etwa Name, Postleitzahl, Ort und Geburtsdatum sein.

Welche Datenfelder bzw. Spalten werden benötigt?

Am Beginn steht die Frage nach dem Einsatzzweck der Tabelle bzw. Datenbank und welche Informationen in späteren Auswertungen benötigt werden. Folgende Aspekte sollten Sie bei der Planung der Datenfelder berücksichtigen:

- **Der Inhalt einer Spalte sollte nicht weiter zerlegbar sein**
  So sollten in einer Adressentabelle beispielsweise Vorname und Nachname oder Postleitzahl und Ort jeweils in eigenen Spalten erfasst werden, da sonst eine Sortierung nach Nachname oder Ort nicht möglich ist. Zudem verhindern Sie, dass Vor- und Nachname in beliebiger Reihenfolge eingegeben werden, also z. B. in der Spalte einmal Hans Moser und anschließend Weber Karl gespeichert ist.

  Außerdem lassen sich nachträglich die Inhalte mehrerer Spalten jederzeit zusammenfügen. Die Aufteilung einer Spalte ist dagegen in der Praxis wesentlich schwieriger und zudem fehleranfällig, da für die Trennung ein eindeutiges Zeichen benötigt wird. Denken Sie beispielsweise an Doppelnamen und oder dem Namen vorangestellte Titel.

- **Erfassen und speichern Sie keine Inhalte, die sich aus vorhandenen Feldern berechnen lassen**
  So lässt sich beispielsweise in einer Artikelbestandsliste der Lagerwert eines Artikels leicht aus Einzelpreis und Lagerbestand berechnen.

- **Vermeiden Sie Mehrfachspeicherung von Daten**
  Zum Beispiel ist es in einer Artikelbestandsliste überflüssig, zu jedem Artikel Name, Anschrift und Telefonnummer des jeweiligen Lieferanten zu speichern. Speichern Sie stattdessen hier nur eine eindeutige Lieferantennummer und legen Sie eine zweite Tabelle an, in der Sie der Lieferantennummer Firmenname und Anschrift zuordnen. Dies erleichtert auch nachträgliche Änderungen an einer Lieferantenadresse, da diese dann nur ein einziges Mal geändert werden muss. Zugriff auf die zugeordneten Informationen erhalten Sie dann über Verweise, z. B. SVERWEIS, oder über ein Datenmodell, das Sie mit Excel oder Power Pivot erstellen.

Siehe Kap. 7, Einführung in die Datenmodellierung.

- **Benötigen Sie ein Schlüsselfeld?**
  In den meisten Fällen ist es sinnvoll, in eine Tabelle zusätzlich ein so genanntes Schlüsselfeld einzubauen. Schlüsselfelder dienen dazu, einen Datensatz eindeutig zu identifizieren, dies kann z. B. die Artikelnummer oder die Kundennummer sein, da Nachname und Vorname auch mehrfach vorkommen können.

Regeln für Datenbanktabellen

Die Datenbank sollte sich in einem eigenen Arbeitsblatt der Excel-Arbeitsmappe befinden. Dagegen spielt es keine Rolle, ob die Auswertung in derselben oder einer gesonderten Arbeitsmappe erfolgt. Idealerweise beginnen Sie mit der Datentabelle in der ersten Zeile und Spalte. Beachten Sie außerdem die folgenden Regeln:

Keine leeren Zeilen und Spalten!
Die Datenbanktabelle sollte auf keinen Fall leere Zeilen und Spalten innerhalb des Datenbereichs aufweisen. Excel interpretiert leere Zeilen/Spalten als Ende der Datenbank und berücksichtigt dann bei Auswertungen unter Umständen nur einen Teil der Daten. Zusammenhängende Zellbereiche werden hingegen von Excel in der Regel automatisch erkannt und brauchen nicht extra markiert werden, es genügt, wenn eine beliebige einzelne Zelle innerhalb des Zellbereichs markiert ist.

- Die erste Zeile der Tabelle oder Datenbank muss eindeutige Spaltenüberschriften, die Feldnamen, enthalten.
- Ein Datensatz darf sich nicht über mehrere Zeilen erstrecken.
- Die Inhalte innerhalb einer Spalte bzw. eines Datenfeldes sollten vom selben Typ sein, da sonst Probleme beim Sortieren und Filtern auftauchen. Wurde z. B. die Postleitzahl einmal als Zahl und einmal als Zeichenfolge eingegeben, dann ordnet Excel beim Sortieren Zahlen vor Zeichenfolgen ein.

  Mit Hilfe von Gültigkeitsregeln lässt sich die Dateneingabe entsprechend überprüfen und steuern.

Gültigkeitsregeln, siehe Seite 33.

Im Bild unten als Beispiel eine Adressenliste: Einzelne leere Zellen, z. B. fehlende Telefonnummern stellen kein Problem dar, die Kundennummer dagegen ist erforderlich, da sie gleichzeitig als Schlüsselfeld vorgesehen ist.

Bild 2.1 Beispiel Adressenliste

	A	B	C	D	E	F	G	H	I	J	K	L
1	Kunden-Nr.	Nachname	Vorname	Anrede	Land	PLZ	Ort	Strasse	Telefon	Geburtsdatum	Rabatt	Kategorie
2	202	Kabelschacht	Alfred	Herr	DE	12345	Musterstadt	Holzweg 3	0171-555555	15.08.1978	10%	A
3	203	Müller	Frieda	Frau	DE	82024	Taufkirchen	Goethestr. 17		01.03.1984	0%	B
4	204	Nordhoff	Silke	Frau	DE	78464	Konstanz	Tuplenstr. 21	0150-7777777	23.04.1981	7%	A
5	208	Waldleitner	Georg	Herr	AT	4600	Wels	Dachsteinweg 5		03.11.1963	0%	A

2.2 Dynamische Tabellenbereiche nutzen

Ein häufiges Problem bei der Auswertung von Tabellen ist die Anpassung des Tabellenbereichs beim Hinzufügen neuer Datensätze. Dies lässt sich am einfachsten lösen, indem Sie den Zellbereich als Tabelle formatieren. Darunter versteht man in Excel nicht nur eine Formatierung des Zellbereichs, sondern Sie erzeugen eine dynamische Tabelle, deren Zellbereich beim Anfügen neuer Zeilen und/oder Spalten automatisch erweitert wird. Auch Formate und Formeln werden beim Anfügen neuer Daten übernommen. Dies ist äußerst nützlich, insbesondere wenn die Tabelle als Datengrundlage für Diagramme, Auswertungen oder Pivot-Tabellen dienen werden soll.

Was unterscheidet eine Tabelle von einem normalen Zellbereich?

Der Begriff Tabelle wird sogar von Excel nicht immer eindeutig verwendet, daher an dieser Stelle zunächst eine kurze Klarstellung:

Zellbereich

Eine Tabelle ist in Excel nicht immer gleich Tabelle. Wenn Sie, wie im Bild oben, in einem Excel-Arbeitsblatt Spaltenüberschriften und Datensätze eingeben und die Tabelle mit Rahmenlinien, Füllfarben, Zahlenformaten usw. nach Ihren Vorstellungen gestalten, dann betrachtet Excel diese Tabelle als normalen Zellbereich.

Tabellenbereich, dynamische Tabellen

In älteren Excel-Versionen wurden dynamische Tabellenbereiche auch als Listen bezeichnet.

Wandeln Sie dagegen einen Zellbereich in einen Tabellenbereich um, so erhalten Sie eine dynamische oder intelligente Tabelle, d. h. einen Tabellenbereich, der beim Anfügen weiterer Zeilen und/oder Spalten automatisch erweitert wird und eine ganze Reihe weiterer Vorteile bietet:

- Sobald Sie unterhalb der Tabelle in eine leere Zeile klicken und hier einen weiteren Datensatz eingeben, wird der Tabellenbereich automatisch angepasst. Dies gilt auch beim Anfügen weiterer Spalten.
- Neue Datensätze erhalten automatisch das Format der jeweiligen Spalte und auch Formeln werden automatisch übernommen.

- Verwenden Sie in Formeln Bezüge auf einen solchen Tabellenbereich, so beziehen diese immer den gesamten Datenbereich ein, berücksichtigen also auch nachträglich hinzugefügte Datensätze und Spalten. Dies gilt auch für Auswertungen mit Pivot-Tabellen.
- Beim Sortieren und Filtern bezieht Excel grundsätzlich den gesamten Tabellenbereich mit ein.

> Um Verwechslungen mit normalen Zellbereichen zu vermeiden, verwendet dieses Buch für dynamische Tabellen den Begriff **Tabellenbereich**.

Zellbereich in einen Tabellenbereich umwandeln/Tabelle einfügen

Zellbereich umwandeln

Beim Anlegen einer neuen Tabelle beginnen Sie am einfachsten mit einem normalen Zellbereich. Geben Sie im Tabellenblatt die benötigten Spaltenüberschriften zusammen mit dem ersten Datensatz ein und weisen Sie diesem Datensatz anschließend alle erforderlichen Zahlen- und sonstigen Formate zu.

Im nächsten Schritt wandeln Sie den Zellbereich in einen Tabellenbereich um. Auch eine vorhandene größere Tabelle mit mehreren Datensätzen lässt sich auf diese Weise in einen dynamischen Tabellenbereich umwandeln:

1 Markieren Sie eine beliebige Zelle innerhalb der Tabelle und klicken Sie im Register *Einfügen* ▶ *Tabellen* auf *Tabelle*.

Bild 2.2 Klicken Sie auf Tabelle oder drücken Sie die Tastenkombination Strg+T

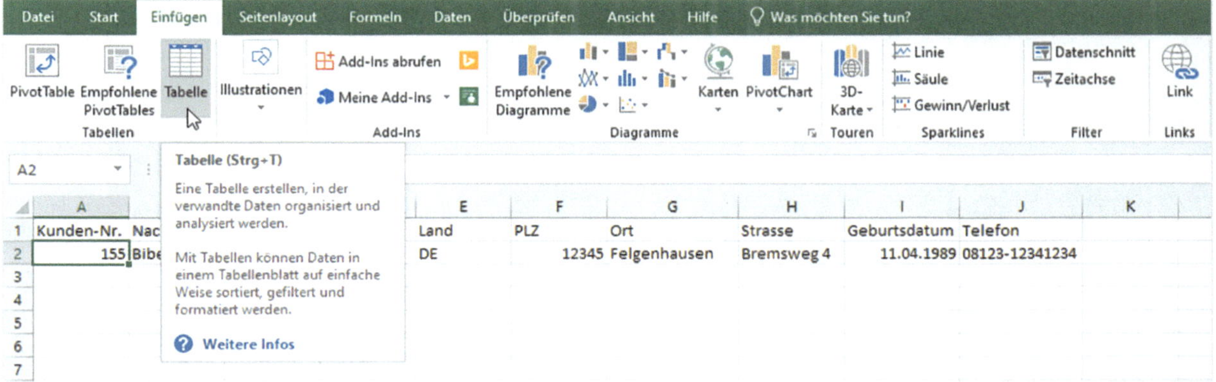

2 Das Fenster *Tabelle erstellen* öffnet sich; kontrollieren Sie anhand des gestrichelten Markierungsrahmens im Tabellenblatt, ob der Zellbereich korrekt erkannt wurde. Falls nicht, so klicken Sie in das Feld *Wo sind die Daten für die Tabelle?* und markieren im Tabellenblatt den Zellbereich einschließlich der Überschriften.

Achtung: Besitzt Ihre Tabelle Überschriften in der ersten Zeile, dann muss unbedingt das Kontrollkästchen *Tabelle hat Überschriften* aktiviert sein, da sonst Excel automatisch eine weitere Überschriftzeile hinzufügt. Klicken Sie dann auf *OK*.

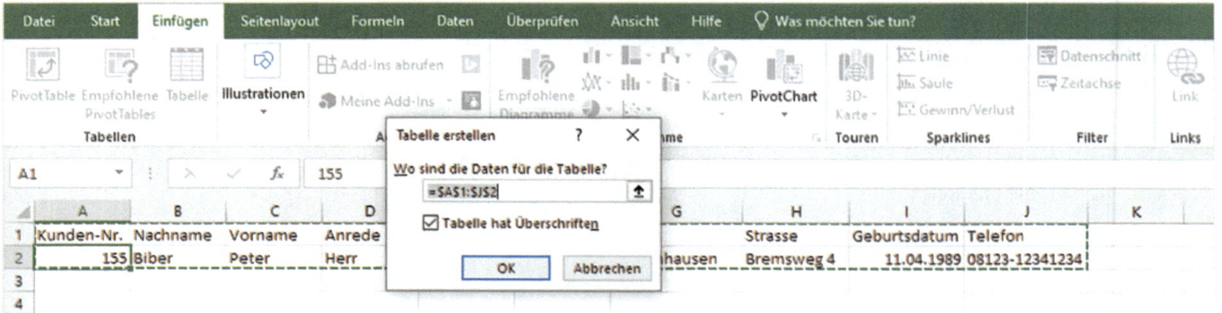

Bild 2.3 Legen Sie den Tabellenbereich fest

3 Der Zellbereich wird in einen Tabellenbereich umgewandelt und erhält gleichzeitig automatisch eine Formatierung. Die Farben richten sich nach dem aktuellen Design (Register *Seitenlayout* ▶ *Designs*), das Aussehen der Tabelle können Sie jederzeit ändern. Außerdem haben die Spaltenüberschriften Schaltflächen mit einem Dropdown-Pfeil zum Filtern und Sortieren erhalten.

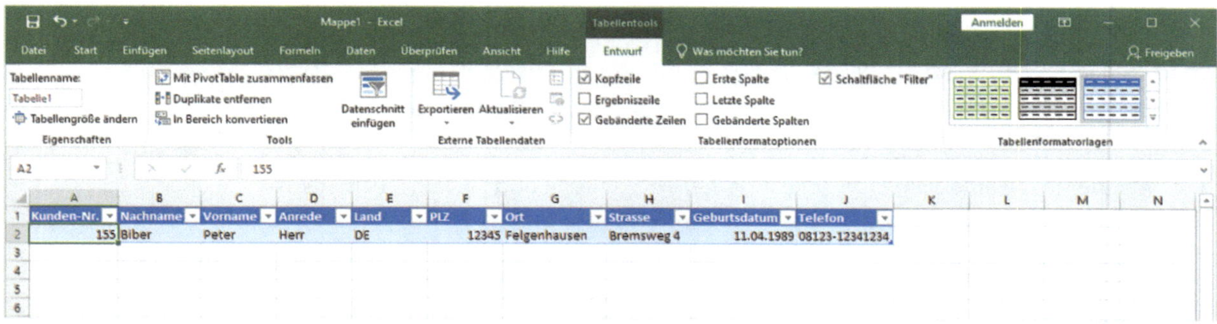

Bild 2.4 Der Zellbereich wurde in einem Tabellenbereich umgewandelt

Als Alternative wandeln Sie einen Zellbereich in einen Tabellenbereich um, indem Sie im Register *Start* ▶ *Formatvorlagen* auf *Als Tabelle formatieren* klicken. Hier können Sie unter mehreren Formatvorlagen wählen.

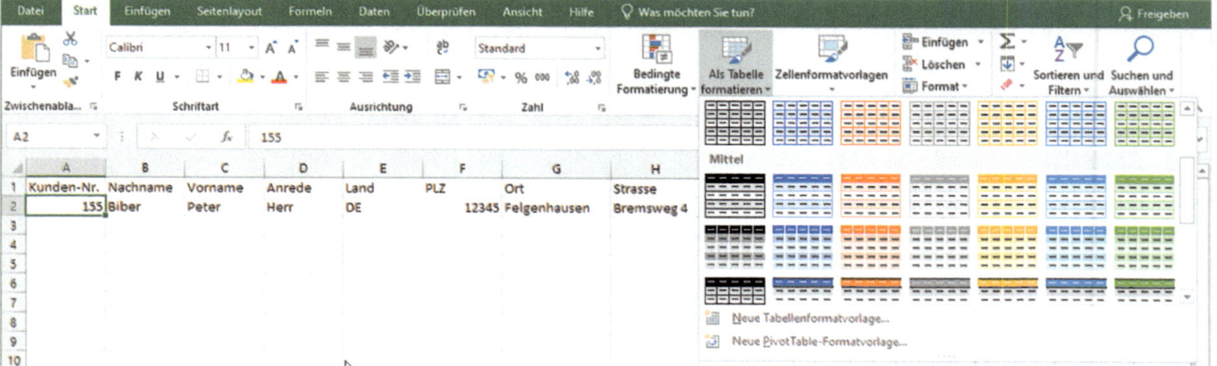

Bild 2.5 Register Start: Als Tabelle formatieren und Formatvorlage wählen

Tabelle vor der ersten Eingabe erstellen

Mit den beiden oben genannten Methoden können Sie auch ohne vorhandene Inhalte einen Tabellenbereich erstellen. In diesem Fall markieren Sie die erste Zelle in der linken oberen Ecke Ihrer künftigen Tabelle, z. B. A1 und klicken auf *Einfügen* ▶ *Tabelle* bzw. *Start* ▶ *Als Tabelle formatieren*. In diesem Fall fügt Excel automatisch eine Überschriftzeile hinzu, das Kontrollkästchen *Tabelle hat Überschriften* muss nicht zwingend aktiviert werden.

Anschließend überschreiben Sie die erste Spaltenüberschrift und geben rechts davon die weiteren Spaltenüberschriften ein. Der Tabellenbereich erweitert sich automatisch, sobald Sie die Eingabe mit der Eingabetaste oder der Tab-Taste abschließen.

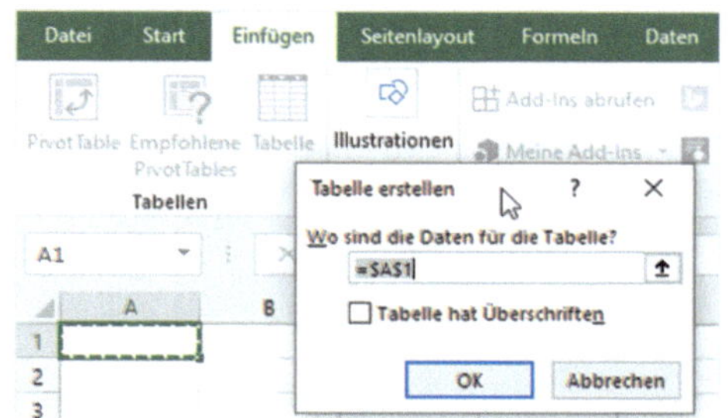

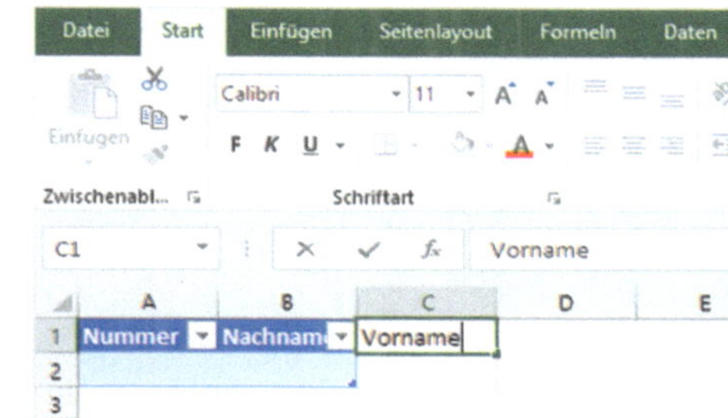

Bild 2.6 Markieren Sie die erste Zelle der Tabelle

Bild 2.7 Geben Sie die benötigten Spaltenüberschriften ein

Tabellenformat ändern

Zur Bearbeitung der Tabelle steht Ihnen im Menüband das Register *Tabellentools - Entwurf* zur Verfügung, allerdings nur, wenn eine Zelle innerhalb des Tabellenbereichs markiert ist.

Um ein anderes Tabellenformat auszuwählen, markieren Sie eine beliebige Zelle der Tabelle und klicken im Register *Tabellentools - Entwurf* ▶ *Tabellenformatvorlagen* auf den Katalog bzw. auf *Schnellformatvorlagen*. Auch abwechselnde Zeilenfarben (Gebänderte Zeilen) werden beim Anfügen neuer Datensätze automatisch fortgeführt.

Bild 2.8 Tabellenformat auswählen

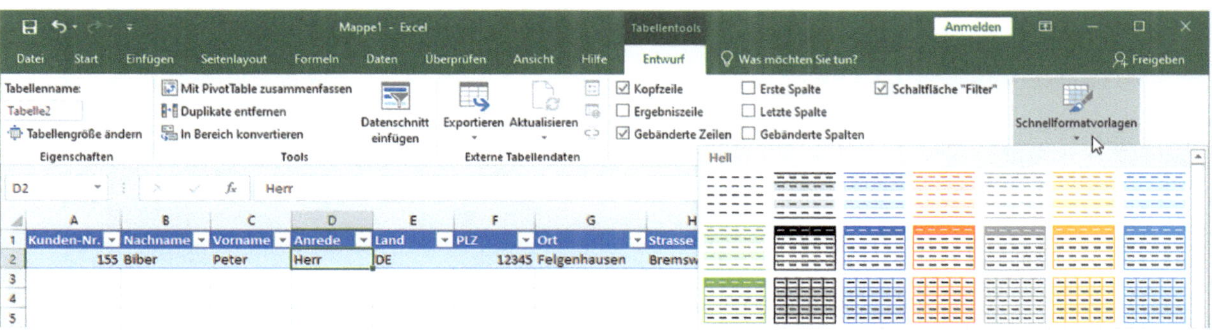

Tipp: Eine Tabelle ohne Linien und sonstige Farbeffekte erhalten Sie mit der ersten Vorlage oben links.

Optionen für Tabellenformate

Über die Kontrollkästchen der Gruppe *Optionen für Tabellenformat* können Sie steuern, ob Sie besondere Formate, beispielsweise für die erste oder letzte Spalte, übernehmen möchten. Empfinden Sie die Filterschaltflächen als störend, dann deaktivieren Sie diese über das Kontrollkästchen *Schaltfläche "Filter"* oder über die Schaltfläche *Filter* im Register *Daten*.

Bild 2.9 Sonderformate übernehmen

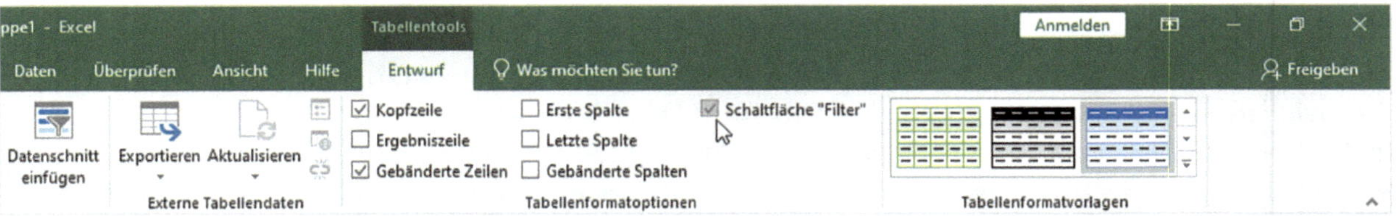

Datums- und Zahlenformate, die horizontale Ausrichtung in der Zelle und weitere Formate legen Sie, wie gewohnt, über die Symbole im Register *Start* oder das Kontextmenü der rechten Maustaste und den Befehl *Zellen formatieren* fest.

Tabellenbereich manuell erweitern/verkleinern

Die Begrenzung des Tabellenbereichs ist in der rechten unteren Ecke des Tabellenbereichs in Form einer kleinen blauen Markierung sichtbar (siehe Bild unten). Beim Hinzufügen neuer Daten am Ende der Tabelle erweitert sich der Bereich automatisch und alle Formate und Formeln werden in die neue Zeile übernommen. Dies gilt auch, wenn Sie nachträglich neue Spalten anfügen.

Sollte der Tabellenbereich trotzdem einmal nicht automatisch angepasst werden, dann zeigen Sie mit der Maus in der rechten unteren Ecke auf die Markierung und erweitern den Bereich durch Ziehen mit gedrückter Maustaste in die gewünschte Richtung. Auf dieselbe Weise können Sie auch, falls nötig, den Tabellenbereich verkleinern.

Bild 2.10 Tabellenbereich erweitern

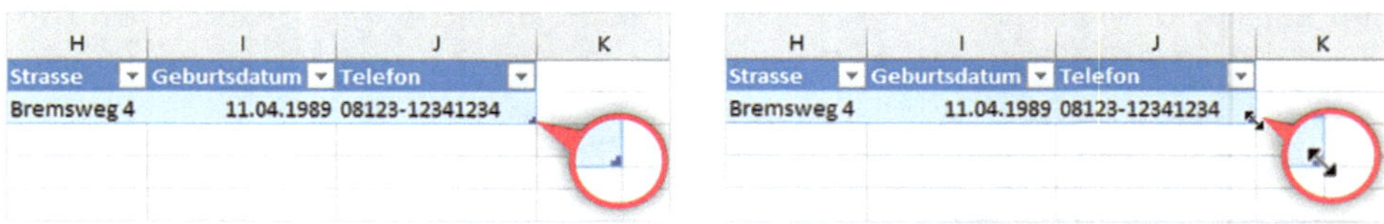

Ergebniszeilen anzeigen

Mit dem Kontrollkästchen *Ergebniszeile* (*Tabellentools-Entwurf* ▶ *Optionen für Tabellenformat*) können Sie unterhalb der Tabelle eine zusätzliche Zeile für zusammenfassende Ergebnisse ein- und wieder ausblenden. Meist ist diese Zeile zunächst leer.

Um beispielsweise die Summe über eine Spalte anzuzeigen, klicken Sie in der Ergebniszeile unterhalb der betreffenden Spalte in die Zelle und anschließend auf den Dropdown-Pfeil. Wählen Sie dann die gewünschte Funktion aus (siehe Bild unten). Leider erscheint im Tabellenblatt keinerlei Information über die verwendete Funktion, da Excel als Beschriftung immer nur *Ergebnis* anzeigt.

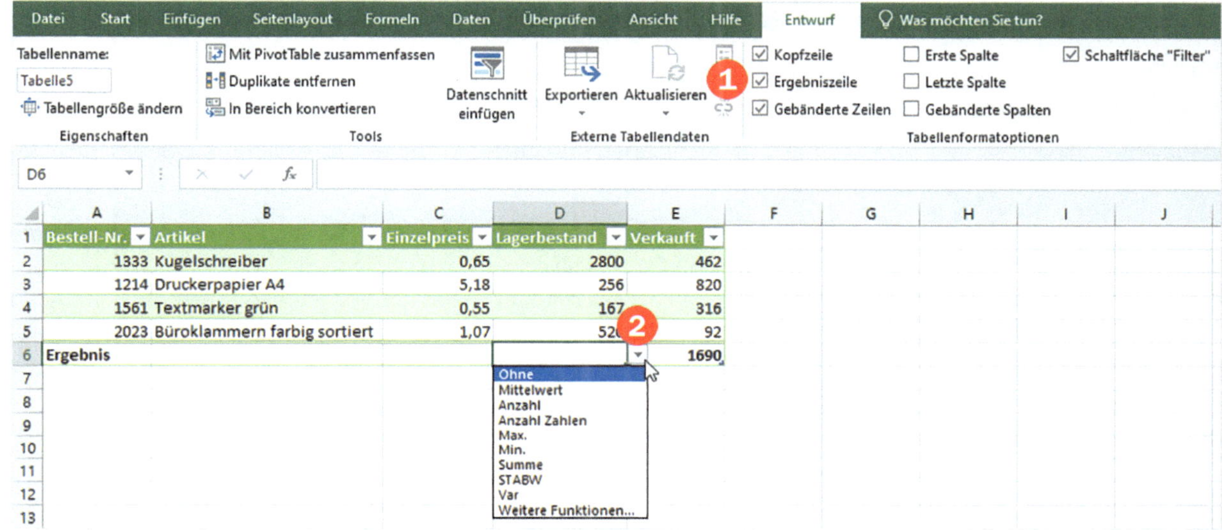

Bild 2.11 Wählen Sie in der Ergebniszeile eine Funktion

Hinweis: Im Gegensatz zu früheren Excel-Versionen braucht ab Excel 2016 die Ergebniszeile vor der Eingabe weiterer Datensätze nicht ausgeblendet werden. Neue Zeilen werden automatisch oberhalb der Ergebniszeile eingefügt, wenn Sie die letzte Zelle der Tabelle markieren und die Tab-Taste betätigen.

Tabelle umbenennen

Jeder Tabellenbereich erhält automatisch einen Namen, die erste Tabelle der Arbeitsmappe *Tabelle1*, die nächste *Tabelle2* usw.. Diesen Namen können Sie für Bezüge auf den Tabellenbereich verwenden, z. B. beim Erstellen einer Pivot-Tabelle. Sie sollten daher für die weitere Verwendung jeder Tabelle einen aussagefähigen Namen geben.

Dazu klicken Sie auf eine beliebige Zelle des Tabellenbereichs und im Register *Tabellentools-Entwurf* ▶ *Eigenschaften* in das Feld *Tabellenname* ❶. Überschreiben Sie den vorhandenen Namen ❷ und schließen Sie mit der Eingabetaste ab.

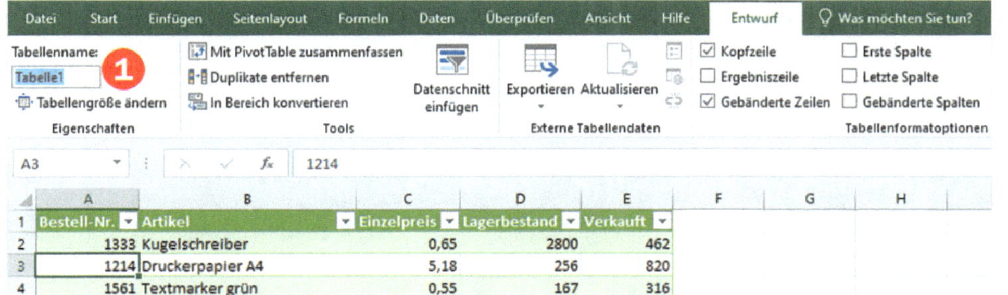

Bild 2.12 Tabellennamen ändern

Für Namen von Tabellen gelten dieselben Regeln, wie für Namen von Zellen und Zellbereichen.

Tabellennamen besitzen, genau wie Namen für Zellbereiche, innerhalb der gesamten Arbeitsmappe Gültigkeit.

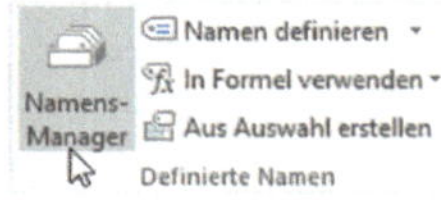

Beachten Sie folgende Regeln für Tabellennamen:

- Ein Tabellenname muss eindeutig sein, darf also in der Mappe nicht doppelt vorkommen. Excel unterscheidet dabei nicht zwischen Groß- und Kleinschreibung.
- Der Tabellenname darf maximal 255 Zeichen lang sein und mit Ausnahme des Unterstrichs keine Sonder- oder Leerzeichen enthalten.
- Der Name darf Buchstaben und Ziffern enthalten, muss aber mit einem Buchstaben beginnen.

Tipp: Einen Überblick über alle vorhandenen Tabellen- und Bereichsnamen erhalten Sie im Namens-Manager von Excel. Klicken Sie dazu im Register *Formeln* ▶ *Definierte Namen* auf die Schaltfläche *Namens-Manager*. Hier können Sie alle Namen kontrollieren und nach einem Klick auf die Schaltfläche *Bearbeiten* ändern. Im Gegensatz zu normalen Bereichsnamen kann allerdings der Name eines Tabellenbereichs weder gelöscht noch der Bezug auf den Zellbereich geändert werden.

Bild 2.13 Tabellennamen im Namens-Manager bearbeiten

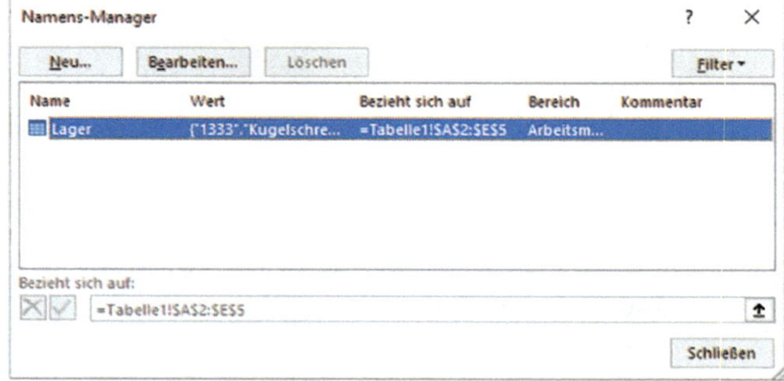

Tabelle zurück in normalen Bereich konvertieren

Falls Sie einen Tabellenbereich in einen normalen Zellbereich konvertieren möchten, dann klicken Sie auf eine beliebige Stelle innerhalb des Tabellenbereichs und im Register *Tabellentools - Entwurf* ▶ *Tools* auf *In Bereich konvertieren*, oder verwenden im Kontextmenü der rechten Maustaste den Befehl *Tabelle - In Bereich konvertieren*.

Achtung: Alle Daten, Formate und Formeln bleiben erhalten, strukturierte Verweise in Formeln werden in normale Zellbezüge umgewandelt. Wenn Sie auch die Tabellenformate, z. B. Linien und abwechselnde Zeilenfarben entfernen möchten, dann wählen Sie zuerst die Formatvorlage *Keine* (siehe oben) und konvertieren erst danach die Tabelle in einen normalen Zellbereich.

Bild 2.14 In normalen Bereich konvertieren

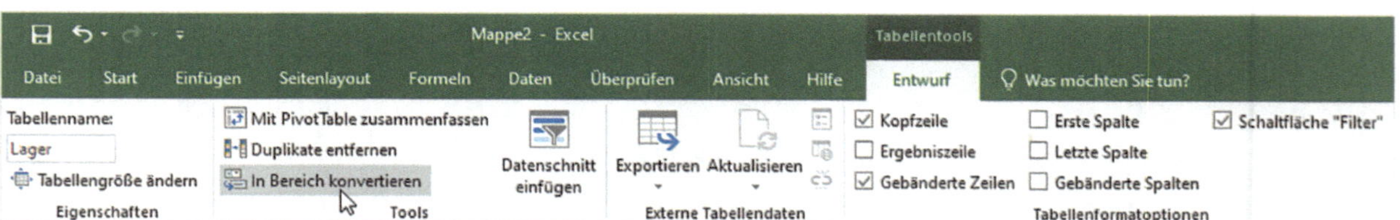

Strukturierte Verweise auf Tabellen und Tabellenelemente

Neben der Verwendung des Tabellennamens für Verweise auf den gesamten Tabellenbereich können in Formeln auch Verweise auf bestimmte Elemente eines Tabellenbereichs verwendet werden. Diese unterscheiden sich etwas von normalen Zellbezügen und werden als strukturierte Verweise bezeichnet.

Strukturierte Verweise in Formeln

Wenn Sie in einem Tabellenbereich nachträglich eine Spalte mit einer Formel berechnen, dann verwendet Excel automatisch strukturierte Verweise. Als Beispiel die Berechnung des Lagerwerts aus Einzelpreis und Lagerbestand (siehe Bild unten).

1 Markieren Sie die erste Zelle der zu berechnenden Spalte, geben Sie das Gleichheitszeichen = ein und klicken Sie auf die erste benötigte Zelle, im Bild unten auf den Einzelpreis in C2.

  Excel fügt statt eines Zellbezugs den Feldnamen bzw. die Spaltenüberschrift in eckigen Klammern in der Schreibweise [@Einzelpreis] in die Formel ein.

2 Geben Sie dann den Operand * ein und klicken Sie auf die zweite Zelle, den Lagerbestand. Auch hier erhalten Sie einen Verweis in der Form [@Lagerbestand].

3 Schließen Sie die Formeleingabe ab, entweder durch Drücken der Eingabetaste oder Klick auf das Symbol *Eingeben* in der Bearbeitungsleiste. Die Formel wird automatisch in die gesamte Spalte übernommen.

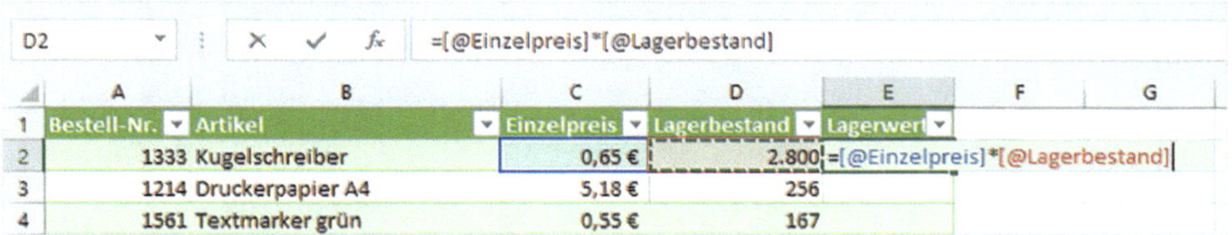

Bild 2.15 Formeleingabe in einem Tabellenbereich

Hinweis: Wenn dagegen ein Zellbereich mit Formeln nachträglich in einen Tabellenbereich umgewandelt wurde, so behalten die Formeln ihre ursprüngliche Schreibweise und werden in dieser auch in neu angefügte Datensätze übernommen.

Verweise per Tastatur eingeben

In der vereinfachten Schreibweise können Sie strukturierte Verweise in Formeln auch per Tastatureingabe nur unter Verwendung der Feldnamen eingeben. Beachten Sie aber, dass die Feldnamen unbedingt in eckigen Klammern eingegeben werden müssen, hier ein Beispiel:

```
=[Einzelpreis]*[Lagerbestand]
```

Excel öffnet nach Eingabe der öffnenden eckigen Klammer [eine Liste von Feldnamen, aus der Sie mit Doppelklick den benötigten übernehmen können, die schließende eckige Klammer muss dagegen wieder über die Tastatur eingegeben werden.

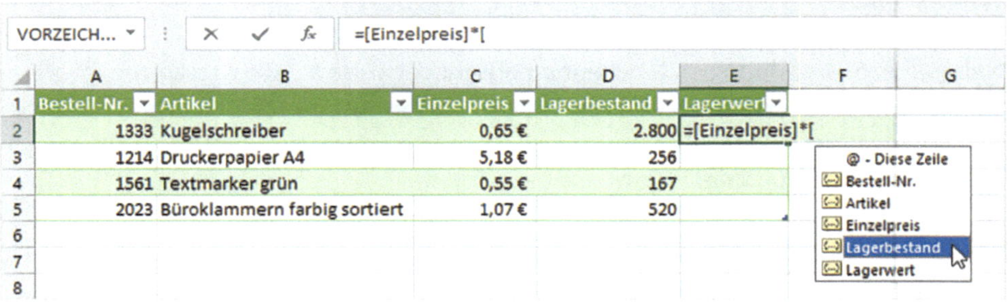

Bild 2.16 Strukturierte Verweise in Formel eingeben

	A	B	C	D	E
1	Bestell-Nr.	Artikel	Einzelpreis	Lagerbestand	Lagerwert
2	1333	Kugelschreiber	0,65 €	2.800	=[Einzelpreis]*[
3	1214	Druckerpapier A4	5,18 €	256	
4	1561	Textmarker grün	0,55 €	167	
5	2023	Büroklammern farbig sortiert	1,07 €	520	

Verweise auf Tabellenelemente

Strukturierte Verweise können auch in Formeln außerhalb des Tabellenbereichs verwendet werden, wenn Sie sich auf Tabellendaten beziehen möchten. In diesem Fall muss der Tabellenname vorangestellt werden; z. B. berechnet folgende Formel in einer beliebigen Zelle des Arbeitsblatts *Tabelle1* die Summe der Spalte *Lagerbestand*:

```
=SUMME(Tabelle1[Lagerbestand])
```

Für Verweise auf bestimmte Elemente können zusätzlich zu Tabellenname und Feldname die folgenden Bezeichner verwendet werden, auch diese müssen in eckige Klammern gesetzt werden. Diese Verweise können in Formeln innerhalb und außerhalb des Tabellenbereichs verwendet werden, im Bild unten ein Beispiel.

Bezeichner	Verweist auf...	Beispiel
#Alle	die gesamte Tabelle, einschließlich Spaltenüberschriften und Daten	=ANZAHL2(Tabelle1[[#Alle];[Bestell-Nr.]]) liefert die Anzahl der Zellen der Spalte Bestell-Nr. einschließlich Überschriften
#Daten	nur die Datenzellen der Tabelle Wenn nur der Tabellenname angegeben wird, erhalten Sie dasselbe Ergebnis.	=ANZAHL2(Tabelle1[#Daten]) liefert die Anzahl der Zellen des Datenbereichs (ohne Überschriften)
#Kopfzeilen	die Kopfzeile mit den Spaltenüberschriften	
#Ergebnisse	die Ergebniszeile, falls vorhanden	
#@ oder #Diese Zeile	die Daten der aktuellen Zeile	=SUMME(UmsatzQuartal[@[Januar]:[März]]) Berechnet die Zeilensumme über die Spalten Januar bis März wobei die Monate die Spaltenüberschriften bilden, siehe Bild unten.

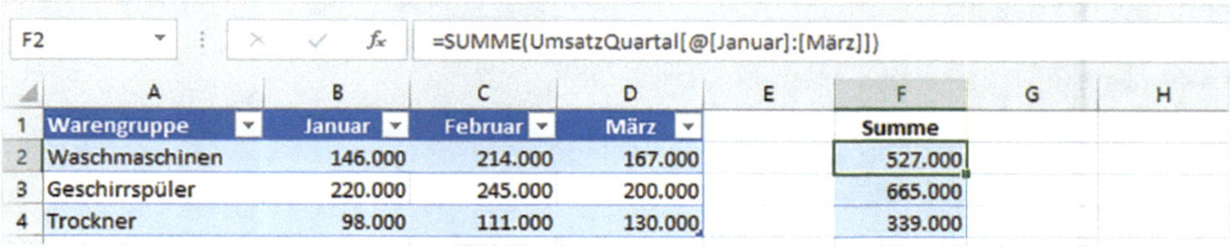

Bild 2.17 Beispiel: Zeilensumme außerhalb des Tabellenbereichs berechnen

UmsatzQuartal = Tabellenname

	A	B	C	D	E	F
1	Warengruppe	Januar	Februar	März		Summe
2	Waschmaschinen	146.000	214.000	167.000		527.000
3	Geschirrspüler	220.000	245.000	200.000		665.000
4	Trockner	98.000	111.000	130.000		339.000

2.3 Datenkontrolle während der Eingabe

Bei der Speicherung großer Datenmengen ist es wichtig, dass die Daten bei der Eingabe korrekt erfasst werden, da sich fehlerhafte Datensätze nachträglich nur schwer finden bzw. korrigieren lassen. Excel stellt zur Kontrolle und Steuerung der Eingabe die Datenüberprüfung zur Verfügung. Mit ihrer Hilfe können Sie für Zellen Regeln zur Eingabe festlegen. Es spielt keine Rolle, ob es sich um einen normalen Zellbereich oder einen Tabellenbereich (siehe oben) handelt. Folgende Möglichkeiten sind verfügbar:

- Beschränkung auf einen zulässigen Wertebereich, wobei dieser auch mittels Formel berechnet werden kann.
- Vorgabe eines Datentyps, z. B. Zahl oder Datum.
- Auswahl aus einer Liste (Dropdown-Liste).
- Zusätzlich können Sie eine Meldung definieren, die bei falschen bzw. nicht zulässigen Eingaben erscheint.

Die Werkzeuge dazu finden Sie im Register *Daten* ▶ *Datentools*. Klicken Sie hier auf das Symbol *Datenüberprüfung* oder auf den Dropdown-Pfeil des Symbols und auf *Datenüberprüfung...*.

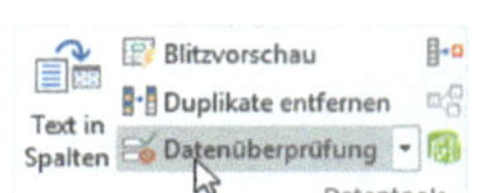

Bild 2.18 Datenüberprüfung

Wichtig zu wissen!

Die Regeln zur Datenüberprüfung werden für einzelne Zellen festgelegt und wie Formeln behandelt. Sie haben zwei Möglichkeiten, die Gültigkeitsprüfung für die gesamte Tabellenspalte festzulegen:

- ▶ Entweder markieren Sie zuerst die betreffenden Zellen bzw. die gesamte Spalte und legen dann die Regel zur Dateneingabe fest.
- ▶ Oder markieren Sie zunächst die erste Zelle der Spalte, weisen dieser eine Regel zu und kopieren diese anschließend wie eine Formel mit Hilfe von AutoAusfüllen bzw. durch Ziehen mit gedrückter Maustaste auf die angrenzenden Zellen der Spalte

In einem Tabellenbereich werden Gültigkeitsregeln automatisch auch auf neu hinzugefügte Zeilen dieser Spalte angewendet.

Wertebereich und Datentyp vorgeben

Die Datenüberprüfung erlaubt beispielsweise, die Eingabe auf einen bestimmten Datentyp, z. B. ganze Zahlen, Datum oder einen vorgegebenen Wertebereich, zu beschränken. Beispiel: Die Bestellnummer muss eine vierstellige ganze Zahl sein:

1. Markieren Sie die Zelle ❶ oder Spalte, im Bild unten A2, und klicken Sie im Register *Daten* ▶ *Datentools* auf *Datenüberprüfung*.
2. Klicken Sie im Dialogfenster *Datenüberprüfung* auf das Register *Einstellungen* und wählen Sie im Feld *Zulassen* den zulässigen Datentyp ❷, hier *Ganze Zahl*.

   Tipp: Das Kontrollkästchen *Leere Zellen ignorieren* ❸ steuert, ob eine Zelle auch leer bleiben darf. Ist in dieser Spalte eine Eingabe zwingend erforderlich, z. B. wenn es sich um das Schlüsselfeld handelt, wie in unserem Beispiel bei der Bestellnummer, dann sollten Sie es deaktivieren.
3. Um den Wertebereich einzuschränken, wählen Sie im Feld *Daten* den Operator *zwischen* ❹ und geben dann darunter im Feld *Minimum* als kleinsten Wert die Zahl 1000 und im Feld *Maximum* den größten zulässigen Wert, 9999 ein ❺.

   Das Kontrollkästchen *Änderungen auf alle Zellen mit den gleichen Einstellungen anwenden* ❻ sorgt bei nachträglichen Änderungen dieser Regel dafür, dass die Änderung in alle Zellen mit dieser Regel übernommen wird. Bei Neuerstellung einer Regel, wie im Bild unten, ist es deaktiviert.

Bild 2.19 Datentyp und Wertebereich festlegen

Datum einschränken

Ist die Eingabe eines Datums erforderlich, dann können Sie als Vergleichswert auch Datumsfunktionen einsetzen. Im Bild unten darf beispielsweise das eingegebene Datum nicht größer als das aktuelle Datum plus 3 Tage sein.

Textlänge begrenzen

Mit der Auswahl *Textlänge* können Sie die Eingabe auf eine feste Anzahl Zeichen beschränken, im Bild 2.21 zwischen 1 und maximal 10 Zeichen.

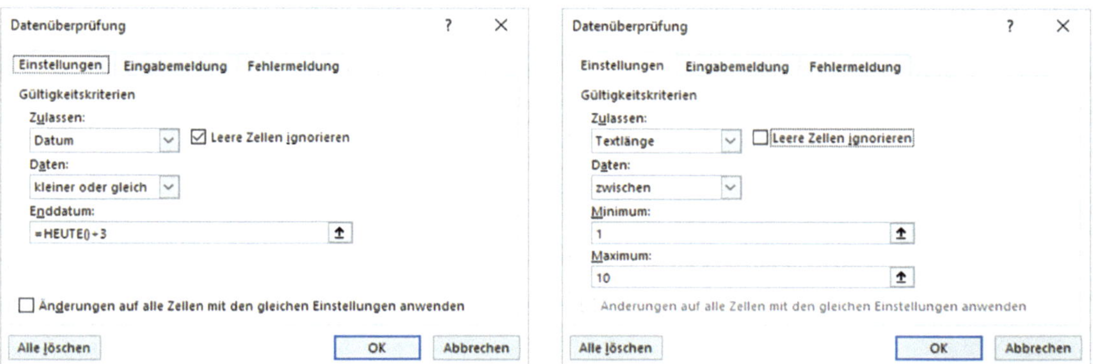

Bild 2.20 Datumseingabe

Bild 2.21 Textlänge

Zellbezüge als Vergleichswerte

Als Vergleichswerte können auch Zellbezüge angegeben werden, diese können sich auch in einem anderen Arbeitsblatt der Mappe befinden. Beachten Sie aber, dass in jedem Fall feste Zellbezüge erforderlich sind, wie im Bild unten.

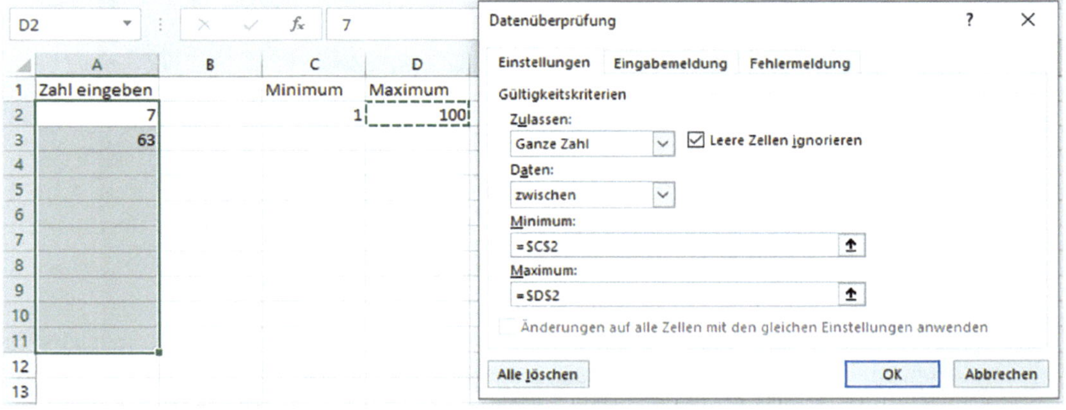

Bild 2.22 Vergleichswerte als Zellbezug

Eingabehinweise und Fehlermeldung ausgeben

- Im Register *Eingabemeldung* des Fensters *Datenüberprüfung* können Sie optional einen kurzen Info-Text für spätere Benutzer der Tabelle formulieren. Diese Meldung erscheint im Tabellenblatt, sobald auf die Zelle geklickt wird bzw. wenn die Zelle markiert ist.

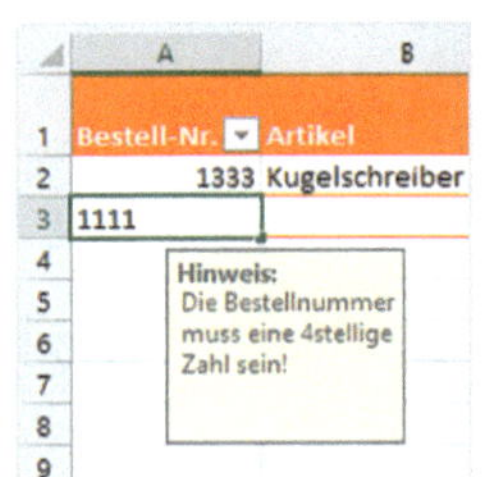

- Bei Eingaben, die nicht den festgelegten Einschränkungen entsprechen, erscheint eine Standardfehlermeldung. Da diese wenig aussagefähig ist, insbesondere für ungeübte Nutzer, sollten Sie auch eine Meldung für Falscheingaben formulieren. Diese geben Sie im Register *Fehlermeldung* ein. Über das Auswahlfeld *Typ* können Sie auch das Symbol wählen, das zusammen mit der Fehlermeldung erscheint.

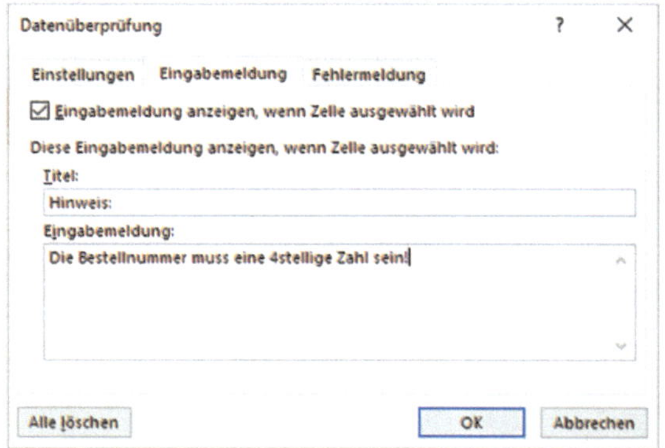

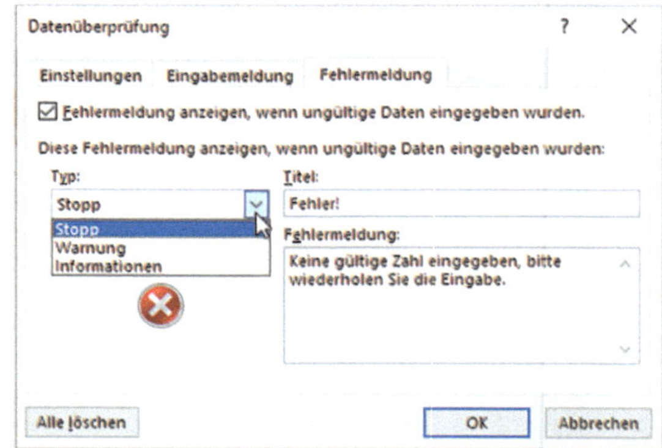

Bild 2.23 Eingabemeldung

Bild 2.24 Fehlermeldung

Regeln und Meldungen entfernen

Falls Sie bestehende Regeln und Meldungen zur Datenüberprüfung löschen möchten, so markieren Sie die betreffenden Zellen, öffnen mit Klick auf das Symbol *Datenüberprüfung* das gleichnamige Fenster und klicken auf die Schaltfläche *Alle löschen*.

Die Eingabe auf die Auswahl aus einer Liste beschränken

Dropdown – Auswahl aus einer Liste von Werten

Sie können die Eingabe auch auf bestimmte Werte einschränken, indem Sie eine Dropdown-Liste vorgeben. Die Werte einer solchen Liste können sich theoretisch im selben Blatt befinden, besser ist es jedoch, wenn Sie die Liste in einem gesonderten Arbeitsblatt erstellen. Sie können dann später dieses Tabellenblatt ausblenden und so unbeabsichtigte Änderungen anderer Benutzer verhindern.

Tipp: Wenn Sie die Liste später um weitere Elemente ergänzen möchten, dann sollten Sie diese als Tabellenbereich formatieren. Auf diese Weise werden nachträglich hinzugefügte Tabellenzeilen automatisch auch in der Dropdown-Liste berücksichtigt.

Beispiel: Bei der Eingabe von Artikeln soll die Auswahl des Herstellers aus einer Liste erfolgen

1 Die Liste aller Hersteller befindet sich in einem gesonderten Tabellenblatt. Um im ersten Schritt diesen Bereich als Tabelle zu formatieren, klicken Sie in die Liste und im Register *Einfügen* auf *Tabelle*. Aktivieren Sie das Kontrollkästchen *Tabelle hat Überschriften* ❶ und klicken Sie auf *OK*.

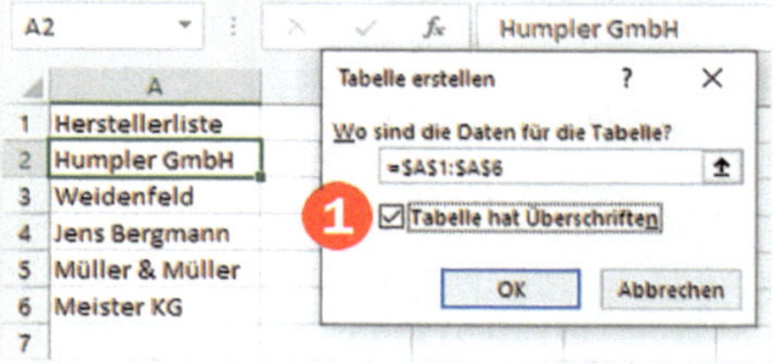

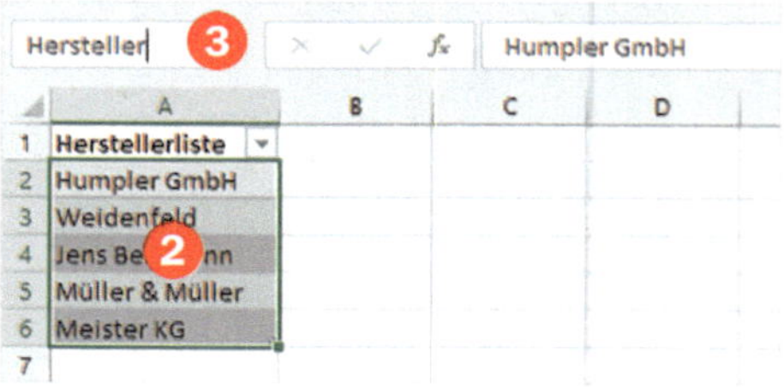

Bild 2.25 Tabellenbereich erstellen

Bild 2.26 Tabelle umbenennen

2 Geben Sie dem Datenbereich einen aussagefähigen Namen: Markieren Sie die Hersteller (ohne Überschrift) ❷, klicken Sie in der Bearbeitungsleiste in das Namenfeld und geben Sie einen aussagekräftigen Namen ein ❸, z. B. Hersteller.

3 Markieren Sie in der Artikeltabelle die Spalte *Hersteller*, klicken Sie auf *Datenüberprüfung* und wählen Sie im Register *Einstellungen*, Feld *Zulassen* den Eintrag *Liste* ❹ aus.

Hinweis: Achten Sie darauf, dass das Kontrollkästchen *Zellendropdown* ❺ aktiviert sein muss, da sonst im Tabellenblatt der Dropdown-Pfeil nicht erscheint!

4 Klicken Sie in das Feld *Quelle* und geben Sie hier den Bereichsnamen ein ❻. **Achtung**: Zellbezüge oder Bereichsnamen müssen mit einem Gleichheitszeichen (=) beginnen.

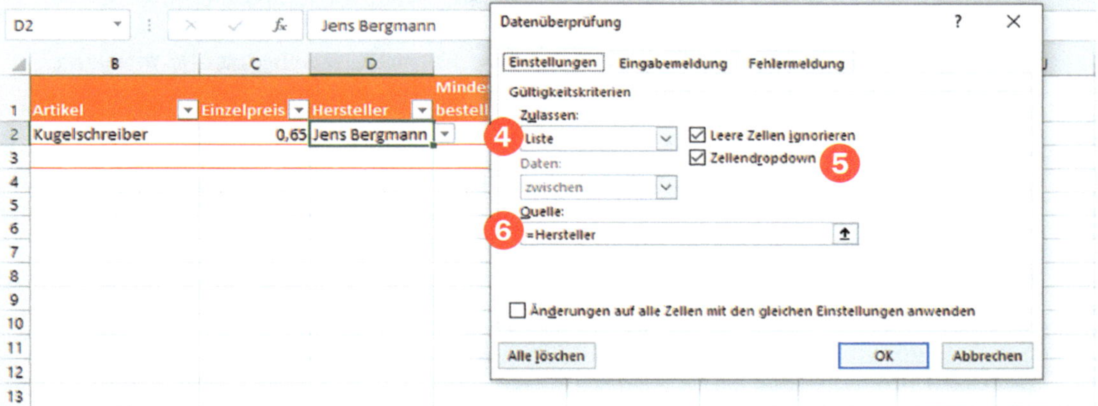

Bild 2.27 Wählen Sie Liste und geben Sie die Quelle an

5 Legen Sie abschließend wieder, wie oben beschrieben, eine Eingabe- und eine Fehlermeldung fest.

Im Tabellenblatt erscheint nun neben der Zelle ein Dropdown-Pfeil, sobald die Zelle markiert wird. **Tipp**: Um während der Eingabe unnötiges Klicken zu vermeiden, können Sie die Liste auch mit den Tasten Alt+Pfeil nach unten öffnen. Die Auswahl erfolgt dann per Pfeiltaste und mit der Eingabetaste übernehmen Sie den markierten Wert.

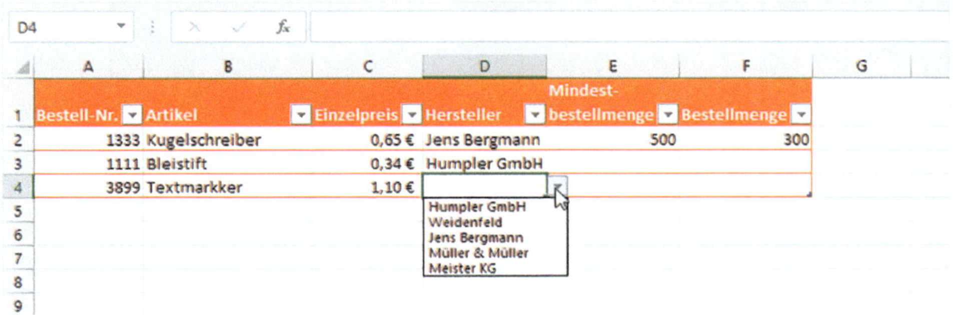

Bild 2.28 Auswahl aus Liste

Hinweise

- Leider darf die Liste nur eine einzige Spalte umfassen. Handelt es sich um eine Tabelle mit mehreren Spalten, dann dürfen Sie nur die benötigte Spalte angeben.
- Falls Sie die zulässigen Einträge im Feld *Quelle* eingeben möchten, so müssen Sie die Werte mit Semikolon (;) trennen, z. B. Januar;Februar;März;usw..

Zulässige Eingaben mit einer Formel berechnen

1 Wenn die zulässige Eingabe mit Hilfe einer Formel ermittelt werden soll, dann wählen Sie im Fenster *Datenüberprüfung* unter *Zulassen* den Eintrag *Benutzerdefiniert*.

2 Geben Sie dann ein Gleichheitszeichen gefolgt von der Formel ein.

> **Achtung**: Die Datenüberprüfung akzeptiert ausschließlich Formeln, die als Ergebnis einen Wahrheitswert, also WAHR oder FALSCH liefern.

Im Bild unten ein Beispiel: Bei der manuellen Eingabe von Bestellungen soll die jeweilige Mindestbestellmenge berücksichtigt werden: Die Bestellmenge in Spalte F muss größer oder gleich der Mindestbestellmenge in Spalte E sein.

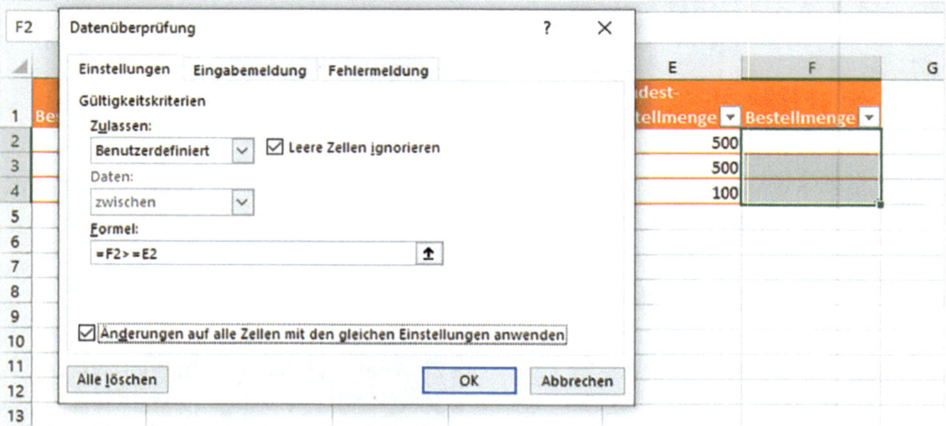

Bild 2.29 Zulässige Eingaben berechnen

Tipps zur Datenüberprüfung

Änderungen der Datenüberprüfung übernehmen

Wenn Sie nachträglich die Überprüfungseinstellungen ändern möchten, dann genügt es, wenn Sie diese für eine einzelne Zelle vornehmen. Aktivieren Sie dann das Kontrollkästchen *Änderungen auf alle Zellen mit den gleichen Einstellungen anwenden*, siehe Bild oben.

Zellen mit Regeln zur Datenüberprüfung markieren

Klicken Sie im Register *Start* ▶ *Bearbeiten* auf *Suchen und Auswählen* und hier auf *Datenüberprüfung*. Excel markiert daraufhin alle Zellen, für die eine Datenüberprüfung festgelegt wurde und Sie können nun beispielsweise für diese Zellen den Schreibschutz aufheben, wenn Sie anschließend das Tabellenblatt schützen möchten.

Bild 2.30 Zellen mit Datenüberprüfung markieren

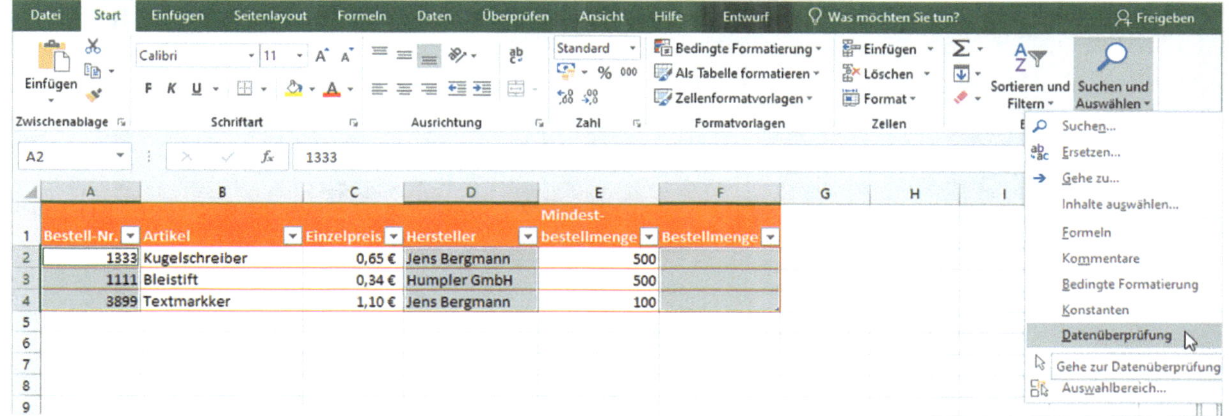

Datenüberprüfung auf weitere Zellen ausweiten

1 Markieren Sie den Zellbereich, den Sie in die Datenüberprüfung einschließen möchten, mindestens eine der markierten Zellen muss bereits eine Datenüberprüfung enthalten.

2 Klicken Sie auf *Datenüberprüfung* und bestätigen Sie die Rückfrage, ob die Datenüberprüfung auf die markierten Zellen erweitert werden soll mit *Ja*.

3 Das Fenster *Datenüberprüfung* öffnet sich mit der Regel, klicken Sie zum Übernehmen auf *OK*.

Bild 2.31 Datenüberprüfung übernehmen

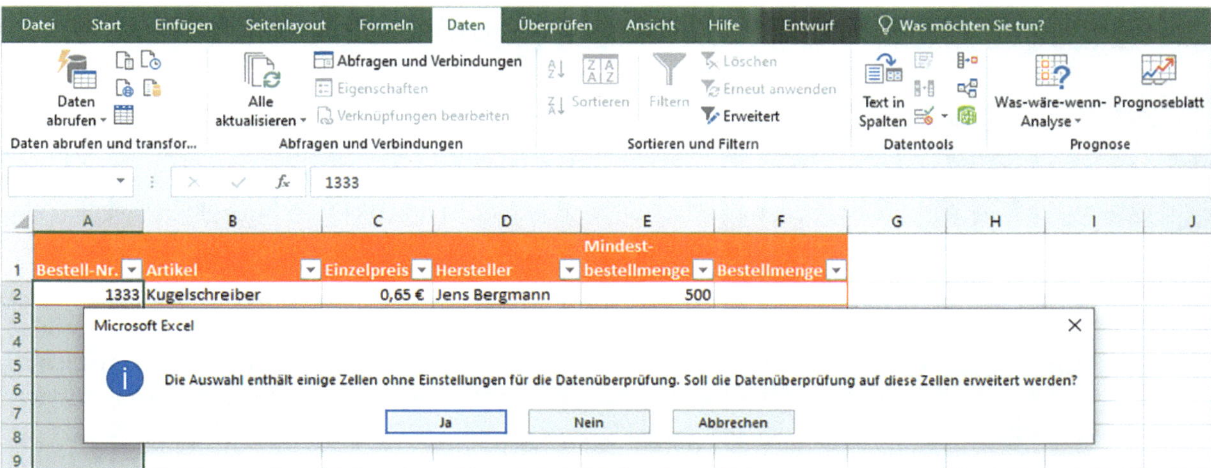

Nachträglich ungültige Daten kennzeichnen

Sinnvollerweise sollten Regeln zur Datenüberprüfung bereits vor der Eingabe in die Tabelle festgelegt werden, da die Datenüberprüfung während der Eingabe erfolgt und bereits gespeicherte Werte ignoriert.

Falls Sie trotzdem erst nachträglich eine Datenüberprüfung festlegen, so werden alle vorhandenen Werte, die gegen diese Regeln verstoßen, mit einem grünen Dreieck als Fehler gekennzeichnet. In umfangreichen Tabellen lassen sich diese Zellen optisch wesentlich besser hervorheben, wenn Sie auf den Dropdown-Pfeil des Symbols *Datenüberprüfung* und hier auf *Ungültige Daten einkreisen* klicken. Mit *Gültigkeitskreise löschen* entfernen Sie die Kennzeichnung wieder.

Bild 2.32 Ungültige Daten einkreisen

2.4 Tabellen sortieren

Was Sie beim Sortieren berücksichtigen sollten

- Excel unterstützt eine Sortierung nach Text, Zahlen und Datumswerten.
- Ein späteres Wiederherstellen der ursprünglichen Reihenfolge ist nur möglich, wenn eine Spalte mit entsprechenden Merkmalen vorhanden ist, beispielsweise Eingabedatum oder Kundennummer. Ist dies nicht der Fall, sollten Sie zuvor eine zusätzliche Spalte mit einer fortlaufenden Nummerierung einfügen.
- Spalten, die Sie als Sortierschlüssel verwenden, müssen Werte des gleichen Typs enthalten. So muss beispielsweise die Postleitzahl als Sortierschlüssel ausschließlich entweder als Text oder als Zahl gespeichert sein, da Excel grundsätzlich zuerst alle Zahlen und erst danach Text sortiert. Gleiches gilt auch für Datumswerte.
- **Vorsicht bei Formeln!** Wenn die Tabelle Formeln mit Bezügen auf andere Zeilen derselben Tabelle enthält, ist meist keine Sortierung möglich.

- Excel erkennt eine Überschriftzeile normalerweise automatisch. Enthält allerdings die Tabelle mehrere Überschriftzeilen oder bestehen die Spaltenüberschriften aus Zahlen bzw. werden Spaltenüberschriften aus anderen Gründen nicht korrekt erkannt, dann müssen Sie vor dem Sortieren den Tabellenbereich markieren und dürfen dabei nur eine einzige Überschriftzeile einbeziehen. Am besten verwenden Sie in solchen Fällen die benutzerdefinierte Sortierung, siehe weiter unten.
- Gleiches gilt auch für zusammenfassende Ergebnisse in Zeilen, die sich unmittelbar unterhalb der letzten Tabellenzeile befinden und nicht in die Sortierung einbezogen werden dürfen.

Einfaches Sortieren nach einer einzigen Spalte

Tabellenbereich sortieren

Wurde ein Zellbereich als Tabellenbereich formatiert, dann gestaltet sich die Sortierung einfach und der gesamte Tabellenbereich wird automatisch einbezogen. Klicken Sie in der Überschrift der Spalte, nach der Sie sortieren möchten, auf den Dropdown-Pfeil (Filterschaltfläche), im Bild unten Bestellnummer, und wählen Sie zwischen aufsteigender (*Von A bis Z sortieren*) und absteigender Sortierung.

Bild 2.33 Sortieren über Filterschaltfläche

Von A bis Z sortieren
Von Z bis A sortieren
Nach Farbe sortieren
Filter löschen aus "BestellNr"
Nach Farbe filtern
Textfilter
Suchen

BestellNr	Bezeichnung	Anbaugebiet	Land	Kategorie	Flaschen	Jahrgang
	der trocken	Mosel	Deutschland	Weiß	120	2019
	hurgau	Baden	Deutschland	Weiß	1800	2018
		Rheinhessen	Deutschland	Weiß	34	2018
		Mosel	Deutschland	Weiß	156	2016
		Baden	Deutschland	Weiß	44	2018
		Rheinhessen	Deutschland	Weiß	55	2019
		Mosel	Deutschland	Weiß	1	2018
		Bordeaux	Frankreich	Rot	4	2016
		Bordeaux	Frankreich	Rot	233	2017

Alternativ klicken Sie in der Tabelle auf eine beliebige Zelle der betreffenden Spalte.

- Klicken Sie dann im Register *Start* ▶ *Bearbeiten* auf *Sortieren und Filtern*.
- Oder klicken Sie im Register *Daten*, *Sortieren und Filtern*, auf Aufsteigend oder Absteigend sortieren.

Bild 2.34 Sortierungen

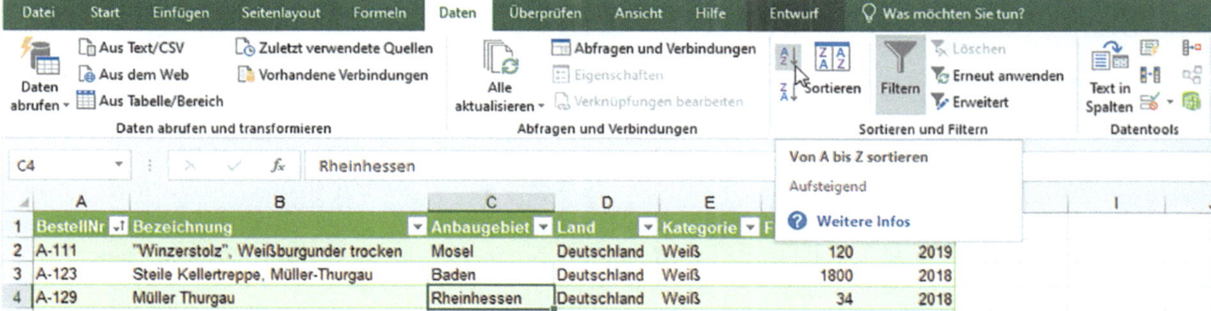

Vorhandene Sortierungen sind am zusätzlichen Pfeil auf der Filterschaltfläche schnell zu erkennen.

	A	B	C	D	E	F
1	BestellNr	Bezeichnung	Anbaugebiet	Land	Kategorie	Flaschen
2	A-111	"Winzerstolz", Weißburgunder trocken	Mosel	Deutschland	Weiß	120

Normalen Zellbereich sortieren

Enthält die Tabelle Leerzeilen, dann verwenden Sie besser Benutzerdefiniertes Sortieren.

Wenn Sie einen normalen Zellbereich sortieren möchten, dann verwenden Sie zum Sortieren dieselben Befehle im Register *Start* oder Register *Daten*. Für einfaches Sortieren nach einer einzigen Spalte genügt es, wenn eine Zelle in der betreffenden Spalte markiert ist.

Achtung: Die Tabelle darf bei dieser Methode keine Leerzeilen enthalten, da hier sonst die Sortierung endet. Beachten Sie außerdem folgende Grundregel, um fehlerhaftes Sortieren zu vermeiden:

> Markieren Sie niemals die Zellen einer einzigen Spalte. In diesem Fall werden nur die Werte der markierten Spalte sortiert, nicht aber die vollständigen Zeilen bzw. Datensätze. Zuvor erscheint die unten abgebildete Sortierwarnung. Wenn Sie hier die Option *Markierung erweitern* wählen, dann können Sie anschließend mit Klick auf die Schaltfläche *Sortieren* mit der Sortierung fortfahren. Mit der Option *Mit bestehender Markierung fortfahren* erfolgt dagegen die Sortierung ausschließlich innerhalb der markierten Spalte!

Bild 2.35 So bitte nicht!

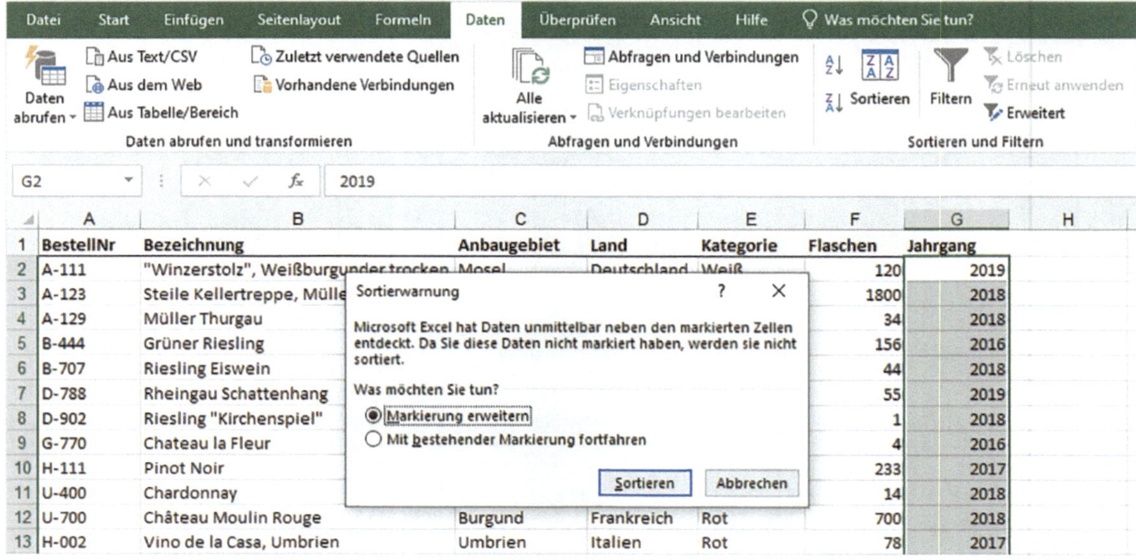

	A	B	C	D	E	F	G
1	BestellNr	Bezeichnung	Anbaugebiet	Land	Kategorie	Flaschen	Jahrgang
2	A-111	"Winzerstolz", Weißburgunder trocken	Mosel	Deutschland	Weiß	120	2019
3	A-123	Steile Kellertreppe, Mülle				1800	2018
4	A-129	Müller Thurgau				34	2018
5	B-444	Grüner Riesling				156	2016
6	B-707	Riesling Eiswein				44	2018
7	D-788	Rheingau Schattenhang				55	2019
8	D-902	Riesling "Kirchenspiel"				1	2018
9	G-770	Chateau la Fleur				4	2016
10	H-111	Pinot Noir				233	2017
11	U-400	Chardonnay				14	2018
12	U-700	Château Moulin Rouge	Burgund	Frankreich	Rot	700	2018
13	H-002	Vino de la Casa, Umbrien	Umbrien	Italien	Rot	78	2017

Weinlager.xlsx

Falls eine Tabelle trotzdem einmal falsch sortiert wurde, so machen Sie die Sortierung unmittelbar danach wieder rückgängig. Ein späteres Wiederherstellen der ursprünglichen Tabelle ist dagegen nicht mehr möglich, wenn die Arbeitsmappe geschlossen und Änderungen gespeichert wurden.

Tipp: Wenn Sie sichergehen möchten, dass Ihre Tabelle korrekt sortiert wird, dann klicken Sie auf eine beliebige Zelle innerhalb der zu sortierenden Tabelle und klicken im Register *Daten* auf *Filtern*. Die Tabelle wird nicht gefiltert, sondern bei jeder Spaltenüberschrift erscheint ein Dropdown-Pfeil. Über diese Filterschaltflächen lässt sich auch die Sortierfolge auswählen (siehe Tabellenbereich sortieren).

Bild 2.36 Filterschaltflächen einblenden

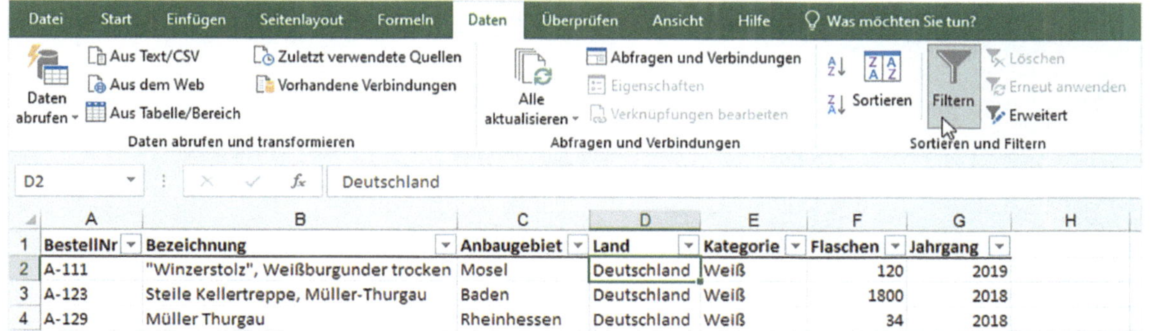

	A	B	C	D	E	F	G	H
1	BestellNr	Bezeichnung	Anbaugebiet	Land	Kategorie	Flaschen	Jahrgang	
2	A-111	"Winzerstolz", Weißburgunder trocken	Mosel	Deutschland	Weiß	120	2019	
3	A-123	Steile Kellertreppe, Müller-Thurgau	Baden	Deutschland	Weiß	1800	2018	
4	A-129	Müller Thurgau	Rheinhessen	Deutschland	Weiß	34	2018	

Falls die Dropdown-Pfeile stören: Ein weiterer Klick auf Filtern blendet diese wieder aus.

Erweiterte Sortiermöglichkeiten

Mehrere Sortierschlüssel verwenden

Wenn mehrere Sortierschlüssel zum Einsatz kommen sollen, dann wählen Sie das benutzerdefinierte Sortieren, maximal 64 Sortierschlüssel werden unterstützt.

1 Klicken Sie dazu auf eine beliebige Zelle innerhalb der zu sortierenden Tabelle und anschließend im Register *Daten* ▶ *Sortieren und Filtern*, auf die Schaltfläche *Sortieren*.

Bild 2.37 Erweiterte Sortierung

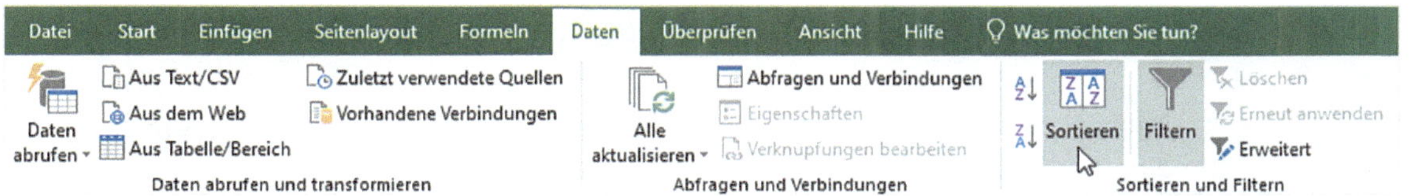

2 Excel markiert im Hintergrund automatisch den gesamten zusammenhängenden Tabellenbereich und öffnet das Fenster *Sortieren* (Bild 2.38 auf der nächsten Seite).

3 Überprüfen Sie, ob eine vorhandene Überschriftzeile erkannt wurde, in diesem Fall muss das Kontrollkästchen *Daten haben Überschriften* aktiviert sein ❶.

4 Wählen Sie im Feld *Sortieren nach* den ersten Sortierschlüssel, im abgebildeten Beispiel die Spalte Land ❷. Die Einstellung *Werte* unter *Sortieren nach* kann beibehalten werden, unter *Reihenfolge* sehen Sie als standardmäßige Reihenfolge *A bis Z*, diese kann mit Klick auf den Pfeil geändert werden.

5 Klicken Sie dann auf *Ebene hinzufügen* ❸ und wählen Sie als zweiten Sortierschlüssel das Anbaugebiet ❹.

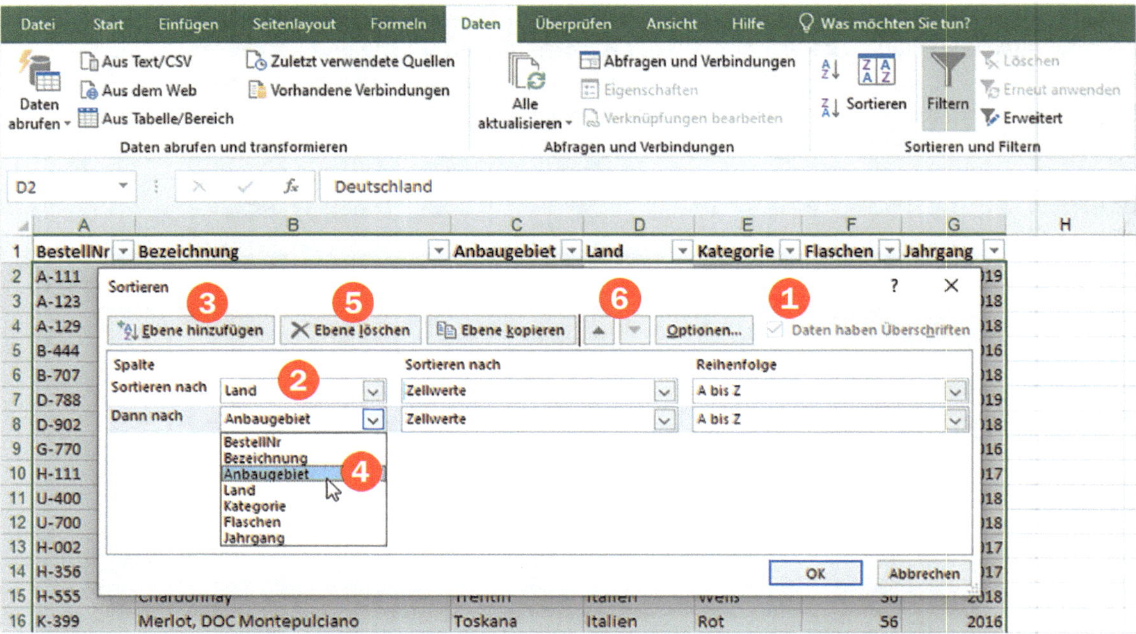

Bild 2.38 Sortierung nach mehreren Ebenen

- Wenn Sie eine Sortierung entfernen möchten, dann markieren Sie die betreffende Ebene und klicken auf die Schaltfläche *Ebene löschen* ❺.
- Mit den Schaltflächen *Nach oben*/*Nach unten* ❻ können Sie die markierte Sortierung jeweils eine Ebene höher oder tiefer verschieben.

Spalten sortieren

Standardmäßig sortiert Excel die Zeilen einer Tabelle. Falls Sie abweichend die Spalten sortieren möchten, also alphabetisch nach den Überschriften der ersten Zeile, so nehmen Sie dies ebenfalls im Fenster *Sortieren* vor. Markieren Sie die gesamte Tabelle einschließlich der Überschriften, klicken Sie auf *Daten* ▶ *Sortieren* und anschließend auf die Schaltfläche *Optionen…*.

Aktivieren Sie die Option *Spalten sortieren* (Bild unten). Anschließend wählen Sie die Zeile, z. B. *Zeile 1* wenn Sie nach Überschriften sortieren möchten. Falls erforderlich, ist auch eine Unterscheidung zwischen Groß- und Kleinschreibung möglich.

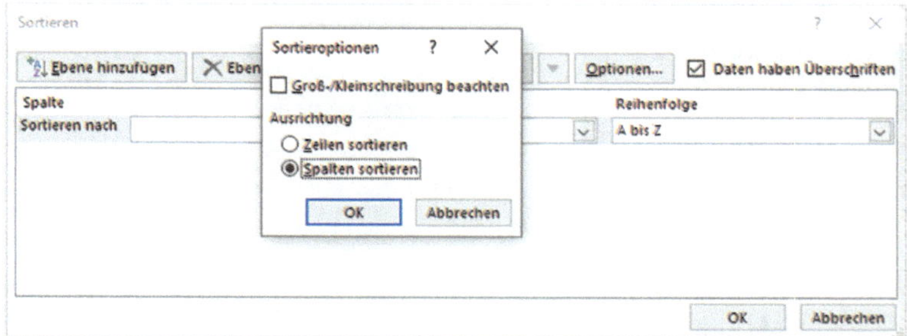

Bild 2.39 Spalten sortieren

Tabellen mit mehreren Überschriftzeilen sortieren

Enthält Ihre Tabelle zwei oder mehr Überschriftzeilen oder unmittelbar unterhalb Summen oder andere Ergebnisse, dann markieren Sie den zu sortierenden Tabellenbereich entweder zusammen mit nur einer einzigen Überschriftzeile oder ohne Überschriften und öffnen ebenfalls das Fenster *Sortieren*. Achten Sie besonders auf das Kontrollkästchen *Daten haben Überschriften* und aktivieren bzw. deaktivieren Sie es entsprechend!

> Bestehen die Überschriften Ihrer Tabelle ausschließlich aus Zahlen, dann werden diese von Excel meist nicht erkannt. Auch in diesem Fall müssen Sie die Sortierung im Fenster *Sortieren* vornehmen.

Nach Farbe sortieren

Haben Sie in einer Tabelle Zellen in unterschiedlichen Farben formatiert, entweder manuell oder mit der bedingten Formatierung, dann können Sie auch nach Zellen- und/oder Schriftfarben sortieren.

Zellensymbole werden von der bedingten Formatierung verwendet.

1. Öffnen Sie dazu das Dialogfenster *Sortieren*, siehe oben, und wählen Sie zuerst die entsprechende Spalte aus. Klicken Sie dann unter *Sortieren nach* auf den Dropdown-Pfeil und wählen Sie *Zellenfarbe* ❶, *Schriftfarbe* oder *Zellensymbol* (siehe Bild unten).
2. Mit Klick auf den Dropdown-Pfeil *Reihenfolge* öffnet sich ein Auswahlfeld mit allen Farben der ausgewählten Spalte ❷, wählen Sie die erste Farbe aus.
3. Für jede weitere Farbe klicken Sie auf *Ebene hinzufügen* ❸, wählen wieder dieselbe Spalte und dazu die nächste Farbe.

Diese Sortiermöglichkeit lässt sich auch in Verbindung mit der bedingten Formatierung einsetzen.

Bild 2.40 Nach Farbe sortieren

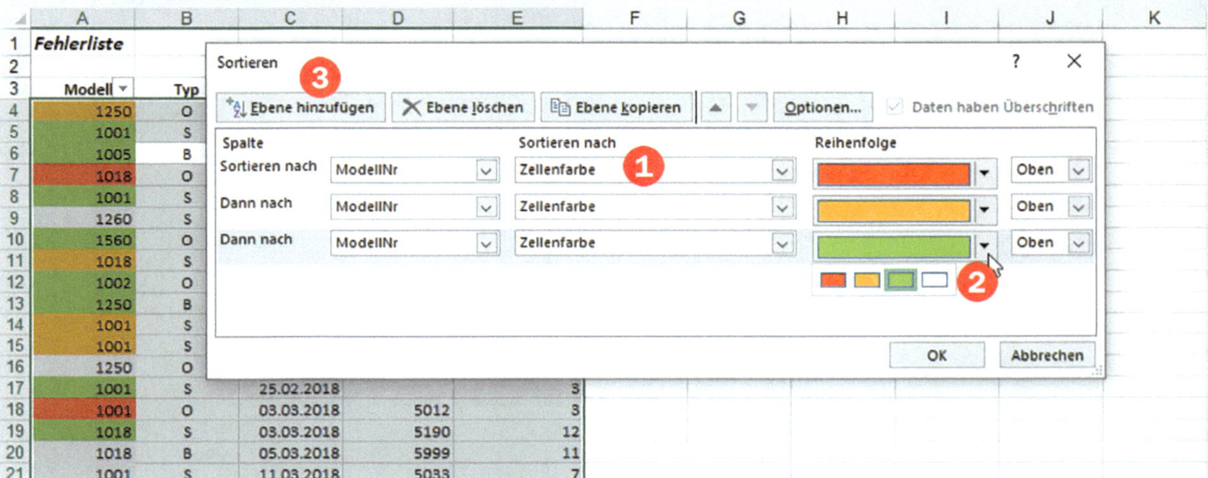

2.5 Filter einsetzen

Excel kennt verschiedene Möglichkeiten, um bestimmte Werte aus einer Tabelle herauszufiltern. Dabei ist es nützlich zu wissen, dass sich die gefilterten Werte anschließend beliebig kopieren lassen, z. B. in ein neues Tabellenblatt oder in eine neue Arbeitsmappe.

Die Filterschaltflächen benutzen (AutoFilter)

Der einfache oder AutoFilter besteht zunächst nur aus Filterschaltflächen in den Spaltenüberschriften (Bild 2.41), über die Sie schnell Filterkriterien auswählen können. Wurde ein Zellbereich als Tabellenbereich formatiert, dann sind die Filterschaltflächen automatisch sichtbar. Sie können die Schaltflächen aber auch im Register *Daten* mit der Schaltfläche *Filtern*, ein- und ausblenden oder im Register *Start* ▶ *Bearbeiten* über die Schaltfläche *Filtern und Sortieren*, Auswahl *Filtern*.

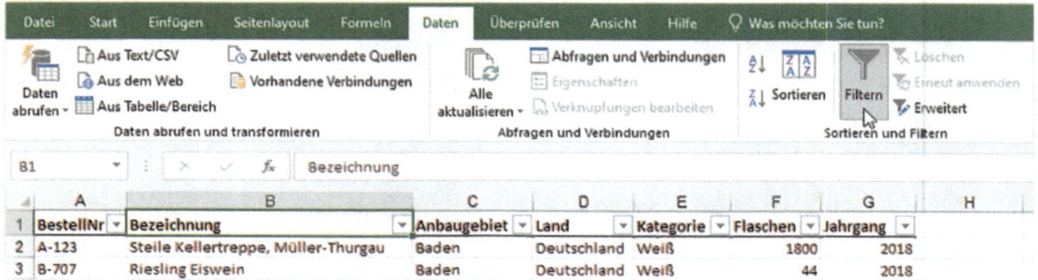

Bild 2.41 AutoFilter

Zum Filtern klicken Sie auf die Filterschaltfläche derjenigen Spalte, nach der Sie filtern möchten, im Bild unten Land, und wählen Ihre Filterkriterien durch Aktivieren bzw. Deaktivieren der Kontrollkästchen. Am einfachsten deaktivieren Sie zunächst das Kontrollkästchen *(Alles auswählen)*, bevor Sie dann einzelne Kriterien aktivieren. Auch Mehrfachauswahl und gleichzeitiges Filtern nach mehreren Spalten sind möglich.

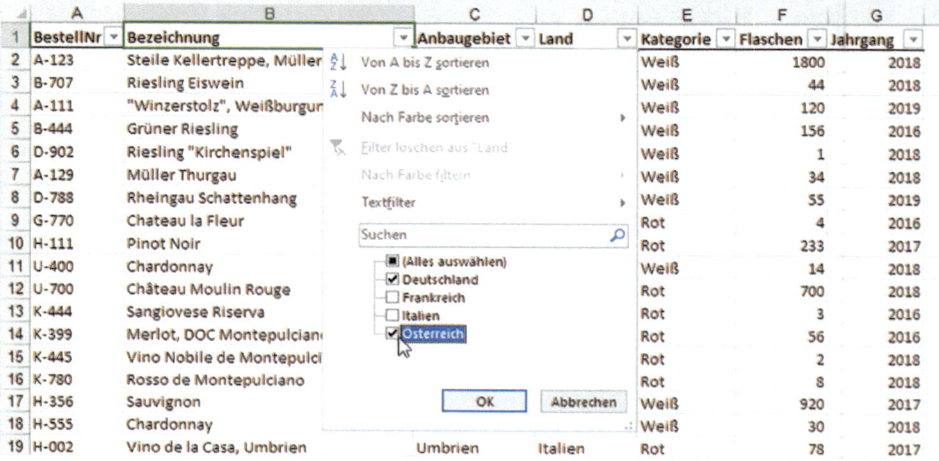

Bild 2.42 Beispiel: Nach Land filtern

Tipp: Die Filterschaltflächen aktiver Filter sind mit dem Filtersymbol gekennzeichnet und die verwendeten Kriterien werden als Infotext sichtbar, wenn Sie mit der Maus auf die Schaltfläche zeigen.

Bild 2.43 Filterkriterien werden beim Zeigen sichtbar

	A	B	C	D	E	F	G	H
1	BestellNr	Bezeichnung	Anbaugebiet	Land	Kategorie	Flaschen	Jahrgang	
2	A-123	Steile Kellertreppe, Müller-Thurgau	Baden	Deutschland	Weiß	1800	2018	
3	B-707	Riesling Eiswein	Baden	Deutschlan				
4	A-111	"Winzerstolz", Weißburgunder trocken	Mosel	Deutschland	Weiß	120	2019	
5	B-444	Grüner Riesling	Mosel	Deutschland	Weiß	156	2016	

Filter entfernen

- Zum Entfernen des Filters aus einer Spalte klicken Sie auf den Dropdown-Pfeil der betreffenden Spaltenüberschrift und aktivieren entweder das Kontrollkästchen *(Alles auswählen)* oder klicken hier auf den Befehl *Filter löschen aus...*.
- Sollen alle Filter aus der Tabelle entfernt werden, so klicken Sie im Register *Daten*, Gruppe *Sortieren und Filtern*, auf *Löschen*.

Weitere Filtermöglichkeiten

Über die Filterschaltflächen sind, abhängig vom Datentyp, mit *Textfilter*, *Zahlenfilter* und *Datumsfilter* noch zahlreiche weitere Möglichkeiten verfügbar, siehe Bild unten. **Tipp**: Der Datumsfilter *Alle Datumswerte im Zeitraum* erlaubt die Auswahl eines bestimmten Quartals oder Monats unabhängig vom Jahr und lässt sich beispielsweise einsetzen, um schnell zu filtern, wer im angegebenen Monat Geburtstag hat.

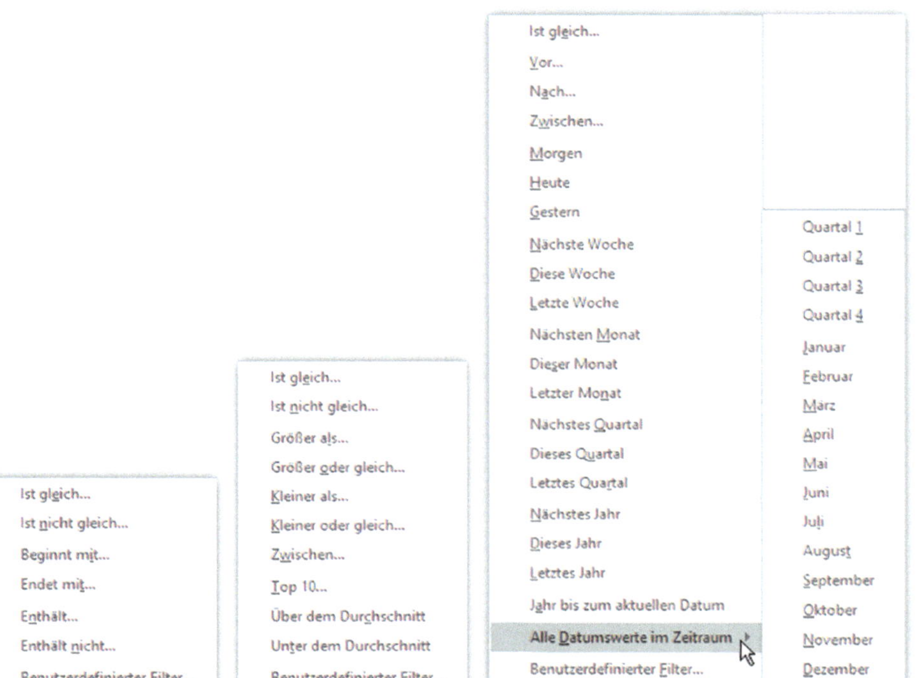

Bild 2.44 Textfilter, Zahlenfilter und Datumsfilter

Erweiterte Filtermöglichkeiten mit dem Spezialfilter

Für komplexe Filterkriterien verwenden Sie besser den erweiterten bzw. Spezialfilter. Im Gegensatz zum AutoFilter werden hier die Filterkriterien in einem gesonderten Kriterienbereich eingegeben und zusammen mit der Mappe gespeichert, sie können somit jederzeit wieder aufgerufen werden. Die folgenden Punkte sollten Sie beim Anlegen des Kriterienbereichs berücksichtigen:

- Er sollte sich ober- oder unterhalb, nicht aber neben der Liste befinden, da er sonst beim Filtern unter Umständen ausgeblendet wird. Bei umfangreichen Tabellen erstellen Sie den Kriterienbereich am besten in einem gesonderten Tabellenblatt.
- Der Kriterienbereich besteht aus mindestens zwei Zeilen, wobei die erste Zeile die Spaltenüberschriften enthält. Da die Spaltenüberschriften exakt mit den Überschriften der Tabelle übereinstimmen müssen, kopieren Sie diese am einfachsten. Ab der zweiten Zeile geben Sie für jede Spalte die Filterkriterien ein, wobei Sie auch mehrere Kriterien verwenden können. In nicht verwendeten Spalten lassen Sie die Zellen einfach leer.

Folgende Operatoren und Platzhalter können verwendet werden:

>	größer als	<	kleiner als
>=	größer oder gleich	<=	kleiner oder gleich
=	gleich	<>	ungleich, nicht
*	Platzhalter für beliebige Zeichen	?	Platzhalter für genau 1 Zeichen

Als Beispiel sollen aus der Weintabelle alle Weißweine aus Österreich gefiltert werden, deren Bestellnummer mit dem Buchstaben B beginnt und von denen nur noch 100 Flaschen oder weniger vorhanden sind.

1 Legen Sie den Kriterienbereich an wie Bild 2.45 unten, wobei Spalten, für die keine Kriterien angegeben werden, auch ganz weggelassen werden können.

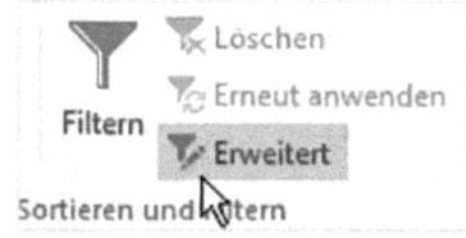

2 Klicken Sie auf eine beliebige Zelle innerhalb der Tabelle und dann im Register *Daten*, Gruppe *Sortieren und Filtern*, auf die Schaltfläche *Erweitert*, um das Fenster *Spezialfilter* anzuzeigen.

3 Kontrollieren Sie im Feld *Listenbereich*, ob der zu filternde Tabellenbereich korrekt erkannt wurde, andernfalls müssen Sie den Bereich (einschließlich der Spaltenüberschriften) nochmals festlegen.

4 Klicken Sie in das Feld *Kriterienbereich* und markieren Sie mit der Maus den gesamten Kriterienbereich einschließlich der Überschriften.

5 Achten Sie darauf, dass die Option *Liste an gleicher Stelle filtern* ausgewählt ist und klicken Sie auf *OK*, um den Filter anzuwenden.

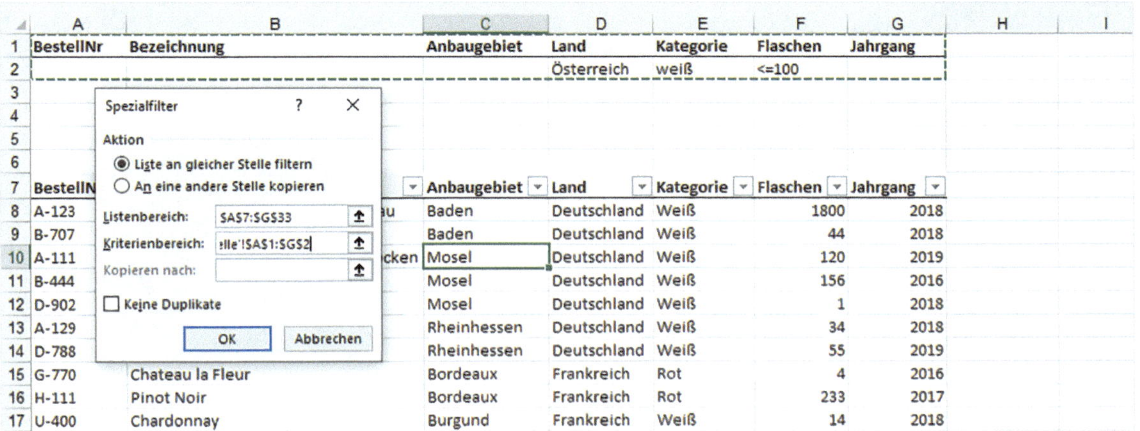

Bild 2.45 Spezialfilter

Auch diesen Filter heben Sie mit einem Klick auf die Schaltfläche *Löschen*, Register *Daten*, Gruppe *Sortieren und Filtern*, wieder auf.

Mehrere Filterkriterien verwenden

Bei der Verwendung mehrerer Kriterien ist zwischen folgenden Möglichkeiten zu unterscheiden:

- Wenn ein Datensatz alle angegebenen Kriterien erfüllen muss, damit er angezeigt wird, dann müssen sich im Kriterienbereich alle Kriterien in einer einzigen Zeile nebeneinander befinden, siehe Beispiel oben.
- Soll eine einzige Spalte zwei oder mehr Bedingungen gleichzeitig erfüllen, dann müssen Sie diese Spaltenüberschrift entsprechend oft einfügen. Beispiel: Der Kriterienbereich im Beispiel unten filtert alle Weine der Jahrgänge 2016 bis einschließlich 2018 aus Frankreich.

	A	B	C	D	E	F
1	BestellNr	Bezeichnung	Anbaugebiet	Land	Jahrgang	Jahrgang
2				Frankreich	>=2016	<=2018
3						
4						

Bild 2.46 Die Spalte Jahrgang muss 2 Bedingungen erfüllen

- Genügt es dagegen, wenn mindestens eines von mehreren Kriterien erfüllt ist, dann geben Sie diese im Kriterienbereich in Zeilen untereinander an. Beispiel: Der Kriterienbereich im Bild unten filtert alle Weine aus Frankreich oder Italien der Jahrgänge 2017 und 2018.

	A	B	C	D	E	F
1	BestellNr	Bezeichnung	Anbaugebiet	Land	Jahrgang	Jahrgang
2				Frankreich	>=2017	<=2018
3				Italien	>=2017	<=2018
4						

Bild 2.47 Mehrere Kriterien mit Oder verknüpfen

> **Gefilterte Liste kopieren**
> Normalerweise wird eine Liste an gleicher Stelle gefiltert. Im Dialogfenster *Spezialfilter* findet sich aber auch mit der Option *An eine andere Stelle kopieren* eine Möglichkeit, die gefilterten Daten an eine andere Stelle zu kopieren. Allerdings ist das Einfügen der Kopie nur im selben Arbeitsblatt möglich, daher ist es in den meisten Fällen einfacher, wenn Sie die Liste zunächst an gleicher Stelle filtern, die gefilterte Liste anschließend in die Zwischenablage kopieren und dann an beliebiger Stelle einfügen.

Filtern mit Datenschnitten

Nur, wenn der Bereich als Tabelle formatiert wurde, siehe Seite 24.

Mit den Datenschnitten stellt Excel eine weitere Filtermöglichkeit zur Verfügung, allerdings nur, wenn der Zellbereich als Tabellenbereich formatiert wurde. Der Vorteil: Datenschnitte lassen sich auf einem Touchscreen leicht mit dem Finger bedienen und auch ungeübte Nutzer sehen auf einen Blick, welche Filter gerade verwendet werden.

Bild 2.48 Datenschnitt einfügen

1 Zum Erstellen von Datenschnitten klicken Sie in die Tabelle und im Register *Tabellentools - Entwurf*, Gruppe *Tools*, auf *Datenschnitt einfügen*.

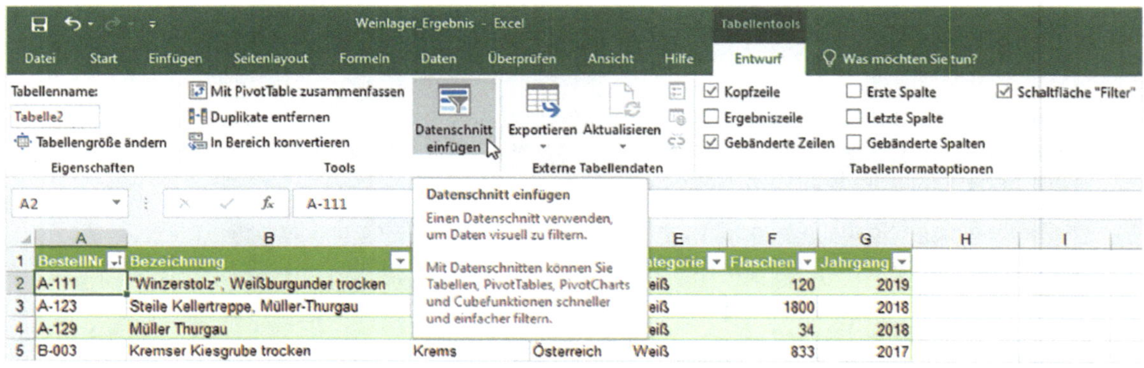

2 Wählen Sie anschließend die benötigten Datenschnitte, d. h. Spalten aus, die Sie als Filter verwenden möchten.

Bild 2.49 Datenschnitt auswählen

	BestellNr	Bezeichnung	Anbaugebiet	Land	Kategorie	Flaschen	Jahrgang
2	A-111	"Winzer	l	Deutschland	Weiß	120	2019
3	A-123	Steile K	n	Deutschland	Weiß	1800	2018
4	A-129	Müller T	hessen	Deutschland	Weiß	34	2018
5	B-003	Kremse	s	Österreich	Weiß	833	2017
6	B-222	Grüner	s	Österreich	Weiß	2	2017
7	B-231	Grüner	s	Österreich	Weiß	15	2018
8	B-333	Blaufrän	nland	Österreich	Rot	300	2017
9	B-444	Grüner	l	Deutschland	Weiß	156	2016
10	B-707	Riesling	n	Deutschland	Weiß	44	2018
11	B-777	Hinterd	nland	Österreich	Weiß	3600	2018
12	C-455	Wiener	rösterreich	Österreich	Rot	1250	2018
13	D-788	Rheinga	hessen	Deutschland	Weiß	55	2019
14	D-902	Riesling	l	Deutschland	Weiß	1	2018
15	G-770	Chateau	aux	Frankreich	Rot	4	2016
16	H-002	Vino de la Casa, Umbrien	Umbrien	Italien	Rot	78	2017

Datenschnitt auswählen
- [ ] BestellNr
- [ ] Bezeichnung
- [x] Anbaugebiet
- [x] Land
- [x] Kategorie
- [ ] Flaschen
- [x] Jahrgang

OK | Abbrechen

3 Für jede ausgewählte Spalte wird ein Datenschnitt eingefügt und Sie können diese, wie jedes Objekt durch Ziehen mit der Maus beliebig anordnen sowie vergrößern und verkleinern, wie im Bild unten.

Bild 2.50 Die Tabelle mit den ausgewählten Datenschnitten

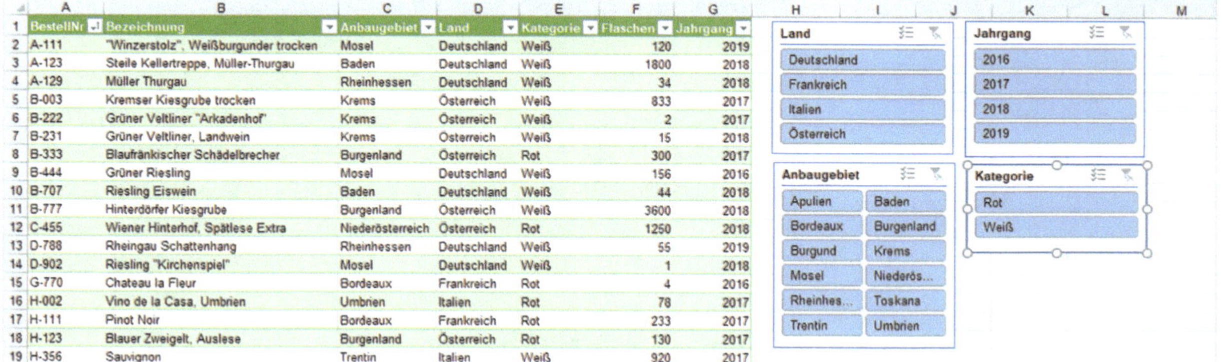

	BestellNr	Bezeichnung	Anbaugebiet	Land	Kategorie	Flaschen	Jahrgang
2	A-111	"Winzerstolz", Weißburgunder trocken	Mosel	Deutschland	Weiß	120	2019
3	A-123	Steile Kellertreppe, Müller-Thurgau	Baden	Deutschland	Weiß	1800	2018
4	A-129	Müller Thurgau	Rheinhessen	Deutschland	Weiß	34	2018
5	B-003	Kremser Kiesgrube trocken	Krems	Österreich	Weiß	833	2017
6	B-222	Grüner Veltliner "Arkadenhof"	Krems	Österreich	Weiß	2	2017
7	B-231	Grüner Veltliner, Landwein	Krems	Österreich	Weiß	15	2018
8	B-333	Blaufränkischer Schädelbrecher	Burgenland	Österreich	Rot	300	2017
9	B-444	Grüner Riesling	Mosel	Deutschland	Weiß	156	2016
10	B-707	Riesling Eiswein	Baden	Deutschland	Weiß	44	2018
11	B-777	Hinterdörfer Kiesgrube	Burgenland	Österreich	Weiß	3600	2018
12	C-455	Wiener Hinterhof, Spätlese Extra	Niederösterreich	Österreich	Rot	1250	2018
13	D-788	Rheingau Schattenhang	Rheinhessen	Deutschland	Weiß	55	2019
14	D-902	Riesling "Kirchenspiel"	Mosel	Deutschland	Weiß	1	2018
15	G-770	Chateau la Fleur	Bordeaux	Frankreich	Rot	4	2016
16	H-002	Vino de la Casa, Umbrien	Umbrien	Italien	Rot	78	2017
17	H-111	Pinot Noir	Bordeaux	Frankreich	Rot	233	2017
18	H-123	Blauer Zweigelt, Auslese	Burgenland	Österreich	Rot	130	2017
19	H-356	Sauvignon	Trentin	Italien	Weiß	920	2017

4 Zum Filtern klicken Sie einfach im Datenschnitt auf den gewünschten Inhalt

Bild 2.51 Tabelle filtern

	BestellNr	Bezeichnung	Anbaugebiet	Land	Kategorie	Flaschen	Jahrgang
20	H-555	Chardonnay	Trentin	Italien	Weiß	30	2018
23	K-445	Vino Nobile de Montepulciano, Sangiovese	Toskana	Italien	Rot	2	2018
24	K-780	Rosso de Montepulciano	Toskana	Italien	Rot	8	2018

Land: Deutschland, Frankreich, Italien, Österreich — Jahrgang: 2016, 2017, 2018, 2019

Mehrere Kriterien auswählen

Wenn Sie aus einem Datenschnitt mehrere Filterkriterien gleichzeitig anwenden möchten, dann klicken Sie im Datenschnitt auf das Symbol *Mehrfachauswahl* und klicken oder tippen anschließend die gewünschten Kriterien der Reihe nach an. Oder klicken Sie diese nacheinander mit gedrückter Strg-Taste an (Mehrfachmarkierung).

Filter löschen/Datenschnitt entfernen

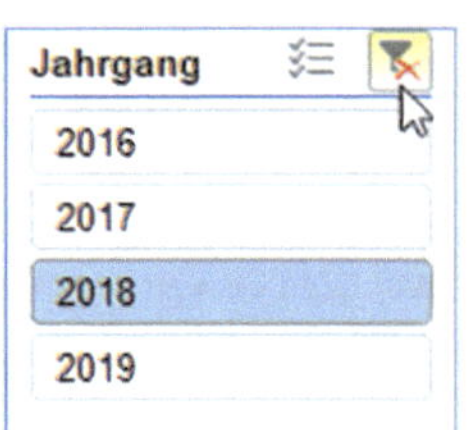

- Um einen Filter aufzuheben, klicken Sie in der rechten oberen Ecke des Datenschnitts auf das Symbol *Filter löschen*.
- Wenn Sie einen Datenschnitt aus dem Tabellenblatt entfernen möchten, dann sollten Sie zunächst eventuell noch aktive Filter dieses Datenschnitts löschen, da diese nicht automatisch mit entfernt werden. Falls Sie allerdings das Löschen des Filters vergessen haben, können Sie diesen auch über die Filterschaltfläche der betreffenden Spalte aufheben.

  Klicken Sie dann in den Titelbereich des Datenschnitts, dieser ist markiert und kann anschließend mit der Entf-Taste der Tastatur gelöscht werden. Als Alternative klicken Sie mit der rechten Maustaste in den Datenschnitt und auf den Befehl *„xxx" entfernen*, wie in Bild 2.52 auf Seite 52.

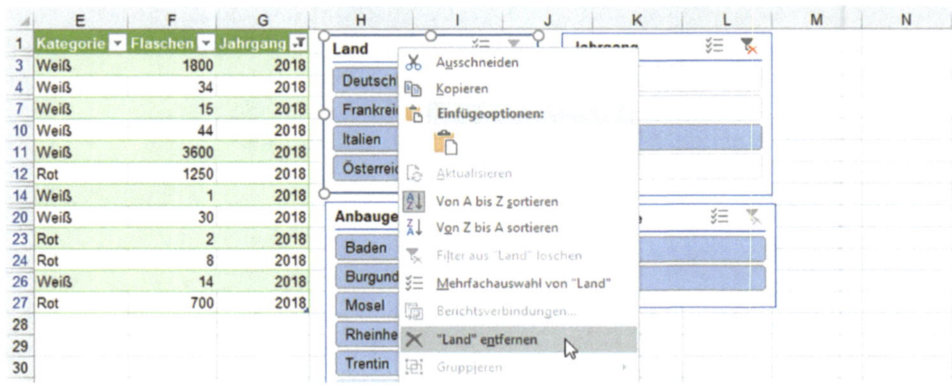

Bild 2.52 Datenschnitt entfernen

Tipps und Hinweise zum Umgang mit Datenschnitten

- Beim Drucken werden Datenschnitte zusammen mit der Tabelle gedruckt.
- Falls Sie einen Datenschnitt mit Formatierungen versehen möchten, finden Sie dazu mehrere Formatvorlagen ❶ im Register *Datenschitttools - Optionen*. Dieses Register erscheint, sobald Sie in einen Datenschnitt klicken.

  So können Sie beispielsweise zur besseren Übersicht jedem Datenschnitt eine andere Farbe zuweisen.

- Wenn Sie mehrere Datenschnitte überlappend angeordnet haben, dann können Sie zum Ändern der Reihenfolge in diesem Register die Befehle *Ebene nach vorne* bzw. *Ebene nach hinten* ❷ benutzen.
- Beinhaltet ein Datenschnitt sehr viele Auswahlkriterien, kann es sinnvoll sein, diese in Spalten anzuordnen. Die Anzahl der Spalten geben Sie im Register *Datenschitttools - Optionen* im Feld *Spalten* ❸ ein. Höhe und Breite eines Datenschnitts können Sie dagegen auch schnell mit gedrückter Maustaste ändern.

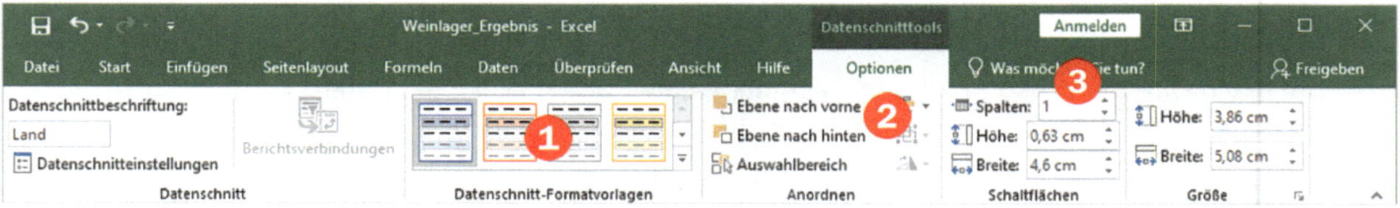

Bild 2.53 Das Register Datenschnitttools

2.6 Häufige Probleme in Datenbanken beheben

Textinhalte in mehrere Spalten aufteilen

Manchmal setzt sich eine Spalte aus zwei oder mehr Werten zusammen und macht somit eine gezielte Sortierung unmöglich. Abhilfe schafft das Tool *Text in Spalten*, mit der sich der Inhalt einer Spalte in mehrere Spalten aufteilen lässt. Dies funktioniert allerdings nur dann einwandfrei, wenn in der gesamten Spalte ein eindeutiges und einheitliches Trennzeichen, z. B. Leerzeichen oder Bindestrich verwendet wird.

> **Achtung**: Damit vorhandene Spalteninhalte nicht überschrieben werden, müssen Sie die neu entstandenen Spalten entweder nach der letzten Spalte einfügen oder Sie fügen zuvor die entsprechende Anzahl leerer Spalten an der gewünschten Stelle in die Tabelle ein (Register *Start* ▶ *Einfügen* ▶ *Blattspalten einfügen*).

1 Markieren Sie die aufzuteilende Spalte und klicken Sie im Register *Daten* ▶ *Datentools* auf *Text in Spalten*.

2 Excel startet den Textkonvertierungs-Assistent, der Sie durch die weiteren Schritte führt. Im ersten Schritt wählen Sie für das unten abgebildete Beispiel die Option *Getrennt* und klicken auf *Weiter*.

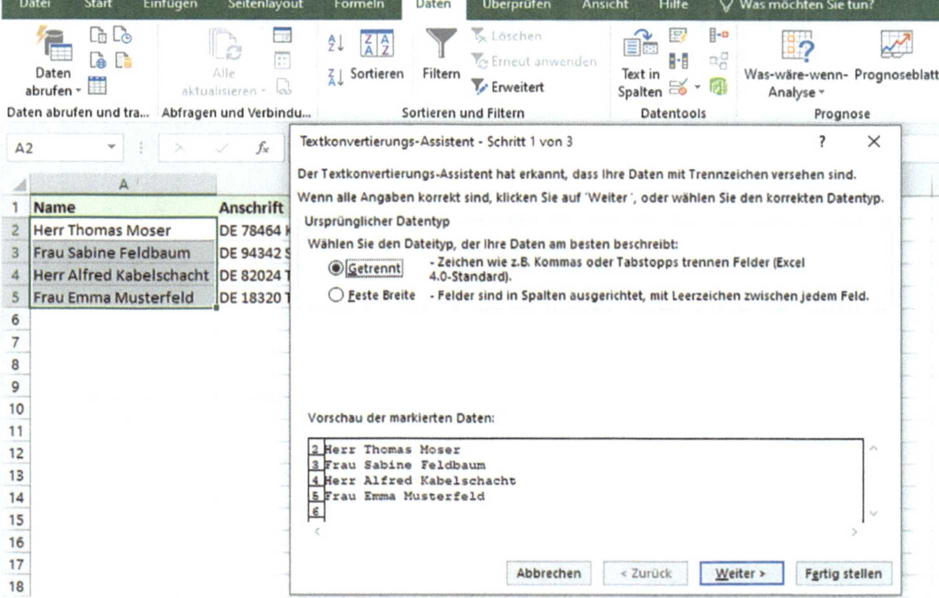

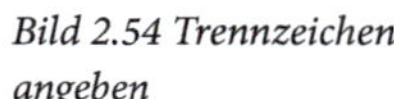
Bild 2.54 Trennzeichen angeben

Spalten_aufteilen.xlsx

3 Im nächsten Schritt geben Sie das verwendete Trennzeichen an. Da sich in diesem Beispiel zwischen Anrede, Vorname und Nachname je ein Leerzeichen befindet, aktivieren Sie das Kontrollkästchen *Leerzeichen*. Unterhalb können Sie anhand der Datenvorschau das Ergebnis vorab kontrollieren. Klicken Sie auf *Weiter*.

Sollte das Trennzeichen nicht aufgeführt sein, so aktivieren Sie *Andere* und geben das Zeichen im Feld daneben ein.

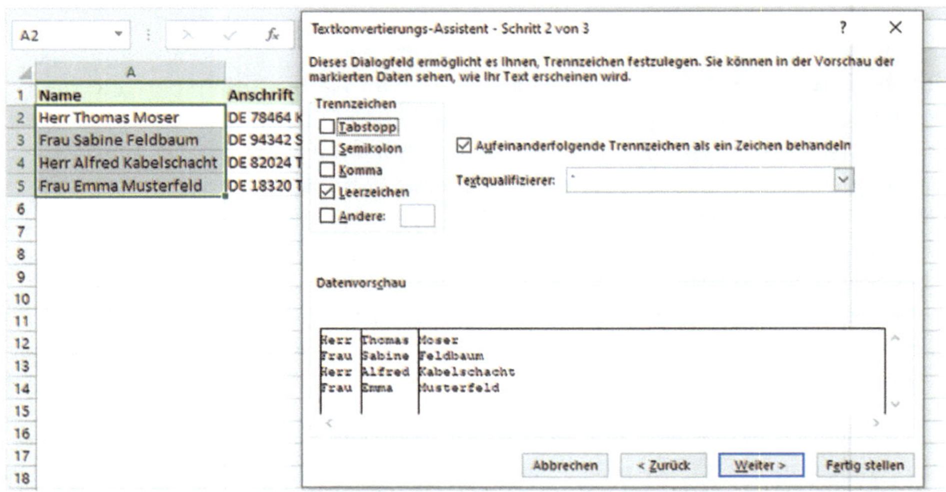

Bild 2.55 Text in Spalten

4 Im nächsten Schritt können Sie, falls nötig, jeder Spalte einen Datentyp zuweisen. Gleichzeitig legen Sie mit dem Zielbereich fest, ab welcher Position neuen Spalten eingefügt werden sollen, hier ab D2. Klicken Sie zuletzt auf *Fertig stellen*.

Achtung: Wird kein Zielbereich angegeben, so fügt Excel die neuen Spalten an der bisherigen Stelle ein und vorhandene Inhalte werden überschrieben.

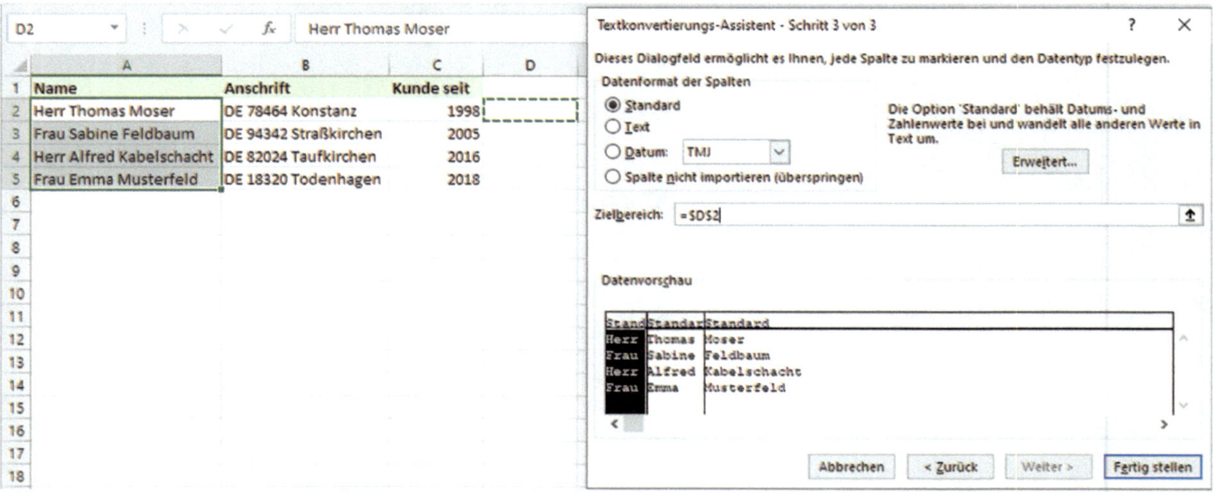

Bild 2.56 Zielbereich wählen

Hinweis: Falls die aufgeteilten Spalten unmittelbar rechts von der bisherigen Spalte eingefügt werden sollen, müssen Sie zuvor an dieser Stelle die künftige Anzahl Spalten einfügen. Im Fall der oben abgebildeten Anschrift also mindestens drei, besser noch vier Spalten, um zu verhindern, dass Inhalte der angrenzenden Spalten überschrieben werden.

Tipps für den Einsatz in der Praxis
Was sich hier so einfach liest, kann in der Praxis erhebliche Probleme bereiten. Dies beginnt damit, dass nur in seltenen Fällen ein einheitliches Trennzeichen verwendet wird, beispielsweise wenn Telefonnummern nach Vorwahl und Rufnummer aufgeteilt werden sollen. In solchen Fällen empfiehlt es sich, zunächst mit Hilfe von Suchen und Ersetzen für ein einheitliches Trennzeichen zu sorgen. Für kompliziertere Fälle können Sie stattdessen auch die Textfunktion ERSETZEN (siehe Seite 64) heranziehen.

Duplikate in Tabellen aufspüren und entfernen

Neben fehlerhaften Eingaben sind Duplikate, also Datensätze, die irrtümlich doppelt erfasst wurden, ein häufiges Problem in Datenbanken. Um sie aufzuspüren, gibt es verschiedene Möglichkeiten, jede mit Vor- und Nachteilen.

Schaltfläche Duplikate entfernen

Eine Möglichkeit stellt die Schaltfläche *Duplikate entfernen* (Register *Daten*, Gruppe *Datentools*) dar.

Bild 2.57 Duplikate entfernen

Achtung: Die Duplikate werden sofort und automatisch gelöscht, erst danach erhalten Sie eine Meldung über die Anzahl der gelöschten Datensätze! Dieser Befehl sollte also nur mit Vorsicht angewendet werden, da Sie keinerlei Einfluss darauf haben, welches Duplikat entfernt wird.

Klicken Sie auf *Duplikate entfernen* und wählen Sie im nachfolgenden Dialogfenster aus, welche Spalten auf doppelte Werte überprüft werden sollen, im unten abgebildeten Beispiel alle Spalten mit Ausnahme der Kundennummer.

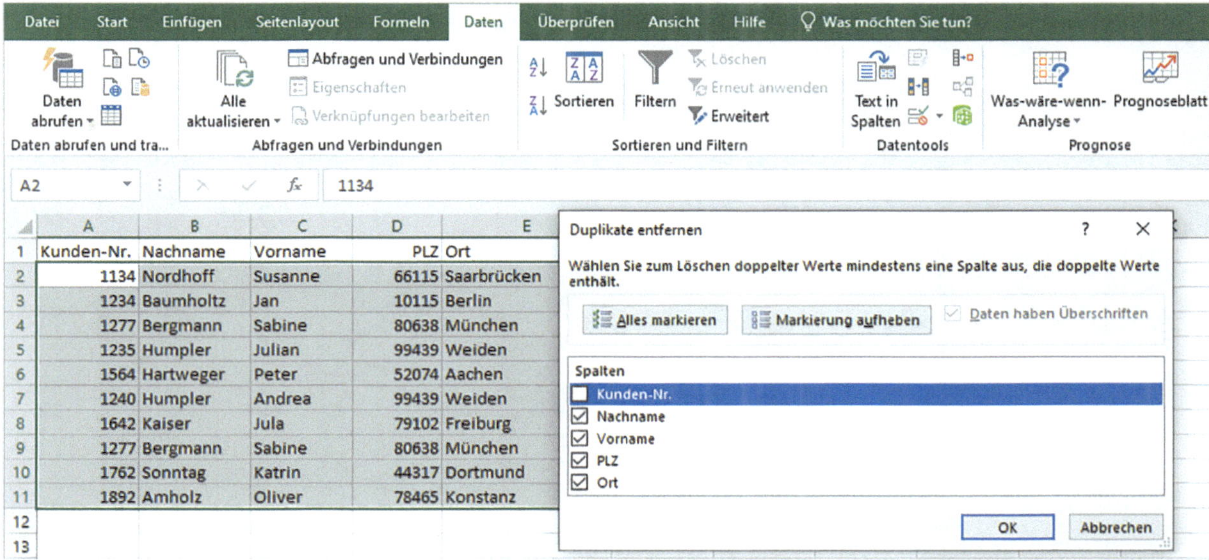

Kunden-Nr.	Nachname	Vorname	PLZ	Ort
1134	Nordhoff	Susanne	66115	Saarbrücken
1234	Baumholtz	Jan	10115	Berlin
1277	Bergmann	Sabine	80638	München
1235	Humpler	Julian	99439	Weiden
1564	Hartweger	Peter	52074	Aachen
1240	Humpler	Andrea	99439	Weiden
1642	Kaiser	Jula	79102	Freiburg
1277	Bergmann	Sabine	80638	München
1762	Sonntag	Katrin	44317	Dortmund
1892	Amholz	Oliver	78465	Konstanz

Duplikate mit dem Spezialfilter kennzeichnen

Duplikate.xlsx

Wenn Sie die Duplikate einstweilen nur kennzeichnen möchten, um sie dann manuell zu entfernen, dann bietet sich der Spezialfilter an. Dazu gehen Sie wie folgt vor:

1. Vor der Verwendung des Spezialfilters sollten Sie zuerst den gesamten Datenbereich der Tabelle markieren und mit einer auffälligen Schriftfarbe formatieren , z. B. rot. Ein Kriterienbereich wird nicht benötigt.
2. Rufen Sie dann den Spezialfilter auf (Register *Daten* ▶ *Sortieren und Filtern* ▶ *Erweitert*). Geben Sie keinen Kriterienbereich an, sondern aktivieren Sie das Kontrollkästchen *Keine Duplikate* (Bild 2.58).
3. Die Tabelle wird an gleicher Stelle gefiltert, wobei die Duplikate lediglich ausgeblendet sind. Formatieren Sie jetzt die gefilterte Tabelle wieder mit der ursprünglichen Schriftfarbe und entfernen Sie dann den Filter wieder.

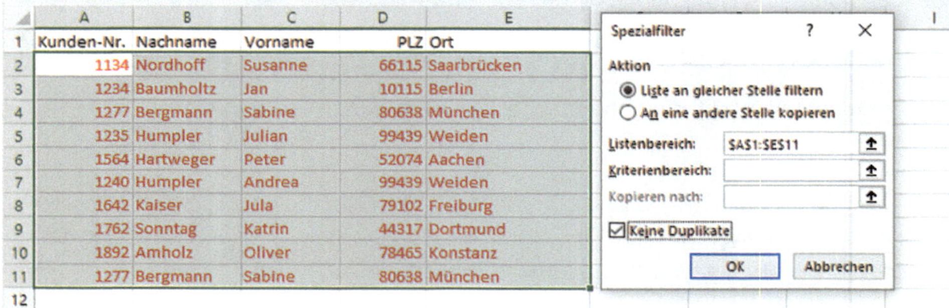

	A	B	C	D	E
1	Kunden-Nr.	Nachname	Vorname	PLZ	Ort
2	1134	Nordhoff	Susanne	66115	Saarbrücken
3	1234	Baumholtz	Jan	10115	Berlin
4	1277	Bergmann	Sabine	80638	München
5	1235	Humpler	Julian	99439	Weiden
6	1564	Hartweger	Peter	52074	Aachen
7	1240	Humpler	Andrea	99439	Weiden
8	1642	Kaiser	Jula	79102	Freiburg
9	1762	Sonntag	Katrin	44317	Dortmund
10	1892	Amholz	Oliver	78465	Konstanz
11	1277	Bergmann	Sabine	80638	München
12					

Bild 2.58 Duplikate mit Spezialfilter finden

4. Alle mit roter Schrift formatierten Zellen sind nun als Duplikate leicht zu erkennen. Wenn Sie nun im nächsten Schritt die Tabelle nach den wichtigsten Merkmalen sortieren, z. B. nach Kundennummer, Nachname und Vorname, können Sie leicht feststellen, ob es sich um echte Duplikate handelt und diese anschließend manuell löschen.

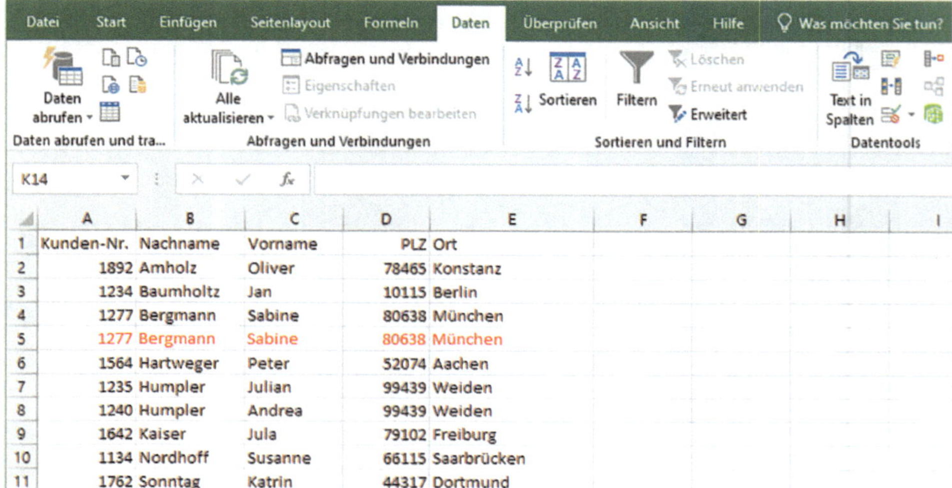

	A	B	C	D	E
1	Kunden-Nr.	Nachname	Vorname	PLZ	Ort
2	1892	Amholz	Oliver	78465	Konstanz
3	1234	Baumholtz	Jan	10115	Berlin
4	1277	Bergmann	Sabine	80638	München
5	1277	Bergmann	Sabine	80638	München
6	1564	Hartweger	Peter	52074	Aachen
7	1235	Humpler	Julian	99439	Weiden
8	1240	Humpler	Andrea	99439	Weiden
9	1642	Kaiser	Jula	79102	Freiburg
10	1134	Nordhoff	Susanne	66115	Saarbrücken
11	1762	Sonntag	Katrin	44317	Dortmund

Bild 2.59 Farbig kennzeichnen

Nachteil: Diese Methode bezieht immer alle Spalten mit ein. Ein doppelt vorhandener Kunde mit zwei unterschiedlichen Kundennummern wird nicht gefunden.

Duplikate mit der bedingten Formatierung hervorheben

Eine weitere Möglichkeit stellt die bedingte Formatierung dar, allerdings funktioniert dies nur mit jeweils einer einzigen Spalte. Dazu markieren Sie die betreffende Spalte, klicken im Register *Start* auf *Bedingte Formatierung* und zeigen auf *Regeln zum Hervorheben von Zellen*. Klicken Sie hier auf *Doppelte Werte...* (siehe Bild unten) und wählen Sie anschließend eine Formatierung.

Bild 2.60 Bedingte Formatierung

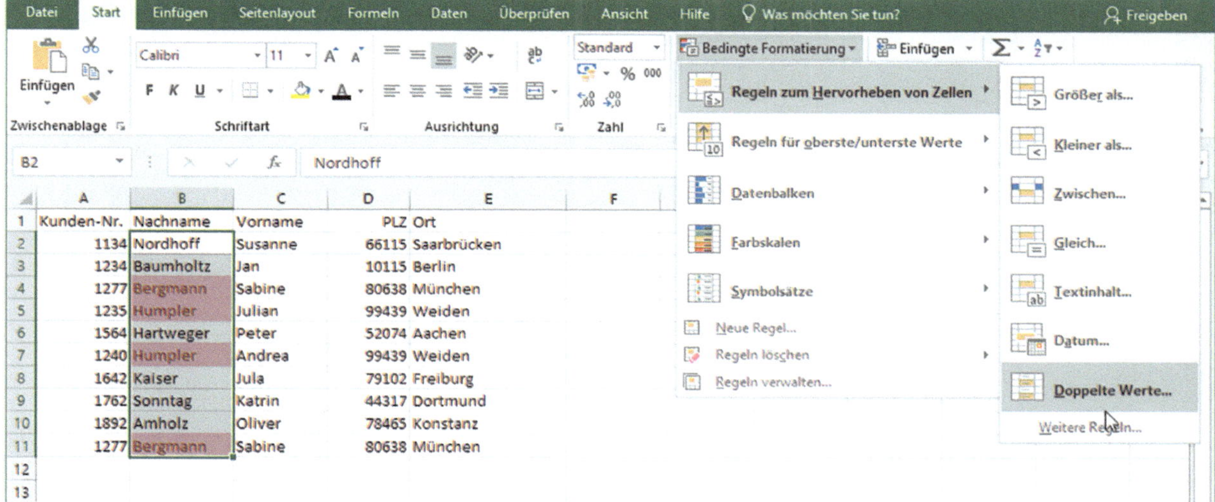

3 Textdateien öffnen und bereinigen

In diesem Kapitel lernen Sie...

- CSV-Dateien mit Excel öffnen
- Textdateien öffnen und konvertieren
- Mögliche Probleme beheben
- Daten mit Excel-Funktionen bereinigen

Das sollten Sie wissen

- Formeln und einfache Funktionen

3.1 Textdateien öffnen und konvertieren

Im Gegensatz zu formatierten Textdokumenten, die z. B. mit Microsoft Word erzeugt werden.

Textdateien sind ein gängiges Dateiformat zum Datenaustausch, nicht nur mit Excel. Dabei handelt es sich um Dateien, die nur Text, aber keinerlei Formatierungen enthalten. Die Werte der einzelnen Spalten werden mit einem bestimmten Trennzeichen getrennt, meist Semikolon (;) oder Tab-Zeichen, allerdings sind auch andere Zeichen möglich. Text wird häufig zur eindeutigen Kennzeichnung zusätzlich in Anführungszeichen " " gesetzt. Die am häufigsten verwendeten Textdateiformate sind:

CSV, Abkürzung für comma separated values.

- Reine Textdateien mit der Dateinamenerweiterung .txt. Die Werte können mit Tabulator- oder einem beliebigen anderen Zeichen, z. B. | getrennt sein.
- Das CSV-Dateiformat, bei dem entweder ein Komma (im englischen Sprachraum) oder Semikolon (deutsch) als Trennzeichen verwendet wird.

Bild 3.1 Beispiel Textdatei, die Werte bzw. Spalten sind mit Semikolon getrennt

Produkte.txt - Editor

Datei Bearbeiten Format Ansicht Hilfe

```
"ModellID";"Kollektion";"Produktgruppe";"PreisNetto";"Lieferbar"
10050;"Basic";"Shirt";6,20;1
10053;"Basic";"Pullover";12,80;1
10055;"Basic";"Shirt";9,84;1
10108;"Trend";"Pullover";25,65;1
10109;"Trend";"Shirt";15,30;1
10110;"Basic";"Pullover";31,80;0
```

Textdatei (.txt) mit dem Textkonvertierungs-Assistent öffnen

Um mit Excel eine Textdatei mit der Dateinamenerweiterung .txt zu öffnen, starten Sie Excel und klicken im Register *Datei* auf *Öffnen*.

1 Wählen Sie den Speicherort aus. **Achtung**: In der Standardeinstellung zeigt das *Öffnen*-Dialogfenster ausschließlich Excel-Dateitypen (.xls, .xlsx, usw.) an. Damit auch Textdateien erscheinen, müssen Sie über den Dropdown-Pfeil *Dateityp* entweder *Textdateien* oder *Alle Dateien* (siehe Bild unten) auswählen. Markieren Sie dann die gewünschte Datei und klicken Sie auf *Öffnen*.

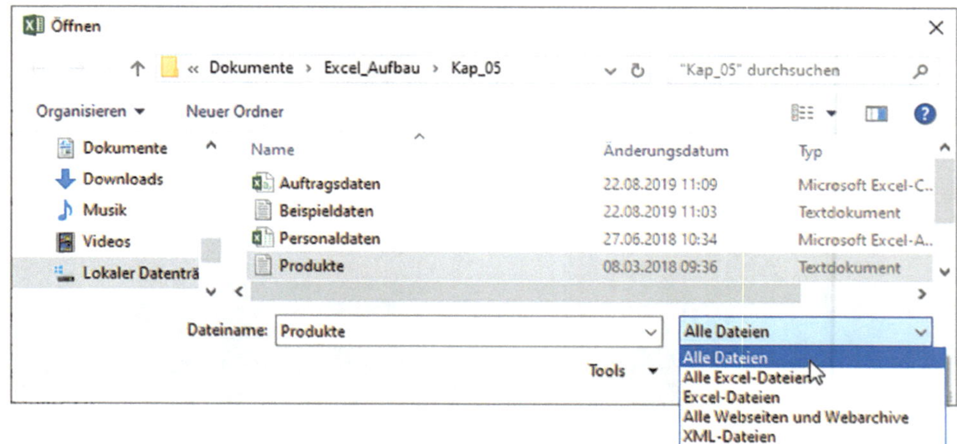

Bild 3.2 Dateityp auswählen!

2 Excel startet anschließend automatisch den *Textkonvertierungs-Assistent*, der Sie in Schritten durch den Import führt. Im ersten Schritt legen Sie den Datentyp fest und kontrollieren den verwendeten Zeichensatz.

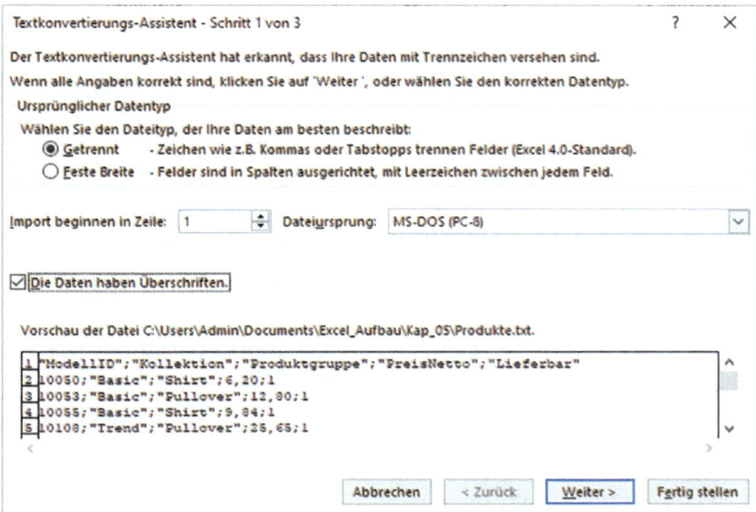

Bild 3.3 Textkonvertierung: Schritt 1

- Wählen Sie unter *Ursprünglicher Datentyp* die Option *Getrennt*, wenn die Werte durch ein Trennzeichen (Komma, Semikolon, Tab-Zeichen, usw.) getrennt sind. Dies ist auch der häufigste Typ.
- Der *Dateiursprung* legt den verwendeten Zeichensatz fest. Kontrollieren Sie diesen unterhalb in der Vorschau auf die Datei: Wenn Umlaute wie Ä, Ö usw. korrekt dargestellt werden, dann können Sie die Standardeinstellung beibehalten. Verwendet dagegen das System, aus dem die Datei exportiert wurde, einen anderen Zeichensatz, z. B. UTF-8, so wählen Sie diesen hier aus.
- Geben Sie außerdem an, ab welcher Zeile der Import beginnen soll (standardmäßig ab Zeile 1) und ob die Daten Überschriften enthalten.

3 Im zweiten Schritt des Assistenten wird das verwendete Trennzeichen festgelegt.

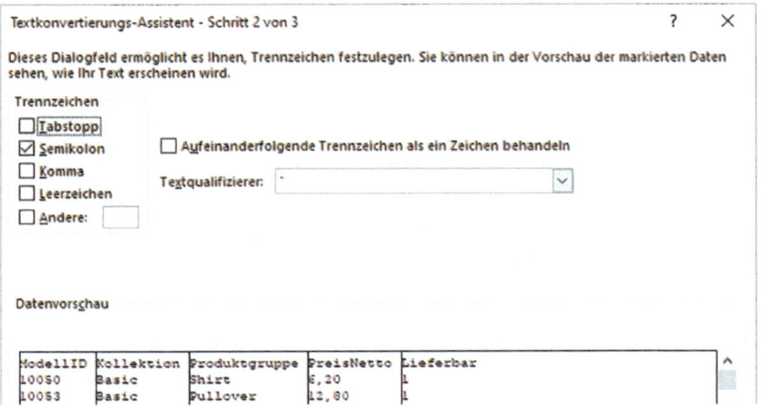

Bild 3.4 Trennzeichen festlegen

4 Meist bilden Semikolon oder Tabstopp das Trennzeichen. Falls ein anderes Zeichen verwendet wird, so aktivieren Sie das Kontrollkästchen *Andere* und tragen das Zeichen im Feld daneben ein. Texte sind häufig zur besseren Unterscheidung in Anführungszeichen gesetzt, kontrollieren Sie dies im Feld *Textqualifizierer* oder geben Sie hier das verwendete Zeichen ein. Klicken Sie dann auf *Weiter*

5 Im letzten Schritt können Sie für jede Spalte einzeln entscheiden, ob Sie diese importieren möchten und das Datenformat festlegen.

- Klicken Sie in der Vorschau in die betreffende Spalte und wählen Sie oben das Datenformat oder klicken Sie auf die Option *Spalte nicht importieren (überspringen)*, wenn diese Spalte nicht importiert werden soll. Die Option *Standard* behält Zahlen und Datumswerte bei und wandelt alle anderen Werte in Text um.
- Beim Import von Postleitzahlen sollten Sie für die betreffende Spalte das Format *Text* wählen, damit die führende 0 beibehalten wird.
- Wenn Sie alle Spalten im Standardformat übernehmen möchten, dann können Sie diesen Schritt auch übergehen und auf *Fertig stellen* klicken.

Länderspezifische Zahlen- und Datumsschreibweise konvertieren

Einige Anwendungen verwenden für Zahlen die angelsächsische Schreibweise. Das bedeutet, als Dezimalzeichen wird der Punkt und als Tausenderzeichen das Komma verwendet also z. B. 5,300.00 statt 5.300,00. Dies führt bei anschließenden Auswertungen zu Problemen, da solche Zahlen von Excel als Text behandelt werden. Klicken Sie in solchen Fällen auf die Schaltfläche *Erweitert...* und ändern Sie die verwendeten Zeichen entsprechend (Bild unten).

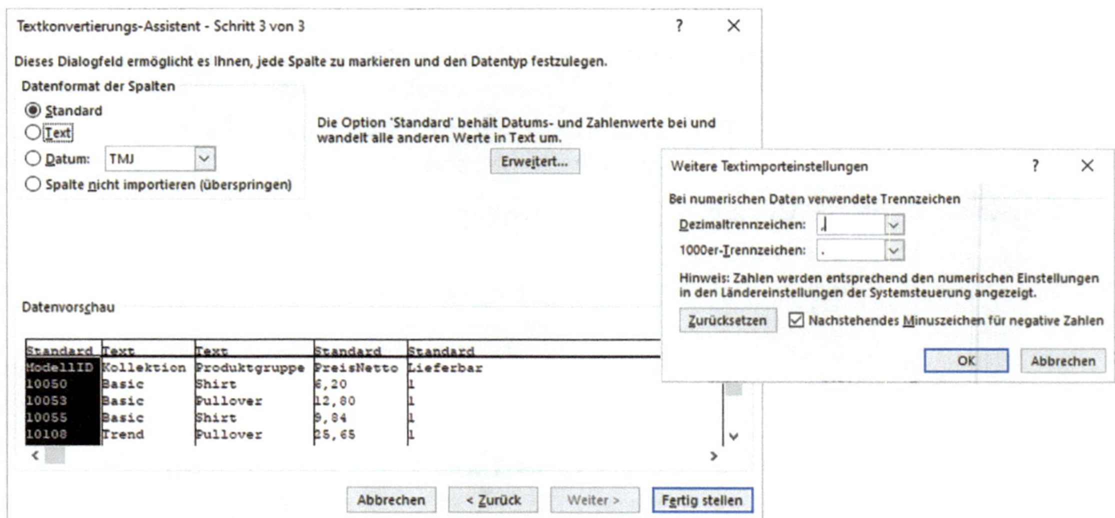

Bild 3.5 Datentyp und Trennzeichen für Zahlen festlegen

6 Klicken Sie abschließend auf *Fertig stellen*. Excel öffnet die Daten als Tabelle in einer Arbeitsmappe, diese sollten Sie anschließend über *Datei* ▶ *Speichern* unter als Excel-Arbeitsmappe speichern.

CSV-Dateien öffnen

Dateien mit der Dateinamenerweiterung .csv sind im Datei-Explorer von Windows meist mit einem Excel-Dateisymbol versehen (siehe Bild unten) und können einfach per Doppelklick auf das Dateisymbol mit Excel geöffnet werden. Bis auf wenige Ausnahmen werden dabei die Daten automatisch in Spalten angeordnet.

Name	Änderungsdatum	Typ	Größe
Auftragsdaten	22.08.2019 11:09	Microsoft Excel-CSV-Datei	7 KB
Beispieldaten	22.08.2019 11:03	Textdokument	1 KB
Personaldaten	27.06.2018 10:34	Microsoft Excel-Arbeitsblatt	12 KB
Produkte	08.03.2018 09:36	Textdokument	1 KB

Bild 3.6 CSV-Dateien unterscheiden sich durch ihr Symbol von Textdateien (.txt)

Mögliche Probleme beim Öffnen

In Ausnahmefällen kann es vorkommen, dass beim Öffnen einer Datei im CSV-Format die Daten nicht korrekt in Spalten importiert werden, sondern sich in einer einzigen Spalte befinden. Weitere mögliche Fehlerquellen beim Öffnen: Ein Datum wird nicht als solches erkannt, Umlaute werden nicht korrekt dargestellt oder die führende 0 von Postleitzahlen entfernt, wenn Excel diese als Zahlen interpretiert.

Abhilfe schafft in solchen Fällen der oben beschriebene Textkonvertierungs-Assistent. Allerdings startet dieser nur beim Öffnen einer txt-Datei, nicht aber, wenn Sie eine CSV-Datei öffnen. Sie müssen daher zu einem Trick greifen und zunächst den Dateityp ändern. Dazu brauchen Sie nur die Dateinamenerweiterung von .csv auf .txt ändern:

Ausnahmsweise ist hier eine Änderung der Dateinamenerweiterung gefahrlos möglich.

1 Falls diese nicht sichtbar ist, klicken Sie im Datei-Explorer von Windows auf das Register *Ansicht* und aktivieren in der Gruppe *Ein-/Ausblenden* das Kontrollkästchen *Dateinamenerweiterungen*.

2 Anschließend klicken Sie mit der rechten Maustaste auf den Dateinamen und auf *Umbenennen*. Geben Sie nach dem Punkt *txt* statt *csv* ein und betätigen Sie die Eingabetaste. Die nachfolgende Warnung mit der Frage, ob Sie die Dateinamenerweiterung trotzdem ändern möchten, können Sie ausnahmsweise bestätigen. Klicken Sie auf *Ja*.

   Anschließend können Sie die Dateinamenerweiterung durch Deaktivieren des Kontrollkästchens wieder ausblenden.

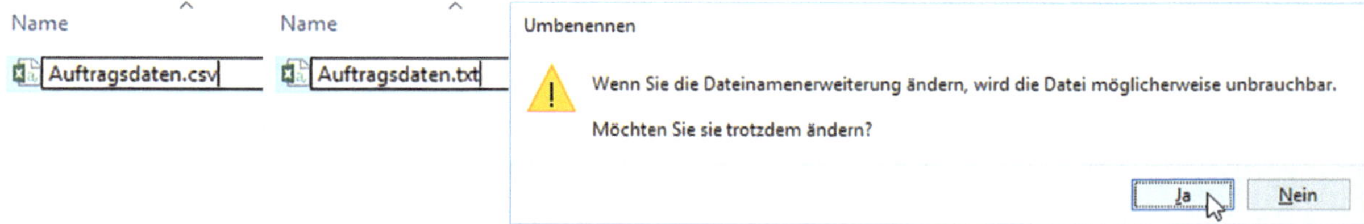

Bild 3.7 Ändern Sie die Dateinamenerweiterung in txt.

Starten Sie anschließend Excel, klicken Sie im Register *Datei* auf *Öffnen* und führen Sie dann die Schritte, wie zuvor ab Seite 60 beschrieben, aus.

3.2 Datenbereinigung mit Excel-Funktionen

Hinweis: Wesentlich komfortabler gestaltet sich allerdings die Datenaufbereitung mit Power Query, siehe Kapitel 5.

Vielfach sind nach dem Öffnen von .txt oder .csv-Dateien vor der eigentlichen Auswertung noch weitere Schritte notwendig. So sind beispielsweise überflüssige Leerzeichen oder sonstige Steuerzeichen im Text ärgerlich, da sie das Sortieren beeinflussen oder als Text gespeicherte Zahlen bereiten Probleme bei Berechnungen. Oft wird auch ein Teil einer Spalte gesondert benötigt, z. B. bei Produktnummern oder die Inhalte mehrerer Spalten müssen zusammengeführt werden. Die meisten dieser Aufgaben können Sie mit Excel-Funktionen erledigen.

Achtung: CSV-Dateien speichern keinerlei Formatierungen und Formeln! Wenn Sie eine CSV-Datei geöffnet haben und Ihre Änderungen gespeichert werden sollen, dann müssen Sie die Datei als Excel-Arbeitsmappe (.xlsx) speichern.

Leerzeichen, Zeilenumbrüche und andere Steuerzeichen aus Text entfernen

Der Text importierter Tabellen enthält manchmal Zeilenumbrüche oder andere, unsichtbare Steuerzeichen. Mit der Funktion SÄUBERN bereinigen Sie Text von derartigen Zeichen. Überflüssige Leerzeichen vor oder nach dem eigentlichen Text dagegen lassen sich schnell mit der Funktion GLÄTTEN entfernen.

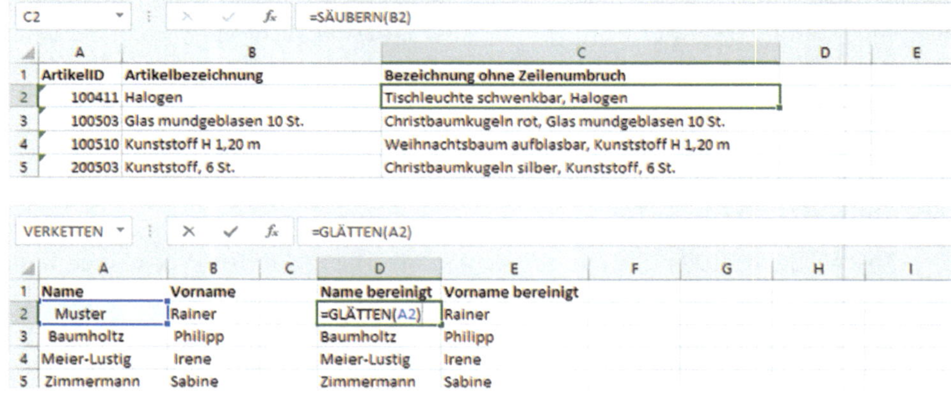

C2 =SÄUBERN(B2)

	A	B	C	D	E
1	ArtikelID	Artikelbezeichnung	Bezeichnung ohne Zeilenumbruch		
2	100411	Halogen	Tischleuchte schwenkbar, Halogen		
3	100503	Glas mundgeblasen 10 St.	Christbaumkugeln rot, Glas mundgeblasen 10 St.		
4	100510	Kunststoff H 1,20 m	Weihnachtsbaum aufblasbar, Kunststoff H 1,20 m		
5	200503	Kunststoff, 6 St.	Christbaumkugeln silber, Kunststoff, 6 St.		

Bild 3.8 Zeilenumbrüche mit SÄUBERN entfernen

VERKETTEN =GLÄTTEN(A2)

	A	B	C	D	E	F	G	H	I
1	Name	Vorname		Name bereinigt	Vorname bereinigt				
2	Muster	Rainer		=GLÄTTEN(A2)	Rainer				
3	Baumholtz	Philipp		Baumholtz	Philipp				
4	Meier-Lustig	Irene		Meier-Lustig	Irene				
5	Zimmermann	Sabine		Zimmermann	Sabine				

Bild 3.9 Leerzeichen mit GLÄTTEN entfernen

Einzelne Zeichen oder Zeichenfolgen ersetzen

Müssen einzelne Zeichen oder Zeichenfolgen ersetzt werden, dann verwenden Sie hierzu die Funktion ERSETZEN.

```
=ERSETZEN(Alter_Text;Erstes_Zeichen;Anzahl_Zeichen;Neuer_Text)
```

- *Alter_Text* legt den Text fest, in dem Sie Zeichen ersetzen möchten.
- Mit *Erstes_Zeichen* geben Sie die Position an, ab der Sie Zeichen ersetzen möchten.

- *Anzahl_Zeichen* gibt an, wie viele Zeichen innerhalb von *Alter_Text* ersetzt werden sollen.
- Den neuen Text geben Sie unter *Neuer_Text* ein. Die Anzahl der neuen Zeichen muss nicht mit der, unter *Anzahl_Zeichen* angegebenen, Zahl übereinstimmen.

Beispiel: Sie möchten Telefonnummern so ändern, dass anstelle der beiden führenden Nullen das + Zeichen angezeigt wird, also z. B. +49 statt 0049.

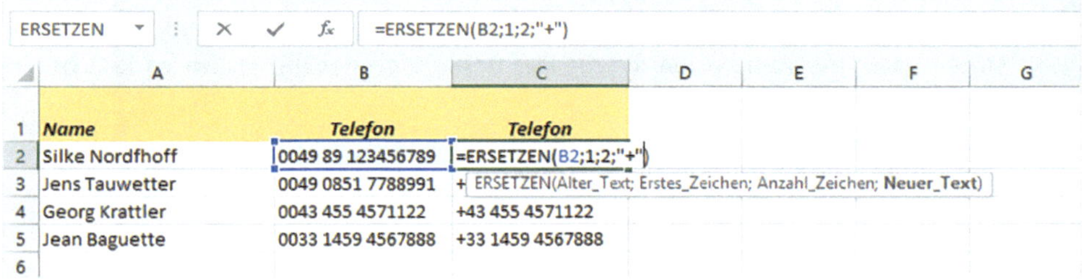

ERSETZEN | =ERSETZEN(B2;1;2;"+")

	A	B	C
1	*Name*	*Telefon*	*Telefon*
2	Silke Nordfhoff	0049 89 123456789	=ERSETZEN(B2;1;2;"+")
3	Jens Tauwetter	0049 0851 7788991	+ ERSETZEN(Alter_Text; Erstes_Zeichen; Anzahl_Zeichen; **Neuer_Text**)
4	Georg Krattler	0043 455 4571122	+43 455 4571122
5	Jean Baguette	0033 1459 4567888	+33 1459 4567888
6			

Bild 3.10 Beispiel ERSETZEN

Teile aus Spalten extrahieren

Wird nur ein bestimmter Teil einer Spalte benötigt, dann kommen die Textfunktionen LINKS, RECHTS und TEIL zum Einsatz. Allerdings erfordern alle drei Funktionen als Argument die Anzahl der benötigten Zeichen und können daher nur eingesetzt werden, wenn die gesuchte Zeichenfolge eine feste Länge besitzt.

Funktion	Beschreibung und Syntax
LINKS	=LINKS(Text;Anzahl_Zeichen) Liefert die angegebene Anzahl Zeichen, beginnend mit dem ersten **linken** Zeichen
RECHTS	=RECHTS(Text;Anzahl_Zeichen) Liefert die angegebene Anzahl Zeichen, beginnend mit dem ersten **rechten** Zeichen
TEIL	=TEIL(Text;Erstes_Zeichen;Anzahl_Zeichen) Liefert die angegebene Anzahl Zeichen, beginnend ab der unter Erstes_Zeichen festgelegten Position. Damit erhalten Sie Zeichenfolgen, die sich innerhalb einer anderen Zeichenfolge befinden.

ZAHLENW... | =RECHTS(A2;2)

	A	B	C	D
1	*Artikel-Nr.*	*Warengruppe*	*Modell*	*Farbe*
2	AA-12345-10	AA	12345	=RECHTS(A2;2)
3	AB-19900-10	AB	19900	RECHTS(Text; [Anzahl_Zeichen])
4	AB-19900-20	AB	19900	20
5	BB-26700-20	BB	26700	20
6	BB-26700-30	BB	26700	30
7	CA-26700-35	=LINKS(A7;2)	=TEIL(A7;4;5)	=RECHTS(A7;2)
8				

Bild 3.11 Beispiel Zeichenfolgen ermitteln

Position einer Zeichenfolge ermitteln

Wenn die Position der gesuchten Zeichenfolge nicht bekannt ist, dann setzen Sie die Funktion FINDEN ein, die Syntax:

```
FINDEN(Suchtext;Text;Erstes_Zeichen)
```

- Als *Suchtext* geben Sie das gesuchte Zeichen in Anführungszeichen " " ein.
- *Text* gibt die zu durchsuchende Zeichenfolge an.
- Unter *Erstes_Zeichen* geben Sie die Position an, ab der die Suche im Text beginnen soll.

Das Tool Text in Spalten

Statt der oben genannten Funktionen kann auch das Tool *Text in Spalten* eingesetzt werden. Dahinter verbirgt sich nichts anderes, als der oben beschriebene Textkonvertierungs-Assistent, siehe Seite 60. Die genaue Vorgehensweise wurde bereits im vorhergehenden Kapitel ab Seite 53 beschrieben.

Teile aus Datumswerten

Handelt es sich um ein Datum, dann lassen sich Jahr, Monat und Tag mit den Funktionen JAHR, MONAT oder TAG extrahieren. Die Kalenderwoche eines Datums ermitteln Sie mit der Funktion ISOKALENDERWOCHE.

Funktion	Beschreibung	Beispiel	Ergebnis
TAG(Datum)	Liefert aus einem Datum den Tag als Zahl	=TAG(23.01.2020)	23
MONAT(Datum)	Liefert aus einem Datum den Monat als Zahl	=MONAT(23.01.2020)	1
JAHR(Datum)	Liefert aus einem Datum das Jahr als Zahl	=JAHR(23.01.2020	2020
ISOKALENDERWOCHE(Datum)	Liefert aus einem Datum die Kalenderwoche nach dem europäischen Wochennummerierungssystem	16.01.2020	3

Die Inhalte mehrerer Spalten in einer einzigen zusammenfügen

Zum Aneinanderfügen von Zeichenfolgen kennt Excel gleich mehrere Möglichkeiten. Auch Zahlen lassen sich auf diese Weise miteinander verketten, allerdings behandelt dann Excel das Ergebnis als Text. Beachten Sie aber, dass in vielen Fällen noch ein zusätzliches Trennzeichen dazwischen eingefügt werden muss, zum Beispiel im Bild unten jeweils ein Leerzeichen zwischen Anrede, Vorname und Nachname. Dieses geben Sie einfach in Anführungszeichen ein.

Verketten mit dem kaufmännischen &-Zeichen

Am einfachsten fügen Sie einzelne Zeichenfolgen mit dem kaufmännischen &-Zeichen aneinander. Für das unten abgebildete Beispiel muss die Formel in D2 lauten:

```
=C2&" "&B2&" "&A2
```

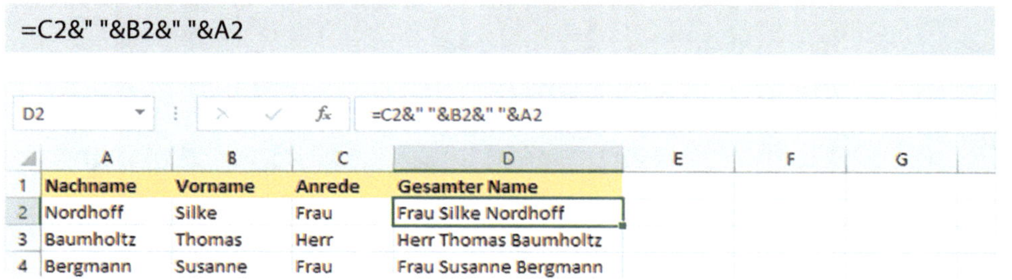

D2 =C2&" "&B2&" "&A2

	A	B	C	D	E	F	G
1	Nachname	Vorname	Anrede	Gesamter Name			
2	Nordhoff	Silke	Frau	Frau Silke Nordhoff			
3	Baumholtz	Thomas	Herr	Herr Thomas Baumholtz			
4	Bergmann	Susanne	Frau	Frau Susanne Bergmann			

Bild 3.12 Mit dem kaufmännischen &-Zeichen aneinanderfügen

Die Funktionen VERKETTEN und TEXTKETTE

Genau das gleiche Ergebnis erzielen Sie mit der Funktion VERKETTEN, in diesem Fall muss in D2 eingegeben werden: =VERKETTEN(C2;" " ;B2;" ";A2).

Tipp: Wenn Sie mehrere Zellinhalte ohne zusätzliches Zeichen dazwischen verketten möchten, dann können Sie auch die Zellen nacheinander mit gleichzeitig gedrückter Strg-Taste anklicken (Mehrfachmarkierung). Excel fügt die Semikolons zur Trennung der Argumente automatisch ein.

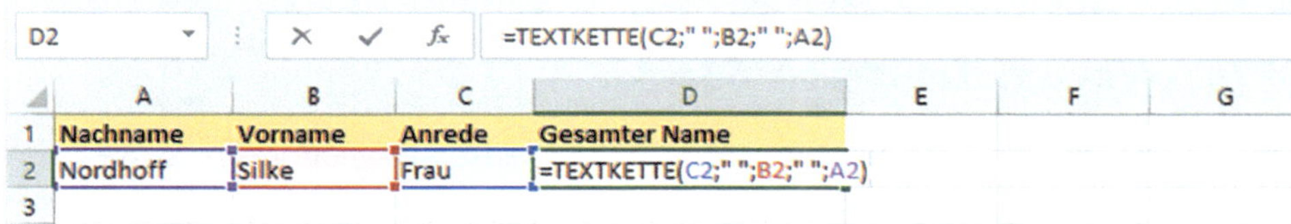

D2 =TEXTKETTE(C2;" ";B2;" ";A2)

	A	B	C	D	E	F	G
1	Nachname	Vorname	Anrede	Gesamter Name			
2	Nordhoff	Silke	Frau	=TEXTKETTE(C2;" ";B2;" ";A2)			
3							

Bild 3.13 Die Funktion TEXTKETTE

Ab der Excel Version 2019 können Sie statt VERKETTEN auch die Funktion TEXTKETTE verwenden, die Schreibweise ist dieselbe.

Tipp: Wenn keine weiteren Zeichen dazwischen eingefügt werden sollen, dann können Sie mit dieser Funktion im Gegensatz zu VERKETTEN auch einen Zellbereich, z. B. A2:D2 wie im Bild unten, angeben und so Tipparbeit sparen.

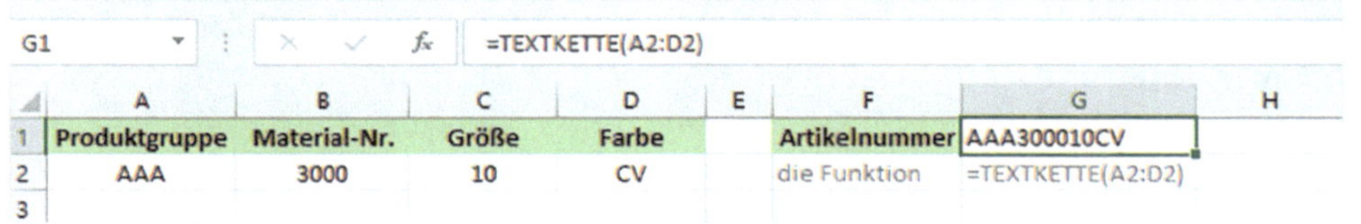

G1 =TEXTKETTE(A2:D2)

	A	B	C	D	E	F	G	H
1	Produktgruppe	Material-Nr.	Größe	Farbe		Artikelnummer	AAA300010CV	
2	AAA	3000	10	CV		die Funktion	=TEXTKETTE(A2:D2)	
3								

Bild 3.14 Die Funktion TEXTKETTE erlaubt auch Bereichsangaben

TEXTVERKETTEN

Die Funktion TEXTVERKETTEN verwendet gegenüber TEXTKETTE eine wesentlich kürzere Schreibweise und eignet sich, wenn mehrere Zeichenfolgen mit immer demselben Zeichen dazwischen verkettet werden sollen.

Die Vorteile: Sie brauchen das Trennzeichen nur einmal eingeben und der Parameter *Leer-ignorieren* steuert, ob leere Zellen ignoriert werden sollen oder nicht. Neben der Angabe einzelner Zellen, ist auch, wie im Bild unten, eine Bereichsangabe möglich. Leider ist auch diese Funktion nur ab Excel 2019 verfügbar. Der Aufbau der Funktion:

```
TEXTVERKETTEN(Trennzeichen;Leer_ignorieren;Text1;Text2;...)
```

Bild 3.15 Die Funktion TEXTVERKETTEN

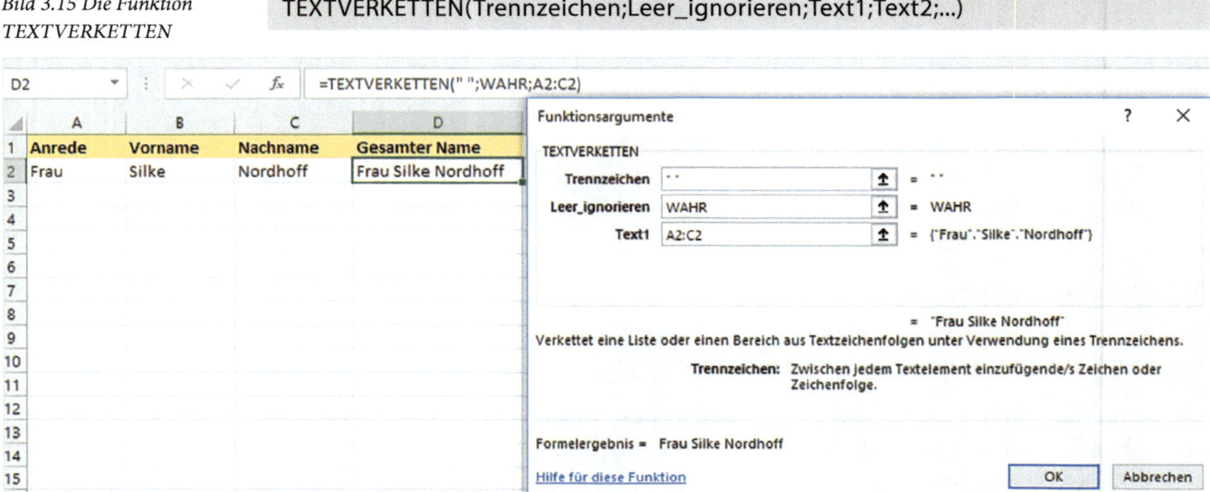

Als Text gespeicherte Zahlen umwandeln

Ein häufiges Problem sind als Text gespeicherte Zahlen, da mit diesen keine weiteren Berechnungen möglich sind. Falls die Ursache in der länderabhängigen Schreibweise (Punkt statt Komma) liegt, sollten Sie diese, wenn möglich, bereits mit dem Textkonvertierungs-Assistent umwandeln. Daneben gibt es aber auch noch andere Fälle, daher hier einige der wichtigsten Methoden.

Nutzen Sie die automatische Fehlererkennung von Excel

Im einfachsten Fall sind Zellen, die als Text gespeicherte Zahlen enthalten, mit einem grünen Dreieck gekennzeichnet. Sobald Sie eine dieser Zellen oder den Zellbereich markieren, erscheint ein Ausrufezeichen und mit Klick auf diese Schaltfläche erhalten Sie verschiedene Lösungen und Hilfen. Markieren Sie die gesamte betreffende Spalte, klicken Sie auf das Ausrufezeichen und wählen Sie *In eine Zahl umwandeln*.

Bild 3.16 Als Text gespeicherte Zahlen in Zahlen umwandeln

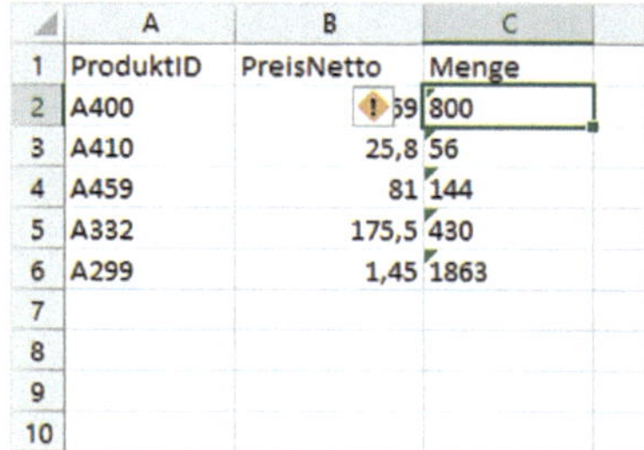

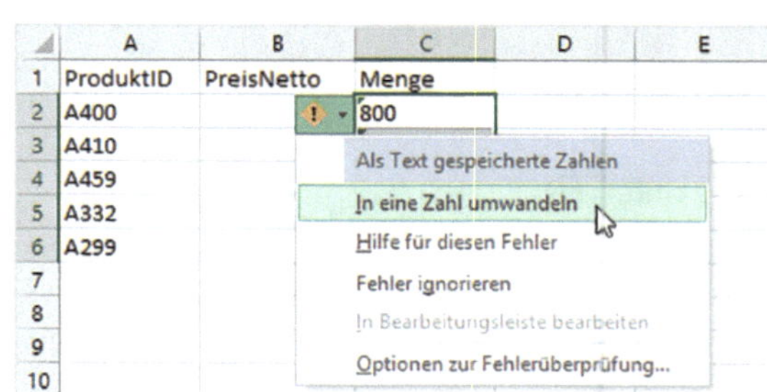

Ungültige Zahlenformate konvertieren

Länderabhängige Zahlenformate sind ein häufiges Problem. Hinzu kommen Zahlen aus dem Web, die nicht selten ein Leerzeichen als Tausenderzeichen enthalten, z. B. 1 000 000. Beide werden von Excel als Text behandelt.

Abhilfe schafft die Funktion ZAHLENWERT (Kategorie *Text*) mit folgender Syntax, wobei optional als Dezimal- und Gruppentrennzeichen das im ursprünglichen Zahlenformat verwendete Zeichen angegeben wird. Die Funktion ZAHLENWERT ignoriert zudem Leerzeichen, auch wenn sich diese innerhalb von Zahlen befinden, so dass sich mit ihrer Hilfe auch Leerstellen aus Zahlen entfernen lassen.

```
ZAHLENWERT (Text;Dezimaltrennzeichen;Gruppentrennzeichen)
```

C2 =ZAHLENWERT(B2;".";",")

	A	B	C	D	E
1	ProduktID	Umsatz	Umsatz als Zahl		
2	A500	11,235.20	11235,2		
3	A4520	2,5087.00	25087		
4	A459	81,057.69	81057,69		
5	A332	17,456.67	17456,67		
6	A299	31,451.50	31451,5		
7					

Bild 3.17 Komma und Punkt vertauschen

C2 =ZAHLENWERT(B2)

	A	B	C	D	E
1	ProduktID	Verkauft	Verkauft als Zahl		
2	A400	15 355	15355		
3	A410	2 789	2789		
4	A459	11 045	11045		
5	A332	23 123	23123		
6	A299	19 951	19951		
7					

Bild 3.18 Leerzeichen entfernen

4 Datenimport per Verbindung / Abfrage

In diesem Kapitel lernen Sie...

- Externe Daten per Verbindung importieren
- Den Textkonvertierungs-Assistent einsetzen
- Mit Power Query einfache Abfragen erstellen
- Daten aus Verbindung oder Abfrage aktualisieren
- Sicherheitseinstellungen für externe Datenverbindungen

Das sollten Sie wissen

- Umgang mit Excel-Arbeitsmappen und Tabellenblättern
- Formeln und einfache Funktionen

4.1 Vor- und Nachteile

Der Import externer Daten über eine Verbindung oder Abfrage besitzt den Vorteil, dass sich die Daten schnell mit einem einzigen Mausklick aktualisieren lassen. Excel unterstützt zwei Möglichkeiten des Datenimports über eine Verbindung, in beiden Fällen arbeiten Sie in der Excel-Arbeitsmappe mit einer Kopie der Quelldaten, die Ausgangsdaten werden also nicht verändert.

- **Einfache Verbindungen**
  In der einfachsten Form benutzen Sie eine Verbindung ausschließlich zum Abrufen externer Daten. Beim Aktualisieren bleiben sämtliche Formatierungen in der Excel-Arbeitsmappe erhalten, ob dagegen mit diesen Daten berechnete Formeln ihre Gültigkeit behalten, ist nicht in jedem Fall gesichert. Der Datenimport ist dem bereits beschriebenen Textkonvertierungs-Assistent schnell erledigt (siehe Seite 60 ff.). Nachteil: Nicht alle Dateitypen werden unterstützt.
- **Abrufen und transformieren (Power Query)**
  Seit der Version 2013 stellt Excel unter der Bezeichnung Power Query bzw. *Abrufen und transformieren* ein komfortables Werkzeug zur Verfügung, mit dem Sie mittels einer Abfrage externe Daten nicht nur abrufen, sondern auch gleichzeitig für weitere Auswertungen aufbereiten können. Die Datenaufbereitung, beispielsweise Filtern oder Berechnen, wird in der Abfrage gespeichert und erfolgt beim späteren Aktualisieren automatisch. Ein weiteres Plus: Es werden wesentlich mehr Datenquellen unterstützt. Mit der Datenaufbereitung durch Power Query befasst sich das nächste Kapitel eingehender.

> Dieses Kapitel beschränkt sich ausschließlich auf das Abrufen externer Daten über eine Verbindung oder Abfrage. Details zur Datenaufbereitung und -konvertierung mit Power Query lesen Sie in Kapitel 5.

4.2 Datenimport mit dem Textkonvertierungs-Assistent

Nutzern von Excel 2013 oder 2016 steht der Textkonvertierungs-Assistent im Menüband, Register *Daten*, unter dem Befehl *Externe Daten abrufen* zur Verfügung. In Office 365 oder Excel 2019 ist dieser Befehl dagegen nicht mehr im Menüband enthalten; in diesem Fall fügen Sie den Befehl entweder der Symbolleiste für den Schnellzugriff hinzu oder verwenden *Daten abrufen* (*Daten abrufen und transformieren*), Näheres hierzu auf Seite 75 ff.

Excel 2013/2016: Textkonvertierungs-Assistent starten

Klicken Sie im Register *Daten* auf *Externe Daten abrufen* (Bild unten) und auf den Typ der Datenquelle, z. B. *Aus Text*. Weitere Möglichkeiten erhalten Sie mit der Auswahl *Aus anderen Quellen*, z. B. SQL Server oder XML.

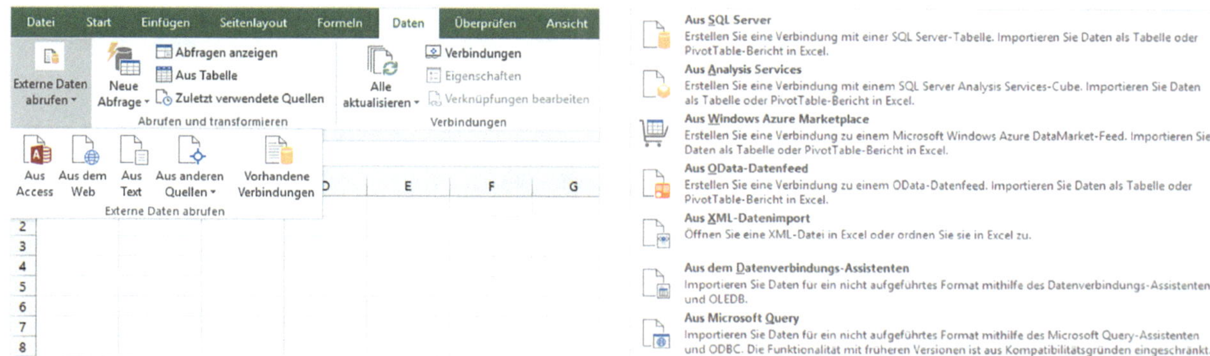

Bild 4.1 Externe Daten abrufen

Bild 4.2 Aus anderen Quellen

Beispiel: Datenimport aus einer Textdatei (csv oder txt)

1 Klicken Sie auf *Externe Daten abrufen* und auf *Aus Text*. Das Fenster *Textdatei importieren* zeigt in der Standardeinstellung die Dateitypen .prn, .txt und .csv an; sollte die Quelldatei nicht sichtbar sein, so müssen Sie zuvor *Alle Dateien* auswählen. Klicken Sie auf die Datei und auf die Schaltfläche *Importieren*.

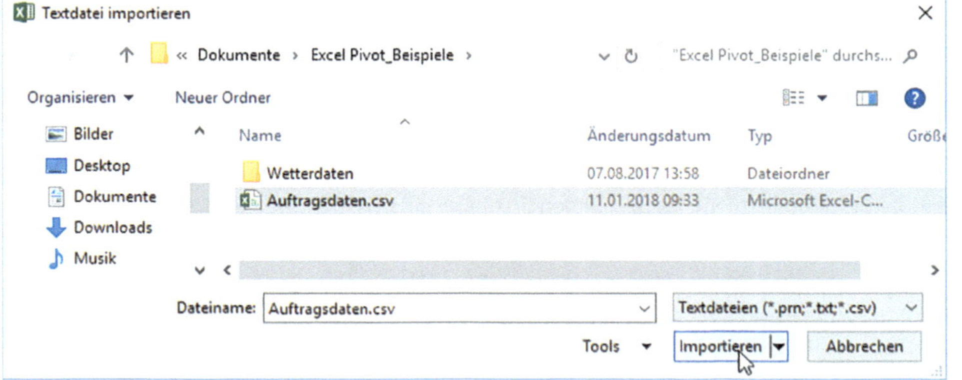

Bild 4.3 Wählen Sie die benötigte Textdatei und klicken Sie auf Importieren,

2 Anschließend startet derselbe Textkonvertierungs-Assistent wie beim Öffnen einer Textdatei, es spielt diesmal keine Rolle, ob es sich um eine txt oder csv-Datei handelt (Bild 4.4 auf Seite 74). Die Vorgehensweise ist dieselbe, wie in Kapitel 3 beschrieben.

3 **Achtung**: Liegen Zahlen und Datumswerte in einer anderen Schreibweise vor, dann müssen Sie diese in Schritt 2 des Assistenten konvertieren (Bild 4.5).

- Bei abweichenden Datumsformaten, z. B. 2020-01-29 wie im abgebildeten Beispiel, klicken Sie in die betreffende Spalte, wählen *Datum* statt *Standard* und daneben die verwendete Reihenfolge, hier *JMT*.
- Wird als Dezimalzeichen der Punkt statt Komma verwendet, dann klicken Sie auf die Schaltfläche *Erweitert...* und geben Dezimal- und Tausenderzeichen an.

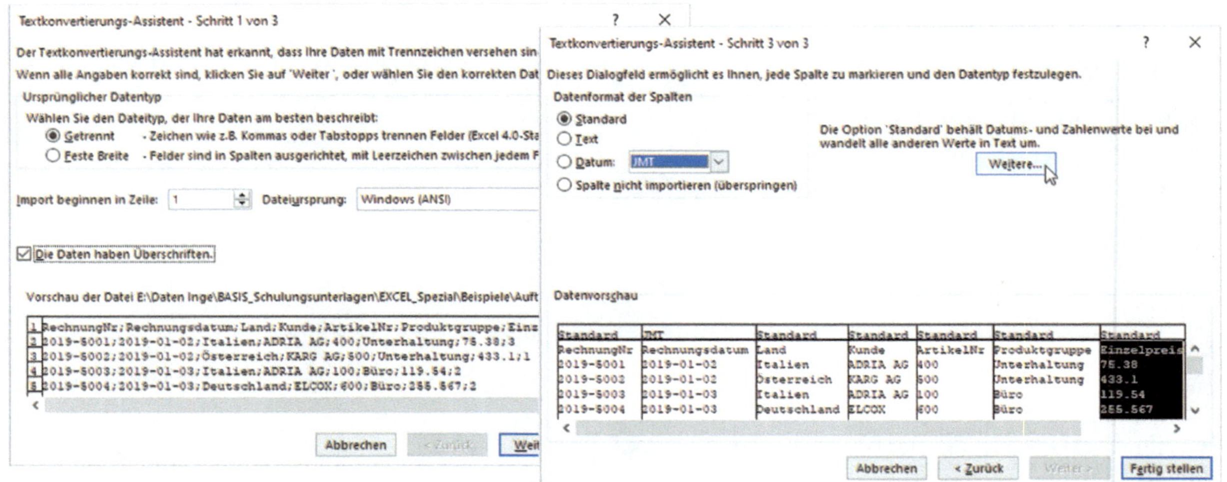

Bild 4.4 Der Textkonvertierungs-Assistent

Bild 4.5 Datentyp festlegen

4 Zuletzt wählen Sie ein Format, in dem die Daten in die Arbeitsmappe eingefügt werden sollen.

- Die Option *Tabelle* ist die Standardeinstellung, in diesem Fall brauchen Sie nur noch zwischen aktuellem und neuem Arbeitsblatt zum Einfügen wählen.
- Falls Sie die Daten anschließend mit einer Pivot-Tabelle auswerten möchten und die Ausgangsdaten in der Mappe nicht benötigt werden, dann wählen Sie stattdessen die Option *PivotTable-Bericht* oder *Nur Verbindung erstellen*.
- **Achtung**: Beim Import aus Textdateien oder aus dem Web sind diese Optionen deaktiviert, wie im Bild unten links. Damit sie verfügbar sind, müssen Sie zuvor das Kontrollkästchen *Dem Datenmodell diese Daten hinzufügen* aktivieren.

Bild 4.6 Daten als Tabelle einfügen

Bild 4.7 Auswerten mit Pivot-Tabelle

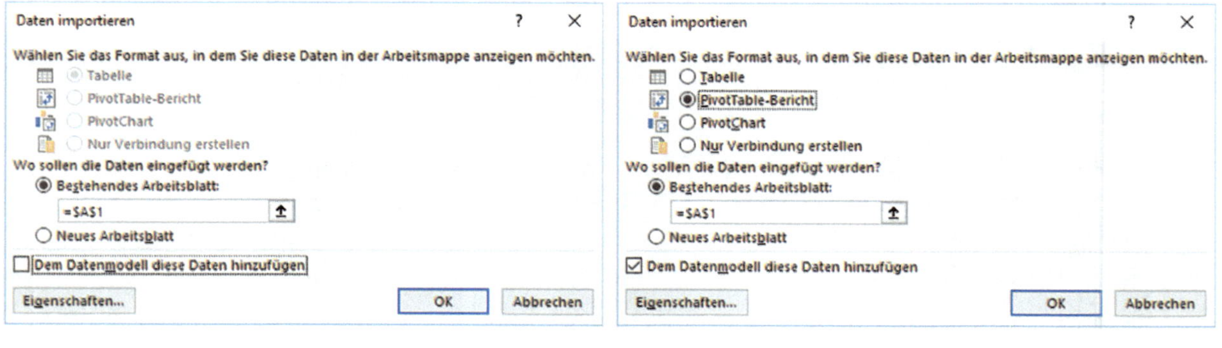

Bild 4.26 Die importierten Daten im Tabellenblatt

	A	B	C	D	E	F	G	H	I
1	RechnungNr	Rechnungsdatum	Land	Kunde	ArtikelNr	Produktgruppe	EinzelpreisNetto	Auftagsmenge	
2	2019-5001	02.01.2019	Italien	ADRIA AG	400	Unterhaltung	75,38	3	
3	2019-5002	02.01.2019	Österreich	KARG AG	500	Unterhaltung	433,10	1	
4	2019-5003	03.01.2019	Italien	ADRIA AG	100	Büro	119,54	2	
5	2019-5004	03.01.2019	Deutschland	ELCOX	600	Büro	255,57	2	
6	2019-5005	03.01.2019	Schweiz	Högli	900	Haushalt	67,28	3	
7	2019-5006	06.01.2019	Österreich	Tief & Brunnen	100	Büro	119,54	5	
8	2019-5007	06.01.2019	Österreich	KARG AG	200	Computer	134,72	12	

Die Daten werden entsprechend Ihrer Wahl in die Arbeitsmappe eingefügt. Handelt es sich bei der Datenquelle um eine Datenbank, z. B. Access, dann wird der Zellbereich außerdem als Tabellenbereich formatiert.

Excel 2019: Textkonvertierungs-Assistent der Schnellzugriffsleiste hinzufügen

In Office 365 oder Excel 2019 wurde der Textkonvertierungs-Assistent durch Power Query bzw. *Abrufen und transformieren* ersetzt und ist standardmäßig nicht mehr im Menüband enthalten. Falls Sie den Textkonvertierungs-Assistent trotzdem nutzen möchten, können Sie ihn der Symbolleiste für den Schnellzugriff hinzufügen, so gehen Sie vor:

1. Klicken Sie am rechten Ende der Symbolleiste für den Schnellzugriff auf den, nach unten weisenden, Pfeil und auf *Weitere Befehle...*.
2. Wählen Sie *Alle Befehle* und fügen Sie den Befehl *Externe Daten abrufen* hinzu. Schließen Sie dann die Excel-Optionen mit Klick auf *OK*.

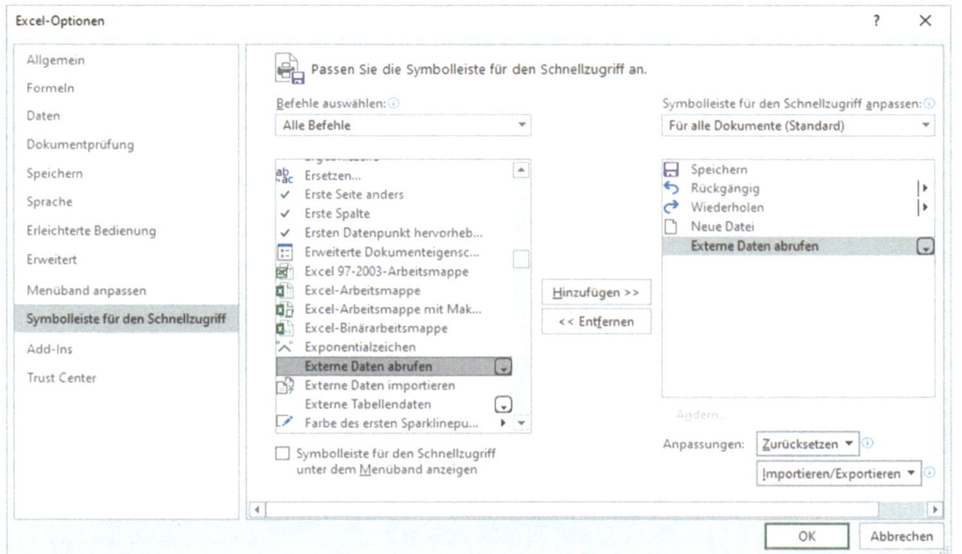

Bild 4.8 Symbolleiste für den Schnellzugriff anpassen

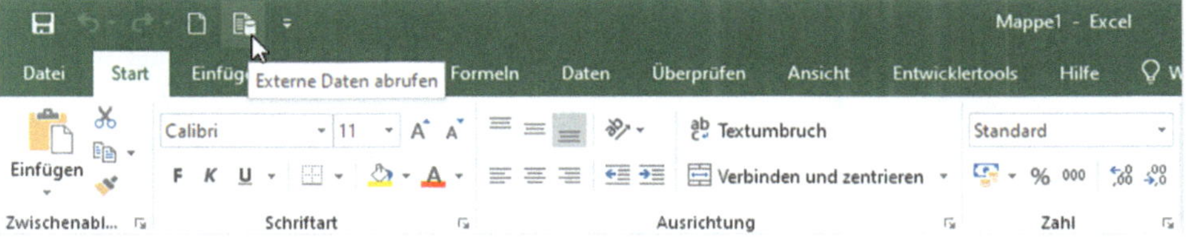

Bild 4.9 Der Textkonvertierungs-Assistent bzw. Externe Daten abrufen

Alternativ setzen Sie in Excel 2019 bzw. Office 365 einfach Power Query zum Datenimport ein, Näheres hierzu im nächsten Punkt.

4.3 Daten mit Power Query abrufen

Alternativ können Sie auch Power Query, bzw. *Daten abrufen und transformieren* zum Import externer Daten einsetzen. Power Query unterstützt im Gegensatz zum älteren Textkonvertierungs-Assistent wesentlich mehr Datenquellen und ist seit der Version 2016 vollständig in Excel integriert. Nutzer von Excel 2013 können dieses Tool unter der Bezeichnung Power Query als Add-In kostenlos auf der Webseite von Microsoft herunterladen und installieren.

Im Gegensatz zu den zuvor beschriebenen Verbindungen bezeichnet Excel das, von Power Query zurückgegebene, Ergebnis auch als Abfrage.

Power Query als Add-In für Excel 2013 installieren

Kontrollieren Sie, ob Power Query bereits vorhanden ist

Wenn Sie Excel 2013 einsetzen und Power Query auf Ihrem Gerät bereits vorhanden und aktiviert ist, dann zeigt das Menüband das zusätzliche Register *Power Query* an.

Bild 4.10 Excel 2013: Das Register Power Query

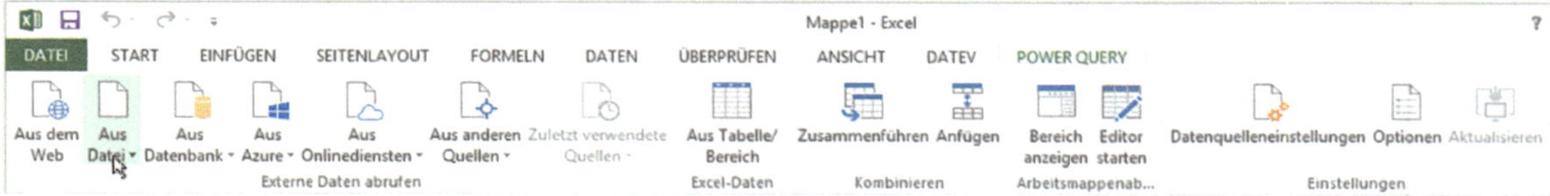

Sollte dieses Register nicht sichtbar sein, dann kontrollieren Sie zunächst, ob das Add-In bereits installiert ist. Dazu öffnen Sie im Register *Datei* die Excel-Optionen und klicken hier auf *Add-Ins*. Wählen Sie im Feld *Verwalten* die *COM-Add-Ins* aus und klicken Sie auf *Gehe zu...*. Das gleichnamige Fenster wird geöffnet; wenn hier *Microsoft Power Query für Excel* in der Liste *Verfügbare Add-Ins* aufgeführt wird, dann brauchen Sie nur das dazugehörige Kontrollkästchen aktivieren. Klicken Sie zum Übernehmen auf *OK*.

Bild 4.11 Klicken Sie in den Excel-Optionen auf Add-Ins und wählen Sie COM-Add-Ins aus

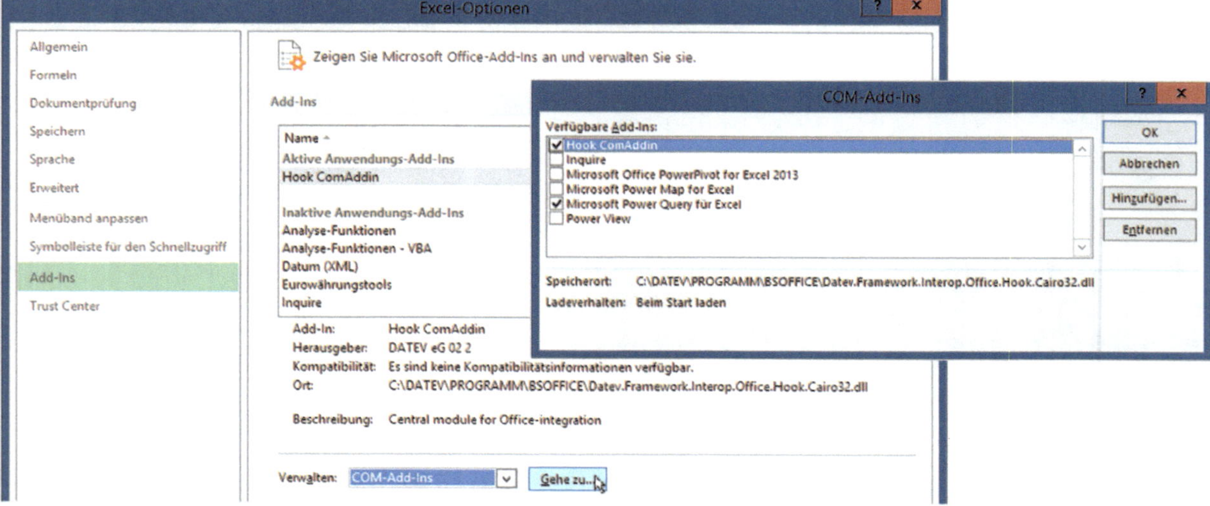

Microsoft Power Query herunterladen und installieren

Wenn das Add-In nicht verfügbar ist, müssen Sie Microsoft Power Query für Excel herunterladen und installieren. **Achtung**: Excel muss vor der Installation beendet werden! Rufen Sie im Browser die Webseite von Microsoft, www.microsoft.de auf und geben Sie auf der Startseite einfach den Suchbegriff *Power Query* ein. Klicken Sie dann unter *Downloads* auf *Microsoft Power Query für Excel* und wählen Sie in den nächsten Schritten die Sprache und die passende Version (32 Bit oder 64 Bit). Im Anschluss an den Download starten Sie die Installation mit Doppelklick auf die heruntergeladene Datei.

Nach dem Starten von Excel ist im Menüband das neue Register *Power Query* verfügbar. Sollte dies nicht der Fall sein, dann muss das Add-In in den Excel-Optionen aktiviert werden, siehe vorhergehende Seite. Der weitere Umgang mit Power Query unterscheidet sich nur durch etwas andere Bezeichnungen von Excel 2016, 2019 oder Office 365.

Bild 4.12 Das Register Power Query (Excel 2013)

Einfaches Abrufen von Daten

Achtung: Der nachfolgend beschriebene Weg eignet sich nur für Daten, die keinerlei Konvertierung, z. B. von Zahlen erfordern. Wie Sie beispielsweise Zahlen und Datumswerte in länderspezifischer Schreibweise anschließend im Abfrage-Editor von Power Query konvertieren, lesen Sie detailliert im nächsten Kapitel.

Die genaue Bezeichnung der dazugehörigen Schaltfläche ist abhängig von der Excel-Version:

- **Excel 2013**: Klicken Sie im Register *POWER QUERY* ▶ *Externe Daten abrufen* auf den Datentyp der Datenquelle, z. B. *Aus Datenbank* und dann auf den entsprechenden Datenbanktyp (siehe Bild oben).
- **Excel 2016**: Klicken Sie im Register *Daten* ▶ *Abrufen und transformieren* auf *Neue Abfrage* und anschließend auf den benötigten Datentyp (Bild 4.13).
- **Excel 2019/Office 365:** Klicken Sie im Register *Daten* ▶ *Daten abrufen und transformieren* auf *Daten abrufen* und auf den Datentyp den Datenquelle (Bild 4.14).

Bild 4.13 Excel 2016

Bild 4.14 Excel 2019/Office 365

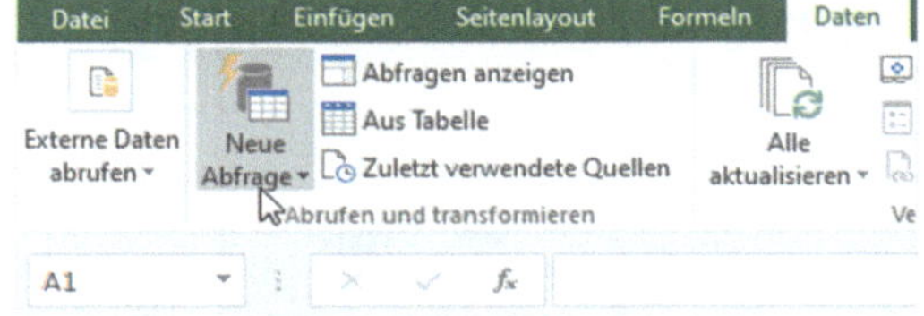

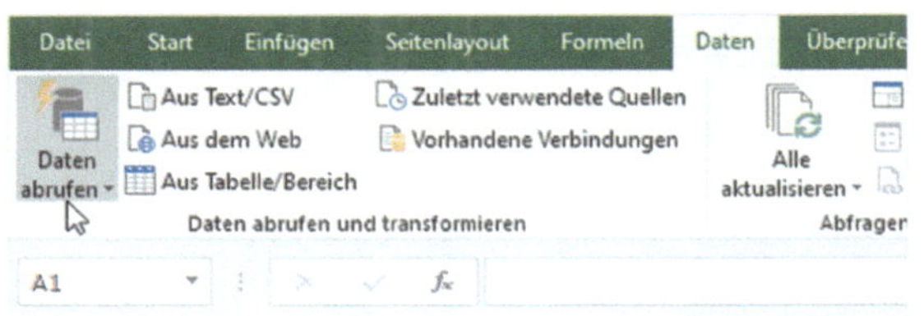

Unterstützte Datenquellen

Power Query unterstützt zahlreiche Datenquellen und fast alle gängigen Datenbanken, darunter...

- Excel-Arbeitsmappen und Tabellen
- Text-Dateien (.csv- und .txt)
- XML, Web-Tabellen bzw. HTML-Dateien
- ODBC Datenquellen
- Gängige Datenbanktypen, darunter Access-Datenbanken, Microsoft SQL Server, Oracle, MySQL, PostgeSQL, Azure, SAP HANA Datenbank (Excel 2019/Office 365)
- Webdatenbanken, sowie Microsoft Azure und SharePoint-Listen

Bild 4.15 Aus Datei

Bild 4.16 Aus Datenbank (Ausschnitt)

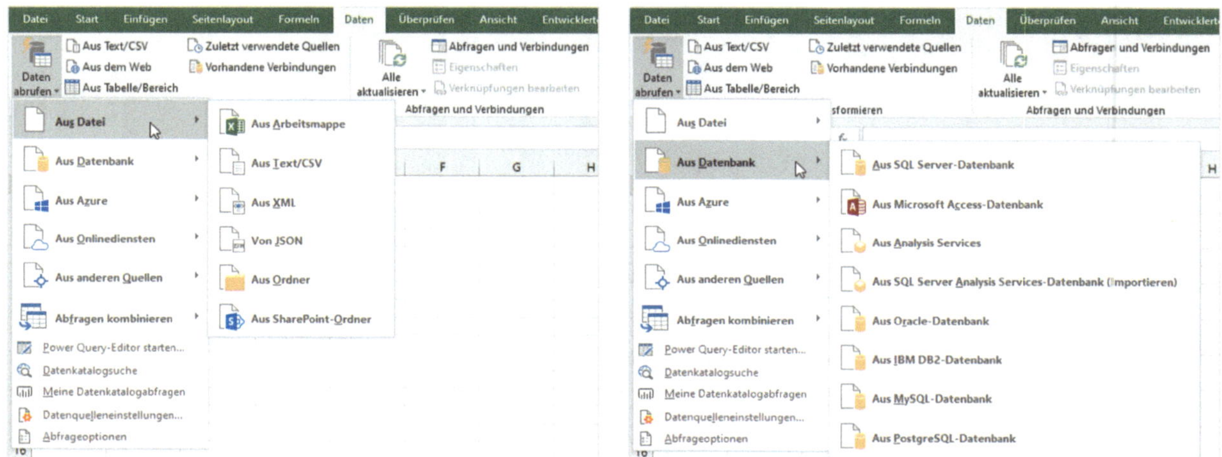

Beispiel: Daten aus Textdatei (.txt) importieren

Als Beispiel der Datenimport aus einer CSV-Datei:

1 Klicken Sie im Register *Daten* ► *Daten abrufen und transformieren* auf *Aus Text/CSV*. Wählen Sie im nachfolgenden Fenster *Daten importieren* die Datei aus und klicken Sie auf die Schaltfläche *Importieren*.

Bild 4.17 Aus Text/CSV

Bild 4.18 Datei auswählen

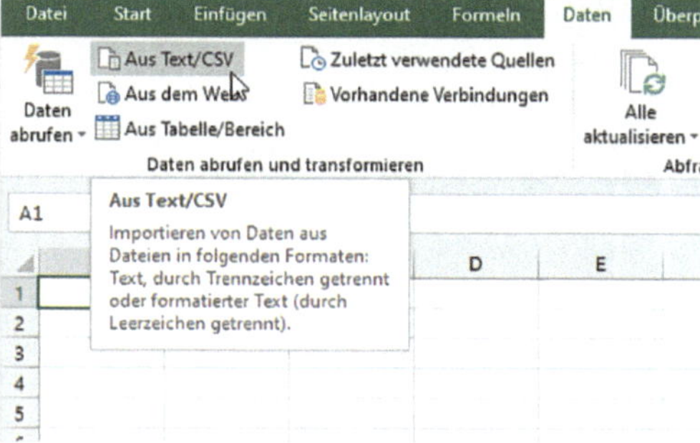

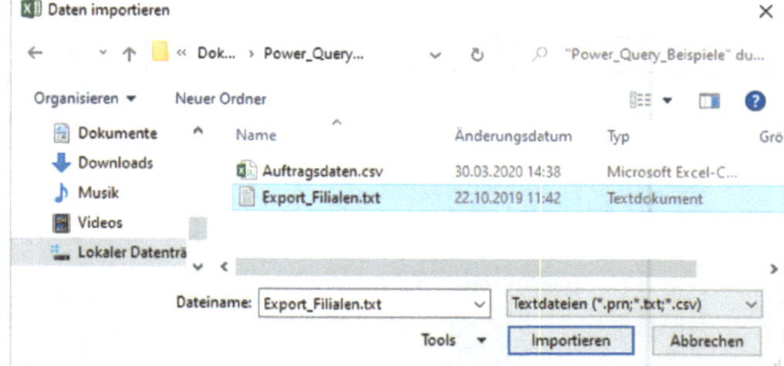

2 Excel stellt eine Verbindung zur Datenquelle her, dies kann je nach Dateiumfang einige Sekunden dauern. Anschließend öffnet sich ein gesondertes Fenster mit einer Vorschau auf die Daten (Bild unten).

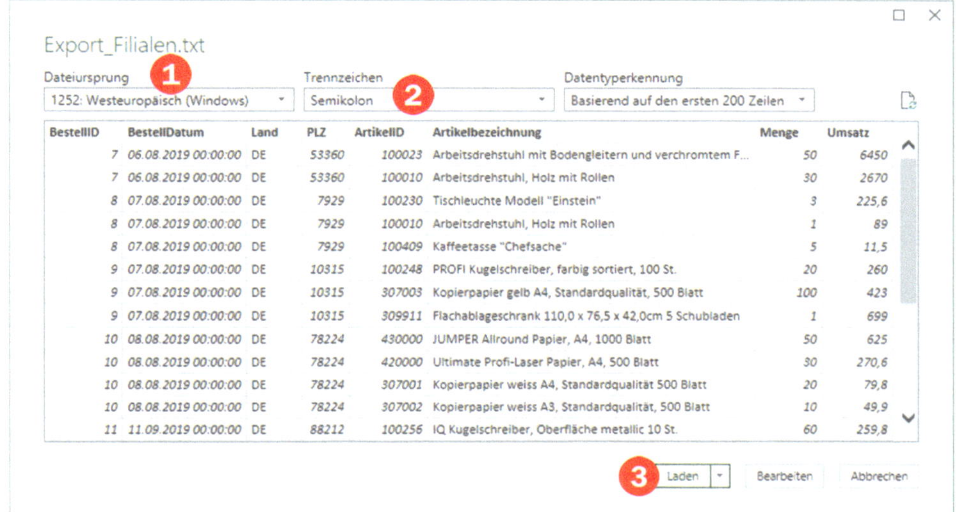

BestellID	BestellDatum	Land	PLZ	ArtikelID	Artikelbezeichnung	Menge	Umsatz
7	06.08.2019 00:00:00	DE	53360	100023	Arbeitsdrehstuhl mit Bodengleitern und verchromtem F...	50	6450
7	06.08.2019 00:00:00	DE	53360	100010	Arbeitsdrehstuhl, Holz mit Rollen	30	2670
8	07.08.2019 00:00:00	DE	7929	100230	Tischleuchte Modell "Einstein"	3	225,6
8	07.08.2019 00:00:00	DE	7929	100010	Arbeitsdrehstuhl, Holz mit Rollen	1	89
8	07.08.2019 00:00:00	DE	7929	100409	Kaffeetasse "Chefsache"	5	11,5
9	07.08.2019 00:00:00	DE	10315	100248	PROFI Kugelschreiber, farbig sortiert, 100 St.	20	260
9	07.08.2019 00:00:00	DE	10315	307003	Kopierpapier gelb A4, Standardqualität, 500 Blatt	100	423
9	07.08.2019 00:00:00	DE	10315	309911	Flachablageschrank 110,0 x 76,5 x 42,0cm 5 Schubladen	1	699
10	08.08.2019 00:00:00	DE	78224	430000	JUMPER Allround Papier, A4, 1000 Blatt	50	625
10	08.08.2019 00:00:00	DE	78224	420000	Ultimate Profi-Laser Papier, A4, 500 Blatt	30	270,6
10	08.08.2019 00:00:00	DE	78224	307001	Kopierpapier weiss A4, Standardqualität 500 Blatt	20	79,8
10	08.08.2019 00:00:00	DE	78224	307002	Kopierpapier weiss A3, Standardqualität, 500 Blatt	10	49,9
11	11.09.2019 00:00:00	DE	88212	100256	IQ Kugelschreiber, Oberfläche metallic 10 St.	60	259,8

Bild 4.19 Vorschau auf die Daten

Export_Filialen.txt

- Die Codierung bzw. der Zeichensatz der Quelldatei wird meist automatisch erkannt, hier *Westeuropäisch (Windows)*. Sollten allerdings in der Vorschau Umlaute (ä, ö, usw.) nicht korrekt dargestellt werden, dann müssen Sie die Codierung im Feld *Dateiursprung* ❶ manuell auswählen, z. B. den häufig verwendeten Zeichensatz *Unicode (UTF-8)*.
- Im Feld daneben ❷ legen Sie das Trennzeichen fest, hier Semikolon, bzw. ändern es bei Bedarf.
- Die Erkennung des Datentyps jeder Spalte, also Text, Zahl oder Datum, erfolgt automatisch, in der Standardeinstellung zieht Power Query dazu die ersten 200 Datensätze heran (*Basierend auf den ersten 200 Zeilen*). Falls der Datentyp nicht korrekt erkannt wird, können Sie diesen jederzeit im Abfrage-Editor ändern, näheres hierzu im nächsten Kapitel.

3 Mit Klick auf *Laden* ❸ werden anschließend die Daten abgerufen und in einem neuen Tabellenblatt eingefügt. Auch dieser Vorgang kann etwas dauern.

Hinweis: Mit *Bearbeiten* öffnet sich der Power Query-Editor und Sie können die Daten vor dem Einfügen aufbereiten, z. B. den Datentyp ändern.

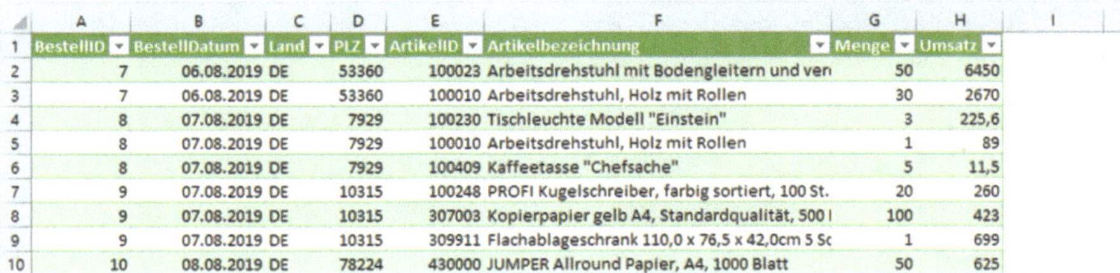

	A	B	C	D	E	F	G	H	I	J
1	BestellID	BestellDatum	Land	PLZ	ArtikelID	Artikelbezeichnung	Menge	Umsatz		
2	7	06.08.2019	DE	53360	100023	Arbeitsdrehstuhl mit Bodengleitern und ver	50	6450		
3	7	06.08.2019	DE	53360	100010	Arbeitsdrehstuhl, Holz mit Rollen	30	2670		
4	8	07.08.2019	DE	7929	100230	Tischleuchte Modell "Einstein"	3	225,6		
5	8	07.08.2019	DE	7929	100010	Arbeitsdrehstuhl, Holz mit Rollen	1	89		
6	8	07.08.2019	DE	7929	100409	Kaffeetasse "Chefsache"	5	11,5		
7	9	07.08.2019	DE	10315	100248	PROFI Kugelschreiber, farbig sortiert, 100 St.	20	260		
8	9	07.08.2019	DE	10315	307003	Kopierpapier gelb A4, Standardqualität, 500 I	100	423		
9	9	07.08.2019	DE	10315	309911	Flachablageschrank 110,0 x 76,5 x 42,0cm 5 Sc	1	699		
10	10	08.08.2019	DE	78224	430000	JUMPER Allround Papier, A4, 1000 Blatt	50	625		

Bild 4.20 Die abgerufenen Daten im Tabellenblatt

4.4 Daten aus Verbindungen/Abfragen im Tabellenblatt

Daten aus einer Verbindung oder Abfrage werden beim Einfügen in die Arbeitsmappe automatisch als Tabellenbereich formatiert, siehe Kapitel 2.2 auf Seite 24 ff. und Sie können anschließend die Inhalte weiter nach Belieben formatieren, z. B. im Währungsformat.

Ausnahme: Die Daten werden nicht als Tabellenbereich formatiert, wenn sie mit dem Textkonvertierungs-Assistent aus einer Textdatei importiert wurden.

Daten aus Verbindung aktualisieren

Bei Änderung der Quelldaten wird die importierte Tabelle nicht automatisch aktualisiert, dies müssen Sie manuell vornehmen. Dazu verwenden Sie entweder die Tastenkombination Alt+F5 oder klicken im Register *Daten* ▶ *Verbindungen* auf *Alle Aktualisieren* oder Rechtsklick in den Tabellenbereich und Befehl *Aktualisieren*.

Bild 4.21 Daten aktualisieren

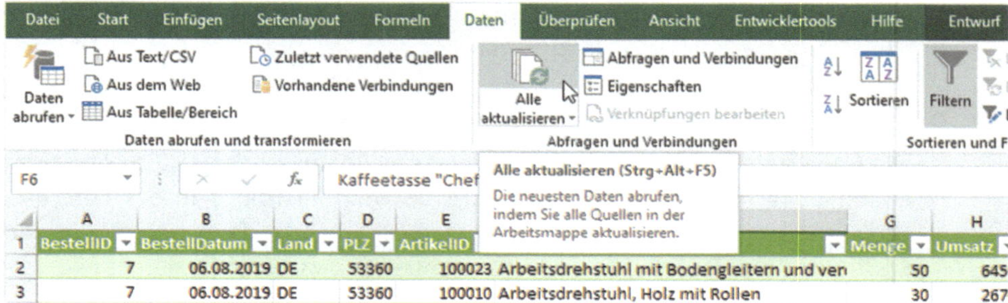

Hinweis: Wenn die Daten aus einer Textdatei stammen und mit dem Textkonvertierungs-Assistent importiert wurden, müssen Sie beim Aktualisieren zunächst erneut die Datenquelle auswählen und dann auf *Importieren* klicken.

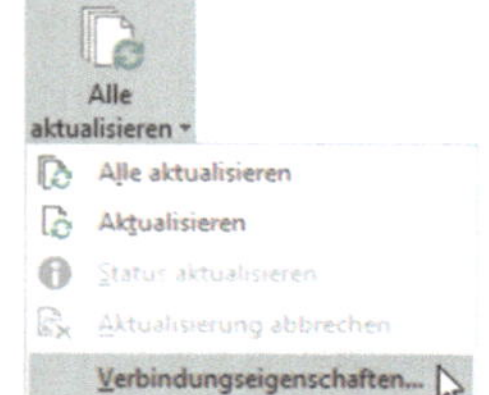

Daten beim Öffnen der Mappe automatisch aktualisieren

Wenn die Daten beim Öffnen der Mappe automatisch aktualisiert werden sollen, dann klicken Sie auf den Dropdown-Pfeil *Alle Aktualisieren* und auf *Verbindungseigenschaften....*

Im Fenster *Verbindungseigenschaften* bzw. *Abfrageeigenschaften* aktivieren Sie dann das Kontrollkästchen *Aktualisieren beim Öffnen der Datei*.

Sicherheitseinstellungen beim Öffnen der Mappe

Beim ersten Öffnen einer Arbeitsmappe, die eine Verbindung oder Abfrage zu externen Daten enthält, werden von Excel aus Sicherheitsgründen alle Verbindungen deaktiviert und es erscheint die unten abgebildete Sicherheitswarnung. Klicken Sie auf *Inhalt aktivieren*, damit die Verbindung hergestellt wird und die Daten aktualisiert werden können.

Bild 4.22 Sicherheitswarnung

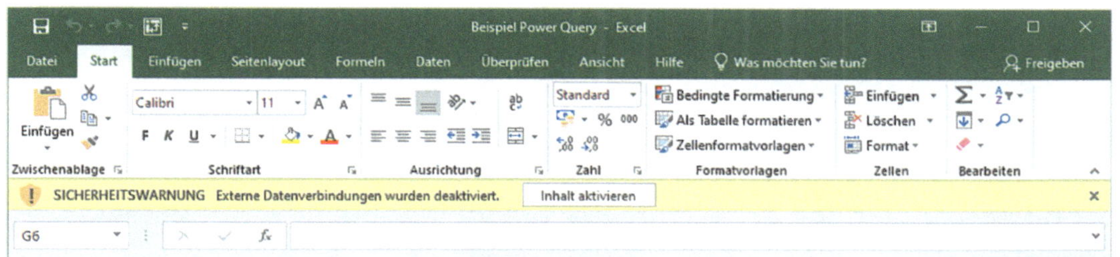

- Wenn Sie der Datenquelle vertrauen, dann müssen Sie auf die Schaltfläche *Inhalt aktivieren* klicken, um die Datenverbindung zu aktivieren. Erst dann können die Daten aktualisiert werden. Anschließend wird diese Arbeitsmappe als vertrauenswürdig eingestuft und beim nächsten Öffnen erscheint keine Warnung mehr.
- Versuchen Sie bei einer deaktivierten Verbindung die Daten zu aktualisieren, dann erscheint ebenfalls eine Sicherheitswarnung und die Aktualisierung erfolgt erst, wenn Sie auf *OK* klicken.

Verbindung aufheben

> Sie können für importierte Daten jederzeit die Verbindung entfernen. Die Daten werden dadurch nicht aus der Arbeitsmappe entfernt, sondern nur von der Datenquelle getrennt, können also nicht mehr aktualisiert werden.

Excel 2013/2016

Klicken Sie im Register *Daten* auf *Verbindungen*, markieren Sie die nicht mehr benötigte Verbindung und klicken Sie auf die Schaltfläche *Entfernen*. Excel macht Sie darauf aufmerksam, dass die Daten nun nicht mehr aktualisiert werden, klicken Sie auf *OK*, um die Verbindung endgültig zu entfernen.

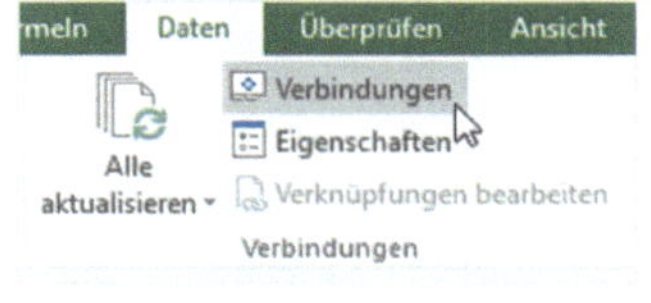

Bild 4.23 Excel 2016: Verbindung entfernen

Excel 2019/Office 365

Klicken Sie im Register *Daten* auf *Abfragen und Verbindungen* ❶. Am rechten Rand des Excel-Fensters öffnet sich der gleichnamige Bereich, klicken Sie je nach Importmethode auf *Abfragen* ❷ (Power Query) oder *Verbindungen* ❸ (Textkonvertierungs-Assistent). Klicken Sie dann mit der rechten Maustaste auf die Abfrage oder Verbindung ❹ und auf *Löschen*.

Bild 4.24 Excel 2019: Verbindung löschen

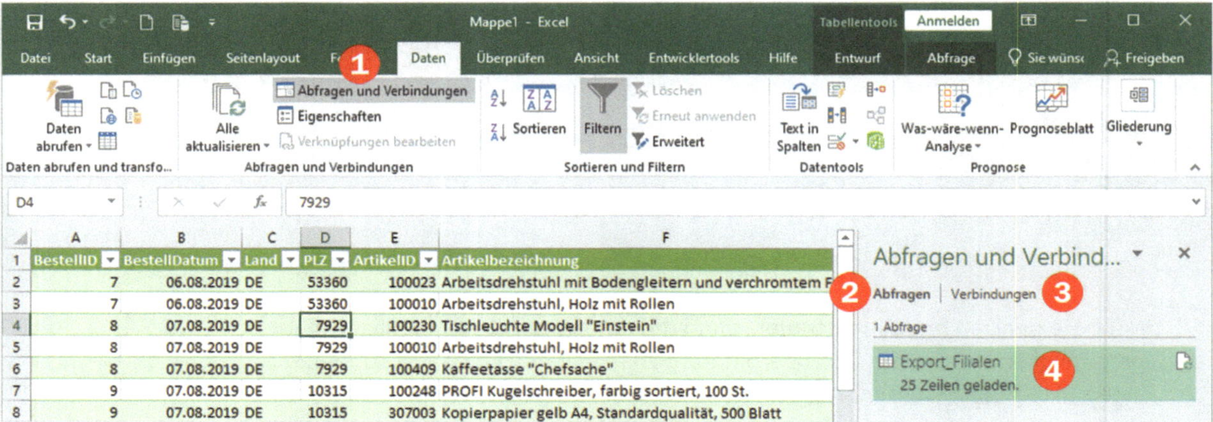

Bild 4.25 Verknüpfung aufheben

Tipp: Einfacher geht es in beiden Fällen, wenn die Daten als Tabellenbereich formatiert sind. Dann klicken Sie in die Tabelle und im Register *Tabellentools* - *Entwurf*, Gruppe *Externe Tabellendaten* auf *Verknüpfung aufheben*.

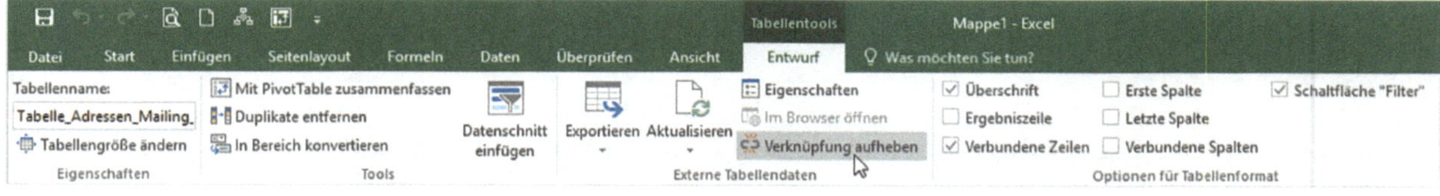

5 Daten mit Power Query abrufen und aufbereiten

In diesem Kapitel lernen Sie...

- Textdateien, XML-Dateien, Excel-Arbeitsmappen und Datenbanken als Datenquelle
- Daten aus dem Web abrufen
- Datentypen, Zahlen und Datumswerte konvertieren
- Daten filtern und gruppieren, Spalten berechnen
- Formeln in der Power Query M-Sprache eingeben
- Tabellen zusammenführen oder aneinanderfügen
- Daten an Excel oder das Datenmodell übergeben

Das sollten Sie wissen

- Tabellenbereiche erstellen und nutzen
- Berechnungen mit Formeln und Funktionen

5.1 Wann sollten Sie Power Query einsetzen?

Wie Sie über Verbindungen oder Abfragen Daten aus anderen Anwendungen, z. B. aus einer Datenbank oder Textdatei importieren, haben Sie bereits in Kapitel 4 erfahren. Allerdings ist es in vielen Fällen mit einem einfachen Datenimport noch nicht getan, hier nur einige Beispiele:

- Zahlen und Datumswerte liegen nicht in der gewünschten Form vor, sondern müssen erst in die richtige Schreibweise, beispielsweise Komma statt Punkt, konvertiert werden.
- Zur Auswertung sind weitere Spalten erforderlich, diese müssen erst berechnet werden, z. B. Jahr, Monat oder Kalenderwoche aus Datumswerten.
- Die benötigten Daten sind über mehrere Tabellen verteilt und müssen erst zusammengeführt werden.
- Die Auswertung bzw. Zusammenfassung erfolgt mit Pivot-Tabellen, die Ausgangsdaten selbst werden in der Arbeitsmappe nicht benötigt und/oder sind zu umfangreich für eine Excel-Arbeitsmappe. Dadurch wird die Arbeitsmappe sehr langsam.
- Wenn die Ausgangsdaten von der IT-Abteilung bereitgestellt und weitergegeben werden und sich die Anforderungen an die Auswertung ändern, z. B. weitere Informationen benötigt werden, dann müssen auch die Ausgangsdaten von der IT-Abteilung entsprechend angepasst werden, dies nimmt meist einige Zeit in Anspruch.

Bei sehr umfangreichen Datenquellen kann es sinnvoll sein, nur den Import mit Power Query zu erledigen und für weitere Berechnungen Power Pivot einzusetzen. Näheres in Kapitel 8.

Ein typischer Fall: Sie beziehen für eine Auswertung, z. B. in Form einer Pivot-Tabelle Daten aus einer Datenbank oder Textdatei. Da in der Auswertung stets aktuelle Informationen benötigt werden, ist ein regelmäßiges Aktualisieren erforderlich. Außerdem sind die Daten ungünstig aufgebaut, d. h. Sie müssen weitere Felder berechnen oder nicht benötigte Datensätze herausfiltern.

In allen genannten Fällen sollten Sie sich mit Power Query näher befassen. Power Query ist ein Werkzeug zur Bereitstellung und Aufbereitung großer Datenmengen für Berichte und Auswertungen und bietet eine Reihe von Vorteilen:

- Power Query entlastet Sie von wiederkehrenden Arbeitsschritten bei der Datenaufbereitung. Sie rufen nicht nur Daten aus einer Datenquelle ab, sondern erzeugen im dazugehörigen Power Query-Editor eine Abfrage, in der Sie auch gleich die benötigten Spalten und Datensätze auswählen, weitere Spalten berechnen und nicht benötigte Datensätze herausfiltern. Diese Abfrage wird gespeichert und bei einer Änderung der Ausgangsdaten bzw. beim Aktualisieren wird die Abfrage erneut ausgeführt, eine manuelle Neuberechnung ist nicht erforderlich.
- Da die Abfrage schnell angepasst werden kann, wenn weitere Informationen benötigt werden, führt dies neben der Entlastung der IT-Abteilung zu einer größeren Flexibilität.

- Darüber hinaus eignet sich Power Query auch, wenn Daten aus unterschiedlichen Quellen zusammengeführt werden sollen, Funktionen wie z. B. SVERWEIS werden dadurch unter Umständen überflüssig.

Power Query kann unter anderem auf die folgenden Datenquellen zugreifen:

- Excel-Arbeitsmappen und Tabellen
- Textdateien (.txt und .csv)
- XML-, HTML-Dateien
- ODBC-Verbindungen
- Gängige Datenbanktypen, darunter Access-Datenbanken, Microsoft SQL Server, Oracle, MySQL, PostgeSQL, SAP HANA Datenbank (Excel 2019/Office 365)
- Webdatenbanken, sowie Microsoft Azure und SharePoint-Listen.

Power Query und Excel 2013

Power Query ist seit der Version 2016 vollständig in Excel integriert, Nutzer von Excel 2013 können das Add-In kostenlos herunterladen, siehe Seite 76.

5.2 Eine einfache Abfrage mit Power Query erstellen

Beispiel: Daten aus einer Textdatei (CSV) importieren

Auftragsdaten.csv

Als erstes einfaches Beispiel erstellen wir eine Abfrage, die Daten aus einer CSV-Datei importiert, aufbereitet und in die aktuelle Excel-Arbeitsmappe einfügt. Im Bild unten ein Auszug der Datei im Editor.

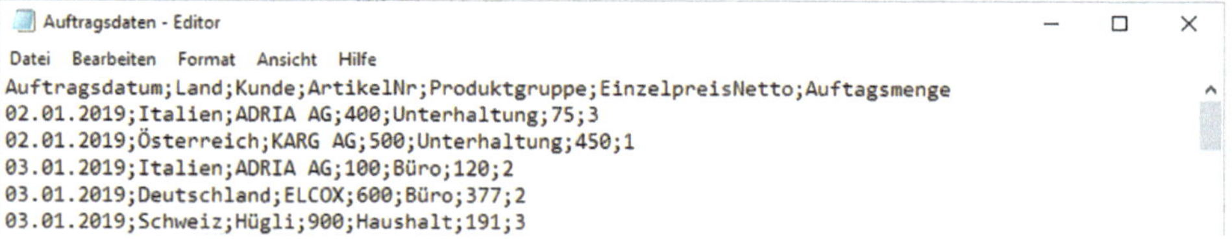
Auftragsdaten - Editor
Datei Bearbeiten Format Ansicht Hilfe

```
Auftragsdatum;Land;Kunde;ArtikelNr;Produktgruppe;EinzelpreisNetto;Auftagsmenge
02.01.2019;Italien;ADRIA AG;400;Unterhaltung;75;3
02.01.2019;Österreich;KARG AG;500;Unterhaltung;450;1
03.01.2019;Italien;ADRIA AG;100;Büro;120;2
03.01.2019;Deutschland;ELCOX;600;Büro;377;2
03.01.2019;Schweiz;Hügli;900;Haushalt;191;3
```

Bild 5.1 Die Ausgangsdaten im Editor

1 Klicken Sie im Register *Daten* ▶ *Abrufen und transformieren* auf *Aus Text/CSV* (Excel 2019) bzw. auf *Neue Abfrage* ▶ *Aus Datei* ▶ *Aus CSV* (Excel 2016).

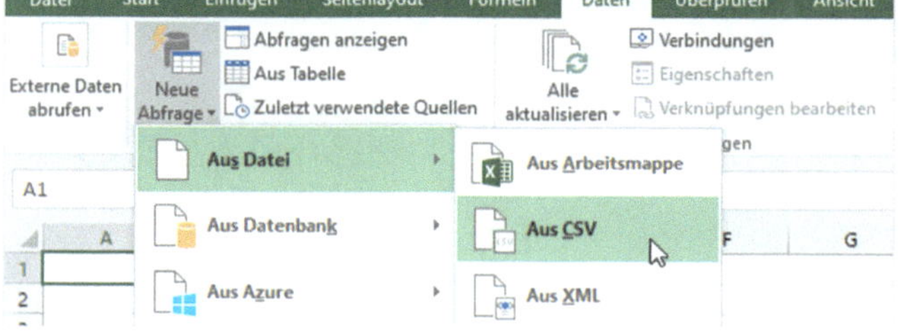

Bild 5.2 Excel 2016

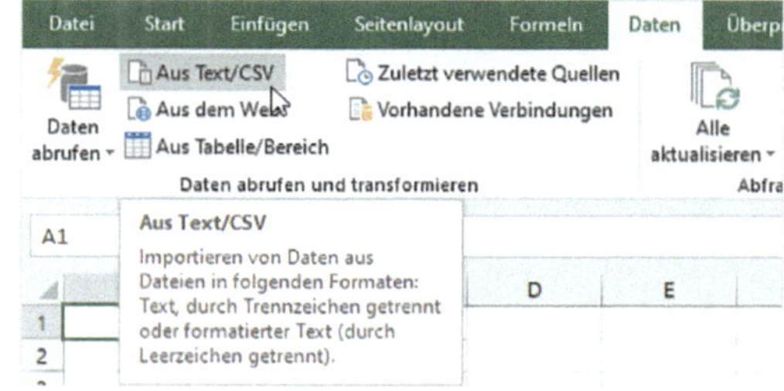

Bild 5.3 Excel 2019

2 Wählen Sie im nachfolgenden Fenster *Daten importieren* die Datei aus und klicken Sie auf die Schaltfläche *Importieren*. Anschließend wird eine Verbindung zur Datenquelle hergestellt, dies kann einige Sekunden dauern.

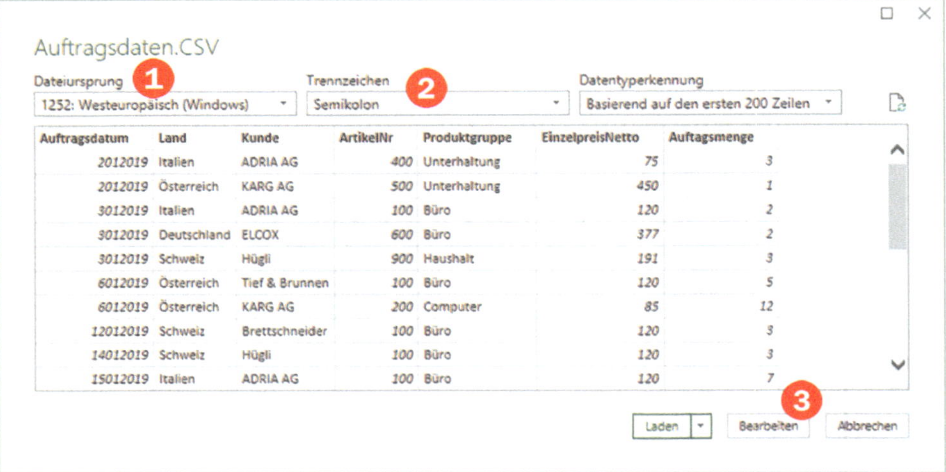

Auftragsdatum	Land	Kunde	ArtikelNr	Produktgruppe	EinzelpreisNetto	Auftagsmenge
2012019	Italien	ADRIA AG	400	Unterhaltung	75	3
2012019	Österreich	KARG AG	500	Unterhaltung	450	1
3012019	Italien	ADRIA AG	100	Büro	120	2
3012019	Deutschland	ELCOX	600	Büro	377	2
3012019	Schweiz	Hügli	900	Haushalt	191	3
6012019	Österreich	Tief & Brunnen	100	Büro	120	5
6012019	Österreich	KARG AG	200	Computer	85	12
12012019	Schweiz	Brettschneider	100	Büro	120	3
14012019	Schweiz	Hügli	100	Büro	120	3
15012019	Italien	ADRIA AG	100	Büro	120	7

Bild 5.4 Vorschau

3 Kontrollieren Sie in der Vorschau ob Zeichensatz ❶ und Trennzeichen ❷ korrekt erkannt wurden und korrigieren Sie diese bei Bedarf.

4 Klicken Sie auf *Bearbeiten* ❸ bzw. *Daten transformieren* (Office 365) um die Daten im Power Query-Editor weiter zu bearbeiten.

Daten im Power Query-Editor bearbeiten

Die Daten werden anschließend in den Power Query-Editor geladen. Dieser öffnet sich in einem gesonderten Fenster und verfügt über ein eigenes Menüband mit den Registern *Datei*, *Start*, *Transformieren*, *Spalte hinzufügen* und *Ansicht*.

- Der Bereich am linken Rand des Power Query-Editors zeigt alle verwendeten Abfragen an; die aktuelle Abfrage hat automatisch den Namen der Datenquelle erhalten. Mit dem Pfeil öffnen und schließen Sie diesen Bereich ❶.
- Am rechten Rand des Fensters sollte der Aufgabenbereich *Abfrageeinstellungen* ❷ sichtbar sein. Hier sind unter *ANGEWENDETE SCHRITTE* alle bisher erfolgten Bearbeitungsschritte sichtbar.
- In der Mitte sehen Sie eine Vorschau auf Ihre Daten.

> **Achtung:** Solange der Power Query-Editor geöffnet ist, sind die aktuelle Arbeitsmappe und alle übrigen Instanzen von Excel gesperrt. Ein Weiterarbeiten in der Arbeitsmappe ist erst möglich, nachdem der Power Query-Editor geschlossen wurde.

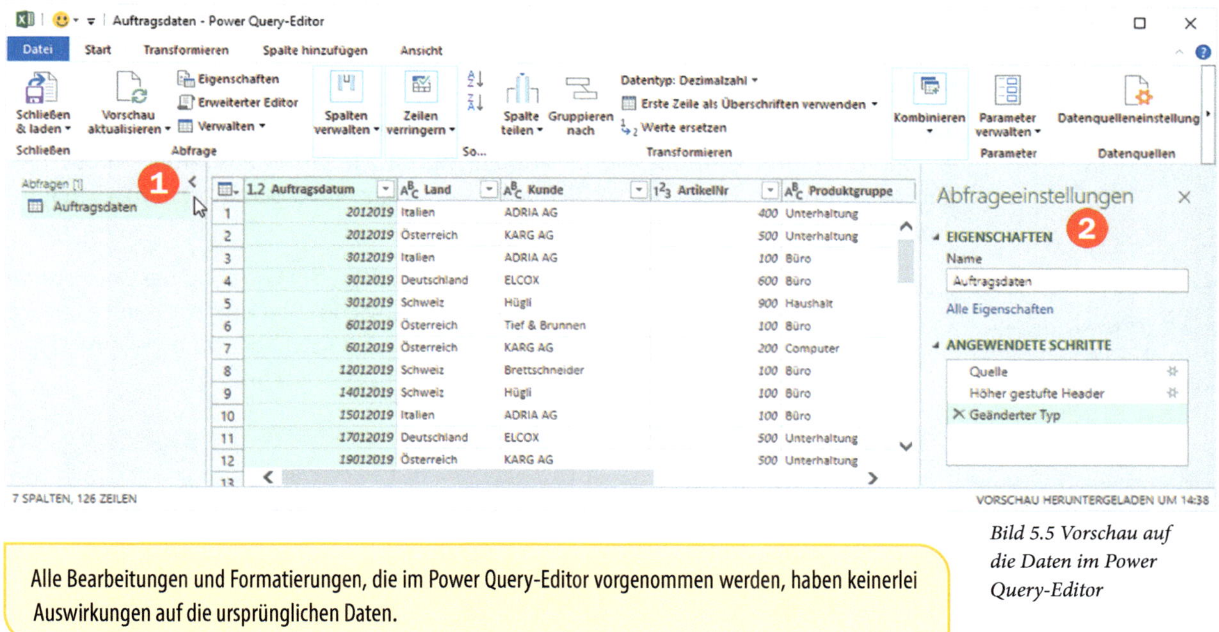

Bild 5.5 Vorschau auf die Daten im Power Query-Editor

> Alle Bearbeitungen und Formatierungen, die im Power Query-Editor vorgenommen werden, haben keinerlei Auswirkungen auf die ursprünglichen Daten.

Importschritte kontrollieren

Bereits beim Laden in den Abfrage-Editor haben die Ausgangsdaten erste Transformationen erfahren. Die Datenquelle wurde ausgewählt (*Quelle*), die erste Zeile als Überschriftzeile festgelegt (*Höher gestufte Header*) und jeder Spalte ein Datentyp zugewiesen (*Geänderter Typ*). Jeden dieser Schritte finden Sie im Aufgabenbereich *Abfrageeinstellungen* in der Liste *ANGEWENDETE SCHRITTE* ❶.

Bild 5.6 Angewendete Schritte kontrollieren

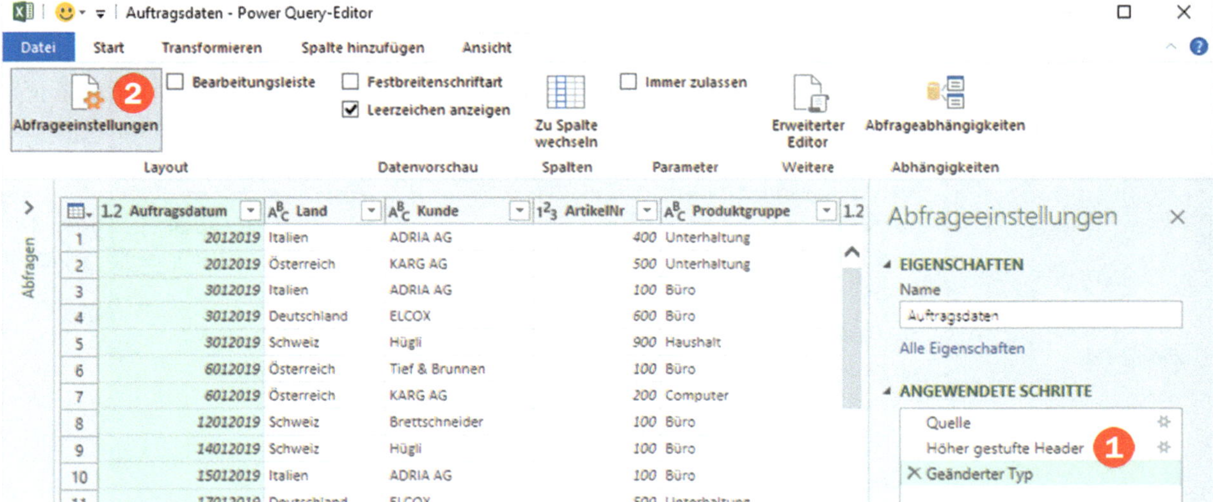

Hinweis: Falls der Aufgabenbereich nicht sichtbar sein sollte, klicken Sie zum Einblenden auf das Register *Ansicht* und hier auf die Schaltfläche *Abfrageeinstellungen* ❷ (Bild auf der vorhergehenden Seite).

Die angewendeten Schritte sind in Power Query ein wichtiges Werkzeug zur Datenaufbereitung und Kontrolle. Hier werden nicht nur alle bisher ausgeführten Bearbeitungsschritte aufgelistet, Sie können auch jeden einzelnen Schritt nachträglich kontrollieren, ändern oder löschen.

1. Wenn Sie auf einen der Schritte klicken, dann zeigt die Vorschau die Daten **nach** diesem Schritt an. Klicken Sie z. B. auf *Quelle*, wie im Bild unten, dann sehen Sie die Daten unmittelbar nach dem Einlesen, die Spalten haben noch keine Überschriften sondern sind mit *Column1*, *Column2*, usw. beschriftet.

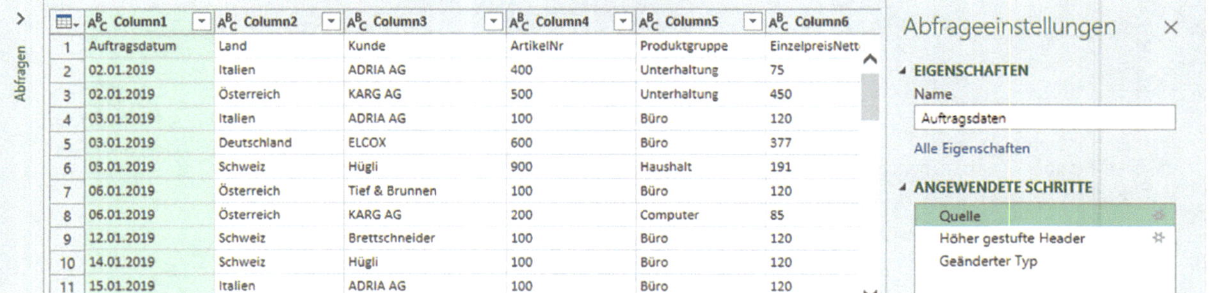

Bild 5.7 Die importierten Daten ohne Spaltenüberschriften

2. Klicken Sie auf den nächsten Schritt *Höher gestufte Header*, so sehen Sie, dass die Spalten korrekte Überschriften erhalten haben, allerdings sind alle Spalten vom Datentyp *Text*, am Symbol A^B_C links von der jeweiligen Spaltenüberschrift leicht zu erkennen.

3. Im nächsten Schritt, *Geänderter Typ*, wurde jeder Spalte ein Datentyp zugewiesen, das Resultat sehen Sie, wenn Sie auf diesen Schritt klicken.

Achtung: Besonders beim Import aus Textdateien erhält nicht jede Spalte automatisch den richtigen Datentyp, häufig werden Dezimalzahlen und Datumswerte falsch als Text interpretiert. Kontrollieren Sie daher unbedingt die Datentypen aller Spalten und ändern Sie fehlerhafte Datentypen. Die Vorgehensweise lesen Sie weiter unten.

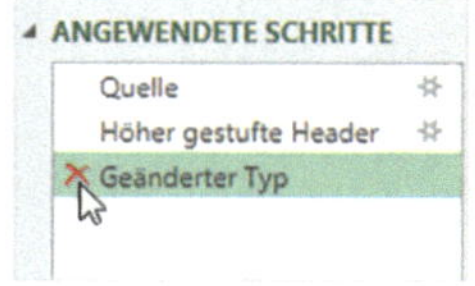

Bearbeitungsschritt löschen

Statt Rückgängig können Sie im Abfrage-Editor einen angewendeten Schritt wieder löschen. Dies muss nicht unbedingt der letzte sein, es kann auch ein beliebiger Schritt gelöscht werden. Die nachfolgenden Schritte werden dadurch nicht entfernt, allerdings können durch das Löschen Folgefehler entstehen.

Zum Löschen zeigen Sie auf den betreffenden Schritt: Links davon erscheint das Symbol *Löschen* und ein Klick auf dieses Symbol entfernt alle, mit diesem Schritt vorgenommenen Bearbeitungen.

Datentypen ändern

> **Kontrollieren Sie unbedingt alle Datentypen**
> Besonders im Hinblick auf die Berechnung weiterer Spalten ist der Datentyp wichtig, da mathematische Berechnungen Zahlen erfordern und Teile eines Datums nur aus einem gültigen Datum ermittelt werden können.
>
> Falls nötig, können Sie auch unmittelbar nach dem Laden in den Power Query-Editor die automatische Typkonvertierung entfernen. Dazu klicken Sie beim Schritt *Geänderter Typ* auf das Symbol *Löschen*. Dann müssen Sie allerdings mit Ausnahme von Text jeder Spalte manuell einen Datentyp zuweisen.

Den Datentyp einer Spalte erkennen Sie am Symbol ❶ links von der Überschrift, im Bild ist beispielsweise die Spalte *EinzelpreisNetto* vom Typ *Ganze Zahl*. Oder markieren Sie mit Klick auf die Überschrift die gesamte Spalte und werfen Sie im Register *Start* ▶ *Transformieren* einen Blick auf das Feld *Datentyp* ❷.

Bild 5.8 Datentypen kontrollieren

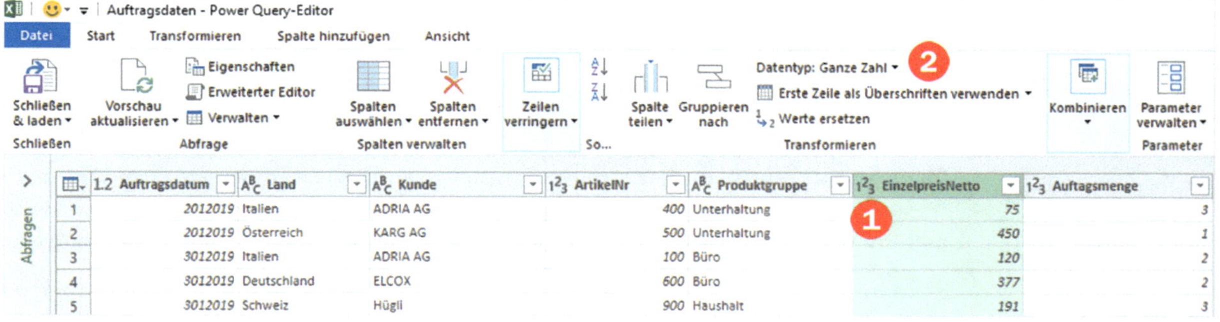

Zum Ändern des Datentyps klicken Sie auf das Datentyp-Symbol in der Überschrift der betreffende Spalte ❶ und dann in der Liste auf den korrekten Datentyp, im Bild unten *Dezimalzahl* ❷.

Oder klicken Sie in die Überschrift der Spalte und wählen dann im Menüband, Register *Start* über das Feld *Datentyp* ❸ den Datentyp aus.

Bild 5.9 Datentyp ändern

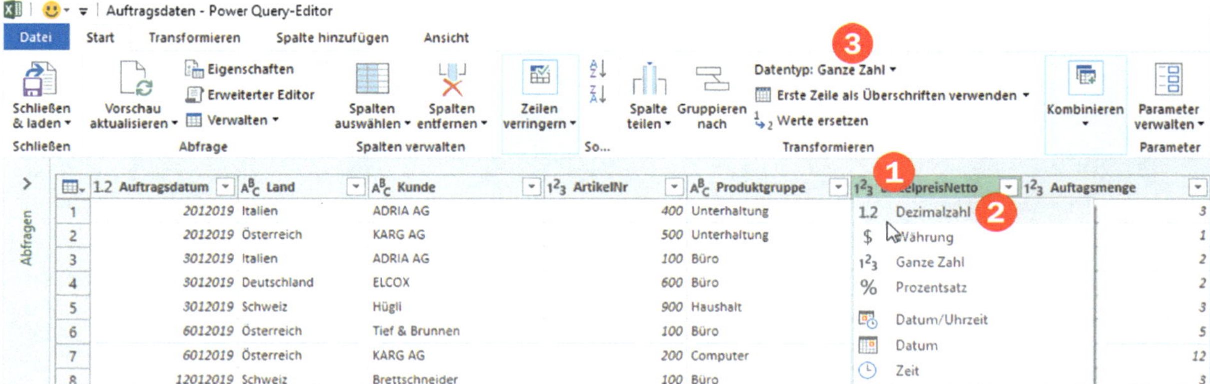

Neuer Schritt oder Typkonvertierung ersetzen?
Falls der Datentyp einer Spalte schon einmal geändert wurde, z. B. automatisch beim Laden in den Power Query-Editor, erscheint die unten abgebildete Rückfrage und macht Sie darauf aufmerksam (Typenkonvertierung). Klicken Sie auf *Neuen Schritt hinzufügen*, wenn Ihre Änderung als weiterer Schritt der Liste der angewendeten Schritte hinzugefügt werden soll. Auf diese Weise lässt sie sich auch leichter wieder rückgängig machen. Mit Klick auf *Aktuelle ersetzen* wird dagegen eine bereits erfolgte Typenänderung durch die erneute Änderung ersetzt.

Bild 5.10 Automatische Typenkonvertierung ersetzen oder neuen Schritt hinzufügen?

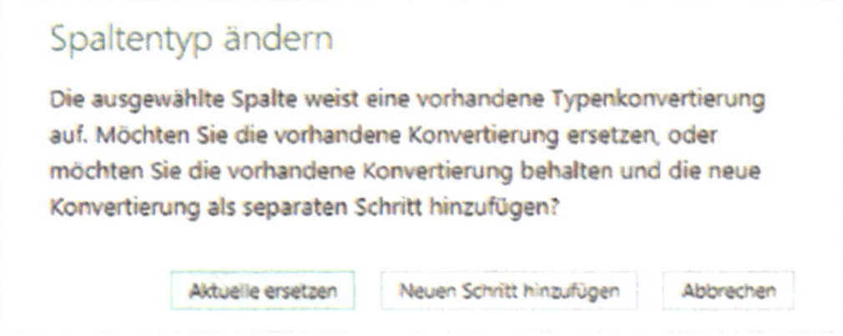

Vorsicht bei Zahlen und Datumswerten

Datumswerte richtig übernehmen
Datumswerte werden nicht immer richtig erkannt, besonders beim Import aus Textdateien. So wurde im hier verwendeten Beispiel in der Spalte *Auftragsdatum* das Datumstrennzeichen Punkt fälschlicherweise als Tausenderzeichen interpretiert und entfernt, außerdem hat die Spalte den Datentyp *Dezimalzahl* erhalten, s. Bild unten ganz links.

Bild 5.11 Bei Datumswerten einfach den Datentyp ändern, bringt hier nicht das gewünschte Ergebnis

Beim Versuch, anschließend den Datentyp mit der oben beschriebenen Methode zu ändern, erhalten Sie leider nicht das gewünschte Ergebnis, sondern ein falsches Datum oder Fehler, wie im Bild unten. In diesem Fall müssen Sie zuerst die automatische Typkonvertierung entfernen, dadurch ist die Datumsspalte vom Typ *Text* und erhält wieder das ursprüngliche Aussehen. Anschließend können Sie den Datentyp der Spalte problemlos in *Datum* ändern.

Bild 5.12 Nach dem Entfernen der automatischen Typkonvertierung ist das Datum vom Typ Text und kann nun in ein Datum geändert werden

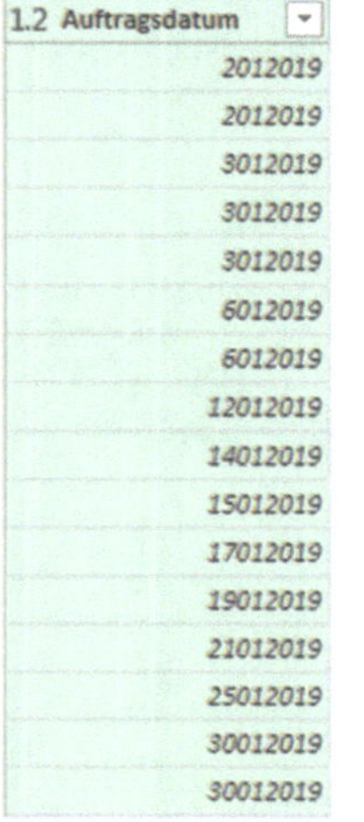

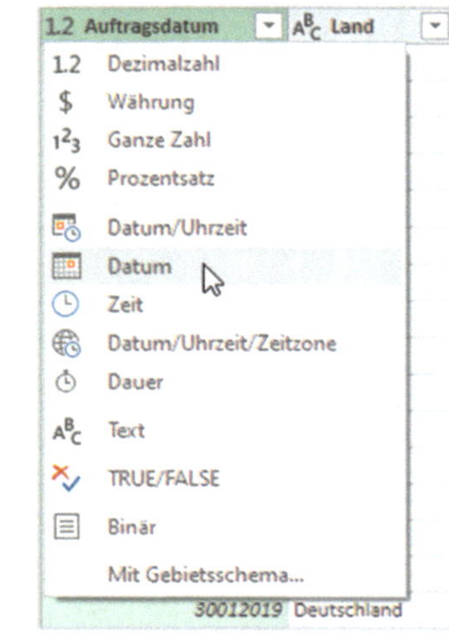

Auftragsdatum	Auftragsdatum	Auftragsdatum
19.09.7408	02.01.2019	02.01.2019
19.09.7408	02.01.2019	02.01.2019
Error	03.01.2019	03.01.2019
Error	03.01.2019	03.01.2019
Error	03.01.2019	03.01.2019
Error	06.01.2019	06.01.2019
Error	06.01.2019	06.01.2019
Error	12.01.2019	12.01.2019
Error	14.01.2019	14.01.2019
Error	15.01.2019	15.01.2019
Error	17.01.2019	17.01.2019
Error	19.01.2019	19.01.2019
Error	21.01.2019	21.01.2019
Error	25.01.2019	25.01.2019
Error	30.01.2019	30.01.2019
Error	30.01.2019	30.01.2019

Wenn Sie nach dem Laden in den Power Query-Editor feststellen, dass Datumswerten und/oder Dezimalzahlen der falsche Datentyp zugewiesen wurde, dann müssen Sie die automatische Typenkonvertierung entfernen. Dadurch erhält jede Spalte wieder das ursprüngliche Aussehen und ist zunächst vom Typ Text. Anschließend weisen Sie jeder Spalte, mit Ausnahme von Textspalten manuell einen Datentyp zu.

Haben dagegen Datumswerte erst einmal den falschen Datentyp, z. B. Dezimalzahl erhalten, lässt sich daraus das ursprüngliche Datum nicht mehr wiederherstellen. Gleiches gilt auch für falsch konvertierte Dezimalzahlen, siehe unten.

Datumswerte und Zahlen mit Gebietsschema konvertieren

Falls in den Ausgangsdaten Zahlen und Datumswerte in länderspezifischer Schreibweise vorliegen, z. B. 2020/01/01 oder Dezimalzahlen den Punkt statt des Kommas verwenden, dann ändern Sie den Datentyp mit Gebietsschema. **Achtung**: Auch in diesem Fall müssen Sie unbedingt zuerst die automatische Typenkonvertierung entfernen, um die Daten wieder in die ursprüngliche Form zurückzusetzen.

Beispiel: Punkt statt Komma als Dezimalzeichen

Im unten abgebildeten Beispiel verwenden die Einzelpreise Punkt statt Komma als Dezimalzeichen. Die Spalte hat zwar durch die automatische Typkonvertierung den korrekten Datentyp *Dezimalzahl* erhalten, allerdings wurde der Punkt als Tausenderpunkt interpretiert. Entfernen Sie die automatische Typenkonvertierung, klicken Sie auf das Datentyp-Symbol der Spalte *Einzelpreis* und auf *Mit Gebietsschema....*

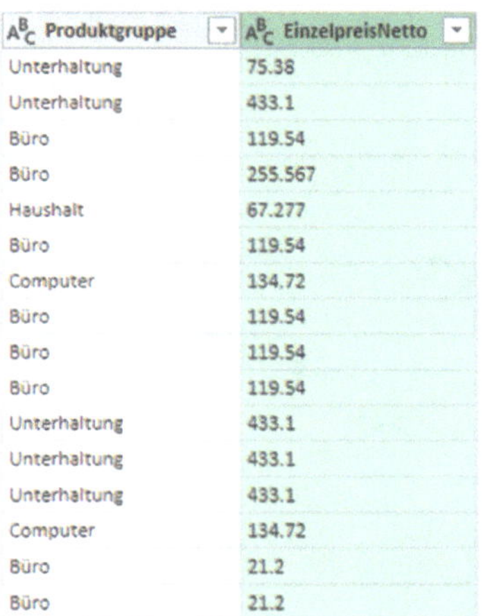

Produktgruppe	EinzelpreisNetto
Unterhaltung	75.38
Unterhaltung	433.1
Büro	119.54
Büro	255.567
Haushalt	67.277
Büro	119.54
Computer	134.72
Büro	119.54
Büro	119.54
Büro	119.54
Unterhaltung	433.1
Unterhaltung	433.1
Unterhaltung	433.1
Computer	134.72
Büro	21.2
Büro	21.2

Bild 5.13 Einzelpreise mit Punkt statt Komma als Text

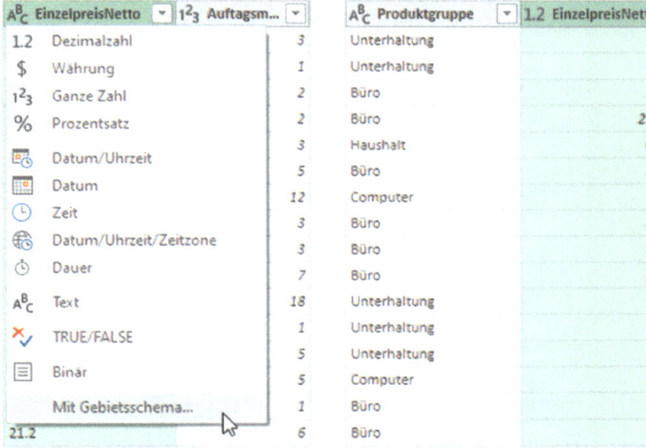

Bild 5.14 Klicken Sie auf Mit Gebietsschema...

Produktgruppe	1.2 EinzelpreisNetto
Unterhaltung	75,38
Unterhaltung	433,1
Büro	119,54
Büro	255,567
Haushalt	67,277
Büro	119,54
Computer	134,72
Büro	119,54
Büro	119,54
Büro	119,54
Unterhaltung	433,1
Unterhaltung	433,1
Unterhaltung	433,1
Computer	134,72
Büro	21,2
Büro	21,2

Bild 5.15 Das Ergebnis

Im Fenster *Typ mit Gebietsschema ändern* (Bild auf der nächsten Seite) wählen Sie dann den passenden Datentyp, hier *Dezimal* und im Feld *Gebietsschema* die länderspezifische Schreibweise, im Bild *Englisch (USA)*. Klicken Sie dann auf *OK*, die Preise werden nun richtig angezeigt, wie im Bild 5.15 oben.

Genauso verfahren Sie auch mit Datumswerten, die aufgrund ihrer Schreibweise nicht korrekt erkannt wurden.

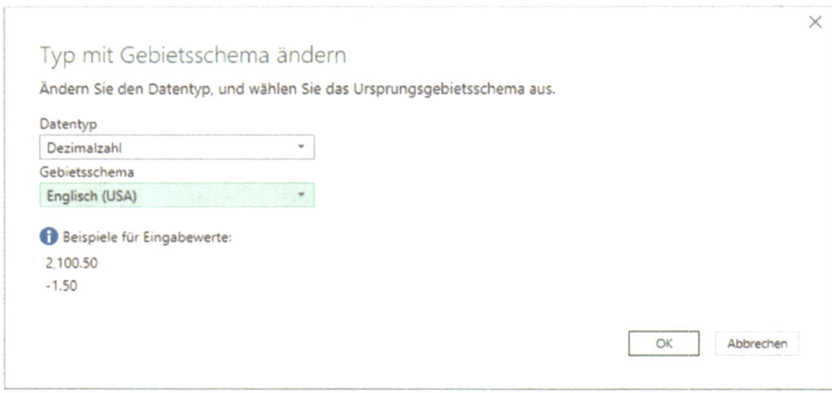

Bild 5.16 Datentyp mit Gebietsschema ändern

Power Query-Editor beenden und Daten in die Arbeitsmappe einfügen

Wie bereits erwähnt, sind die aktuelle Arbeitsmappe und alle übrigen Instanzen von Excel inaktiv, solange der Power Query-Editor geöffnet ist. Im letzten Schritt beenden Sie also den Editor und übernehmen die Daten in die aktuelle Arbeitsmappe. Klicken Sie dazu im Power Query-Editor auf das Register *Start* und hier auf *Schließen & laden* ❶.

Stattdessen können Sie auch einfach das Fenster der Power Query-Editors schließen ❷, damit Ihre Änderungen gespeichert werden, müssen Sie in diesem Fall die nachfolgende Rückfrage mit *Beibehalten* beantworten.

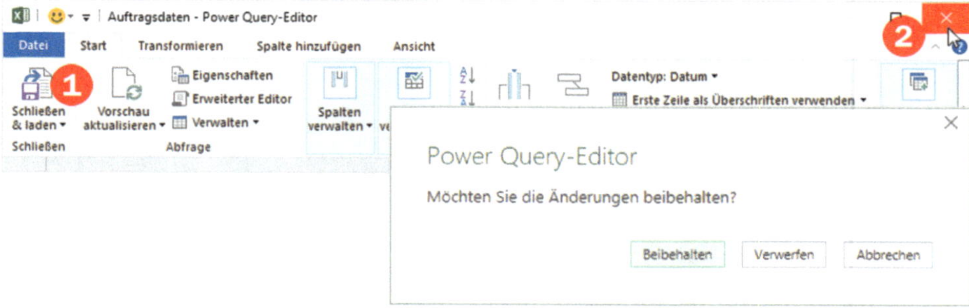

Bild 5.17 Power Query-Editor schließen

Hinweis: Die Daten müssen nicht zwingend in ein Tabellenblatt eingefügt werden. Wenn die Datenquelle sehr viele Daten umfasst und/oder die Einzeldatensätze nicht benötigt werden, sondern nur eine Zusammenfassung, dann kann auch nur eine Verbindung erstellt werden. Näheres hierzu lesen Sie im nächsten Punkt.

5.3 Abfragedaten in die Arbeitsmappe laden

Optionen beim Schließen

Beim Schließen des Editors können Sie entscheiden, wie Sie mit den Daten weiter verfahren möchten. Um die verschiedenen Optionen zu erhalten, klicken Sie zum Schließen entweder im Register *Start* auf den Dropdown-Pfeil der Schaltfläche *Schließen & laden* (Bild 5.18) oder auf das Register *Datei*, wie in Bild 5.19. In beiden Fällen haben Sie die Wahl zwischen *Schließen & laden* und *Schließen & laden in...*.

- *Schließen & laden* fügt die Daten sofort und ohne weitere Rückfrage in einem neuen Tabellenblatt ein, siehe Seite 92.
- *Schließen & laden in...* öffnet dagegen ein Fenster mit weiteren Optionen und Sie können angeben, ob die Daten im aktuellen Arbeitsblatt ab der angegebenen Zelle oder in einem neuen Arbeitsblatt eingefügt werden sollen. Außerdem haben Sie hier die Möglichkeit, nur eine Verbindung zu erstellen. Diese können Sie anschließend als Datenquelle für eine Pivot-Tabelle verwenden, die Daten selbst erscheinen nicht in der Arbeitsmappe.

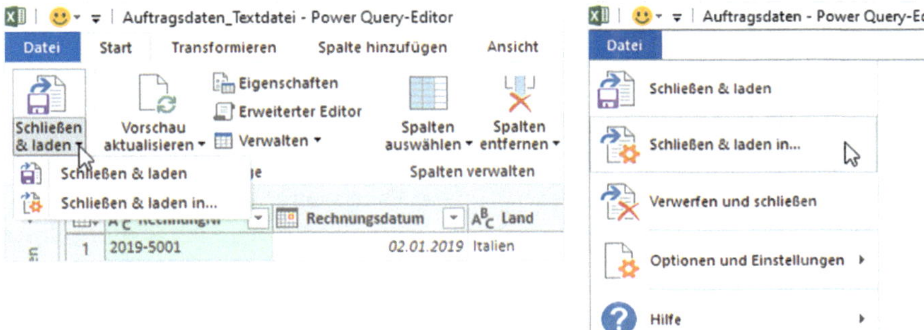

Bild 5.18 Symbol Schließen und laden

Bild 5.19 Datei - Schließen und laden

> **Achtung beim Schließen des Fensters**
> Wenn Sie das Fenster des Power Query-Editors mit Klick auf das Symbol *Schließen* einfach schließen, erscheint eine Meldung, ob Sie die Änderungen beibehalten oder verwerfen möchten. Klicken Sie auf *Beibehalten*, so werden die Daten automatisch in ein neues Tabellenblatt der Arbeitsmappe geladen.

Falls Sie als Standardeinstellung automatisch nur eine Verbindung erstellen möchten, können Sie dies in den Abfrageoptionen steuern, siehe Seite 155.

Schließen & laden in

Mit *Schließen und laden in...* öffnet sich das Fenster *Daten importieren* mit folgenden Optionen (Bild 5.20):

- **Tabelle**
  Die Option *Tabelle* ist die Standardeinstellung, nur haben Sie hier zusätzlich die Wahl zwischen neuem und bestehendem Arbeitsblatt.

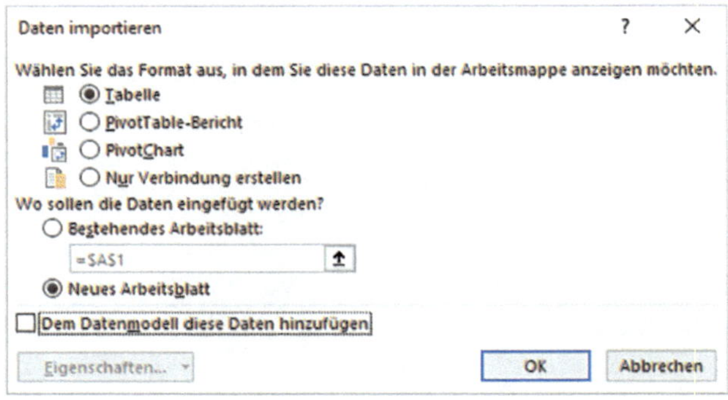

Bild 5.20 Daten importieren

- **Zusammenfassen mit PivotTable-Bericht**
  Mit den Optionen *PivotTable-Bericht* und *PivotChart* erstellt Excel anschließend im Tabellenblatt eine Tabelle bzw. ein Diagramm, in denen Sie die Daten zusammenfassen und beliebig anordnen können, Näheres hierzu lesen Sie in Kapitel 6. Die Einzeldatensätze werden dazu nicht benötigt und daher auch nicht in die Excel-Arbeitsmappe eingefügt, dies verringert den Speicherumfang der Arbeitsmappe erheblich.

In diesem Fall wählen Sie bei der Erstellung der Pivot-Tabelle die Option *Externe Datenquelle verwenden.*

- **Nur Verbindung erstellen**
  Alternativ können Sie stattdessen auch *Nur Verbindung erstellen* wählen und diese später beim Erstellen einer Pivot-Tabelle als Datenquelle wählen.

- **Dem Datenmodell der Arbeitsmappe hinzufügen**
  Wenn Sie später in einer Pivot-Tabelle Abfragedaten aus mehreren Datenquellen miteinander kombinieren oder mit Power Pivot weiter aufbereiten möchten, dann müssen Sie das Kontrollkästchen *Dem Datenmodell diese Daten hinzufügen* aktivieren.

Daten einfügen oder nur Verbindung?

Ob die Daten als Tabelle in die Arbeitsmappe eingefügt werden sollen oder ob Sie besser eine Verbindung zur Datenquelle erstellen, hängt von verschiedenen Faktoren ab.

- Eine Verbindung ohne Einfügen der Daten bietet sich für eine anschließende Auswertung mit Pivot-Tabellen an, wenn die eigentlichen Ausgangsdaten nicht benötigt werden. Dies verringert bei umfangreichen Tabellen der Speicherplatzbedarf der Arbeitsmappe erheblich und beschleunigt das Öffnen.
- Ein weiterer Vorteil: Aufgrund der begrenzen Anzahl Zeilen können in ein Excel-Tabellenblatt maximal 1.048.576 Datensätze eingefügt werden. Bei einer Verbindung spielt diese Beschränkung keine Rolle, die Datenquelle kann also auch wesentlich mehr Datensätze umfassen.

Tipp: Falls Sie die Daten versehentlich bereits in die Arbeitsmappe eingefügt haben und später feststellen, dass eigentlich eine Verbindung ausreicht, dann löschen Sie einfach das Tabellenblatt mit den Daten. Die Verbindung bleibt erhalten.

Abfragedaten im Tabellenblatt

Beim Laden in die Arbeitsmappe werden die Daten in der Standardeinstellung in einem neuen Tabellenblatt eingefügt und als Tabellenbereich formatiert. Gleichzeitig erscheint rechts der Aufgabenbereich *Abfragen und Verbindungen* mit dem aktivierten Register *Abfragen* ❶ und im Menüband steht das zusätzliche Register *Abfragetools - Abfrage* ❷ zur Verfügung.

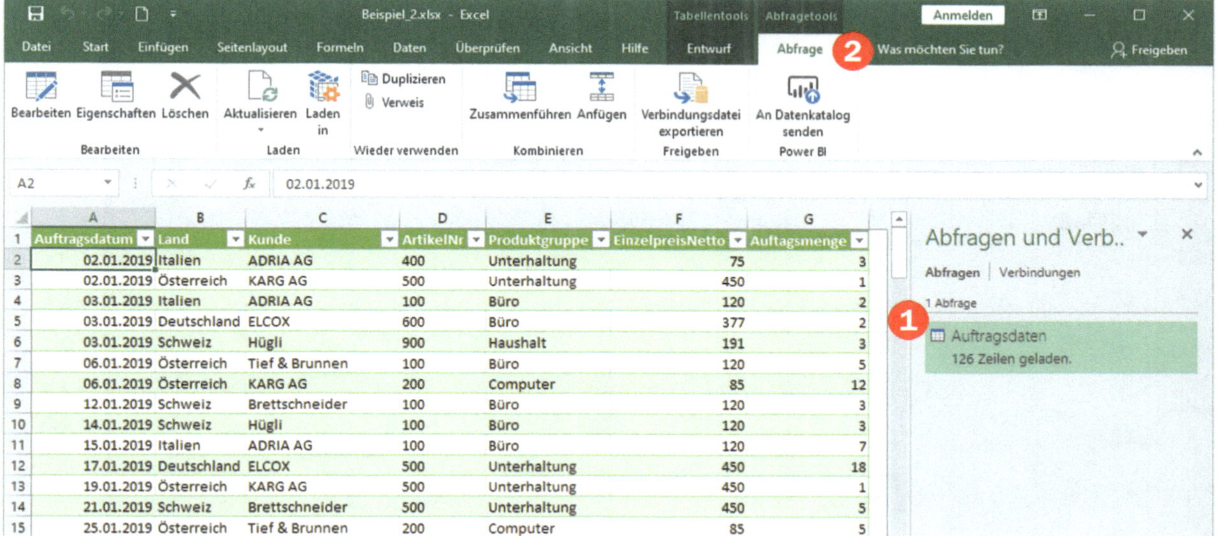

Bild 5.21 Die Daten aus der Abfrage im Tabellenblatt

Aufgabenbereich anzeigen

Sollte der Aufgabenbereich *Abfragen und Verbindungen* nicht sichtbar sein, so klicken Sie zum Anzeigen im Register *Daten* auf *Abfragen und Verbindungen* bzw. auf *Abfragen anzeigen* (Excel 2016).

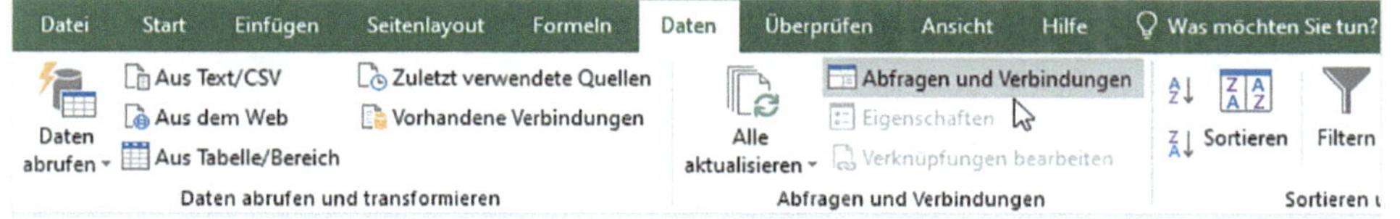

Bild 5.22 Aufgabenbereich anzeigen

Sicherheitseinstellungen beim Öffnen

Wie bei allen Verbindungen zu externen Daten werden auch hier beim ersten Öffnen der Arbeitsmappe aus Sicherheitsgründen alle Verbindungen deaktiviert und es erscheint die unten abgebildete Sicherheitswarnung. Klicken Sie auf *Inhalt aktivieren*, um die Verbindung wiederherzustellen, damit die Daten aktualisiert werden können.

Anschließend wird diese Arbeitsmappe als vertrauenswürdig eingestuft und beim nächsten Öffnen erscheint keine Warnung mehr. Wenn Sie allerdings die Datei umbenennen oder an einen anderen Ort verschieben, müssen Sie beim nächsten Öffnen die Inhalte bzw. Datenverbindungen erneut aktivieren.

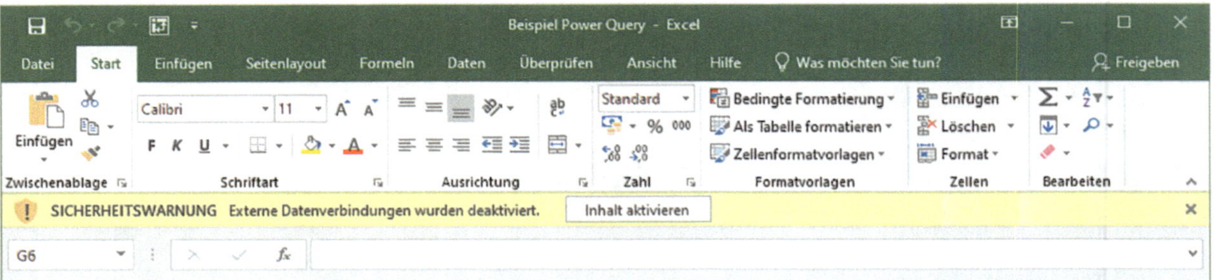

Bild 5.23 Beim ersten Öffnen erscheint eine Sicherheitswarnung. Klicken Sie auf Inhalt aktivieren

Abfrage erneut öffnen

Wenn Sie die Abfrage erneut im Power Query-Editor bearbeiten möchten, dann klicken Sie entweder im Aufgabenbereich *Abfragen und Verbindungen* doppelt auf die Abfrage oder im Menüband, Register *Abfragetools - Abfrage* auf die Schaltfläche *Bearbeiten*.

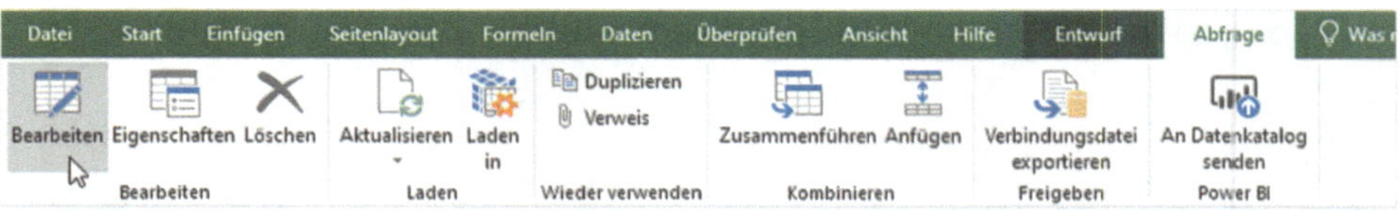

Tipp: Sollte das Register *Abfragetools - Abfrage* nicht sichtbar sein, können Sie den Power Query-Editor auch über das Register *Daten* öffnen. Klicken Sie auf *Daten abrufen* und auf *Power Query-Editor starten...* (Excel 2019). In Excel 2016 klicken Sie auf *Neue Abfrage* ▶ *Abfragen kombinieren* und auf *Power Query-Editor starten*. Diese Methode funktioniert auch, wenn die aktuelle Arbeitsmappe keine Abfrage enthält.

Daten aktualisieren

Tabelle aktualisieren: Alt+F5

Die Daten aus einer Abfrage oder einer Verbindung müssen in der Standardeinstellung manuell aktualisiert werden. Klicken Sie dazu auf eine beliebige Stelle der Tabelle und im Register *Daten* auf *Alle aktualisieren* ❶ (Bild 5.24 auf der nächsten Seite) oder drücken Sie die Tasten Alt + F5. Den Befehl *Aktualisieren* finden Sie außerdem im Kontextmenü, wenn Sie mit der rechten Maustaste an eine beliebige Stelle des Tabellenbereichs klicken.

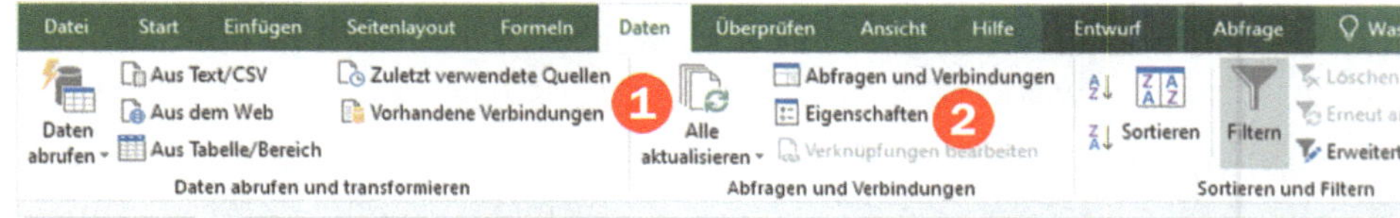

Bild 5.24 Tabelle aktualisieren, Eigenschaften

Aktualisierungsoptionen, beim Öffnen automatisch aktualisieren

Das Verhalten der Tabelle beim Aktualisieren steuern Sie über die Eigenschaften. Hier können Sie bei Bedarf auch festlegen, ob die Daten beim Öffnen der Arbeitsmappe oder in bestimmten Zeitintervallen automatisch aktualisiert werden sollen.

1 Klicken Sie im Register *Daten* ▶ *Abfragen und Verbindungen* auf *Eigenschaften* ❷ (Bild oben) oder auf den Pfeil der Schaltfläche *Alle aktualisieren* und auf *Verbindungseigenschaften...*

2 Im Dialogfenster *Externe Dateneigenschaften* haben Sie folgende Möglichkeiten:

- Unter *Datenformatierung und Layout* können Sie das automatische Anpassen der Spaltenbreite deaktivieren, Sortierung und Zellformatierungen sollten dagegen beibehalten werden.
- Die Optionen *Wenn sich die Anzahl der Zeilen im Datenbereich beim Aktualisieren ändert* haben nur Auswirkungen, wenn sich unmittelbar neben oder unter dem Tabellenbereich weitere Daten, z. B. Auswertungen befinden.

3 Sollen die Daten automatisch aktualisiert werden, dann klicken Sie neben dem Namen der Verbindung auf das Symbol *Verbindungseigenschaften* ❸.

- Aktivieren Sie dann im Fenster *Verbindungseigenschaften* das Kontrollkästchen *Aktualisieren beim Öffnen der Datei* ❹.
- Sollen die Daten regelmäßig in bestimmten Zeitintervallen automatisch aktualisiert werden, dann aktivieren Sie auch noch das Kontrollkästchen *Aktualisierung alle* und geben daneben das Intervall in Minuten an.

Bild 5.25 Eigenschaften

Bild 5.26 Verbindungseigenschaften

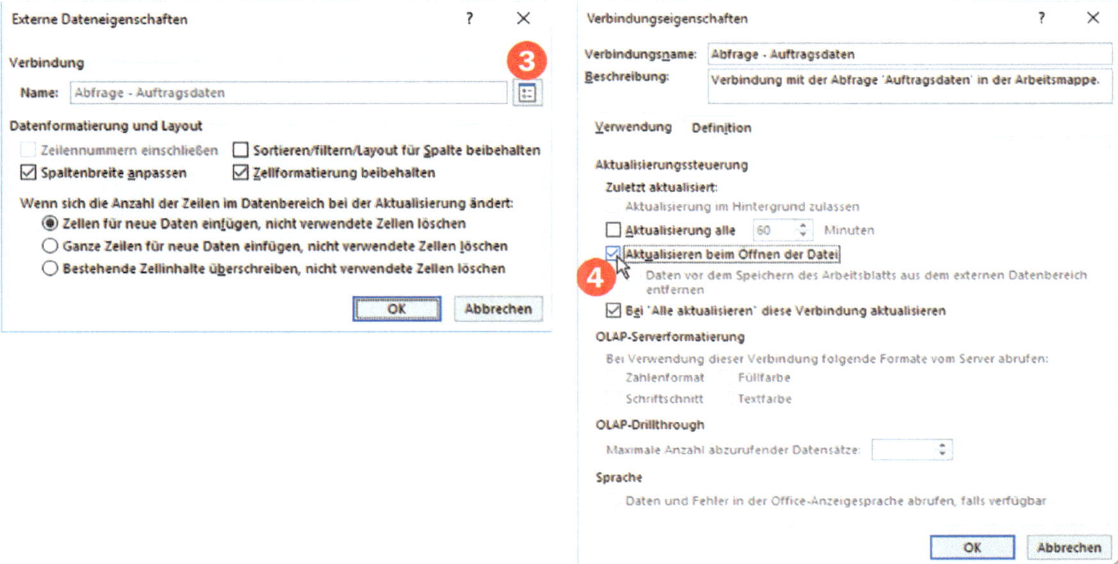

Daten löschen und erneut laden, Verbindung löschen

Wenn Sie das Tabellenblatt mit den Daten der Abfrage löschen, bleibt die zugrundeliegende Abfrage trotzdem bestehen und Sie können die Daten jederzeit erneut laden. Im Aufgabenbereich *Abfragen und Verbindungen* ist die Verbindung oder Abfrage nach wie vor sichtbar, aber mit dem Zusatz *Nur Verbindung*, wie im Bild unten.

Bild 5.27 Beim Löschen des Blattes bleibt die Verbindung bestehen

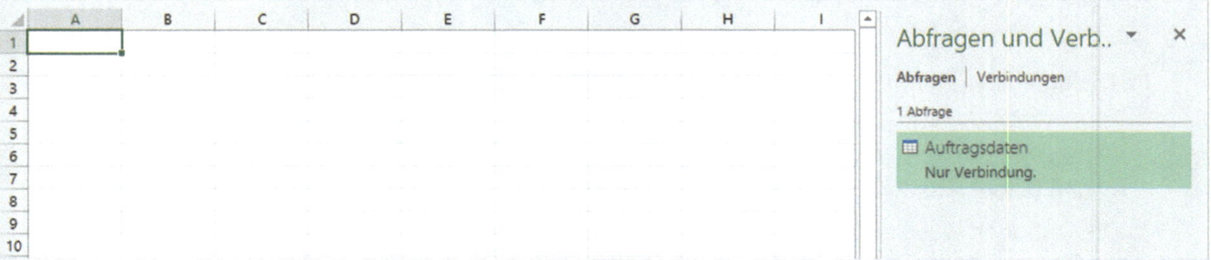

Daten aus Abfrage erneut laden

Falls nur eine Verbindung besteht und Sie die Daten nachträglich in die Arbeitsmappe laden möchten, so klicken Sie im Arbeitsbereich *Abfragen und Verbindungen* mit der rechten Maustaste auf die Verbindung und auf *Laden in...* ❶. Oder klicken Sie im Register *Abfragetools* - *Abfrage* ▶ *Laden* auf *Laden in*. Anschließend können Sie im Fenster *Daten importieren* die Option *Tabelle* auswählen ❷.

Bild 5.28 Daten aus Abfrage laden

Bild 5.29 Daten importieren

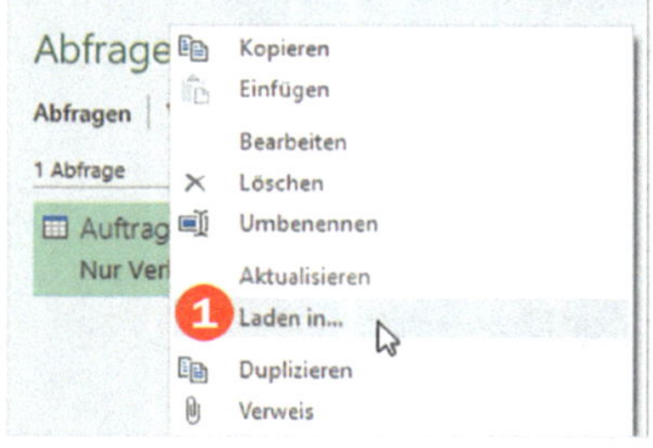

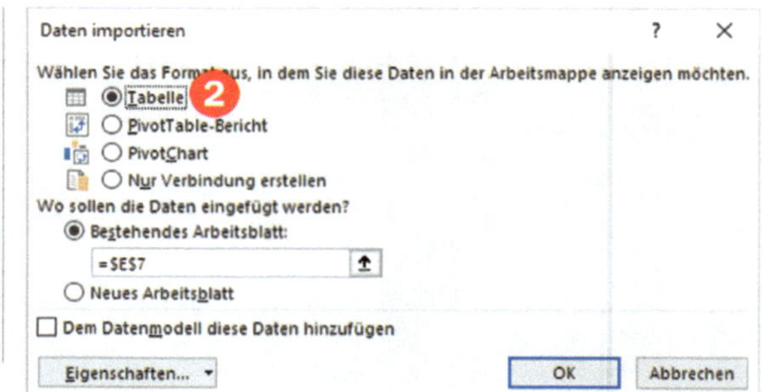

Verbindung löschen

Umgekehrt können Sie auch die Verbindung löschen, dann bleiben die Daten in der Arbeitsmappe zwar erhalten, können aber nicht mehr aktualisiert werden. Klicken Sie dazu im Aufgabenbereich *Abfragen und Verbindungen* mit der rechten Maustaste auf die Abfrage und auf *Löschen* und bestätigen Sie die Rückfrage mit *Löschen*. Falls sichtbar, können Sie auch im Register *Abfragetools* - *Abfrage* auf *Löschen* klicken.

Bild 5.30 Verbindung löschen

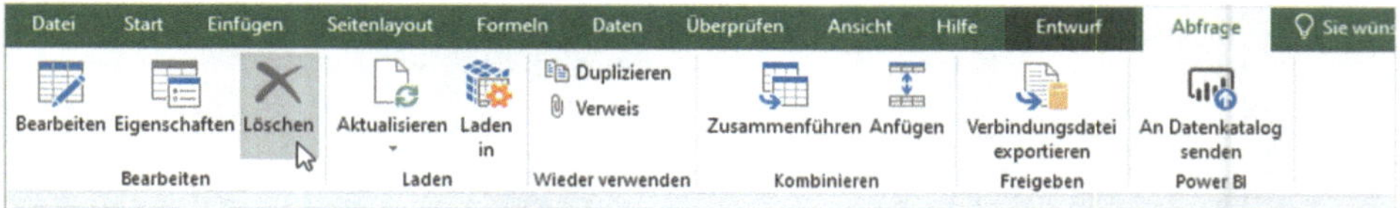

5.4 Datenbanken, Excel-Tabellen usw. als Datenquelle

Neben Text- bzw. .csv-Dateien unterstützt Power Query eine ganze Reihe weiterer Datenquellen. Da hier aus Platzgründen nicht alle beschrieben werden können, betrachten wir nur die gängigsten Formate.

Daten aus einer Datenbank abrufen

Um Daten ohne Umweg über eine Textdatei direkt aus einer Datenbank abzurufen, klicken Sie im Register *Daten* ▶ *Abrufen und transformieren* auf *Neue Abfrage* (Excel 2016) bzw. auf *Daten abrufen* (Excel 2019) und auf *Aus Datenbank*. Klicken Sie dann auf den benötigten Datenbanktyp.

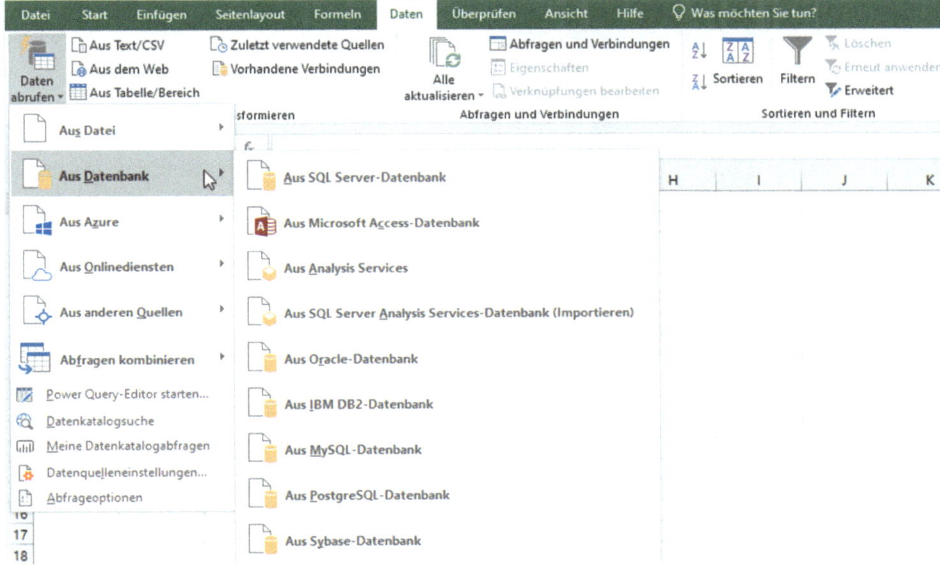

Bild 5.31 Excel 2019: Daten aus Datenbank abrufen

Access-Datenbank

Befinden sich die Daten in einer Access-Datenbank, so klicken Sie auf *Aus Microsoft Access-Datenbank*, eine besondere Anmeldung ist hier in der Regel nicht erforderlich. Wählen Sie dann die benötigte Datenbankdatei aus und klicken Sie auf *Importieren*.

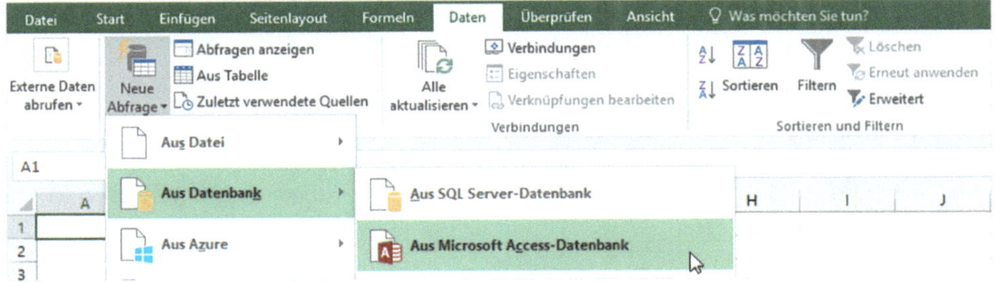

Bild 5.32 Wählen Sie den benötigten Datenbanktyp

Microsoft SQL Server und MySQL-Datenbank

Handelt es sich um eine Microsoft SQL Server Datenbank oder eine MySQL-Datenbank, so geben Sie den Servernamen ein und klicken auf *OK*. Da für den Zugriff auf eine SQL Server-Datenbank entsprechende Zugriffsrechte erforderlich sind, müssen Sie sich im nächsten Schritt anmelden. Ob dazu die Windows Anmeldeinformationen verwendet werden können oder eine gesonderte Anmeldung an der Datenbank erforderlich ist, erfahren Sie vom Serveradministrator.

Bild 5.33 Daten aus SQL Server-Datenbank abrufen

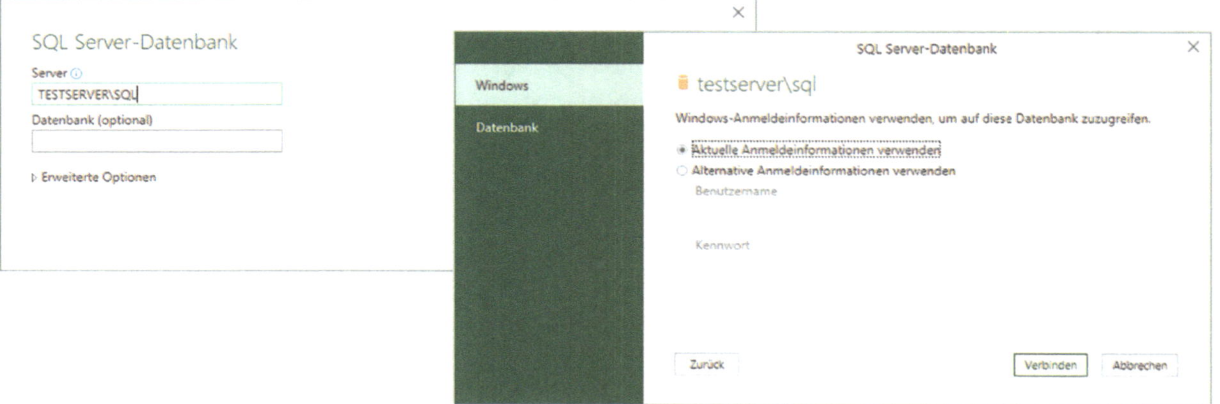

Datenquelle im Navigator auswählen

Datenbanken umfassen mehrere Tabellen und Abfragen bzw. Sichten, die als Datenquelle verwendet werden können. Im Gegensatz zum Import aus einer Textdatei öffnet sich daher zunächst der Navigator und listet links ❶ alle Elemente der ausgewählten Datenbank auf, in diesem Beispiel die Access-Datenbank *Warenwirtschaft*.

Bild 5.34 Datenquelle im Navigator auswählen

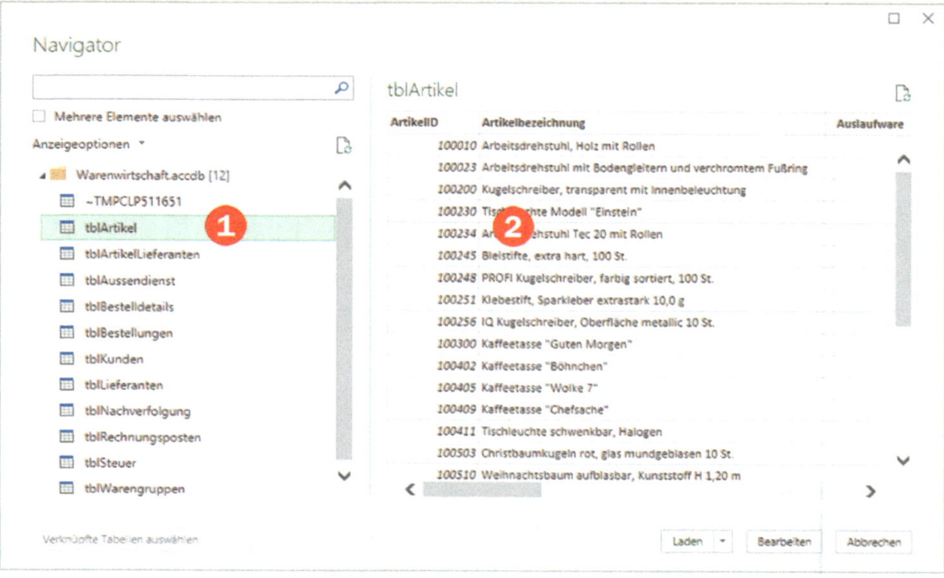

Rechts erhalten Sie eine Vorschau ❷ auf das markierte Element und mit Klick auf *Bearbeiten* laden Sie dieses Element in den Power Query-Editor.

> Beachten Sie, dass bei kennwortgesicherten Datenbanken Benutzername und Kennwort zusammen mit der Excel-Mappe gespeichert werden. Aus Sicherheitsgründen sollten Sie daher auch die Arbeitsmappe mit einem Kennwort absichern.

Excel-Tabellen als Datenquelle

Eine umfangreiche Excel-Datentabelle und darauf aufbauende Pivot-Tabellen in derselben Arbeitsmappe können den Speicherplatzbedarf unter Umständen erheblich vergrößern und für längere Ladezeiten sorgen. In solchen Fällen sollten Sie die Auswertung in einer gesonderten Arbeitsmappe vornehmen und mit Power Query auf die Arbeitsmappe als Datenquelle zugreifen. Zudem erlaubt Power Query das Zusammenführen und Aneinanderfügen von Daten, auch aus mehreren Tabellen und kann beispielsweise statt SVERWEIS und Konsolidieren eingesetzt werden.

Power Query unterstützt den Zugriff auf Tabellenblätter, benannte Zellbereiche und Tabellenbereiche (siehe Kapitel 2). Letztere sollten allerdings zwecks besserer Übersicht zuvor einen aussagefähigen Namen erhalten. Je nachdem, ob sich die Datentabelle in derselben oder in einer anderen Arbeitsmappe befindet, unterscheidet sich die Vorgehensweise etwas.

- **Die Daten befinden sich in einer externe Arbeitsmappe**
  Zum Erstellen der Abfrage klicken Sie im Register *Daten* auf *Daten abrufen* ▶ *Aus Datei* (Excel 2019) bzw. auf *Neue Abfrage* ▶ *Aus Datei* (2016) und auf *Aus Arbeitsmappe*. Wählen Sie die Arbeitsmappe aus und klicken Sie auf *Importieren*.

- **Eine Abfrage in derselben Mappe wie die Datenquelle erstellen**
  Wenn sich die Datenquelle in derselben Arbeitsmappe befindet, dann klicken Sie an eine beliebige Stelle dieser Tabelle und benutzen im Register *Daten* ▶ *Daten Abrufen und Transformieren* die Schaltfläche *Aus Tabelle/Bereich* (s. Bild unten).

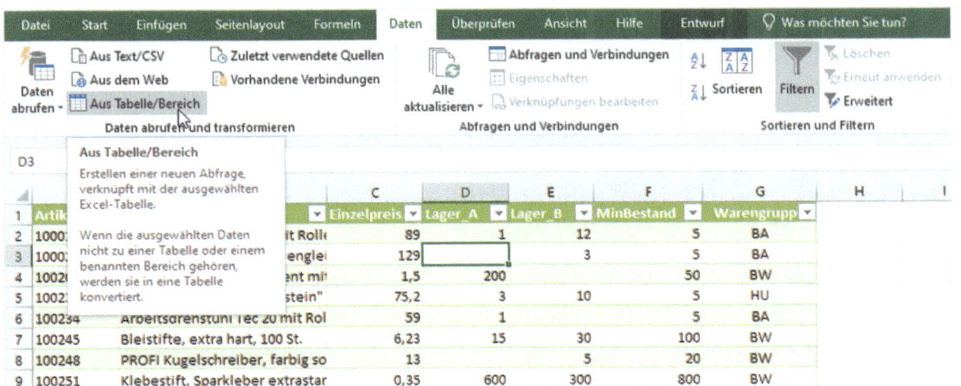

Bild 5.35 Klicken Sie in die Tabelle und auf Aus Tabelle

Lagerliste.csv

Tabellenbereiche (siehe Als Tabelle formatieren, Kapitel 2.2)

Achtung: In diesem Fall setzt Power Query voraus, dass es sich um einen Tabellenbereich handelt. Sollte dies nicht der Fall sein, wird der Zellbereich zuvor in einen Tabellenbereich umgewandelt und Sie müssen angeben, ob die Tabelle Überschriften enthält.

Element im Navigator auswählen

Wie bei Datenbanken, öffnet sich auch beim Abrufen aus einer Excel-Arbeitsmappe im ersten Schritt der Navigator und listet alle Datenquellen der Arbeitsmappe auf. Dazu zählen Arbeitsblätter ❶, Tabellenbereiche ❷ und sonstige benannte Zellbereiche ❸, diese unterscheiden sich im Navigator nur durch ihr Symbol (Bild unten). Die oberste Ebene bildet die Excel-Arbeitsmappe.

Klicken Sie auf eine Datenquelle, um rechts eine Vorschau zu erhalten und mit Klick auf die Schaltfläche *Bearbeiten* laden Sie die Daten der markierten Datenquelle in den Power Query-Editor.

Bild 5.36 Der Navigator listet alle verfügbaren Datenquellen der Arbeitsmappe auf

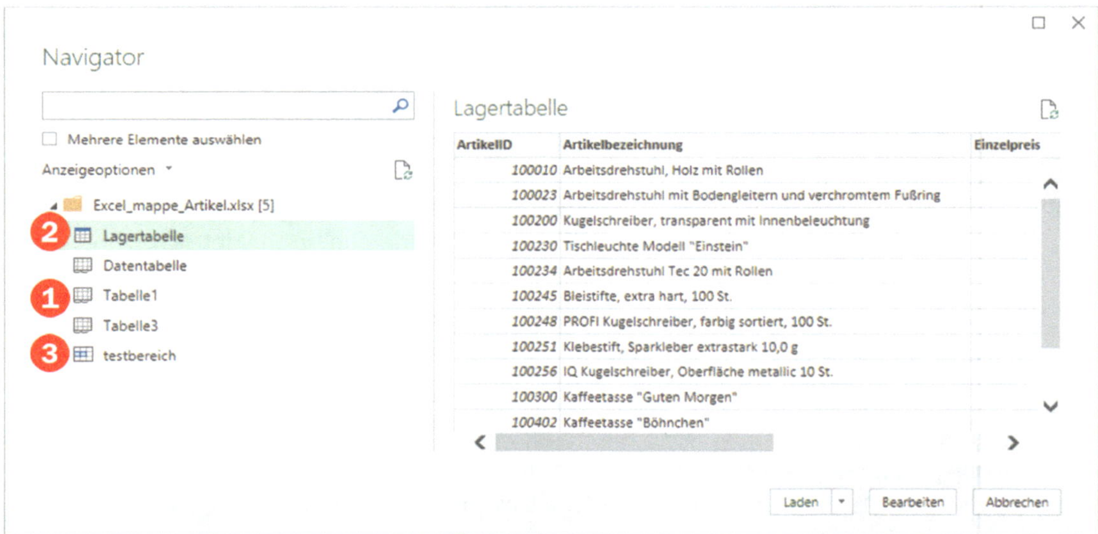

Daten aus dem Web abrufen

Power Query unterstützt auch Webabfragen, über die Sie auf externe Daten im HTML-Dateiformat einer Webseite im Intranet oder Internet zugreifen können, z. B. auf aktuelle Börsenkurse der DAX-Aktien oder Daten des Statistischen Bundesamtes. Die Daten im Web können in Form einer oder mehrerer Tabellen oder als Text gespeichert sein. Erforderlich ist nur die URL der Webseite.

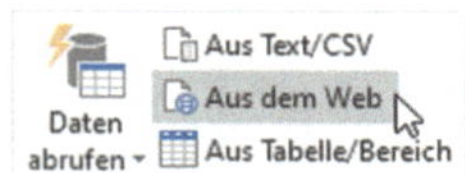

1 Klicken Sie im Register *Daten* ▶ *Abrufen und Transformieren* auf *Daten abrufen*. Wählen Sie *Aus anderen Quellen* und klicken Sie auf *Aus dem Web* (Excel 2016) bzw. klicken Sie auf die Schaltfläche *Aus dem Web* (Excel 2019).

2 Im nachfolgenden Fenster geben Sie URL der Webseite ein ❶.

Tipp: Wenn Sie die genaue URL nicht kennen, dann benutzen Sie zunächst im Browser einen Suchdienst, z. B. Google, zur Suche nach der gewünschten Information. Haben Sie die Webseite mit den gewünschten Daten vor sich, dann klicken Sie in die Adresszeile des Browsers, kopieren Sie die Adresse mit Strg+C in die Zwischenablage und fügen diese im Feld *URL* ein. Dieses Beispiel verwendet die DAX-Werte von boerse.de.

Quelle: boerse.de

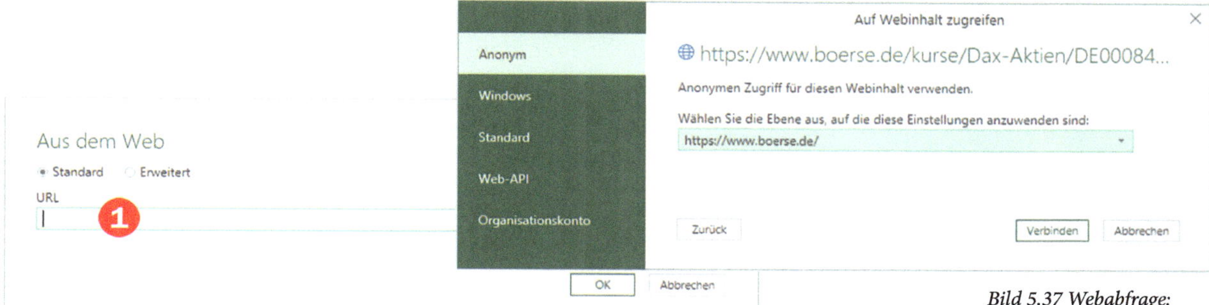

Bild 5.37 Webabfrage: URL eingeben

Bild 5.38 Zugriff auf Webinhalte und Anmeldung

3 Eventuell müssen Sie im nächsten Schritt noch angeben, wie der Zugriff auf die Webinhalte erfolgen soll. Handelt es sich um ein allgemein zugängliches kostenloses Angebot im Web, dann wählen Sie *Anonym*. Im Intranet erfolgt die Anmeldung entweder per Windows Anmeldung oder mit einem gesonderten Kennwort, für den Zugriff auf SharePoint benötigen Sie ein Organisationskonto.

Nach dem Klick auf *Verbinden* wird die Verbindung hergestellt, dies kann einige Sekunden dauern.

4 Anschließend öffnet sich der Navigator und listet sämtliche Inhalte der Webseite auf (Bild unten).

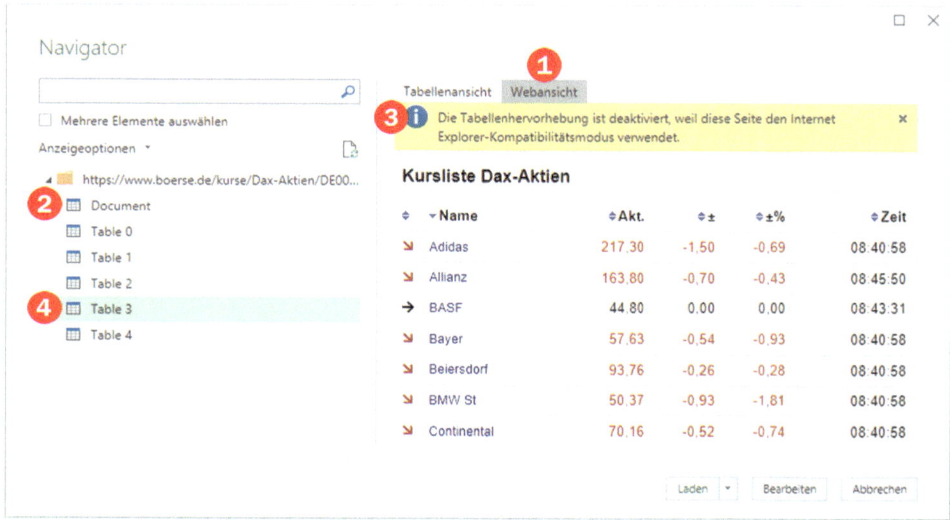

Bild 5.39 Klicken Sie auf Webansicht, um eine Vorschau zu erhalten

Klicken Sie oberhalb der Vorschau auf das Register *Webansicht* ❶. Die Auswahl *Document* ❷ zeigt die gesamte Webseite an; falls die Seite mehr als eine Tabelle enthält, werden diese unterhalb aufgelistet und können ebenfalls mit einem Klick ausgewählt und in der Vorschau angezeigt werden.

Tipp: Manche Webseiten unterstützen die Tabellenhervorhebung, d. h. die einzelnen Tabellen werden mit der Auswahl *Document* in der Vorschau hervorgehoben und ihre Namen sind sichtbar. Ist dies nicht der Fall, wie im Bild oben ❸, müssen Sie der Reihe nach die Tabellen anklicken und in der Webansicht kontrollieren.

5 Im Bild oben enthält *Table 3* die benötigten Daten. Klicken Sie daher links auf *Table 3* ❹, kontrollieren Sie die Tabelle in der Webansicht und klicken Sie auf *Bearbeiten*, um die Daten in den Abfrage-Editor zu laden.

6 Viele Webseiten verwenden auch Bilder und Symbole in Tabellen. Da diese im Power Query-Editor nicht dargestellt werden können, erhalten Sie in vielen Fällen entsprechend leere Spalten und/oder Zeilen, die Sie anschließend problemlos entfernen können. Kontrollieren Sie auch die Überschriften und Datentypen.

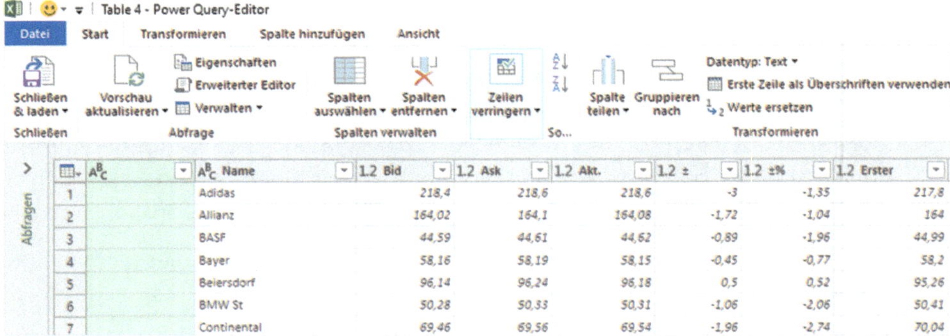

Bild 5.40 Die Daten im Abfrage-Editor

Hinweis: Ein Zugriff auf Daten, die sich auf einem FTP-Server befinden, ist mit Power Query leider nicht möglich.

Daten aus XML-Dateien importieren

XML ist die Abkürzung von Extensible Markup Language. XML ist ein ebenfalls weit verbreitetes Dateiformat zum Datenaustausch zwischen Systemen.

Neben Text- und csv-Dateien können Sie mit Power Query auch Daten aus einer XML-Datei importieren. Bei XML-Dateien handelt es sich um Textdateien, in denen die Daten hierarchisch strukturiert dargestellt werden. Als einfaches Beispiel soll die unten abgebildete Tabelle mit Artikeldaten importiert werden.

Artikeldaten.xml

1 Klicken Sie auf *Daten* ▶ *Daten abrufen und transformieren* ▶ *Neue Abfrage* bzw. *Daten abrufen* (Excel 2019) ▶ *Aus Datei* und auf *Aus XML*. Wählen Sie die XML-Datei aus und klicken Sie auf *Importieren*.

2 Im nächsten Fenster erhalten Sie eine etwas andere Vorschau auf den Inhalt, klicken Sie auf *Bearbeiten*.

Bild 5.41 Beispiel XM-Datei

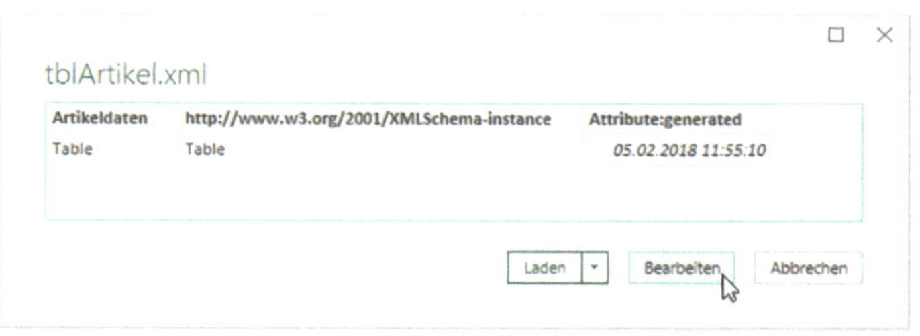

Bild 5.42 XML-Daten im Abfrage-Editor bearbeiten

3 Die Tabelle erscheint anschließend im Abfrage-Editor und umfasst scheinbar nur eine einzige Zeile (Bild 5.43). Um die Tabelle zu erweitern, klicken Sie in der Spalte mit dem Eintrag *Table*, im Beispiel unten die erste Spalte mit der Überschrift *Artikeldaten* neben der Spaltenüberschrift, auf die Schaltfläche mit den beiden auseinander weisenden Pfeilen. **Achtung**: Die zweite Spalte mit der Überschrift *http://...* zeigt diese Schaltfläche ebenfalls an. Diese beinhaltet einen Verweis auf das verwendete Datenschema und kann ignoriert werden.

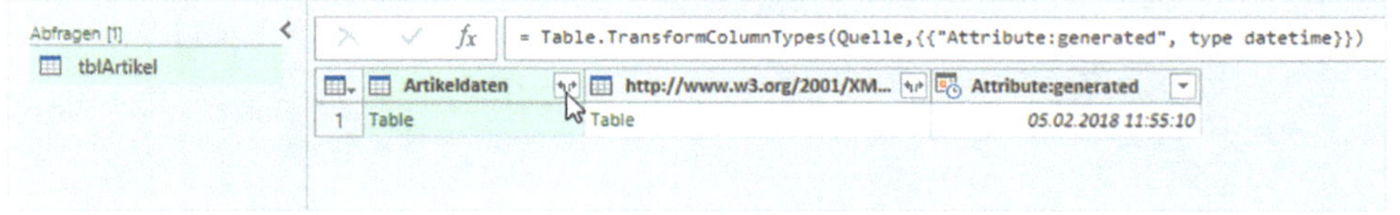

Bild 5.43 Klicken Sie zum Erweitern auf die Schaltfläche

4 Es öffnet sich eine Liste mit allen Spalten der eigentlichen Tabelle. Falls Sie nicht alle Spalten benötigen, benutzen Sie die Kontrollkästchen zur Auswahl der Spalten. Das Kontrollkästchen *Ursprünglichen Spaltennamen als Präfix verwenden* ist nur sinnvoll bei eventuell mehrfach vorkommenden Spaltenüberschriften und kann hier deaktiviert werden. Klicken Sie dann auf *OK*.

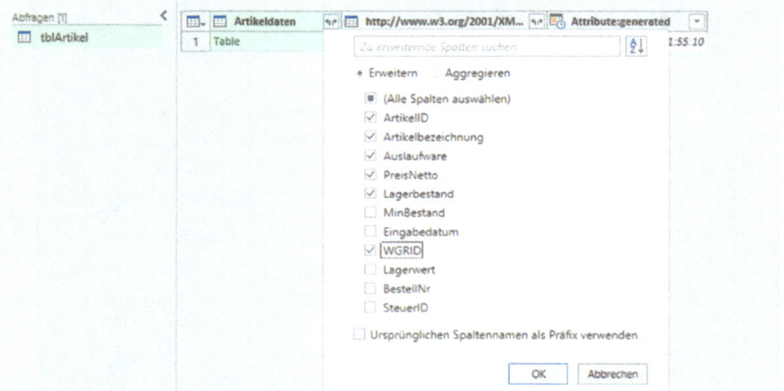

Bild 5.44 Wählen Sie die benötigten Spalten aus

5 Anschließend können Sie die Tabelle wie gewohnt bearbeiten, allerdings umfasst dieses Beispiel nur drei Datensätze. Löschen Sie die nicht benötigten Spalten, im Bild unten die beiden ganz rechts, und kontrollieren bzw. ändern Sie unbedingt die Datentypen der übrigen Spalten.

Bild 5.45 Die Tabelle erscheint im Abfrage-Editor und kann weiter bearbeitet werden

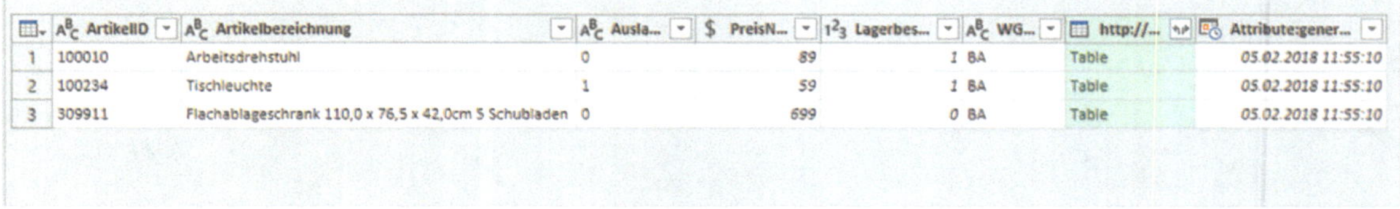

	ArtikelID	Artikelbezeichnung	Ausla...	PreisN...	Lagerbes...	WG...	http://...	Attribute:gener...
1	100010	Arbeitsdrehstuhl	0	89	1	BA	Table	05.02.2018 11:55:10
2	100234	Tischleuchte	1	59	1	BA	Table	05.02.2018 11:55:10
3	309911	Flachablageschrank 110,0 x 76,5 x 42,0cm 5 Schubladen	0	699	0	BA	Table	05.02.2018 11:55:10

XML-Dateien mit mehreren Tabellen

XML-Dateien können auch zwei und mehr Tabellen umfassen. Als Beispiel im Bild unten Bestellungen mit den dazugehörigen Bestellposten. Jeder Bestellung (hier *Orders*) sind mehrere Einzelposten (*ListOrderItems*) zugeordnet.

Bild 5.46 XML-Datei mit zwei hierarchischen Tabellen

Auftragsdaten.xml

```
<?xml version="1.0" encoding="UTF-8"?>
- <Dataroot xmlns:od="urn:schemas-microsoft-com:officedata">
  - <Orders>
    - <Order>
        <OrderID>410-995</OrderID>
        <Datum>20190123</Datum>
      - <Kunde>
          <OrderID>410-995</OrderID>
          <KundeName>Werner Meister</KundeName>
          <PLZ>12345</PLZ>
          <KundeOrt>Musterhausen</KundeOrt>
          <Adresse1>Bremsweg 12</Adresse1>
        </Kunde>
      </Order>
    </Orders>
  - <ListOrderItems>
      <OrderID>410-995</OrderID>
    - <OrderItems>
      - <OrderItem>
          <PostenId>1</PostenId>
          <ArtikelId>4711</ArtikelId>
          <Preis>16,80</Preis>
          <ArtikelText>Kaffeetasse</ArtikelText>
        </OrderItem>
```

1 Beim Import dieser Datei erhalten Sie im Navigator eine Vorschau auf zwei Tabellen. Da beide benötigt werden, aktivieren Sie das Kontrollkästchen *Mehrere Elemente auswählen* und wählen beide Tabellen aus. Klicken Sie dann auf *Bearbeiten*.

Bild 5.47 Wählen Sie im Navigator beide Tabellen aus

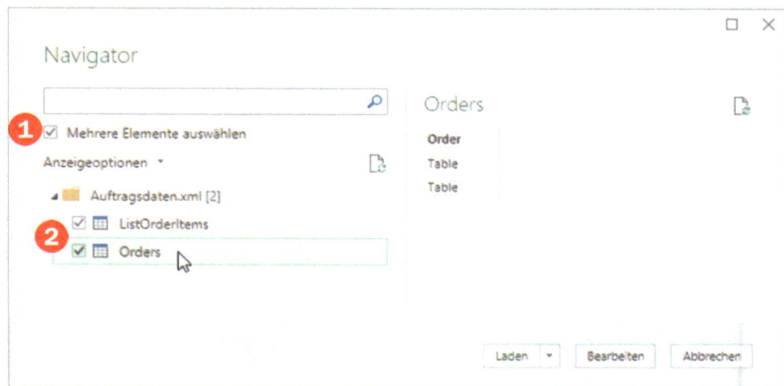

2 Aufgrund des hierarchischen Aufbaus müssen Sie im Power Query-Editor anschließend die Tabellen an ihren Knoten erweitern. Wählen Sie links im Abfragebereich eine Tabelle aus, hier *Orders* ❶ und erweitern Sie diese Tabelle, indem Sie neben der Spaltenüberschrift auf die Schaltfläche [⮃] klicken ❷ und die benötigten Spalten auswählen ❸.

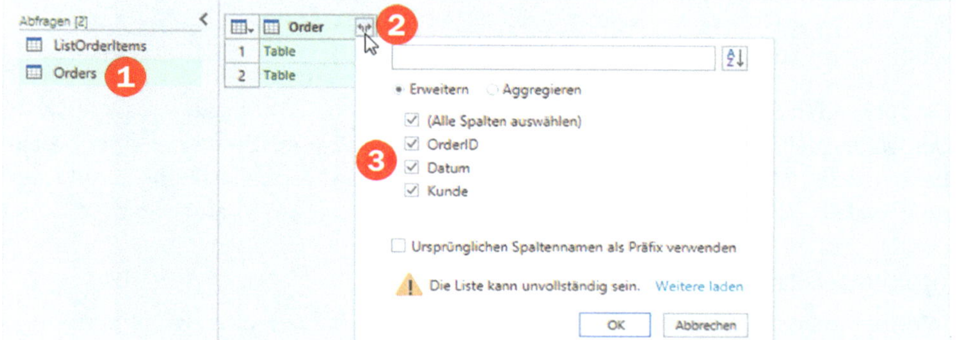

Bild 5.48 Erweitern Sie die Spalte Order

3 Anschließend erweitern Sie mit derselben Methode auch noch die Spalte *Kunde* um die Adressdaten, wie im Bild unten

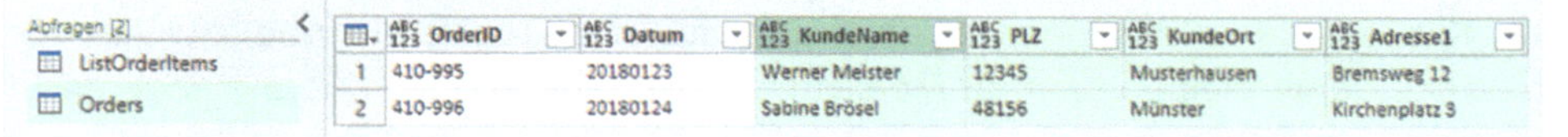

	OrderID	Datum	KundeName	PLZ	KundeOrt	Adresse1
1	410-995	20180123	Werner Meister	12345	Musterhausen	Bremsweg 12
2	410-996	20180124	Sabine Brösel	48156	Münster	Kirchenplatz 3

Bild 5.49 Das Ergebnis, nachdem auch die Spalte Kunde erweitert wurde

4 Die zweite Abfrage *ListOrderItems* beinhaltet die Einzelposten jeder Bestellung. Damit diese einer Bestellung zugeordnet werden können, enthält die Abfrage ebenfalls die Spalte *OrderID*. Wählen Sie die Abfrage *ListOrderItems* aus und erweitern Sie hier die Spalte *OrderItem* um alle Felder (Bild 5.50).

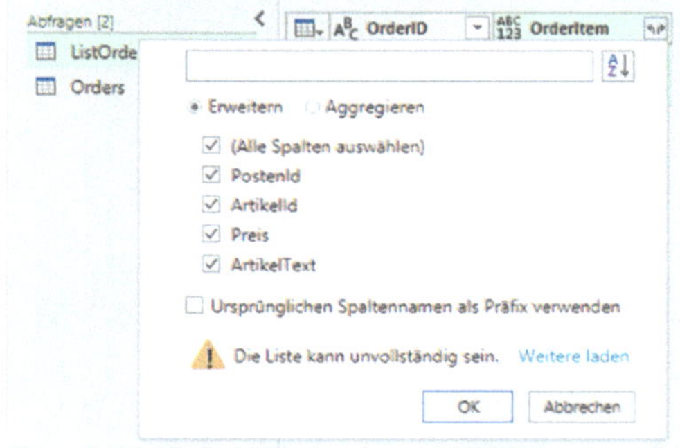

Bild 5.50 Erweitern Sie die Spalte OrderItem

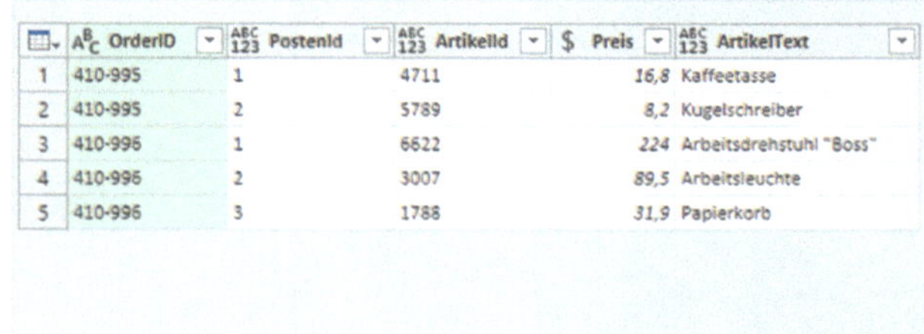

	OrderID	PostenId	ArtikelId	Preis	ArtikelText
1	410-995	1	4711	16,8	Kaffeetasse
2	410-995	2	5789	8,2	Kugelschreiber
3	410-996	1	6622	224	Arbeitsdrehstuhl "Boss"
4	410-996	2	3007	89,5	Arbeitsleuchte
5	410-996	3	1788	31,9	Papierkorb

Bild 5.51 Das Ergebnis

Als Ergebnis erhalten Sie zwei eigenständige Tabellen, die Sie anschließend im Abfrage-Editor auch noch zusammenführen können, siehe Punkt 5.8 auf Seite 142 ff.

Sie können aber auch die Tabellen dem Datenmodell der Arbeitsmappe hinzufügen (Dialogfenster *Laden in*) und das Datenmodell entweder mit Excel oder Power Pivot weiter bearbeiten. Näheres hierzu lesen Sie in den Kapiteln 7 und 8.

5.5 Grundlegende Arbeitstechniken im Power Query-Editor

Neben dem Festlegen des Datentyps bietet der Power Query-Editor noch wesentlich mehr Möglichkeiten: Sie können z. B. Spalten löschen, neu hinzufügen bzw. berechnen, umbenennen sowie Datensätze gruppieren oder filtern.

Power Query-Editor öffnen

Sie öffnen den Editor, indem Sie beim Erstellen einer neuen Abfrage nach der Auswahl der Datenquelle auf *Bearbeiten* klicken. Zum nachträglichen Öffnen bei einer bereits bestehenden Abfrage genügt im Aufgabenbereich ein Doppelklick auf die Abfrage oder klicken Sie im Register *Abfragetools* - *Abfrage* auf *Bearbeiten*, siehe Seite 96.

Tipp: Abfrage-Infos anzeigen

Informationen zur Abfrage erhalten Sie, wenn Sie im Aufgabenbereich *Abfragen und Verbindungen* mit der Maus kurz auf der Abfrage verweilen und mit Klick auf *BEARBEITEN* öffnen Sie ebenfalls den Editor. Zum Ausblenden der Infos zeigen Sie mit der Maus entweder an eine beliebige andere Stelle oder klicken im Infoblatt auf *IM ARBEITSBLATT ANZEIGEN*.

Mit Klick auf *LÖSCHEN* können Sie nach einer Rückfrage die Verbindung bzw. Abfrage löschen. Damit bleiben zwar im Tabellenblatt die Daten erhalten, können aber nicht mehr aktualisiert werden.

Bild 5.52 Abfrage-Infos anzeigen

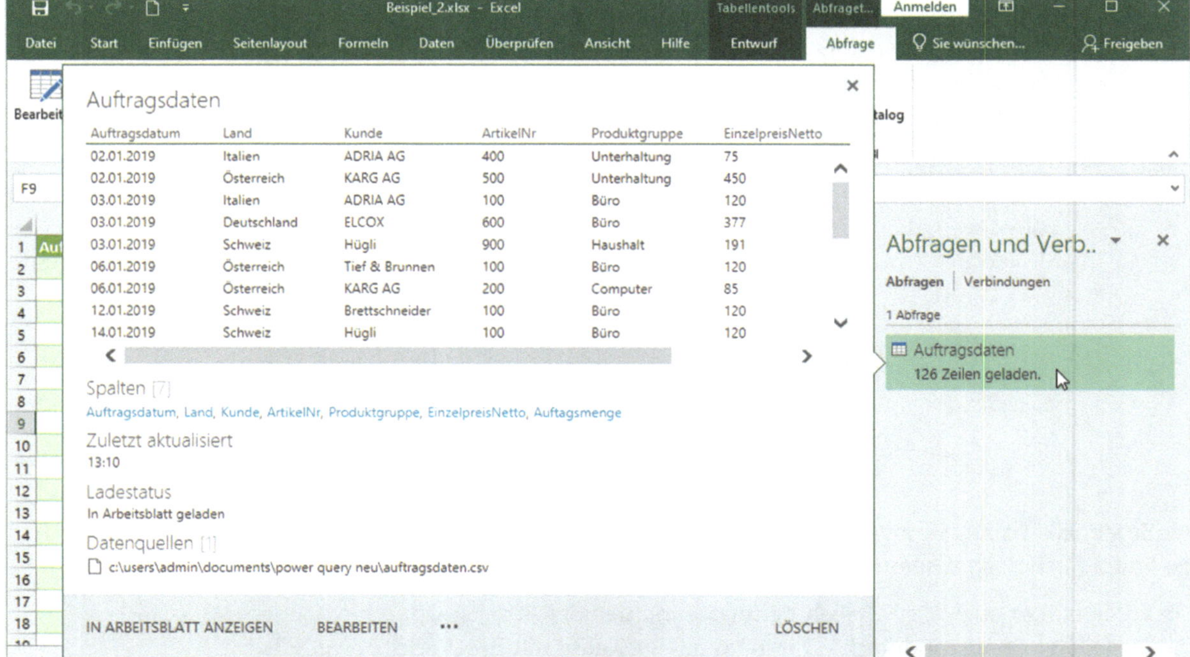

Bildschirmelemente

Der Abfrage-Editor wird in einem gesonderten Fenster geöffnet, siehe Bild unten, und verfügt über ein eigenes Menüband ❶ mit den Registern *Datei*, *Start*, *Transformieren*, *Spalte hinzufügen* und *Ansicht*.

Am linken Rand des Fensters kann mit Klick auf den Pfeil ❷ der Navigator- oder Abfragebereich geöffnet werden. Dieser zeigt alle Abfragen der Arbeitsmappe an und erlaubt einen schnellen Wechsel durch Anklicken. Rechts befindet sich der Aufgabenbereich *Abfrageeinstellungen* ❸ mit allen bisher angewendeten Schritten.

2013 und 2016 verwenden etwas anders lautende Bezeichnungen für das Register *Start*, nämlich *Home* bzw. *Startseite*.

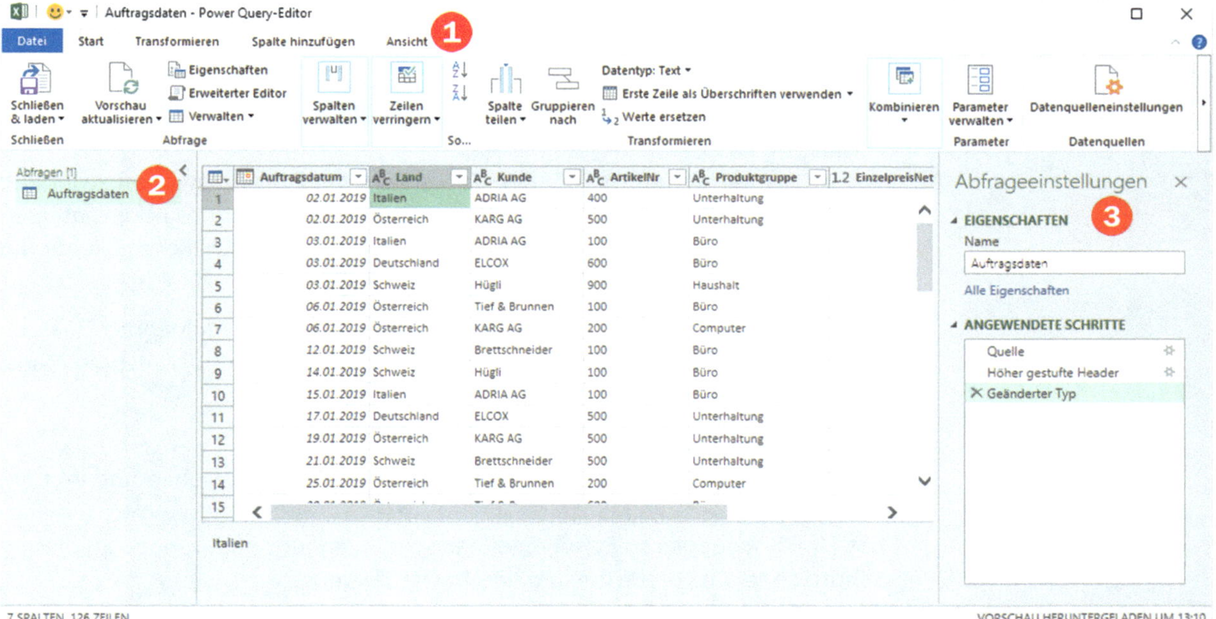

Bild 5.53 Der Abfrage-Editor

> **Aufgabenbereich Abfrageeinstellungen anzeigen**
>
> Die Liste *Angewendete Schritte* ist ein unverzichtbares Werkzeug von Power Query, nur so haben Sie einen Überblick über bisher erfolgte Bearbeitungen und können einen Arbeitsschritt wieder rückgängig machen. Sollte der Aufgabenbereich nicht sichtbar sein, so klicken Sie zum Einblenden im Menüband des Power Query-Editors auf das Register *Ansicht* und hier auf die Schaltfläche *Abfrageeinstellungen*.

Bild 5.54 Aufgabenbereich Abfrageeinstellungen anzeigen

Bearbeitungsschritte kontrollieren und ändern

Ihr wichtigstes Hilfsmittel im Power Query-Editor ist die Liste *Angewendete Schritte* im Aufgabenbereich *Abfrageeinstellungen*. Hier werden in chronologischer Reihenfolge von oben nach unten alle erfolgten Bearbeitungsschritte aufgelistet und Sie können jeden einzelnen Schritt kontrollieren, nachträglich ändern oder bei Bedarf auch ganz löschen.

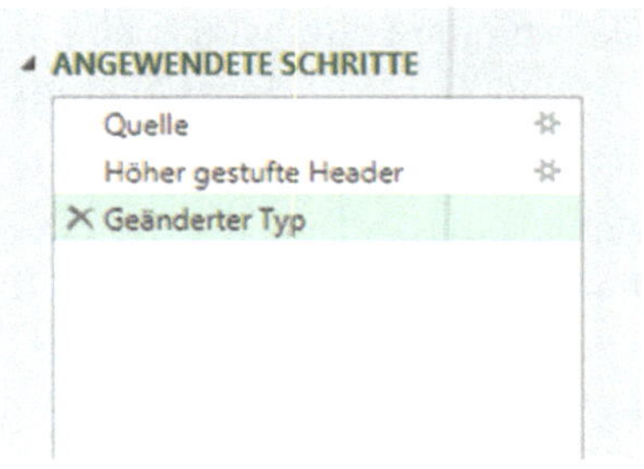

- **Ergebnis kontrollieren**
  Klicken Sie direkt auf einen Bearbeitungsschritt, so sehen Sie links in der Datentabelle das Ergebnis.

- **Arbeitsschritt löschen**
  Wenn Sie einen Schritt rückgängig machen möchten, dies muss nicht zwingend der letzte Arbeitsschritt sein, dann zeigen Sie auf die Aktion und klicken anschließend auf das Symbol *Löschen* ✕ links von der Aktion. Oder klicken Sie mit der rechten Maustaste auf die Aktion und dann auf *Löschen*.

  Tipp: Wenn Sie ab einem bestimmten Schritt auch alle nachfolgenden Bearbeitungsschritte löschen möchten, dann klicken Sie diesen mit der rechten Maustaste an und wählen den Befehl *Bis zum Ende löschen*.

- **Arbeitsschritt ändern**
  Einige Bearbeitungsschritte sind mit diesem Symbol ⚙ versehen und im Kontextmenü der rechten Maustaste ist der Befehl *Einstellungen bearbeiten* verfügbar. Ein Klick auf diesen Befehl oder das Symbol erlaubt Änderungen an diesem Schritt, ohne dass dieser zuvor gelöscht werden muss.

- **Reihenfolge ändern**
  Wenn Sie versehentlich nachträglich eine Bearbeitung an der falschen Stelle eingefügt haben, dann können Sie diesen Schritt über das Kontextmenü und die Befehle *Nach oben* und *Nach unten* verschieben und z. B. ans Ende stellen.

Achtung: Jeder neue Bearbeitungsschritt wird automatisch nach dem markierten Schritt eingefügt. Markieren Sie daher nach der Kontrolle einzelner Schritte wieder den letzten Schritt, bevor Sie mit der Bearbeitung fortfahren. Nachträglich dazwischen eingefügte Schritte können in den nachfolgenden zu Fehlern führen.

Mögliche Importprobleme beheben

Kontrollieren Sie unbedingt nach dem Laden in den Power Query-Editor anhand der Vorschau, ob alle Daten und insbesondere Datentypen korrekt sind, da sich diese grundlegenden Schritte später nicht oder nur schwer korrigieren lassen und außerdem meist Folgefehler nach sich ziehen.

Beim Laden erfolgen in der Regel die folgenden drei Schritte automatisch:

- Auswahl der Datenquelle (*Quelle*),
- Festlegen der ersten Zeile als Überschriftzeile (*Höher gestufte Header*),
- Datentyp zuweisen (*Geänderter Typ*), in der Standardeinstellung auf der Basis der ersten 200 Datensätze (nicht bei Excel-Tabellen als Datenquelle).

Jeden dieser Schritte können Sie durch Anklicken nachverfolgen und ändern, wenn z. B. Umlaute nicht korrekt dargestellt werden oder löschen, wenn Zahlen den falschen Datentyp erhalten haben.

Trennzeichen und Zeichensatz/Codierung ändern

Wenn Umlaute, z. B. Ä, Ü usw. falsch dargestellt werden, dann müssen Sie eine andere Codierung wählen, gebräuchlich sind beispielsweise UTF-8 und Westeuropäisch (Windows). Oder stellen Sie nachträglich fest, dass das falsche Trennzeichen angegeben wurde? In beiden Fällen ändern Sie dies über die Datenquelle, klicken Sie daher in der Liste *Angewendete Schritte* auf das Symbol ✲ neben *Quelle*.

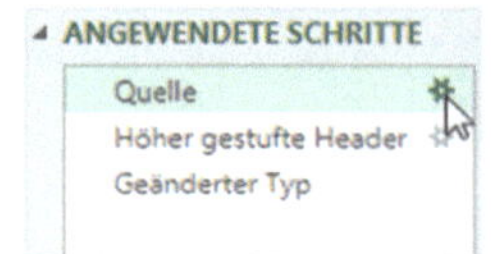

Es öffnet sich ein Fenster, in dem Sie nicht nur im Feld *Dateiursprung* den Zeichensatz ändern, sondern im Bedarfsfall auch ein anderes Trennzeichen angeben können. Im Feld *Dateipfad* sehen Sie die aktuelle Datenquelle, diese können Sie mit Klick auf die Schaltfläche *Durchsuchen* ändern, den passenden Dateityp wählen Sie im Feld *Datei öffnen als* aus.

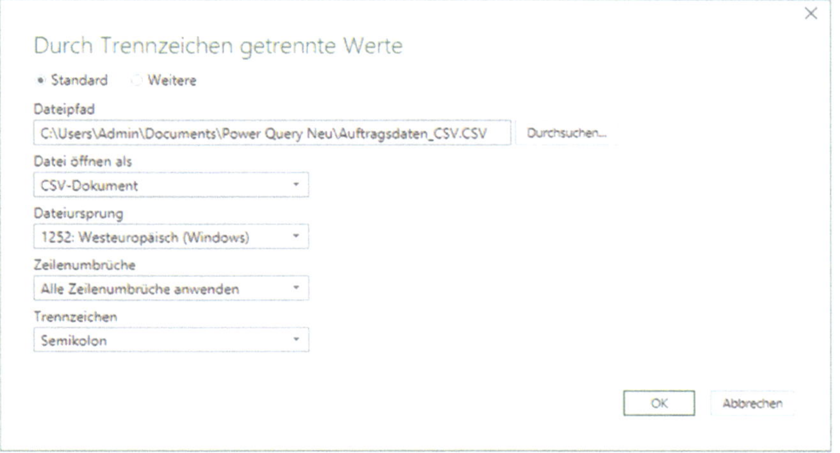

Bild 5.55 Datenquelle, Zeichensatz und Trennzeichen ändern

Spaltenüberschriften nicht erkannt?

Manchmal wird beim Import die erste Zeile nicht als Überschriftzeile erkannt. In solchen Fällen klicken Sie im Power Query-Editor, Register *Start* ▶ *Transformieren* auf *Erste Zeile als Überschriften verwenden* (Bild 5.56). Falls dagegen bei nicht vorhandenen Überschriften fälschlicherweise die erste Datenzeile als Überschriftzeile interpretiert wurde, so klicken Sie auf *Überschriften als erste Zeile verwenden*.

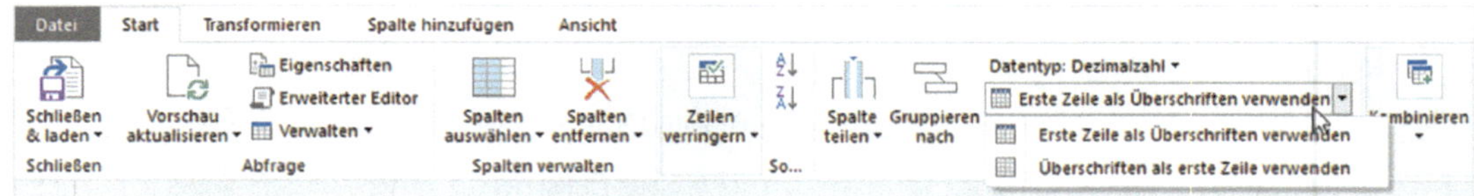

Bild 5.56 Erste Zeile als Überschriften

Überflüssige Zeilen/Leerzeilen entfernen

Sollte die Vorschau überflüssige Zeilen oder Leerzeilen aufweisen, so klicken Sie im Register *Start* ► *Zeilen verringern* auf *Zeilen entfernen* und auf den gewünschten Befehl, im Bild unten *Leere Zeilen entfernen*.

Bild 5.57 Zeilen entfernen

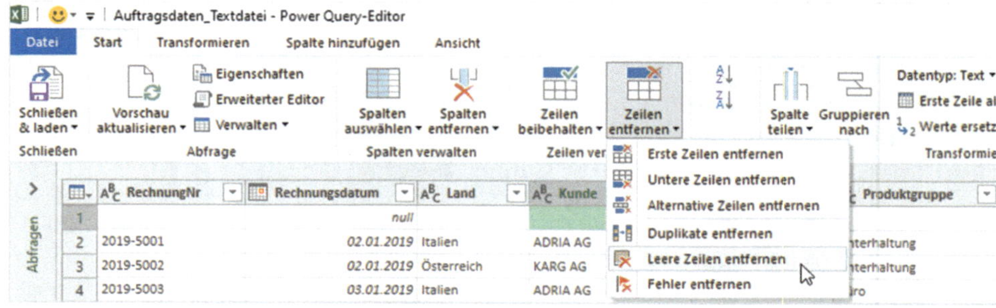

Spalten umbenennen, verschieben oder entfernen

Nicht benötigte Spalten entfernen

Viele Datenquellen enthalten Daten, die zur Auswertung nicht benötigt werden. Zur besseren Übersicht können diese Spalten jederzeit entfernt werden, zumal Sie auch diesen Schritt jederzeit wieder löschen können.

- Klicken Sie zum Markieren in die Überschrift der betreffenden Spalte, im Bild unten *RechnungNr*, und dann im Menüband, Register *Start* ► *Spalten verwalten* auf *Spalten entfernen* ❶.

Bild 5.58 Eine nicht benötigte Spalte entfernen

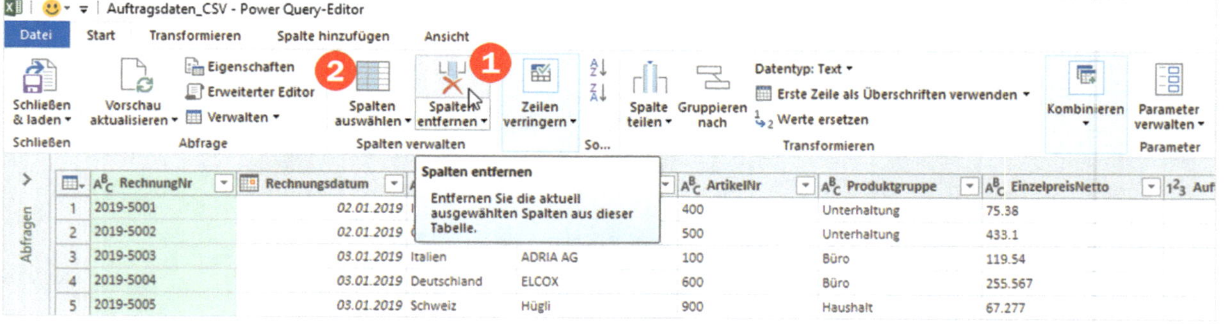

Tipp: Mehrere Spalten können Sie durch Anklicken mit gleichzeitig gedrückter Strg-Taste markieren.

Weitere Möglichkeiten

- Die Schaltfläche *Spalten entfernen* entfernt die aktuelle Spalte. Mit Klick auf den Dropdown-Pfeil der Schaltfläche erhalten Sie auch die Möglichkeit, alle Spalten mit Ausnahme der markierten zu entfernen (*Andere Spalten entfernen*).
- Falls Sie gleich mehrere Spalten gezielt auswählen möchten, dann klicken Sie stattdessen auf *Spalten auswählen* ❷ (Bild 5.58). Es öffnet sich ein gesondertes Fenster und Sie brauchen hier nur die Kontrollkästchen der zu entfernenden Spalten deaktivieren.
- **Entfernte Spalten wieder anzeigen**
  Entfernte Spalten können mit der Schaltfläche *Spalten auswählen* und Aktivieren der Kontrollkästchen jederzeit wieder hinzugefügt werden. Oder löschen Sie einfach diesen Bearbeitungsschritt.

Spalten umbenennen

Zum Umbenennen einer Spalte genügt ein Doppelklick in die Spaltenüberschrift und Sie können diese überschreiben ❶. Im Menüband finden Sie den Befehl *Umbenennen* ❷ im Register *Transformieren*. Oder klicken Sie mit der rechten Maustaste in die Überschrift und auf den Befehl *Umbenennen*.

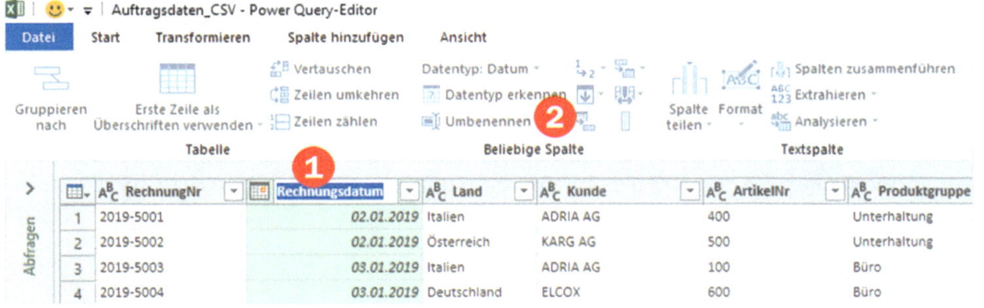

Bild 5.59 Beispiel: Spalte Rechnungsdatum umbenennen

Spalten verschieben

Die Reihenfolge der Spalten lässt sich beliebig ändern: Klicken Sie in die Überschrift der Spalte und ziehen Sie anschließend die Spalte mit der Maus nach rechts oder links an die gewünschte Stelle, als Beispiel im Bild unten die Spalte *Land*.

Bild 5.60 Ziehen Sie die Spaltenüberschrift an die gewünschte Stelle

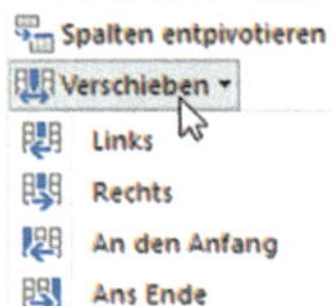

Oder markieren Sie die Spalte und klicken im Register *Transformieren* ▶ *Beliebige Spalte* auf *Verschieben* oder Rechtsklick in die Spaltenüberschrift und Befehl *Verschieben*.

Datentypen

Achten Sie bei jeder Spalte auf den richtigen Datentyp! Wie mehrfach erwähnt, geschieht beim Laden die Datentypenkonvertierung automatisch und ist entsprechend fehleranfällig. Sie erkennen den Datentyp am Symbol ❶ links von der jeweiligen Überschrift. Oder markieren Sie mit Klick auf die Überschrift die gesamte Spalte und werfen Sie im Register *Start* ▶ *Transformieren* einen Blick auf das Feld *Datentyp* ❷, im Bild unten ist die markierte Spalte *Auftragsmenge* vom Typ *Ganze Zahl*.

Bild 5.61 Datentypen kontrollieren

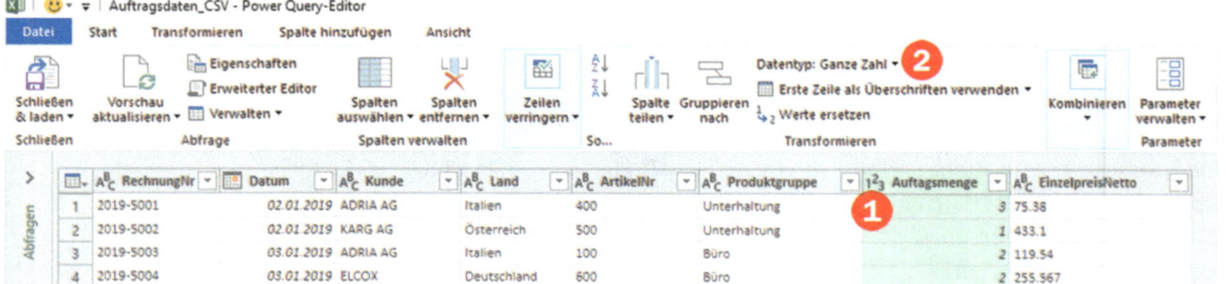

Rechnungen.csv

Zum Ändern des Datentyps klicken Sie auf das Datentyp-Symbol in der Überschrift der betreffende Spalte und dann auf den gewünschten Datentyp, wie im Bild unten. Oder wählen Sie im Menüband, Register *Start* über das Feld *Datentyp* einen Datentyp aus. Oder klicken Sie mit der rechten Maustaste in die Spaltenüberschrift und auf *Typ ändern*.

Bild 5.62 Datentyp ändern

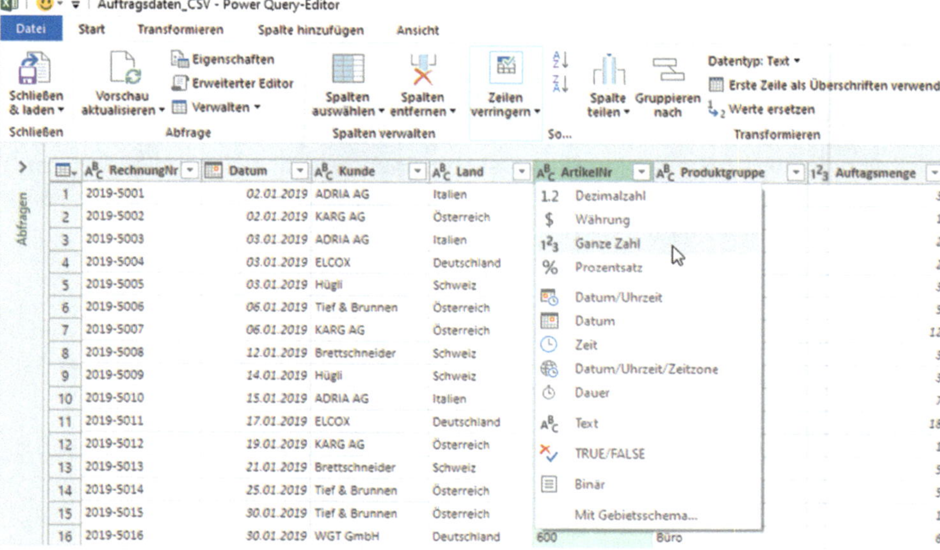

Beachten Sie bei Dezimalzahlen
Die Datentypen *Dezimalzahl* und *Währung* dürfen nicht mit Zahlenformaten verwechselt werden. Beide zeigen grundsätzlich die vorhandene Anzahl Dezimalstellen an. Excel-Zahlenformate werden dagegen vom Power Query-Editor nicht unterstützt.

Automatische Datentypenerkennung entfernen
Power Query versucht beim Laden in den Editor den Datentyp automatisch zu erkennen. Dies funktioniert bei Zahlen und Datumswerten unterschiedlich gut. Bei Excel-Tabellen wird der Datentyp meist richtig erkannt, nicht immer jedoch bei Datenbanken, z. B. MySQL. Damit Sie in solchen Fällen den Datentyp manuell festlegen können, muss zunächst einmal die automatische Typenerkennung entfernt werden.

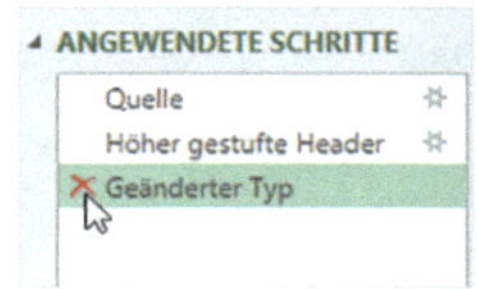

- Klicken Sie in der Liste *Angewendete Schritte* beim Bearbeitungsschritt *Geänderter Typ* (Schritt 3 nach dem Laden) auf das Symbol *Löschen*.

Datentyp mit Gebietsschema ändern

Ein Ändern des Datentyps, wie oben beschrieben, funktioniert nicht bei Zahlen und Datumswerten in länderspezifischer Schreibweise, z. B. Punkt als Dezimalzeichen. In solchen Fällen ändern Sie den Datentyp mit Gebietsschema. Vorher muss aber unbedingt die automatische Typenerkennung entfernt werden, damit die Daten wieder den Typ *Text* und damit das ursprüngliche Aussehen erhalten.

1. Klicken Sie auf das Datentyp-Symbol der betreffenden Spalte und auf *Mit Gebietsschema....*
2. Im Fenster *Typ mit Gebietsschema ändern* wählen Sie dann den passenden Datentyp, hier *Dezimal* und im Feld *Gebietsschema* die länderspezifische Schreibweise, im Bild *Englisch (USA)*. Klicken Sie zuletzt auf *OK*.

Bild 5.63 Klicken Sie auf Mit Gebietsschema

Bild 5.64 Wählen Sie Datentyp und Gebietsschema

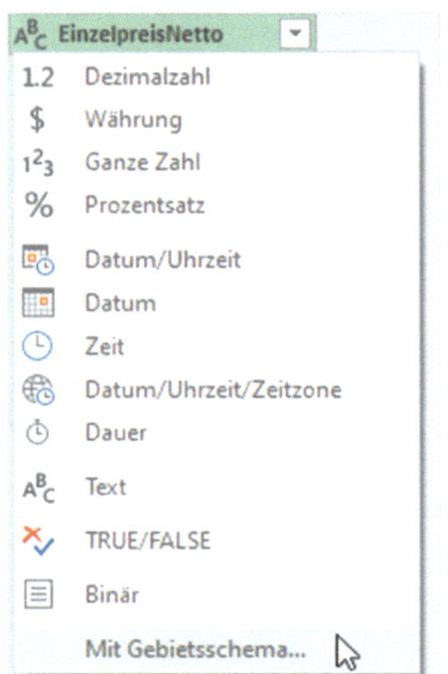

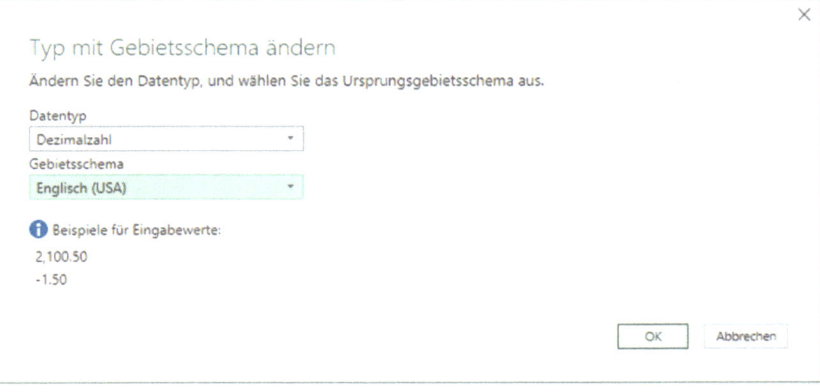

Dezimalzahlen mit Punkt statt Komma

Im unten abgebildeten Beispiel wurden die Preise der Spalte *EinzelpreisNetto* mit Gebietsschema in Dezimalzahlen mit Komma umgewandelt. Diese Typenumwandlung erkennen Sie in den angewendeten Schritten am Zusatz *... mit Gebietsschema*.

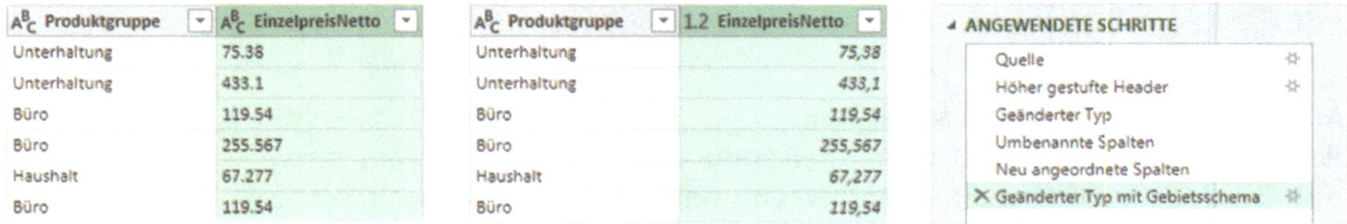

Bild 5.65 Punkt als Dezimalzeichen

Bild 5.66 Das Ergebnis

Bild 5.67 Geänderter Typ mit Gebietsschema

Datum mit Gebietsschema ändern

Auch Datumswerte in länderspezifischer Schreibweise, z. B. 01/18/2020, lassen sich mit Gebietsschema in ein gültiges Datum konvertieren. In diesem Fall wählen Sie zusammen mit dem Gebietsschema den Datentyp *Datum* aus.

Bild 5.68 Die zu importierenden Daten

Bild 5.69 ... und nach dem Import

Datensätze filtern

Manchmal umfasst die Datenquelle auch nicht benötigte Datensätze, zum Beispiel gelöschte Rechnungsposten, wie im Bild unten.

Export_Umsatz.csv

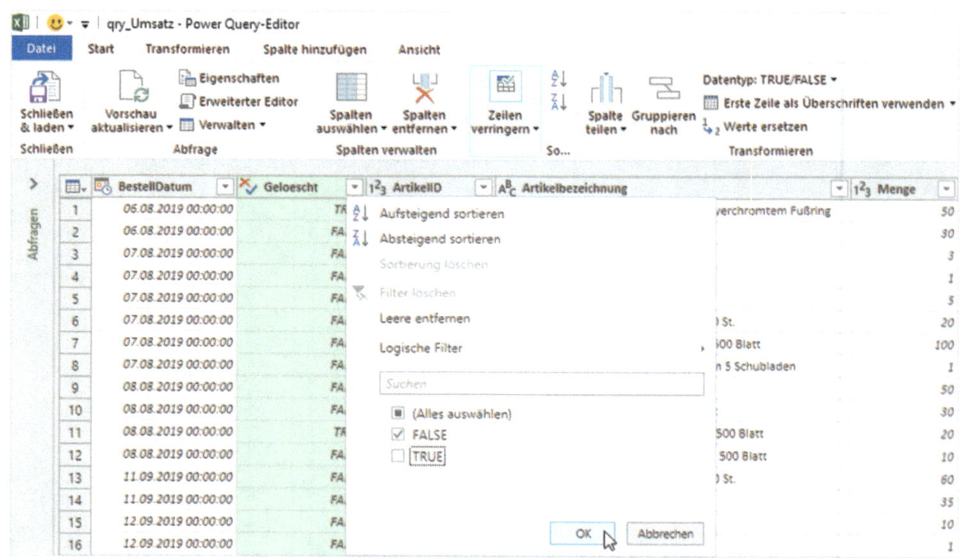

Bild 5.70 Datensätze filtern

- Um diese auszuschließen, klicken Sie auf den Dropdown-Pfeil der betreffenden Spaltenüberschrift, hier *Geloescht* und deaktivieren das Kontrollkästchen vor den nicht benötigten Werten.

  Hinweis: Diese Spalte ist vom Datentyp *TRUE/FALSE* bzw. Ja/Nein, ein in Datenbanken für derartige Werte üblicher Typ. Daher müssen Sie hier die TRUE-Werte (Gelöscht = Ja) ausschließen.

Weitere Filter

Neben den Kontrollkästchen stehen, je nach Datentyp, mit Text-, Datums- und Zahlen und Logische Filter noch weitere Filter zur Verfügung. Diese unterscheiden sich nicht von den Filtermöglichkeiten in Excel-Tabellen. Auch die Kombination mehrerer Filter ist möglich.

Siehe Kapitel 2.5.

Filter löschen

Wie in gefilterten Excel-Tabellen sind Filter auch im Abfrage-Editor Filter am Symbol der Spaltenüberschrift zu erkennen. Mit Klick auf die Filterschaltfläche und dem Befehl *Filter löschen* entfernen Sie einen Filter wieder.

	BestellDatum	Geloescht	ArtikelID	Artikelbezeichnung	Menge
1	06.08.2019 00:00:00	FALSE	100010	Arbeitsdrehstuhl, Holz mit Rollen	30
2	07.08.2019 00:00:00	FALSE	100230	Tischleuchte Modell "Einstein"	3
3	07.08.2019 00:00:00	FALSE	100010	Arbeitsdrehstuhl, Holz mit Rollen	1
4	07.08.2019 00:00:00	FALSE	100409	Kaffeetasse "Chefsache"	5
5	07.08.2019 00:00:00	FALSE	100248	PROFI Kugelschreiber, farbig sortiert, 100 St.	20
6	07.08.2019 00:00:00	FALSE	307003	Kopierpapier gelb A4, Standardqualität, 500 Blatt	100
7	07.08.2019 00:00:00	FALSE	309911	Flachablageschrank 110,0 x 76,5 x 42,0cm 5 Schubladen	1

Bild 5.71 Gefilterte Spalten erkennen Sie am Symbol der Filterschaltfläche

Tipp: Mit Filtern lässt sich auch der Datenumfang der Excel-Arbeitsmappe erheblich verringern, z. B. wenn nur eine bestimmte Warengruppe benötigt wird.

> **Wichtig für anschließende Auswertungen**
> Über Filter ausgeschlossene Datensätze fließen nicht in nachfolgende Auswertungen ein. Sie werden also z. B. in den Gesamtsummen von Pivot-Tabellen nicht berücksichtigt.

Datenquelle ändern

Wenn Sie eine andere Datenquelle auswählen möchten, z. B. weil die ursprünglich verwendete Datenquelle an einen anderen Speicherort verschoben oder umbenannt wurde, dann stehen Ihnen dazu mehrere Wege offen.

Wenn die Datenquelle beim Öffnen der Mappe nicht gefunden wird, zeigt Excel eine Fehlermeldung an.

- **Power Query-Editor**
  - Im Power Query-Editor klicken Sie im Register *Start* auf *Datenquelleneinstellungen*. Achten Sie darauf dass die Option *Datenquellen in der aktuellen Arbeitsmappe* ❶ ausgewählt ist, markieren Sie die Datenquelle ❷ und klicken Sie auf die Schaltfläche *Quelle ändern...* ❸.

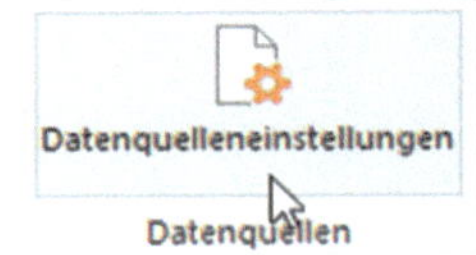

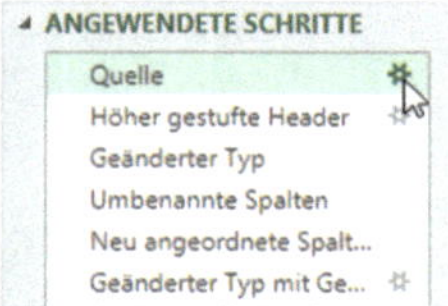

Oder klicken Sie in der Liste *Angewendete Schritte* neben dem ersten Schritt *Quelle* auf das Symbol *Einstellungen bearbeiten* .

- Klicken Sie dann neben der Datenquelle auf die Schaltfläche *Durchsuchen* 4 und wählen Sie den neuen Speicherort oder die neue Datenquelle aus.
- Übernehmen Sie die neue Datenquelle mit Klick auf *OK*.

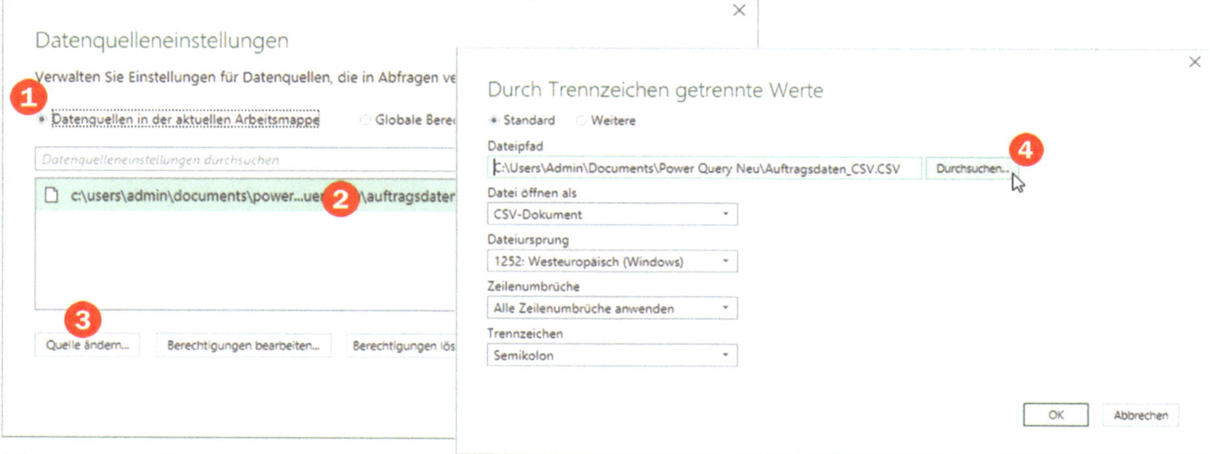

Bild 5.72 Datenquelle ändern

Excel-Arbeitsmappe

Ein Ändern der Datenquelle ist auch aus der Excel-Arbeitsmappe heraus möglich.

- Dazu klicken Sie im Register *Daten* ▶ *Daten abrufen und transformieren* auf *Daten abrufen* bzw. *Neue Abfrage* (Excel 2016) und auf *Datenquelleneinstellungen*.
- Klicken Sie dann wieder auf die Datenquelle und auf *Quelle ändern...* siehe oben.

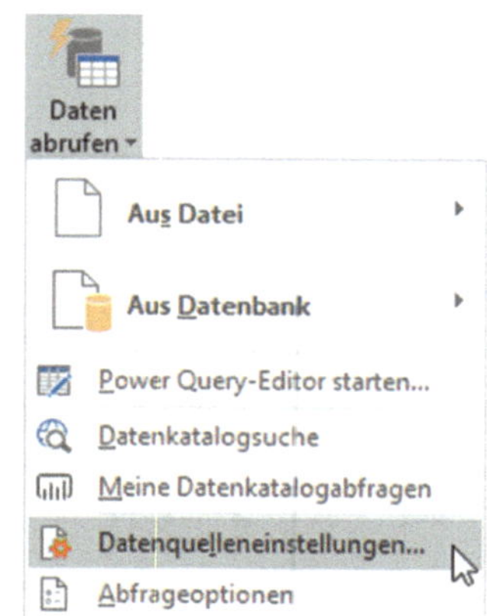

5.6 Spalten berechnen

Neue Spalte oder bestehende Spalte ändern (transformieren)?

Power Query unterscheidet bei der Berechnung von Spalten zwischen dem Hinzufügen neuer Spalten und dem Umwandeln bzw. Ersetzen vorhandener Spalten.

Neue Spalte hinzufügen

Zum Hinzufügen neuer Spalten klicken Sie im Menüband auf das Register *Spalte hinzufügen* (Bild unten) und verwenden die Schaltflächen und Symbole der Gruppen *Aus Text*, *Aus Zahl* und *Aus Datum & Uhrzeit*.

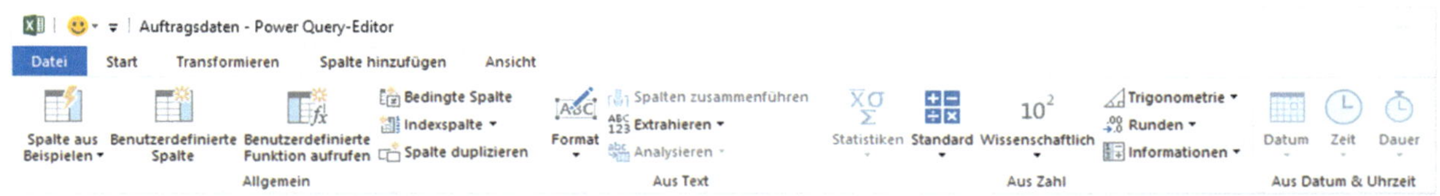

Bild 5.73 Register Spalte hinzufügen

Spaltenwerte ersetzen

Wird dagegen die ursprüngliche Spalte nicht weiter benötigt, dann können Sie diese Spalte auch durch berechnete Werte ersetzen lassen. Dazu klicken Sie auf das Register *Transformieren* und verwenden die Befehle in den Gruppen *Textspalte*, *Zahlenspalte* und *Datums- & Uhrzeitspalte*, siehe Bild unten

Bild 5.74 Register Transformieren

> Überlegen Sie bei der Berechnung von Spalten, ob die Ausgangsspalten weiterhin benötigt werden und wählen Sie entsprechend entweder das Register *Spalte hinzufügen* oder *Transformieren*.

Datumsinformationen extrahieren

Auftragsdaten.csv

Häufig enthält die Datenquelle ein Tagesdatum, in der Auswertung werden aber meist Datumseinheiten wie Monate, Quartale und Jahre benötigt. Power Query bietet zu diesem Zweck über die Schaltfläche *Datum* die wichtigsten Varianten an, vorausgesetzt die betreffende Spalte ist von Typ *Datum*.

Achtung: Die Schaltfläche *Datum* findet sich sowohl im Register *Spalte hinzufügen* als auch im Register *Transformieren*. Welche Sie verwenden, hängt davon ab, ob Sie eine neue Spalte hinzufügen oder die bestehende Spalte umwandeln, d. h. transformieren möchten, siehe oben.

Spalte mit dem Monat hinzufügen

1 Um aus dem Auftragsdatum im Bild unten eine zusätzliche Spalte mit dem Monat zu erzeugen, klicken Sie in diese Spalte und anschließend auf das Register *Spalte hinzufügen*.

2 Klicken Sie in der Gruppe *Aus Datum & Uhrzeit* auf *Datum*, zeigen Sie auf *Monat* und wählen Sie zwischen *Monat*, d. h. Monat als Zahl und *Name des Monats*, z. B. Januar (Bild unten). Für eine spätere Sortierung können Sie den Monat auch in zwei Spalten, einmal als Zahl und einmal als Text hinzufügen.

Bild 5.75 Monat aus Auftragsdatum als neue Spalte hinzufügen

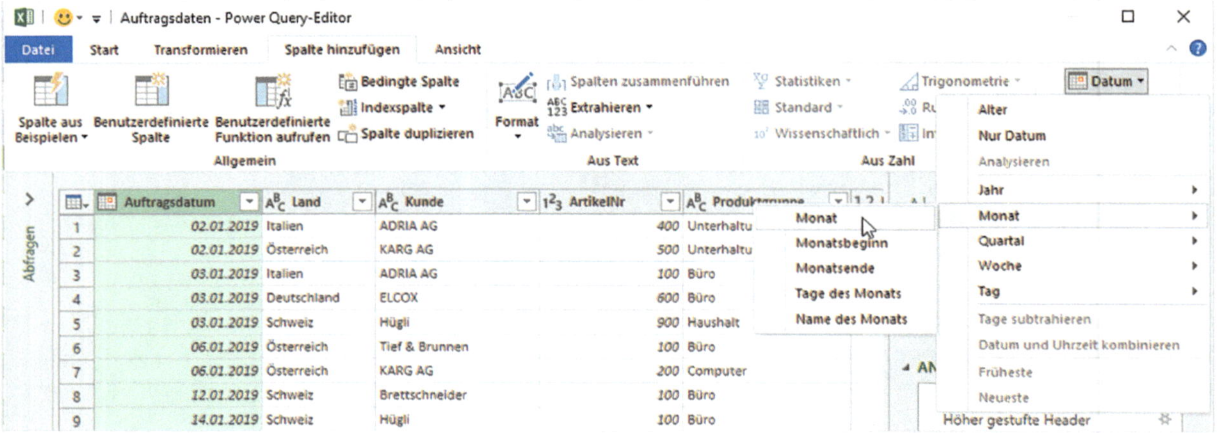

Quartale und Jahre als Spalten hinzufügen

Genauso gehen Sie vor, wenn Sie die Quartale in einer neuen Spalte benötigen. Klicken Sie in die Spalte *Auftragsdatum* und wählen Sie im Register *Spalte hinzufügen* ▶ *Datum* ▶ *Quartal* ▶ *Quartal des Jahres*.

Bild 5.76 Spalte mit Quartal erstellen

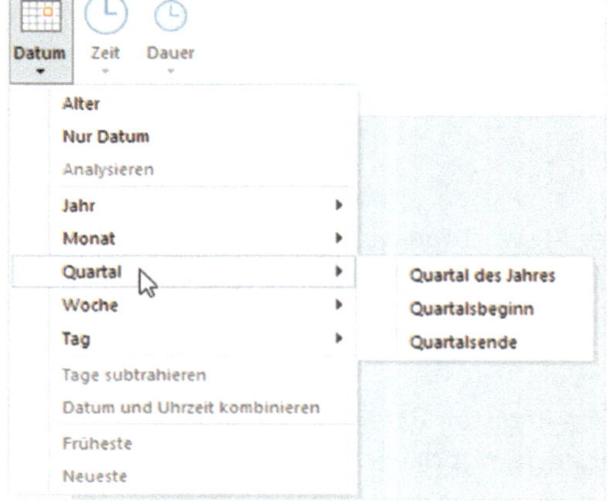

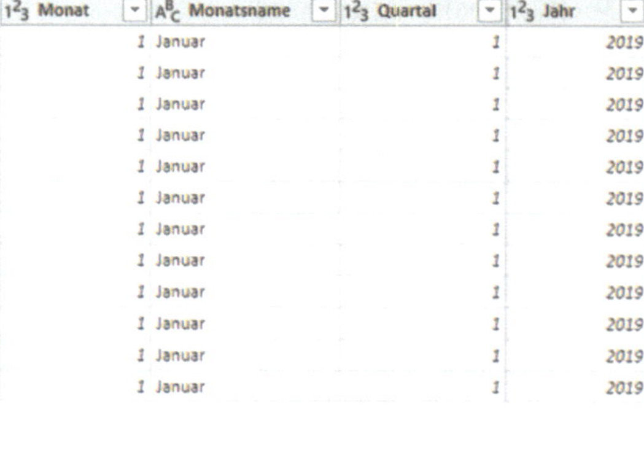

Monat	Monatsname	Quartal	Jahr
1	Januar	1	2019
1	Januar	1	2019
1	Januar	1	2019
1	Januar	1	2019
1	Januar	1	2019
1	Januar	1	2019
1	Januar	1	2019
1	Januar	1	2019
1	Januar	1	2019
1	Januar	1	2019
1	Januar	1	2019
1	Januar	1	2019

Klicken Sie dann erneut in die Spalte *Auftragsdatum* und wählen Sie über die Schaltfläche *Datum* ▶ *Jahr*.

Neu hinzugefügte Spalten umbenennen und verschieben
Neue Spalten werden nach der letzten Tabellenspalte eingefügt und erhalten automatisch einen Namen. Kontrollieren Sie anschließend den Datentyp und ändern Sie diesen ggf.. Außerdem können Sie die neu hinzugefügten Spalten bei Bedarf beliebig umbenennen und verschieben, siehe Seite 112.

Neue Spalte mit einer Formel berechnen

Auch Berechnungen mit einer Formel sind mit Power Query möglich. Die Formel wird zusammen mit der Abfrage gespeichert und beim Aktualisieren automatisch neu berechnet. Sie sparen also umständliche Berechnungen im Arbeitsblatt.

Die Power Query M-Formelsprache
Power Query basiert auf einer eigenen Sprache, der Power Query M-Sprache, kurz M-Code. Diese umfasst neben einer speziellen Abfragesprache auch eine Formelsyntax, die sich vielerlei Hinsicht von VBA, SQL oder von Excel-Formeln unterscheidet. Neben einfachen Formeln werden auch zahlreiche Funktionen unterstützt.

Viele gängige Berechnungen sind im Menüband über Schaltflächen verfügbar und lassen sich auch ohne Kenntnisse der M-Sprache durchführen.

Formel im Fenster Benutzerdefinierte Spalte berechnen

1 Um das Fenster zur Formeleingabe zu öffnen, klicken Sie im Register *Spalte hinzufügen* ▶ *Allgemein* auf *Benutzerdefinierte Spalte*.

2 Geben Sie dann den Namen der neuen Spalte ein ❶ und darunter nach dem Gleichheitszeichen die Formel ❷.

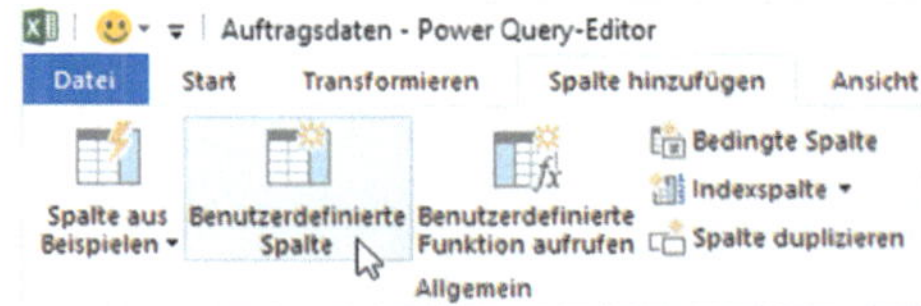

Bild 5.77 Klicken Sie auf Benutzerdefinierte Spalte

Bild 5.78 Formel eingeben

Beachten Sie hier bei der Formeleingabe

- Spaltennamen in Formeln müssen in eckige Klammern [ ] gesetzt werden. Am besten fügen Sie daher die Spaltennamen aus der Liste *Verfügbare Spalten* ❸ ein, entweder mit Doppelklick oder über die Schaltfläche *<<Einfügen*.
- Während der Eingabe erfolgt eine automatische Syntaxprüfung der Formel. Bei Fehlern erscheint hier eine Warnung ❹ und mit Klick auf *Fehler anzeigen* wird der Fehler in der Formel markiert.
- Dezimalzahlen in Formeln müssen mit Punkt statt Komma als Dezimalzeichen eingegeben werden!

Beispiel: Umsatz als neue Spalte berechnen

Als erstes Beispiel berechnen wir für die hier verwendeten Daten aus den Spalten *Einzelpreis* und *Auftragsmenge* den Umsatz.

1. Klicken Sie also im Menüband auf das Register *Spalte hinzufügen* und hier auf *Benutzerdefinierte Spalte*.
2. Die Spalte erhält den Namen *Umsatz*. Unterhalb geben Sie nach dem Gleichheitszeichen die folgende Formel ein. Die Spaltennamen fügen Sie am einfachsten mit Doppelklick aus der Liste in die Formel ein, damit erhalten diese automatisch eckige Klammern.

   [EinzelpreisNetto]*[Auftragsmenge]
3. Klicken Sie zum Übernehmen auf *OK*.

Bild 5.79 Beispiel Umsatz berechnen

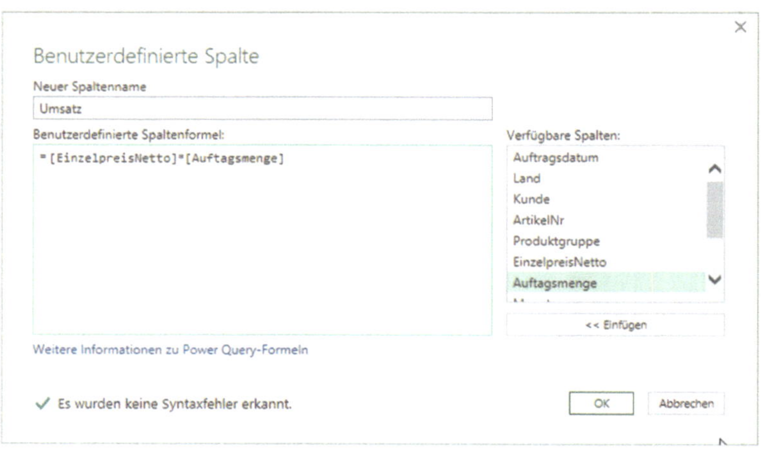

4. Da berechnete Spalten häufig den Datentyp *Beliebig* erhalten, sollten Sie zuletzt diesen kontrollieren und entsprechend ändern.

Bild 5.80 Die berechnete Spalte

	ArtikelNr	Produktgruppe	EinzelpreisNet...	Auftagsmenge	Umsatz	Monat
1	400	Unterhaltung	75	3	225	1
2	500	Unterhaltung	450	1	450	1
3	100	Büro	120	2	240	1
4	600	Büro	377	2	754	1

Standardformel verwenden

Bild 5.81 Spalte mit einem festen Wert multiplizieren

Statt manueller Eingabe können Sie auch eine Standardformel verwenden, um den Inhalt der aktuellen Spalte mit einem festen Wert oder dem Inhalt einer anderen Spalte zu multiplizieren, dividieren, addieren, subtrahieren usw..

- Klicken Sie dazu in die betreffende Spalte und im Register *Spalte hinzufügen* ▶ *Aus Zahl* auf die Schaltfläche *Standard*. Wählen Sie eine Formel, z. B. *Multiplizieren* und geben Sie im nachfolgenden Fenster einen festen Wert ein (Bild unten).

  Achtung: Im Gegensatz zur Benutzerdefinierten Spalte werden hier Dezimalzahlen mit einem Komma als Dezimalzeichen eingegeben.

- Wenn Sie die Spalte stattdessen mit dem Wert einer anderen Spalte multiplizieren möchten, dann klicken Sie auf das Symbol links vom Eingabefeld und wählen *Werte einer Spalte verwenden* statt *Wert eingeben*. Anschließend wählen Sie im Feld daneben die Spalte aus.

Bild 5.82 Spalte mit einer anderen Spalte multiplizieren

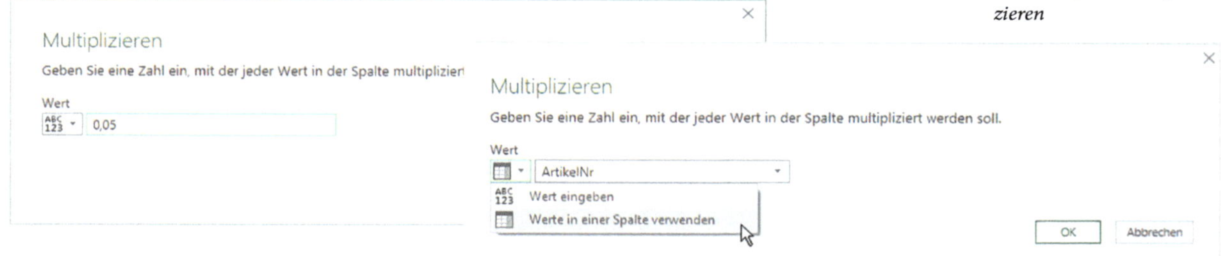

Beispiel: Provision berechnen

Als Beispiel berechnen wir aus dem Umsatz eine neue Spalte mit der Provision in Höhe vom 5 %. Klicken Sie in die Spalte *Umsatz* und im Register *Spalte hinzufügen* ▶ *Standard* auf *Multiplizieren*. Geben Sie 0,05 ein und klicken Sie auf *OK*. Zuletzt benennen Sie die Spalte noch um in *Provision*.

Bild 5.83 Beispiel: Provision berechnen

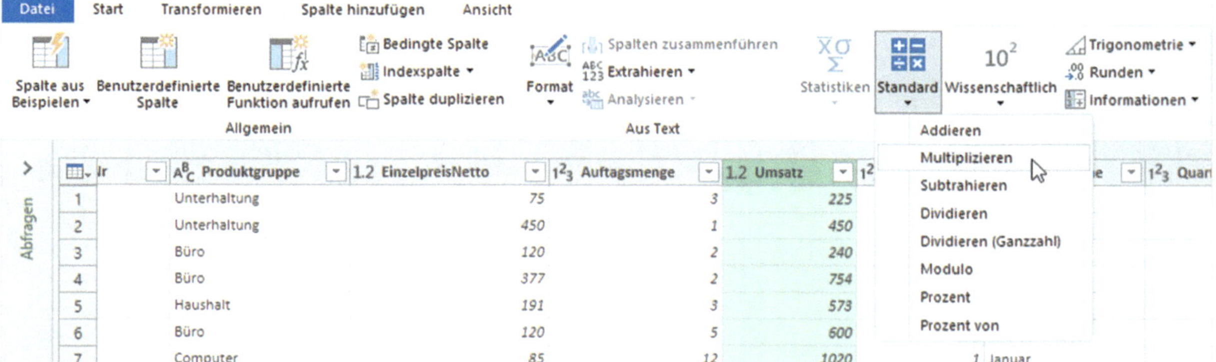

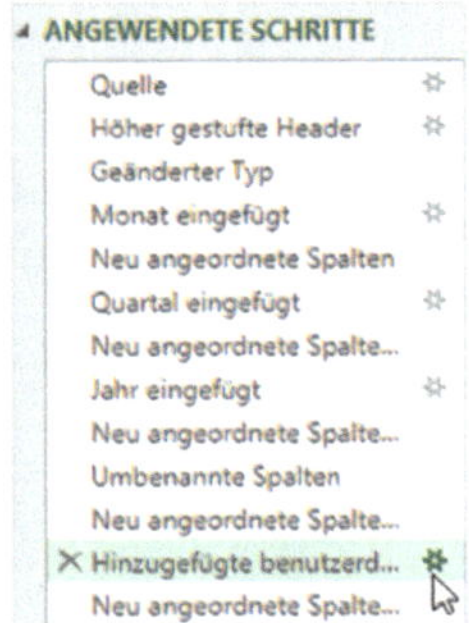

Formel nachträglich anzeigen und ändern

Das Hinzufügen einer benutzerdefinierten Spalte wird ebenfalls in der Liste *Angewendete Schritte* dokumentiert. Wenn Sie die Formel nochmals anzeigen oder korrigieren möchten, dann klicken Sie beim Schritt *Hinzugefügte benutzerdefinierte Spalte* auf das Symbol *Bearbeiten* ✲. Oder klicken Sie mit der rechten Maustaste auf diesen Schritt und auf *Einstellungen bearbeiten*.

Spalte umwandeln (transformieren)

Möchten Sie dagegen eine Spalte umwandeln (transformieren), dann klicken Sie im Menüband auf das Register *Transformieren*. Hier finden Sie fast dieselben Möglichkeiten, wie im Register *Spalte hinzufügen*.

Beispiel: Umwandeln in negative Zahlen

Nehmen wir als Beispiel an, eine Tabelle enthält unter anderem auch eine Spalte mit Gutschriftbeträgen und diese möchten Sie zur besseren Unterscheidung als negative Zahlen darstellen. Dazu multiplizieren Sie am einfachsten die Werte mit -1.

1. Markieren Sie die betreffende Spalte, im Bild unten *Betrag*.
2. Klicken Sie im Menüband auf das Register *Transformieren* ▶ *Zahlenspalte* ▶ *Standard* und auf *Multiplizieren*.

Bild 5.84 Standard - Multiplizieren

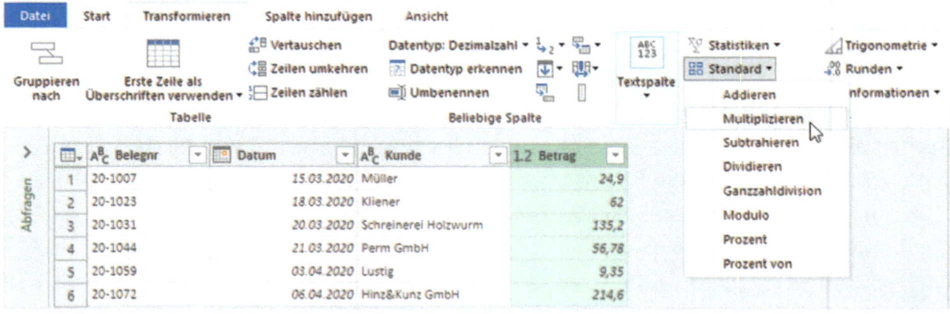

	Belegnr	Datum	Kunde	Betrag
1	20-1007	15.03.2020	Müller	24,9
2	20-1023	18.03.2020	Kliener	62
3	20-1031	20.03.2020	Schreinerei Holzwurm	135,2
4	20-1044	21.03.2020	Perm GmbH	56,78
5	20-1059	03.04.2020	Lustig	9,35
6	20-1072	06.04.2020	Hinz&Kunz GmbH	214,6

3. Geben Sie die Zahl -1 ein und klicken Sie auf *OK*.

Bild 5.85 Geben Sie die Zahl ein

Zahlen runden

Nützlich kann in manchen Fällen auch das Runden von Zahlen sein. Da in diesem Fall meist die Spalte entsprechend umgewandelt werden soll, klicken Sie dazu auf das Register *Transformieren* und hier in der Gruppe *Zahlenspalte* auf *Runden*. Wählen Sie zwischen *Aufrunden*, *Abrunden* oder klicken Sie auf *Runden...*, wenn Sie die genaue Anzahl Dezimalstellen angeben möchten.

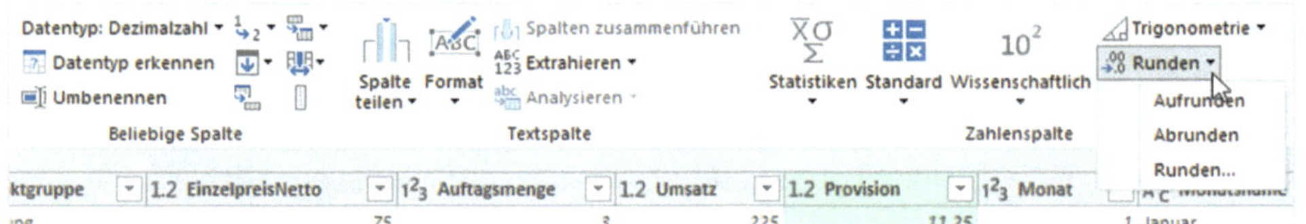

Bild 5.86 Dezimalzahlen runden

Werte aus Spalten zusammenführen

Sie können auch Werte aus zwei und mehr Spalten zusammenführen. Als Beispiel sollen in der unten abgebildeten Tabelle die Spalten *Land* und *Kunde* in einer neuen Spalte zusammengefügt werden.

1. Dazu markieren Sie zunächst beide Spalten, indem die Spaltenüberschriften mit gedrückter Strg-Taste anklicken.
2. Klicken Sie dann im Register *Spalte hinzufügen* auf *Spalten zusammenführen*.

Bild 5.87 Spalten zusammenführen

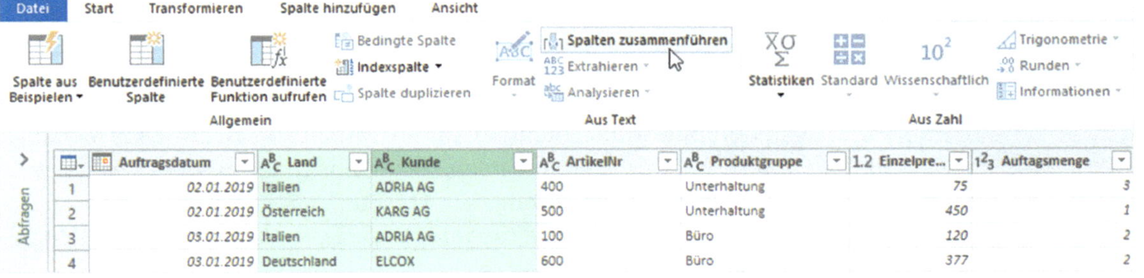

	Auftragsdatum	Land	Kunde	ArtikelNr	Produktgruppe	Einzelpre...	Auftagsmenge
1	02.01.2019	Italien	ADRIA AG	400	Unterhaltung	75	3
2	02.01.2019	Österreich	KARG AG	500	Unterhaltung	450	1
3	03.01.2019	Italien	ADRIA AG	100	Büro	120	2
4	03.01.2019	Deutschland	ELCOX	600	Büro	377	2

3. Im Fenster *Spalten zusammenführen* wählen Sie anschließend ein Trennzeichen, im Bild *Benutzerdefiniert* mit Bindestrich, und geben den Spaltennamen ein.

Bild 5.88 Trennzeichen und Spaltenname festlegen

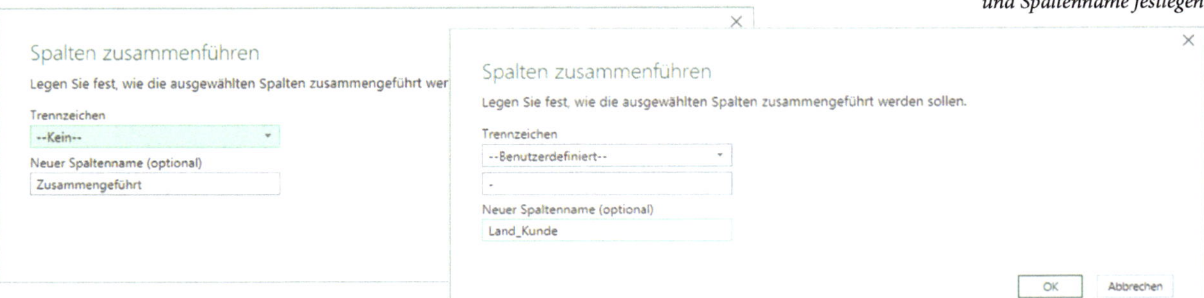

Spalten aufteilen

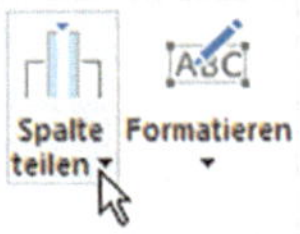

Spalte teilen Formatieren

Nach Trennzeichen

Die Möglichkeit, Spalteninhalte in mehrere Spalten aufzuteilen, ist ebenfalls verfügbar. Wählen Sie mit einem Klick die Spalte aus, klicken Sie im Register *Start* ▶ *Transformieren* auf *Spalte teilen* und wählen Sie *Nach Trennzeichen.* Wählen Sie anschließend das verwendete Trennzeichen, z. B. Leerzeichen oder Komma aus. Ebenfalls nützlich: Bei mehrfachem Vorkommen des Trennzeichens können Sie zusätzlich angeben, ob Sie von links oder rechts beginnen möchten.

Tipp: Wenn Sie die Anzahl der Spalten vorgeben möchten oder die Spalte anhand von Zeilenumbruch, Tab-Zeichen oder geschütztem Leerzeichen teilen möchten, dann klicken Sie auf *Erweiterte Optionen*.

Bild 5.89 Text in Spalten aufteilen

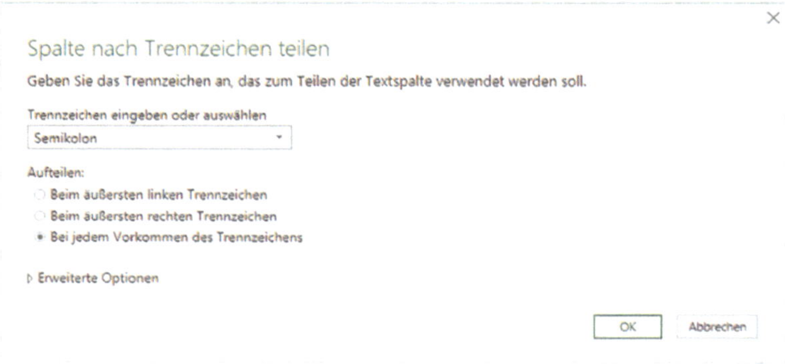

Spalte nach Trennzeichen teilen

Geben Sie das Trennzeichen an, das zum Teilen der Textspalte verwendet werden soll.

Trennzeichen eingeben oder auswählen

Semikolon

Aufteilen:

Beim äußersten linken Trennzeichen

Beim äußersten rechten Trennzeichen

Bei jedem Vorkommen des Trennzeichens

Erweiterte Optionen

OK Abbrechen

Nach Anzahl Zeichen

Bestell- oder Artikelnummern setzen sich häufig aus mehreren Merkmalen zusammen, z. B. Warengruppe, Modellnummer, Größe, Farbe usw.. Wenn diese Merkmale jeweils eine feste Anzahl Zeichen umfassen, dann können Sie aus einer Spalte auch eine bestimmte Anzahl Zeichen extrahieren. So setzt sich als Beispiel im Bild unten die Spalte *BestellNr* zusammen aus Warengruppe (die ersten beiden Zeichen), Modellnummer und Farbe (die letzten beiden Zeichen).

1 Zuerst soll die Warengruppe aus den ersten zwei Zeichen ermittelt werden. Klicken Sie in die aufzuteilende Spalte und im Register *Spalte hinzufügen* ▶ *Aus Text* auf *Extrahieren*. Wählen Sie *Erste Zeichen*.

Bild 5.90 Markieren Sie die Spalte und klicken Sie auf Extrahieren

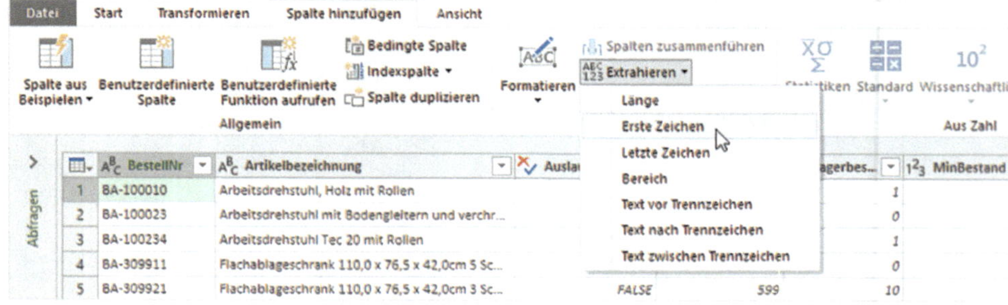

2 Geben Sie im nachfolgenden Fenster die benötigte Anzahl Zeichen ein, in diesem Beispiel 2 und klicken Sie auf *OK*. Benennen Sie anschließend die Spalte um in Warengruppe.

3 Die vier Ziffern nach dem Bindestrich sind die Modellnummer. Um diese in eine gesonderte Spalte zu extrahieren, markieren Sie wieder die Spalte *BestellNr*, klicken auf *Spalte hinzufügen* ▶ *Extrahieren* und wählen diesmal *Bereich*.

4 Zur Angabe des Bereichs sind die Position des ersten benötigten Zeichens und die Länge erforderlich. **Achtung**: Ein Index beginnt in Power Query mit der Zahl 0! Da die Modellnummer ab dem vierten Zeichen der Bestellnummer beginnt, müssen Sie 3 als *Startindex* und 4 im Feld *Anzahl von Zeichen* eingeben.

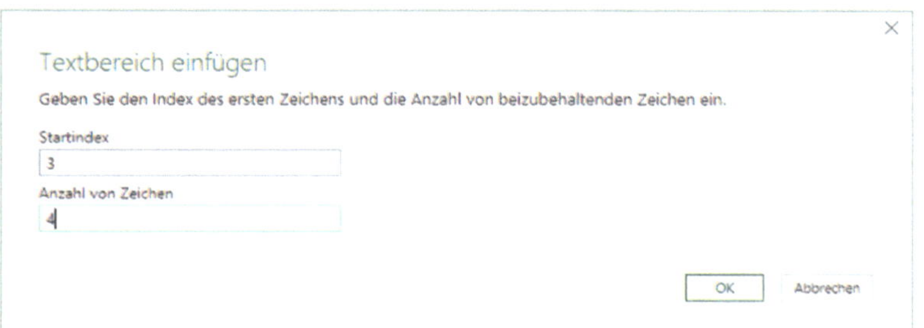

Bild 5.91 Bereich auswählen: Geben Sie die Position des ersten benötigten Zeichens und die Anzahl der Zeichen ein

5 Die letzten beiden Ziffern, die Farbe, erhalten Sie mit dem Befehl *Extrahieren* ▶ *Letzte Zeichen* und der Anzahl 2.

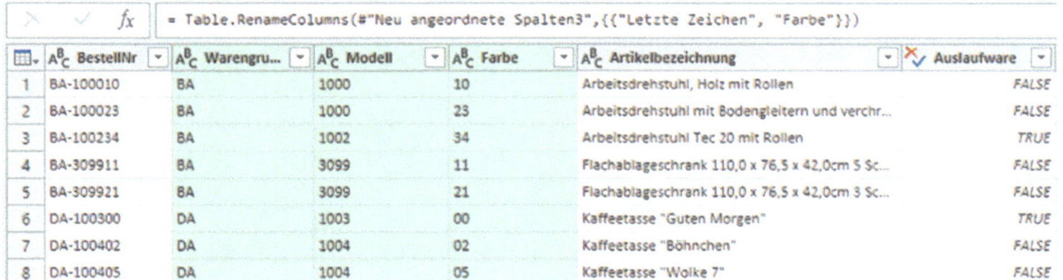

= Table.RenameColumns(#"Neu angeordnete Spalten3",{{"Letzte Zeichen", "Farbe"}})

	BestellNr	Warengru...	Modell	Farbe	Artikelbezeichnung	Auslaufware
1	BA-100010	BA	1000	10	Arbeitsdrehstuhl, Holz mit Rollen	FALSE
2	BA-100023	BA	1000	23	Arbeitsdrehstuhl mit Bodengleitern und verchr...	FALSE
3	BA-100234	BA	1002	34	Arbeitsdrehstuhl Tec 20 mit Rollen	TRUE
4	BA-309911	BA	3099	11	Flachablageschrank 110,0 x 76,5 x 42,0cm 5 Sc...	FALSE
5	BA-309921	BA	3099	21	Flachablageschrank 110,0 x 76,5 x 42,0cm 3 Sc...	FALSE
6	DA-100300	DA	1003	00	Kaffeetasse "Guten Morgen"	TRUE
7	DA-100402	DA	1004	02	Kaffeetasse "Böhnchen"	FALSE
8	DA-100405	DA	1004	05	Kaffeetasse "Wolke 7"	FALSE

Bild 5.92 Das Ergebnis

Werte ersetzen

Leere Werte, sogenannte Nullwerte führen häufig zu Fehlern in Formeln, da mit ihnen keine Berechnungen durchgeführt werden. Wenn Sie beispielsweise in der unten abgebildeten Tabelle die Werte aus den Spalten Lager_A und Lager_B addieren, erhalten Sie nur für diejenigen Zeilen ein Ergebnis, die in beiden Spalten Werte enthalten, also nicht leer sind. Am einfachsten ersetzen Sie die Nullwerte durch die Zahl 0.

> **Achtung: Null ist nicht gleich 0!**
> Nullwerte dürfen nicht verwechselt werden mit der Zahl 0! Mit Ausnahme von Multiplikation sind mit der Zahl 0 Berechnungen möglich, nicht aber mit leeren Zellen.

Bild 5.93 Beispiel Nullwerte

Lagerliste.xlsx

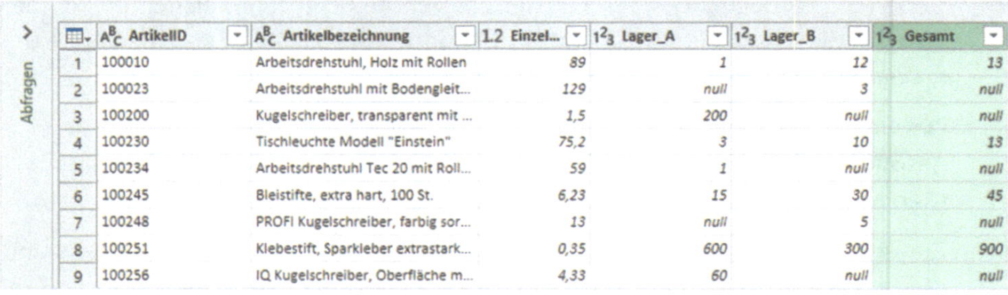

	ArtikelID	Artikelbezeichnung	Einzel...	Lager_A	Lager_B	Gesamt
1	100010	Arbeitsdrehstuhl, Holz mit Rollen	89	1	12	13
2	100023	Arbeitsdrehstuhl mit Bodengleit...	129	null	3	null
3	100200	Kugelschreiber, transparent mit ...	1,5	200	null	null
4	100230	Tischleuchte Modell "Einstein"	75,2	3	10	13
5	100234	Arbeitsdrehstuhl Tec 20 mit Roll...	59	1	null	null
6	100245	Bleistifte, extra hart, 100 St.	6,23	15	30	45
7	100248	PROFI Kugelschreiber, farbig sor...	13	null	5	null
8	100251	Klebestift, Sparkleber extrastark...	0,35	600	300	900
9	100256	IQ Kugelschreiber, Oberfläche m...	4,33	60	null	null

1 Markieren Sie dazu mit einem Klick in die Überschrift die betreffende Spalte, hier *Lager_A* und klicken Sie im Register *Transformieren* ▶ *Beliebige Spalte* auf *Werte ersetzen*.

Bild 5.94 Werte ersetzen

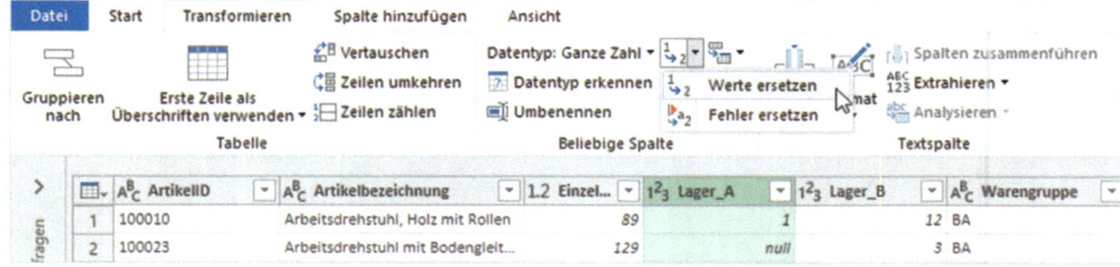

2 Geben Sie im Feld *Zu suchender Wert* null ein und im Feld *Ersetzen durch* 0 und klicken Sie auf *OK*. Wiederholen Sie dann diesen Schritt für die Spalte *Lager_B*.

Bild 5.95 null ersetzen durch die Zahl 0

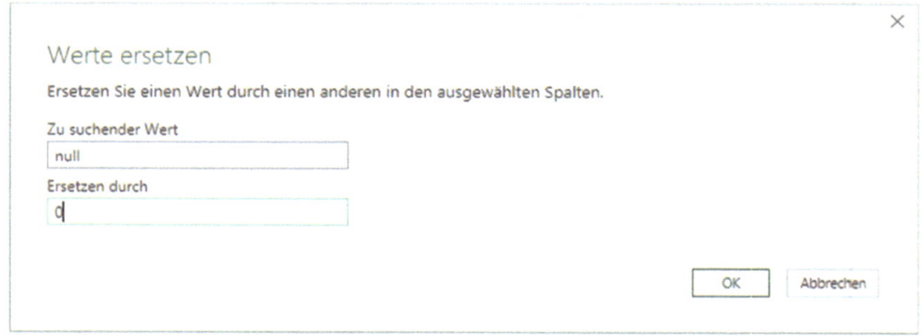

Tipp: Wenn Sie bereits die Spalten addiert haben, dann fügen Sie diese beiden Schritte unmittelbar vor der Addition ein. Auf diese Weise brauchen Sie die Formel nicht erneut eingeben.

Bild 5.96 Ergebnis

	ArtikelID	Artikelbezeichnung	Einzel...	Lager_A	Lager_B	Gesamt	Warengruppe
1	100010	Arbeitsdrehstuhl, Holz mit Rollen	89	1	12	13	BA
2	100023	Arbeitsdrehstuhl mit Bodengleit...	129	0	3	3	BA
3	100200	Kugelschreiber, transparent mit ...	1,5	200	0	200	BW
4	100230	Tischleuchte Modell "Einstein"	75,2	3	10	13	HU
5	100234	Arbeitsdrehstuhl Tec 20 mit Roll...	59	1	0	1	BA
6	100245	Bleistifte, extra hart, 100 St.	6,23	15	30	45	BW
7	100248	PROFI Kugelschreiber, farbig sor...	13	0	5	5	BW

Leerzeichen in Zahlen entfernen

Ein weiteres häufiges Problem, insbesondere bei Daten aus dem Web, sind Leerzeichen als Tausenderzeichen, als Beispiel im Bild unten die Anzahl der Übernachtungen in Beherbergungsbetrieben nach Bundesländern. Quelle ist das statistische Bundesamt www.destatis.de.

Bild 5.97 Zahlen mit Leerzeichen als Tausenderzeichen

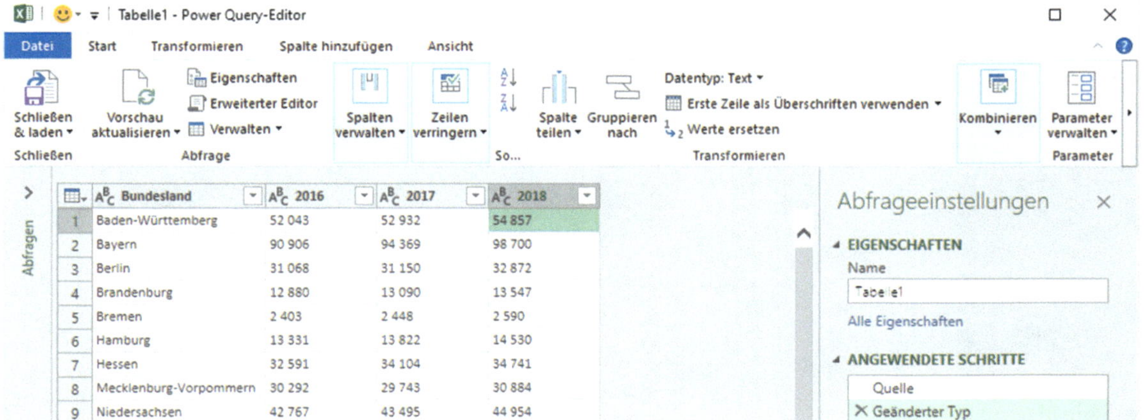

	Bundesland	2016	2017	2018
1	Baden-Württemberg	52 043	52 932	54 857
2	Bayern	90 906	94 369	98 700
3	Berlin	31 068	31 150	32 872
4	Brandenburg	12 880	13 090	13 547
5	Bremen	2 403	2 448	2 590
6	Hamburg	13 331	13 822	14 530
7	Hessen	32 591	34 104	34 741
8	Mecklenburg-Vorpommern	30 292	29 743	30 884
9	Niedersachsen	42 767	43 495	44 954

Quelle: www.destatis.de

Die Zahlen in den Spalten 2016, 2017 und 2018 sind aufgrund des Leerzeichens als Tausenderzeichen nach dem Laden in den Power Query-Editor vom Typ *Text*. Wenn Sie versuchen, den Datentyp in *Ganze Zahl* zu ändern, erhalten Sie einen Fehler (*Error*).In diesem Fall müssen Sie die Leerzeichen entfernen oder durch ein zulässiges Trennzeichen, den Punkt ersetzen.

1 Leider ist Leerzeichen nicht gleich Leerzeichen, es kann sich auch um ein geschütztes Leerzeichen handeln. Um dies herauszufinden, klicken Sie auf eine beliebige Zahl der ersten Spalte und im Register *Start* ▶ *Transformieren* auf *Werte ersetzen*.

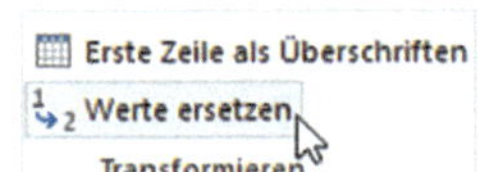

2 Wird im Feld *Zu suchender Wert* die Zahl, wie im Bild unten, angezeigt ❶, dann handelt es sich um ein einfaches Leerzeichen. In diesem Fall löschen Sie die Zahl, geben stattdessen ein Leerzeichen ❷ ein und klicken auf *OK*. Das Feld *Ersetzen durch* bleibt leer, da ja das Leerzeichen entfernt werden soll.

Bild 5.98 Leerzeichen in Zahlen suchen

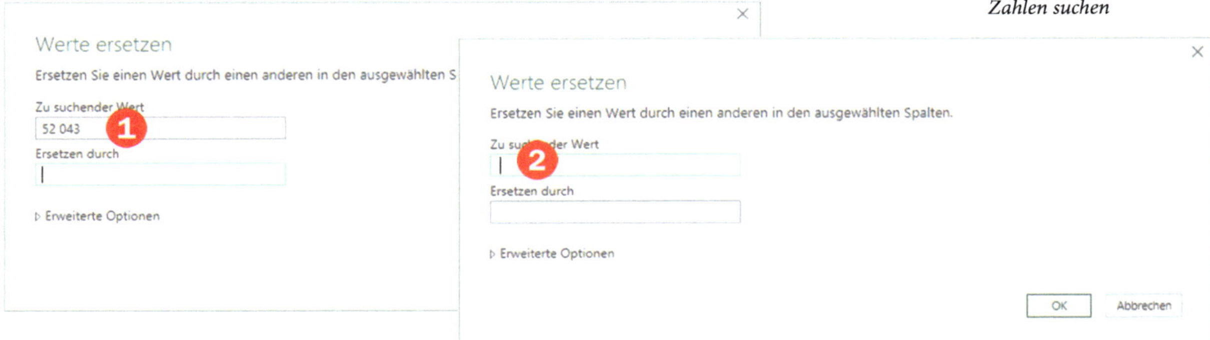

Geschützte Leerzeichen

Wenn es sich um ein geschütztes Leerzeichen handelt, dann erscheint in der Zahl statt des einfachen Leerzeichens die Nummer des verwendeten Zeichens, sie beginnt mit #, im Bild unten *#(00A0)*. Sie haben nun zwei Möglichkeiten zum Suchen und Entfernen des Leerzeichens:

- Löschen Sie im Feld *Zu suchender Wert* bis auf die Zeichennummer *#(00A0)* alle übrigen Bestandteile der Zahl und klicken Sie auf *OK*.

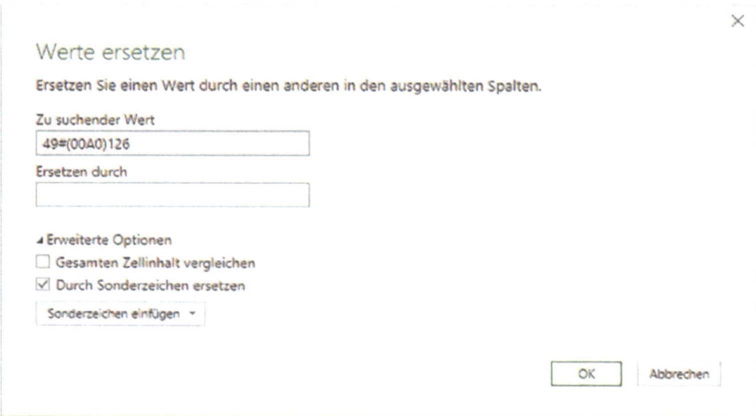

Bild 5.99 Die Zahl ist im Feld zu suchender Wert durch ein geschütztes Leerzeichen getrennt

- Oder löschen Sie den gesamten Inhalt im Feld *Zu suchender Wert* und setzen den Cursor in dieses Feld. Sorgen Sie dafür, dass die *Erweiterten Optionen* sichtbar sind und aktivieren Sie das Kontrollkästchen *Durch Sonderzeichen ersetzen*. Klicken Sie auf die Schaltfläche *Sonderzeichen einfügen* und wählen Sie hier *Geschütztes Leerzeichen* aus (Bild unten).

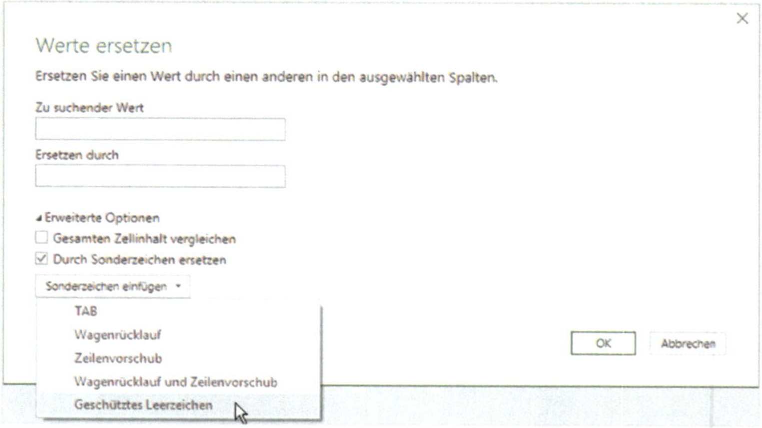

Bild 5.100 Sonderzeichen einfügen - Geschütztes Leerzeichen

Mit dieser Methode entfernen Sie auch Tab-Zeichen oder Zeilenumbrüche.

Anschließend müsste sich der Datentyp der Spalte problemlos in *Ganze Zahl* ändern lassen.

Die Power Query M-Formelsprache

Wie bereits erwähnt, verwendet Power Query eine eigene Formelsprache und damit auch Funktionen, die sich in einigen Punkten von Excel-Formeln und Funktionen unterscheiden. Die meisten Berechnungen sind zwar auch ohne Kenntnis von M möglich, trotzdem lohnt es sich, einen Blick auf die Formelsprache zu werfen, zumal Sie auf diese Weise auch Formeln einsetzen können, die im Menüband nicht verfügbar sind.

Bearbeitungsschritt/Formel in der Bearbeitungsleiste anzeigen

Wie die Excel-Arbeitsmappe verfügt auch der Power Query-Editor über eine Bearbeitungsleiste ❶ in der Bearbeitungsschritte und Formeln angezeigt werden.

- Sollte die Leiste nicht sichtbar sein, so klicken Sie zum Einblenden auf das Register *Ansicht* und aktivieren hier das Kontrollkästchen *Bearbeitungsleiste* ❷. Auf dieselbe Weise blenden Sie die Bearbeitungsleiste auch wieder aus.
- Klicken Sie auf einen angewendeten Schritt, als Beispiel im Bild unten *Monat hinzugefügt* ❸, so sehen Sie in der Bearbeitungsleiste die dazugehörige Anweisung, hier die Funktion *Month*.

  Tipp: Manche Anweisungszeilen sind sehr umfangreich. Mit Klick auf den Pfeil ❹ können Sie das Feld vergrößern.

Bild 5.101 Markierten Schritt in der Bearbeitungsleiste anzeigen

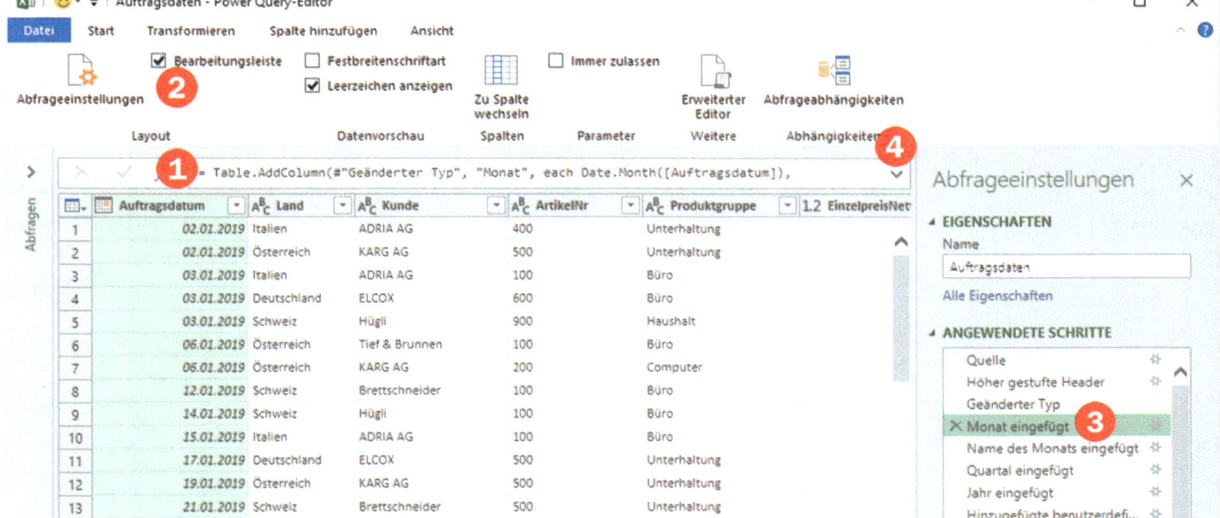

Hilfe zu Power Query M

Eine vollständige Beschreibung der Power Query M-Formelsprache würde in diesem Buch zu weit führen. Eine umfassende Sprachreferenz finden Sie in der Excel-Hilfe unter dem Suchbegriff *Abrufen & transformieren*. Oder geben Sie im Browser den Suchbegriff „Power Query M-Formelsprache" ein und klicken Sie in der Trefferliste auf die Referenz bzw. den Link, der auf docs.microsoft.com/de... verweist.

Spaltenwerte mit einer Bedingung (WENN) berechnen

Von einer Bedingung abhängige Berechnungen kennen Sie vermutlich von der Excel-Funktion WENN. Auch Power Query verfügt über eine solche Möglichkeit mit dem Befehl *Bedingte Spalte*, diese unterscheidet sich allerdings etwas von der Excel-Funktion. So unterstützt der Abfrage-Editor nur die Eingabe von Werten oder Auswahl einer Spalte. Wenn im Dann-oder Sonst-Teil eine Formel benötigt wird, dann müssen Sie die Formel in der Bearbeitungsleiste manuell ändern.

Beispiel: Provision abhängig von der Produktgruppe berechnen

Als einfaches Beispiel soll für die unten abgebildete Tabelle die Provision berechnet werden: Für die Produktgruppe Haushalt gelten 7 %, für alle übrigen 6 % Provision vom Umsatz.

1 Klicken Sie auf das Register *Spalte hinzufügen* und auf *Bedingte Spalte* ❶.

Bild 5.102 Klicken Sie im Register Spalte hinzufügen auf Bedingte Spalte

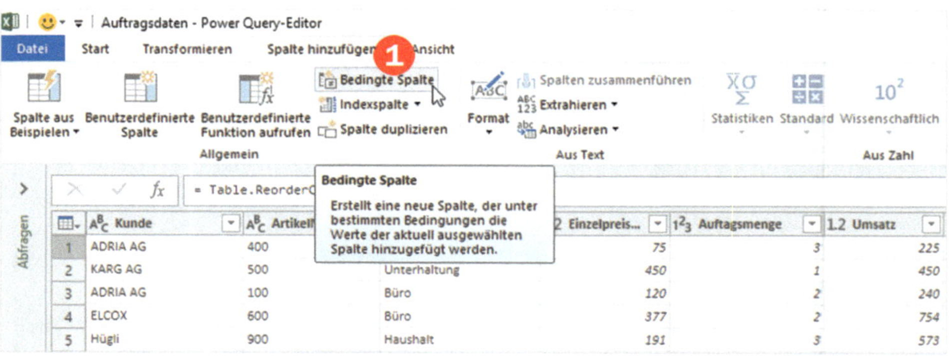

Bild 5.103 Geben Sie im Fenster Bedingte Spalte hinzufügen den Namen der neuen Spalte und die Bedingung ein.

2 Geben Sie im Fenster *Bedingte Spalte hinzufügen* den Namen der neuen Spalte ❷ und die Bedingung ein. Spaltenname und Operator ❸ werden über den Pfeil ausgewählt und als Wert geben Sie *Haushalt* ein ❹.

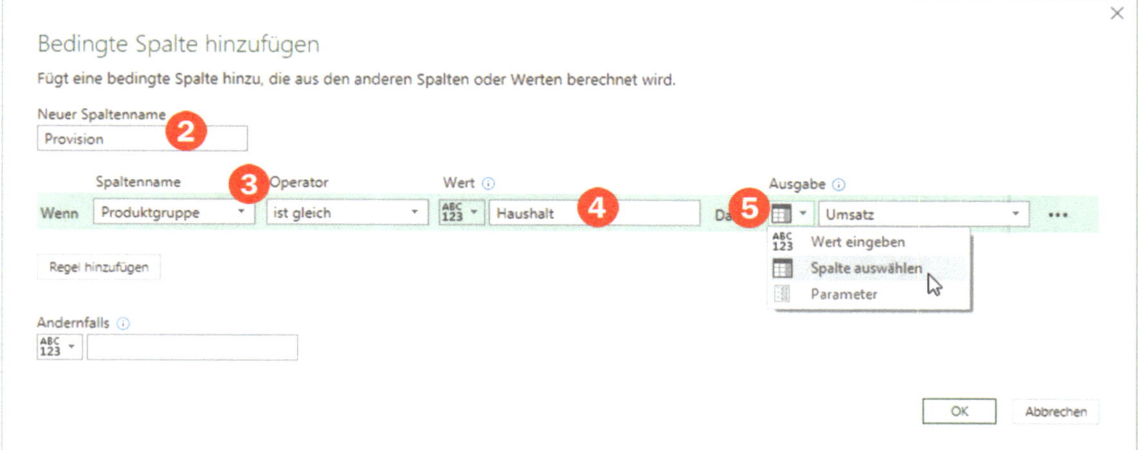

3 Beim Feld *Ausgabe* (Dann-Wert) klicken Sie zuerst auf das Symbol ❺ und auf *Spalte auswählen*. Danach wählen Sie die Spalte *Umsatz* aus.

Leider ist nur die Eingabe eines Werts oder Auswahl einer Spalte möglich, nicht aber die Eingabe der Formel Umsatz * 0.07. Diese müssen Sie später ergänzen.

4 Dies gilt auch für das Feld *Andernfalls* ❻ (Sonst-Wert), auch hier ist nur die Auswahl einer Spalte oder Eingabe eines Werts möglich. Wählen Sie also wieder zunächst die Spalte *Umsatz* aus und klicken Sie auf *OK*.

5 Im nächsten Schritt ändern Sie die Formel in der Bearbeitungsleiste. Sorgen Sie dafür, dass die Leiste sichtbar ist (siehe Seite 131) und klicken Sie in der Liste *Angewendete Schritte* auf den letzten Schritt ❼. Die Formel erscheint nun hier ❽.

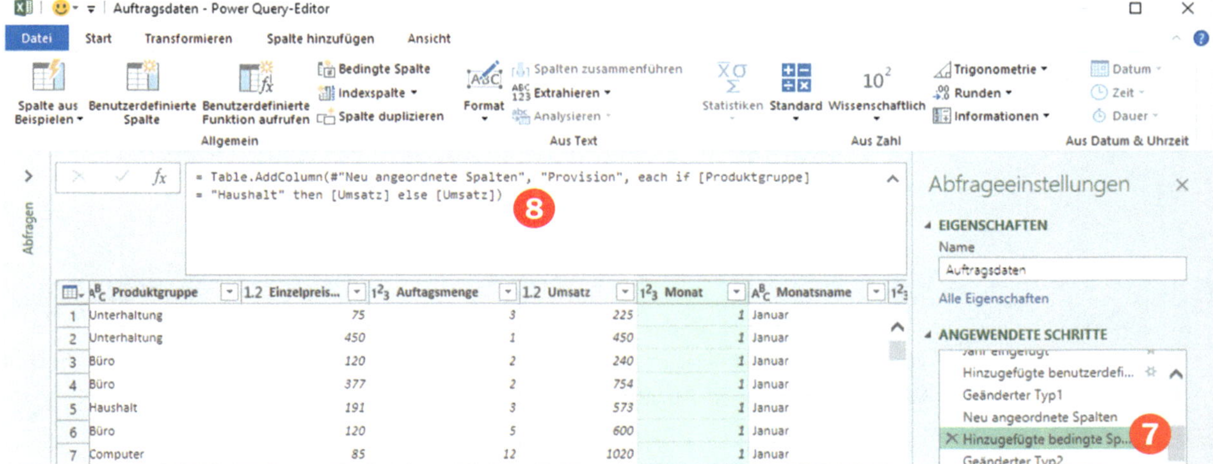

Bild 5.104 Die Formel in der Bearbeitungsleiste

6 Klicken Sie in der Bearbeitungsleiste in die Formel und ergänzen Sie diese um 0.07 bzw. um 0.06 wie im Bild unten und übernehmen Sie die Änderung mit der Eingabetaste.

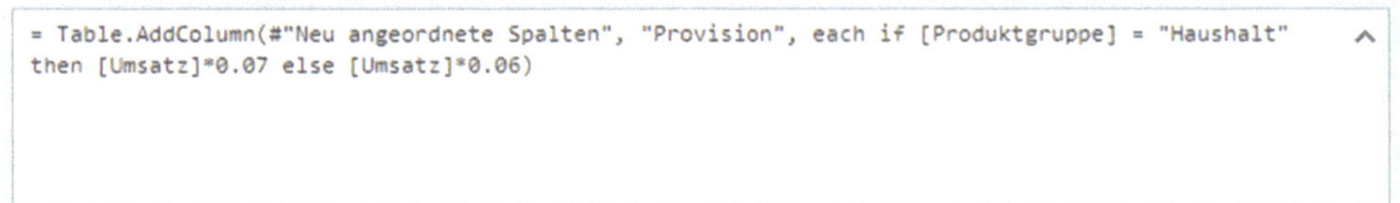

```
= Table.AddColumn(#"Neu angeordnete Spalten", "Provision", each if [Produktgruppe] = "Haushalt"
then [Umsatz]*0.07 else [Umsatz]*0.06)
```

Bild 5.105 Ergänzen Sie die Formel

Formel in der M-Sprache eingeben

Alternativ können Sie die Formel zur Berechnung einer bedingten Spalte auch komplett manuell eingeben.

1 Klicken Sie dazu im Register *Spalte hinzufügen* auf *Benutzerdefinierte Spalte*.

2 Im Feld *Benutzerdefinierte Spaltenformel* geben Sie nach dem Gleichheitszeichen die folgende Formel ein:

if [Produktgruppe] = "Haushalt" then [Umsatz]*0.7 else [Umsatz]*0.06

Achtung: Die Spaltennamen müssen wieder in eckige Klammern gesetzt werden und als Dezimalzeichen ist ein Punkt erforderlich.

3 Klicken Sie zuletzt auf *OK*.

Bild 5.106 Geben Sie die Formel ein

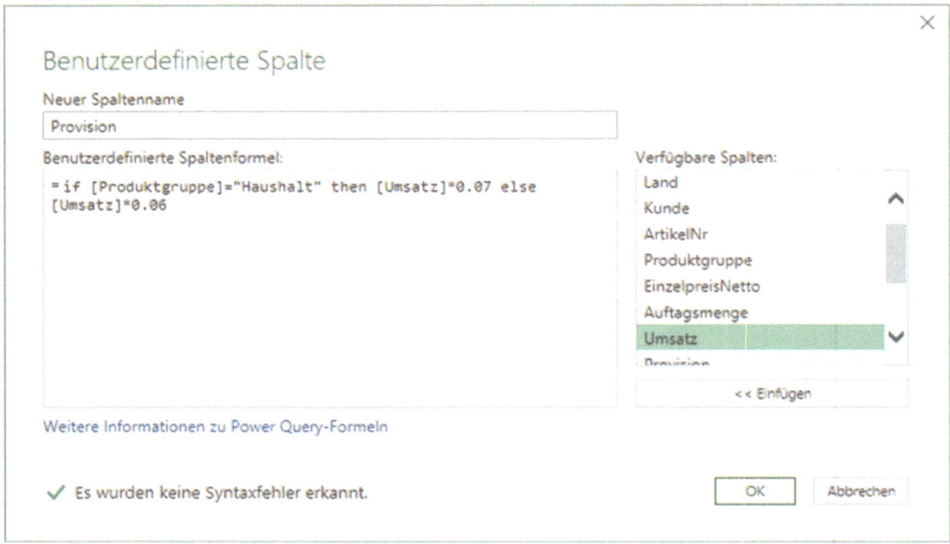

Achtung: Die Schlüsselwörter der Funktion, if, then, else müssen unbedingt in Kleinbuchstaben eingegeben werden! Andernfalls liefert die automatische Syntaxüberprüfung einen Fehler.

Leere Werte beim Multiplizieren oder Addieren ignorieren

Wenn Sie die Werte zweier Spalten addieren oder multiplizieren, erhalten Sie nur ein Ergebnis, wenn keine der Spalten leer ist, also keinen Nullwert enthält. Eine Möglichkeit zur Abhilfe, nämlich das Ersetzen leerer Werte (*null*) durch die Zahl 0, haben Sie auf Seite 127 bereits kennengelernt.

Eine andere Möglichkeit besteht in der Verwendung der Funktionen *List.Sum* (Addieren) und *List.Product* (Multiplizieren). In diesem Fall müssen leere Werte vorher nicht durch 0 ersetzt werden.

Beispiel: Umsatz berechnen
So könnten Sie beispielsweise den Umsatz in einer benutzerdefinierten Spalte auch mit folgender Formel berechnen, die Schreibweise sowie die Klammern müssen dabei unbedingt beachtet werden:

=List.Product({[EinzelpreisNetto], [Auftragsmenge]})

5.7 Weitere Abfragetechniken

Eine Abfrage als Datenquelle für eine weitere Abfrage verwenden

Bei großen Datenmengen und unterschiedlichen Anforderungen an die Daten kann auch eine vorhandene Abfrage als Datenquelle verwendet werden. Zum Beispiel, wenn Sie Datensätze in Gruppen zusammenfassen möchten. Dann erstellen Sie eine Abfrage, die auf einer vorhandenen Abfrage basiert und deren Werte verwendet.

- Öffnen Sie die Ausgangsabfrage im Power Query-Editor. Klicken Sie im Register *Start* ▶ *Abfrage* auf *Verwalten* und hier auf *Verweis*. Damit erstellen Sie eine neue Abfrage, die auf der aktuellen Abfrage basiert.

Hinweis: Alternativ könnten Sie die Abfrage mit dem Befehl *Duplizieren* auch kopieren. Der Nachteil dieser Methode: Sie erhalten zwei getrennte Abfragen, was sich bei der Aktualisierung großer Datenmengen negativ auswirken kann.

Bild 5.107 Eine neue Abfrage basierend auf der aktuellen Abfrage erstellen

Im Navigationsbereich am linken Rand des Editors erscheint die neue Abfrage unter dem Namen *Auftragsdaten(2)* und durch Anklicken können Sie zwischen den beiden Abfragen wechseln.

Abfrage umbenennen

Neue Abfragen erhalten standardmäßig zunächst den Namen der Datenquelle auf der sie basieren. Um beim Arbeiten mit mehreren Abfragen den Überblick zu behalten, sollten Sie jeder Abfrage einen eindeutigen Namen geben. Dazu genügt im Navigationsbereich ein Doppelklick auf den Namen der Abfrage ❶, anschließend überschreiben Sie den Namen und schließen mit der Eingabetaste ab.

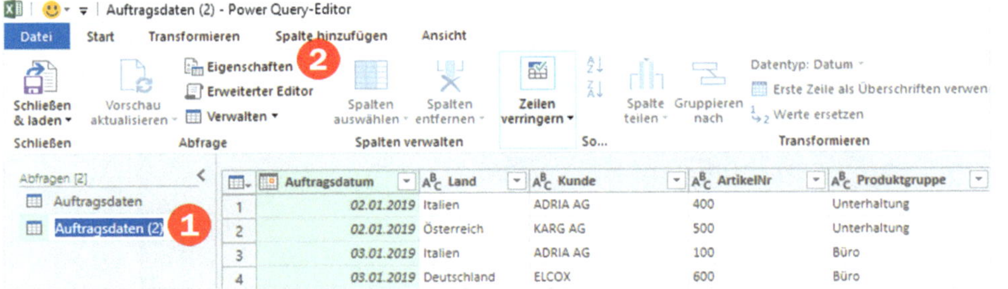

Bild 5.108 Abfrage umbenennen

Alternativen

Oder markieren Sie die Abfrage und klicken im Register *Start* ▶ *Allgemein* auf *Eigenschaften* ❷ und geben anschließend den neuen Namen der Abfrage ein. Die Eingabe des neuen Namens ist auch im Aufgabenbereich *Abfrageeinstellungen* im Feld *Name* möglich.

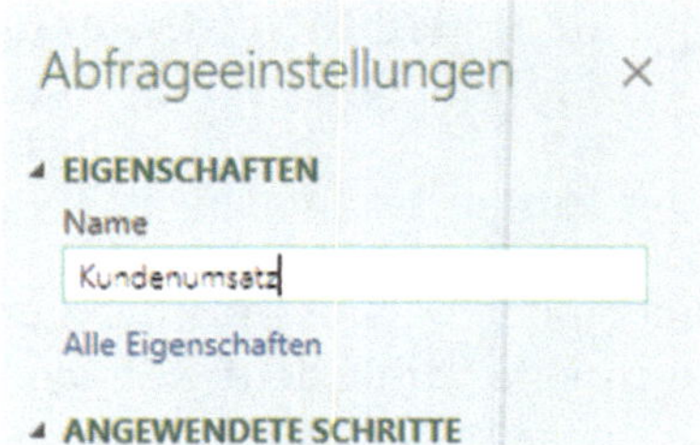

Bild 5.109 Abfrage im Aufgabenbereich umbenennen

Datensätze gruppieren

Power Query kann auch Auswertungen über Gruppen liefern und dadurch manche nachfolgende Auswertungen in der Excel Arbeitsmappe überflüssig machen. Nützlich ist eine Gruppierung auch bei umfangreichen Datenquellen, wenn nur eine Zusammenfassung benötigt wird.

> **Achtung bei nachfolgenden Auswertungen mit Pivot-Tabellen!**
> Für eine anschließende Auswertung mit einer Pivot-Tabelle ist keine Gruppierung erforderlich. Unter Umständen kann es in diesem Fall sogar zu falschen Ergebnissen kommen.

Beispiel: Umsatzsummen pro Kunde und Monat

In der Abfrage *Auftragsdaten* (siehe vorhergehende Beispiele) bildet jeder Einzelauftrag einen Datensatz. Benötigt wird aber eigentlich nur die Umsatzsumme pro Kunde und Monat. Dazu erstellen wir zunächst einen Verweis auf die Abfrage *Auftragsdaten* und benennen diesen um in *Kundenumsatz* (siehe Seite 135).

1 Markieren Sie die soeben erstellte Abfrage *Kundenumsatz* und klicken Sie im Menüband des Power Query-Editors im Register *Start* ▶ *Transformieren* auf *Gruppieren nach*.

2 Wählen Sie dann im Feld *Gruppieren nach* zuerst die Spalte *Kunde* ❶ aus.

3 Unter *Neuer Spaltenname* geben Sie den Text *Umsatz* ein ❷, im Feld *Vorgang* wählen Sie *Summe* ❸ und daneben die Spalte Umsatz ❹ aus.

Bild 5.110 Gruppieren nach

4 Um die nächste Gruppierung nach Monaten hinzuzufügen, klicken Sie auf *Weitere* ❹. Klicken Sie auf *Gruppierung hinzufügen* und wählen Sie die Spalte *Monat* aus ❺.

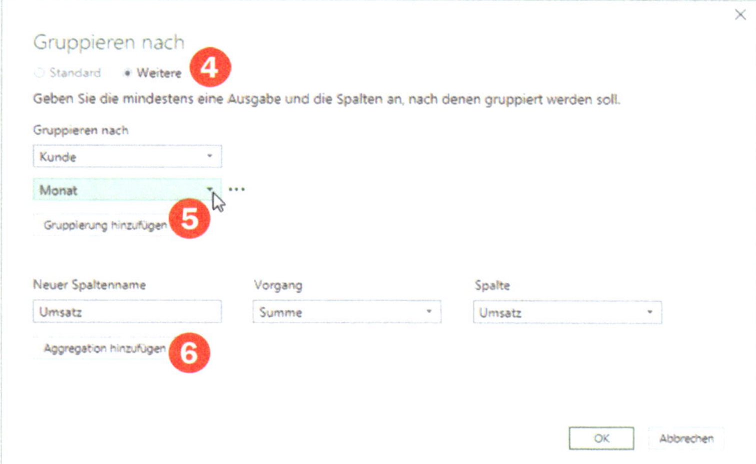

Bild 5.111 Gruppierung hinzufügen

Weitere Werte berechnen

Falls Sie noch einen weiteren Wert berechnen möchten, z. B. die durchschnittliche Umsatzsumme je Kunde, dann klicken Sie auf *Aggregation hinzufügen* ❻. Geben Sie einen Spaltennamen ein, wählen Sie im Feld *Vorgang* eine Zusammenfassung, hier *Mittelwert*, und als Spalte für die dieser Wert berechnet werden soll, wieder *Umsatz*.

Bild 5.112 Das Ergebnis

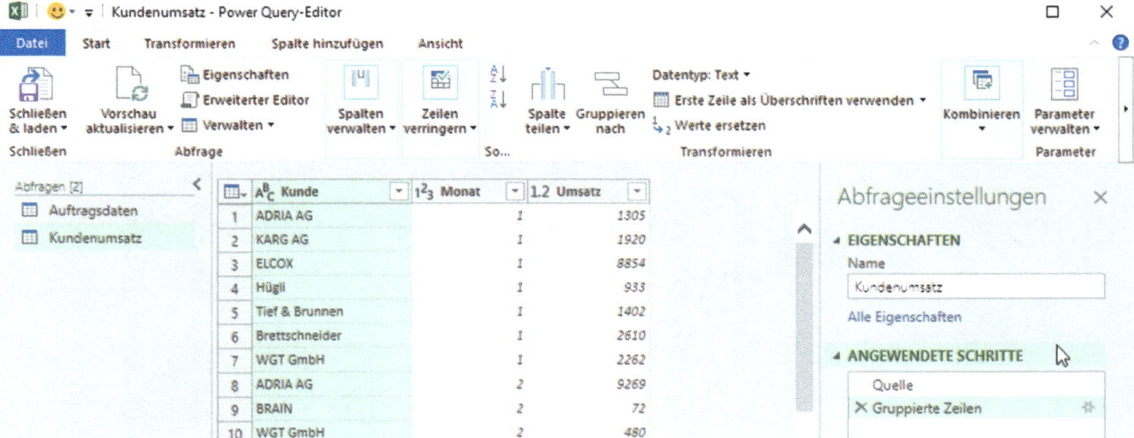

Eine Kreuztabelle erzeugen

Übersichtlicher wäre die oben abgebildete Tabelle, wenn aus den Monaten Spaltenüberschriften gebildet werden und damit eine sogenannte Kreuztabelle erstellt wird. Auch dies ist mit Power Query möglich.

Beachten Sie, dass Power Query im Gegensatz zu Pivot-Tabellen im Tabellenblatt nur eine einzige Wertespalte berücksichtigt, in diesem Beispiel die Umsatzsumme. Wenn Sie außerdem den durchschnittlichen Umsatz hinzugefügt haben, siehe oben, dann müssen Sie diese Spalte zuvor entfernen.

Bild 5.113 Markierte Spalte pivotieren

1 Klicken Sie in die Spalte, aus deren Inhalten die Spalten gebildet werden sollen, in diesem Beispiel *Monat* ❶, und klicken Sie im Register *Transformieren* ▶ *Beliebige Spalte* auf *Spalte pivotieren* ❷.

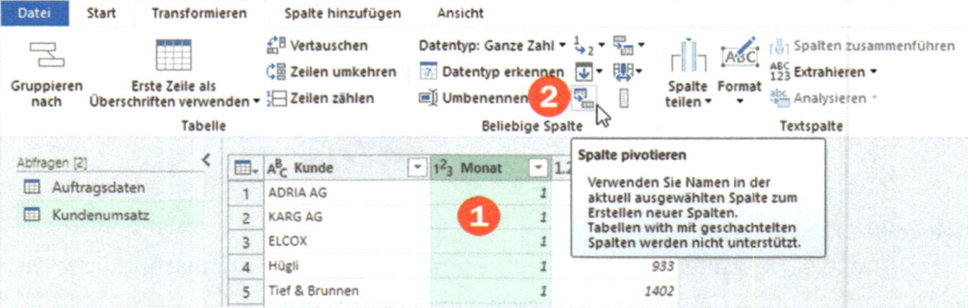

2 Im nachfolgenden Fenster wählen Sie als *Wertespalte* die Spalte *Umsatz* aus ❸ und kontrollieren Sie unter *Erweiterte Optionen* die *Aggregatwertfunktion*: In den meisten Fällen ist die *Summe* ❹ bereits ausgewählt und kann in unserem Beispiel beibehalten werden.

Bild 5.114 Wertespalte und Summe auswählen

Anschließend brauchen Sie die Tabelle eigentlich nur noch in ein Excel-Arbeitsblatt übernehmen. Leere Werte, also nicht vorhandene Umsätze werden im Abfrage-Editor mit dem Wert *null* angezeigt, erscheinen aber im Excel-Arbeitsblatt als leere Zellen.

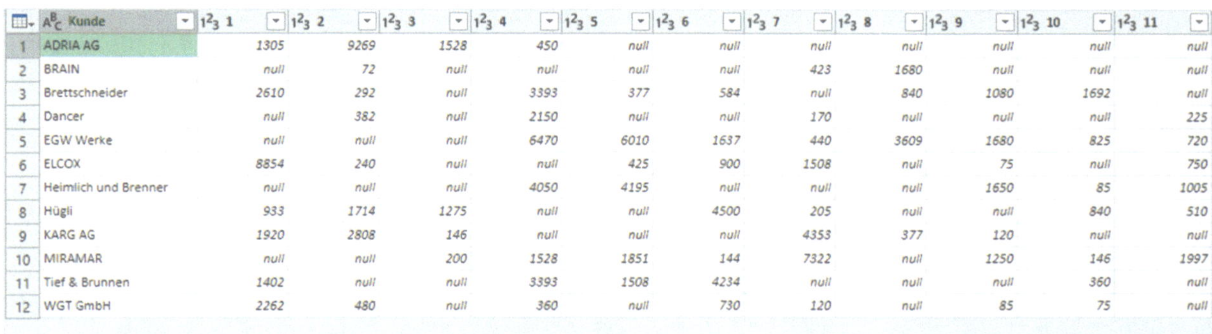

	Kunde	1	2	3	4	5	6	7	8	9	10	11
1	ADRIA AG	1305	9269	1528	450	null	null	null	null	null	null	null
2	BRAIN	null	72	null	null	null	null	423	1680	null	null	null
3	Brettschneider	2610	292	null	3393	377	584	null	840	1080	1692	null
4	Dancer	null	382	null	2150	null	null	170	null	null	null	225
5	EGW Werke	null	null	null	6470	6010	1637	440	3609	1680	825	720
6	ELCOX	8854	240	null	null	425	900	1508	null	75	null	750
7	Heimlich und Brenner	null	null	null	4050	4195	null	null	null	1650	85	1005
8	Hügli	933	1714	1275	null	null	4500	205	null	null	840	510
9	KARG AG	1920	2808	146	null	null	null	4353	377	120	null	null
10	MIRAMAR	null	null	200	1528	1851	144	7322	null	1250	146	1997
11	Tief & Brunnen	1402	null	null	3393	1508	4234	null	null	null	360	null
12	WGT GmbH	2262	480	null	360	null	730	120	null	85	75	null

Bild 5.115 Die fertige Kreuztabelle

Daten entpivotieren

Umgekehrt kommt es in der Praxis nicht selten vor, dass die Ausgangsdaten in Form einer Kreuztabelle vorliegen. Für eine nachfolgende Auswertung mit Pivot-Tabellen und/oder PivotChart muss allerdings die Ausgangstabelle entsprechend aufgebaut sein. Jede Spalte benötigt eindeutige Daten und eine Überschrift.

Im unten abgebildeten Beispiel verteilen sich die monatlichen Verkaufszahlen der Artikel auf mehrere Spalten. Für eine Analyse mit Pivot-Tabellen müssen sich aber alle Zahlen in derselben Spalte befinden.

Bild 5.116 Die Ausgangsdaten als Kreuztabelle im Tabellenblatt

D3 | 150

	A	B	C	D	E	F	G	H	I	J	K	L	M	N
1	Artikel	Januar	Februar	März	April	Mai	Juni	Juli	August	September	Oktober	November	Dezember	
2	A-100	175	230	250	450	300	250	60	40		150	280	300	
3	A-101	200	220	150	90	150	10		170	220	230	140	250	
4	A-102		300	310	450	500	600	150		20	200	300	150	
5	A-103	95	80	75	20									
6	B-202	800	650	920	1.500	1.200	950	780	890	1.100	1.230	1.400	1.100	
7														
8														

Entpivotieren.xlsx

Kopieren der Tabelle und Transponieren beim Einfügen stellt keine Lösung dar, da dadurch nur Zeilen und Spalten vertauscht werden. Um ein umständliches Umstellen der Tabelle z. B. mit Hilfe von Formeln zu vermeiden, benutzen Sie die Funktion *Entpivotieren* von Power Query.

1 Dazu laden Sie zunächst die Excel-Tabelle in den Power Query-Editor: Klicken Sie im Arbeitsblatt an eine beliebige Stelle der Ausgangstabelle und im Register *Daten* ▶ *Abrufen und transformieren* auf *Aus Tabelle/Bereich*.

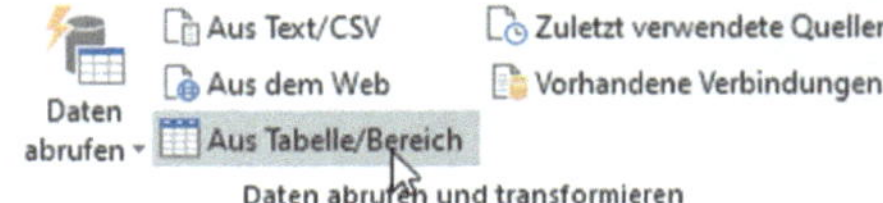

2 Falls die Tabelle nicht als Tabellenbereich formatiert wurde, öffnet sich das Fenster *Tabelle erstellen* und fordert Sie auf, den Bereich festzulegen. Kontrollieren Sie, ob der Bereich richtig erkannt wurde, aktivieren Sie das Kontrollkästchen *Tabelle hat Überschriften* und klicken Sie auf *OK*.

3 Die Tabelle wird in den Abfrage-Editor geladen. Klicken Sie auf die Überschrift der Spalte die Sie beibehalten möchten, in diesem Fall *Artikel* und klicken Sie im Register *Transformieren* ▶ *Beliebige Spalte* auf den Pfeil der Schaltfläche *Spalten entpivotieren*. Wählen Sie hier *Andere Spalten entpivotieren*.

Bild 5.117 Alle Spalten mit Ausnahme der markierten Spalte entpivotieren

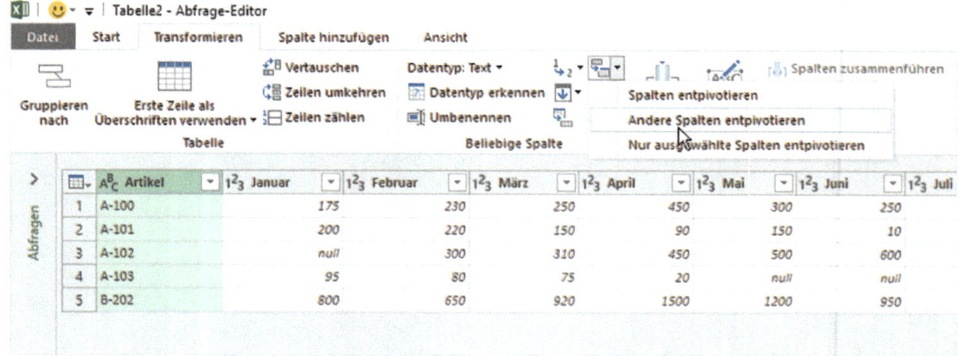

Sie könnten natürlich stattdessen auch alle Monatsspalten markieren, indem Sie in die Spaltenüberschrift *Januar* und dann mit gedrückter Umschalt-Taste in die Spaltenüberschrift *Dezember* klicken (Mehrfachmarkierung) anschließend den Befehl *Spalten entpivotieren* verwenden.

4 Die Tabelle sieht nun aus, wie im Bild unten. Die neuen Spalten haben zunächst die Überschriften *Attribut* und *Wert* erhalten. Benennen Sie die Spalten mit Doppelklick in die jeweilige Überschrift um in *Monat* und *Verkaufszahlen*.

Bild 5.118 Die entpivotierte Tabelle

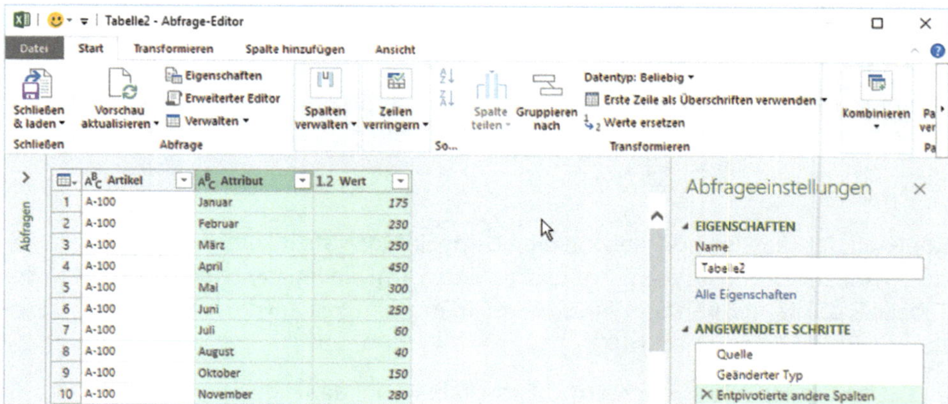

Aus Monatsnamen ein gültiges Datum erhalten

Ein häufiger Fall: Die Ausgangsdaten enthalten statt eines Datums nur Monatsnamen, für weitere Auswertungen werden aber auch noch Quartale benötigt. Oder Sie möchten die Tabelle nach Monaten aufsteigend sortieren, auch dies ist bei Monatsnamen unmöglich.

Da es sich bei Monatsnamen um kein gültiges Datum handelt, helfen hier auch die Datumsfunktionen (siehe Seite 119) nicht weiter. Am einfachsten erhalten Sie ein Datum, wenn Sie in einer neuen Spalte die Monatsnamen mit einem beliebigen Tag, z. B. dem Ersten des Monats und dem Jahr zu einem Datum verketten. Aus diesem Datum können Sie anschließend bequem Quartale oder Monate als Zahlen ermitteln.

1 Laden Sie die Daten in den Power Query-Editor und klicken Sie im Register *Spalte hinzufügen* auf *Benutzerdefinierte Spalte*.

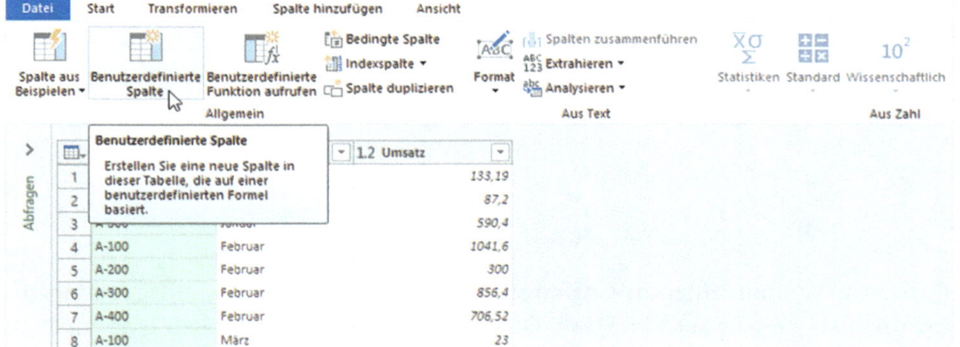

Bild 5.119 Spalte hinzufügen - benutzerdefinierte Spalte

2 Geben Sie im Feld *Neuer Spaltenname* den Namen *Datum* ein und darunter als *Benutzerdefinierte Spaltenformel* die unten abgebildete Formel.

Hinweise: Wie in Excel, können Sie auch in Power Query Zeichenfolgen mit dem &-Operator verketten. Die Zeichen "01" und "2020" müssen in Anführungszeichen gesetzt werden, Punkt oder Bindestriche als Trennzeichen sind dagegen nicht zwingend erforderlich.

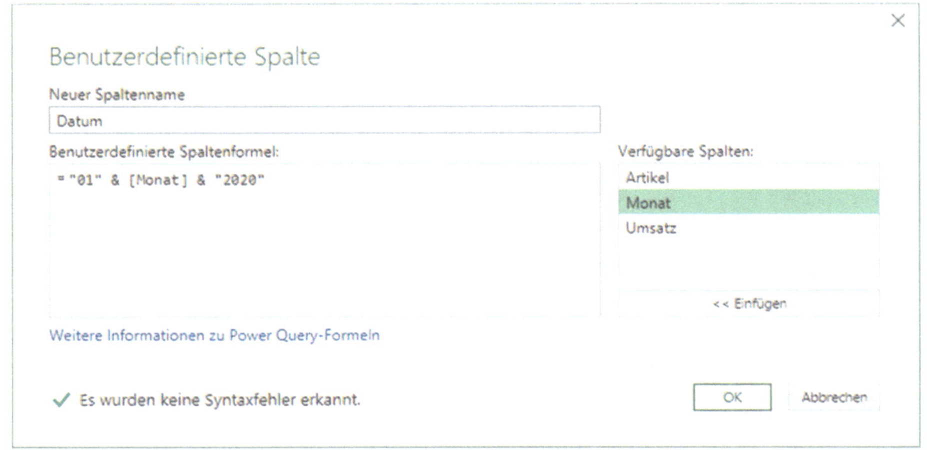

Bild 5.120 Zu einem Datum verketten

3 Die neue Spalte ist zunächst vom Datentyp *Text* (Bild 5.121). Klicken Sie auf das Datentyp-Symbol der Spaltenüberschrift und wählen Sie *Datum* aus. Sollte dies nicht erfolgreich sein, so klicken Sie in die Spalte und im Register *Transformieren*

▶ *Datums- und Uhrzeitspalte* auf *Datum* und auf *Analysieren*. Anschließend sollte der Text in ein Datum umgewandelt werden.

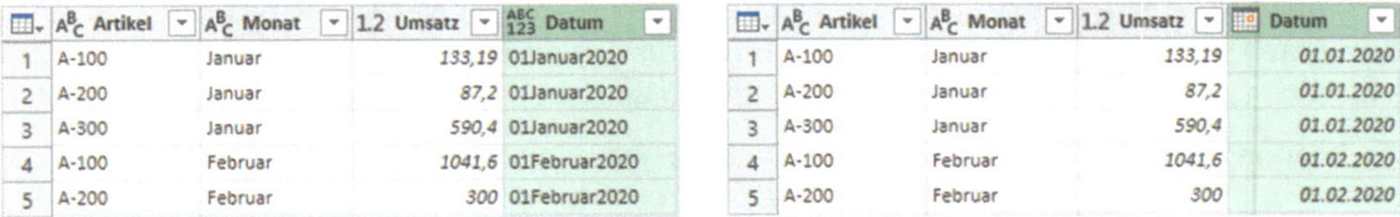

	Artikel	Monat	Umsatz	Datum
1	A-100	Januar	133,19	01Januar2020
2	A-200	Januar	87,2	01Januar2020
3	A-300	Januar	590,4	01Januar2020
4	A-100	Februar	1041,6	01Februar2020
5	A-200	Februar	300	01Februar2020

	Artikel	Monat	Umsatz	Datum
1	A-100	Januar	133,19	01.01.2020
2	A-200	Januar	87,2	01.01.2020
3	A-300	Januar	590,4	01.01.2020
4	A-100	Februar	1041,6	01.02.2020
5	A-200	Februar	300	01.02.2020

Bild 5.121 Die neue Spalte

Bild 5.122 Umgewandelt als Datum

Aus diesem Datum können Sie nun über *Spalte hinzufügen* ▶ *Datum* die Quartale extrahieren oder die Monate als Zahl.

5.8 Daten aus mehreren Tabellen kombinieren

PowerPivot, siehe Kapitel 8.

Power Query unterstützt im Gegensatz zu Power Pivot zwar keine Datenmodelle, trotzdem können Sie auch im Power Query-Editor Daten aus mehreren Tabellen kombinieren. Power Query unterscheidet zwischen den beiden folgenden Möglichkeiten:

- Daten aus zwei oder mehr Tabellen mit identischem Aufbau aneinanderfügen.
- Daten aus zwei Tabellen über ein gemeinsames Feld zusammenführen und ergänzen (etwa statt SVERWEIS).

Mehrere Elemente derselben Datenquelle auswählen

Wenn sich alle benötigten Tabellen oder Sichten in derselben Datenquelle bzw. Datei befinden, dann brauchen Sie zum Laden in den Editor im Navigator nur das Kontrollkästchen *Mehrere Elemente auswählen* aktivieren ❶ und anschließend über die Kontrollkästchen ❷ alle benötigten Elemente auswählen, wie im Bild unten.

Warenwirtschaft.accdb

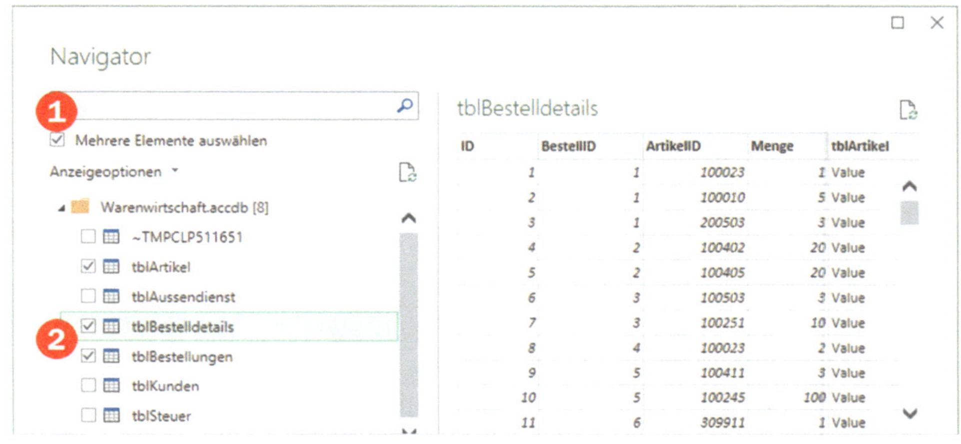

Bild 5.123 Mehrere Elemente der Datenquelle auswählen (Access-Datenbank)

Klicken Sie auf *Bearbeiten*, so erstellt Power Query für jede Datenquelle eine gesonderte Abfrage und listet diese links im Abfragenbereich auf.

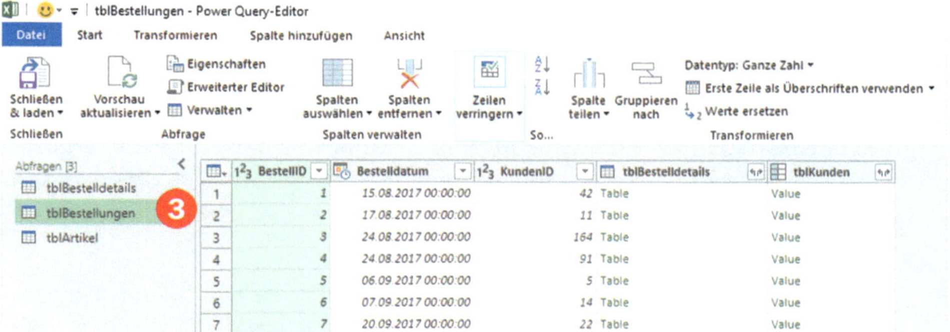

Bild 5.124 Die ausgewählten Elemente im Abfrage-Editor

Daten aus zwei Tabellen zusammenführen (statt SVERWEIS)

Das Problem dürfte den meisten Excel-Anwendern in der einen oder anderen Form bekannt sein: Sie müssen für eine Auswertung eine Tabelle um Informationen aus einer zweiten Tabelle ergänzen. Dies setzt voraus, dass in beiden Tabellen ein Feld mit einem gemeinsamen Merkmal vorhanden ist und meist kommt die Excel-Funktion SVERWEIS zum Einsatz.

Hier als Beispiel eine Personalauswertung über Arbeitszeiten und Kostenstellen für den Monat Januar. Die Daten befinden sich in zwei verschiedenen Datenquellen:

Bild 5.125 Personal_Abrechnung.xlsx

	A	B	C
1	**Arbeitszeitauswertung**		
2	Monat:	Januar	
3			
4	**Personal-Nr.**	**Istzeit**	
5	75	160	
6	76	148	
7	77	171	
8	79	120	
9	80	68	
10	81	158	
11	83	160	
12	84	163	
13	86	159	
14	87	122	
15	89	130	
16	90	140	
17	91	60	
18	92	120	
19	93	160	
20			

Januar

Bild 5.126 Personaldaten.xlsx

	A	B	C	D	E	F	G
1	**Personal-Nr.**	**Nachname**	**Vorname**	**Kostenstelle**	**Abteilung**	**Eintrittsdatum**	**Standort**
2	75	Moser	Karl	500	Lager	01.05.2011	München
3	76	Kabelschacht	Alfred	100	Zentrale	15.03.2015	Regensburg
4	77	Hinterleitner	Sandra	100	Zentrale	12.01.1998	München
5	79	Thomas	Sabine	200	Einkauf	01.01.2016	Ulm
6	80	Baumholtz	Philipp	100	Zentrale	23.07.2013	Ulm
7	81	Muster	Tobias	500	Lager	18.11.2012	München
8	83	Nordhoff	Silke	400	Vertrieb	01.03.2010	Regensburg
9	84	Leutz	Sven	400	Vetrieb	19.02.2003	Regensburg
10	86	Mumpitz	Nicole	300	EDV	21.06.2015	Ulm
11	87	Rumpenhorst	Walter	300	EDV	01.09.2009	Pfarrkirchen
12	89	Weber	Wolfgang	200	Einkauf	07.04.2003	Pfarrkirchen
13	90	Pförtner	Max	200	Einkauf	15.05.2014	Ulm
14	91	Wiesenbrecht	Kurt	400	Vetrieb	04.07.2017	Pfarrkirchen
15	92	Schulz	Emma	100	Zentrale	01.03.2017	München
16	93	Dörfler	Jasmin	100	Zentrale	15.06.2017	Regensburg
17							

Personalliste

Ordner Personal: Personaldaten.xlsx

Personal_Abrechnung.xlsx

- Die Arbeitszeiten wurden zusammen mit der Personalnummer erfasst und befinden sich in einer gesonderten Excel-Arbeitsmappe, in diesem Beispiel in der Mappe Personal_Abrechnung.xlsx, Blatt *Januar* (Bild 5.125).

- In einer zweiten Excel-Arbeitsmappe mit dem Namen Personaldaten.xlsx sind zusammen mit der Personalnummer auch die Namen, Kostenstellen und Arbeitsstellen (Filialen) gespeichert (Bild 5.126).

Datenquellen nacheinander in den Power Query-Editor laden

1 Die Auswertung soll in einer gesonderten Arbeitsmappe erfolgen. Öffnen Sie daher eine neue leere Arbeitsmappe und speichern Sie diese unter dem Namen *Personal_Auswertung.xlsx*. Klicken Sie dann im Register *Daten* ▶ *Daten abrufen und transformieren* auf *Daten abrufen* ▶ *Aus Datei* ▶ *Aus Arbeitsmappe* und importieren Sie die Datei *Personaldaten.xlsx*.

2 Da diese keinen benannten Tabellenbereich enthält, wählen Sie im Navigator das Blatt *Personalliste* aus und klicken auf *Bearbeiten*, um die Daten in den Abfrage-Editor zu laden. Kontrollieren Sie, ob die Datentypen und die Spaltenüberschriften korrekt erkannt wurden und ändern Sie ggf. diesen Bearbeitungsschritt.

3 Um die zweite Tabelle hinzuzufügen, klicken Sie im Power Query-Editor, Register *Start* ▶ *Neue Abfrage* auf *Neue Quelle*. Zeigen Sie auf *Datei* und klicken Sie auf *Excel*. Wählen Sie diesmal die Arbeitsmappe *Personal_Abrechnung* und anschließend im Navigator das Tabellenblatt *Januar* aus und klicken Sie auf *OK*.

Bild 5.127 Fügen Sie die zweite Abfrage hinzu

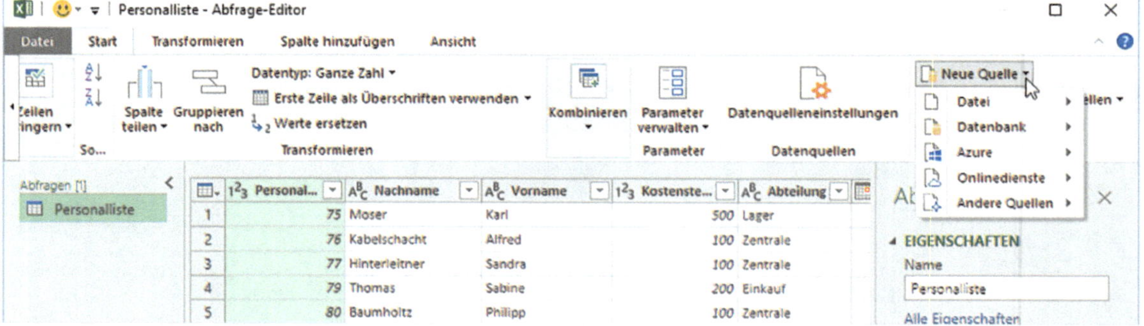

4 Entfernen Sie in dieser Abfrage zunächst die überflüssigen Zeilen oberhalb der Tabelle, indem Sie auf *Start* ▶ *Zeilen verringern* ▶ *Zeilen entfernen* klicken. Wählen Sie *Erste Zeilen entfernen* ❶ und geben Sie im nachfolgenden Fenster die Zahl 3 ein (Überschriften werden nicht eingerechnet).

Bild 5.128 Überflüssige Zeilen entfernen, erste Zeile als Überschriften

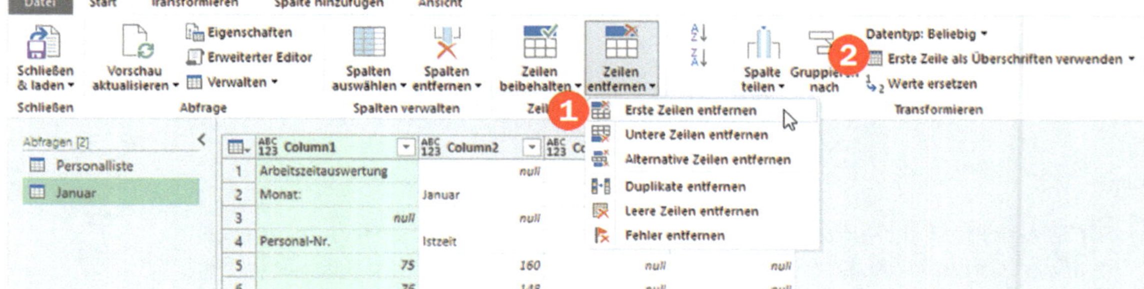

5 Nun benötigen Sie noch Spaltenüberschriften. Dazu klicken Sie im Register *Start* auf *Erste Zeile als Überschriften verwenden* ❷.

6 Eventuell mit importierte leere Spalten (Spalteninhalt *null*) entfernen Sie, indem Sie diese Spalte markieren und anschließend auf *Spalten entfernen* klicken.

Tabellen zusammenführen

Nun sind die Vorarbeiten abgeschlossen und Sie können die Tabellen zusammenführen. Power Query bietet hierzu zwei Möglichkeiten an: Sie können die aktuelle Abfrage um Felder der zweiten Abfrage ergänzen oder eine neue Abfrage erzeugen und hier beide zusammenführen. Die zweite Methode hat den Vorteil, dass keine der beiden ursprünglichen Abfragen verändert wird und kommt daher in diesem Beispiel zum Einsatz.

1 Klicken Sie im Register *Start* ▶ *Kombinieren* auf den Dropdown-Pfeil bei *Abfragen zusammenführen* und wählen Sie *Abfragen als neue Abfrage zusammenführen*.

Ein Klick direkt auf die Schaltfläche oder die Auswahl *Abfragen zusammenführen* fügt dagegen automatisch eine Abfrage an die aktuelle Abfrage an.

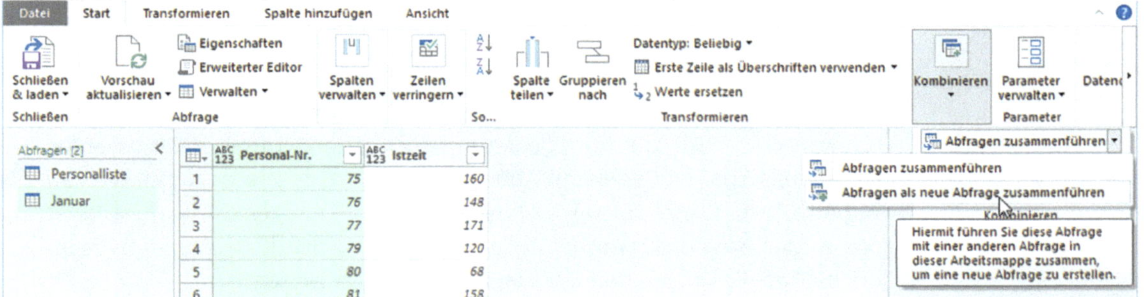

Bild 5.129 Abfragen als neue Abfrage zusammenführen

2 Im nachfolgenden Fenster *Zusammenführen* ist die aktuelle Abfrage *Januar* ❶ (Bild 5.130 auf Seite 146) als erste Abfrage bereits ausgewählt. Klicken Sie unterhalb der Vorschau auf den Pfeil, um die zweite Abfrage *Personalliste* auszuwählen ❷.

3 Anschließend müssen Sie die übereinstimmenden Spalten festlegen: Klicken Sie in jeder der beiden Tabellen in die Spalte *Personal-Nr.* ❸.

4 Zuletzt müssen Sie noch die Art der Verbindung (Join) wählen. Klicken Sie auf den Pfeil und auf *alle aus erster, übereinstimmende aus zweiter* ❹.

Dies bedeutet, es werden alle Zeilen aus der ersten Abfrage (*Januar*) berücksichtigt, aus der zweiten Abfrage *Personalliste* dagegen nur Mitarbeiter, deren Personalnummern auch in der ersten Abfrage vorhanden sind. Die Auswahl *alle aus zweiter, übereinstimmende aus erster* würde dagegen grundsätzlich alle Mitarbeiter der Personalliste anzeigen, auch wenn diese in der Abrechnung nicht enthalten sind und somit nicht benötigt werden.

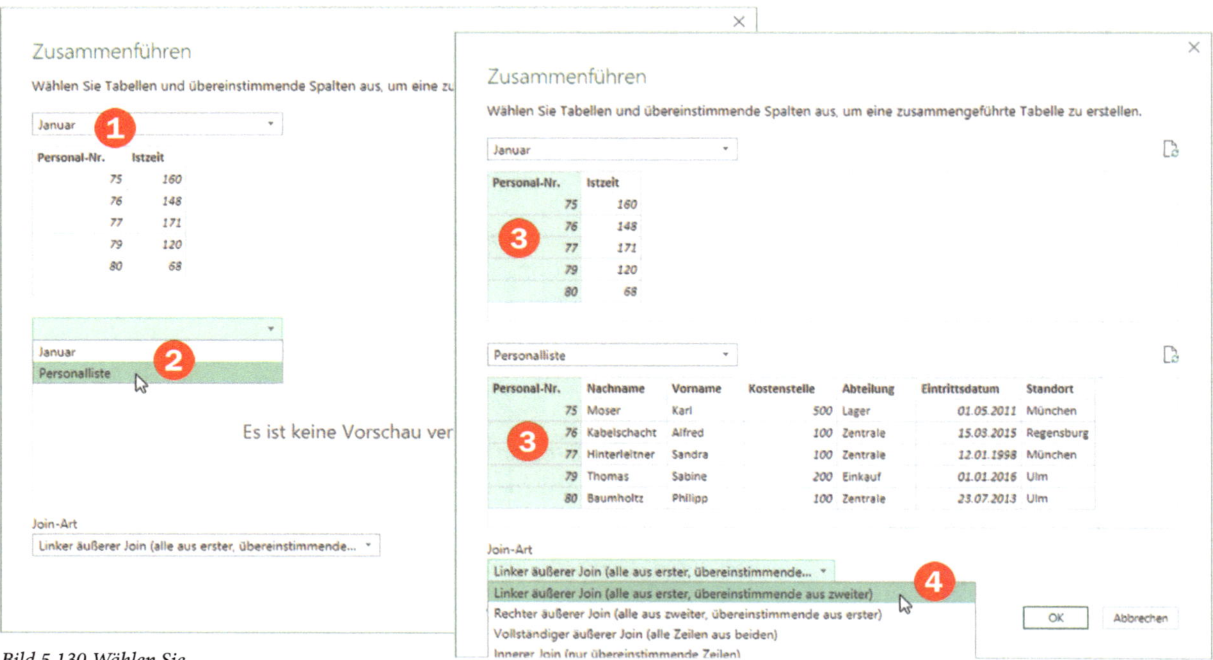

Bild 5.130 Wählen Sie übereinstimmende Spalten und Join-Art

5 Das Ergebnis erscheint im Abfragebereich als dritte Abfrage, zunächst mit dem Namen *Merge1* 5, die Abfrage kann jedoch jederzeit umbenannt werden. Sie enthält alle Spalten der ersten Abfrage, als weitere Spalte ist ein Verweis auf die Abfrage *Personalliste* (*Table*) 6 hinzugekommen. Klicken Sie in der Überschrift dieser Spalte auf das Symbol mit den beiden auseinander weisenden Pfeilen, um die Tabelle um Spalten aus dieser Tabelle zu erweitern.

6 Anschließend wählen Sie alle, aus dieser Abfrage benötigten, Spalten aus und klicken auf *OK* (Bild 5.132). Die Option *Ursprünglichen Spaltennamen als Präfix verwenden* vermeidet Konflikte bei doppelt vorhandenen Spaltennamen und ist für dieses Beispiel nicht erforderlich.

Bild 5.131 Die neue zusammengeführte Abfrage

Bild 5.132 Wählen Sie die benötigten Spalten aus

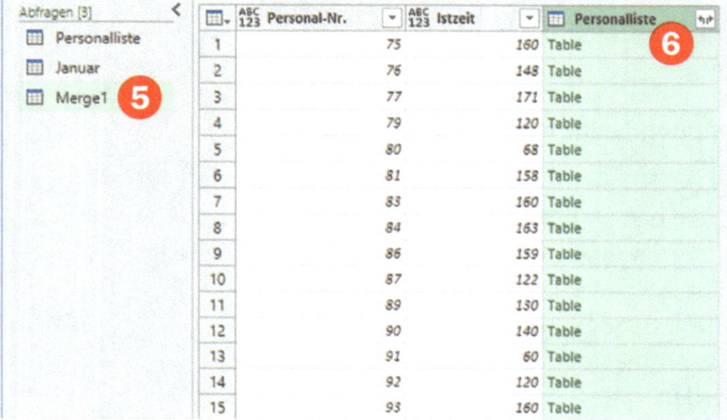

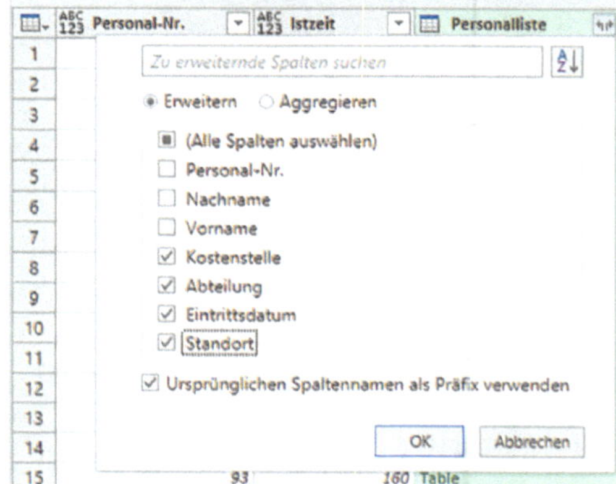

7 Klicken Sie anschließend auf *Datei* und auf *Schließen & laden in…* oder klicken Sie im Register *Start* auf den Pfeil der Schaltfläche *Schließen & laden* und wählen hier *Schließen & laden in…*. Wählen Sie die Option *Nur Verbindung erstellen*. Falls Sie die Daten später mit Power Pivot weiter bearbeiten möchten, aktivieren Sie auch noch das Kontrollkästchen *Dem Datenmodell diese Daten hinzufügen*. Klicken Sie zuletzt auf *Laden*.

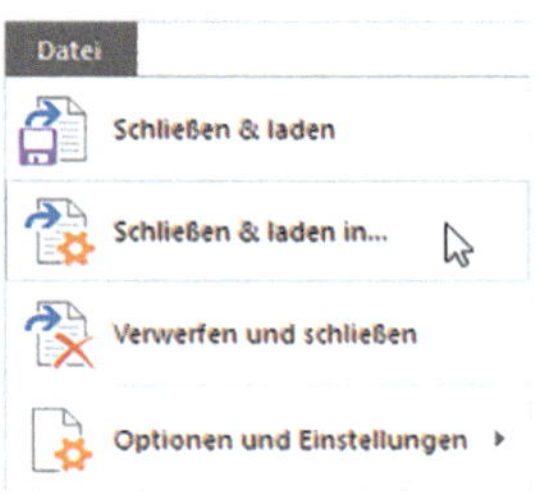

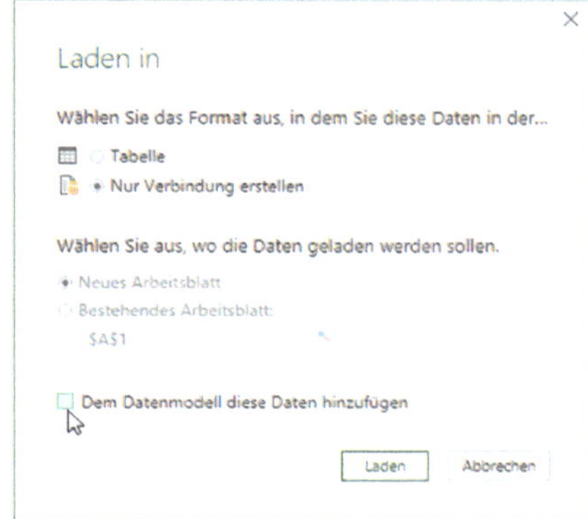

Bild 5.133 Wählen Sie Nur Verbindung

> **Achtung bei mehreren Abfragen!**
> Wenn Sie in der Arbeitsmappe mehrere Abfragen erstellt haben, dann sollten Sie unbedingt *Nur Verbindung erstellen* wählen, da mit der Auswahl *Tabelle* immer alle vorhandenen Abfragen in die Arbeitsmappe geladen werden. Sollten Sie später doch noch eine Abfrage in der Mappe benötigen, können Sie diese auch nachträglich über den Aufgabenbereich *Arbeitsmappenabfragen* laden.

Dateien aus Ordner importieren und aneinanderfügen

Vielleicht kennen Sie diese Ausgangssituation: Sie erhalten regelmäßig von verschiedenen Stellen die aktuellen Zahlen jeweils in einer gesonderten Datei und müssen diese für eine zusammenfassende Auswertung erst einmal aneinanderfügen. Statt diverser umständlicher Kopiervorgänge stellt Power Query auch in solchen Fällen die bessere Lösung dar, da Sie später bei geänderten Ausgangsdaten nur die Abfrage aktualisieren brauchen.

Das Tool *Konsolidieren*, in Excel seit langem vorhanden, lässt sich nur auf Excel-Arbeitsmappen anwenden und eignet sich nicht, wenn die Daten regelmäßig aktualisiert werden.

Mit Power Query lassen sich problemlos Daten aus mehreren Dateien importieren und aneinanderfügen. Es spielt keine Rolle, ob es sich um Textdateien (.txt oder .csv), Excel-Arbeitsmappen oder andere Datenquellen handelt. Am interessantesten ist die Möglichkeit des Imports aus einem Ordner. Allerdings sind dabei folgende Vorgaben zu beachten:

- Alle Dateien müssen identisch aufgebaut sein.
- Alle zu importierenden Dateien müssen sich im selben Ordner befinden und der Ordner darf keine anderen Dateien enthalten.

- Falls der Dateiinhalt keine Rückschlüsse auf Herkunft und Zeitraum enthält, sollte dies aus den Dateinamen hervorgehen. Sich ändernde Dateinamen sollten aber immer gleich aufgebaut sein z. B. Stuttgart_01_2020.

Beispiel monatliche Verkaufszahlen

Bild 5.134 Beispiel: die Datei Köln_01_2020

Angenommen, Sie erhalten monatlich von jeder Filiale die Verkaufszahlen. Diese sollen anschließend zusammengefasst und ausgewertet werden. Die Verkaufsberichte liegen als csv-Datei im Ordner *Verkaufszahlen* vor.

Ordner Verkaufszahlen

Jede Datei enthält die Spalten *Modell* und *Menge* (siehe Bild), der Dateiname setzt sich zusammen aus dem Namen der Filiale, Auswertungsmonat und Jahr.

1 Klicken Sie auf *Daten* ▶ *Daten abrufen und transformieren* ▶ *Daten abrufen* ▶ *Aus Datei* und wählen Sie *Aus Ordner*.

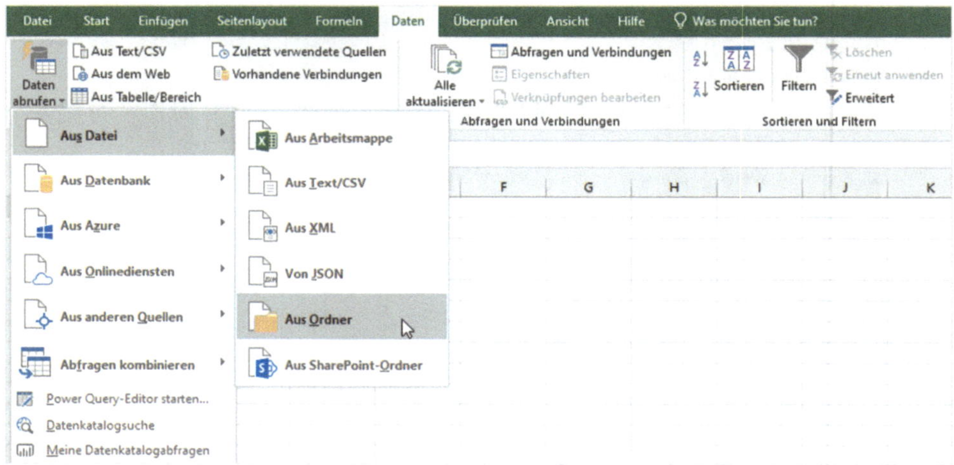

Bild 5.135 Dateien aus Ordner importieren

2 Klicken Sie im nachfolgenden Fenster auf *Durchsuchen* und wählen Sie den Ordnerpfad aus, in diesem Beispiel den Ordner *Verkaufszahlen*.

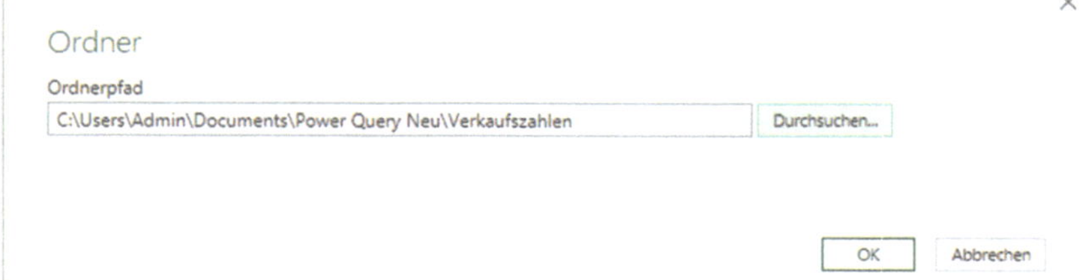

Bild 5.136 Ordnerpfad auswählen

3 Im nächsten Fenster werden alle Dateien dieses Ordners aufgelistet. Klicken Sie auf die Schaltfläche *Kombinieren* und auf *Kombinieren und bearbeiten*, um die Daten im Power Query-Editor weiter zu bearbeiten.

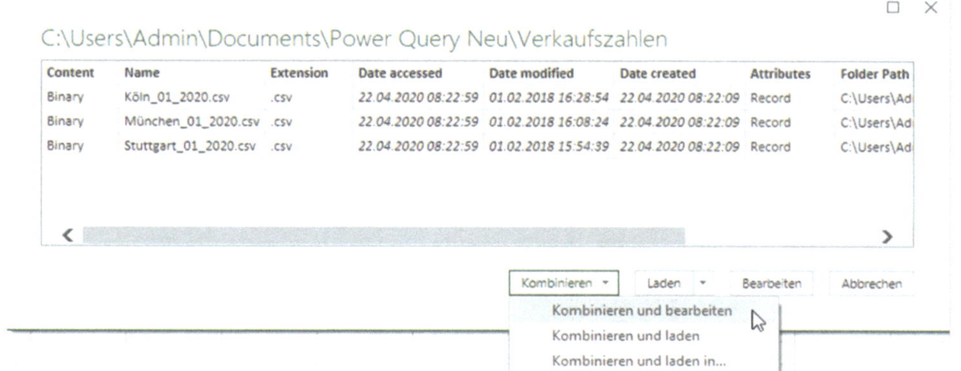

Bild 5.137 Der Inhalt des Ordners wird aufgelistet

4 Bevor die Daten in den Editor geladen werden, erhalten Sie eine Vorschau. Zur Kontrolle der Dateiinhalte klicken Sie in das Feld *Beispieldatei* und wählen nacheinander die Dateien aus. Unterhalb können Sie bei Bedarf für jede Datei Dateiursprung und Trennzeichen gesondert festlegen. Klicken Sie abschließend auf *OK*.

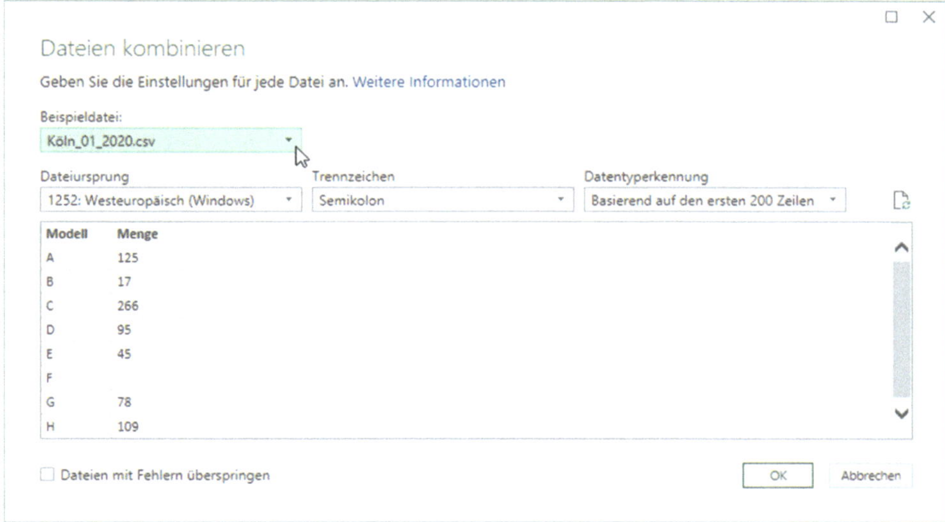

Bild 5.138 Kontrolle und Vorschau auf die Dateien

5 Nach einigen Sekunden erscheint die Abfrage mit dem Namen des Ordners und kann weiter bearbeitet werden. Die Inhalte sämtlicher Dateien wurden untereinander zusammengefügt, am Inhalt der ersten Spalte *Source.Name* erkennen Sie die Herkunft.

Im Bereich *Abfragen* sehen Sie, dass beim Laden gleich mehrere Abfragen erzeugt wurden, wovon allerdings nur die letzte mit dem Namen des Ordners, hier *Verkaufszahlen*, von Interesse ist.

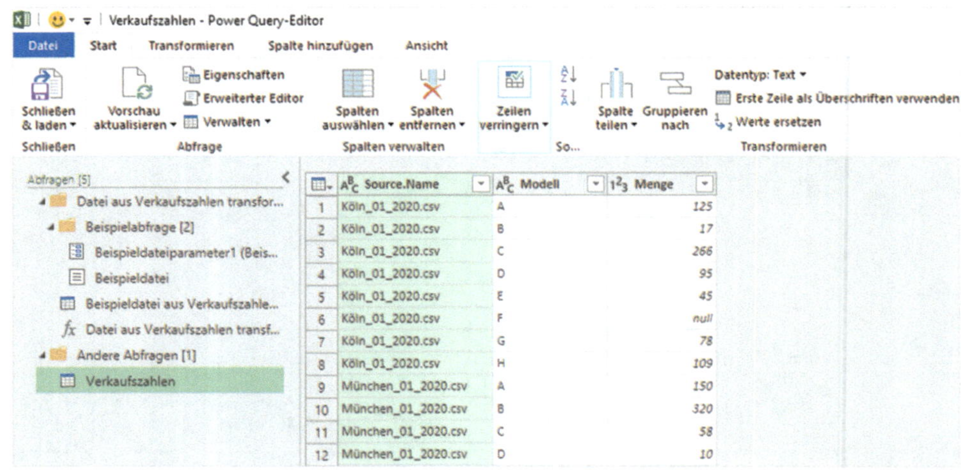

Bild 5.139 Die Abfrage Verkaufszahlen enthält alle Dateiinhalte des Ordners

Da in diesem Fall beim Laden gleich mehrere Abfragen erzeugt wurden, sollten Sie die Abfragen beim Schließen des Editors nicht in die Arbeitsmappe laden, sondern zunächst nur eine Verbindung erstellen. Andernfalls erhalten Sie eine Menge überflüssiger Tabellen in der Mappe.

Weitere Informationen aus dem Namen der Datenquelle extrahieren

Beim Zusammenführen wurde automatisch die Spalte *Source.Name* mit dem Dateinamen hinzugefügt. Wenn der Dateiname, wie in diesem Beispiel, weitere nützliche Zusatzinformationen liefert, dann können diese extrahiert werden. Natürlich unter der Voraussetzung, dass ein eindeutiges Trennzeichen, in diesem Fall Unterstrich _ vorhanden ist und der Aufbau auch beim Aktualisieren der Dateiinhalte gleich bleibt.

1 Um den Namen der Filiale zu erhalten, markieren Sie mit einem Klick in die Überschrift die Spalte *Source.Name* und klicken dann im Register *Spalte hinzufügen* auf *Extrahieren* und auf *Text vor Trennzeichen*. Geben Sie das erste verwendete Trennzeichen _ ein und klicken Sie auf *OK*.

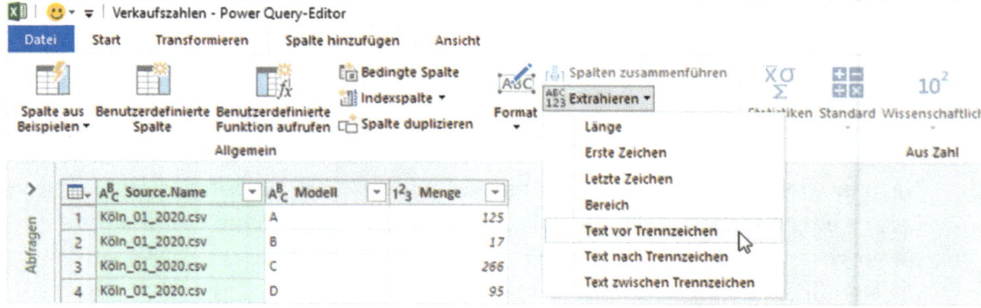

Bild 5.140 Text vor Trennzeichen extrahieren

2 Zum Extrahieren des Monats wählen Sie *Text zwischen Trennzeichen* und geben als Start- und Endtrennzeichen jeweils den Unterstrich an.

3 Auch der dritte Teil des Dateinamens, das Jahr, kann mit der Auswahl *Text zwischen Trennzeichen* ermittelt werden, da dieser mit dem Punkt der Dateinamenerweiterung endet. Geben Sie als Starttrennzeichen wieder den Unterstrich _ ein und als Endtrennzeichen den Punkt.

Damit der erste Unterstrich übersprungen wird, klicken Sie auf *Erweiterte Optionen* ❶ und geben im Feld *Anzahl von Starttrennzeichen, die übersprungen werden sollen* die Zahl 1 ein ❷.

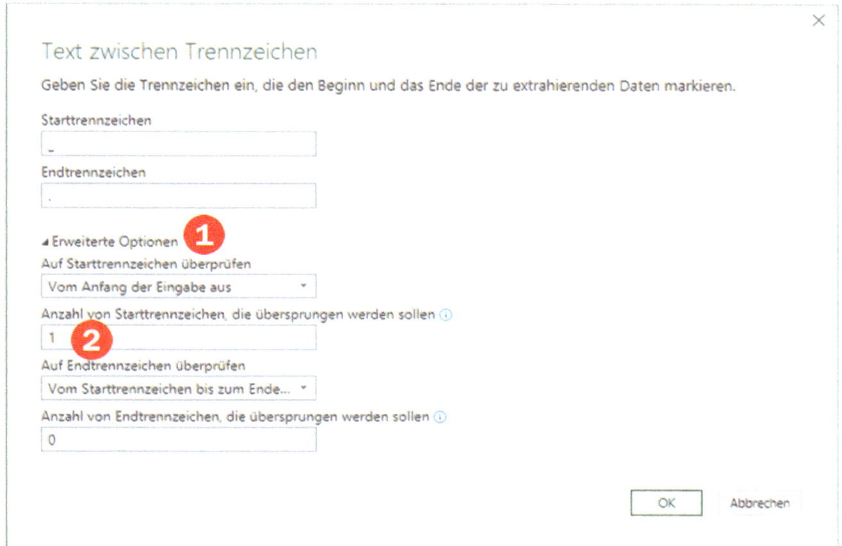

Bild 5.141 Text zwischen Trennzeichen - erweiterte Optionen

4 Zuletzt benennen Sie die Spalten um. Die Spalte *Source.Name* wird nicht mehr benötigt und kann zuletzt entfernt werden.

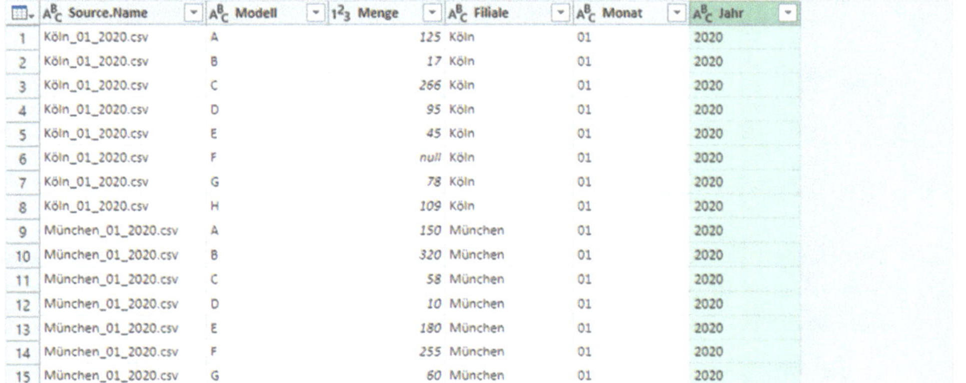

	Source.Name	Modell	Menge	Filiale	Monat	Jahr
1	Köln_01_2020.csv	A	125	Köln	01	2020
2	Köln_01_2020.csv	B	17	Köln	01	2020
3	Köln_01_2020.csv	C	266	Köln	01	2020
4	Köln_01_2020.csv	D	95	Köln	01	2020
5	Köln_01_2020.csv	E	45	Köln	01	2020
6	Köln_01_2020.csv	F	null	Köln	01	2020
7	Köln_01_2020.csv	G	78	Köln	01	2020
8	Köln_01_2020.csv	H	109	Köln	01	2020
9	München_01_2020.csv	A	150	München	01	2020
10	München_01_2020.csv	B	320	München	01	2020
11	München_01_2020.csv	C	58	München	01	2020
12	München_01_2020.csv	D	10	München	01	2020
13	München_01_2020.csv	E	180	München	01	2020
14	München_01_2020.csv	F	255	München	01	2020
15	München_01_2020.csv	G	60	München	01	2020

Bild 5.142 Das Ergebnis

5 Klicken Sie zuletzt auf *Datei* und auf *Schließen & laden in...*. Wählen Sie die Option *Nur Verbindung erstellen*; für eine anschließende Auswertung mit Power Pivot müssen Sie auch noch das Kontrollkästchen *Dem Datenmodell diese Daten hinzufügen* aktivieren.

Daten importieren und manuell aneinanderfügen

Ordner Verkauf_Beispiel2

Wenn der Datenimport nicht aus einem Ordner, wie oben beschrieben, möglich ist, dann können die Dateien auch nacheinander einzeln in den Power Query-Editor geladen und anschließend manuell aneinandergefügt werden.

Die Daten für dieses Beispiel befinden sich in den Excel-Arbeitsmappen Verkauf_Vilshofen.xlsx und Verkauf_Landau.xlsx jeweils im Blatt Tabelle 1 (im Bild unten ein Beispiel). Auch diese Tabellen erfüllen die Voraussetzung für ein Aneinanderfügen und sind identisch aufgebaut.

Bild 5.143 Eine der beiden Beispieltabellen

	A	B	C	D	E	F	G	H	I
1	Datum	Kunde	Produkt	Menge	Verkaufstelle				
2	01.02.2020	140	S-54	1	Landau				
3	01.02.2020	32	V-19	4	Landau				
4	02.02.2020	560	A-20	9	Landau				
5	05.02.2020	943	A-30	7	Landau				
6	07.02.2020	602	S-40	10	Landau				
7	09.02.2020	400	V-19	12	Landau				
8	12.02.2020	260	A-20	3	Landau				

Tabelle1

1. Klicken Sie im Register *Daten* ▶ *Daten abrufen und transformieren* auf *Daten abrufen* ▶ *Aus Datei* und auf *Aus Arbeitsmappe*. Importieren Sie die erste Arbeitsmappe, wählen Sie im Navigator das Blatt *Tabelle 1* aus und klicken Sie auf *Bearbeiten*.

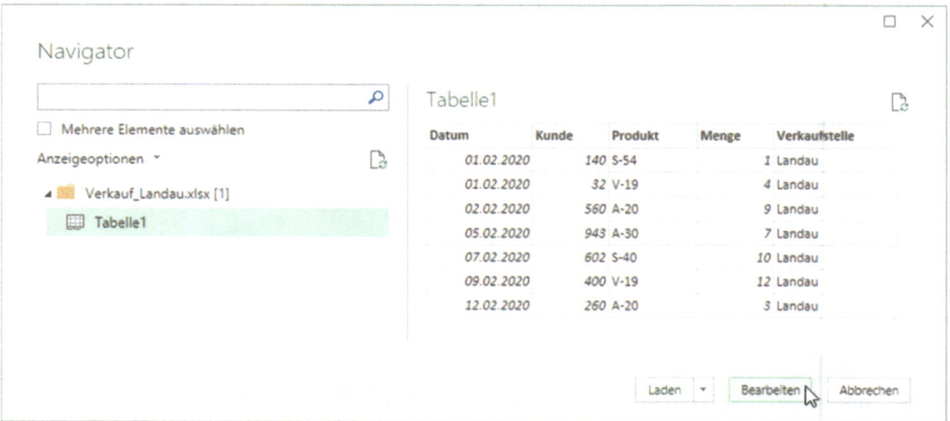

Bild 5.144 Die Tabelle im Navigator

2. Zum Laden der Daten aus der zweiten Arbeitsmappe klicken Sie im Power Query-Editor, Register *Start* ▶ *Neue Abfrage* auf *Neue Quelle* ▶ *Datei* ▶ *Excel*, wählen die zweite Arbeitsmappe und anschließend wieder das Blatt *Tabelle 1*.
3. Da die Abfragen die Namen der Tabellenblätter erhalten, sollten Sie für eine bessere Übersicht unbedingt beide Abfragen umbenennen, z. B. mit dem Namen der Datenquelle wie in Bild 5.145 unten.
4. Klicken Sie dann im Register *Start* ▶ *Kombinieren* auf den Pfeil der Schaltfläche *Abfragen anfügen* und auf *Abfragen als neu anfügen*.

Hinweis: Genau wie beim Zusammenführen von Daten, haben Sie auch beim Anfügen die Wahl: Sie können eine Abfrage entweder an die aktuelle Abfrage anfügen (Befehl *Abfragen anfügen*) oder beide in einer neuen Abfrage aneinanderfügen (Befehl *Abfragen als neu anfügen*).

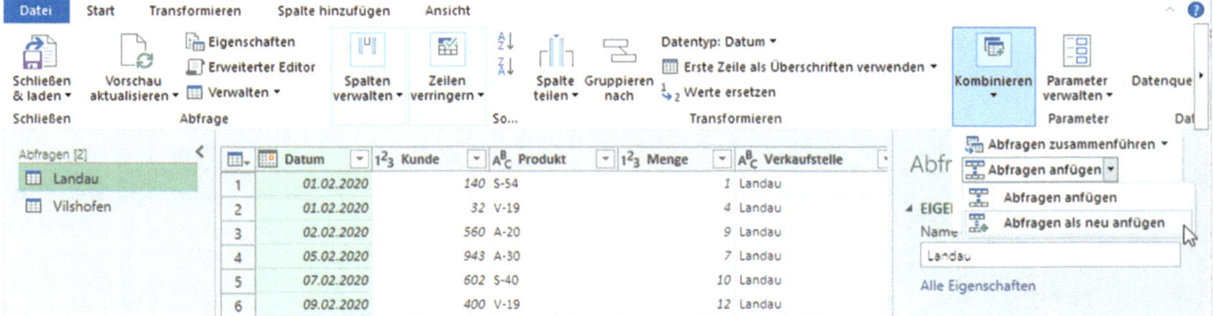

Bild 5.145 Abfragen anfügen

5 Im Dialogfenster *Anfügen* ist die aktuelle Tabelle als *Primäre Tabelle* bereits ausgewählt. Klicken Sie in das Feld *Tabelle zum Anfügen an die primäre Tabelle* und wählen Sie hier die zweite Abfrage aus ❶.

Falls mehr als zwei Tabellen aneinandergefügt werden sollen, müssen Sie zuvor die Option *Drei oder mehr Tabellen* ❷ wählen.

Bild 5.146 Wählen Sie die anzufügende Tabelle aus

Falls Sie die beiden Abfragen in einer neuen Abfrage aneinandergefügt haben, erhält diese automatisch den Namen *Append1*, kann aber jederzeit umbenannt werden.

Achtung: Da normalerweise in der Arbeitsmappe nur das Ergebnis, nämlich die aneinandergefügten Daten, benötigt wird, sollten Sie auch hier über *Schließen & laden in...* zunächst nur eine Verbindung erstellen und anschließend aus dem Tabellenblatt heraus über den Aufgabenbereich *Abfragen und Verbindungen* ausschließlich die Ergebnistabelle laden.

Abfragen im Excel-Arbeitsblatt zusammenführen

Das Zusammenführen und Aneinanderfügen von Daten aus mehreren Datenquellen ist auch im Excel-Arbeitsblatt möglich, vorausgesetzt die benötigten Abfragen sind bereits vorhanden. Es spielt keine Rolle, ob diese in die Arbeitsmappe geladen wurden oder ob nur eine Verbindung besteht.

1 Klicken Sie dazu im Register *Daten* ▶ *Daten abrufen und transformieren* auf *Daten abrufen*. Zeigen Sie auf *Abfragen kombinieren* und wählen Sie zwischen *Zusammenführen* und *Anfügen* (Bild unten).

Bild 5.147 Abfragen kombinieren

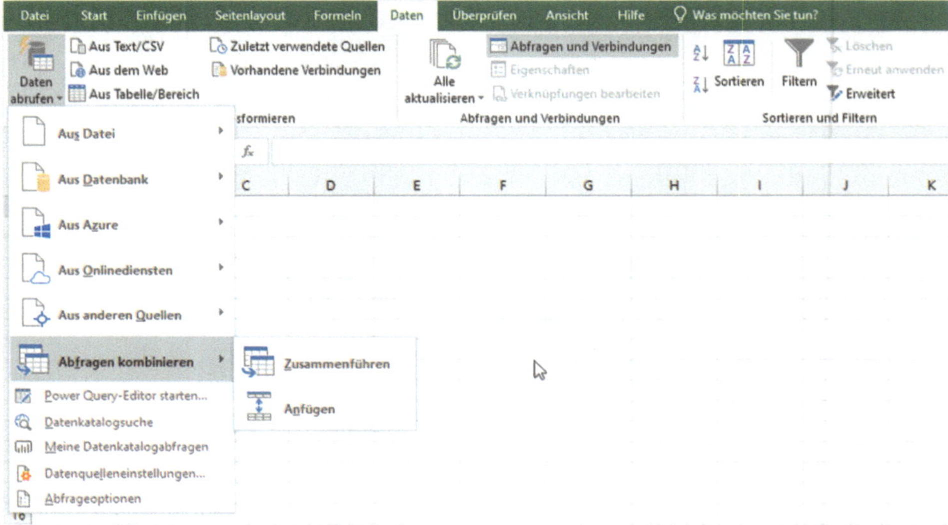

Anschließend wählen Sie wieder die Abfragen sowie beim Zusammenführen die Art der Verbindung (*Join-Art*) aus, siehe Seite 146 . In beiden Fällen wird beim Kombinieren eine neuen Abfrage erzeugt. Nachdem Sie auf *OK* geklickt haben, öffnet sich der Power Query-Editor mit dem Ergebnis.

5.9 Nützliche Abfrageoptionen, Datenquellen verwalten

Das Verhalten des Power Query-Editors lässt sich in den Abfrageoptionen beeinflussen. Zum Öffnen klicken Sie im Editor auf das Register *Datei* ▶ *Optionen und Einstellungen* und auf *Abfrageoptionen*.

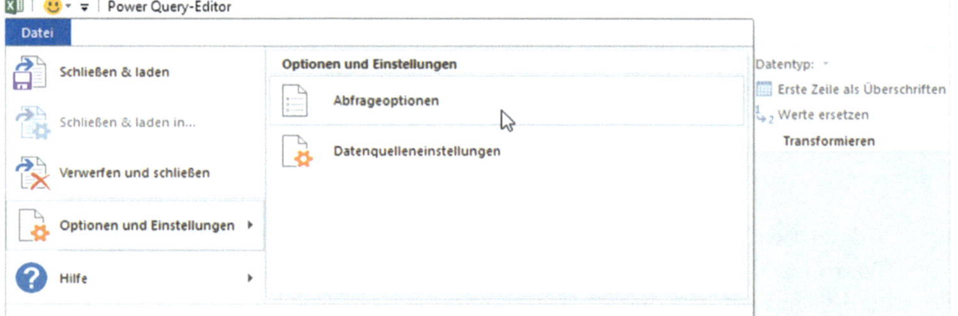

Bild 5.148 Abfrageoptionen öffnen

Standardeinstellung zum Laden in die Arbeitsmappe ändern

Beim Schließen des Power Query-Editors werden in der Standardeinstellung die Daten der Abfrage bzw. aller Abfragen automatisch in die Arbeitsmappe geladen. Abweichend davon können Sie über *Schließen & laden in...* auch nur eine Verbindung oder eine Pivot-Tabelle erstellen bzw. für das spätere Einfügen einer Pivot-Tabelle die Daten dem Datenmodell der Abfrage hinzufügen.

Wenn aber, insbesondere bei großen Datenmengen, nur eine Zusammenfassung in Form einer Pivot-Tabelle benötigt wird, dann kann es sinnvoll sein, das Laden in das Datenmodell als Standardeinstellung festzulegen.

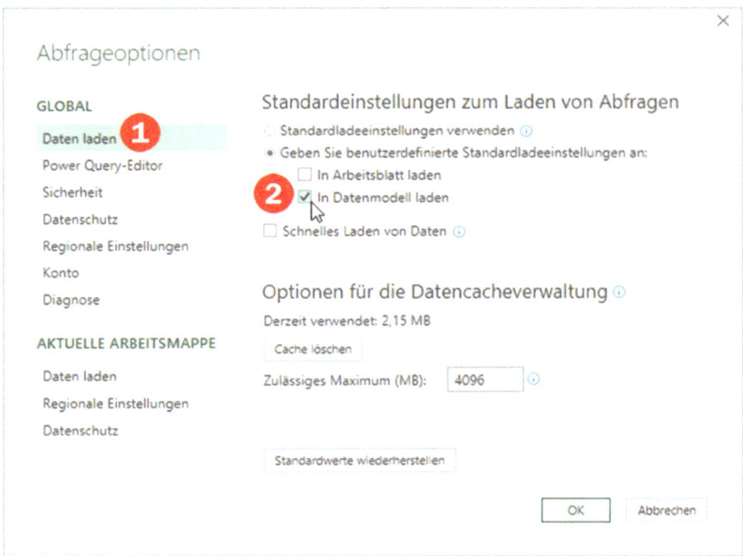

Bild 5.149 Standardeinstellung beim Laden von Abfragen

Klicken Sie dazu in den Abfrageoptionen auf die Kategorie *Daten laden* ❶, wählen Sie die Option *Geben Sie benutzerdefinierte Standardeinstellungen an* und aktivieren Sie das Kontrollkästchen In Datenmodell laden ❷ (Bild 5.149 auf Seite 155). Zum Schließen der Abfrageoptionen und Übernehmen der Änderung klicken Sie auf *OK*. Die geänderte Einstellung gilt ab sofort nicht nur für aktuelle Abfrage bzw. Arbeitsmappe, sondern global.

Beim Einfügen einer Pivot-Tabelle (siehe Kapitel 6) brauchen Sie dann als Datenquelle nur das Datenmodell dieser Arbeitsmappe auswählen.

Editoreinstellungen

- **Aufgabenbereich Abfrageeinstellungen anzeigen**
  Beim Öffnen des Power Query-Editors sollte der Aufgabenbereich *Abfrageeinstellungen* mit den angewendeten Schritten automatisch erscheinen. Diese Einstellung können Sie in den Abfrageoptionen mit Klick auf *Power Query-Editor* kontrollieren und ggf. ändern.
- **Bearbeitungsleiste anzeigen**
  Soll die Bearbeitungsleiste mit Bearbeitungsschritten Formeln in der Power Query M-Sprache ebenfalls automatisch sichtbar sein, so aktivieren Sie hier das Kontrollkästchen *Bearbeitungsleiste anzeigen*.

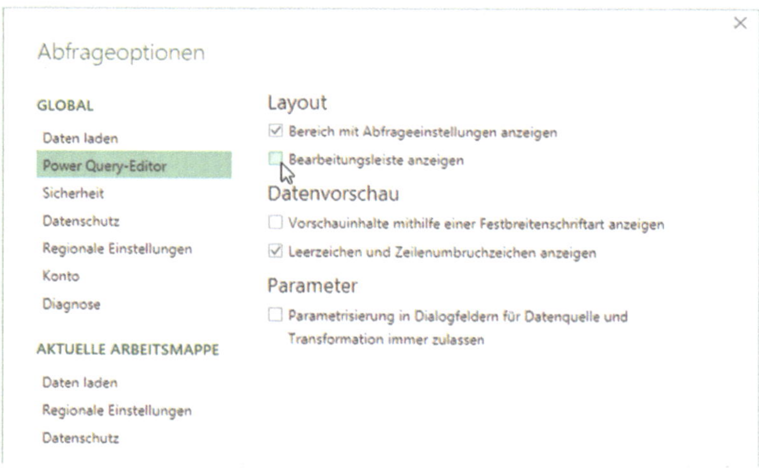

Bild 5.150 Standardanzeigeeinstellungen des Power Query-Editors

Datenquelle und Anmeldeinformationen verwalten

Zahlreiche Datenquellen, z. B. Datenbanken, erfordern neben der Angabe des Servers auch eine Anmeldung mit Benutzername und Kennwort. Um diese Informationen im Bedarfsfall zu ändern, klicken Sie im Power Query-Editor, Register *Start*, auf *Datenquelleneinstellungen*.

Bild 5.151 Power Query-Editor: Datenquelleneinstellungen

Um die Datenquelleneinstellungen aus dem Excel-Tabellenblatt heraus zu öffnen, klicken Sie im Register *Daten* ▶ *Daten abrufen und transformieren* auf *Daten abrufen* bzw. *Neue Abfrage* (Excel 2016) und hier auf *Datenquelleneinstellungen...*.

Andere Datenquelle wählen

Um eine andere Datenquelle zu wählen, markieren Sie im Fenster *Datenquelleneinstellungen* die Datenquelle, klicken auf *Quelle ändern...* ❶ und geben hier die neue Datenquelle an. Als Beispiel im Bild 5.153 eine XML-Datei auf einem Cloudserver.

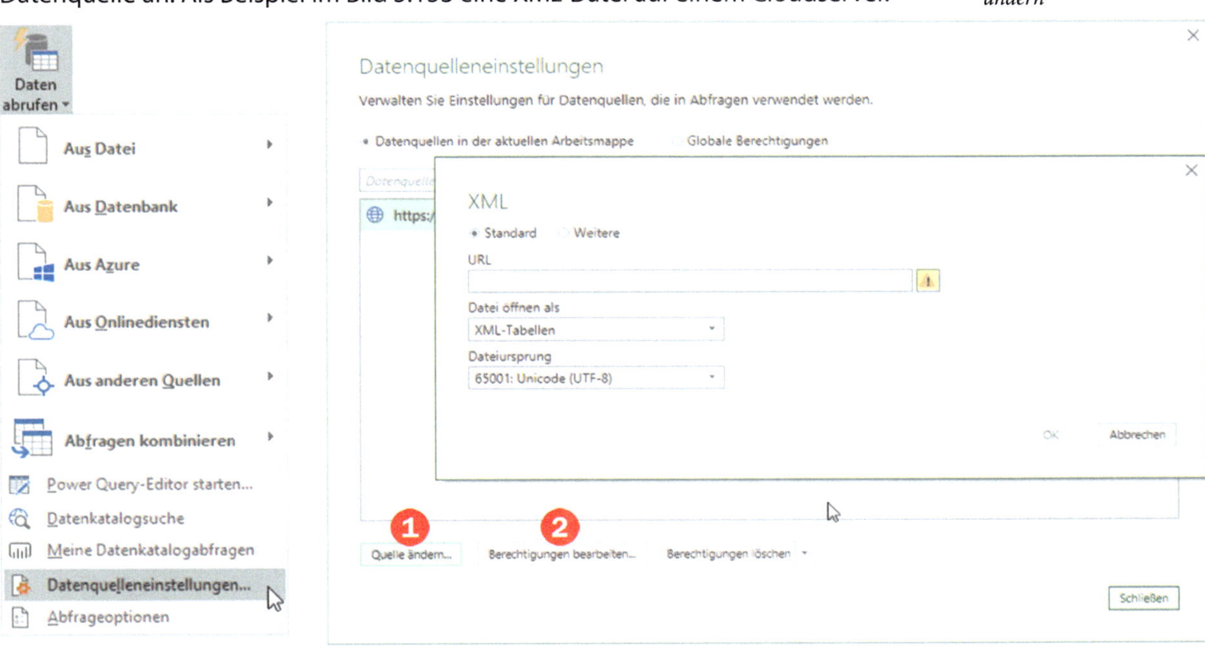

Bild 5.152 Datenquelleneinstellungen im Tabellenblatt öffnen

Bild 5.153 Datenquelle ändern

Anmeldeinformationen ändern

1 Zum Ändern der Anmeldeinformationen markieren Sie im Fenster *Datenquelleneinstellungen* die betreffende Datenquelle und klicken auf *Berechtigungen bearbeiten...* ❷ (Bild oben).

2 Klicken Sie dann unter *Anmeldeinformationen* auf *Bearbeiten* ❸, wählen Sie links die Art der Anmeldung ❹ und geben Sie Benutzername und Kennwort ein.

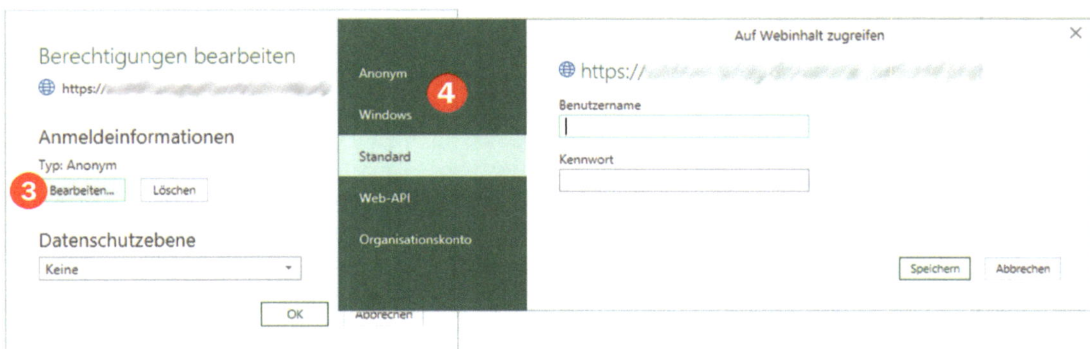

Bild 5.154 Benutzername und Kennwort verwalten/ändern

Datenschutzeinstellungen

Im Fenster *Berechtigungen bearbeiten*, s. Bild oben, können Sie bei Bedarf auch die Datenschutzebene festlegen. Die Datenschutzebene legt beim Zugriff auf Daten aus mehreren Datenquellen den gegenseitigen Schutz bzw. den zulässigen gegenseitigen Informationsaustausch fest.

- Die Einstellung *Privat* isoliert die Datenquelle vollständig von anderen Datenquellen und sollte für vertrauliche Inhalte gewählt werden.
- Als *Öffentlich* eingestufte Datenquellen erlauben jedem Einblick in die Daten.
- Eine *Organisationsweite* Datenquelle ist von öffentlichen Datenquellen isoliert, erlaubt aber den Zugriff innerhalb einer Organisation und kann beispielsweise für SharePoint oder Intranetseiten verwendet werden.

6 Auswertungen mit Pivot-Tabellen

In diesem Kapitel lernen Sie...

- Aufbau und Funktionsweise von Pivot-Tabellen
- PivotTable und PivotChart einfügen, Felder anordnen
- Zusammenfassungsfunktionen, Filter und Gruppierungen
- Tabellenlayout und Formatierung
- Teil- und Gesamtergebnisse anzeigen
- Datenschnitte und Zeitachsen als Filter einsetzen
- Prozentanteile, kumulierte Werte und Häufigkeiten darstellen
- Visualisierung mit PivotCharts

Das sollten Sie wissen

- Tabellenbereich erstellen und umbenennen
- Zellen- und Tabellenformate, bedingte Formatierung

6.1 Einführung

Was sind Pivot-Tabellen?

Hinweis: Zwar verfügt Excel zur Auswertung von Datenbanken über sogenannte Datenbankfunktionen, z. B. DBSUMME. In der Praxis werden diese jedoch kaum verwendet, da Pivot-Tabellen wesentlich komfortabler und flexibler sind.

Lassen Sie sich nicht von der Bezeichnung PivotTable bzw. Pivot abschrecken. Denn dahinter verbirgt sich ein äußerst nützliches und komfortables Excel-Werkzeug zur Auswertung und Zusammenfassung großer Datenmengen. Pivot-Tabellen eignen sich hervorragend für ergänzende Datenanalysen, die Datenbanken und Anwendungen, z. B. aus den Bereichen Personal, Rechnungswesen oder Warenwirtschaft nicht liefern können. Einmal kennengelernt, werden Sie auf Pivot-Tabellen nicht mehr verzichten wollen, denn diese ersetzen nebenbei auch so manche Excel-Funktion.

Die Bezeichnung Pivot-Tabelle (PivotTable) beruht auf dem englischen Begriff „pivot" = Dreh- oder Angelpunkt und bedeutet, dass Sie mit Pivot-Tabellen Daten nach verschiedenen Gesichtspunkten zusammenfassen, anordnen und auswerten können, ohne dabei die Ausgangsdaten zu verändern. Ein weiterer Vorteil: Eine Pivot-Tabelle ist interaktiv, d. h. sie kann vom Benutzer jederzeit verändert werden, beispielsweise um nach bestimmten Kriterien zu filtern oder um Daten auszublenden.

Hier ein einfaches Beispiel zum Verdeutlichen der Funktionsweise: Die unten abgebildete Tabelle enthält alle Einzelverkäufe über einen bestimmten Zeitraum. Anhand dieser Daten soll nun die Frage beantwortet werden:

- Wie oft wurde jedes Modell verkauft?

Bild 6.1 Auszug aus der Ausgangstabelle

	A	B	C	D	E	F	G	H	I	J	K
1	Auftragsdatum	Land	Kunde	Modell	Produktgruppe	Einzelpreis	Auftagsmenge	Rabattgruppe	Umsatz		
2	02.01.2018	Italien	ADRIA AG	D	Unterhaltung	75,00	3	1	225,00		
3	02.01.2018	Österreich	KARG AG	F	Unterhaltung	450,00	1	2	450,00		
4	03.01.2018	Italien	ADRIA AG	A	Büro	120,00	2	1	240,00		
5	03.01.2018	Deutschland	ELCOX	G	Büro	377,00	2	1	754,00		
6	03.01.2018	Schweiz	Hügli	H	Haushalt	191,00	3	1	573,00		
7	06.01.2018	Österreich	Tief & Brunnen	A	Büro	120,00	5	3	600,00		
8	06.01.2018	Österreich	KARG AG	B	Computer	85,00	12	3	1.020,00		
9	12.01.2018	Schweiz	Brettschneider	A	Büro	120,00	3	2	360,00		
10	14.01.2018	Schweiz	Hügli	A	Büro	120,00	3	2	360,00		
11	15.01.2018	Italien	ADRIA AG	A	Büro	120,00	7	3	840,00		
12	17.01.2018	Deutschland	ELCOX	F	Unterhaltung	450,00	18	1	8.100,00		
13	19.01.2018	Österreich	KARG AG	F	Unterhaltung	450,00	1	1	450,00		
14	21.01.2018	Schweiz	Brettschneider	F	Unterhaltung	450,00	5	3	2.250,00		
15	25.01.2018	Österreich	Tief & Brunnen	B	Computer	85,00	5	3	425,00		
16	30.01.2018	Österreich	Tief & Brunnen	G	Büro	377,00	1	3	377,00		
17	30.01.2018	Deutschland	WGT GmbH	G	Büro	377,00	6	1	2.262,00		
18	01.02.2018	Italien	ADRIA AG	G	Büro	377,00	24	1	9.048,00		
19	01.02.2018	Deutschland	BRAIN	R	Haushalt	72,00	1	3	72,00		

Beispieldaten.xlsx

Diese Frage lässt sich mit verschiedenen Methoden beantworten:

▶ Sie könnten beispielsweise die Tabelle nach Modellen sortieren und in einer weiteren Spalte manuell die Summe der Auftragsmengen für jedes Modell berechnen. Diese Methode ist allerdings zeitaufwändig und fehleranfällig und daher nicht zu empfehlen.

- Sie könnten für die sortierte Tabelle auch Teilergebnisse berechnen lassen. Oder die Funktion SUMMEWENN einsetzen.
- Oder Sie erstellen aus der Tabelle eine Pivot-Tabelle. Die Vorteile: Eine Pivot-Tabelle ist mit wenigen Klicks erstellt und lässt sich je nach Aufgabenstellung beliebig umstellen. So geht's:

Eine Pivot-Tabelle ist schnell erstellt

1 Klicken Sie in die Tabelle und im Menüband, Register *Einfügen* auf *PivotTable* ❶. Kontrollieren Sie im nachfolgenden Fenster, ob der Tabellenbereich korrekt erkannt wurde ❷ und klicken Sie auf *OK* ❸.

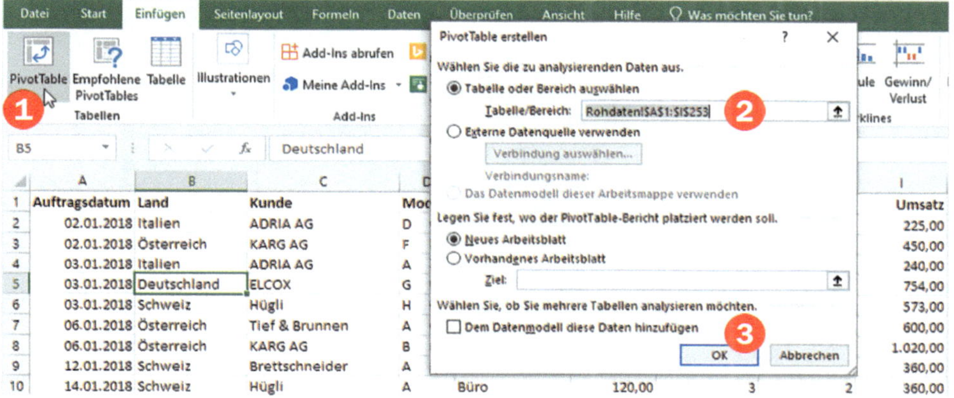

Bild 6.2 Klicken Sie auf PivotTable und anschließend auf OK.

2 Die leere Pivot-Tabelle erscheint in einem neuen Blatt und rechts sehen Sie im Aufgabenbereich *PivotTable-Felder* die Spalten bzw. Überschriften Ihrer Tabelle. Diese werden in Pivot-Tabellen als Felder bezeichnet. In der neue Tabelle soll aus jedem Modell eine Zeile gebildet werden; ziehen Sie daher mit der Maus die Spalte bzw. das Feld *Modell* ❹ nach unten in den Bereich *Zeilen* ❺.

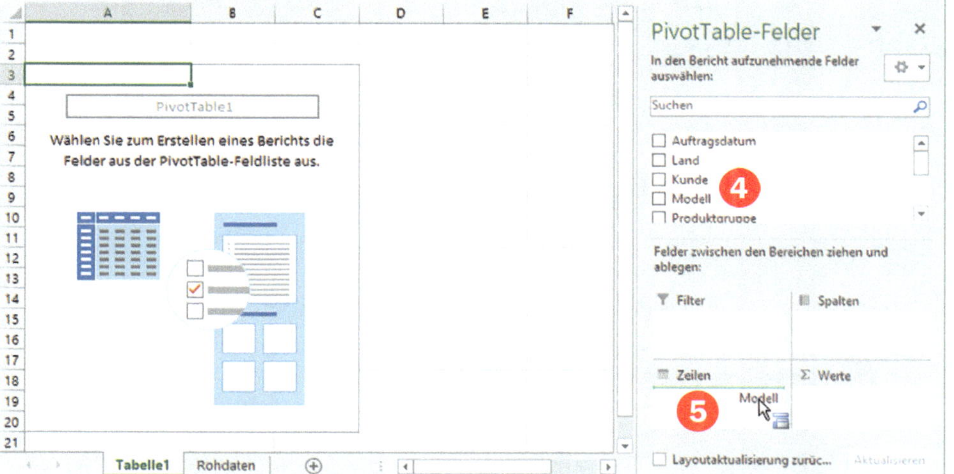

Bild 6.3 Ziehen Sie die Spalte Modell nach unten in den Bereich Zeilen

3 Die Pivot-Tabelle links bildet nun aus jedem Modell eine Zeile ❻. Da wir für jedes Modell die Summe der Auftragsmenge benötigen, ziehen Sie anschließend das Feld *Auftragsmenge* mit der Maus nach unten in den Bereich *Werte* ❼.

4 In der Tabelle erhalten Sie nun für jedes Modell die Summe der Auftragsmengen.

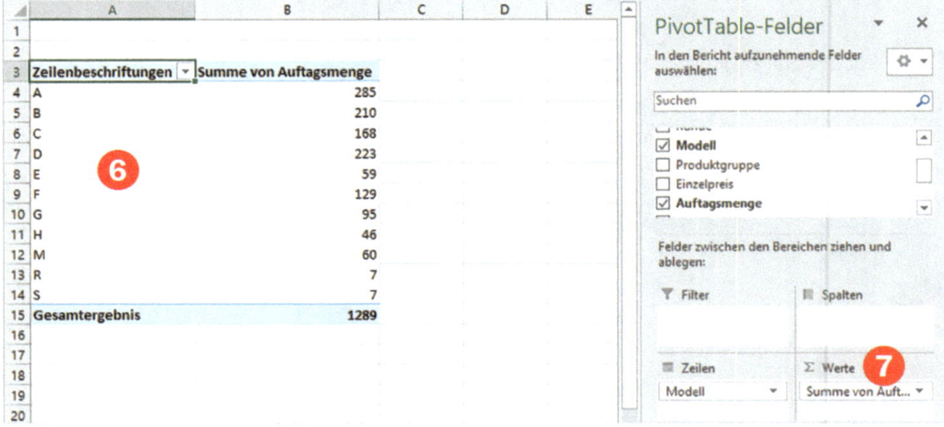

Zeilenbeschriftungen	Summe von Auftagsmenge
A	285
B	210
C	168
D	223
E	59
F	129
G	95
H	46
M	60
R	7
S	7
Gesamtergebnis	**1289**

Bild 6.4 Die fertige Pivot-Tabelle

Die oben abgebildete Tabelle dient nur als kleines Beispiel, selbstverständlich können Sie auch andere Felder der Ausgangstabelle auswerten und die fertige Tabelle nach Belieben gestalten.

Wenn Sie beispielsweise wissen möchten, wie hoch der Umsatz pro Kunde und Produktgruppe ist, dann können Sie die Daten auch als Kreuztabelle darstellen. Im Bild unten wurden aus den Kunden die Zeilenbeschriftungen gebildet und die Produktgruppen bilden die Spaltenüberschriften. Berechnet wird die Umsatzsumme.

Über einen zusätzlichen Filterbereich kann die Tabelle noch gefiltert werden, z. B. nach Ländern. So zeigt die Tabelle im Bild unten nur Kunden und Umsätze aus Deutschland an.

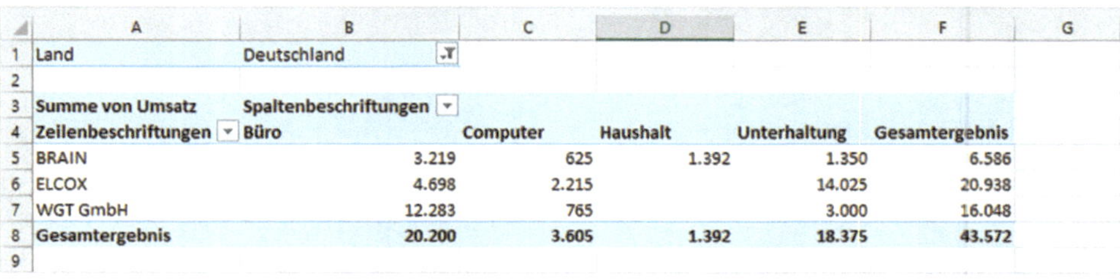

Land	Deutschland				
Summe von Umsatz	**Spaltenbeschriftungen**				
Zeilenbeschriftungen	**Büro**	**Computer**	**Haushalt**	**Unterhaltung**	**Gesamtergebnis**
BRAIN	3.219	625	1.392	1.350	6.586
ELCOX	4.698	2.215		14.025	20.938
WGT GmbH	12.283	765		3.000	16.048
Gesamtergebnis	**20.200**	**3.605**	**1.392**	**18.375**	**43.572**

Bild 6.5 Pivot-Tabelle mit Umsatzsummen je Kunde und Produktgruppe

> Die Spalten der Ausgangstabelle dienen als Bausteine, auch als Felder bezeichnet, aus denen Sie eine Pivot-Tabelle zusammenstellen. Die Felder können durch Ziehen mit der Maus beliebig angeordnet, umgestellt oder wieder aus der Tabelle entfernt werden.

Besonderheiten von Pivot-Tabellen

Einige Besonderheiten sind allerdings im Umgang mit Pivot-Tabellen zu beachten:

- Eingabe und Änderung der Daten sind in Pivot-Tabellen nicht möglich, da diese entweder schreibgeschützt sind oder die Änderungen nicht in die Originaldaten übernommen werden.
- Die Ausgangsdaten werden beim Arbeiten mit einer Pivot-Tabelle grundsätzlich nicht verändert.
- Im Gegensatz zu Funktionen erfolgt nach einer Änderung der Daten in der Ausgangstabelle keine automatische Aktualisierung. Pivot-Tabellen müssen vom Benutzer manuell aktualisiert werden!
- Handelt es sich beim auszuwertenden Datenbereich um eine Excel-Tabelle, dann müssen zuvor alle Teilergebnisse oder Filter entfernt werden.

Welche Daten eignen sich für Pivot-Tabellen?

Ausgangspunkt bzw. Datenquelle für eine Pivot-Tabelle kann eine Excel-Tabelle oder eine externe Datenquelle bzw. Verbindung zu einer externen Tabelle sein. Wenn externe Daten zuvor mit Power Query gefiltert oder aufbereitet wurden, müssen die Ausgangsdaten nicht in die Arbeitsmappe importiert werden, es genügt, wenn eine Verbindung erstellt wird.

Externe Datenquellen, siehe Kapitel 4 und 5.

Damit die Daten problemlos für eine Pivot-Tabelle verwendet werden können, muss die Tabelle folgenden Vorgaben entsprechen:

- Die Tabelle muss in mindestens einer Spalte mehrfach vorkommende Werte enthalten. Nur diese lassen sich mit Pivot-Tabellen zusammenfassen und auswerten.
- Die Daten müssen als zusammenhängender Bereich vorliegen, d. h. sie dürfen keine leeren Spalten und möglichst auch keine Leerzeilen enthalten. Einzelne Zellen dagegen können leer sein.
- Die erste Tabellenzeile muss (eindeutige) Spaltenüberschriften enthalten.
- Innerhalb der auszuwertenden Spalten müssen alle Daten vom gleichen Typ sein, beispielsweise Zahlen, Text oder Datumswerte.
- Falls die Datentabelle Formeln enthält, werden diese wie Werte behandelt.

Tipp: Wenn Sie eine Excel-Tabelle als Datenquelle verwenden, dann formatieren Sie diese als Tabellenbereich; bei importierten Daten mittels Verbindung oder Abfrage erledigt dies Excel automatisch. **Der Vorteil**: Wenn sich bei späteren Aktualisierungen der Umfang der Datentabelle ändern sollte, dann braucht der Datenbereich für die Pivot-Tabelle nicht jedes Mal neu festgelegt werden, es genügt, wenn Sie die Pivot-Tabelle aktualisieren.

So funktioniert's nicht

Für die unten abgebildete Tabelle kommt eine Auswertung mit Pivot-Tabellen gleich aus mehreren Gründen nicht in Frage: Keine mehrfach vorkommenden Werte, fehlende Spaltenüberschrift in Spalte B und E und unterschiedliche Datentypen in Spalte D (Text und Datum).

Bild 6.6 Diese Tabelle eignet sich nicht zur Auswertung mit Pivot-Tabellen

	A	B	C	D	E	F
1	Artikel-Nr.		Verkaufte Stückzahl	Datum		
2	4711	Badewannenente	12.394	15.04.2015	Unser Renner	
3	4712	Masageschwamm	1.800	12.06.2014	Nächstes Mal eine andere Farbe	
4	4713	Schwimmflossen	123.145	01.02.2014		
5	4781	Schnorchel	14.680	06.03.2015	nicht mehr nachbestellen	
6	4792	Schwimmflügel	72.645	Anfang Januar		

Beispiel für eine mögliche Datenquelle

Die Tabelle unten erfüllt alle Voraussetzungen zur Auswertung, sie wird auch für die meisten Beispiele dieses Kapitels als Datentabelle verwendet. Die Spalte *Umsatz* wurde zur besseren Nachvollziehbarkeit hier mit einer Formel im Tabellenblatt berechnet, könnte aber auch mit Power Query (Kapitel 5) oder Power Pivot (Kapitel 8) berechnet werden.

Bild 6.7 Auszug aus der Ausgangstabelle für die Beispiele

I2 =F2*G2

	A	B	C	D	E	F	G	H	I	J	K
1	Auftragsdatum	Land	Kunde	Modell	Produktgruppe	Einzelpreis	Auftagsmenge	Rabattgruppe	Umsatz		
2	02.01.2018	Italien	ADRIA AG	D	Unterhaltung	75,00	3	1	225,00		
3	02.01.2018	Österreich	KARG AG	F	Unterhaltung	450,00	1	2	450,00		
4	03.01.2018	Italien	ADRIA AG	A	Büro	120,00	2	1	240,00		
5	03.01.2018	Deutschland	ELCOX	G	Büro	377,00	2	1	754,00		
6	03.01.2018	Schweiz	Hügli	H	Haushalt	191,00	3	1	573,00		
7	06.01.2018	Österreich	Tief & Brunnen	A	Büro	120,00	5	3	600,00		
8	06.01.2018	Österreich	KARG AG	B	Computer	85,00	12	3	1.020,00		
9	12.01.2018	Schweiz	Brettschneider	A	Büro	120,00	3	2	360,00		
10	14.01.2018	Schweiz	Hügli	A	Büro	120,00	3	2	360,00		
11	15.01.2018	Italien	ADRIA AG	A	Büro	120,00	7	3	840,00		
12	17.01.2018	Deutschland	ELCOX	F	Unterhaltung	450,00	18	1	8.100,00		
13	19.01.2018	Österreich	KARG AG	F	Unterhaltung	450,00	1	1	450,00		
14	21.01.2018	Schweiz	Brettschneider	F	Unterhaltung	450,00	5	3	2.250,00		
15	25.01.2018	Österreich	Tief & Brunnen	B	Computer	85,00	5	3	425,00		
16	30.01.2018	Österreich	Tief & Brunnen	G	Büro	377,00	1	3	377,00		
17	30.01.2018	Deutschland	WGT GmbH	G	Büro	377,00	6	1	2.262,00		
18	01.02.2018	Italien	ADRIA AG	G	Büro	377,00	24	1	9.048,00		
19	01.02.2018	Deutschland	BRAIN	R	Haushalt	72,00	1	3	72,00		
20	02.02.2018	Deutschland	WGT GmbH	A	Büro	120,00	4	3	480,00		
21	02.02.2018	Italien	ADRIA AG	D	Unterhaltung	75,00	1	1	75,00		
22	03.02.2018	Schweiz	Hügli	G	Büro	377,00	2	1	754,00		

Tabelle1 | Rohdaten

Beispieldaten.xlsx

Download Beispieldaten

Die oben abgebildete Tabelle dient auch als Ausgangstabelle für die nachfolgenden Beispiele dieses Kapitels. Sie finden die Arbeitsmappe mit der Tabelle unter dem Dateinamen Beispieldaten.xlsx im Downloadbereich zu diesem Buch.

6.2 So erstellen Sie eine Pivot-Tabelle

Aus Vorlage erstellen

Beim Erstellen einer Pivot-Tabelle können Sie auf verschiedene Vorschläge von Excel zurückgreifen. Die Vorgehensweise ist einfach:

1 Klicken Sie in die auszuwertende Datentabelle. Wenn diese als Tabellenbereich formatiert wurde oder wenn es sich um einen zusammenhängenden Bereich handelt, dann wird dieser von Excel automatisch erkannt. Nur in Ausnahmefällen müssen Sie den Tabellenbereich einschließlich Überschriftzeile zuvor markieren.

2 Klicken Sie dann im Register *Einfügen* ▶ *Tabellen* auf *Empfohlene PivotTables*.

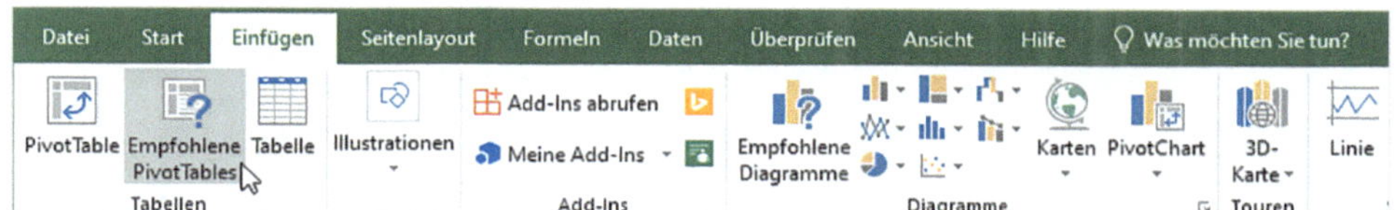

Bild 6.8 Klicken Sie auf Empfohlene PivotTables

3 Das gleichnamige Dialogfenster wird geöffnet (Bild 6.9), gleichzeitig können Sie im Tabellenblatt anhand des Laufrahmens ❶ kontrollieren, ob der Zellbereich korrekt erkannt wurde.

4 Excel schlägt auf der Basis der aktuellen Tabelle verschiedene, mehr oder weniger geeignete Auswertungstabellen vor. Klicken Sie in der Liste links auf einen Vorschlag ❷, so erhalten Sie rechts eine Vorschau mit Ihren Daten ❸. Mit einem Klick auf *OK* wird die ausgewählte Tabelle in einem neuen Arbeitsblatt eingefügt.

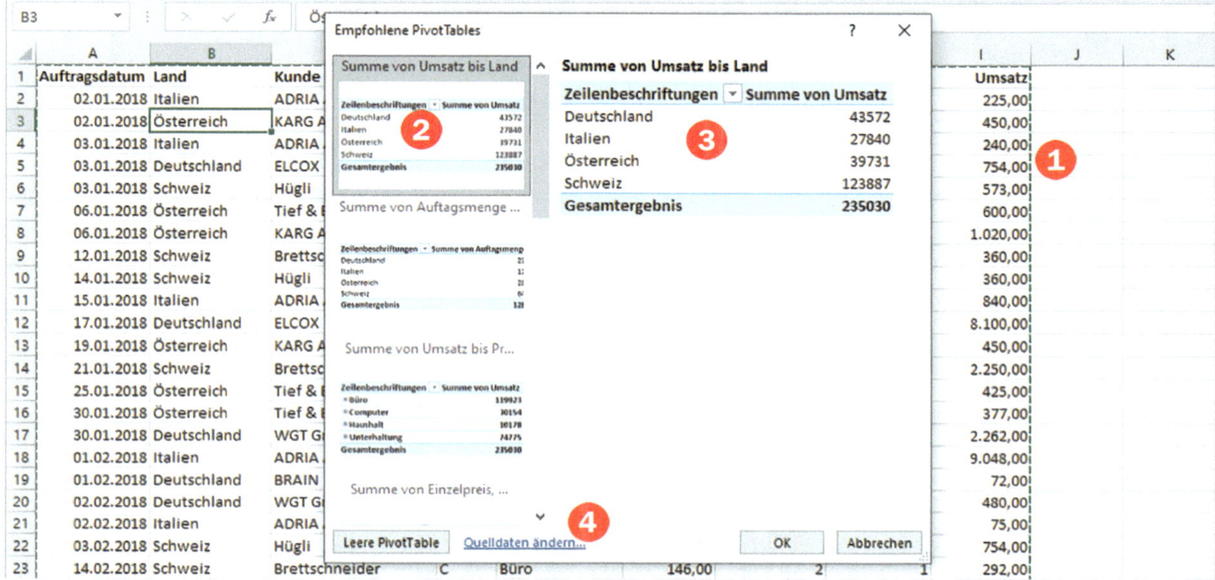

Bild 6.9 Empfohlene PivotTables auswählen

Falls die Datentabelle nicht erkannt wurde, so klicken Sie auf *Quelldaten ändern* ❹ (Bild oben) und wählen den Tabellenbereich durch Markieren aus.

> **Nachteil**: Nicht immer findet sich in der Vorschlagsliste die benötigte Auswertung. Zudem erfordern auch die vorgeschlagenen Pivot-Tabellen meist noch eine Anpassung, Sie können also auch gleich mit einer leeren Pivot-Tabelle beginnen - das Zusammenstellen der gewünschten Auswertung erfordert nur wenige Klicks. Details lesen Sie auf den folgenden Seiten.

Hinweis: Vorschläge für Pivot-Tabellen erhalten Sie auch, wenn Sie einen Zellbereich markieren und im Tabellenblatt auf die Schaltfläche *Schnellanalyse* und das Register *Tabellen* klicken. Aufgrund des Umfangs der meisten Datentabellen sowie der Tatsache, dass der Zellbereich meist ohnehin automatisch erkannt wird, kommt diese Methode in der Praxis allerdings kaum einmal zum Einsatz.

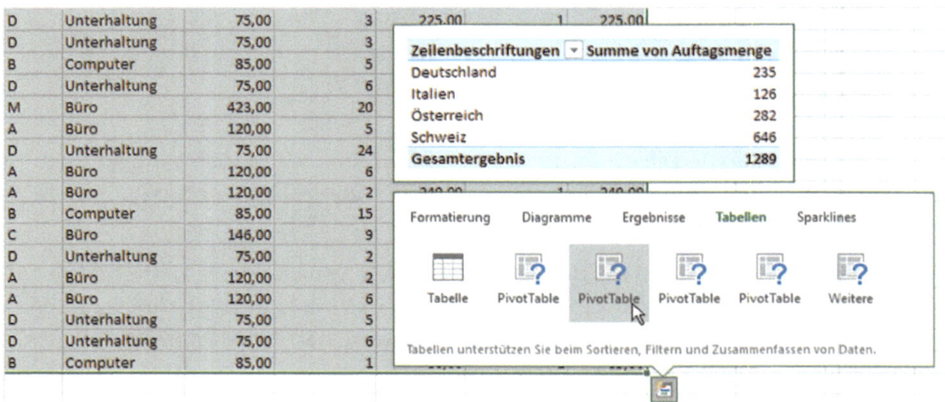

Bild 6.10 Über die Schnellanalyse erstellen

Leere Pivot-Tabelle einfügen und Felder anordnen

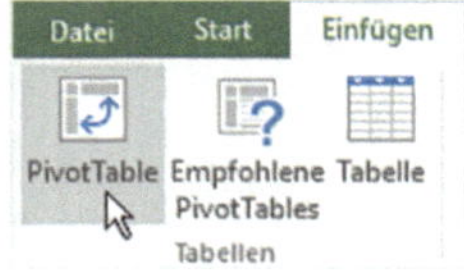

Wesentlich flexibler und nur unwesentlich langsamer sind Sie, wenn Sie zunächst eine leere Pivot-Tabelle einfügen und in dieser die Felder nach Ihren Vorstellungen anordnen. Zudem müssen sich bei dieser Vorgehensweise die Daten nicht zwingend in derselben Arbeitsmappe befinden, Sie können stattdessen auch eine Abfrage oder Verbindung zu einer externen Datenquelle wählen.

Schritt 1: Tabelle einfügen

- **Datentabelle befindet sich in derselben Arbeitsmappe**
  - Wenn sich die Datentabelle in derselben Arbeitsmappe befindet, dann markieren Sie eine beliebige Zelle des auszuwertenden Tabellenbereichs und klicken im Register *Einfügen* ▶ *Tabellen* auf *PivotTable*. Im Fenster *PivotTable erstellen* ist die Option *Tabelle oder Bereich auswählen* bereits voreingestellt und im Feld *Tabelle/Bereich* sehen Sie den Zellbereich ❶ oder den Namen des

Tabellenbereichs. Im Tabellenblatt selbst können Sie den Zellbereich anhand des Laufrahmens kontrollieren oder durch Markieren manuell festlegen.

- Zum Platzieren der Pivot-Tabelle (PivotTable-Bericht) sollte die Standardeinstellung *Neues Arbeitsblatt* ❷ beibehalten werden.

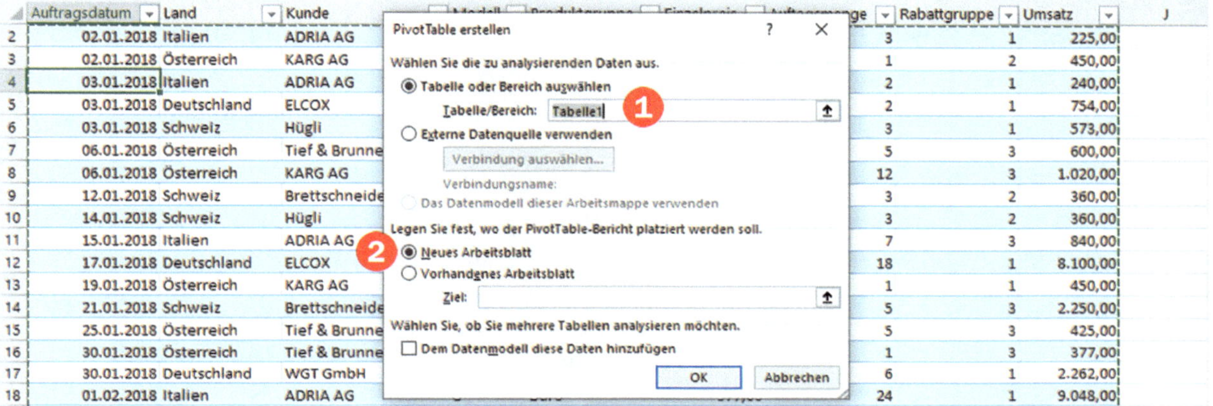

Bild 6.11 Eine leere PivotTable erstellen und Zellbereich festlegen

Externe Daten aus Verbindung auswerten

Siehe Kapitel 5.3.

- Wenn Sie externe Daten auswerten möchten und diese nicht als Tabelle eingefügt, sondern eine Verbindung bzw. Abfrage mit Power Query erstellt haben, dann klicken Sie ebenfalls auf *Einfügen* ▶ *Tabellen* ▶ *PivotTable*. Wählen Sie die Option *Externe Datenquelle verwenden* und klicken Sie auf die Schaltfläche *Verbindung auswählen...* (Bild 6.12).
- Klicken Sie im nachfolgenden Fenster *Vorhandene Verbindungen* auf die gewünschte Verbindung und dann auf *Öffnen* (Bild 6.13).
- Falls das aktuelle Arbeitsblatt leer ist, können Sie die Pivot-Tabelle auch in dieses einfügen, indem Sie die Option *Vorhandenes Arbeitsblatt* wählen und darunter die Zelle angeben, ab der die Pivot-Tabelle eingefügt werden soll.

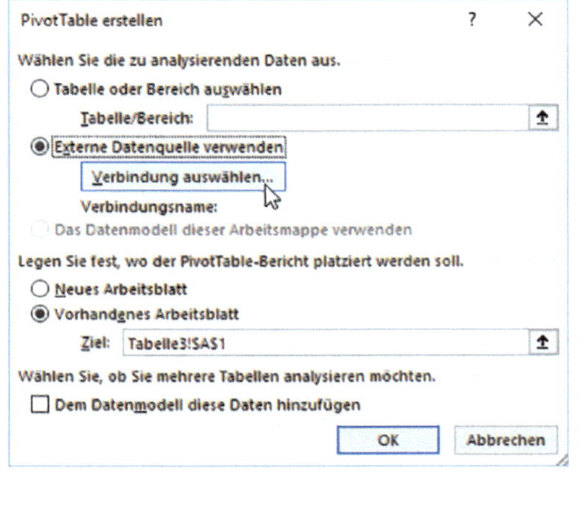

Bild 6.12 Externe Datenquelle verwenden

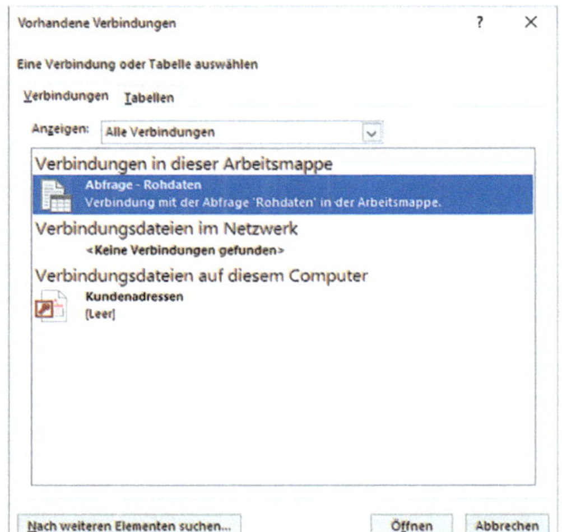

Bild 6.13 Verbindung auswählen

Pivot-Tabellen sollten grundsätzlich nicht im selben Blatt wie die Ausgangsdaten, sondern in einem neuen Tabellenblatt eingefügt werden, da es bei späteren Aktualisierungen zu Überschneidungen kommen kann.

Schritt 2: Felder anordnen

Excel fügt ab der angegebenen Position eine leere Pivot-Tabelle ❶ ein, der Sie nun die Felder durch Ziehen mit der Maus hinzufügen. Die Anordnung erfolgt ausschließlich im Aufgabenbereich *PivotTable-Felder* ❷, dieser erscheint normalerweise automatisch, sobald Sie in den Bereich der Pivot-Tabelle klicken.

Zusammen mit der Pivot-Tabelle sind außerdem im Menüband die beiden *PivotTable-Tools* Register *Analysieren* und *Entwurf* zur weiteren Bearbeitung verfügbar.

Bild 6.14 Die leere Pivot-Tabelle

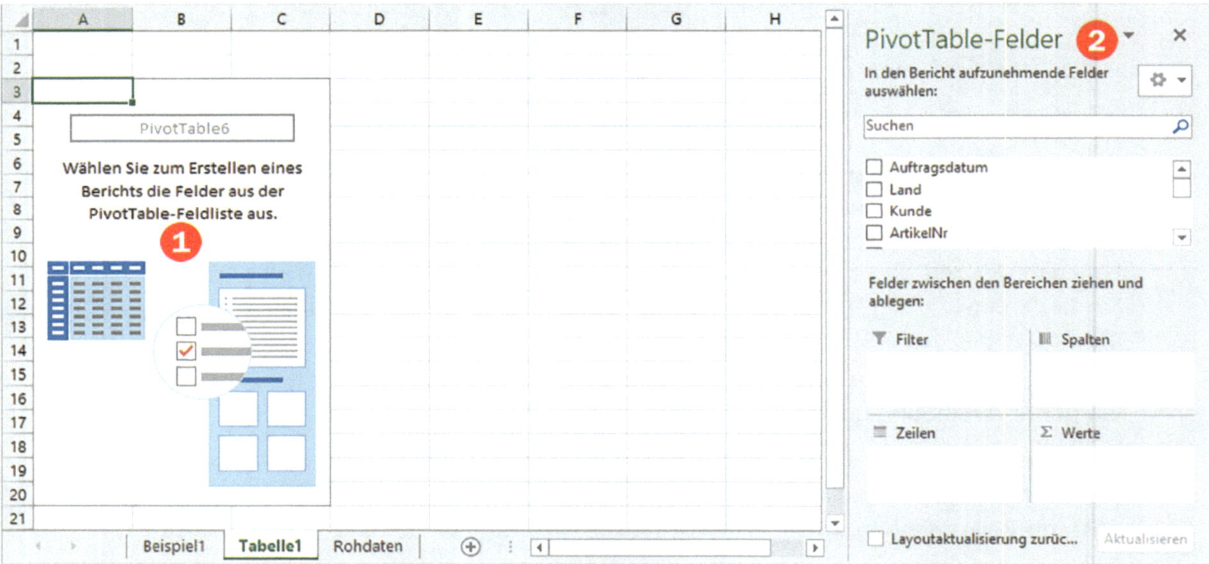

Der Aufgabenbereich PivotTable-Felder

Befassen wir uns zunächst mit dem Aufgabenbereich *Pivot-Table-Felder* genauer. Hier ordnen Sie die Felder den Bereichen der Pivot-Tabelle zu.

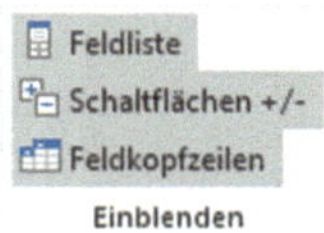

Aufgabenbereich anzeigen

Der Aufgabenbereich mit der Feldliste ist nur sichtbar, wenn eine Zelle innerhalb der Pivot-Tabelle markiert ist und verschwindet automatisch, sobald Sie auf eine beliebige Zelle außerhalb des Tabellenbereichs klicken. Sollte er trotzdem nicht sichtbar sein, so klicken Sie mit der rechten Maustaste in die Pivot-Tabelle und auf *Feldliste anzeigen*. Im Menüband finden Sie die Schaltfläche *Feldliste* im Register *PivotTable-Tools - Analysieren* in der Gruppe *Einblenden*.

- Aus den Spaltenüberschriften der Ausgangstabelle werden Felder gebildet und in der Feldliste ❶ aufgeführt (Bild 6.15). In der Pivot-Tabelle enthaltene Felder sind fett hervorgehoben und am Häkchen des Kontrollkästchens zu erkennen.
- Unterhalb befinden sich die vier Bereiche der Pivot-Tabelle. Um der Pivot-Tabelle ein Feld hinzuzufügen, ziehen Sie es einfach mit gedrückter Maustaste aus der Feldliste nach unten in den gewünschten Bereich.
- Eine Pivot-Tabelle setzt sich zusammen aus den Bereichen *Filter*, *Spalten*, *Zeilen* und *Werte* (siehe Bild unten), wobei mit Ausnahme des Wertebereichs nicht alle Bereiche zwingend verwendet werden müssen.

Bild 6.15 Die Bereiche einer Pivot-Tabelle

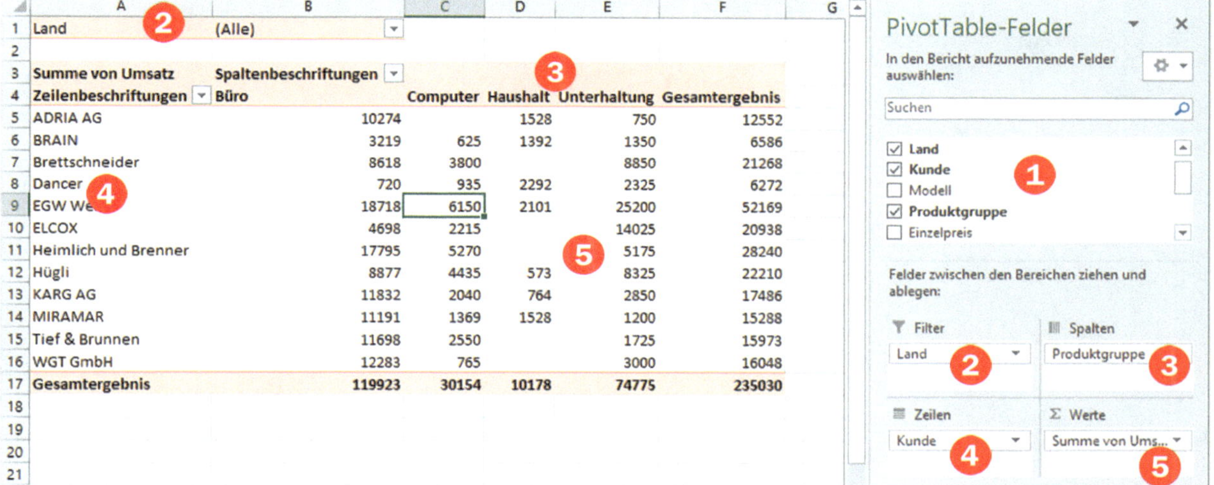

Land	(Alle)				
Summe von Umsatz	Spaltenbeschriftungen				
Zeilenbeschriftungen	Büro	Computer	Haushalt	Unterhaltung	Gesamtergebnis
ADRIA AG	10274		1528	750	12552
BRAIN	3219	625	1392	1350	6586
Brettschneider	8618	3800		8850	21268
Dancer	720	935	2292	2325	6272
EGW We	18718	6150	2101	25200	52169
ELCOX	4698	2215		14025	20938
Heimlich und Brenner	17795	5270		5175	28240
Hügli	8877	4435	573	8325	22210
KARG AG	11832	2040	764	2850	17486
MIRAMAR	11191	1369	1528	1200	15288
Tief & Brunnen	11698	2550		1725	15973
WGT GmbH	12283	765		3000	16048
Gesamtergebnis	**119923**	**30154**	**10178**	**74775**	**235030**

- **Filter** ❷: Dieser Bereich dient zum Filtern der gesamten Tabelle.
- **Spalten** ❸: Dieser Bereich bildet aus den Feldinhalten die Spaltenüberschriften der Tabelle.
- **Zeilen** ❹: Hier werden aus den Feldinhalten die Zeilenbeschriftungen gebildet.
- **Werte** ❺: Für Felder im Wertebereich wird eine Zusammenfassung berechnet, in der Standardeinstellung die Summe, bei Feldinhalten vom Typ Text dagegen meist die Anzahl. Sie können jedoch jederzeit eine andere Funktion wählen, siehe weiter unten.

Um die Felder einer Pivot-Tabelle anzuordnen, ziehen Sie einfach das betreffende Feld aus der Feldliste in den gewünschten Bereich. Das Aussehen der Tabelle passt sich sofort an.

Für das Beispiel im Bild oben ziehen Sie das Feld *Kunde* in den Bereich *Zeilen* (Bild 6.16), das Feld *Auftragsjahr* in den Bereich *Filter* und *Produktgruppe* in den Bereich *Spalten*. Wenn Sie das Feld *Umsatz* in den Bereich *Werte* ziehen, so wird in den meisten Fällen automatisch die Umsatzsumme berechnet.

Feld aus der Pivot-Tabelle entfernen

Zum Entfernen eines Feldes genügt es, wenn Sie in der Feldliste das Kontrollkästchen deaktivieren. Oder ziehen Sie mit der Maus das Feld aus dem Bereich heraus in Richtung Tabellenblatt, das Symbol am Mauszeiger ist eindeutig, siehe Bild 6.17.

In einen anderen Bereich verschieben

Sie können die Felder jederzeit neu anordnen. Entweder, indem Sie das Feld mit der Maus in einen anderen Bereich ziehen. Oder klicken Sie im Bereich auf das betreffende Feld, im Bild 6.18 das Feld *Produktgruppe*, und auf *Zu Zeilenbeschriftungen verschieben* bzw. *Zu Spaltenbeschriftungen verschieben....*

Bild 6.16 Ziehen Sie das Feld in den gewünschten Bereich

Bild 6.17 Feld aus einem Bereich entfernen

Bild 6.18 Bereich wechseln

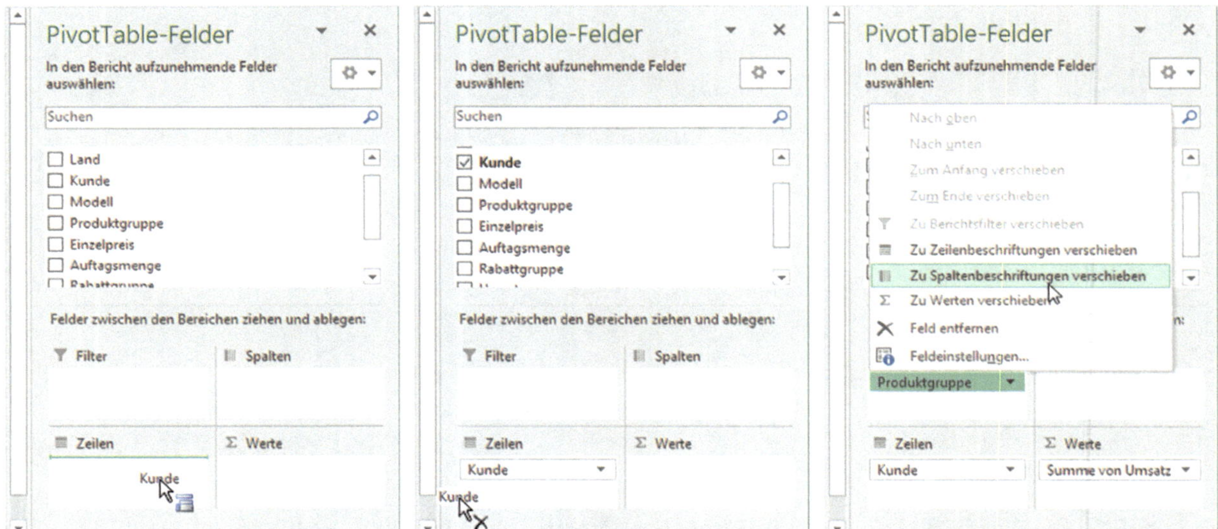

Pivot-Tabelle nachträglich verschieben oder löschen

Beachten Sie beim Löschen oder Verschieben einer Pivot-Tabelle, dass diese einen fest zusammenhängenden Bereich bildet, aus dem einzelne Zellen weder gelöscht noch verschoben werden können.

Tabelle verschieben

Um die Pivot-Tabelle nachträglich an eine andere Stelle oder in ein anderes Tabellenblatt zu verschieben, klicken Sie in die Tabelle und im Register *PivotTable-Tools - Analysieren* ▶ *Aktionen* auf *PivotTable verschieben*. Geben Sie anschließend an, wo Sie die Tabelle einfügen möchten.

Tabelle löschen

- Zum Löschen klicken Sie am besten im *PivotTable-Tools* Register *Analysieren* ▶ *Aktionen* auf *Löschen.*

- Enthält das Arbeitsblatt keine weiteren Daten, so können Sie auch einfach das gesamte Blatt löschen.
- Wenn Sie dagegen im Register *Start* auf *Löschen* und *Alle löschen* klicken, dann muss die Pivot-Tabelle unbedingt vollständig markiert sein, andernfalls erhalten Sie eine Meldung, dass die Tabelle nicht geändert werden kann. Markieren Sie bei dieser Methode also sicherheitshalber einen etwas größeren Zellbereich.

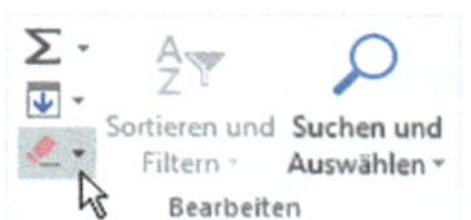

Mehrere Zeilen- und Spaltenfelder verwenden, Felder hierarchisch anordnen

Jeder Bereich kann auch mehrere Felder enthalten, z. B. wenn Sie neben der Produktgruppe auch noch das jeweilige Modell als Filter benötigen. Auch in den Bereichen *Spalten* und *Zeilen* können Sie mehrere Felder hierarchisch anordnen, z. B. *Land* und *Kunde* als Zeilenbeschriftung wie in Bild 6.19. Die Reihenfolge in der Tabelle (von links nach rechts) richtet sich nach der Anordnung im Bereich (von oben nach unten).

Auch im Bereich *Werte* können Sie für mehrere Felder Ergebnisse berechnen, z. B. *Umsatz* und *Auftragsmenge*. Hier werden die Ergebnisse automatisch in Spalten nebeneinander angeordnet und mit Spaltenüberschriften versehen.

Sie erkennen auch am Bereich *Spalten*, dass die Spalten aus Werten gebildet werden.

Eine Pivot-Tabelle, die mehrere Werte in Spalten berechnet und außerdem auch noch mehrere Spaltenüberschriften enthält, kann schnell sehr komplex und damit unübersichtlich werden. Je nach Aufgabenstellung erhalten Sie möglicherweise einen besseren Überblick, wenn Sie mehrere Tabellen erstellen oder eines der Felder als Filter statt als Spalte verwenden.

Bild 6.19 Mehrere Felder je Bereich

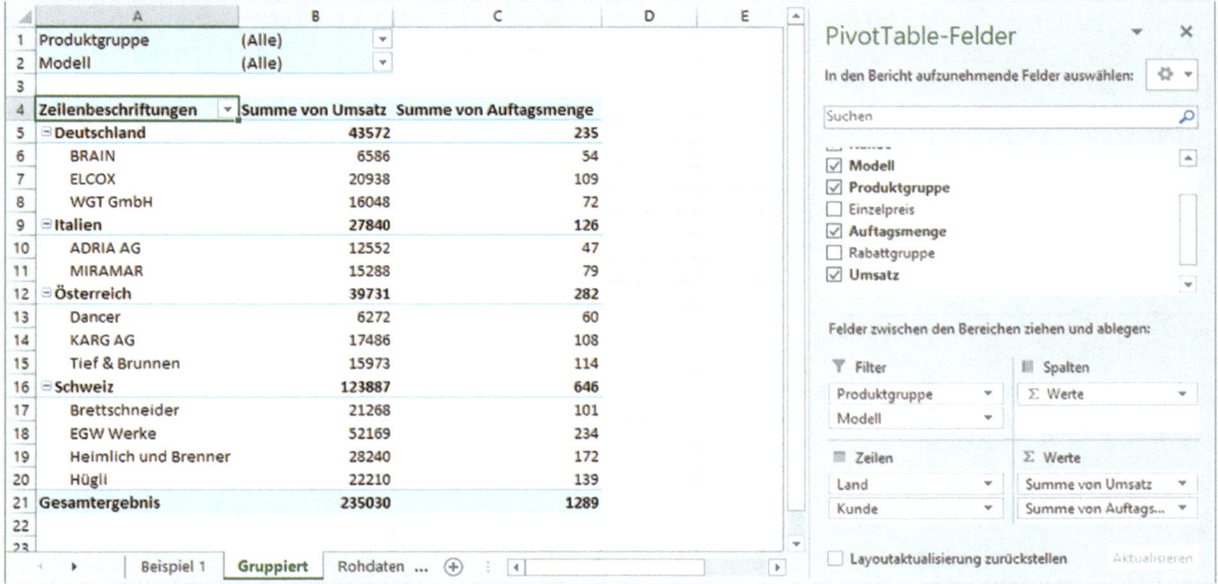

	A	B	C
1	Produktgruppe	(Alle)	
2	Modell	(Alle)	
3			
4	Zeilenbeschriftungen	Summe von Umsatz	Summe von Auftagsmenge
5	Deutschland	43572	235
6	BRAIN	6586	54
7	ELCOX	20938	109
8	WGT GmbH	16048	72
9	Italien	27840	126
10	ADRIA AG	12552	47
11	MIRAMAR	15288	79
12	Österreich	39731	282
13	Dancer	6272	60
14	KARG AG	17486	108
15	Tief & Brunnen	15973	114
16	Schweiz	123887	646
17	Brettschneider	21268	101
18	EGW Werke	52169	234
19	Heimlich und Brenner	28240	172
20	Hügli	22210	139
21	Gesamtergebnis	235030	1289

Hierarchiedetails anzeigen und ausblenden

Bei hierarchisch angeordneten Feldern können Sie untergeordnete Details ein- und ausblenden: Dazu klicken Sie in der Tabelle auf die Schaltflächen ⊟ bzw. ⊞ des betreffenden Werts ❶. Zum Ein- und Ausblenden der gesamten Details klicken Sie in der Tabelle auf eine beliebige Zelle dieser Spalte und im Register *Analysieren* ▶ *Gruppieren* auf *Feld erweitern* bzw. *Feld reduzieren* ❷.

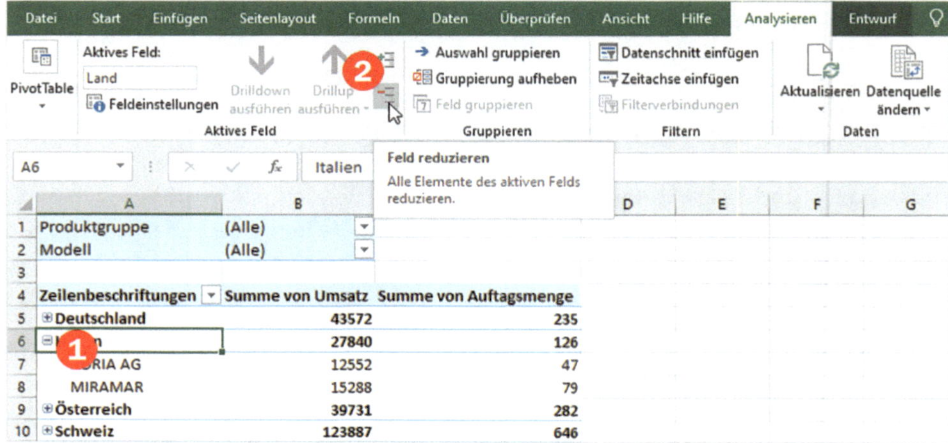

Bild 6.20 Feld erweitern/reduzieren

Funktion zur Zusammenfassung ändern

Standardmäßig berechnet Excel für Felder von Typ Zahl im Bereich *Werte* die Summe. Bei Feldern vom Typ Text erhalten Sie dagegen als Ergebnis die Anzahl der Werte. Allerdings ist die Standardeinstellung nicht in jedem Fall erwünscht oder sinnvoll. Beispielsweise, wenn Sie statt der Summe die Anzahl benötigen oder umgekehrt, auch Mittelwert oder höchster und niedrigster Wert werden manchmal gebraucht.

Bild 6.21 Zusammenfassung wählen

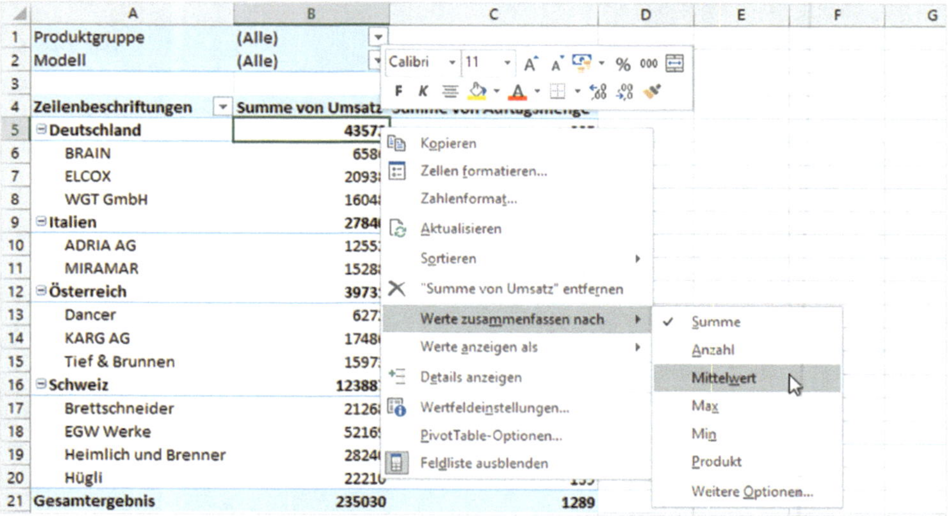

	A	B	C
1	Produktgruppe	(Alle)	
2	Modell	(Alle)	
3			
4	Zeilenbeschriftungen	Summe von Umsatz	
5	⊟Deutschland	4357	
6	BRAIN	658	
7	ELCOX	2093	
8	WGT GmbH	1604	
9	⊟Italien	2784	
10	ADRIA AG	1255	
11	MIRAMAR	1528	
12	⊟Österreich	3973	
13	Dancer	627	
14	KARG AG	1748	
15	Tief & Brunnen	1597	
16	⊟Schweiz	12388	
17	Brettschneider	2126	
18	EGW Werke	5216	
19	Heimlich und Brenner	2824	
20	Hügli	2221	
21	Gesamtergebnis	235030	1289

Kontextmenü: Kopieren · Zellen formatieren... · Zahlenformat... · Aktualisieren · Sortieren · "Summe von Umsatz" entfernen · Werte zusammenfassen nach · Werte anzeigen als · Details anzeigen · Wertfeldeinstellungen... · PivotTable-Optionen... · Feldliste ausblenden

Untermenü: ✓ Summe · Anzahl · Mittelwert · Max · Min · Produkt · Weitere Optionen...

- Zum Ändern klicken Sie am einfachsten in der Pivot-Tabelle mit der rechten Maustaste auf eine beliebige Zelle der zu ändernden Wertespalte und zeigen im Kontextmenü auf *Werte zusammenfassen nach*. Klicken Sie anschließend auf die gewünschte Funktion, siehe Bild oben.
- Oder klicken Sie im Aufgabenbereich *PivotTable-Felder* im Bereich *Werte* auf das betreffende Feld und auf *Wertfeldeinstellungen....* Im gleichnamigen Fenster können Sie im Register *Werte zusammenfassen nach* eine Berechnung wählen und außerdem der Spalte einen benutzerdefinierten Namen geben.

Auch im Kontextmenü der rechten Maustaste finden Sie den Befehl *Wertfeldeinstellungen.*

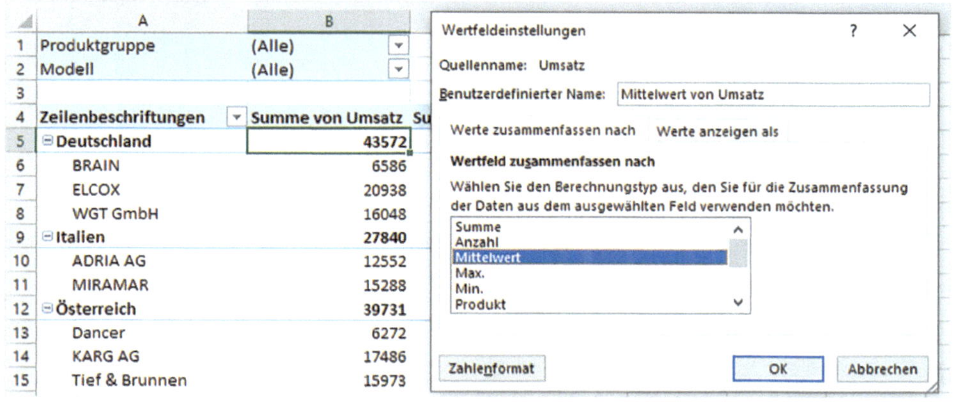

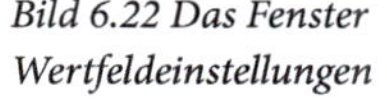
Bild 6.22 Das Fenster Wertfeldeinstellungen

6.3 Pivot-Tabellen aktualisieren

Tabelle aktualisieren

> Bei Änderung der Daten in der Datenquelle müssen Sie die Pivot-Tabelle aktualisieren, dies passiert nicht automatisch! Klicken Sie dazu in die Pivot-Tabelle und im Register *Analysieren* ▶ *Daten* auf *Aktualisieren*. Oder klicken Sie mit der rechten Maustaste an eine beliebige Stelle der Pivot-Tabelle und auf den *Aktualisieren*-Befehl im Kontextmenü oder verwenden Sie die Tastenkombination Alt+F5.

Aktualisieren: Alt+F5

Tipp: Enthält die Arbeitsmappe mehrere Pivot-Tabellen, die auf derselben Datenquelle basieren, dann klicken Sie auf den Dropdown-Pfeil dieser Schaltfläche und auf *Alle aktualisieren*.

Daten beim Öffnen der Arbeitsmappe automatisch aktualisieren

Wenn eine Pivot-Tabelle beim Öffnen der Arbeitsmappe automatisch aktualisiert werden soll, dann klicken Sie mit der rechten Maustaste in die Tabelle und im Kontextmenü auf *PivotTable-Optionen*. Oder klicken Sie im Menüband, Register *Analysieren* ▶ *PivotTable* auf *Optionen*.

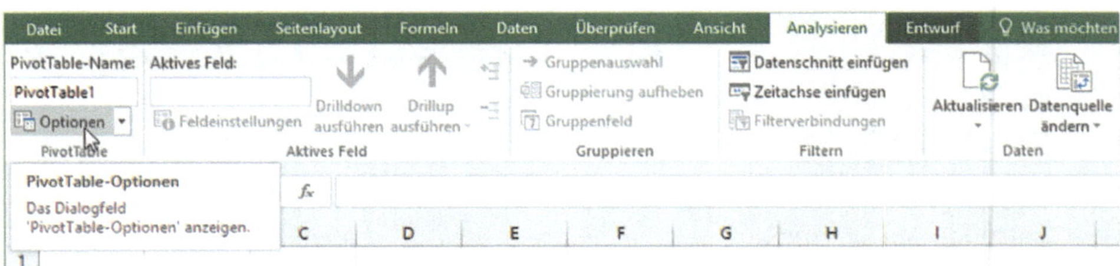

Bild 6.23 PivotTable-Optionen öffnen

Klicken Sie im gleichnamigen Fenster auf das Register *Daten* ❶ und aktivieren Sie das Kontrollkästchen *Aktualisieren beim Öffnen der Datei* ❷.

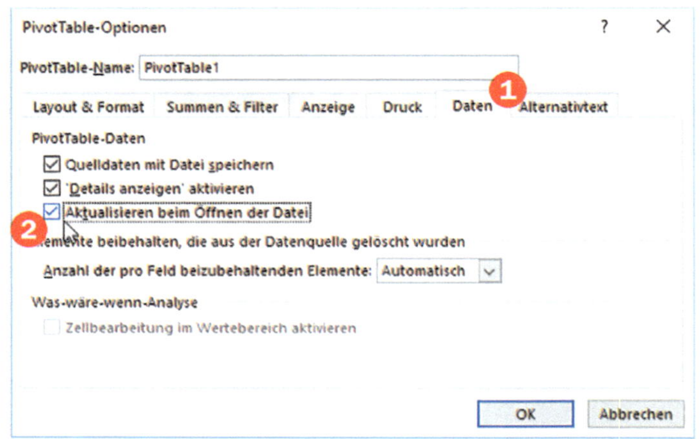

Bild 6.24 PivotTable-Optionen: Automatisch beim Öffnen aktualisieren

Nachträglich hinzugefügte Zeilen und Spalten einbeziehen

Basiert die Pivot-Tabelle auf einer Excel-Tabelle, dann sollten Sie sicherstellen, dass bei einer Änderung der Ausgangsdaten auch eventuell neu hinzugekommene Zeilen und/oder Spalten einbezogen werden. Dazu gibt es folgende Möglichkeiten:

Tabellenbereich, siehe Kapitel 2.

- **Formatieren Sie die Excel-Datentabelle als Tabellenbereich**
  Wenn Sie vor Erstellung der Pivot-Tabelle eine Excel-Tabelle als Tabellenbereich bzw. dynamische Tabelle formatiert haben, dann passt sich der Tabellenbereich automatisch an und bei der nächsten Aktualisierung werden auch nachträglich hinzugefügte Zeilen und/oder Spalten mit einbezogen.

  Ausnahme: Wenn weitere Zeilen und/oder Spalten innerhalb des ursprünglichen Datenbereichs hinzugefügt werden, dann werden diese beim Aktualisieren berücksichtigt, auch wenn die Tabelle nicht als Tabellenbereich formatiert wurde.

- **Daten aus Abfrage oder Verbindung**
  Wenn als Datenquelle eine Verbindung zu externen Daten oder eine Abfrage (siehe Kapitel 5) verwendet wird, werden alle Änderungen des Tabellenumfangs automatisch berücksichtigt.

- **Datenquelle neu festlegen**
  Handelt es sich bei den Ausgangsdaten um einen normalen Excel-Zellbereich, dann werden neu hinzugefügte Zeilen am Ende der Tabelle oder nachträglich rechts angefügte Spalten ignoriert. In solchen Fällen müssen Sie die Datenquelle neu festlegen. Klicken Sie dazu in die Pivot-Tabelle und im Register *Analysieren* ▶ *Daten* auf *Datenquelle ändern* und nochmals auf *Datenquelle ändern....* Anschließend können Sie den Zellbereich für die Datenquelle neu angeben.

Bild 6.25 Datenquelle ändern

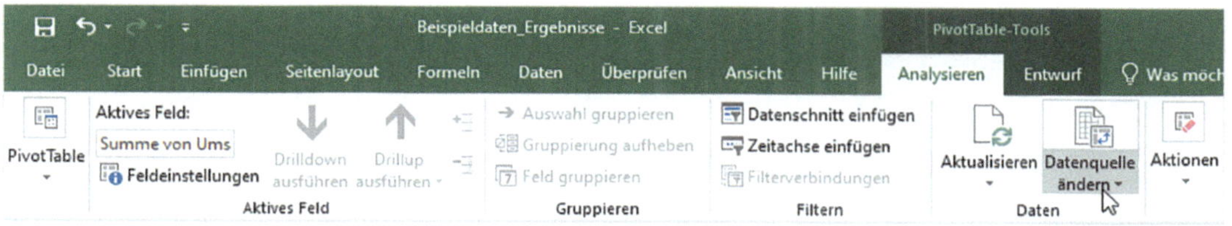

- **Tipp**: Mit dieser Methode können Sie auch einfach nur kontrollieren, ob die Pivot-Tabelle auch wirklich alle Zeilen und Spalten der Excel-Tabelle einbezieht. Klicken Sie auf *Abbrechen*, falls der Datenbereich korrekt ist.
- Wenn Sie nachträglich die Datentabelle als Tabellenbereich formatiert haben, müssen Sie anschließend ebenfalls die Datenquelle neu festlegen.

6.4 Tabellenlayout und Formatierung

Tabellenformate

Am einfachsten formatieren Sie eine Pivot-Tabelle mit einer der Vorlagen im Register *PivotTable-Tools - Entwurf*. Der gesamte Katalog erscheint auf einen Blick, wenn Sie auf die dazugehörige Schaltfläche *Weitere* klicken. Mit den Kontrollkästchen der Gruppe *Optionen für PivotTable-Formate* steuern Sie, ob auch Sonderformate, z. B. für Zeilen- und Spaltenüberschriften oder abwechselnde Zeilenfarben übernommen werden.

Bild 6.26 Vorlagen verwenden

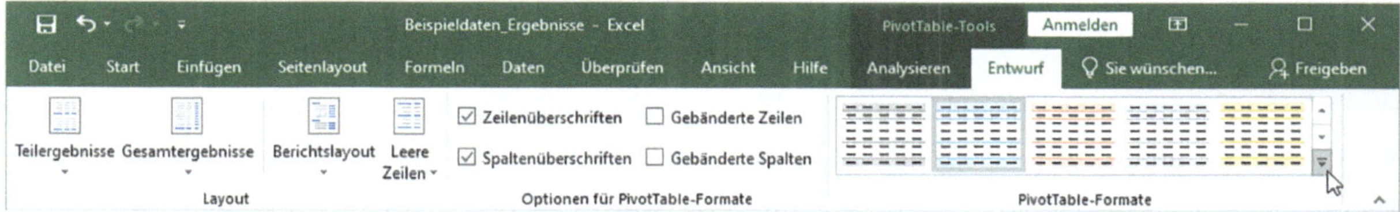

Daneben können Sie auch einzelne Zellen oder Zellbereiche einer Pivot-Tabelle markieren und mit den Schaltflächen des Registers *Start* oder der Minisymbolleiste des Kontextmenüs formatieren. Die Formatierung bezieht sich ausnahmsweise auf den Inhalt und nicht auf die Zelladresse und wandert also auch mit, wenn Sie die Tabelle sortieren oder filtern oder wenn sich durch eine Aktualisierung Änderungen ergeben.

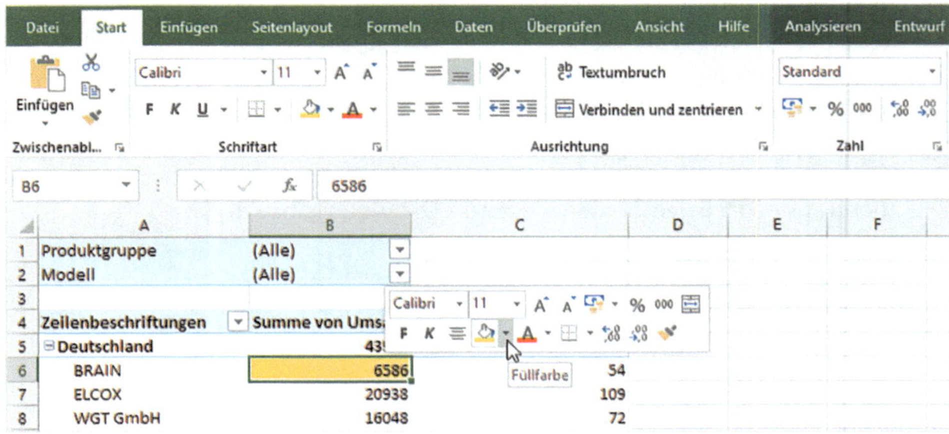

Bild 6.27 *Einzelne Zellen der Pivot-Tabelle mit der Minisymbolleiste formatieren*

Tabellenelemente markieren und hervorheben

Excel erkennt und markiert zusammengehörige Tabellenelemente automatisch, wenn Sie zum Markieren die kleinen Pfeile benutzen, die beim Zeigen auf ein Element sichtbar werden. Um z. B. wie im Bild unten, alle Länder der Spalte hervorzuheben, zeigen Sie mit der Maus auf den oberen Zellenrand eines beliebigen Landes (Bild 6.28). Statt des Mauszeigers erscheint ein senkrechter schwarzer Pfeil und ein Mausklick markiert alle Länder der Spalte. Nun können Sie die markierten Zellen formatieren, z. B. mit abweichender Füllfarbe wie im Bild daneben.

Bild 6.28 Zeigen Sie an den linken Rand einer beliebigen Ergebniszeile

	A	B	C
1	Produktgruppe	(Alle)	
2	Modell	(Alle)	
3			
4	Zeilenbeschriftungen	Summe von Umsatz	Summe von Auftagsmenge
5	⊟ Deutschland	43572	235
6	BRAIN	6586	54
7	ELCOX	20938	109
8	WGT GmbH	16048	72
9	⊟ Italien	27840	126
10	ADRIA AG	12552	47
11	MIRAMAR	15288	79
12	⊟ Österreich	39731	282
13	Dancer	6272	60
14	KARG AG	17486	108
15	Tief & Brunnen	15973	114
16	⊟ Schweiz	123887	646
17	Brettschneider	21268	101

Bild 6.29 Alle markierten Ergebniszeilen mit gelber Farbe versehen

	A	B	C
1	Produktgruppe	(Alle)	
2	Modell	(Alle)	
3			
4	Zeilenbeschriftungen	Summe von Umsatz	Summe von Auftagsmenge
5	⊟ Deutschland	43572	235
6	BRAIN	6586	54
7	ELCOX	20938	109
8	WGT GmbH	16048	72
9	⊟ Italien	27840	126
10	ADRIA AG	12552	47
11	MIRAMAR	15288	79
12	⊟ Österreich	39731	282
13	Dancer	6272	60
14	KARG AG	17486	108
15	Tief & Brunnen	15973	114
16	⊟ Schweiz	123887	646
17	Brettschneider	21268	101

Hinweis: Sollte dieser Pfeil nicht erscheinen, dann klicken Sie im Register *Analysieren* ▶ *Aktionen* auf *Auswählen* und auf *Auswahl aktivieren*.

Mit dieser Methode markieren Sie auch zusammengehörige Zeilenelemente, z. B. die Gesamt- oder Teilergebnisse. Dazu zeigen Sie in dieser Zeile an den linken Rand der ersten Spalte: Sobald statt des Mauszeigers an dieser Stelle ein waagrechter schwarzer Pfeil sichtbar wird, können Sie mit einem Klick alle Ergebniszellen markieren und anschließend formatieren.

18	EGW Werke	52169	234
19	Heimlich und Brenner	28240	172
20	Hügli	22210	139
21	Gesamtergebnis	235030	1289
22			

18	EGW Werke	52169	234
19	Heimlich und Brenner	28240	172
20	Hügli	22210	139
21	Gesamtergebnis	235030	1289
22			

Bild 6.30 Zeilenelemente markieren

Achtung: Verwechseln Sie diesen Pfeil nicht mit dem Pfeil zum Markieren einer Zeile des Tabellenblatts! Dieser erscheint, wenn Sie in den Bereich der Zeilennummerierung zeigen und markiert beim Klicken durchgehend die gesamte Blattzeile.

Hinweis: Das genaue Verhalten beim Markieren ist auch abhängig vom Layout (siehe Seite 181). Wenn die Teilergebnisse eine gesonderte Zeile bilden, können auch diese mit einem einzigen Mausklick markiert werden.

> Auf diese Weise markierte und formatierte Tabellenbereiche behalten ihre Formatierung auch nach Aktualisierungen und geänderter Sortierung bei.

Zahlen formatieren

Auf ähnlich einfache Weise versehen Sie auch die Zahlen einer Pivot-Tabelle mit einem Zahlenformat. Klicken Sie mit der rechten Maustaste auf eine beliebige Zahl in der zu formatierenden Spalte und auf *Zahlenformat…*. Es öffnet sich das bekannte Fenster *Zellen formatieren*, allerdings nur mit der Registerkarte *Zahlen*. Hier legen Sie anschließend das gewünschte Zahlenformat fest, z. B. mit Tausenderpunkt und ohne Dezimalstellen und klicken auf *OK*.

Achtung: Verwechseln Sie diesen Befehl nicht mit *Zellen formatieren…*! Dieser Befehl erscheint ebenfalls im Kontextmenü, wirkt sich aber nur auf die markierte Zelle aus.

> Im Gegensatz zu den Symbolen im Menüband, Register *Start* ► *Zahl* formatiert diese Methode das gesamte Feld und damit automatisch alle Zahlen der Spalte. Sollte sich nach einer Aktualisierung der Umfang der Pivot-Tabelle ändern, so erhalten auch neu hinzugekommene Werte dieses Zahlenformat.

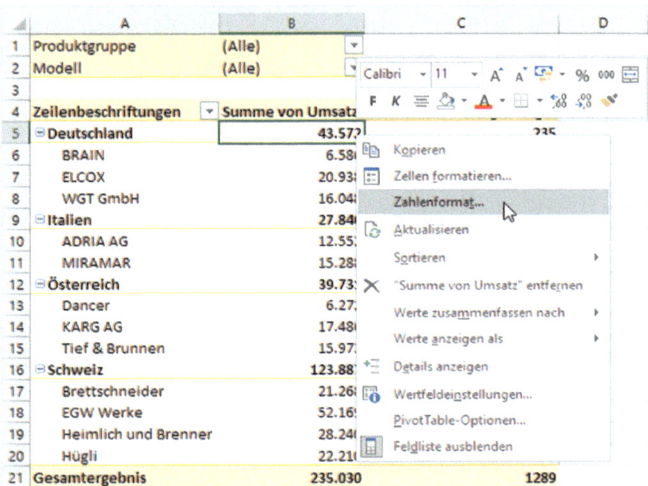

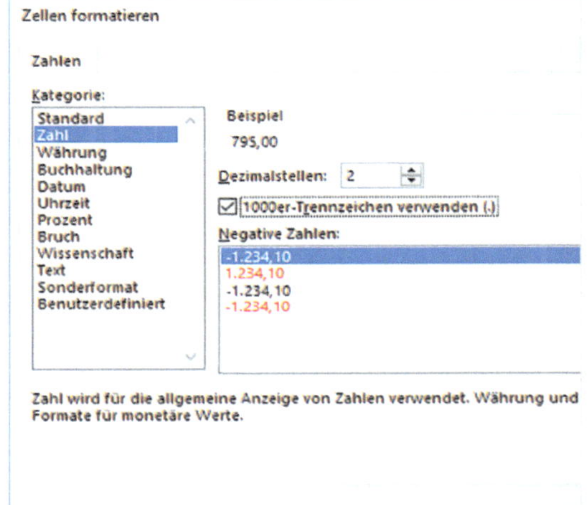

Bild 6.31 Formatieren Sie die Zahlen eines Feldes mit dem Befehl Zahlenformat…

Alternativ wählen Sie im Kontextmenü der rechten Maustaste den Befehl *Wertfeldeinstellungen...* und klicken anschließend auf die Schaltfläche *Zahlenformat*.

Bedingte Formatierung in Pivot-Tabellen

Auch die bedingte Formatierung lässt sich in Pivot-Tabellen einsetzen. Wichtig ist hierbei, dass die bedingte Formatierung ausschließlich auf die zu vergleichenden Zellen angewendet werden darf. Wenn Sie beispielsweise, wie im Bild unten, die Umsätze einzelner Kunden mit Datenbalken visualisieren möchten, dann darf nicht die gesamte Spalte markiert werden, da sonst die Ländererergebnisse und das Gesamtergebnis mit einbezogen würden. Auch eine Mehrfachmarkierung mit gedrückter Strg-Taste stellt in diesem Fall keine Lösung dar, da nach einer Aktualisierung auch eventuell neu hinzugekommene Werte berücksichtigt werden müssen.

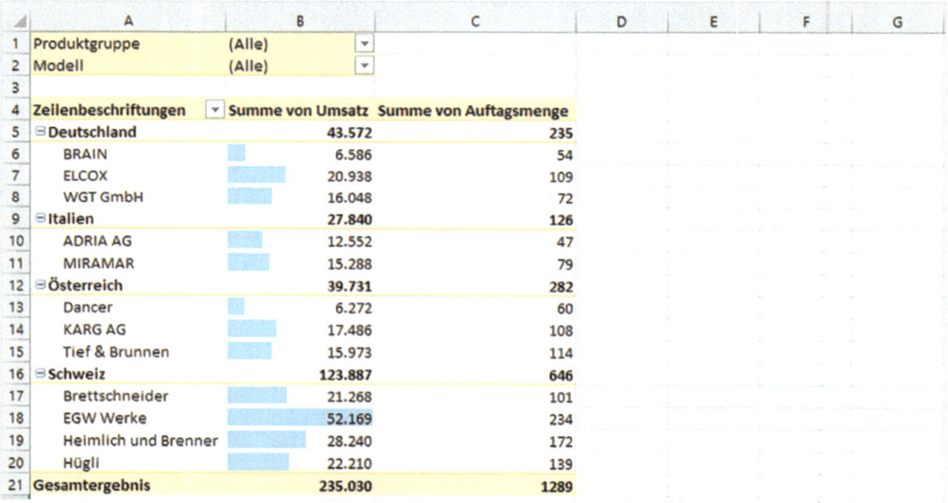

Bild 6.32 Beispiel bedingte Formatierung mit Datenbalken

	A	B	C	D	E	F	G
1	Produktgruppe	(Alle)					
2	Modell	(Alle)					
3							
4	Zeilenbeschriftungen	Summe von Umsatz	Summe von Auftagsmenge				
5	⊟Deutschland	43.572	235				
6	BRAIN	6.586	54				
7	ELCOX	20.938	109				
8	WGT GmbH	16.048	72				
9	⊟Italien	27.840	126				
10	ADRIA AG	12.552	47				
11	MIRAMAR	15.288	79				
12	⊟Österreich	39.731	282				
13	Dancer	6.272	60				
14	KARG AG	17.486	108				
15	Tief & Brunnen	15.973	114				
16	⊟Schweiz	123.887	646				
17	Brettschneider	21.268	101				
18	EGW Werke	52.169	234				
19	Heimlich und Brenner	28.240	172				
20	Hügli	22.210	139				
21	Gesamtergebnis	235.030	1289				

Gehen Sie daher so vor:

1 Markieren Sie eine einzelne Zelle der zu formatierenden Werte, hier den Umsatz eines beliebigen Kunden (Bild 6.33) ❶, klicken Sie im Register *Start* ▶ *Formatvorlagen* auf *Bedingte Formatierung* ❷ und wählen Sie *Neue Regel...*.

2 **Achtung**: Im oberen Teil des Fensters *Neue Formatierungsregel* legen Sie fest, auf welche Zellen sich die Regel beziehen soll. Wählen Sie hier unbedingt statt der Voreinstellung *Markierte Zellen* die Option *Alle Zellen mit „Summe von Umsatz" Werten für „Kunde"* ❸.

3 Unterhalb wählen Sie den Regeltyp und bearbeiten die Regelbeschreibung. Wenn Sie z. B. Datenbalken wünschen, dann klicken Sie auf den Regeltyp *Alle Zellen basierend auf Ihren Werten formatieren* und wählen im Bereich *Regelbeschreibung* im Feld *Formatstil* ❹ Datenbalken statt einer Farbskala aus. Anschließend können Sie Minimum und Maximum sowie die Farbe der Datenbalken festlegen. Klicken Sie zuletzt auf *OK*.

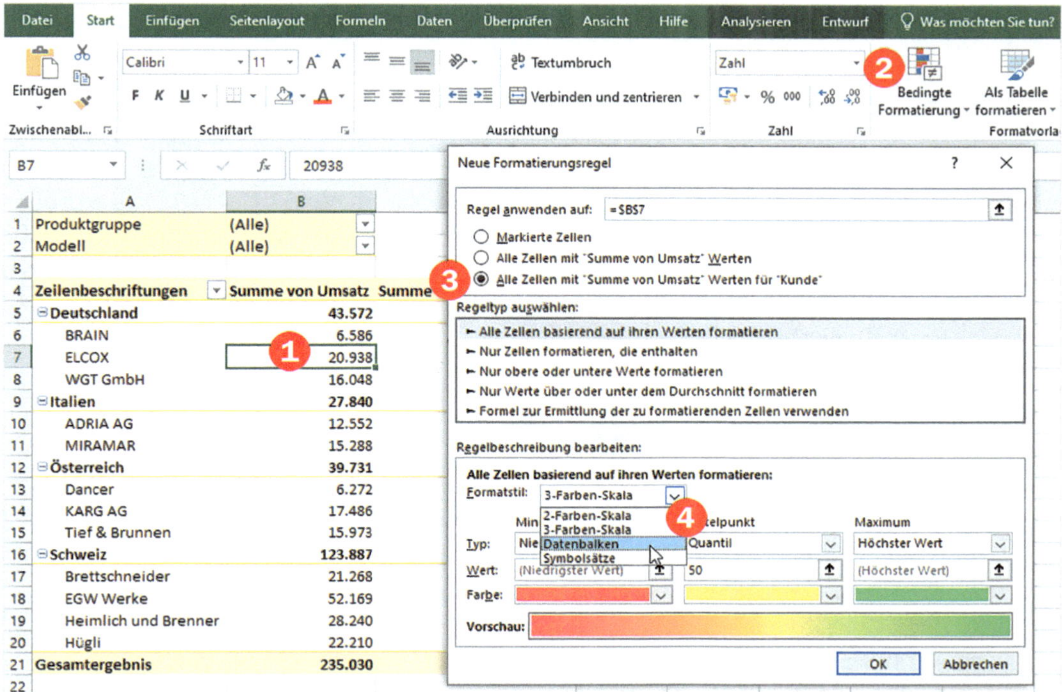

Bild 6.33 Bedingte Formatierung auf bestimmte Werte anwenden

Eine Alternative finden Sie in den Formatierungsoptionen. Mit dieser Methode sollen als zweites Beispiel im Bild unten die Ergebnisse der Länder mit Ampelsymbolen versehen werden.

1 Klicken Sie auf das Teilergebnis eines beliebigen Landes und wählen Sie im Menüband über die Schaltfläche *Bedingte Formatierung* ▶ *Symbolsätze* die gewünschten Ampelsymbole.

2 Im Tabellenblatt erscheint anschließend an dieser Stelle das Symbol *Formatierungsoptionen*. Klicken Sie auf das Symbol und wählen Sie den gewünschten Bereich, im Bild *Alle Zellen mit „Summe von Umsatz" Werten für „Land"*.

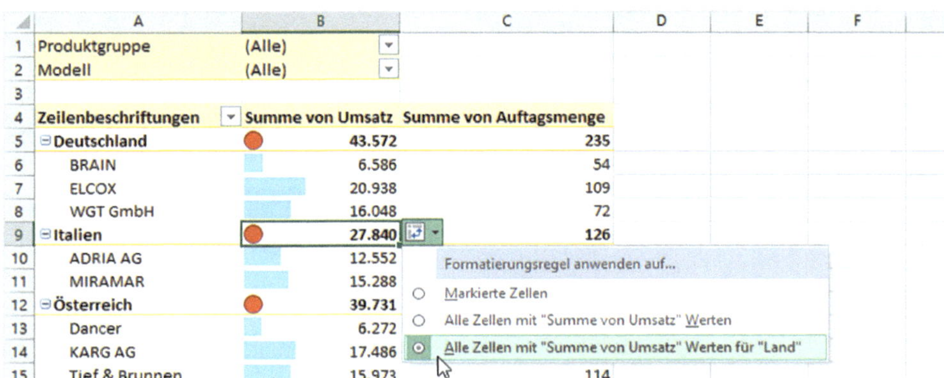

Bild 6.34 Wählen Sie die zu formatierenden Zeilen über das Symbol Formatierungsoptionen

Beschriftungen ändern

Vermutlich haben Sie schon bemerkt, dass Excel in der Standardeinstellung zwar die Feldinhalte als Zeilen- und Spaltenbeschriftungen in die Pivot-Tabelle übernimmt, nicht aber die dazugehörigen Feldnamen als Überschriften. Stattdessen finden Sie hier nur den wenig aussagekräftigen Text *Zeilenbeschriftungen* und *Spaltenbeschriftungen* und auch Spaltenüberschriften wie *Summe von Umsatz* sind meist zu lang und geben nicht immer den Inhalt wieder. Als Abhilfe wählen Sie ein anderes Berichtslayout, siehe weiter unten, und/oder geben einfach eine andere Beschriftung über die Tastatur ein.

Beschriftung eingeben

Alle Beschriftungen lassen sich schnell ändern, indem Sie einfach die betreffende Zelle markieren und die neue Beschriftung über die Tastatur eingeben bzw. in der Bearbeitungsleiste ändern oder den Zellinhalt mit F2 editieren (Bild 6.35). Auf die Inhalte der Ausgangstabelle hat dies keinerlei Auswirkungen! Sie können also z. B. auch einzelne Zeilenbeschriftungen, im Bild die Artikelnummer, mit Zusatztext versehen. Dieser bleibt auch nach dem Aktualisieren erhalten und wandert beim Sortieren mit.

Die Methode hat allerdings einen gravierenden Nachteil: Der Text, den Sie statt der ursprünglichen Zeilen- oder Spaltenbeschriftung eingegeben haben, bleibt auch dann erhalten, wenn Sie die Pivot-Tabelle nachträglich umstellen und z. B. statt der Artikelnummer die Produktgruppe als Zeilen verwenden.

Auch die Überschrift einer Wertespalte, z. B. *Summe von Auftragsmenge* lässt sich auf diese Weise beliebig ändern. Einzige Einschränkung: Diese Überschrift wird als Feldname behandelt und muss eindeutig sein, darf also nicht bereits in der Feldliste oder als benutzerdefinierter Name vorhanden sein.

Tipp: Doppelklick auf eine Wertebeschriftung öffnet das Fenster *Wertfeldeinstellungen*. Hier können Sie im Feld *Benutzerdefinierter Name* ebenfalls den Namen und damit die Überschrift ändern (Bild 6.36). Das Fenster *Wertfeldeinstellungen* können Sie auch über das Kontextmenü der rechten Maustaste öffnen oder indem Sie im Aufgabenbereich *PivotTable-Felder* im Bereich *Werte* auf das betreffende Feld klicken.

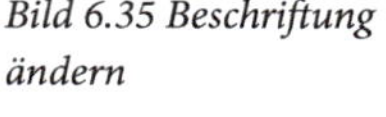

Bild 6.35 Beschriftung ändern

Bild 6.36 Beschriftung im Fenster Wertfeldeinstellungen ändern

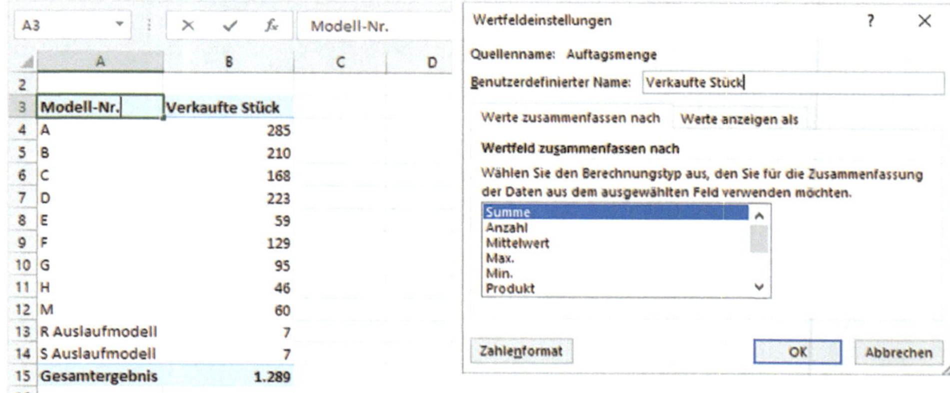

Berichtslayout ändern

Das Berichtslayout steuert die Anordnung von Zeilen- und Spaltenfeldern in hierarchischen Pivot-Tabellen sowie die Anzeige von Feldnamen als Überschriften. Im Register *Entwurf* ▶ *Layout* finden Sie über die Schaltfläche *Berichtslayout* drei Optionen.

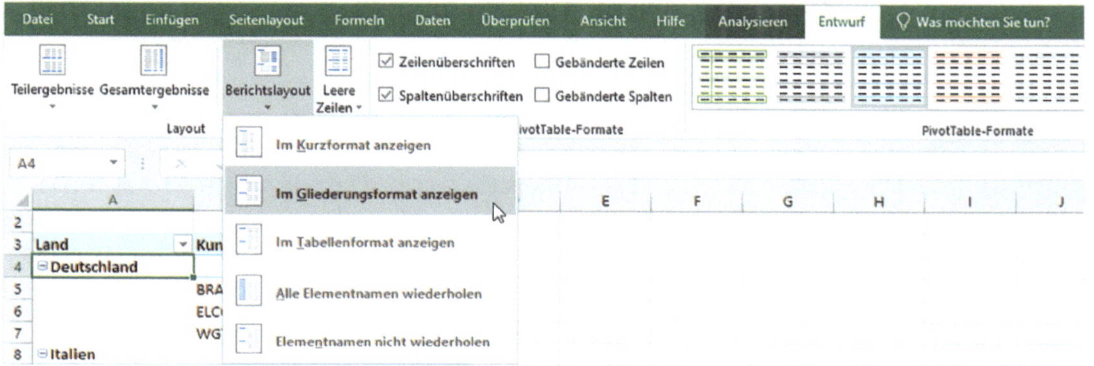

Bild 6.37 Berichtslayout wählen

- Standardmäßig verwendet Excel das Kurzformat, das in gruppierten Tabellen alle Details in einer einzigen Spalte zusammenfasst, die Details sind lediglich etwas eingerückt (Bild 6.38).
- Im Gliederungs- und Tabellenformat erscheint jedes Feld in einer eigenen Spalte, diese erhält als Beschriftung den jeweiligen Feldnamen.
- Beim Tabellenformat sind zusätzlich die Gitternetzlinien sichtbar, außerdem befindet sich das erste untergeordnete Element in derselben Zeile statt eine Zeile tiefer, wie im Gliederungs- und Kurzformat (Bild 6.40).

	A	B
2		
3	Zeilenbeschriftungen	Umsatzsumme
4	⊟Deutschland	43.572
5	BRAIN	6.586
6	ELCOX	20.938
7	WGT GmbH	16.048
8	⊟Italien	27.840
9	ADRIA AG	12.552
10	MIRAMAR	15.288
11	⊟Österreich	39.731
12	Dancer	6.272
13	KARG AG	17.486
14	Tief & Brunnen	15.973
15	⊟Schweiz	123.887
16	Brettschneider	21.268
17	EGW Werke	52.169
18	Heimlich und Brenner	28.240
19	Hügli	22.210
20	Gesamtergebnis	235.030
21		

Bild 6.38 Die Tabelle im Kurzformat

	A	B	C
2			
3	Land	Kunde	Umsatzsumme
4	⊟Deutschland		43.572
5		BRAIN	6.586
6		ELCOX	20.938
7		WGT GmbH	16.048
8	⊟Italien		
9		ADRIA AG	
10		MIRAMAR	
11	⊟Österreich		
12		Dancer	
13		KARG AG	
14		Tief & Brunnen	
15	⊟Schweiz		
16		Brettschneider	
17		EGW Werke	
18		Heimlich und Brenne	
19		Hügli	
20	Gesamtergebnis		
21			

Bild 6.39 … im Gliederungsformat

	A	B	C
2			
3	Land	Kunde	Umsatzsumme
4	⊟Deutschland	BRAIN	6.586
5		ELCOX	20.938
6		WGT GmbH	16.048
7	Deutschland Ergebnis		43.572
8	⊟Italien	ADRIA AG	12.552
9		MIRAMAR	15.288
10	Italien Ergebnis		27.840
11	⊟Österreich	Dancer	6.272
12		KARG AG	17.486
13		Tief & Brunnen	15.973
14	Österreich Ergebnis		39.731

Bild 6.40 … und im Tabellenformat

Tipp: Über die Schaltfläche *Berichtslayout* erhalten Sie auch die Möglichkeit, in gruppierten Tabellen jeder Zeile die Bezeichnung des übergeordneten Elements voranzustellen (Einstellung *Alle Elementnamen wiederholen*), die Auswahl *Elementnamen nicht wiederholen* blendet diese wieder aus.

Weitere Layouteinstellungen in den PivotTable-Optionen

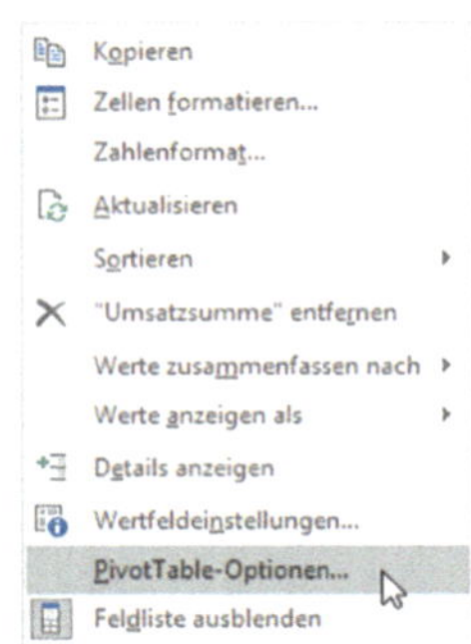

In den PivotTable-Optionen finden Sie einige nützliche Layouteinstellungen. Die Optionen öffnen Sie entweder mit Rechtsklick in die Pivot-Tabelle und den Befehl *PivotTable-Optionen* oder klicken Sie im Register *PivotTable-Tools - Analysieren* ▶ *PivotTable* auf *Optionen*. Klicken Sie im Fenster *PivotTable-Optionen* auf das Register *Layout & Format*.

Formate und Spaltenbreite beim Aktualisieren beibehalten

Excel passt beim Erstellen und nach jeder Aktualisierung einer Pivot-Tabelle die Spaltenbreite automatisch an den Inhalt an. Die Spaltenbreite lässt sich zwar jederzeit mit der Maus ändern, wird jedoch beim Aktualisieren der Tabelle nicht beibehalten. Damit Sie nicht nach jeder Aktualisierung die Spalten mühsam erneut wieder anpassen müssen, können Sie in den Optionen das automatische Anpassen der Spalten deaktivieren.

Achtung: Alle Optionen gelten immer nur für die aktuelle Pivot-Tabelle!

- Dazu deaktivieren Sie im Register *Layout & Format* das Kontrollkästchen *Spaltenbreiten bei Aktualisierung automatisch anpassen* ❶.
- Das zweite Kontrollkästchen *Zellformatierung bei Aktualisierung beibehalten* sollte dagegen aktiviert sein. Es sorgt dafür, dass sämtliche Formatierungen, z. B. Zahlenformate oder bedingte Formatierungen beim Aktualisieren der Tabelle erhalten bleiben.

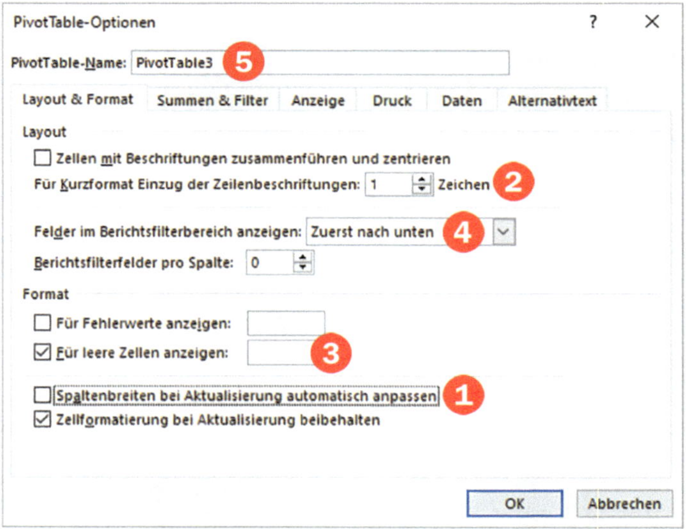

Bild 6.41 Anpassung der Spaltenbreite verhindern

Die weiteren Einstellungen

Einzüge des Kurzformats ändern

Wenn Sie aus Platzgründen das Kurzformat beibehalten möchten, aber zwecks übersichtlicherer Darstellung die untergeordneten Elemente weiter einrücken möchten, dann geben Sie in den Optionen im Register *Layout & Format* beim Feld *Für Kurzformat Einzug der Zeilenbeschriftungen* die gewünschte Anzahl Zeichen an ❷.

Behandlung fehlender Werte

Bei fehlenden Werten bleibt in der Standardeinstellung die Zelle der Wertespalte leer. Wenn hier ein anderes Zeichen, z. B. Bindestrich oder Stern, erscheinen soll, dann aktivieren Sie unter *Format* das Kontrollkästchen *Für leere Zellen anzeigen* ❸ (Bild oben) und tragen das gewünschte Zeichen im Feld daneben ein.

Berichtsfilter nebeneinander anordnen

Wenn Sie im Bereich *Filter* mehrere Felder verwenden, dann werden diese oberhalb der Pivot-Tabelle automatisch untereinander angeordnet. Sollen diese nebeneinander erscheinen, dann wählen Sie im Feld *Felder im Berichtsfilterbereich anzeigen* ❹ die Einstellung *Rechts, dann nach unten*. Unterhalb legen Sie die Anzahl der Felder pro Zeile fest; z. B. 2, wenn sich maximal zwei Berichtsfilter nebeneinander befinden sollen.

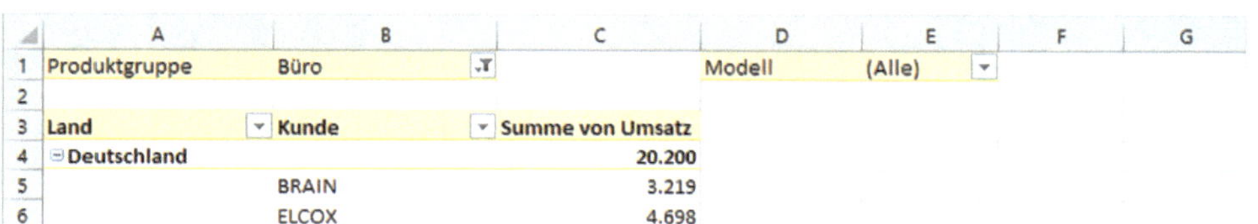

	A	B	C	D	E	F	G
1	Produktgruppe	Büro		Modell	(Alle)		
2							
3	Land	Kunde	Summe von Umsatz				
4	Deutschland		20.200				
5		BRAIN	3.219				
6		ELCOX	4.698				

Bild 6.42 Berichtsfilter nebeneinander anordnen

Tabellennamen

Standardmäßig werden die Pivot-Tabellen einer Mappe der Reihe nach durchnummeriert und erhalten die Namen *PivotTable1*, *PivotTable2*, usw.. Damit Sie in Arbeitsmappen mit mehreren Pivot-Tabellen den Überblick nicht verlieren, können Sie hier ❺ jeder Tabelle einen aussagekräftigeren Namen geben. Alternativ klicken Sie im Register *PivotTable-Tools* - *Analysieren* auf *PivotTable* ein und geben hier einen Namen ein.

Die Anzeige von Gesamt- und Zwischenergebnissen steuern

Gesamtergebnisse anzeigen/entfernen

Meist erhält eine Pivot-Tabelle automatisch in der letzten Zeile und Spalte jeweils die Gesamtergebnisse. Wenn dies nicht der Fall sein sollte oder Sie die Gesamtergebnisse entfernen möchten, dann klicken Sie im Register *Entwurf* ▶ *Layout* auf *Gesamtergebnisse* und wählen die gewünschte Anzeige (Bild 6.43).

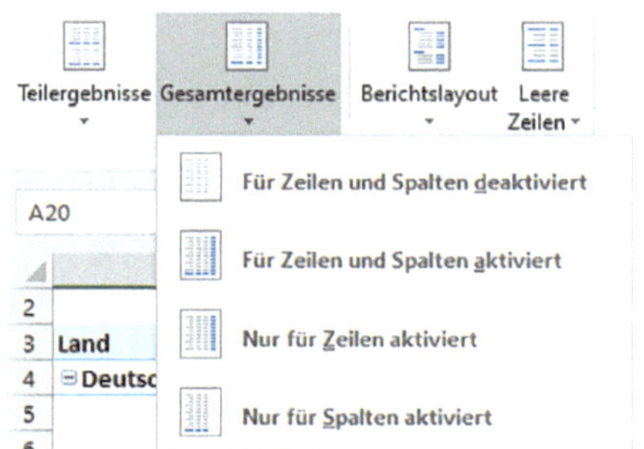

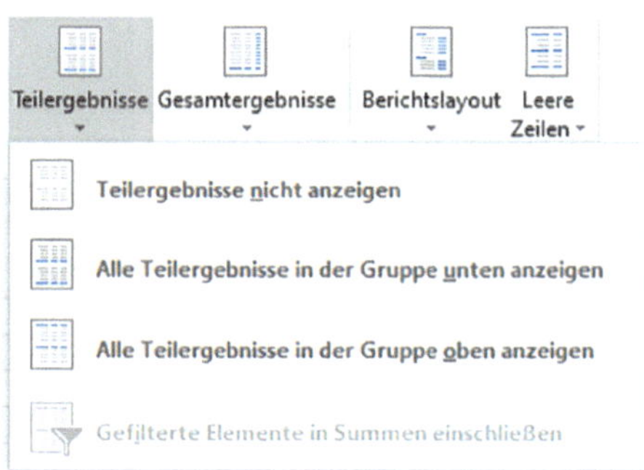

Bild 6.43 Die Anzeige von Gesamtergebnissen

Bild 6.44 Teilergebnisse anzeigen

Anzeige und Position von Teilergebnissen

Im selben Register finden Sie daneben auch die Schaltfläche *Teilergebnisse* (Bild 6.44), über die Sie für hierarchisch angeordnete Zeilen- oder Spaltenfelder die Anzeige und Position von Teilergebnissen steuern.

Ob die Teilergebnisse ober- oder unterhalb der Gruppe angezeigt werden, ist auch abhängig vom Berichtslayout. So positioniert z. B. das *Tabellenformat* Teilergebnisse immer unterhalb der Gruppe. Beim *Kurzformat* und beim *Gliederungsformat* können Sie dagegen die Position der Teilergebnisse ändern. Beachten Sie außerdem, dass bei Teilergebnissen unterhalb der Gruppe eine zusätzliche Zeile eingefügt wird, was umfangreiche Tabellen nicht unbedingt übersichtlicher macht.

Leerzeilen nach jeder Gruppe

Falls Sie für optisch ansprechende Ausdrucke nach jeder Gruppe Leerzeilen einfügen möchten, klicken Sie dazu in der Gruppe *Layout* auf *Leere Zeilen*. Mit dieser Schaltfläche entfernen Sie auch die Leerzeilen wieder.

Teilergebnisse eines bestimmten Feldes ausblenden

Wenn Sie die Anzeige von Teilergebnissen aktiviert haben, dann bezieht sich dies zunächst auf alle Teilergebnisse bzw. alle Felder. Bei mehreren Zeilenfeldern kann es aber in Einzelfällen auch sinnvoll sein, die Teilergebnisse nur eines bestimmten Feldes auszublenden, wie z. B. im Bild unten der Produktgruppe.

Dazu klicken Sie mit der rechten Maustaste auf eine beliebige Zelle dieses Feldes ❶ und deaktivieren das Teilergebnis für dieses Feld bzw. entfernen das Häkchen ❷.

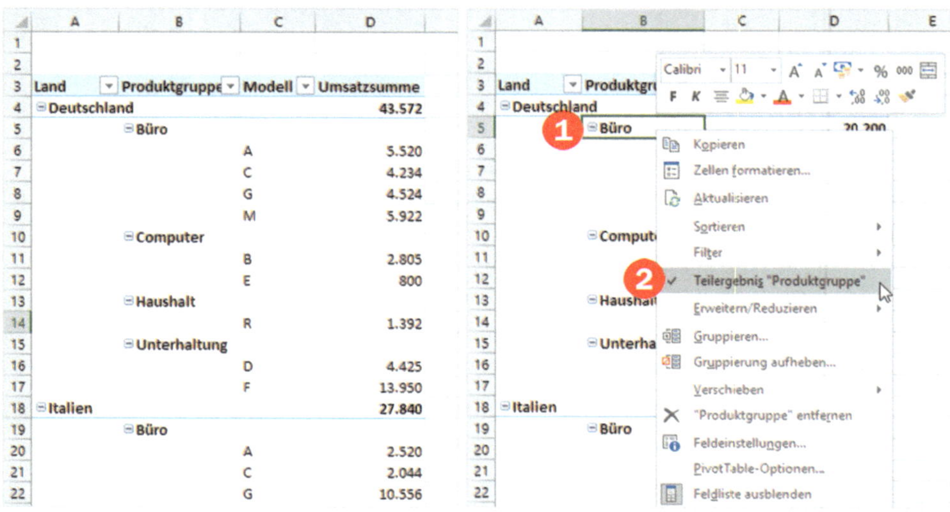

Bild 6.45 Teilergebnis eines Feldes entfernen

Sollte umgekehrt das Teilergebnis für ein Feld nicht angezeigt werden, so blenden Sie es mit derselben Vorgehensweise wieder ein.

Einzeldatensätze anzeigen (Drilldown)

Eigentlich besteht die Aufgabe jeder Pivot-Tabelle im Zusammenfassen von Daten. Trotzdem kann es manchmal sinnvoll sein, zur Kontrolle schnell Einblick in die Einzelwerte zu einem Ergebnis zu erhalten. Beispielsweise, wenn Sie wissen möchten, wie sich die Verkaufszahl einer bestimmten Produktgruppe und/oder eines Kunden zusammensetzt oder ob der Umsatz vom Dezember wirklich korrekt ist.

Dazu führen Sie einen sogenannten Drilldown aus: Doppelklicken Sie auf den betreffenden Wert einer Ergebnisspalte ❶.

Bild 6.46 Doppelklicken Sie auf das Ergebnis, das Sie näher untersuchen möchten

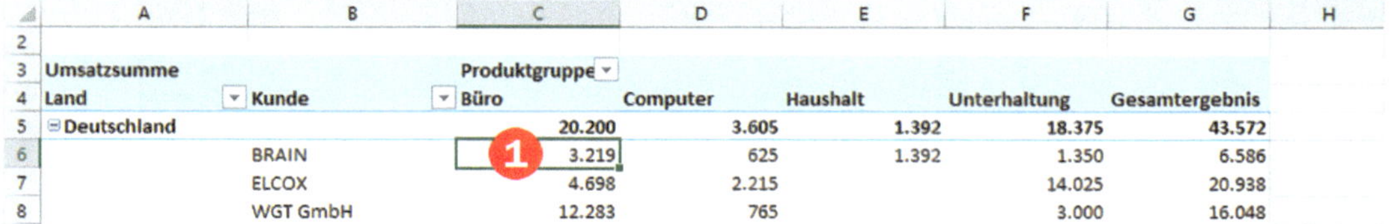

	A	B	C	D	E	F	G
2							
3	Umsatzsumme		Produktgruppe				
4	Land	Kunde	Büro	Computer	Haushalt	Unterhaltung	Gesamtergebnis
5	⊟Deutschland		20.200	3.605	1.392	18.375	43.572
6		BRAIN	❶ 3.219	625	1.392	1.350	6.586
7		ELCOX	4.698	2.215		14.025	20.938
8		WGT GmbH	12.283	765		3.000	16.048

- Die dazugehörigen Einzeldatensätze, im Bild unten die Produktgruppe Büro und Kunde BRAIN, werden in ein neues Tabellenblatt ❷ der aktuellen Arbeitsmappe kopiert und sofort auf dem Bildschirm angezeigt.

Bild 6.47 Die Einzeldatensätze werden in ein neues Tabellenblatt kopiert

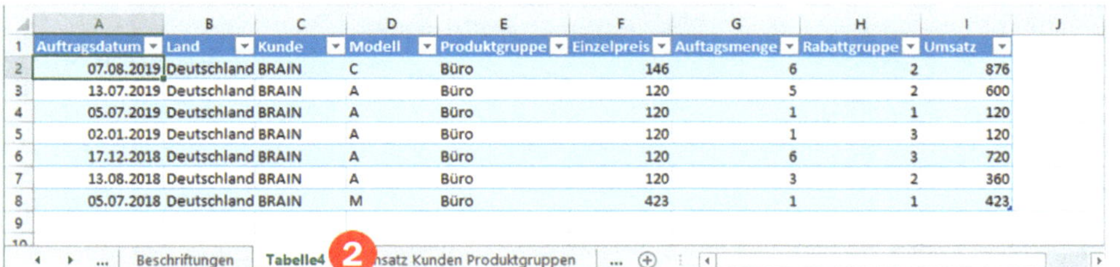

	Auftragsdatum	Land	Kunde	Modell	Produktgruppe	Einzelpreis	Auftagsmenge	Rabattgruppe	Umsatz
2	07.08.2019	Deutschland	BRAIN	C	Büro	146	6	2	876
3	13.07.2019	Deutschland	BRAIN	A	Büro	120	5	2	600
4	05.07.2019	Deutschland	BRAIN	A	Büro	120	1	1	120
5	02.01.2019	Deutschland	BRAIN	A	Büro	120	1	3	120
6	17.12.2018	Deutschland	BRAIN	A	Büro	120	6	3	720
7	13.08.2018	Deutschland	BRAIN	A	Büro	120	3	2	360
8	05.07.2018	Deutschland	BRAIN	M	Büro	423	1	1	423

> **Gut zu wissen**: Ein Drilldown erzeugt lediglich eine Kopie der Quelldaten. Sie können hier also Kontrollberechnungen durchführen und dieses Blatt problemlos wieder löschen, wenn es nicht mehr benötigt wird. Weder die Ausgangsdaten noch die Pivot-Tabelle werden dadurch verändert.

Tipp: Drilldown verhindern

Falls Sie verhindern möchten, dass bei einem Doppelklick Details aus den Quelldaten erscheinen, dann deaktivieren Sie in den *PivotTable-Optionen* (Rechtsklick ▶ *PivotTable-Optionen*), Register *Daten* das Kontrollkästchen *'Details anzeigen' aktivieren*.

Bild 6.48 Drilldown deaktivieren

Tabelle sortieren

Nach Werten sortieren

Die üblichen Methoden der Sortierung funktionieren auch in Pivot-Tabellen. Standardmäßig sind Pivot-Tabellen nach den Elementen der Zeilenbeschriftung sortiert. Um nach Werten zu sortieren, z. B. absteigend oder aufsteigend nach Umsatzsumme, klicken Sie mit der rechten Maustaste auf eine beliebige Zelle der entsprechenden Spalte, zeigen auf *Sortieren* und wählen die gewünschte Sortierfolge. Die Sortierung wird auch nach dem Aktualisieren beibehalten. Als Alternative benutzen Sie im Register *Daten* die Symbole *Aufsteigend* und *Absteigend sortieren*.

Bild 6.49 Tabelle nach Werten sortieren

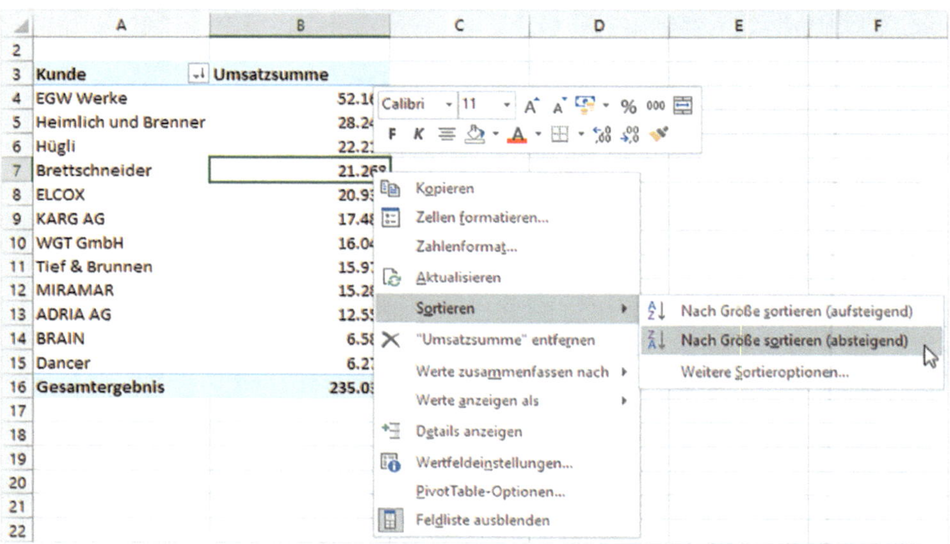

Felder sortieren

Felder, wie z. B. Produktgruppen im Bild unten können Sie auch mit Klick auf die Pfeilschaltflächen sortieren.

Bild 6.50 Felder sortieren

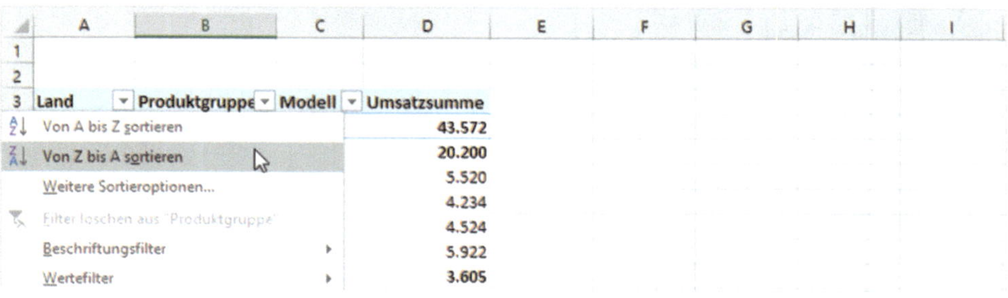

Tipp: Über *Weitere Sortieroptionen...* lässt sich bei Bedarf eine feste Sortierung festlegen.

6.5 Pivot-Tabelle filtern

Tabelle mit dem Berichtsfilter filtern

Felder, die Sie in den Bereich *Filter* ziehen, befinden sich oberhalb der eigentlichen Pivot-Tabelle und dienen zum Filtern der gesamten Tabelle. Dieser Bereich kann auch mehrere Felder umfassen. Als Beispiel dienen im Bild unten die Felder Produktgruppe und Modell als Filter.

Klicken Sie beim Feld *Produktgruppe* auf den Dropdown-Pfeil ❶ (Feldschaltfläche), anschließend auf die gewünschte Produktgruppe, hier Büro ❷, und auf *OK*.

Wenn Sie zwei oder mehr Kriterien benötigen, z. B. die Produktgruppen *Büro* und *Computer*, dann aktivieren Sie das Kontrollkästchen *Mehrere Elemente auswählen* ❸. Anschließend können Sie über Kontrollkästchen jedes einzelne Element ein- oder ausblenden. Damit wieder alle angezeigt werden, brauchen Sie nur das Kontrollkästchen *(Alle)* aktivieren.

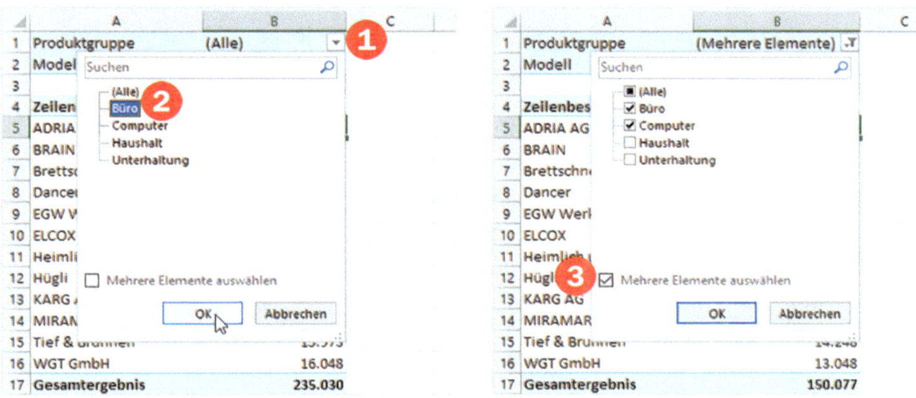

Bild 6.51 Wählen Sie einen Filter

Bild 6.52 Mehrfachauswahl

Aktive Filter erkennen Sie am Filtersymbol der Schaltfläche. Diese bleiben auch nach dem Aktualisieren wirksam!

Beachten Sie: Ausgeblendete Elemente werden nicht in die Berechnung von Gesamt- und Teilergebnissen einbezogen, alle Ergebnisse beziehen sich also ausschließlich auf die angezeigten Werte.

Nicht benötigte Zeilen- und Spaltenelemente ausblenden

Einzelne Zeilen und/oder Spalten können in einer Pivot-Tabelle nicht gelöscht werden. Sie können nur, wie beim Berichtsfilter, einzelne Feldelemente ausblenden. Diese fließen dann auch nicht in die Berechnung der Gesamt- und Teilergebnisse ein. Dazu klicken Sie in der Pivot-Tabelle auf den Dropdown-Pfeil des betreffenden Feldes ❶ (Bild 6.53) und deaktivieren das Kontrollkästchen des auszublendenden Elements, im Bild unten die Spalte bzw. Produktgruppe Unterhaltung ❷. Dieselbe Vorgehensweise kann auch auf Zeilen angewendet werden.

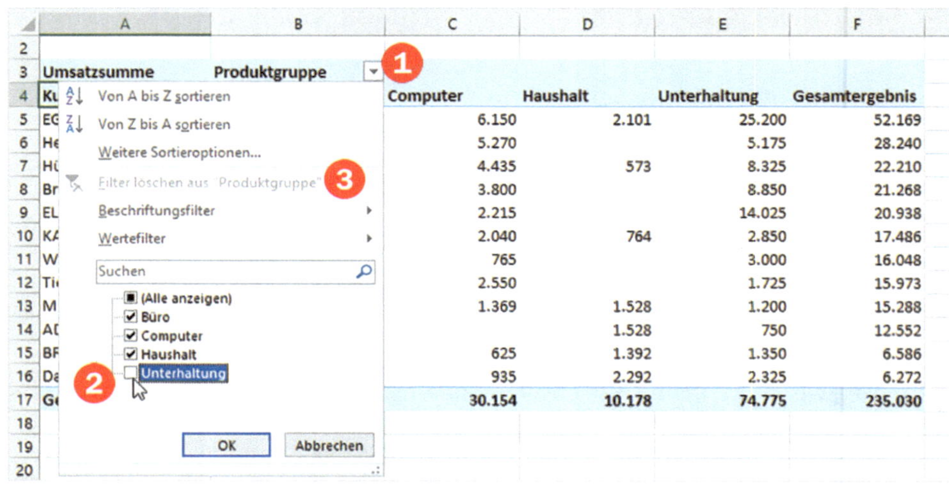

Bild 6.53 Element ausblenden

Filter entfernen

Zum Entfernen eines Filters klicken Sie erneut auf die Feldschaltfläche und auf *Filter löschen aus...* ❸. Oder aktivieren Sie das Kontrollkästchen *(Alle anzeigen)*.

Tipp: Fehlende Werte ausblenden

Enthält die Pivot-Tabelle ein Zeilen- oder Spaltenfeld, das in der Datenquelle nicht für jeden Datensatz einen Wert aufweist, so zeigt Excel bei fehlenden Werten *(Leer)* an. Wenn diese nicht in das Gesamtergebnis einfließen sollen, dann benutzen Sie die oben beschriebene Methode zum Ausblenden.

Wertefilter: Nur die umsatzstärksten Kunden (Top 10)

Pivot-Tabellen unterstützen auch das Filtern anhand bestimmter Werte. Dazu ein einfaches Beispiel: Die unten abgebildete Tabelle soll nur die fünf umsatzstärksten Kunden anzeigen.

1. Klicken Sie auf den Dropdown-Pfeil des Feldes *Kunde* ❶ und zeigen Sie auf *Wertefilter*. Das Untermenü bietet nun verschiedene Filtermöglichkeiten an, klicken Sie auf *Top 10...* ❷.
2. Im nachfolgenden Fenster geben Sie nun die Anzahl der anzuzeigenden Elemente ein ❸, in diesem Beispiel 5. Statt der obersten Elemente könnten auch die untersten Elemente, also die Kunden mit den niedrigsten Umsätzen ausgewählt werden. Oder wählen Sie statt *Elemente* die obersten *Prozent* der Umsatzsumme aus, z. B. für eine ABC-Analyse.

Als Wertefilter können auch Vergleichswerte verwendet werden (*Größer als...*, *Kleiner als...*, usw.). Beachten Sie, dass sich in einer Tabelle mit mehreren Spalten der Wertefilter stets nach der Gesamtsumme richtet.

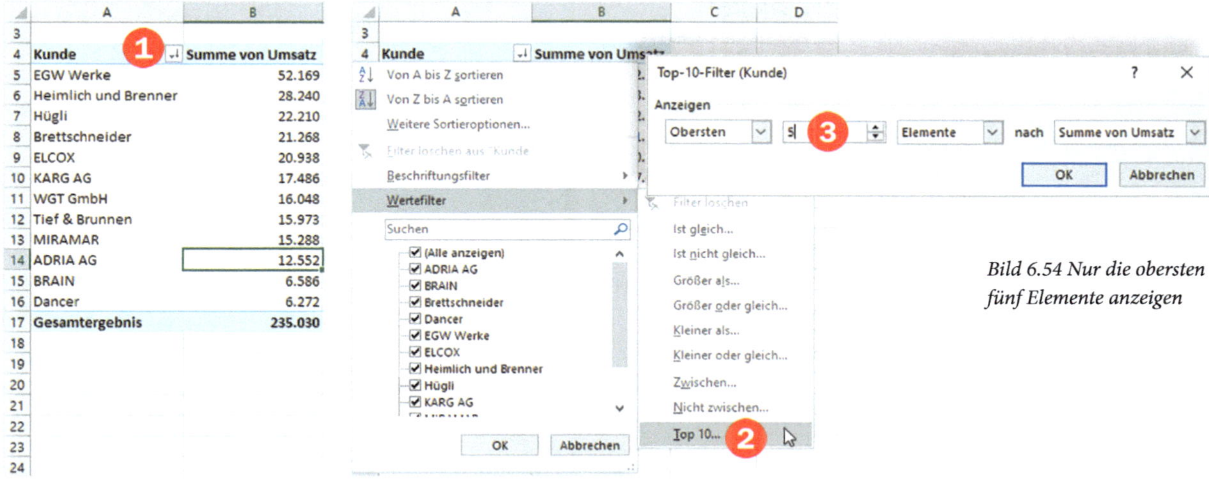

Bild 6.54 Nur die obersten fünf Elemente anzeigen

Ein bestimmtes Beschriftungselement suchen

In der Praxis ist meist die Anzahl der Zeilen, z. B. Produkte oder Kunden erheblich umfangreicher als im hier verwendeten Beispiel. In solchen Fällen ist es nicht immer einfach, auf Anhieb einen bestimmten Kunden oder ein bestimmtes Produkt zu finden und auch der Weg über die Kontrollkästchen führt nicht unbedingt schnell zum Ziel. In solchen Fällen benutzen Sie das Suchfeld. Als Beispiel soll im Bild unten der Kunde „Brenner" gesucht werden.

Klicken Sie auf den Dropdown-Pfeil des Feldes *Kunde* und geben Sie den gesuchten Namen im Suchfeld ein. Bereits während der Eingabe erscheinen unterhalb passende Suchergebnisse. Deaktivieren Sie eventuell nicht benötigte und klicken Sie auf *OK*.

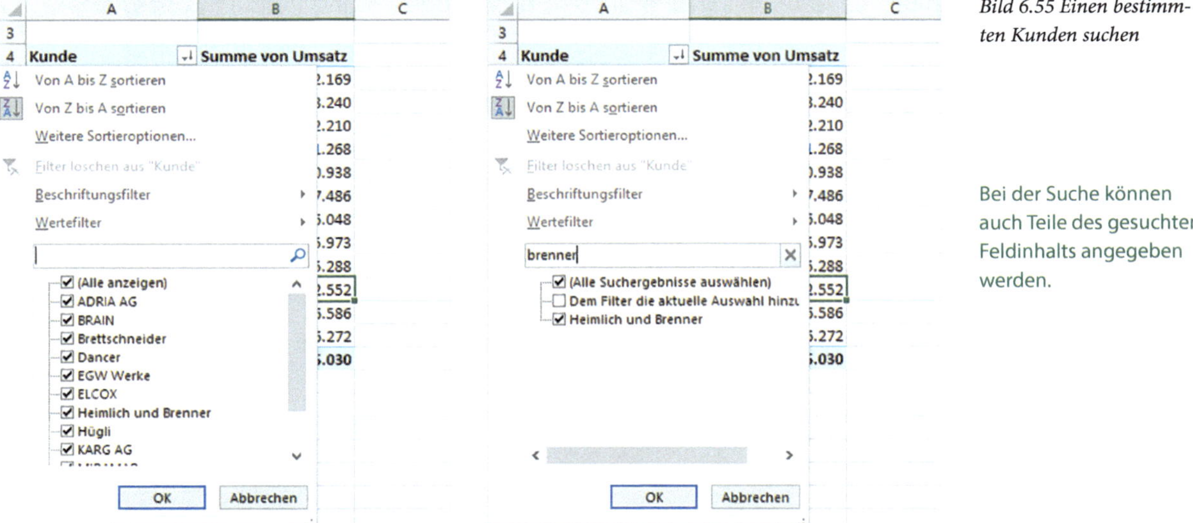

Bild 6.55 Einen bestimmten Kunden suchen

Bei der Suche können auch Teile des gesuchten Feldinhalts angegeben werden.

Den Suchbefehl einsetzen

Sie können natürlich stattdessen auch alle Elemente dieses Feldes markieren, mit Strg+F oder über *Start* ▶ *Bearbeiten* ▶ *Suchen und auswählen* ▶ *Suchen*, das Fenster *Suchen und Ersetzen* öffnen und hier den gesuchten Namen eingeben. Im Gegensatz zur oben beschriebenen Methode wird dadurch der gesuchte Kunde nur markiert und die übrigen nicht ausgeblendet.

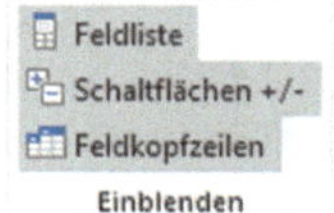

Allerdings verschwindet dadurch auch der dazugehörige Text.

Tipp: Dropdown-Schaltflächen ausblenden

Wenn Sie verhindern möchten, dass von anderen Benutzern Filter angewendet oder aufgehoben werden, dann blenden Sie die Filter-Schaltflächen aus. Klicken Sie dazu auf das Register *Analysieren* und deaktivieren Sie in der Gruppe *Einblenden* die Schaltfläche *Feldkopfzeilen*. Mit derselben Schaltfläche blenden Sie die ausgeblendeten Schaltflächen auch wieder ein.

Datenschnitte zum Filtern einsetzen

Auch die, in Kapitel 2 beschriebenen, Datenschnitte lassen sich zum Filtern von Pivot-Tabellen einsetzen. Im Gegensatz zu den oben vorgestellten Filtermöglichkeiten über die Dropdown-Schaltfläche des jeweiligen Feldes haben Datenschnitte gleich mehrere Vorteile:

- Sie sind einfach zu bedienen, insbesondere auf Geräten mit Touchscreen.
- Die verwendeten Filter und Filterkriterien werden optisch hervorgehoben und sind auch für Excel-Unkundige leicht nachvollziehbar.

Datenschnitte einfügen

Beispiel: Sie haben eine Pivot-Tabelle mit Kundenumsätzen vor sich (Bild 6.56) und möchten diese mit Datenschnitten nach Modellen und Produktgruppen filtern. Klicken Sie im Register *Analysieren* ▶ *Filtern* auf *Datenschnitt einfügen* ❶.

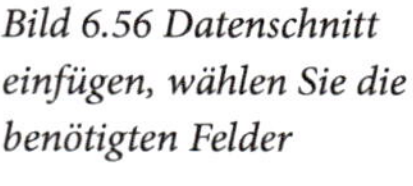

Bild 6.56 Datenschnitt einfügen, wählen Sie die benötigten Felder

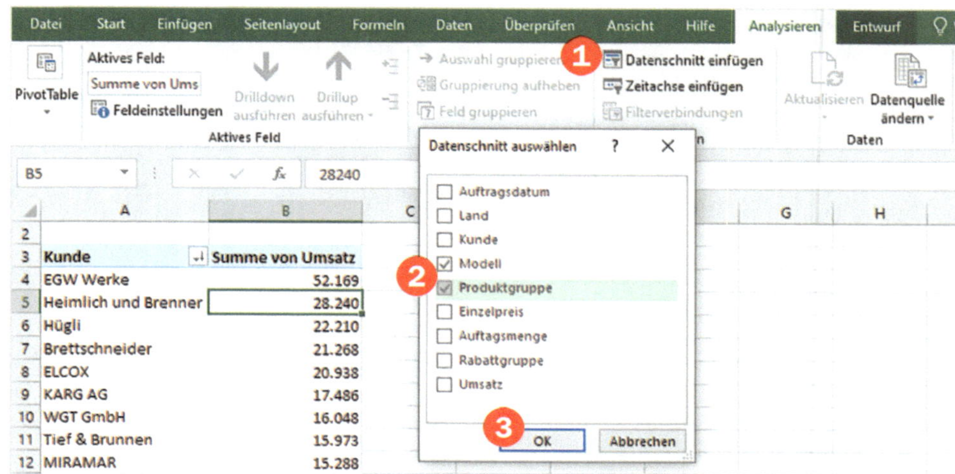

Wählen Sie anhand der Kontrollkästchen die Felder, die Sie als Filter verwenden möchten ❷ und klicken Sie auf OK ❸.

Die Datenschnitte werden überlagert am Rand der Pivot-Tabelle in das Arbeitsblatt eingefügt und Sie können nun die Datenschnitte verwenden, wie bereits in Kapitel 2 beschrieben.

Mehrere Tabellen gleichzeitig filtern

Ein Filter mittels Datenschnitt wirkt sich in der Standardeinstellung immer nur auf die dazugehörige Pivot-Tabelle aus. Wenn sich in der Arbeitsmappe noch weitere Pivot-Tabellen befinden, die auf denselben Quelldaten beruhen, dann können Sie den markierten Datenschnitt auch mit diesen Pivot-Tabellen verbinden.

Wenn Sie z. B. den Datenschnitt *Auftragsjahr* mit einer zweiten Pivot-Tabelle verbinden, dann wirkt sich der aktive Filter automatisch auch auf diese Tabelle aus, allerdings ohne dass hier der Datenschnitt auch erscheint. Der Filter ist in der zweiten Tabelle nur aus dem Filtersymbol des Feldes ersichtlich.

1 Dazu markieren Sie den betreffenden Datenschnitt und klicken im Register *Datenschnitttools - Optionen* auf *Berichtsverbindungen*.

Bild 6.57 Klicken Sie auf Berichtsverbindungen

2 Anschließend wählen Sie die Pivot-Tabellen und/oder Pivot-Diagramme, mit denen der Datenschnitt verbunden werden soll.

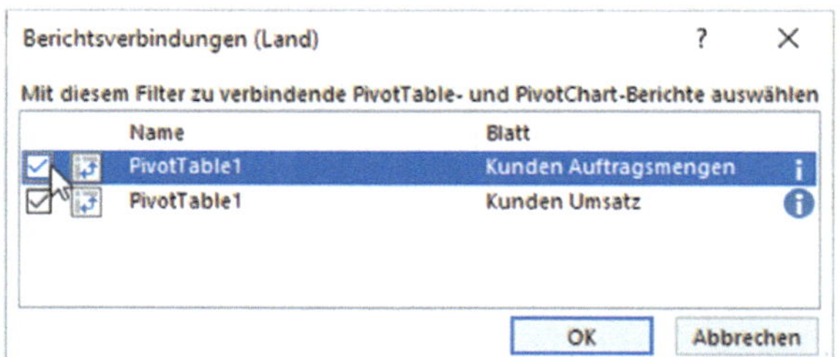

Hier macht es sich bezahlt, wenn Sie die Arbeitsblätter der Mappe mit Namen versehen haben. Noch besser natürlich, wenn auch die Pivot-Tabellen einen Namen erhalten haben.

Bild 6.58 Den markierten Datenschnitt mit weiteren Tabellen verbinden

Gelöschte Elemente anzeigen/ausblenden

Datenschnitte liefern auf den zweiten Blick noch mehr Informationen: In der Standardeinstellung enthalten sie auch aus der Datenquelle gelöschte Elemente. Diese sind inaktiv, wie im Bild unten die Kunden Auer und Müller. Dadurch erkennen Sie z. B. nach dem Aktualisieren auf einen Blick, von welchen Kunden aktuell keine Aufträge mehr vorhanden sind.

Bild 6.59 Aus der Datenquelle gelöschte Kunden

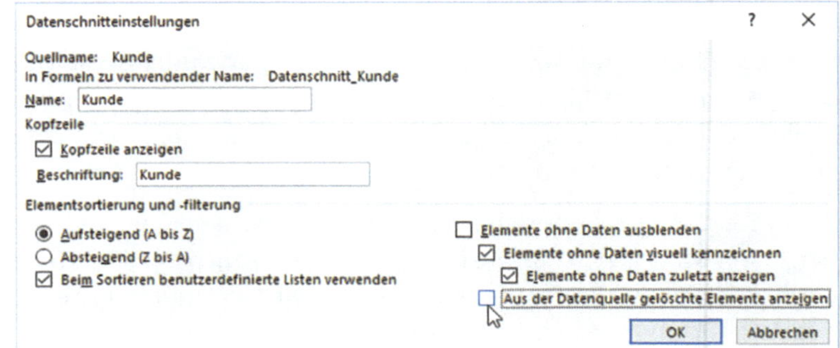

Bild 6.60 Gelöschte Elemente nicht anzeigen

Wenn diese Informationen nicht benötigt werden und eher störend sind, dann klicken Sie zum Ausblenden mit der rechten Maustaste in den Datenschnitt und auf *Datenschnitteinstellungen*. Deaktivieren Sie dann das Kontrollkästchen *Aus der Datenquelle gelöschte Elemente anzeigen*.

Mit Zeitachsen filtern

Zum Filtern von Datumswerten stehen Zeitachsen zur Verfügung, die Zeiteinheiten können Sie frei wählen.

> **Beachten Sie eine wichtige Voraussetzung**
> Zeitachsen sind ausschließlich für Datumswerte im Format TT.MM.JJJJ verfügbar. Sie können also z. B. nicht für Jahre erstellt werden, wenn es sich hierbei um Zahlen handelt.

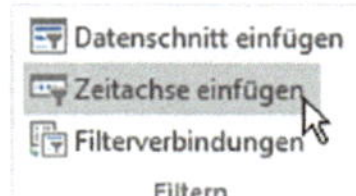

Zum Einfügen einer Zeitachse klicken Sie im Register *Analysieren* ▶ *Filtern* auf *Zeitachse einfügen* ❶.

Achtung: Im nachfolgenden Fenster erscheinen ausschließlich Felder im Datumsformat; für die Ausgangsdaten des Beispiels also nur das Feld *Auftragsdatum* ❷. Aktivieren Sie das gewünschte Feld bzw. das Kontrollkästchen und klicken Sie auf *OK*.

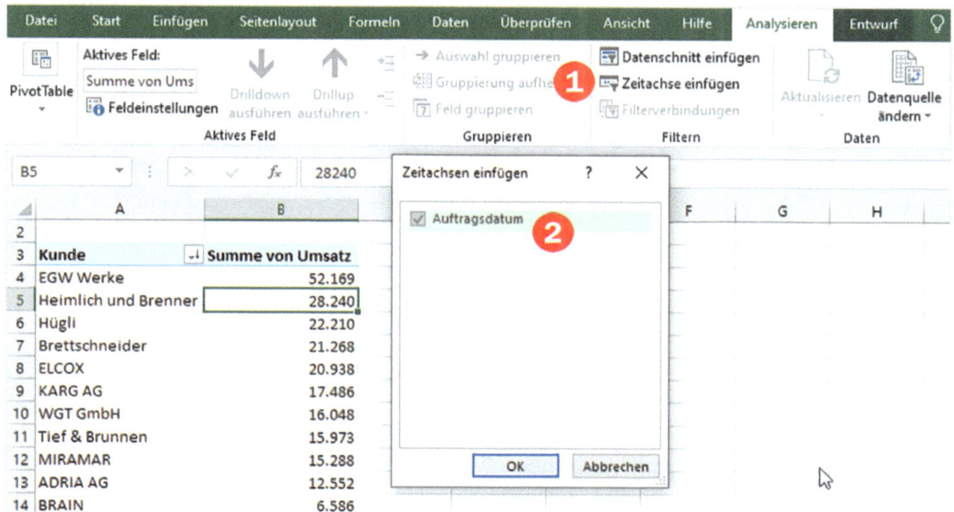

Bild 6.61 Zeitachse einfügen

Wie jeder Datenschnitt kann die Zeitachse anschließend im Tabellenblatt beliebig positioniert, vergrößert oder verkleinert werden. Zur Formatierung der Zeitachse verwenden Sie das Register *Zeitachsentools - Optionen*. Hier können Sie beispielsweise der Zeitachse eine Formatvorlage zuweisen.

Bild 6.62 Die Pivot-Tabelle mit Zeitachse

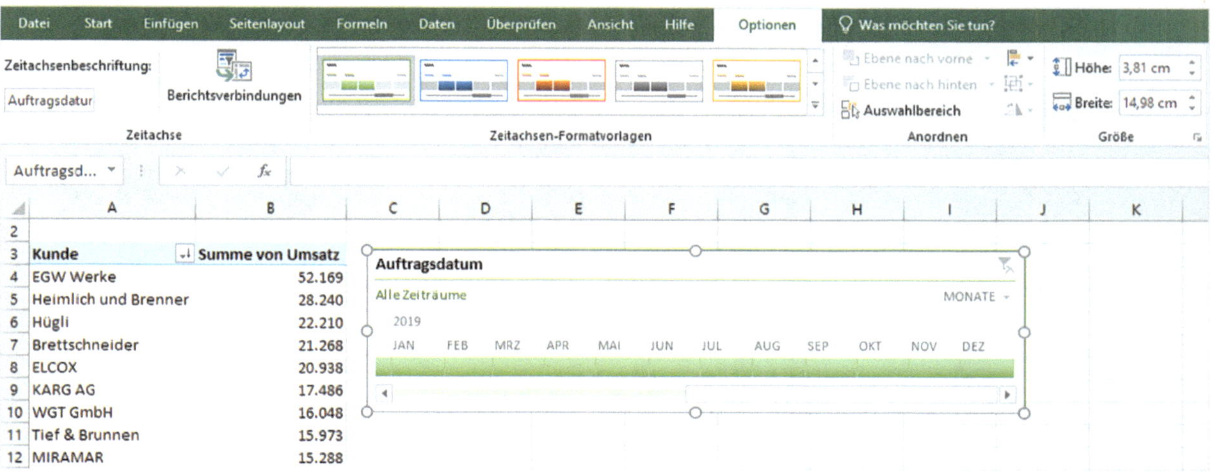

So filtern Sie mit der Zeitachse

Zunächst umfasst die Zeitachse den gesamten Zeitraum der Datenquelle nach Monaten. Zum Filtern klicken Sie einfach in der Zeitachse auf einen Monat, z. B. Februar 2018, wie im Bild unten.

Falls Sie den Zeitraum auf angrenzende Monate ausweiten möchten, so verlängern Sie einfach den Auswahlbalken durch Ziehen mit gedrückter Maustaste.

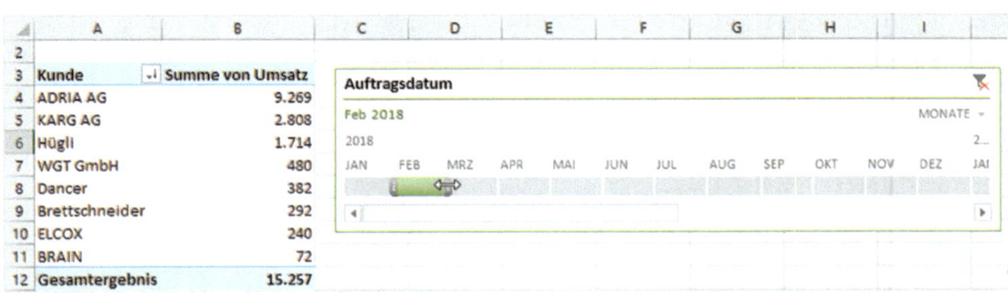

Kunde	Summe von Umsatz
ADRIA AG	9.269
KARG AG	2.808
Hügli	1.714
WGT GmbH	480
Dancer	382
Brettschneider	292
ELCOX	240
BRAIN	72
Gesamtergebnis	15.257

Bild 6.63 Zeitraum vergrößern

Zeiteinheit auswählen

Um statt Monaten eine andere Zeiteinheit auszuwählen, z. B. Quartale oder Jahre, klicken Sie in der Zeitachse rechts oben auf die aktuell angezeigte Einheit, im Bild unten *MONATE*, und dann auf die gewünschte Zeiteinheit. Zum Aufheben eines Filters klicken Sie in der Zeitachse auf das Symbol *Filter löschen*.

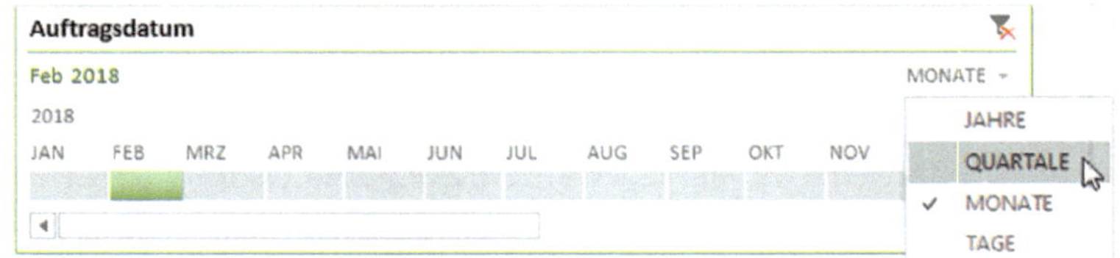

Bild 6.64 Wählen Sie eine Zeiteinheit

Farben ändern

Zusammen mit einer markierten Zeitachse steht im Menüband das Register *Zeitachsentools - Optionen* mit verschiedenen Formatvorlagen zur Verfügung, aus denen Sie auch andere Farben wählen können.

Bild 6.65 Das Register Zeitachsentools - Optionen

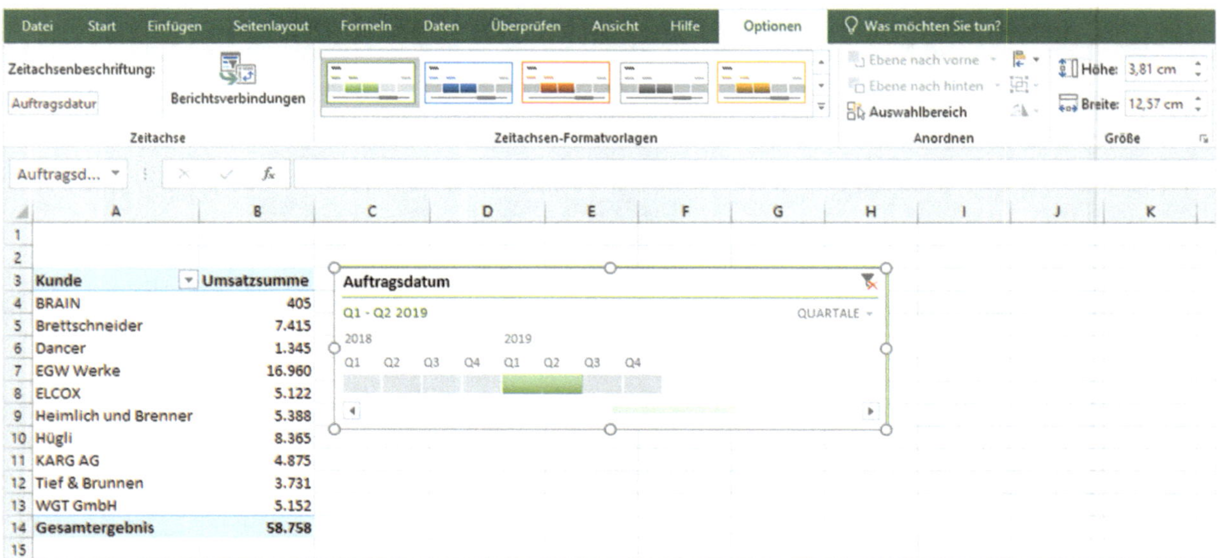

Kunde	Umsatzsumme
BRAIN	405
Brettschneider	7.415
Dancer	1.345
EGW Werke	16.960
ELCOX	5.122
Heimlich und Brenner	5.388
Hügli	8.365
KARG AG	4.875
Tief & Brunnen	3.731
WGT GmbH	5.152
Gesamtergebnis	58.758

6.6 Elemente eines Feldes gruppieren

Beschriftungselemente in Gruppen zusammenfassen

Umfasst ein Feld in der Zeilen- oder Spaltenbeschriftung sehr viele Elemente, so können Sie jederzeit Elemente dieses Feldes zu Gruppen zusammenfassen und Ergebnisse für die Gruppen berechnen. Textelemente werden manuell zusammengefasst, Datumswerte und Zahlen können auch automatisch gruppiert werden.

Beispiel Ländergruppen bilden

Als Beispiel sollen die unten abgebildeten Länder in die beiden Gruppen EU-Land und Nicht EU eingeteilt werden.

1 Zuerst wählen Sie die Nicht EU-Länder aus. Dazu markieren Sie die betreffenden Länder durch Anklicken mit gedrückter Strg-Taste, siehe Bild 6.66 (Mehrfachmarkierung).

2 Klicken Sie dann im Register *Analysieren* ▶ *Gruppieren* auf *Auswahl gruppieren*.

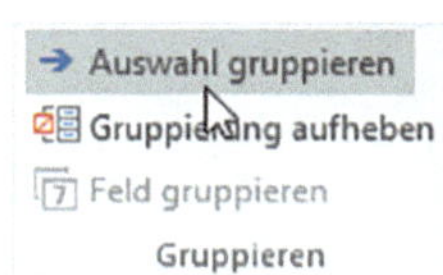

Den Befehl *Gruppieren* erhalten Sie auch über die rechte Maustaste.

3 Excel fügt der Tabelle und der Feldliste ein neues, übergeordnetes Feld mit dem Namen *Land2* hinzu und die einzelnen (gruppierten) Länder erscheinen im untergeordneten Feld. Das erste Element des neu gebildeten Feldes erhält den Namen *Gruppe1* und setzt sich aus den zuvor markierten Ländern zusammen. Feldname und Gruppenname können jederzeit geändert werden.

4 Markieren Sie nun mit gedrückter Strg-Taste die übrigen Länder (Bild 6.67) und klicken Sie erneut auf *Auswahl gruppieren*. Diese erscheinen anschließend in der Tabelle unter *Gruppe2*.

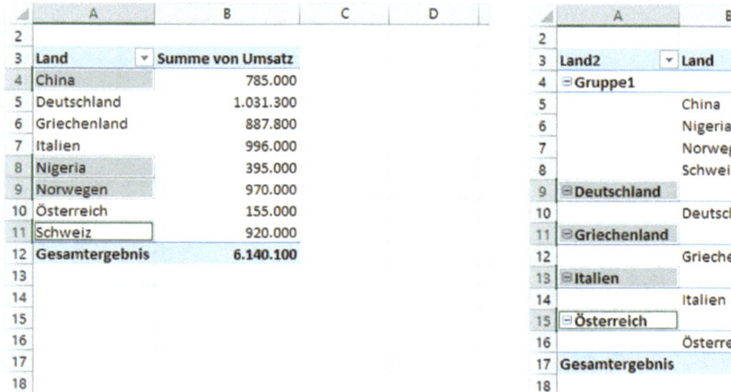

	A	B
3	Land	Summe von Umsatz
4	China	785.000
5	Deutschland	1.031.300
6	Griechenland	887.800
7	Italien	996.000
8	Nigeria	395.000
9	Norwegen	970.000
10	Österreich	155.000
11	Schweiz	920.000
12	Gesamtergebnis	6.140.100

	A	B	C
3	Land2	Land	Summe von Umsatz
4	Gruppe1		3.070.000
5		China	785.000
6		Nigeria	395.000
7		Norwegen	970.000
8		Schweiz	920.000
9	Deutschland		1.031.300
10		Deutschland	1.031.300
11	Griechenland		887.800
12		Griechenland	887.800
13	Italien		996.000
14		Italien	996.000
15	Österreich		155.000
16		Österreich	155.000
17	Gesamtergebnis		6.140.100

Bild 6.66 Markieren Sie die Elemente der ersten Gruppe

Bild 6.67 Markieren Sie die Elemente der zweiten Gruppe

Die abgebildete Tabelle basiert auf dem Berichtslayout *Gliederungsformat*. Im Kurzformat befinden sich die Elemente des untergeordneten Feldes in derselben Spalte.

5 Zum Umbenennen markieren Sie in der Tabelle den Namen der ersten Gruppe und geben über die Bearbeitungsleiste den neuen Namen ein. Das Feld selbst, im Bild *Land2*, benennen Sie ebenfalls in der Tabelle um oder öffnen Sie per Rechtsklick auf ein beliebiges Element des Feldes und den Befehl *Feldeinstellungen* das gleichnamige Fenster und ändern den Namen im Feld *Benutzerdefinierter Name*.

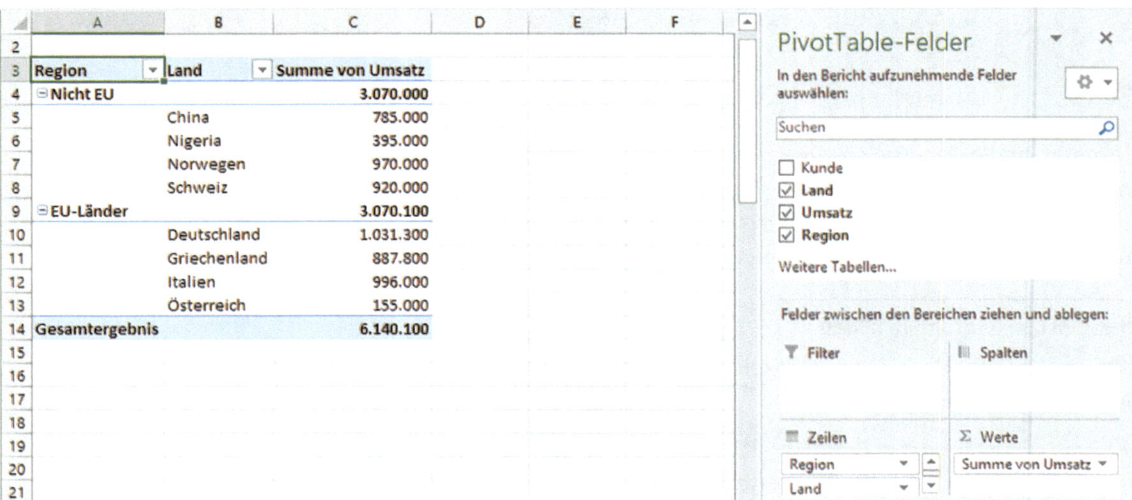

Region	Land	Summe von Umsatz
Nicht EU		3.070.000
	China	785.000
	Nigeria	395.000
	Norwegen	970.000
	Schweiz	920.000
EU-Länder		3.070.100
	Deutschland	1.031.300
	Griechenland	887.800
	Italien	996.000
	Österreich	155.000
Gesamtergebnis		6.140.100

Bild 6.68 Gruppe umbenennen

> **Enthält die Arbeitsmappe mehrere Pivot-Tabellen aus derselben Datenquelle, dann erscheint das neu gebildete Gruppenfeld auch in den übrigen Feldlisten.**

- **Gruppierung aufheben**
  Falls Sie die Gruppierung wieder aufheben möchten, dann klicken Sie in der Pivot-Tabelle mit der rechten Maustaste auf die betreffende Gruppe und auf *Gruppierung aufheben*. Denselben Befehl finden Sie auch Menüband, Register *Analysieren* ▶ *Gruppieren*.
- **Gruppiertes Feld löschen**
  Wenn Sie auch das Gruppenfeld wieder löschen möchten, dann müssen Sie alle Elemente dieses Feldes markieren, bevor Sie auf *Gruppierung aufheben* klicken.

Automatisches Gruppieren von Datumswerten

Häufig enthält eine Datenquelle auch ein Tagesdatum, z. B. Rechnungsdatum. In der Auswertung werden allerdings nur größere Datumseinheiten, z. B. Monate, Quartale oder Jahre benötigt. Excel gruppiert Felder mit Datumswerten automatisch nach größeren Intervallen, sobald ein solches Feld den Bereichen *Zeilen* oder *Spalten* einer Pivot-Tabelle hinzugefügt wird. **Achtung**: Die automatische Gruppierung funktioniert nicht, wenn Sie ein Datumsfeld in den Bereich *Filter* ziehen!

Stammen die Daten aus einer externen Quelle, ist es natürlich noch einfacher, wenn Sie diese Datumsinformationen mit Power Query ermitteln, siehe Kapitel 5.

Die Datentabelle des hier verwendeten Beispiels enthält mit dem Feld *Auftragsdatum* das Datum jedes Auftrags. Anhand dieses Feldes sollen nun die Umsätze nach Jahren, Quartalen und Monaten betrachtet werden.

Dazu erstellen Sie eine neue Pivot-Tabelle und ziehen einfach das Feld mit den Datumswerten, hier *Auftragsdatum* in den Bereich *Zeilen*. Excel erzeugt daraus automatisch die Felder *Jahre* und *Quartale* und das eigentliche Feld, das *Auftragsdatum*, enthält nur noch die Monate. Am besten benennen Sie anschließend dieses Feld entsprechend um.

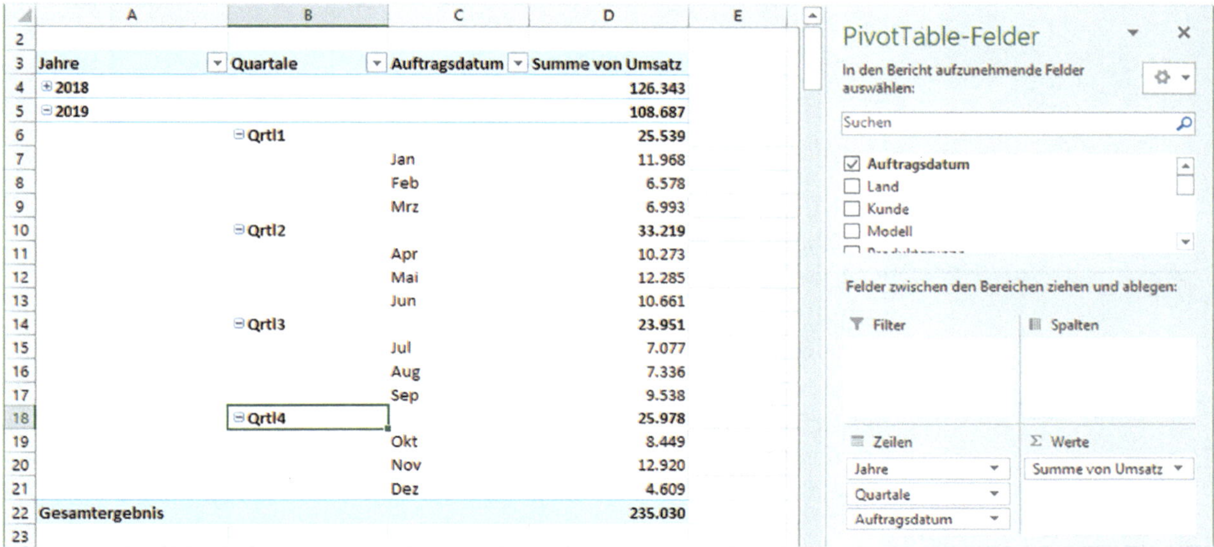

Jahre	Quartale	Auftragsdatum	Summe von Umsatz
⊞2018			126.343
⊟2019			108.687
	⊟Qrtl1		25.539
		Jan	11.968
		Feb	6.578
		Mrz	6.993
	⊟Qrtl2		33.219
		Apr	10.273
		Mai	12.285
		Jun	10.661
	⊟Qrtl3		23.951
		Jul	7.077
		Aug	7.336
		Sep	9.538
	⊟Qrtl4		25.978
		Okt	8.449
		Nov	12.920
		Dez	4.609
Gesamtergebnis			235.030

Bild 6.69 Automatische Gruppierung nach Jahren, Quartalen und Monaten

Sie können anschließend die neuen Felder beliebig anordnen, also auch in den Bereich *Filter* ziehen, und nicht benötigte aus der Pivot-Tabelle entfernen. Als Beispiel wurden im Bild unten die Felder so angeordnet, dass ein direkter Vergleich der Quartalsergebnisse aus zwei Jahren möglich ist.

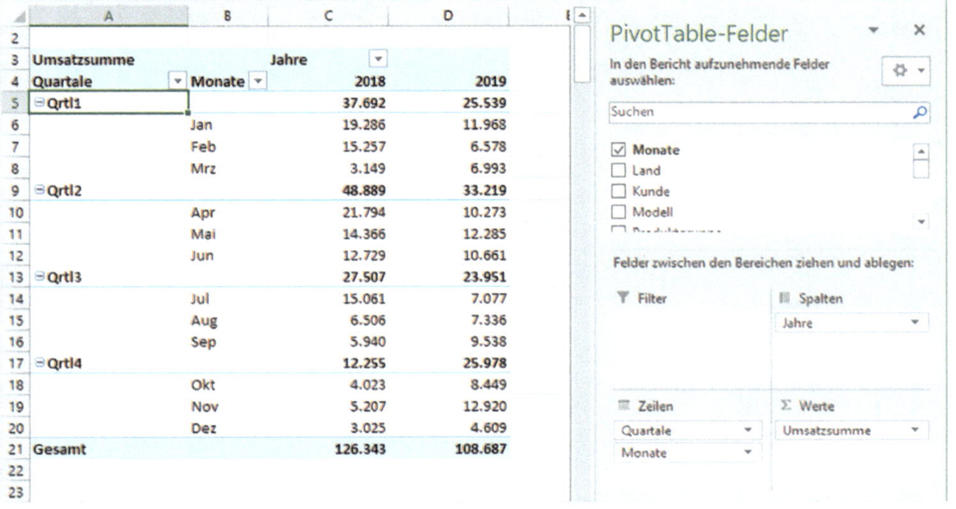

Umsatzsumme		Jahre	
Quartale	Monate	2018	2019
⊟Qrtl1		37.692	25.539
	Jan	19.286	11.968
	Feb	15.257	6.578
	Mrz	3.149	6.993
⊟Qrtl2		48.889	33.219
	Apr	21.794	10.273
	Mai	14.366	12.285
	Jun	12.729	10.661
⊟Qrtl3		27.507	23.951
	Jul	15.061	7.077
	Aug	6.506	7.336
	Sep	5.940	9.538
⊟Qrtl4		12.255	25.978
	Okt	4.023	8.449
	Nov	5.207	12.920
	Dez	3.025	4.609
Gesamt		126.343	108.687

Bild 6.70 Vergleich Quartalsergebnisse

> Durch Gruppieren entstandene Felder sind auch in allen übrigen Pivot-Tabellen verfügbar, die auf derselben Datenquelle beruhen und bleiben auch erhalten, wenn Sie ein Feld wieder aus der Pivot-Tabelle entfernen.

Manuell gruppieren

Statt der oben beschriebenen Vorgehensweise oder wenn keine automatische Gruppierung erfolgen sollte, können Sie auch manuell gruppieren.

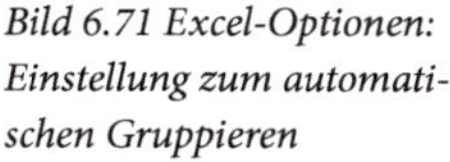

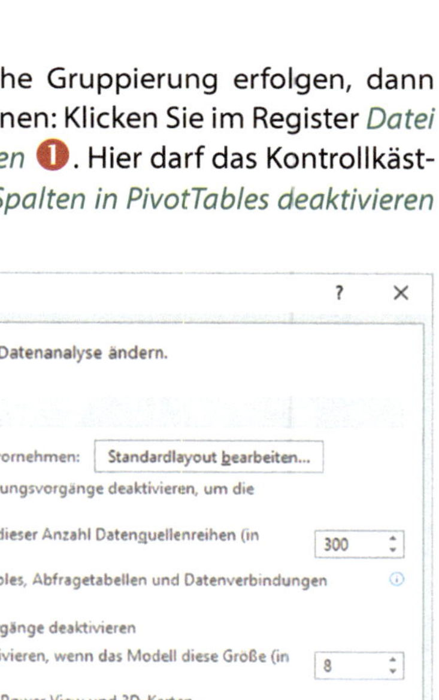

1. Dazu markieren Sie in der Tabelle eine beliebige Zelle mit einem Datumswert und klicken im Register *Analysieren* ▶ *Gruppieren* auf *Feld gruppieren*.
2. Im Dialogfenster *Gruppieren* klicken Sie nun der Reihe nach auf alle benötigten Datumsintervalle. Wenn der Inhalt des Originalfeldes *Auftragsdatum*, die Tage, erhalten bleiben soll, dann müssen Sie auch die Tage einbeziehen.
3. Beginn- und Enddatum werden automatisch gewählt. Wenn Sie Daten vor oder nach einem bestimmten Datum ausschließen möchten, dann geben Sie im Feld *Starten* und/oder *Beenden* das gewünschte Datum ein. Achtung: Die Kontrollkästchen *Automatisch* müssen in diesem Fall deaktiviert werden.

Hinweis: Sollte bei Datumswerten keine automatische Gruppierung erfolgen, dann kontrollieren Sie diese Einstellung in den Excel-Optionen: Klicken Sie im Register *Datei* auf *Optionen* und wählen Sie links die Kategorie *Daten* ❶. Hier darf das Kontrollkästchen *Automatische Gruppierung von Datum/Uhrzeit-Spalten in PivotTables deaktivieren* ❷ nicht aktiviert sein!

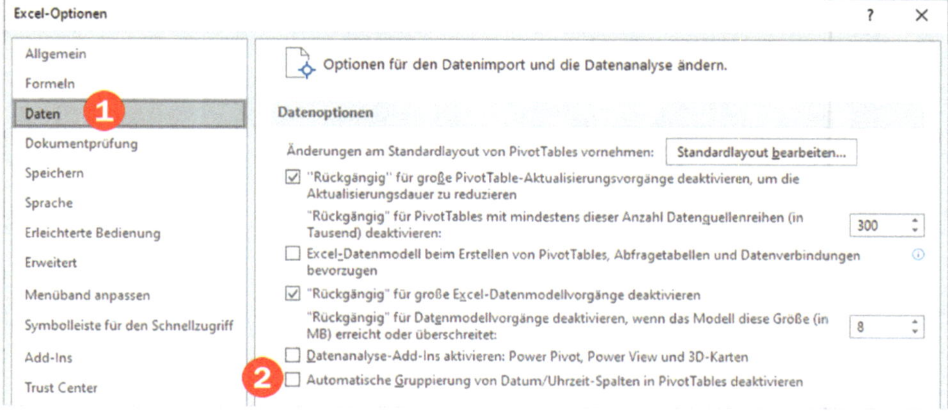

Bild 6.71 Excel-Optionen: Einstellung zum automatischen Gruppieren

Zahlenwerte gruppieren

Auch Zahlen können nach Intervallen gruppiert werden. Als Beispiel eine Auswertung von Testergebnissen nach Altersgruppen, im Bild 6.72 die Ausgangsdaten.

Ziehen Sie zunächst wieder das Feld *Alter* in einen Bereich der Pivot-Tabelle, im Bild unten *Zeilen*. Klicken Sie dann in der Tabelle mit der rechten Maustaste auf eine beliebige Zelle dieses Feldes und auf *Gruppieren....* Excel schlägt ein Intervall von 10 vor, diesen Wert können Sie zusammen mit Start- und Endwert jederzeit ändern.

Bild 6.72 Die Ausgangsdaten

Bild 6.73 Nach Alter gruppieren, Intervall 10 Jahre

Bild 6.74 Das Ergebnis

Alter	Testergebnis Punkte
27	125
75	98
19	75
33	134
46	140
55	78
51	56
39	149
28	111
12	98
42	115
61	126
71	82
59	63

Alter	Durchschn. Punkte
12	98,0
18	
19	
21	
23	
27	
28	
30	
33	
35	130,0
36	124,0
39	149,0
42	115,0

Gruppierung
Automatisch
Starten: 10
Beenden: 80
Nach: 10
OK Abbrechen

Alter	Durchschn. Punkte
10-19	106,0
20-29	103,8
30-39	131,0
40-49	132,0
50-59	65,7
60-69	126,0
70-80	90,0
Gesamtergebnis	**108,9**

Tipp: Die Beschriftung der Altersgruppen richtet sich nach dem höchsten und niedrigsten Wert dieses Feldes. Ist z. B. der jüngste Teilnehmer der Testgruppe 13 Jahre alt, dann erscheint als Beschriftung dieser Altersgruppe 13-19. Dies können Sie verhindern, indem Sie auch als Start- und Endwert zum Intervall passende Zahlen angeben.

Da bei diesem Beispiel mit Testergebnissen die vorgeschlagene Summe der Punkte wenig sinnvoll ist, sollten Sie stattdessen die Funktion *Mittelwert* wählen (Rechtsklick auf einen beliebigen Wert dieser Spalte, Befehl *Werte zusammenfassen nach*).

6.7 Weitergehende Berechnungsmöglichkeiten

Einfache Prozentanteile

Statt Zahlen können Pivot-Tabellen auch Prozentanteile anzeigen, ohne dass Sie dazu eine Formel eingeben müssen. Als einfaches Beispiel die Umsätze und prozentualen Umsatzanteile der Produktgruppen, so gehen Sie vor:

1. Ziehen Sie die Produktgruppen in den Bereich *Zeilen* und das Feld *Umsatz* zweimal in den Bereich *Werte*.
2. Klicken Sie mit der rechten Maustaste auf einen beliebigen Wert derjenigen Spalte, die als Prozentanteile dargestellt werden soll, klicken Sie auf *Werte anzeigen als* und wählen Sie die gewünschte Berechnungsbasis. Im Bild unten *% des Spaltengesamtergebnisses*.

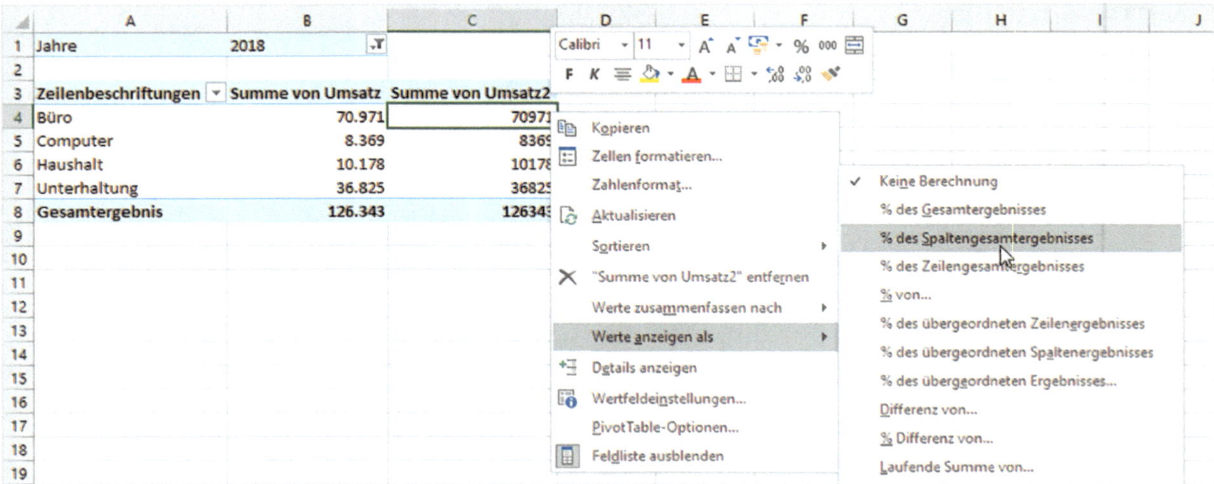

Bild 6.75 Umsätze als Prozentanteile anzeigen

3 Nun brauchen Sie nur noch die Spaltenüberschrift ändern. Mit einem Rechtsklick und dem Befehl *Zahlenformat...* können Sie außerdem die Prozentzahl mit der gewünschten Anzahl Nachkommastellen formatieren.

Als Alternative wählen Sie die Anzeige in Prozent im Fenster *Wertfeldeinstellungen*, Register *Werte anzeigen als*. Sie öffnen dieses Fenster entweder mit einem Klick im Aufgabenbereich auf das betreffende Feld oder per Rechtsklick in die betreffende Spalte der Tabelle. Hier können Sie gleichzeitig im Feld *Benutzerdefinierter Name* die Spaltenüberschrift eingeben und über die Schaltfläche *Zahlenformat* ein Zahlenformat wählen.

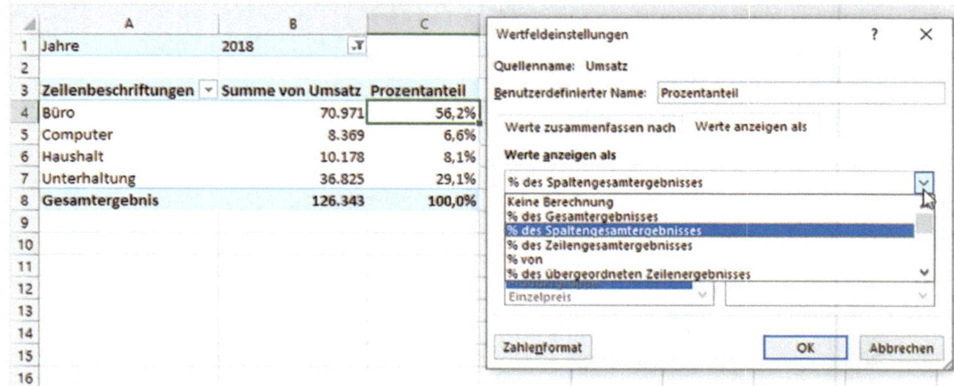

Bild 6.76 Wertfeldeinstellungen - Prozentanteile und Ergebnis

Statt *% des Spaltengesamtergebnisses* können auch *% des Zeilengesamtergebnisses* und *% des Gesamtergebnisses* gewählt werden, je nachdem, auf welcher Basis die Berechnung erfolgen soll. Einige Beispiele finden Sie im nächsten Punkt.

Weitere Anzeigemöglichkeiten von Prozentwerten

Die Liste *Werte anzeigen als* umfasst noch weitere Möglichkeiten, die Sie je nach benötigter Information nutzen können.

In Prozent von Spalten- Zeilen- oder Gesamtergebnis

Die Anzeige in Prozent der Spaltensumme (*% des Spaltengesamtergebnisses*) haben Sie oben bereits kennen gelernt.

Wenn eine Tabelle mehrere Spalten enthält, können Sie die Prozentanteile auch in Prozent der Zeilensumme (*% des Zeilengesamtergebnisses*) anzeigen. So liefert die Tabelle in Bild 6.78 Informationen, wie sich der Umsatz der einzelnen Produktgruppen nach Ländern zusammensetzt.

Benötigen Sie dagegen die Umsatzanteile von Produktgruppen und Ländern in Bezug auf den Gesamtumsatz der Firma, dann wählen Sie *% des Gesamtergebnisses* (Bild 6.79).

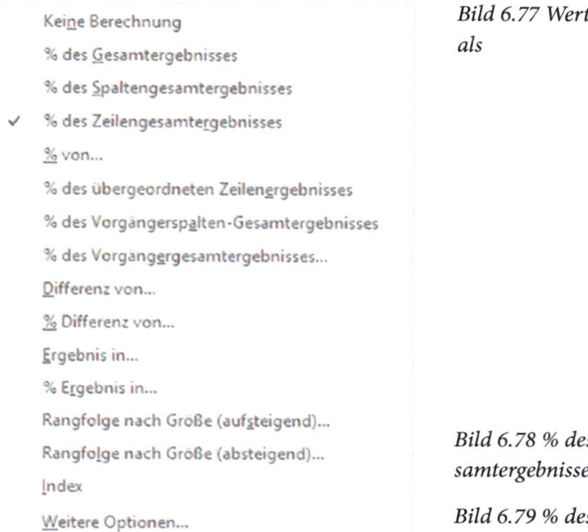

Bild 6.77 Werte anzeigen als

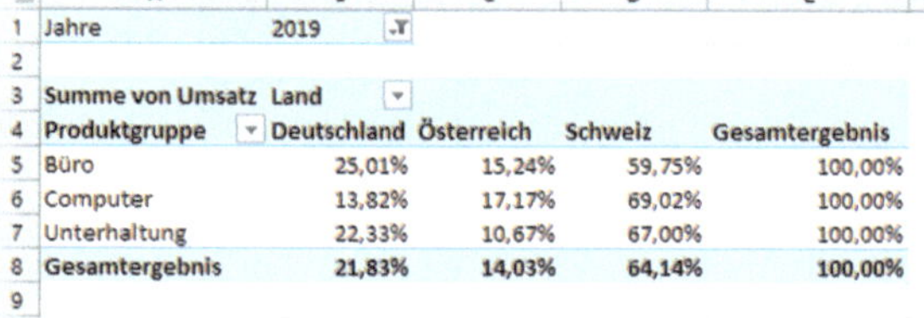

	A	B	C	D	E
1	Jahre	2019			
2					
3	Summe von Umsatz	Land			
4	Produktgruppe	Deutschland	Österreich	Schweiz	Gesamtergebnis
5	Büro	25,01%	15,24%	59,75%	100,00%
6	Computer	13,82%	17,17%	69,02%	100,00%
7	Unterhaltung	22,33%	10,67%	67,00%	100,00%
8	Gesamtergebnis	21,83%	14,03%	64,14%	100,00%
9					

Bild 6.78 % des Zeilengesamtergebnisses

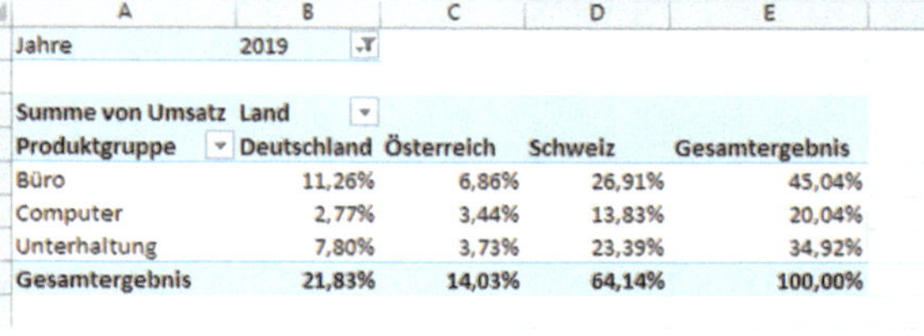

	A	B	C	D	E
1	Jahre	2019			
2					
3	Summe von Umsatz	Land			
4	Produktgruppe	Deutschland	Österreich	Schweiz	Gesamtergebnis
5	Büro	11,26%	6,86%	26,91%	45,04%
6	Computer	2,77%	3,44%	13,83%	20,04%
7	Unterhaltung	7,80%	3,73%	23,39%	34,92%
8	Gesamtergebnis	21,83%	14,03%	64,14%	100,00%
9					

Bild 6.79 % des Gesamtergebnisses

In Prozent des Teilergebnisses

Sind Teilergebnisse vorhanden, so werden mit der Auswahl *% des Spaltengesamtergebnisses* die Umsatzanteile in Bezug auf den Gesamtumsatz berechnet, wie in Bild 6.80. Wenn Sie dagegen die Umsatzanteile der Artikel je Produktgruppe benötigen (Teilergebnis gleich 100%), dann wählen Sie *% des übergeordneten Zeilenergebnisses*.

	A	B	C	D
1				
2				
3	Jahre	Produktgruppe	Umsatzsumme	Prozentanteil
4	⊟2018		126.343	53,76%
5		Büro	70.971	30,20%
6		Computer	8.369	3,56%
7		Haushalt	10.178	4,33%
8		Unterhaltung	36.825	15,67%
9	⊟2019		108.687	46,24%
10		Büro	48.952	20,83%
11		Computer	21.785	9,27%
12		Unterhaltung	37.950	16,15%
13	Gesamtergebnis		235.030	100,00%
14				

Bild 6.80 % des Spaltengesamtergebnisses

	A	B	C	D
1				
2				
3	Jahre	Produktgruppe	Umsatzsumme	Prozentanteil
4	⊟2018		126.343	53,76%
5		Büro	70.971	56,17%
6		Computer	8.369	6,62%
7		Haushalt	10.178	8,06%
8		Unterhaltung	36.825	29,15%
9	⊟2019		108.687	46,24%
10		Büro	48.952	45,04%
11		Computer	21.785	20,04%
12		Unterhaltung	37.950	34,92%
13	Gesamtergebnis		235.030	100,00%
14				

Bild 6.81 Die Umsatzanteile bezogen auf das Teilergebnis

Werte miteinander vergleichen

Prozentuale Abweichungen

Wenn Sie die Werte eines Feldes miteinander vergleichen möchten, z. B. die Umsätze der Produktgruppen *Computer* und *Unterhaltung* mit der Produktgruppe *Büro*, dann wählen Sie *% von....* Im nachfolgenden Fenster legen Sie das Feld bzw. *Basisfeld* fest, in diesem Beispiel die Produktgruppe. Unterhalb wählen Sie ein Element dieses Feldes als *Basiselement* aus, in diesem Beispiel *Büro*.

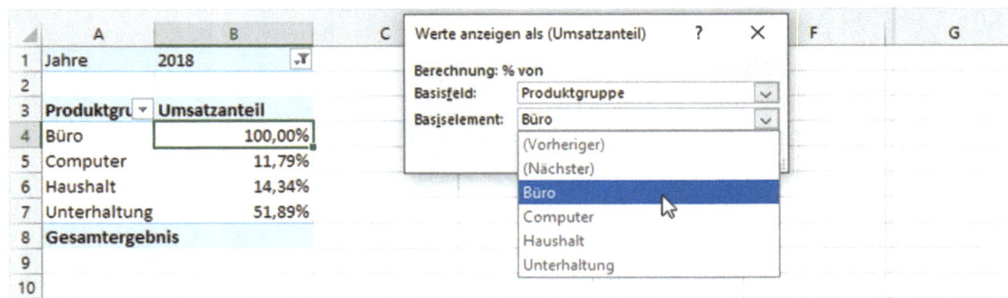

Bild 6.82 Wählen Sie das Basiselement aus

Als Ergebnis erscheint die Produktgruppe *Büro* mit 100% in der Tabelle (Bild oben) und Sie sehen, dass beispielsweise in der Gruppe *Unterhaltung* nur etwa die Hälfte (52%) des Umsatzergebnisses der Produktgruppe Büro erzielt wurde.

Wenn Sie stattdessen die Differenz in % anzeigen möchten, dann wählen Sie *Werte anzeigen als % Differenz von...* und legen wieder *Büro* als Basiselement fest.

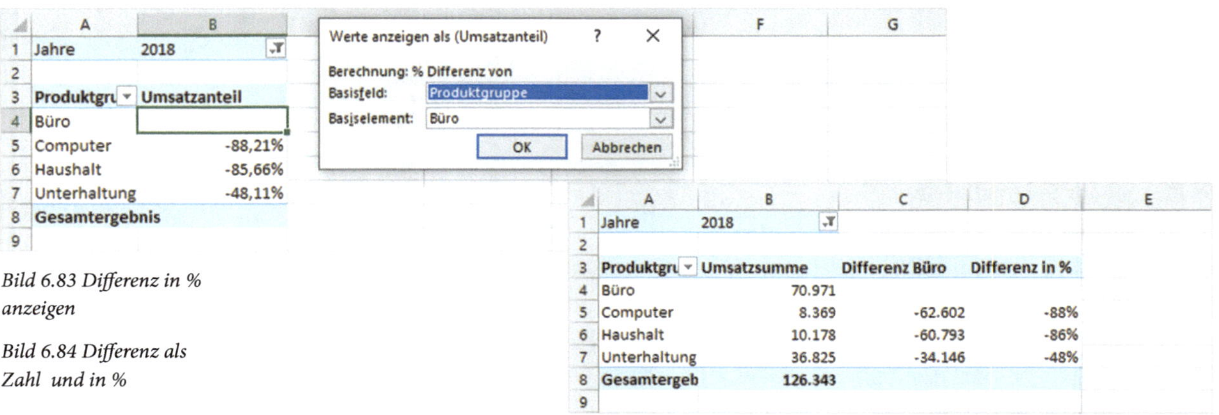

Bild 6.83 Differenz in % anzeigen

Bild 6.84 Differenz als Zahl und in %

Differenz als Zahl anzeigen

Sie können natürlich auch noch die Umsatzsumme und die Differenz zur Produktgruppe Büro als Zahl hinzufügen wie in Bild 6.84 oben. Dazu fügen Sie das Feld *Umsatz* gleich dreimal im Bereich *Werte* ein. In der ersten Spalte behalten Sie die Umsatzsumme bei. Um in der zweiten Spalte die Differenz als Zahl anzuzeigen, klicken Sie mit der rechten Maustaste in diese Spalte, zeigen auf *Werte anzeigen als* und wählen *Differenz von....* Basisfeld ist wieder die Produktgruppe und als Basiselement wählen Sie *Büro*.

Beispiel Umsatzvergleich von Jahren

Auf diese Weise können Sie auch die Umsatzentwicklung von Quartalen oder Jahren vergleichen. Wenn Sie beispielsweise wissen möchten, wie sich die Umsätze der Artikel eines Jahres (im Bild 2019) im Vergleich zum Vorjahr entwickelt haben, dann gehen Sie wie folgt vor, Ausgangspunkt ist die Pivot-Tabelle im Bild unten.

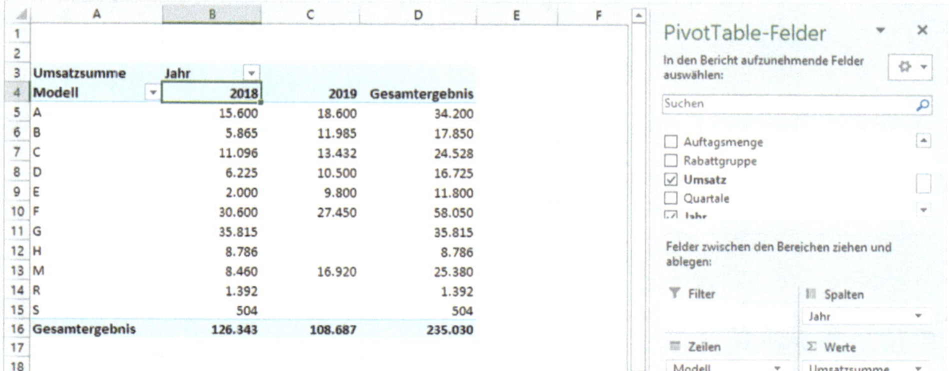

Umsatzsumme	Jahr		
Modell	2018	2019	Gesamtergebnis
A	15.600	18.600	34.200
B	5.865	11.985	17.850
C	11.096	13.432	24.528
D	6.225	10.500	16.725
E	2.000	9.800	11.800
F	30.600	27.450	58.050
G	35.815		35.815
H	8.786		8.786
M	8.460	16.920	25.380
R	1.392		1.392
S	504		504
Gesamtergebnis	126.343	108.687	235.030

Bild 6.85 Die Ausgangstabelle

1 Klicken Sie mit der rechten Maustaste auf den Wert eines beliebigen Jahres, zeigen Sie auf *Werte anzeigen als* und wählen Sie *% von…*.

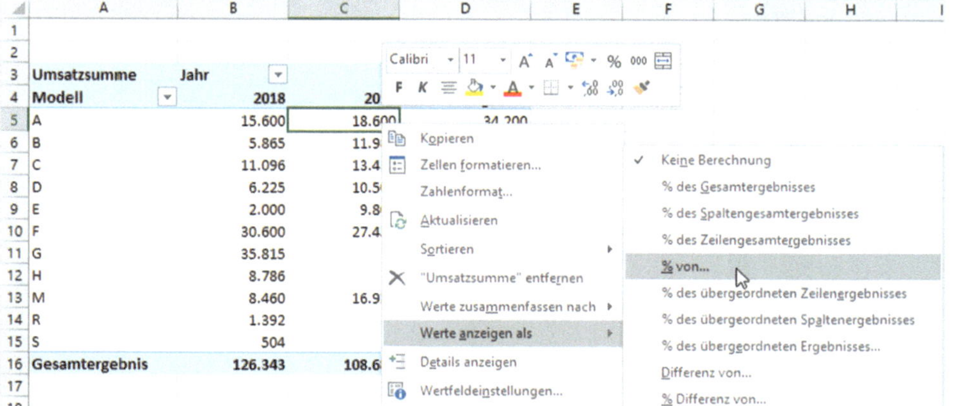

Bild 6.86 Werte anzeigen als % von

2 Als Basisfeld wählen Sie das Feld *Jahr* und als Basiselement das Jahr *2018*.

3 Allerdings ist das Ergebnis noch nicht zufriedenstellend, siehe Bild 6.88 auf der nächsten Seite. Die Spalte *Gesamtergebnis* ist leer und sollte über *Entwurf* ▶ *Gesamtergebnisse* deaktiviert werden. Außerdem zeigt die Tabelle bei einigen Artikeln im Jahr 2019 den Fehlerwert *#NULL!* an. Der Grund: Diese Artikel wurden im Jahr 2019 nicht mehr produziert bzw. verkauft.

4 Um diese Fehlerwerte auszublenden, klicken Sie mit der rechten Maustaste in die Tabelle und auf *PivotTable-Optionen*. Aktivieren Sie im Register *Layout & Format* das Kontrollkästchen *Für Fehlerwerte anzeigen*, das Feld selbst lassen Sie leer.

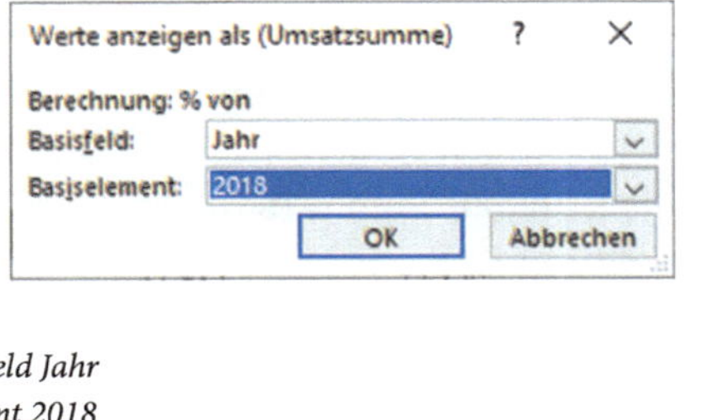

Bild 6.87 Basisfeld Jahr und Basiselement 2018

Bild 6.88 Das Ergebnis ist noch nicht zufriedenstellend

Umsatzsumme	Jahr		
Modell	2018	2019	Gesamtergebnis
A	100,00%	119,23%	
B	100,00%	204,35%	
C	100,00%	121,05%	
D	100,00%	168,67%	
E	100,00%	490,00%	
F	100,00%	89,71%	
G	100,00%	#NULL!	
H	100,00%	#NULL!	
M	100,00%	200,00%	
R	100,00%	#NULL!	
S	100,00%	#NULL!	
Gesamtergebnis	100,00%	86,03%	

Auch dieser Tabelle können Sie für jedes Jahr noch den Umsatz und die Differenz als Zahl hinzufügen. Da das Jahr 2018 als Basiselement dient und infolgedessen für dieses Jahr die Spalte *Differenz in %* jeweils 100% anzeigt und die Spalte *Differenz z. Vorjahr* leer ist, wurden beide Spalten ausgeblendet. Wenn die nicht mehr produzierten Modelle nicht relevant sind, blenden Sie diese über den Dropdown-Pfeil des Feldes *Modell* aus.

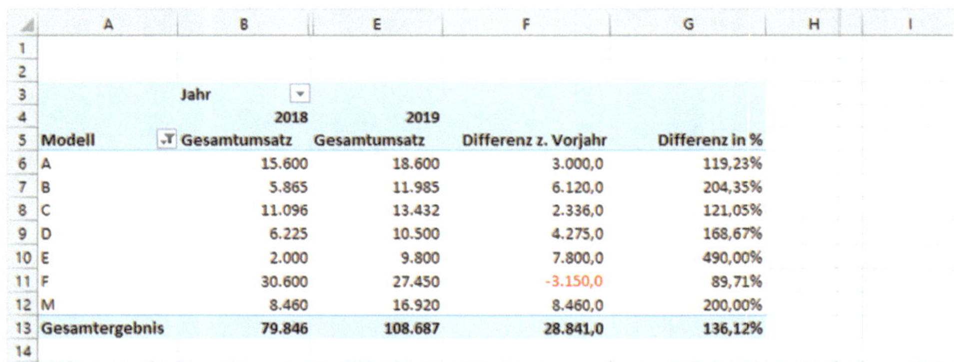

	Jahr			
	2018	2019		
Modell	Gesamtumsatz	Gesamtumsatz	Differenz z. Vorjahr	Differenz in %
A	15.600	18.600	3.000,0	119,23%
B	5.865	11.985	6.120,0	204,35%
C	11.096	13.432	2.336,0	121,05%
D	6.225	10.500	4.275,0	168,67%
E	2.000	9.800	7.800,0	490,00%
F	30.600	27.450	-3.150,0	89,71%
M	8.460	16.920	8.460,0	200,00%
Gesamtergebnis	79.846	108.687	28.841,0	136,12%

Bild 6.89 Das Ergebnis: Umsatzvergleich mit dem Vorjahr

Tipp: Wenn Sie als Basiselement *Vorheriger* oder *Nächster* wählen, dann vergleicht Excel alle Elemente des Feldes miteinander. Verwenden Sie z. B. Monate als Basisfeld, dann erhalten Sie mit der Auswahl *Vorheriger* für jeden Monat die Differenz zum Vormonat.

Kumulierte Werte anzeigen (ABC-Analyse)

Häufig werden auch kumulierte Werte benötigt, z. B. für eine ABC-Analyse oder kumulierte monatliche Umsätze. Als Beispiel soll die unten abgebildete Tabelle mit kumulierten Kundenumsätzen erstellt werden.

Hinweis: Da die Ausgangstabelle die Aufträge aus zwei Jahren umfasst, muss außerdem nach Jahren gefiltert werden.

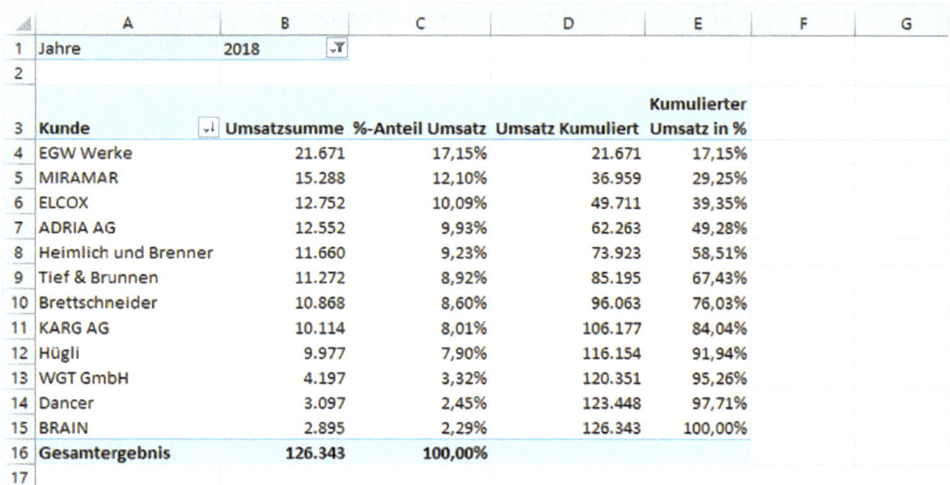

	A	B	C	D	E	F	G
1	Jahre	2018					
2							
3	Kunde	Umsatzsumme	%-Anteil Umsatz	Umsatz Kumuliert	Kumulierter Umsatz in %		
4	EGW Werke	21.671	17,15%	21.671	17,15%		
5	MIRAMAR	15.288	12,10%	36.959	29,25%		
6	ELCOX	12.752	10,09%	49.711	39,35%		
7	ADRIA AG	12.552	9,93%	62.263	49,28%		
8	Heimlich und Brenner	11.660	9,23%	73.923	58,51%		
9	Tief & Brunnen	11.272	8,92%	85.195	67,43%		
10	Brettschneider	10.868	8,60%	96.063	76,03%		
11	KARG AG	10.114	8,01%	106.177	84,04%		
12	Hügli	9.977	7,90%	116.154	91,94%		
13	WGT GmbH	4.197	3,32%	120.351	95,26%		
14	Dancer	3.097	2,45%	123.448	97,71%		
15	BRAIN	2.895	2,29%	126.343	100,00%		
16	Gesamtergebnis	126.343	100,00%				
17							

Bild 6.90 Die fertige Tabelle mit den kumulierten Umsätzen

1 Ziehen Sie das Feld *Kunde* in den Bereich *Zeilen*. Der Umsatz wird im Wertebereich viermal benötigt. Benennen Sie die erste Spalte um in *Umsatzsumme* und sortieren Sie die Tabelle nach dieser Spalte absteigend.

2 Klicken Sie dann mit der rechten Maustaste in die zweite Spalte *Summe von Umsatz2*, klicken Sie auf *Werte anzeigen als* und dann auf *% des Spaltengesamtergebnisses*. Benennen Sie die Spalte um in %-Anteil Umsatz.

3 Klicken Sie mit der rechten Maustaste in die dritte Spalte (*Summe von Umsatz3*), klicken Sie auf *Werte anzeigen als* und wählen Sie *Laufende Summe von…*.

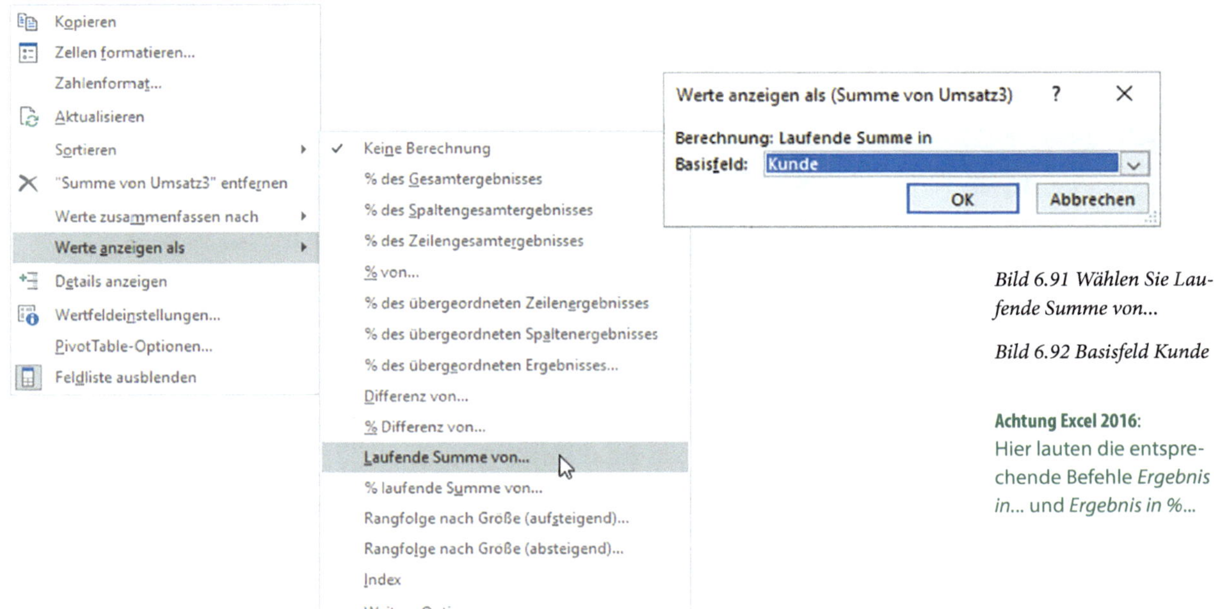

Bild 6.91 Wählen Sie Laufende Summe von...

Bild 6.92 Basisfeld Kunde

Achtung Excel 2016: Hier lauten die entsprechende Befehle *Ergebnis in...* und *Ergebnis in %...*

4 Wählen Sie im nachfolgenden Fenster als Basisfeld für die Berechnung das Feld *Kunde*. Benennen Sie anschließend die Spalte um in *Umsatz Kumuliert*.

5 Klicken Sie mit der rechten Maustaste in die vierte Spalte (*Summe von Umsatz4*), klicken Sie auf *Werte anzeigen als* und wählen Sie *% laufende Summe von....* Als Basisfeld muss wieder das Feld *Kunde* angegeben werden. Diese Spalte erhält die Überschrift *Kumulierter Umsatz in %*.

Rangfolge erstellen und anzeigen

Nicht immer genügt eine Sortierung nach Werten, in größeren Tabellen sorgt die zusätzliche Anzeige der Rangfolge für einen besseren Überblick. Als Beispiel soll für die Kunden eine Rangfolge nach Umsätzen angezeigt werden.

1 Erstellen Sie zunächst aus den Feldern *Kunde* und *Umsatz* eine Pivot-Tabelle, wie unten abgebildet und ziehen Sie das Feld *Umsatz* zweimal in den Bereich *Werte*.

2 Klicken Sie mit der rechten Maustaste in die zweite Spalte (*Summe von Umsatz2*), zeigen Sie auf *Werte anzeigen als* und wählen Sie *Rangfolge nach Größe (absteigend)*, siehe Bild unten.

3 Als Basisfeld für die Rangfolge muss das Feld *Kunde* angegeben werden.

Bild 6.93 Rangfolge anzeigen

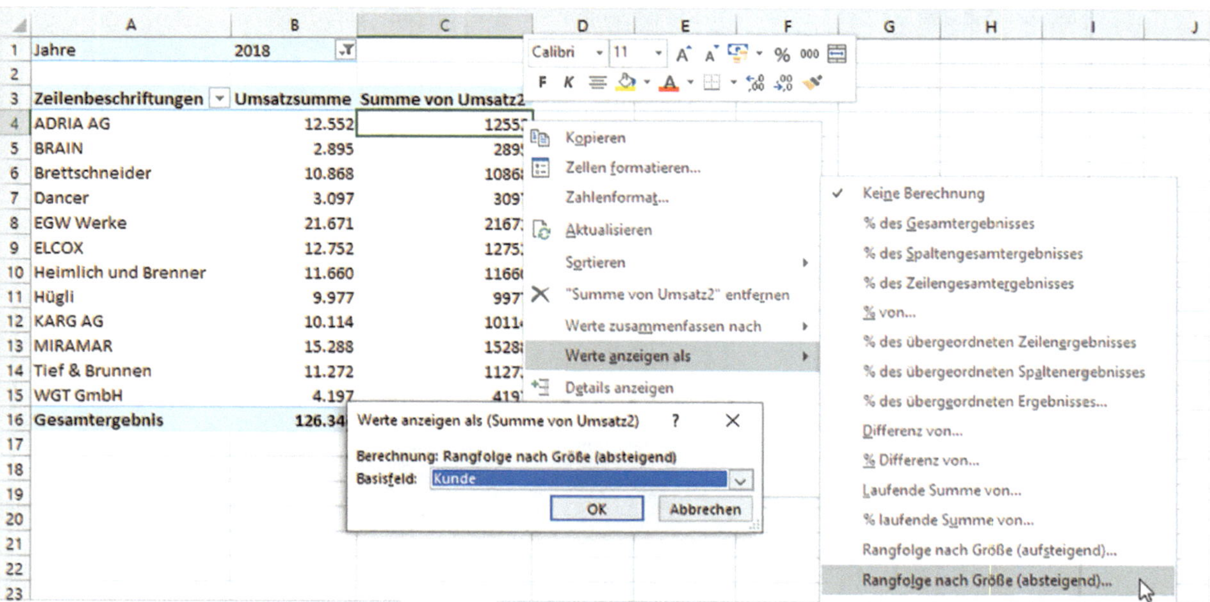

4 Benennen Sie die beiden Spalten entsprechend um und sortieren Sie die Tabelle. Dazu klicken Sie mit der rechten Maustaste in die Spalte *Rang*, zeigen auf *Sortieren* und klicken auf *Nach Größe sortieren (absteigend)*.

Jahre	2018	
Zeilenbeschriftungen	**Umsatzsumme**	**Rang**
EGW Werke	21.671	1
MIRAMAR	15.288	2
ELCOX	12.752	3
ADRIA AG	12.552	4
Heimlich und Brenner	11.660	5
Tief & Brunnen	11.272	6
Brettschneider	10.868	7
KARG AG	10.114	8
Hügli	9.977	9
WGT GmbH	4.197	10
Dancer	3.097	11
BRAIN	2.895	12
Gesamtergebnis	**126.343**	

Bild 6.94 Die Ergebnistabelle

Anzahl ohne Duplikate (Diskrete Anzahl) ermitteln

Sie möchten wissen, wie viele verschiedene Kunden pro Land die Ausgangstabelle enthält. Dies klingt zunächst einfacher, als es in der Praxis ist. Leider erhalten Sie nämlich nicht das gewünschte Ergebnis, wenn Sie, wie im Bild unten, die Länder mit oder ohne Kunden als Zeilen verwenden und als *Werte* die Anzahl der Kunden berechnen.

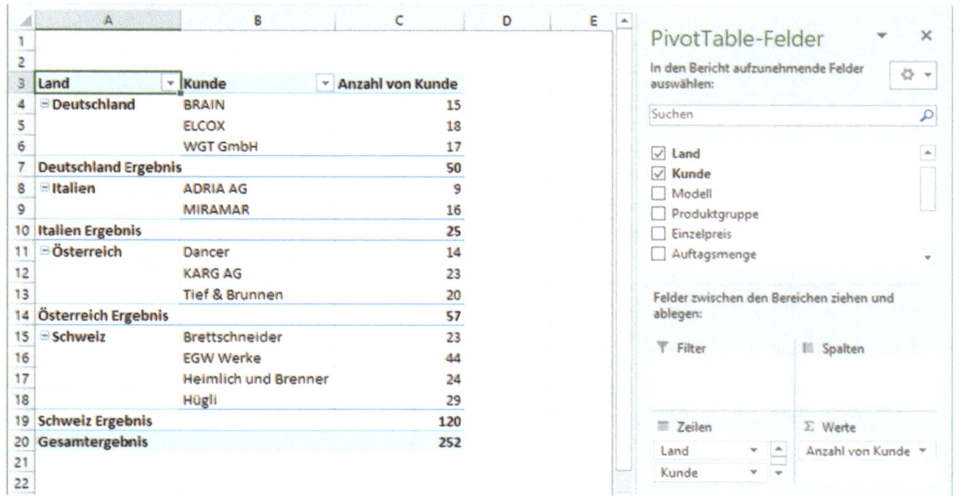

Land	Kunde	Anzahl von Kunde
Deutschland	BRAIN	15
	ELCOX	18
	WGT GmbH	17
Deutschland Ergebnis		**50**
Italien	ADRIA AG	9
	MIRAMAR	16
Italien Ergebnis		**25**
Österreich	Dancer	14
	KARG AG	23
	Tief & Brunnen	20
Österreich Ergebnis		**57**
Schweiz	Brettschneider	23
	EGW Werke	44
	Heimlich und Brenner	24
	Hügli	29
Schweiz Ergebnis		**120**
Gesamtergebnis		**252**

Bild 6.95 Anzahl von Kunde liefert die Anzahl der Aufträge je Land

Der Grund: Die Funktion *Anzahl* bzw. *Anzahl von Kunde* zählt, wie oft jeder Kunde in der Ausgangstabelle vorkommt. Das Ergebnis ist also eigentlich die Anzahl der Aufträge je Kunde und dasselbe Ergebnis würden Sie beispielsweise auch mit der Anzahl des Auftragsdatums erhalten.

Sie benötigen in diesem Fall die Diskrete Anzahl, diese ignoriert Duplikate und zählt jeden Kunden nur einmal. Allerdings ist Diskrete Anzahl nur über Power Pivot verfügbar und Sie müssen daher die Pivot-Tabelle zunächst dem Datenmodell hinzufügen.

Näheres zum Thema Power Pivot lesen Sie in Kapitel 8.

Tabelle dem Datenmodell hinzufügen

Siehe Kapitel 5.3 auf Seite 93.

- **Datenimport mit Power Query**
  Wenn Sie die Daten mit Power Query importiert und aufbereitet haben, dann brauchen Sie dazu nur über den Befehl *Schließen & laden in...* das Kontrollkästchen *Dem Datenmodell diese Daten hinzufügen* aktivieren (Bild 6.96).

- **Ausgangsdaten als Excel-Tabelle**
  Wenn dagegen die Ausgangsdaten als Excel-Tabelle in der aktuellen Arbeitsmappe vorliegen, dann müssen Sie beim Erstellen der Pivot-Tabelle und Auswahl der Datenquelle das Kontrollkästchen *Dem Datenmodell diese Daten hinzufügen* aktivieren, wie in Bild 6.97.

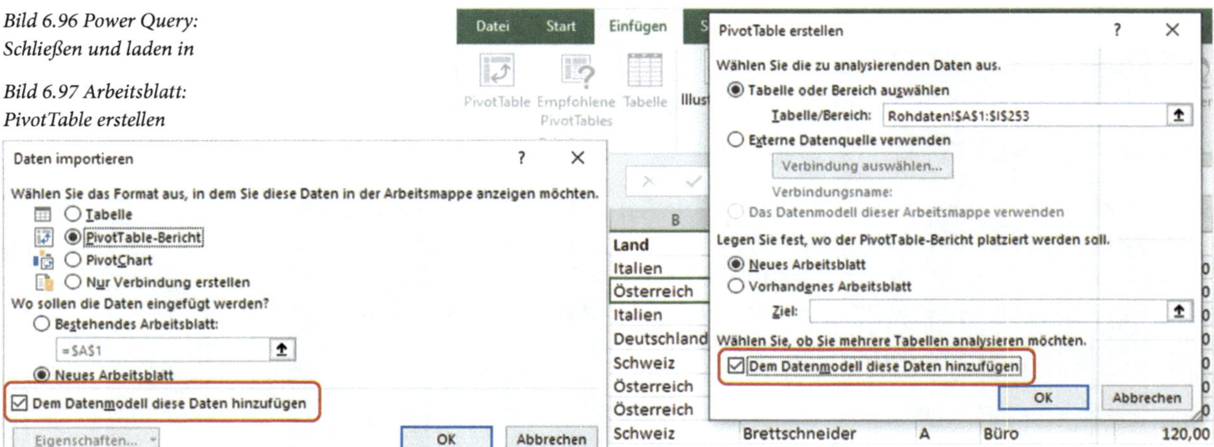

Bild 6.96 Power Query: Schließen und laden in

Bild 6.97 Arbeitsblatt: PivotTable erstellen

> **Achtung:** Im Fenster *Wertfeldeinstellungen* ist *Diskrete Anzahl* nur verfügbar, wenn Sie beim Erstellen der Pivot-Tabelle die Ausgangsdaten dem Datenmodell der Arbeitsmappe hinzugefügt haben!

Diskrete Anzahl berechnen

1. Nachdem Sie die Tabelle dem Datenmodell hinzugefügt haben, fügen Sie die benötigten Felder in die Pivot-Tabelle ein, wie unten abgebildet. Das Feld *Land* in den Bereich *Zeilen* und das Feld *Kunde* in den Wertebereich.

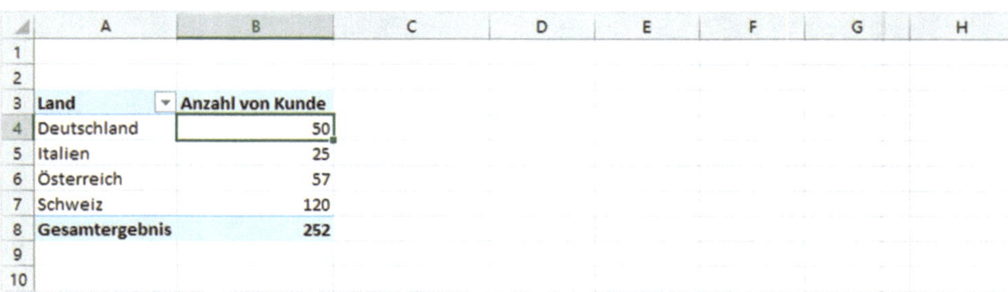

	A	B
1		
2		
3	Land	Anzahl von Kunde
4	Deutschland	50
5	Italien	25
6	Österreich	57
7	Schweiz	120
8	Gesamtergebnis	252
9		
10		

Bild 6.98 Fügen Sie die Felder der Tabelle hinzu

2 Klicken Sie mit der rechten Maustaste in die Spalte *Anzahl von Kunde* oder im Aufgabenbereich *PivotTable-Felder* auf das Feld *Anzahl von Kunde* (Bild unten) und auf *Wertfeldeinstellungen* ❶.

3 Im Register *Werte zusammenfassen nach* erscheint nun am Ende der Liste *Diskrete Anzahl* ❷, klicken Sie darauf und dann auf *OK*.

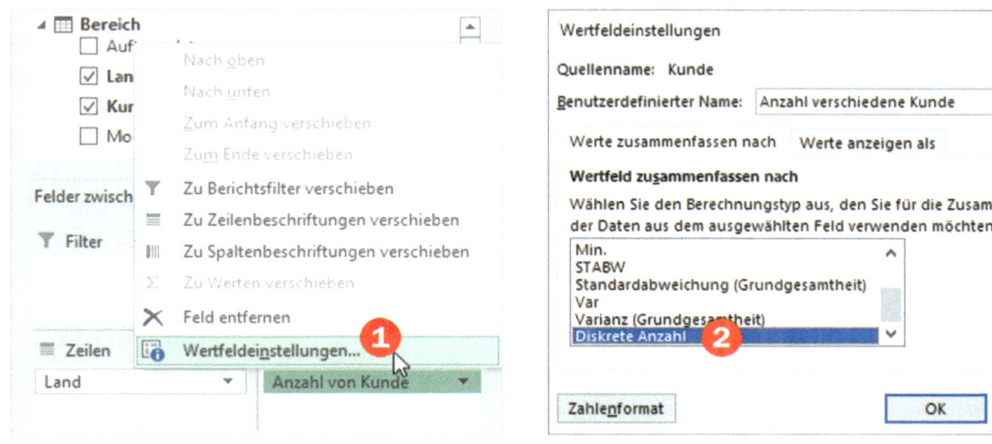

Bild 6.99 Wählen Sie Diskrete Anzahl

Bild 6.100 Ergebnis: Anzahl verschiedener Kunden

Die Anzahl der Kunden je Land wird nun korrekt angezeigt und die Spalte können Sie jederzeit umbenennen.

	A	B
1		
2		
3	Land	Anzahl verschiedene Kunde
4	Deutschland	3
5	Italien	2
6	Österreich	3
7	Schweiz	4
8	Gesamtergebnis	12
9		

Bild 6.101 Das Ergebnis

Hinweis: Wenn Sie das Feld *Kunde* außerdem als Zeilenfeld der Tabelle hinzufügen, dann erscheint bei jedem Kunden als korrektes Ergebnis die Zahl1 und die Teilergebnisse liefern die Anzahl der verschiedenen Kunden je Land.

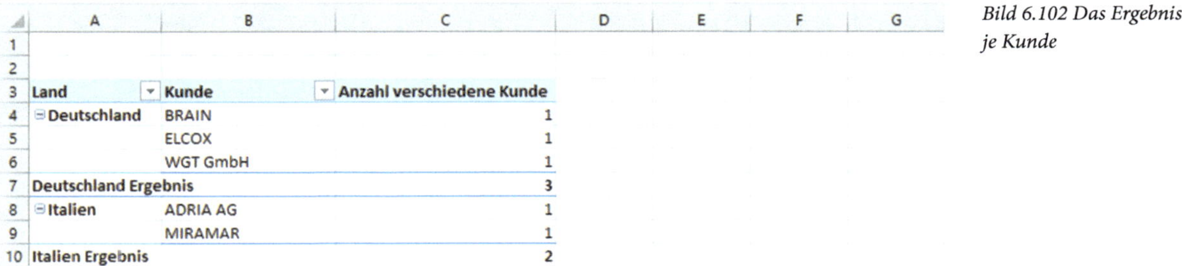

	A	B	C
1			
2			
3	Land	Kunde	Anzahl verschiedene Kunde
4	⊟ Deutschland	BRAIN	1
5		ELCOX	1
6		WGT GmbH	1
7	Deutschland Ergebnis		3
8	⊟ Italien	ADRIA AG	1
9		MIRAMAR	1
10	Italien Ergebnis		2

Bild 6.102 Das Ergebnis je Kunde

6.8 Berechnungen mit Formeln

Berechnungen mit Power Query, siehe Kapitel 5.6.

Power Pivot, siehe Kapitel 8.

Wenn die oben genannten Möglichkeiten nicht ausreichen, können Sie in einer Pivot-Tabelle mit einer Formel ein weiteres Feld berechnen oder für ein Zeilen- oder Spaltenfeld weitere Elemente. Allerdings gelten einige Einschränkungen, außerdem lassen sich alle erforderlichen Berechnungen mit Power Query oder Power Pivot wesentlich einfacher und besser nachvollziehbar durchführen.

Feld berechnen

Ein berechnetes Feld erstellen Sie mit einer Formel aus Feldern und/oder festen Werten. Das berechnete Feld wird der Feldliste hinzugefügt und steht anschließend in allen Pivot-Tabellen der Arbeitsmappe zur Verfügung, sofern diese auf derselben Datenquelle basieren. Zur Eingabe der Formel müssen sich die betreffenden Felder nicht in der Pivot-Tabelle befinden.

Beachten Sie folgende Einschränkungen für berechnete Felder

Die Berechnung erfolgt immer mit aggregierten Werten und nicht mit den Einzeldaten. Würden Sie also beispielsweise den Umsatz mit der Formel EinzelpreisNetto*Auftragsmenge berechnen, dann erhalten Sie ein falsches Ergebnis, da Excel die Summe der Auftragsmenge mit der Summe der Einzelpreise multipliziert. In solchen Fällen sollten Sie die Felder zuvor mit Power Query, siehe Kapitel 5, oder mit Power Pivot, siehe Kapitel 8, berechnen

Berechnete Felder eignen sich in erster Linie für Multiplikation und Division von Feldern mit einem festen Wert und können in Pivot-Tabellen ausschließlich im Bereich *Werte* verwendet werden.

Beispiel Provisionsberechnung

Hier am Beispiel einer Provisionsberechnung eine einfache Multiplikation: So gehen Sie vor, um aus dem Kundenumsatz die Provision in Höhe von 15 % zu berechnen.

1 Fügen Sie eine Pivot-Tabelle mit den Feldern *Jahre* (Filter), *Kunde* und *Umsatz* ein, klicken Sie im Register *Analysieren* ► *Berechnungen* auf die Schaltfläche *Felder, Elemente und Gruppen* und wählen Sie *Berechnetes Feld...* ❶.

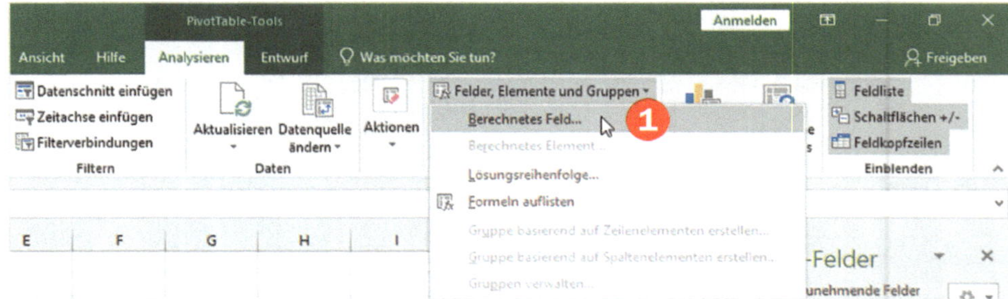

Bild 6.103 Klicken Sie auf Berechnetes Feld...

2 Das Fenster *Berechnetes Feld einfügen* öffnet sich. Geben Sie im Feld *Name* ❷ den Namen *Provision* für das berechnete Feld ein und darunter nach dem Gleichheitszeichen die Formel = Umsatz * 0,15 ❸. Das Feld *Umsatz* können Sie aus der Liste der Felder in die Formel übernehmen, indem Sie es markieren und auf die Schaltfläche *Feld einfügen* ❹ klicken, oder geben Sie den Feldnamen einfach über die Tastatur ein.

3 Klicken Sie auf *Hinzufügen* ❺ und schließen Sie dann das Fenster mit *OK* ❻.

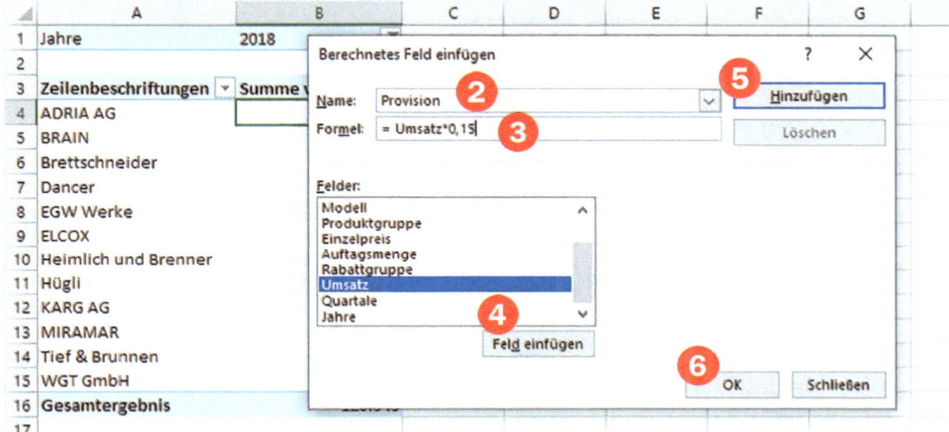

Bild 6.104 Formel für berechnetes Feld eingeben

4 Das Feld *Provision* wird der Feldliste hinzugefügt und erscheint gleichzeitig im Wertebereich der Tabelle. Die Beschriftung *Summe von Provision* können Sie wieder problemlos ändern.

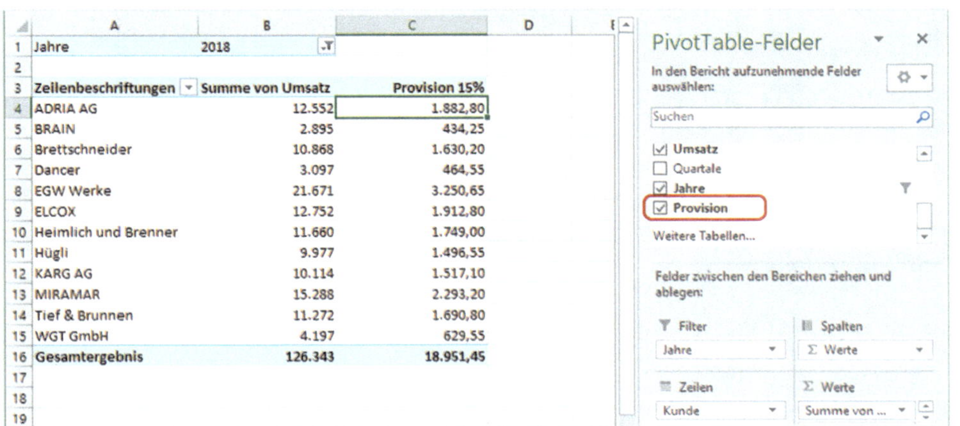

Jahre	2018	
Zeilenbeschriftungen	Summe von Umsatz	Provision 15%
ADRIA AG	12.552	1.882,80
BRAIN	2.895	434,25
Brettschneider	10.868	1.630,20
Dancer	3.097	464,55
EGW Werke	21.671	3.250,65
ELCOX	12.752	1.912,80
Heimlich und Brenner	11.660	1.749,00
Hügli	9.977	1.496,55
KARG AG	10.114	1.517,10
MIRAMAR	15.288	2.293,20
Tief & Brunnen	11.272	1.690,80
WGT GmbH	4.197	629,55
Gesamtergebnis	126.343	18.951,45

Bild 6.105 Das Ergebnis

Funktionen in Formel verwenden

Sie können zur Formelberechnung auch einfache Funktionen von Excel verwenden. Wenn z. B. Kunden ab einem Jahresumsatz von 10.000 € einen Rabatt von 20% und darunter 10% Rabatt erhalten sollen, dann berechnen Sie das Feld Rabatt mit der Formel: =WENN(Umsatz>=10000;Umsatz*0,2;Umsatz*0,1).

Weitere unterstützte Funktionen sind z. B. RUNDEN, ANZAHL, MITTELWERT usw.. Beachten Sie, dass alle Funktionen vollständig manuell eingegeben werden müssen.

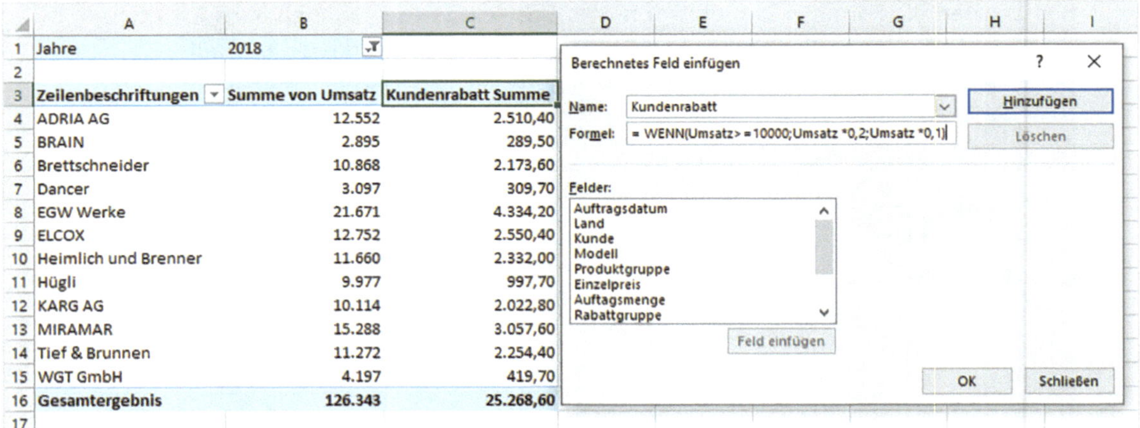

Jahre	2018	
Zeilenbeschriftungen	**Summe von Umsatz**	**Kundenrabatt Summe**
ADRIA AG	12.552	2.510,40
BRAIN	2.895	289,50
Brettschneider	10.868	2.173,60
Dancer	3.097	309,70
EGW Werke	21.671	4.334,20
ELCOX	12.752	2.550,40
Heimlich und Brenner	11.660	2.332,00
Hügli	9.977	997,70
KARG AG	10.114	2.022,80
MIRAMAR	15.288	3.057,60
Tief & Brunnen	11.272	2.254,40
WGT GmbH	4.197	419,70
Gesamtergebnis	**126.343**	**25.268,60**

Bild 6.106 Beispiel Rabatt mit WENN berechnen

Berechnetes Feld ändern oder löschen

Wenn Sie die Formel eines berechneten Feldes nachträglich ändern oder das Feld aus der Feldliste endgültig löschen möchten, dann klicken Sie im Register *Analysieren* ▶ *Berechnungen* auf *Felder, Elemente und Gruppen berechnen* erneut auf *Berechnetes Feld....*

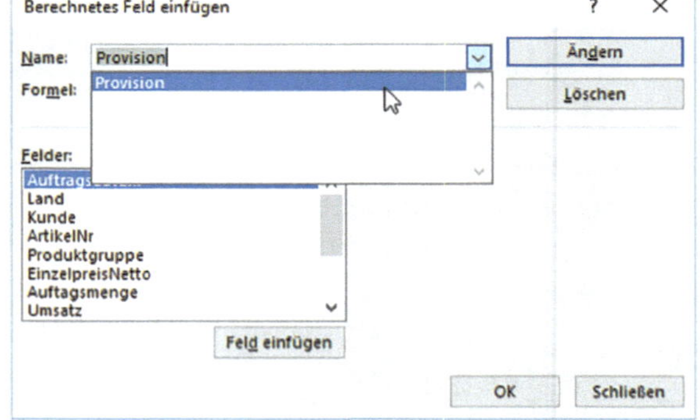

Bild 6.107 Berechnetes Feld ändern oder löschen

Klicken Sie im Fenster *Berechnetes Feld einfügen* im Feld *Name* auf den Dropdown-Pfeil und wählen Sie das zu ändernde Feld aus, im Bild oben *Provision*. Ändern Sie dann die Formel und klicken Sie zum Übernehmen auf die Schaltfläche *Ändern*. Mit Klick auf *Löschen* können Sie dagegen das ausgewählte Feld aus der Feldliste entfernen.

Elemente eines Feldes berechnen

Eine andere Möglichkeit ist die Berechnung von weiteren Elementen eines Feldes, das als Zeilen- oder Spaltenbeschriftung dient.

> **Auch für die Berechnung von Feldelementen gelten Einschränkungen**
> Die Pivot-Tabelle und die Feldliste dürfen kein gruppiertes Feld enthalten, z. B. Monate oder Quartale, die durch Gruppieren von Datumswerten erzeugt wurden. Sie erhalten sonst eine Fehlermeldung. Berechnen Sie also auch Elemente eines Feldes, falls erforderlich, nach Möglichkeit mit Power Query.

Berechnete Elemente eignen sich z. B. für Sollvorgaben. Nehmen wir als Beispiel an, Sie möchten für das kommende Jahr für alle Artikel der Produktgruppe *Büro* ein Umsatzplus von 5 % als Sollvorgabe berechnen.

1 Erstellen Sie eine Pivot-Tabelle, wie unten abgebildet ❶. Markieren Sie eine beliebige Produktgruppe, klicken Sie im Register *Analysieren* ▶ *Berechnungen* auf *Felder, Elemente und Gruppen* und wählen Sie *Berechnetes Element...* ❷. Beachten Sie, dass dieser Befehl nur verfügbar ist, wenn Sie zuvor ein Element der Zeilen- oder Spaltenbeschriftung markiert haben.

2 Geben Sie im Fenster *Berechnetes Element in „Produktgruppe" einfügen* einen Namen für das Element ein, z. B. Büro_Soll 5% ❸. Klicken Sie im Feld Formel hinter das Gleichheitszeichen und fügen Sie das Element *Büro* aus der Liste *Elemente* ❺ mit Doppelklick oder *Element einfügen* in die Formel ein.

3 Vervollständigen Sie die Formel mit *1,05 ❹ und klicken Sie auf *Hinzufügen* ❻. Schließen Sie dann das Fenster mit *OK*.

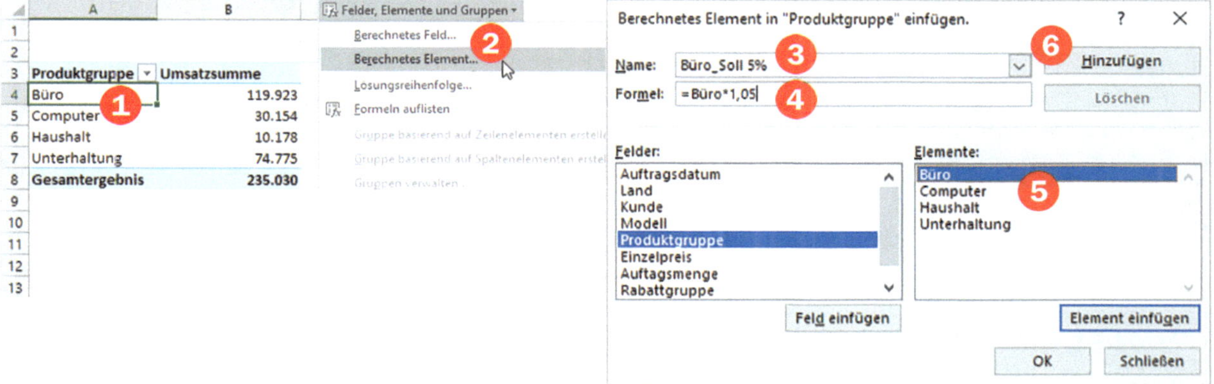

Bild 6.108 Die Ausgangstabelle

Bild 6.109 Klicken Sie auf Berechnetes Element einfügen

Bild 6.110 Geben Sie Name und Formel für das berechnete Element ein

4 Das Feld in der Tabelle wird um das berechnete Element erweitert, bzw. eine Zeile hinzugefügt und der dazugehörige Wert, im abgebildeten Beispiel der Umsatz, nach der angegebenen Formel berechnet. Blenden Sie anschließend über die Filterschaltfläche alle nicht benötigten Produktgruppen bis auf Büro und das neu berechnete Element aus (Bild 6.111).

Tipp: Die Formel erscheint in der Bearbeitungsleiste, wenn Sie einen beliebigen Wert des berechneten Elements markieren.

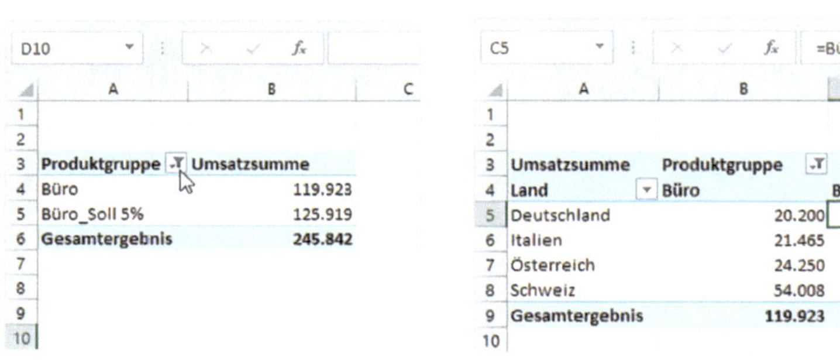

Bild 6.111 Blenden Sie alle Produktgruppen bis auf Büro und den Sollumsatz aus

Bild 6.112 Länder mit Sollumsatz

5 Nun können Sie die Tabelle beliebig umstellen: Wenn Sie z. B. für den Außendienst das Umsatzsoll je Land erhalten möchten, dann ziehen Sie die Produktgruppen in den Bereich *Spalten* und verwenden die Länder als Zeilenbeschriftung.

Beachten Sie, dass in Verbindung mit berechneten Elementen Gesamtergebnisse nicht immer sinnvoll sind, z. B. für Zeilen und daher ausgeblendet werden sollten.

Die Funktion PIVOTDATENZUORDNEN

Benötigen Sie für weitere Auswertungen nur bestimmte Inhalte einer Pivot-Tabelle, die sich entweder in einem anderen Arbeitsblatt oder in einer anderen Arbeitsmappe befindet? Oder möchten Sie ein Diagramm erstellen, das nur bestimmte Werte einer Pivot-Tabelle einbezieht? Dazu benötigen Sie Verweise auf die entsprechenden Zellen der Pivot-Tabelle. Excel verwendet in diesem Fall anstelle eines Zellbezugs automatisch die Funktion PIVOTDATENZUORDNEN, sobald Sie nach Eingabe des Gleichheitszeichens auf die benötigte Zelle klicken (Bild 6.113).

Vorteil: Diese Funktion bezieht sich nicht auf die Zelle, z. B. B8, sondern auf einen bestimmten Wert eines Feldes. So ist sichergestellt, dass dieser auch nach dem Aktualisieren der Tabelle oder Ändern des Berichtslayouts noch korrekt ist.

Bild 6.113 Excel verwendet automatisch die Funktion PIVOTDATENZUORDNEN

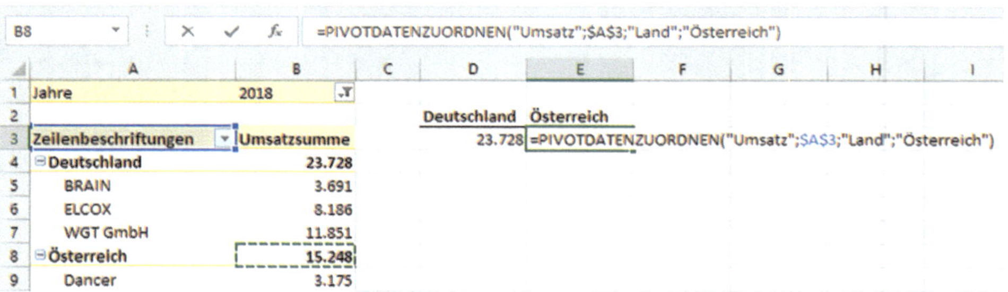

Die Funktion besitzt folgenden Aufbau:

```
PIVOTDATENZUORDNEN(Datenfeld;PivotTable;Feld1;Element1;Feld2;Element2;...)
```

Nachteile der Funktion

- Die Funktion kann zwar in angrenzende Zellen kopiert werden, allerdings wird der Zellbezug nicht angepasst. Daran ändert auch das Umwandeln in einen relativen Zellbezug in der Formel nichts. Werden mehrere Werte aus der Pivot-Tabelle benötigt, dann muss also die Funktion jedes Mal neu eingegeben werden.
- Wenn sich die Pivot-Tabelle in einer anderen Arbeitsmappe befindet, dann muss diese Mappe beim späteren Öffnen ebenfalls geöffnet sein, andernfalls erhalten Sie den Fehlerwert #BEZUG.

6.9 Workshop Umfrageauswertung

Zur Auswertung von Umfragen werden meist einfache Häufigkeitsauszählungen benötigt, die für jede Variable die Häufigkeit ihrer Ausprägungen ermitteln. Als einfaches Beispiel die Gästebefragung eines Hotels.

Umfrage.xlsx

Die zentrale Frage lautete: Bitte bewerten Sie das Hotel in folgenden Punkten, indem Sie maximal 6 Sterne vergeben. ★★★★★★ (6 Sterne) = Sehr gut, ★ (1 Stern) = sehr schlecht. Bewertet wurden u.a. Lage, Ausstattung, Service, Zimmer und Restaurant.

Die Ergebnisse der einzelnen Fragebögen wurden in eine Excel-Tabelle übertragen (das Bild unten zeigt einen Ausschnitt). Sie möchten nun wissen, wie oft für jedes zu bewertende Kriterium 6 Sterne, 5 Sterne usw. vergeben wurden.

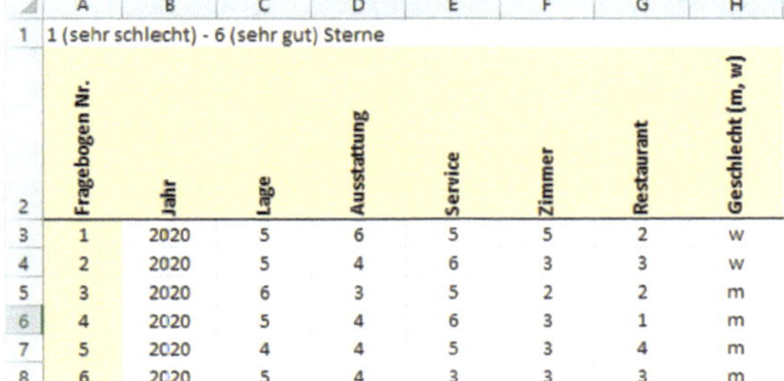

1 (sehr schlecht) - 6 (sehr gut) Sterne

Fragebogen Nr.	Jahr	Lage	Ausstattung	Service	Zimmer	Restaurant	Geschlecht (m, w)
1	2020	5	6	5	5	2	w
2	2020	5	4	6	3	3	w
3	2020	6	3	5	2	2	m
4	2020	5	4	6	3	1	m
5	2020	4	4	5	3	4	m
6	2020	5	4	3	3	3	m

Bild 6.114 Ausgangstabelle Umfrageergebnisse

1 Dazu erstellen Sie zunächst eine Pivot-Tabelle und legen die Rohdatentabelle ab A2 als Quelldatenbereich fest.

2 Als Beispiel soll die Bewertung der Lage ausgewertet werden. Dazu wird in diesem Fall das Feld *Lage* zweimal benötigt: Als Zeilenbeschriftung und im Bereich *Werte* zur Ermittlung der Häufigkeit. Ziehen Sie also das Feld in den Bereich *Zeilenbeschriftung* und ein weiteres Mal in den Bereich *Werte*.

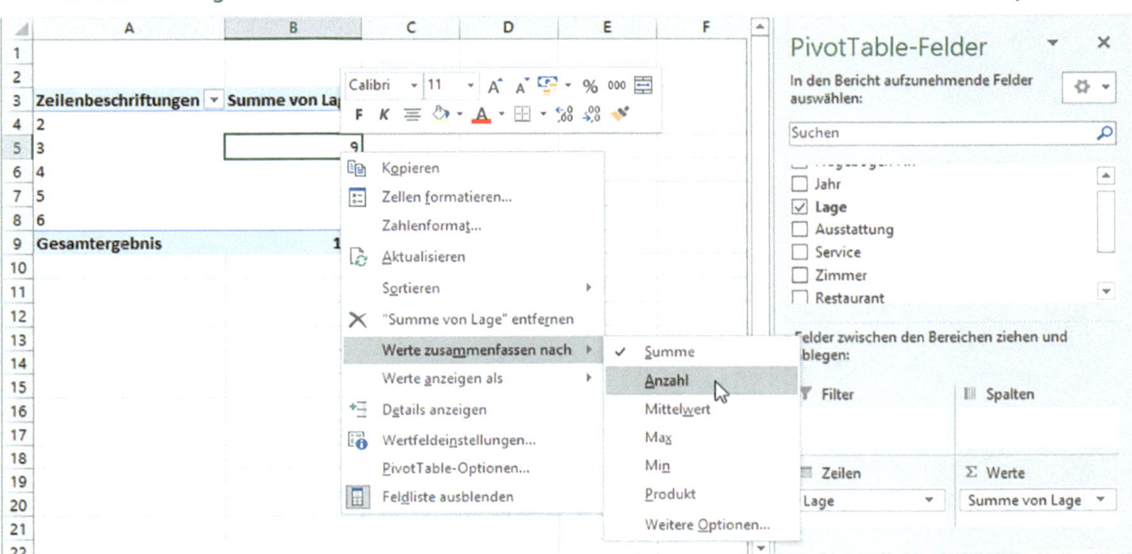

Bild 6.115 Werte zusammenfassen nach Anzahl

3 Wahrscheinlich berechnet Excel unsinnigerweise zunächst die Summe der Bewertungen, wie im Bild oben. In diesem Fall klicken Sie in der betreffenden Spalte mit der rechten Maustaste auf eine beliebige Zahl, zeigen im *Kontextmenü auf Werte zusammenfassen nach* und wählen im Untermenü *Anzahl*.

4 Ändern Sie anschließend die Überschrift der Wertespalte in *Häufigkeit* und wählen Sie als Berichtslayout das Gliederungs- oder Tabellenformat, damit auch der Feldname über den Zeilenbeschriftungen angezeigt wird.

5 Zur besseren Aussagefähigkeit können Sie in dieser Pivot-Tabelle auch noch die Zeilenbeschriftungen ändern. Dies hat keinerlei Einfluss auf die Inhalte der Ausgangstabelle und die geänderten Beschriftungen bleiben auch nach Aktualisierungen erhalten. Zur prozentualen Darstellung ziehen Sie das Feld *Lage* ein zweites Mal in den Wertebereich und wählen dann über das Kontextmenü und den Befehl *Werte anzeigen als* die Anzeige *% des Spaltengesamtergebnisses*. Das Ergebnis könnte aussehen, wie in Bild 6.116.

Bild 6.116 Zeilenbeschriftungen ändern und %-Anteile anzeigen

Bild 6.117 Auswertung nach Männern und Frauen

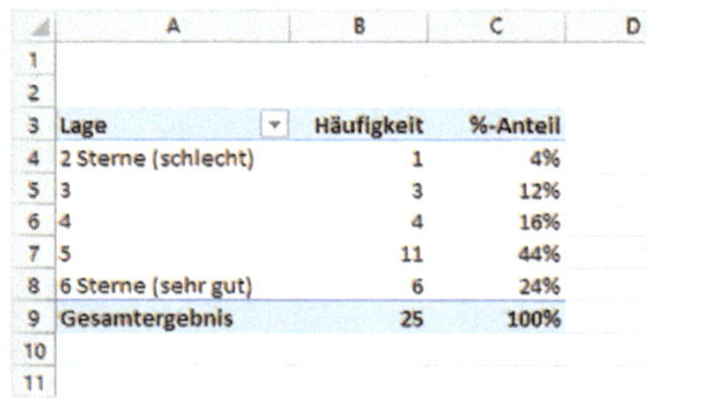

	A	B	C	D
1				
2				
3	Lage	Häufigkeit	%-Anteil	
4	2 Sterne (schlecht)	1	4%	
5	3	3	12%	
6	4	4	16%	
7	5	11	44%	
8	6 Sterne (sehr gut)	6	24%	
9	Gesamtergebnis	25	100%	
10				
11				

	A	B	C	D	E	F	G	H
1								
2								
3		Geschlecht	Werte					
4		Männer		Frauen		Gesamt: Häufigkeit	Gesamt: %-Anteil	
5	Lage	Häufigkeit	%-Anteil	Häufigkeit	%-Anteil			
6	2 Sterne (schlecht)	1	8%		0%	1	4%	
7	3	3	23%		0%	3	12%	
8	4	4	31%		0%	4	16%	
9	5	4	31%	7	58%	11	44%	
10	6 Sterne (sehr gut)	1	8%	5	42%	6	24%	
11	Gesamtergebnis	13	100%	12	100%	25	100%	
12								

Wenn Sie zusätzlich noch die Ergebnisse von Männern und Frauen miteinander vergleichen möchten, dann ziehen Sie das Geschlecht in den Bereich *Spalten*. Die prozentualen Ergebnisse von Männern Frauen und lassen sich außerdem besser miteinander vergleichen, wenn Sie diesen unterschiedliche Formatierungen zuweisen, wie in Bild 6.117. Auch die Spaltenüberschriften können Sie wieder beliebig ändern.

6.10 Pivot-Tabellen aus zwei oder mehr Tabellen erstellen

Mehrere Tabellen mit identischem Aufbau zusammenführen

Manchmal stammen die auszuwertenden Daten aus verschiedenen Quellen. Wenn die Tabellen denselben Aufbau und identische Zeilen- und/oder Spaltenbeschriftungen besitzen, gibt es dafür mehrere Lösungen. Jede besitzt Vor- und Nachteile:

- Das Tool *Konsolidieren* (Register *Daten* ▶ *Datentools*) ist seit langem Bestandteil von Excel. Es erlaubt das Zusammenführen mehrerer Excel-Tabellen, vorausgesetzt die Tabellen sind gleich aufgebaut und verfügen über identische Spalten-

und/oder Zeilenbeschriftungen. Nachteil: Die Datenherkunft ist aus dem Ergebnis nicht mehr ersichtlich.

- Oder nutzen Sie Power Query oder Power Pivot zum Zusammenführen von Daten aus mehreren Tabellen. Mit beiden Methoden können auch externe Datenquellen, z. B. Textdateien (.txt und .csv) oder Datenbanken verwendet werden können. Die Vorgehensweise wird in Kapitel 5 und Kapitel 8 beschrieben.
- Für eine Auswertung in Form von Pivot-Tabellen kann außerdem noch der PivotTable- und PivotChart-Assistent älterer Excel-Versionen eingesetzt werden. Wenn Sie die benutzerdefinierte Seitenfelderstellung wählen, ist die Datenherkunft bzw. Quelltabelle anhand des Namens nachvollziehbar.

Ausgangssituation

Zusammenführen.xlsx

Die monatlichen Umsatzübersichten einzelner Verkaufsbezirke liegen jeweils in einem eigenen Arbeitsblatt vor. Der Einfachheit halber befinden sich diese alle in einer gemeinsamen Arbeitsmappe, könnten aber genauso gut auf verschiedene Arbeitsmappen verteilt sein. Alle Tabellen besitzen den gleichen Aufbau mit identischen Zeilen- und Spaltenbeschriftungen. Allerdings ist ab Februar ein weiterer Verkaufsbezirk hinzugekommen und ab März die neue Warengruppe Kleingeräte. Im Bild unten als Beispiel die Monate Januar und März.

Am Quartalsende wird nun eine Zusammenfassung für das gesamte Quartal, also die Monate Januar bis März benötigt. Aufgrund der identischen Beschriftungen erfüllen alle Tabellen die Voraussetzung für eine Zusammenfassung durch eine Pivot-Tabelle. Die unterschiedliche Anzahl Zeilen und/oder Spalten spielt dagegen keine Rolle und die Tabellen müssen sich auch nicht zwingend an derselben Position im Tabellenblatt befinden.

Umsatzübersicht Verkaufsbezirke (Januar)

Umsatz in EUR

Warengruppe	Nord	Mitte	Süd
Waschmaschinen	21.500	55.000	63.000
Trockner	18.000	24.000	33.000
Küchenherde	57.000	123.000	45.000
Kühlschränke	110.000	98.000	125.000
Geschirrspüler	87.000	44.000	130.000
Kaffeemaschinen	25.000	18.000	45.000

Januar | Februar | März

Umsatzübersicht Verkaufsbezirke (März)

Umsatz in EUR

Warengruppe	Nord	Mitte	Süd	Österreich
Waschmaschinen	34.000	28.000	65.000	55.000
Trockner	61.000	38.000	89.000	37.000
Küchenherde	140.000	120.000	150.000	76.000
Kühlschränke	75.000	63.000	72.000	260.000
Geschirrspüler	53.000	29.000	61.000	38.000
Kaffeemaschinen	25.000	11.000	32.000	3.500
Kleingeräte	9.500	13.000	8.100	22.000

Januar | Februar | März

Bild 6.118 Die monatlichen Umsatzberichte befinden sich in getrennten Arbeitsblättern

Den PivotTable- und PivotChart-Assistent der Symbolleiste für den Schnellzugriff hinzufügen

Für die Zusammenfassung mehrerer Tabellen, wie in diesem Beispiel benötigen Sie den PivotTable- und PivotChart-Assistent. Leider ist dieser seit der Excel-Version 2010 nicht mehr auf Anhieb verfügbar, sondern muss erst dem Menüband oder der Symbolleiste für den Schnellzugriff hinzugefügt werden.

1 Klicken Sie rechts am Ende der Symbolleiste für den Schnellzugriff auf *Symbolleiste für den Schnellzugriff anpassen* und auf *Weitere Befehle....*

2 Wählen Sie in den *Excel-Optionen* im Feld *Befehle auswählen* die Anzeige *Alle Befehle* aus.

3 Klicken Sie in der Liste der Befehle auf *PivotTable- und PivotChart-Assistent* und auf die Schaltfläche *Hinzufügen*.

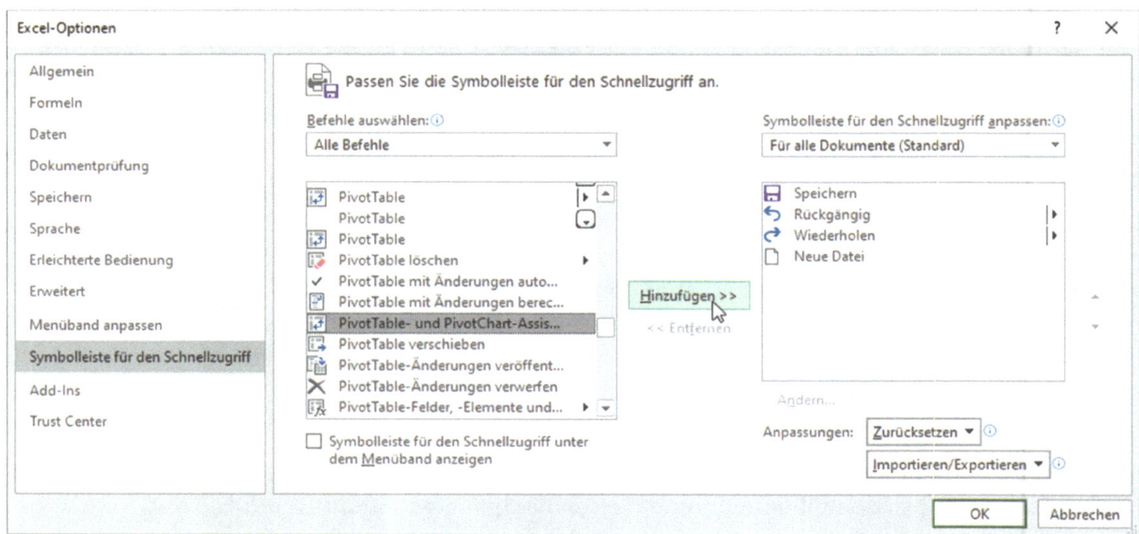

Bild 6.119 PivotTable- und PivotChart-Assinstent der Symbolleiste für den Schnellzugriff hinzufügen

Pivot-Tabelle erstellen

1 Anschließend erstellen Sie die Pivot-Tabelle: Klicken Sie in der Symbolleiste für den Schnellzugriff auf das Symbol *PivotTable- und PivotChart-Assistent*. Wo sich der Cursor befindet, spielt keine Rolle; wenn die Ergebnistabelle in einem neuen Arbeitsblatt erstellt werden soll, dann wird dieses durch den Assistent automatisch hinzugefügt.

2 Im ersten Schritt des Assistenten wählen Sie die Option *Mehrere Konsolidierungsbereiche* aus und als Darstellung *PivotTable* (Bild unten). Klicken Sie auf *Weiter*.

3 Damit später ein Filtern nach Arbeitsblättern bzw. Monaten möglich ist, müssen Sie nächsten Schritt die Option *Benutzerdefinierte Seitenfelderstellung* wählen. Klicken Sie dann auf *Weiter*.

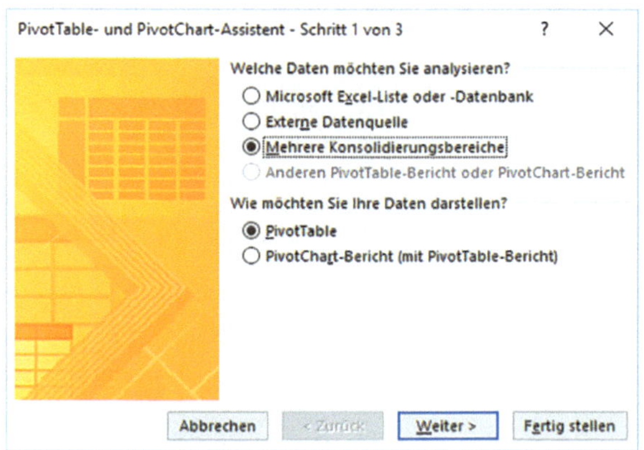

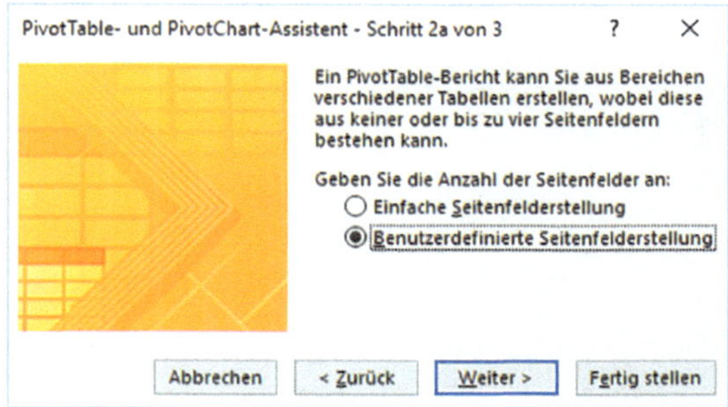

Bild 6.120 Schritt 1 und 2a des Assistenten

4 Anschließend wählen Sie die Tabellenbereiche der Reihe nach aus. Dazu klicken Sie im Assistent in das Feld *Bereich* ❶, markieren im Arbeitsblatt den ersten Tabellenbereich einschließlich der Zeilen- und Spaltenbeschriftungen und klicken anschließend auf *Hinzufügen*. Mit der Schaltfläche *Durchsuchen...* kann auch eine andere Arbeitsmappe ausgewählt und geöffnet werden.

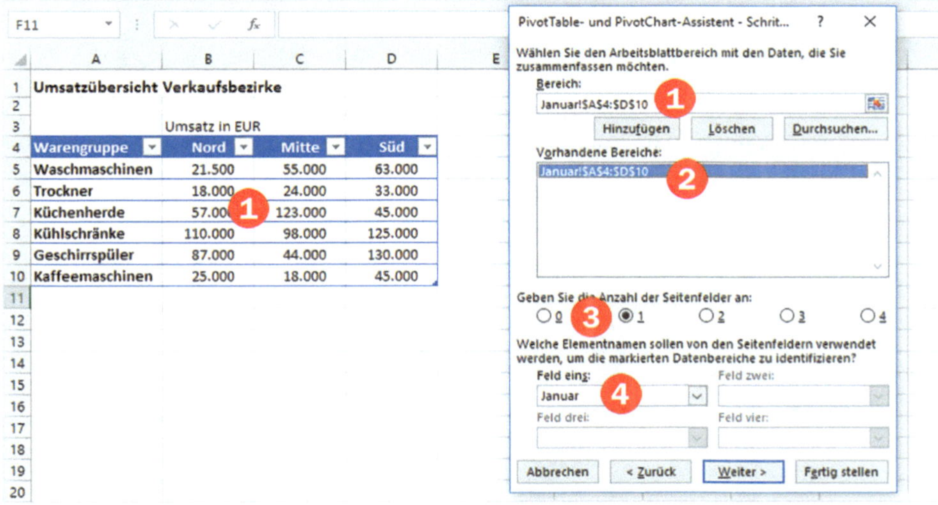

Bild 6.121 Tabellenbereich auswählen und hinzufügen

5 Markieren Sie in der Liste *Vorhandene Bereiche* den soeben hinzugefügten Tabellenbereich ❷ und wählen Sie unterhalb die Anzahl der Seitenfelder, für dieses Beispiel *1* ❸. Im *Feld eins* geben Sie dann den Namen *Januar* ein ❹.

6 Zum Hinzufügen des nächsten Tabellenbereichs markieren Sie im Feld *Bereich* den vorherigen Inhalt und ersetzen diesen, indem Sie in der Arbeitsmappe den nächsten Tabellenbereich markieren. Klicken Sie dann erneut auf *Hinzufügen* und geben Sie im *Feld eins* den Namen *Februar* ein.

7 Wiederholen Sie diesen Schritt für die übrigen Tabellenbereiche. Diese müssten anschließend in der Liste *Vorhandene Verweise* aufgeführt sein. Wenn Sie hier auf

einen Verweis klicken, erscheint der dazugehörige Name im *Feld eins* und kann ggf. auch nachträglich geändert werden.

8 Klicken Sie auf *Weiter* und legen Sie im letzten Schritt fest, dass die Ergebnistabelle in einem neuen Arbeitsblatt eingefügt werden soll.

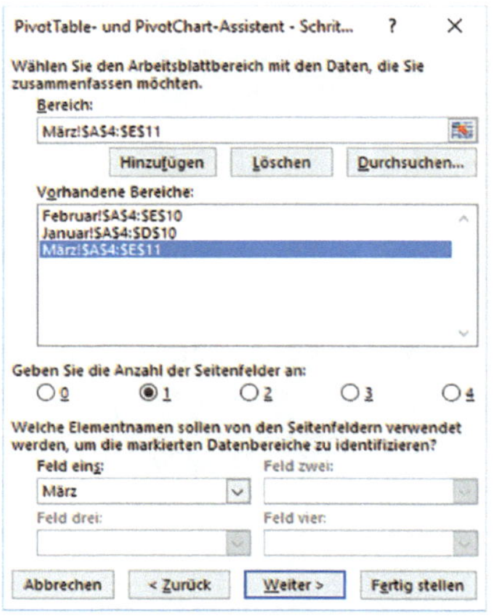

Bild 6.122 Verweise mit Namen

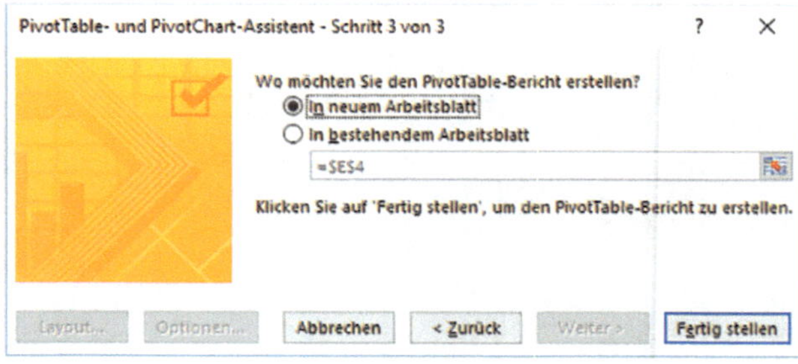

Bild 6.123 Ergebnistabelle in Arbeitsblatt einfügen

Als Ergebnis erhalten Sie die Zusammenfassung (Bild unten) als Pivot-Tabelle. Der ursprüngliche Tabellenaufbau wurde beibehalten und die Seitenfelder, hier Monate, als Tabellenfilter verwendet. Wie gewohnt, können Sie nun die Felder beliebig umstellen.

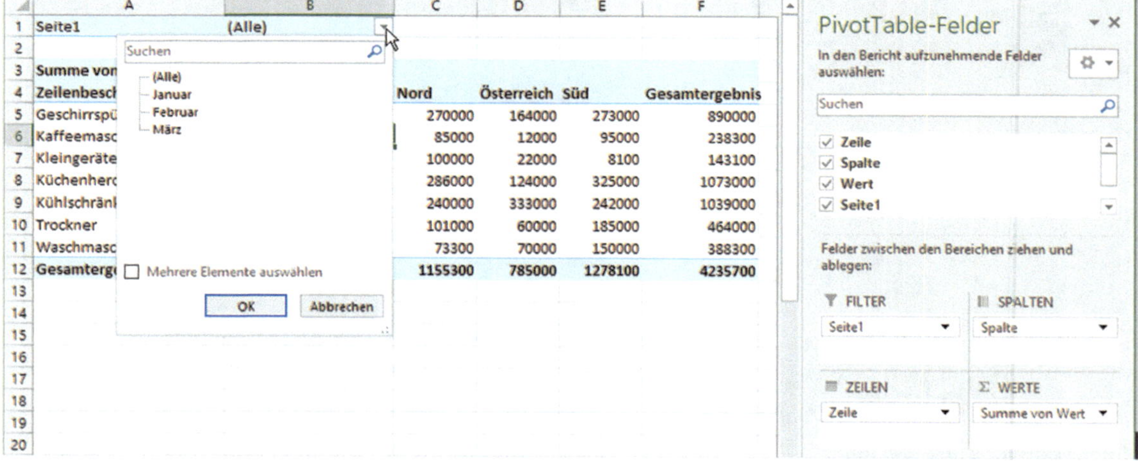

Bild 6.124 Die Zusammenfassung als Pivot-Tabelle

Beziehungen statt SVERWEIS

Statt mit SVERWEIS Spalteninhalte aus einer anderen Tabelle einzubeziehen, können Sie mit Excel auch eine Beziehung zwischen zwei Tabellen erstellen. Anschließend stehen Ihnen in der Pivot-Tabelle Felder aus beiden Tabellen zur Verfügung.

> Immer wenn Sie mit mehreren Tabellen arbeiten und diese zueinander in Beziehung setzen, erstellt Excel ein sogenanntes Datenmodell. Datenmodelle stammen eigentlich aus relationalen Datenbanken, z. B. Microsoft Access, werden jedoch seit der Version 2013 auch von Excel unterstützt.
>
> An dieser Stelle wird nur ein einfaches Beispiel für ein Datenmodell vorgestellt. Wenn Sie jedoch mit Power Pivot arbeiten möchten, dann sollten Sie sich auch mit Datenmodellen eingehender befassen. Mehr zu diesem Thema erfahren Sie in Kapitel 7 und 8.

Für das nachfolgende Beispiel einer Personalauswertung werden zwei Excel-Tabellen herangezogen; eine Personaltabelle mit Kostenstellen und Standort und eine Tabelle mit den Arbeitszeiten des Monats Januar, beide befinden sich in derselben Arbeitsmappe.

Bild 6.125 Die Tabelle Personaldaten

Bild 6.126 Die Tabelle Zeiten_Januar

Personal-Nr.	Nachname	Vorname	Kostenstelle	Eintrittsdatum	Standort
75	Moser	Karl	300	01.05.2011	München
76	Kabelschacht	Alfred	100	15.03.2015	Regensburg
77	Hinterleitner	Sandra	100	12.01.1998	München
79	Thomas	Sabine	200	01.01.2016	Ulm
80	Baumholtz	Philipp	100	23.07.2013	Ulm
81	Muster	Tobias	300	18.11.2012	München
83	Nordhoff	Silke	400	01.03.2010	Regensburg
84	Leutz	Sven	400	19.02.2003	Regensburg
86	Mumpitz-Mummenschanz	Nicole	300	21.06.2015	Ulm
87	Rumpenhorst	Walter	300	01.09.2009	Pfarrkirchen
89	Weber	Wolfgang	200	07.04.2003	Pfarrkirchen
90	Pförtner	Max	200	15.05.2014	Ulm
91	Wiesenbrecht	Kurt	200	04.07.2017	Pfarrkirchen
92	Schulz	Emma	100	01.03.2017	München
93	Dörfler	Jasmin	100	15.06.2017	Regensburg

Personalliste | Zeiten

Arbeitszeitauswertung
Monat: Januar

Personal-N	Istz
75	160
76	148
77	171
79	120
80	68
81	158
83	160
84	163
86	159
87	122
89	130
90	140
91	60
92	120
93	160

Personalliste | Zeiten

Ordner Personal

Damit eine Beziehung zwischen zwei Tabellen erstellt werden kann, müssen folgende Voraussetzungen erfüllt sein:

- Jede der Tabellen muss über eine Spalte mit übereinstimmendem Inhalt verfügen , diese wird auch als Schlüsselfeld bezeichnet. Das bedeutet, über diese Spalte ist ein eindeutiger Bezug auf die andere Tabelle möglich, im Beispiel ist dies die Spalte *Personal Nr.*
- Excel-Tabellen müssen als Tabellenbereich formatiert sein und sollten zwecks besserer Übersicht mit einem aussagekräftigen Namen versehen werden. Die Tabelle mit den Personaldaten hat in diesem Beispiel den Namen *Personaldaten*

erhalten und die Tabelle mit den Arbeitszeiten den Namen *Zeiten_Januar*. Statt Excel-Tabellen können Sie auch Daten auch aus einer Verbindung oder Abfrage verwenden.

- In der Tabelle *Personaldaten* muss die Personalnummer eindeutig sein, d. h. in der Spalte *Personal Nr.* darf jede Nummer nur einmal vorkommen (keine Duplikate).

Pivot-Tabelle mit Feldern aus beiden Tabellen erstellen

Mit Excel 2013 müssen Sie die Beziehung manuell erstellen.

Excel kann seit der Version 2016 anhand bestimmter Kriterien (Spaltenüberschriften und Inhalte) automatisch Beziehungen zwischen zwei Tabellen herstellen, andernfalls erstellen Sie die Beziehung manuell. In beiden Fällen gehen Sie so vor:

1 Klicken Sie in die erste Tabelle, hier *Zeiten_Januar*, und klicken Sie im Register *Einfügen* ▶ *Tabellen* auf *PivotTable*. Kontrollieren Sie den Zellbereich (ohne Überschriften!) und aktivieren Sie das Kontrollkästchen *Dem Datenmodell diese Daten hinzufügen*. Klicken Sie dann auf *OK*.

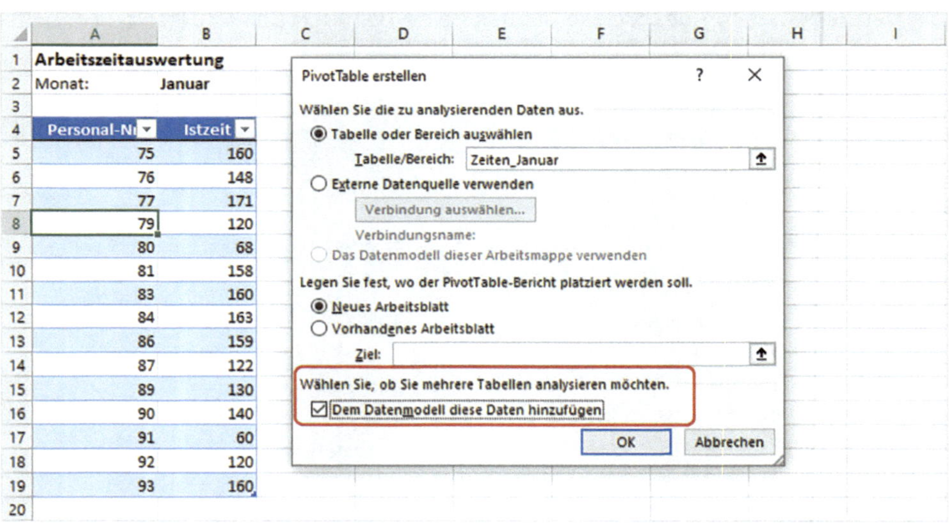

Bild 6.127 Daten dem Datenmodell hinzufügen

2 Die Felder dieser Tabelle erscheinen nun im Aufgabenbereich *PivotTable-Felder*. Klicken Sie im Aufgabenbereich auf das Register *Alle* ❶, wie in Bild 6.128 auf der nächsten Seite (statt *Aktiv*). Hier erhalten Sie Zugriff auf die übrigen Tabellen der Arbeitsmappe, in diesem Beispiel also auch auf die Tabelle *Personaldaten* ❷.

3 Klicken Sie auf das kleine Dreieck dieser Tabelle, um die dazugehörigen Felder anzuzeigen. Nun können Sie die benötigten Felder in die Bereiche ziehen. In diesem Beispiel wird eine Auswertung der Arbeitszeiten nach Kostenstellen benötigt: Ziehen Sie also aus der Tabelle *Personaldaten* das Feld *Kostenstelle* in den Bereich *Zeilen* und aus der Tabelle *Zeiten_Januar* das Feld *Istzeit* in den Bereich *Werte* ❸.

4 Allerdings ist das Ergebnis noch nicht zufriedenstellend, wie ein Blick in die Tabelle ❹ zeigt. Der Grund: Es muss noch eine Beziehung über das gemeinsame Feld, die Personalnummer, hergestellt werden.

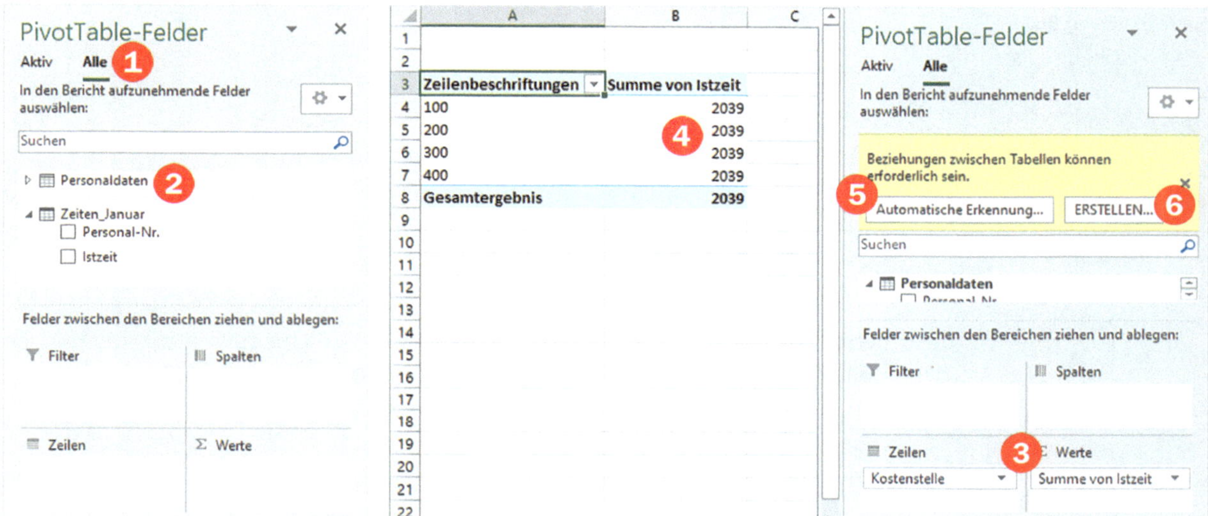

Bild 6.128 Klicken Sie auf das Register Alle

Bild 6.129 Ziehen Sie Felder aus beiden Tabellen in die Bereiche

5 Sie haben nun zwei Möglichkeiten, eine Beziehung herzustellen:

- **Beziehung automatisch erstellen**
  Bei übereinstimmenden Spaltenüberschriften wie in diesem Beispiel, kann Excel die Beziehung automatisch erstellen. Klicken Sie dazu auf die Schaltfläche *Automatische Erkennung* ❺. Excel versucht nun, eine Beziehung zu erstellen und blendet anschließend eine entsprechende Meldung ein. Im Bild unten wurde eine Beziehung erkannt und erstellt, klicken Sie in diesem Fall auf *Schließen*.

Bild 6.130 Beziehung erkannt und automatisch erstellt

- **Beziehung manuell herstellen**
  Falls die automatische Erkennung nicht erfolgreich war, müssen Sie die Beziehung manuell erstellen, klicken Sie dazu auf die Schaltfläche *ERSTELLEN* ❻.

  Im Fenster *Beziehungen erstellen* (Bild 6.131) wählen Sie nun die Tabellen und Spalten aus. Klicken Sie in das Feld *Tabelle* ❼ und wählen Sie *Datenmodelltabelle Zeiten_Januar* aus, im Feld *Spalte (fremd)* wählen Sie das Feld *Personal-Nr.* aus ❽.

Im Feld *Verwandte Tabelle* ⑨ legen Sie mit der Auswahl *Datenmodelltabelle Personaldaten* die zweite Tabelle fest und im Feld *Verwandte Spalte (Primär)* ebenfalls die Personalnummer. Klicken Sie dann auf *OK*.

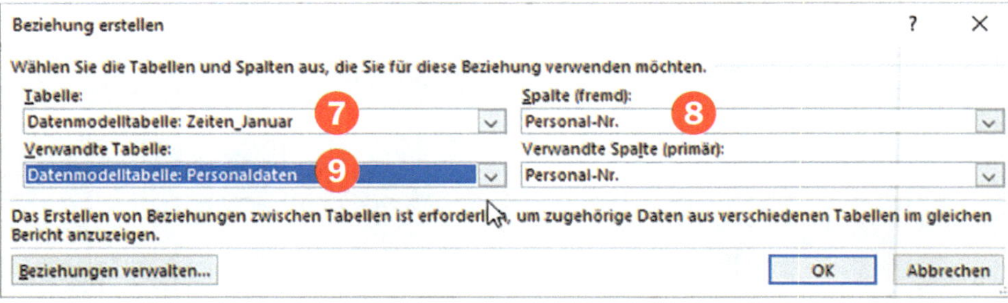

Bild 6.131 Fenster Beziehung erstellen

Mit Verwandte Tabelle und Verwandte Spalte (Primär) ist diejenige Tabelle gemeint, die den Primärschlüssel dieser Beziehung enthält. Also die Personaltabelle.

Jetzt sieht das Ergebnis in der Tabelle schon anders aus. Wenn gewünscht, können Sie die Tabelle nun auch noch um die Standorte ergänzen, wie im Bild unten.

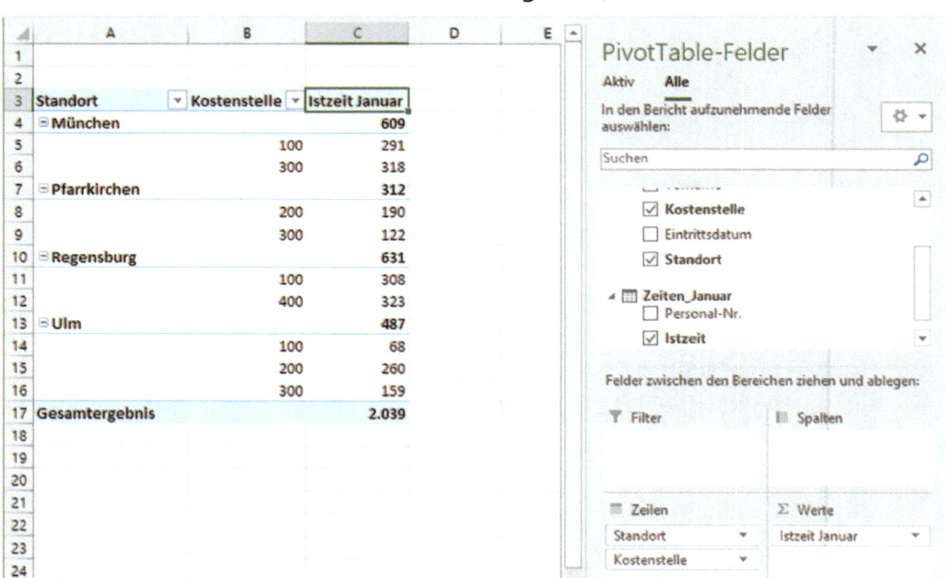

Standort	Kostenstelle	Istzeit Januar
München		609
	100	291
	300	318
Pfarrkirchen		312
	200	190
	300	122
Regensburg		631
	100	308
	400	323
Ulm		487
	100	68
	200	260
	300	159
Gesamtergebnis		2.039

Bild 6.132 Das Ergebnis

Beziehung bearbeiten oder löschen

Wenn Sie nachträglich eine Beziehung bearbeiten oder löschen möchten, dann klicken Sie im Register *Daten* ▶ *Datentools* auf *Beziehungen*.

Bild 6.133 Register Daten ▶ Beziehungen

Bild 6.134 Klicken Sie auf Neu...

- Markieren Sie dann im Fenster *Beziehungen verwalten* die Beziehung und klicken Sie auf die Schaltfläche *Bearbeiten*.... Im Fenster *Beziehung bearbeiten* (siehe Bild 6.131 auf Seite 224) können Sie nun die Details kontrollieren und ggf. ändern.
- Mit der Schaltfläche *Deaktivieren* kann die markierte Beziehung vorübergehend deaktiviert und mit *Löschen* auch endgültig entfernt werden.

Hinweis: Sie können hier in einem ersten Schritt auch über die Schaltfläche *Neu*... eine neue Beziehung erstellen und erst anschließend die Pivot-Tabelle einfügen. In diesem Fall müssen Sie im Fenster *PivotTable erstellen* bei der Auswahl des Datenbereichs die Option *Das Datenmodell dieser Arbeitsmappe verwenden* wählen ❶. Die Tabelle mit den Ausgangsdaten muss nicht ausgewählt werden, Sie können sich also auch in einem leeren Tabellenblatt befinden.

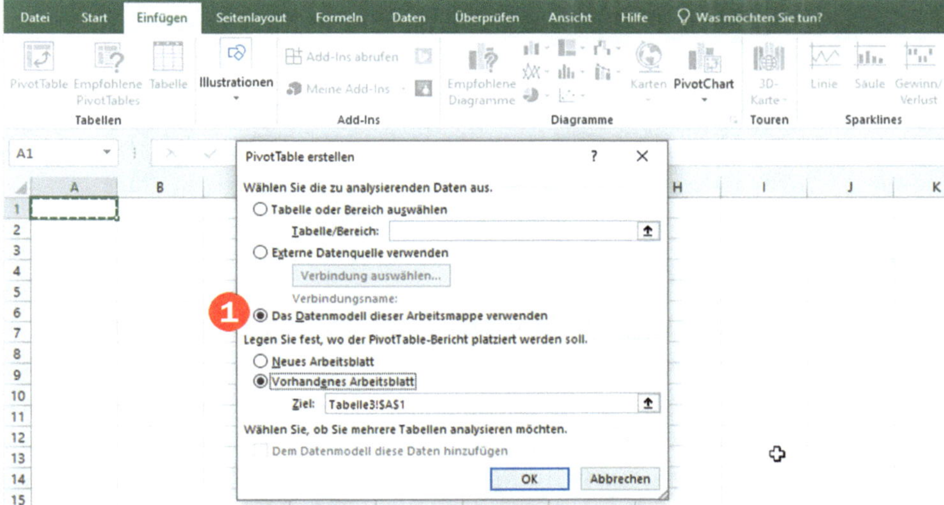

Bild 6.135 Pivot-Tabelle aus Datenmodell erstellen

Welche Möglichkeit eignet sich am besten?

- Die oben beschriebenen Wege wurden in erster Linie der Vollständigkeit halber in das Buch mit aufgenommen. Sie eignen sich als schnelle Lösungen für kleinere und einfach aufgebaute Tabellen.
- Bei umfangreichen externen Daten, die außerdem häufig aktualisiert werden, sollten Sie prüfen, ob Sie nicht besser die Tabellen mit Power Query zusammenführen (siehe Kapitel 5) oder mit Power Pivot ein Datenmodell erstellen (siehe Kapitel 8).
- Externe Daten aus Datenbanken umfassen häufig auch mehrere Tabellen. In diesem Fall bietet Power Pivot eindeutig die bessere Übersicht.

6.11 Pivot-Diagramme (PivotChart)

Pivot-Diagramme (PivotCharts) dienen zur grafischen Darstellung von Pivot-Tabellen und besitzen auch dieselben Eigenschaften. In Bezug auf Layout und Formatierungen dagegen unterscheiden sich PivotCharts nicht von normalen Excel-Diagrammen. Sie können ein Pivot-Diagramm aus einer vorhandenen Pivot-Tabelle erstellen oder mit einem neuen Diagramm beginnen. Auch im letzteren Fall erhalten Sie zusammen mit dem Diagramm eine Pivot-Tabelle und zum Erstellen des Diagramms ziehen Sie die Felder entweder in die Diagrammbereiche oder bearbeiten die Pivot-Tabelle.

Folgende Punkte sollten Sie beim Umgang mit PivotCharts wissen

- Jedes Pivot-Diagramm basiert auf einer Pivot-Tabelle und beide bilden eine untrennbare Einheit. Jede Umstellung der Felder in der Tabelle ändert daher die Darstellung im Diagramm und umgekehrt. Auch Filter wirken sich immer auf Tabelle und Diagramm gleichzeitig aus.
- Ein Pivot-Diagramm bezieht grundsätzlich alle Felder der zugrunde liegenden Pivot-Tabelle mit ein. Es ist also nicht möglich, nur aus bestimmten Feldern der Tabelle ein Diagramm zu erstellen.

Pivot-Diagramm aus Pivot-Tabelle erstellen

1. Klicken Sie an eine beliebige Stelle der Pivot-Tabelle und dann im Register *Analysieren*, Gruppe *Tools* auf *PivotChart* ❶.
2. Das Dialogfenster *Diagramm einfügen* öffnet sich: Wählen Sie aus der Liste links den gewünschten Diagrammtyp, z.B. *Säule* ❷.

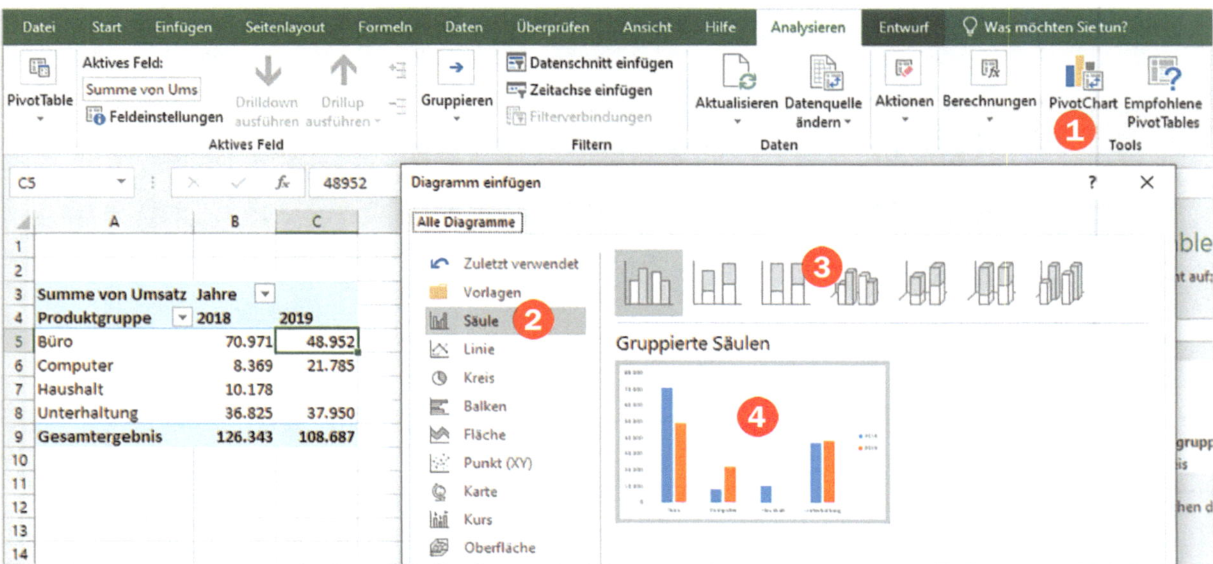

Bild 6.136 Pivot-Diagramm aus Tabelle erstellen

- Rechts erhalten Sie verschiedene Untertypen zur Auswahl ❸, z. B. Säulengruppen, gestapelte Säulen oder 3D-Darstellung usw..
- Unterhalb sehen Sie eine Vorschau auf den markierten Untertyp zusammen mit Ihren Daten ❹, diese wird beim Zeigen in die Vorschau vergrößert.

3 Mit Klick auf *OK* fügen Sie das ausgewählte Diagramm im selben Tabellenblatt, wie die Pivot-Tabelle, ein.

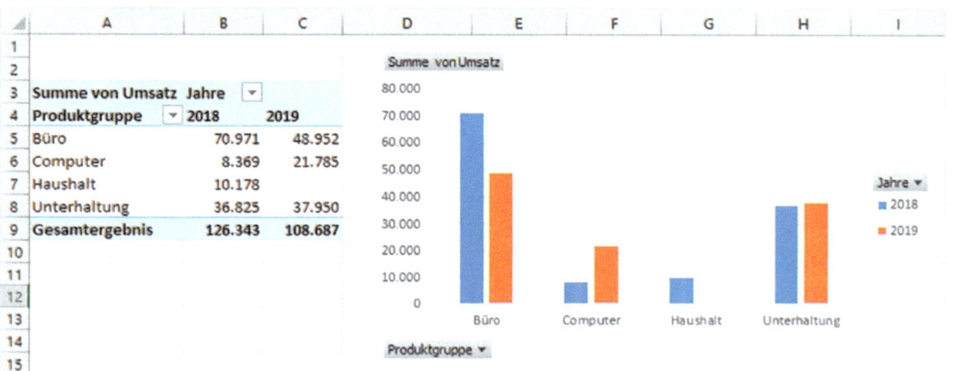

Summe von Umsatz	Jahre	
Produktgruppe	2018	2019
Büro	70.971	48.952
Computer	8.369	21.785
Haushalt	10.178	
Unterhaltung	36.825	37.950
Gesamtergebnis	126.343	108.687

Bild 6.137 Diagramm mit Pivot-Tabelle

Pivot-Diagramm neu erstellen

Wenn noch keine entsprechende Pivot-Tabelle vorhanden ist, dann können Sie gleich mit dem Diagramm beginnen. Die dazugehörige Tabelle wird dann automatisch zusammen mit dem Diagramm in das Arbeitsblatt eingefügt. So gehen Sie vor:

- Wenn sich die Ausgangsdaten in derselben Arbeitsmappe befinden, dann klicken Sie in den Tabellenbereich mit den Quelldaten und dann im Register *Einfügen* ▶ *Diagramme* auf *PivotChart*. Wählen Sie die Option *Tabelle oder Bereich auswählen* und kontrollieren Sie, ob der Datenbereich richtig erkannt wurde.
- Soll dagegen das Diagramm mit Daten aus einer Abfrage oder Verbindung erstellt werden, so klicken Sie in das leere Arbeitsblatt und dann auf *PivotChart*. Wie beim Erstellen einer Pivot-Tabelle wählen Sie anschließend die Option *Externe Datenquelle verwenden* und klicken auf *Verbindung auswählen...*.

Bild 6.138 PivotChart einfügen

Auftragsdatum	Land	Kunde	Modell	Produktgruppe	Einzelpreis	Auftagsmenge	Rabattgruppe	Umsatz
02.01.2018	Italien	ADRIA AG	D	Unterhaltung	75,00	3	1	225,00
02.01.2018	Österreich	KARG AG	F	Unterhaltung	450,00	1	2	450,00
03.01.2018	Italien	ADRIA AG	A	Büro	120,00	2	1	240,00

Excel erstellt in einem neuen oder im angegebenen Arbeitsblatt den Diagrammbereich zusammen mit einem leeren verknüpften Tabellenbereich. Die weitere Vorgehensweise unterscheidet sich nicht von Pivot-Tabellen. Abhängig davon, ob die leere Pivot-Tabelle oder das leere Diagramm markiert ist, erscheint rechts entweder der Aufgabenbereich *PivotTable-Felder* oder *PivotChart-Felder*.

Bild 6.139 Diagrammbereich und Tabelle

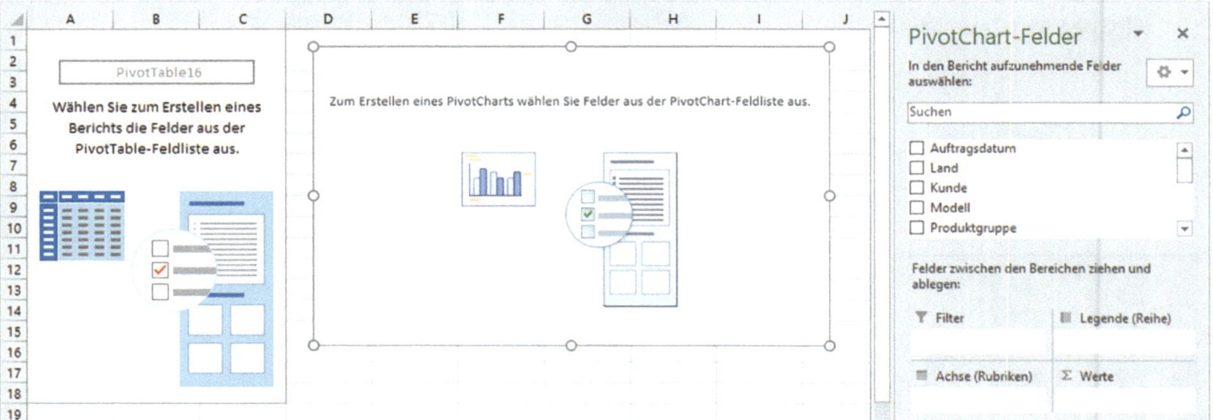

Da Diagramm und Tabelle miteinander verknüpft sind, ist es eigentlich egal, mit welchem Aufgabenbereich Sie arbeiten. Ziehen Sie beispielsweise im Aufgabenbereich *PivotChart-Felder* den *Umsatz* in den Wertebereich und das Feld *Land* in den Bereich *Achse*, so bilden die Länder in einem Säulendiagramm die X-Achse und erscheinen gleichzeitig als Zeilenbeschriftung in der Pivot-Tabelle (siehe Bild unten).

Bild 6.140 Zeilenbeschriftung und X-Achse sind identisch

Dasselbe Ergebnis erhalten Sie, wenn Sie in die Tabelle klicken und im Bereich *PivotTable-Felder* das Feld *Land* in den Bereich *Zeilen* ziehen.

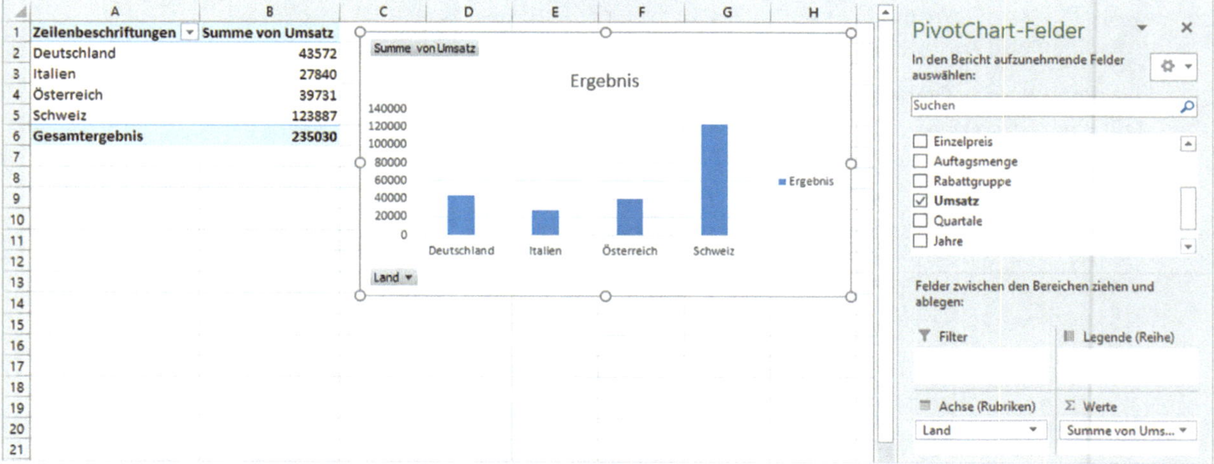

Zeilenbeschriftungen	Summe von Umsatz
Deutschland	43572
Italien	27840
Österreich	39731
Schweiz	123887
Gesamtergebnis	235030

Der Bereich Legende (Reihe)

Der Bereich *Legende (Reihe)* entspricht den Spalten der Pivot-Tabelle und erlaubt das Nebeneinanderstellen oder Stapeln von zwei oder mehr Datenreihen. Wenn beispielsweise die Umsätze der Länder für die Jahre 2018 und 2019 miteinander verglichen werden sollen, dann ordnen Sie das Land im Bereich *Achse* (*Zeilen*) und die Jahre im Bereich *Legende* (*Spalten*) an, wie im Bild unten.

Hinweis: Bei Verwendung mehrerer Reihen wird zwar in der Pivot-Tabelle in den meisten Fällen automatisch die Spalte *Gesamtergebnis* berechnet, dieses erscheint aber nicht im Diagramm.

Bild 6.141 Datenreihen aus Jahren bilden

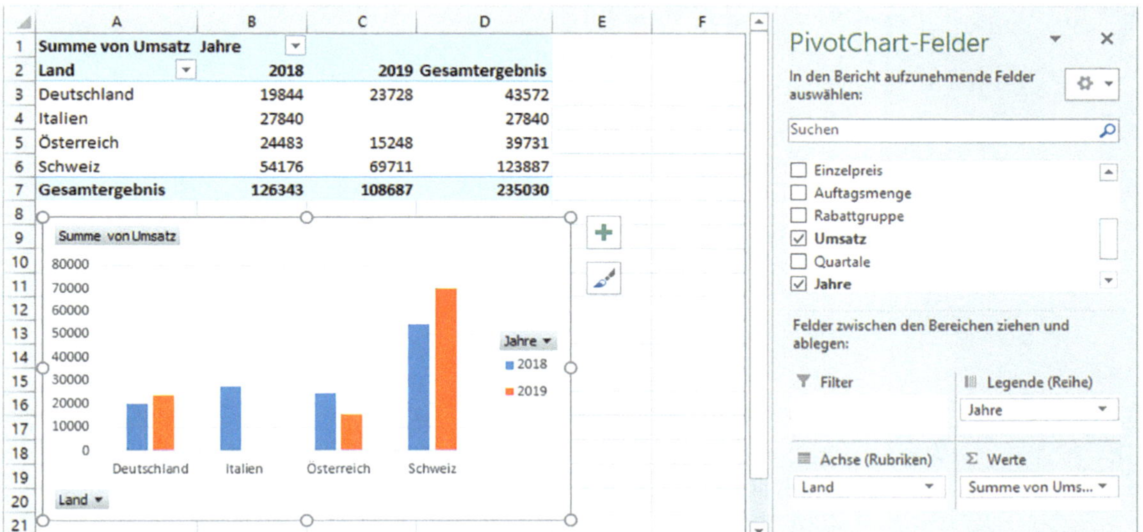

Summe von Umsatz	Jahre		
Land	2018	2019	Gesamtergebnis
Deutschland	19844	23728	43572
Italien	27840		27840
Österreich	24483	15248	39731
Schweiz	54176	69711	123887
Gesamtergebnis	126343	108687	235030

PivotChart filtern

Einfache Filter

Das Diagramm enthält dieselben Filter- und Feldschaltflächen wie die Pivot-Tabelle. So können Sie z. B. im Bild rechts mit Klick auf die Filterschaltfläche der Legende (*Jahre*) ❶ nur die Umsätze eines Jahres anzeigen. Oder über die Filterschaltfläche der Achse, hier *Land* ❷, einzelne Länder ausschließen. Auch die Sortiermöglichkeiten sind dieselben.

Achtung: Es spielt keine Rolle, ob Sie das Diagramm oder die dazugehörige Pivot-Tabelle filtern oder sortieren. Sämtliche Filter wirken sich immer auf beide aus.

Bild 6.142 Filtern mit den Feldschaltflächen

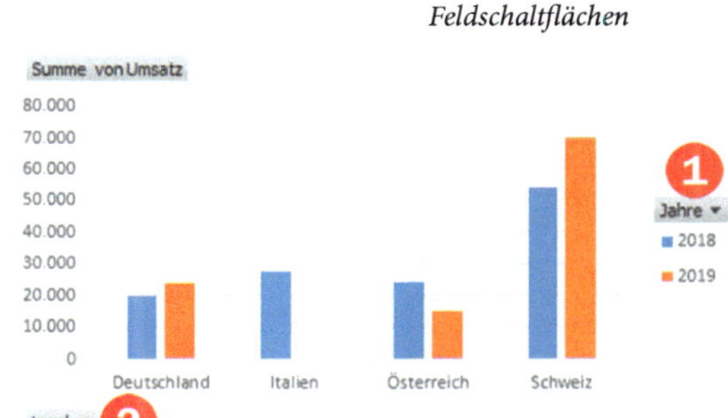

Datenschnitte

Datenschnitte siehe Seite 190.

Übersichtlicher ist die Verwendung von Datenschnitten wie im Bild unten, die Sie über das Register *Analysieren* ▶ *Filtern* ▶ *Datenschnitt einfügen* hinzufügen. Einfügen und ihre Verwendung unterscheiden sich nicht von Pivot-Tabellen. Auch hier gilt: Sämtliche Filter wirken sich auf Diagramm und verbundene Pivot-Tabelle aus.

Bild 6.143 PivotTable und PivotChart mit Datenschnitten filtern

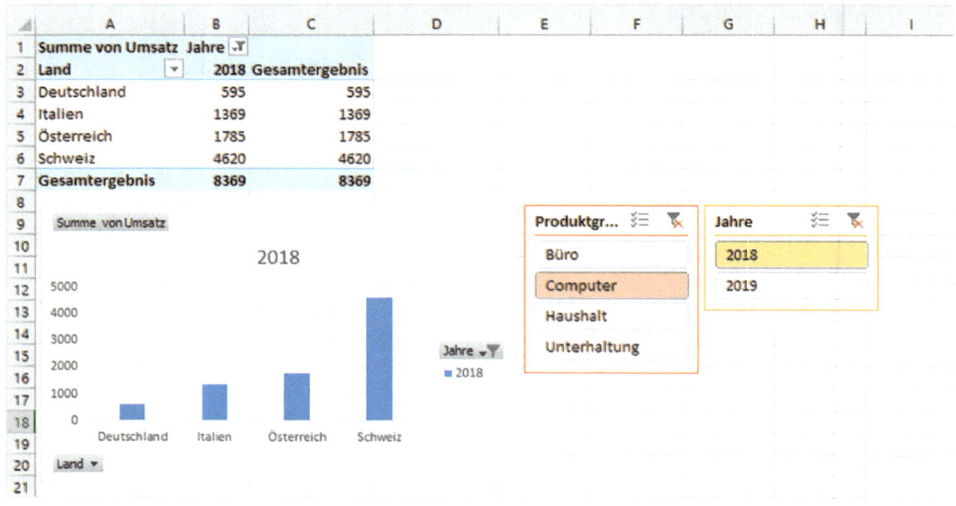

Summe von Umsatz	Jahre	
Land	2018	Gesamtergebnis
Deutschland	595	595
Italien	1369	1369
Österreich	1785	1785
Schweiz	4620	4620
Gesamtergebnis	8369	8369

Feld- bzw. Filterschaltflächen ausblenden/einblenden

Wenn Sie Datenschnitte zum Filtern benutzen, dann können Sie die Filterschaltflächen des Diagramms ausblenden. Dies ist auch sinnvoll, wenn das Diagramm gedruckt werden soll. Zum Ausblenden klicken Sie im Diagramm mit der rechten Maustaste auf eine Feldschaltfläche. Wählen Sie dann zwischen der Möglichkeit, nur die ausgewählte Feldschaltfläche auszublenden oder *Alle Feldschaltflächen im Diagramm ausblenden*.

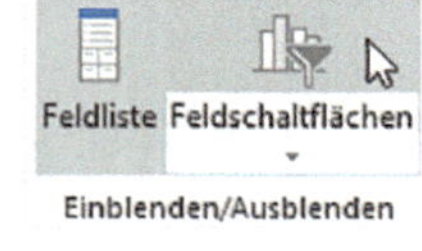

Oder klicken Sie in das Diagramm und aktivieren und deaktivieren die Anzeige der Schaltflächen mit Klick auf *Feldschaltflächen* im Register *PivotChart-Tools* ▶ *Analysieren*, Gruppe *Einblenden/Ausblenden*.

Bild 6.144 Feldschaltflächen des Diagramms ausblenden

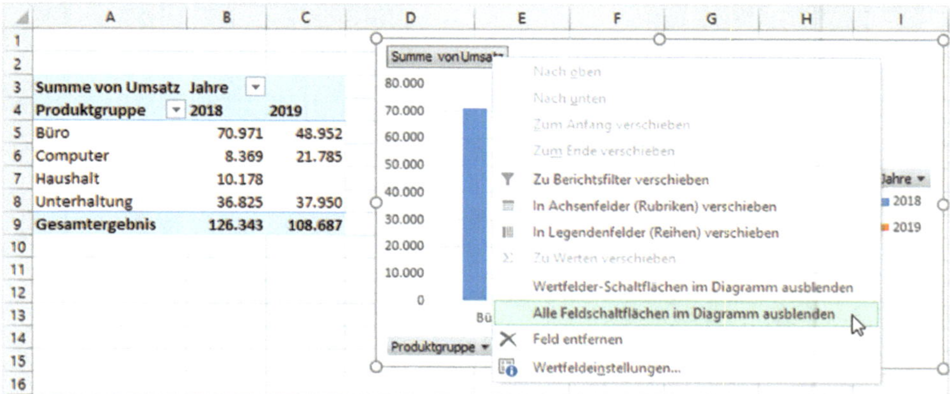

Summe von Umsatz	Jahre	
Produktgruppe	2018	2019
Büro	70.971	48.952
Computer	8.369	21.785
Haushalt	10.178	
Unterhaltung	36.825	37.950
Gesamtergebnis	126.343	108.687

Diagrammtyp ändern

Beim Einfügen eines leeren Pivot-Diagramms erhalten Sie zunächst ein Säulendiagramm. Um diesen oder einen anderen Diagrammtyp zu ändern, klicken Sie in das Diagramm und im Register *PivotChart-Tools - Entwurf* auf *Diagrammtyp ändern*.

Bild 6.145 Klicken Sie auf Diagrammtyp ändern

Das nachfolgende Fenster *Diagrammtyp ändern* unterscheidet sich nicht vom Fenster *Diagramm einfügen* (siehe Seite 226). Klicken Sie auf einen Diagrammtyp bzw. Untertyp, so erhalten Sie eine Vorschau mit Ihren Daten und mit *OK* übernehmen Sie den neuen Diagrammtyp.

Als Beispiel wurden im Bild unten die Kundenumsätze in ein Balkendiagramm umgewandelt, das im Gegensatz zu einem Säulendiagramm wesentlich mehr Platz für die Beschriftungen bietet.

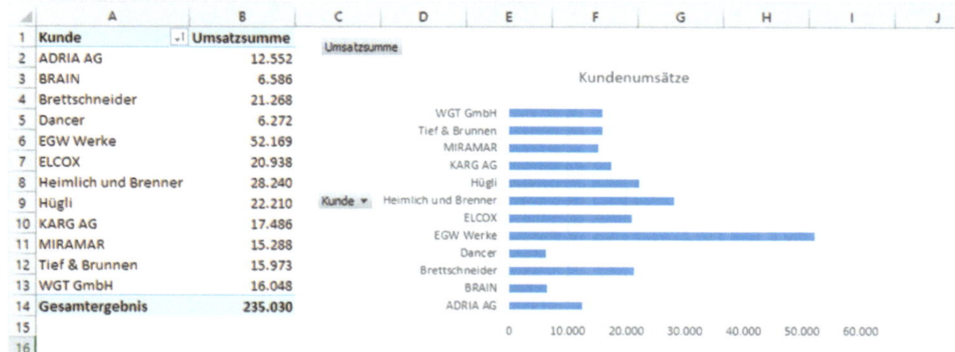

Kunde	Umsatzsumme
ADRIA AG	12.552
BRAIN	6.586
Brettschneider	21.268
Dancer	6.272
EGW Werke	52.169
ELCOX	20.938
Heimlich und Brenner	28.240
Hügli	22.210
KARG AG	17.486
MIRAMAR	15.288
Tief & Brunnen	15.973
WGT GmbH	16.048
Gesamtergebnis	235.030

Bild 6.146 Beispiel Balkendiagramm

Diagramm bearbeiten

Diagrammgröße und -position

Das Diagramm kann, wie jedes grafische Objekt, durch Ziehen mit der Maus beliebig vergrößert, verkleinert oder verschoben werden.

- Zur Größenänderung benutzen Sie die Markierungspunkte in den Ecken und der Mitte jeder Seite.
- Zum Verschieben zeigen Sie an eine freie Stelle innerhalb des Diagramms. Achtung, ein Diagramm besteht aus verschiedenen Einzelelementen: damit das gesamte Diagramm und nicht nur die Zeichnungsfläche verschoben wird, muss beim Zeigen mit der Maus der Infotext *Diagrammbereich* erscheinen.

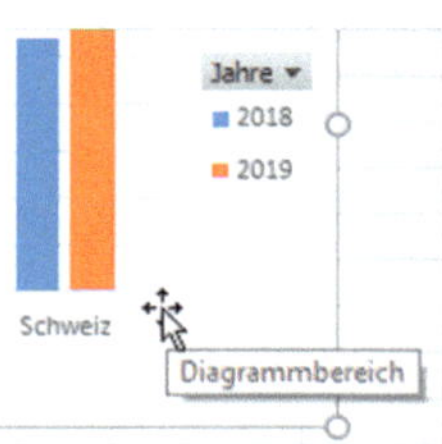

Tipp: Pivot-Tabelle ausblenden
PivotChart und dazugehörige PivotTable bilden eine untrennbare Einheit. Änderungen an der Tabelle wirken sich auf das Diagramm aus und umgekehrt. Wenn Sie unbeabsichtigte Änderungen am Diagramm verhindern möchten, dann verschieben Sie beispielsweise das Diagramm so, dass es die Tabelle vollständig überlagert. Oder verschieben Sie das Diagramm in ein gesondertes Arbeitsblatt und blenden anschließend das Blatt mit der Pivot-Tabelle aus (Register *Start* ▶ *Zellen*, Schaltfläche *Format* ▶ *Ausblenden und Einblenden*.

Diagramm in ein gesondertes Blatt verschieben

Um das Diagramm in ein gesondertes Arbeitsblatt zu verschieben, klicken Sie im Register *PivotChart-Tools - Analysieren* ▶ *Aktionen* auf *Diagramm verschieben*. Dieselbe Schaltfläche finden Sie auch im Register *PivotChart-Tools - Entwurf* ▶ *Ort*. Wählen Sie anschließend die Option *Neues Blatt*, im Feld daneben können Sie auch gleich dem Blatt einen Namen geben.

Bild 6.147 Diagramm in ein neues Blatt verschieben

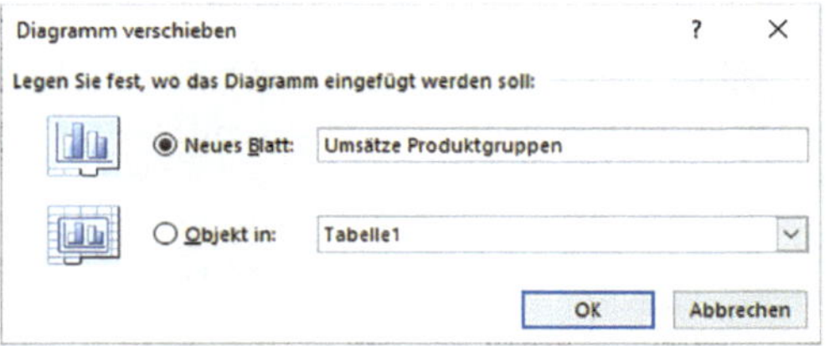

Datenreihen sortieren

Wenn nicht gerade eine zeitliche Abfolge dargestellt wird, macht eine Sortierung nach Werten das Diagramm übersichtlicher. Standardmäßig erfolgt in Pivot-Tabellen und damit auch im dazugehörigen Diagramm die Sortierung nach Zeilenfeldern.

Bild 6.148 Beispiel Balkendiagramm aufsteigend sortieren

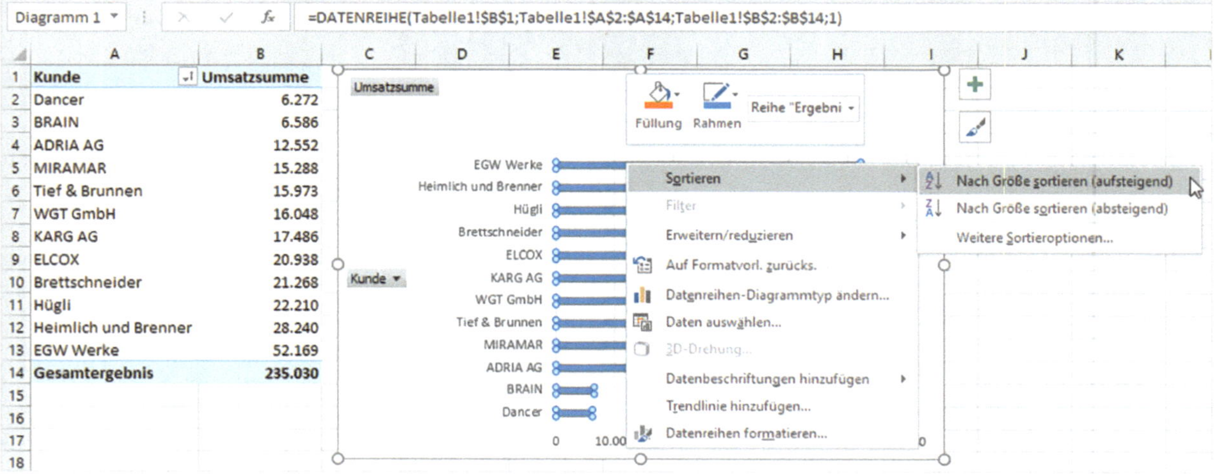

Um nach Werten, z. B. nach Umsätzen zu sortieren, klicken Sie mit der rechten Maustaste entweder in der Pivot-Tabelle auf die Wertespalte oder im Diagramm auf eine beliebige Säule oder Balken und auf *Sortieren* (Bild oben). Im Untermenü können Sie zwischen aufsteigender und absteigender Sortierung wählen.

Achtung: Wenn sich in einem Balkendiagramm der höchste Umsatz ganz oben befinden soll, dann müssen Sie aufsteigende Sortierung wählen.

Diagrammgestaltung

Formatvorlagen und Farben

Zur farblichen Gestaltung des Diagramms finden Sie im Register *PivotChart-Tools - Entwurf* eine ganze Reihe von Diagrammformatvorlagen ❶, beim Zeigen auf eine Vorlage erhalten Sie im Diagramm eine Vorschau. Andere Farbzusammenstellungen erhalten Sie über die Schaltfläche *Farben ändern* ❷. Beachten Sie, dass die verfügbaren Grundfarben abhängig sind von den verwendeten Designfarben. Diese können Sie bei Bedarf im Register *Seitenlayout* ▶ *Designs* über die Schaltfläche *Farben* ändern.

Bild 6.149 Diagramm mit Formatvorlage formatieren

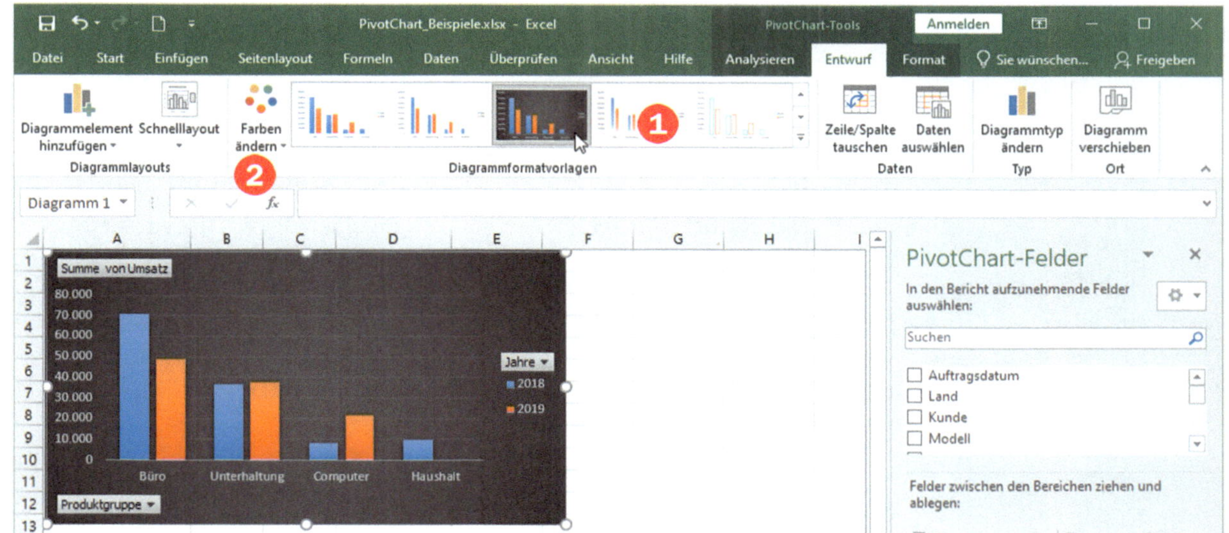

Diagramm beschriften

Überflüssige Beschriftungselemente, z. B. eine nicht benötigte Legende bei nur einer einzigen Datenreihe, lassen sich schnell entfernen, indem Sie das Element mit einem Klick markieren und anschließend mit der Entf-Taste löschen.

Zum Hinzufügen weiterer Beschriftungselemente, z. B. Diagrammtitel oder Achsenbeschriftungen, klicken Sie im Register *Entwurf* ▶ *Diagrammlayouts* auf *Diagrammelement hinzufügen* ❶, zeigen auf das gewünschte Element ❷ und wählen im Untermenü eine Position. Als Beispiel im Bild unten eine Beschriftung der Größenachse (*Primär vertikal*). Im Diagramm wird ein Textfeld eingefügt ❸, die vorläufige Beschriftung kann anschließend überschrieben werden.

Alternativ können Sie zum Einfügen von Beschriftungen auch die Schaltfläche ❹ in der rechten oberen Ecke des Diagramms benutzen.

Bild 6.150 Beschriftung der vertikalen Achse hinzufügen

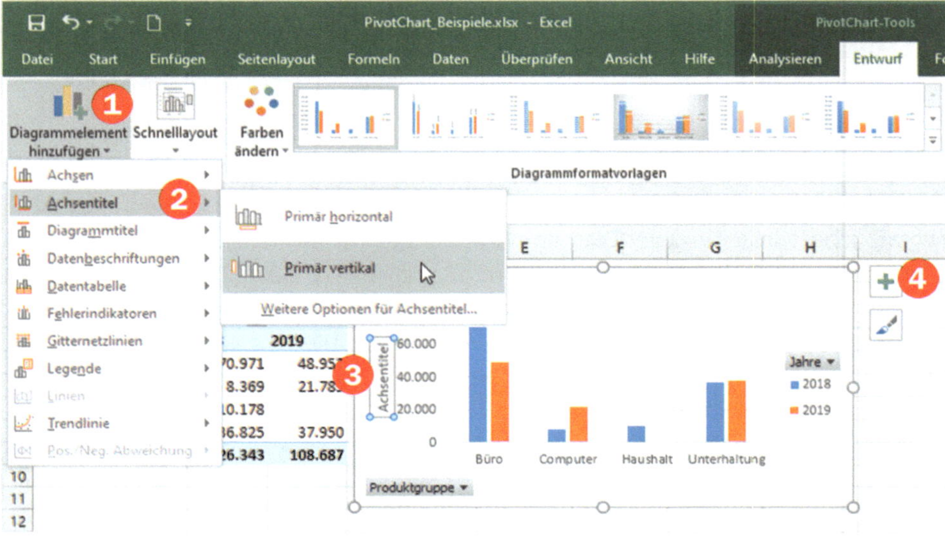

Genauso verfahren Sie auch mit Diagrammtitel und Datenbeschriftungen. Zur schnellen Gestaltung mit Beschriftungselementen finden Sie mit Klick auf *Schnelllayout* verschiedene Vorlagen, auch hier sehen Sie beim Zeigen eine Vorschau im Arbeitsblatt.

Inge Baumeister: Diagramme mit Excel, ISBN 9783832803131 Bestellnr: RP-00334

Hinweis: Falls Sie sich noch eingehender mit PivotCharts befassen möchten: Die Bearbeitungs- und Gestaltungsmöglichkeiten unterscheiden sich nicht von normalen Diagrammen. Ausführlichere Beschreibungen finden Sie beispielsweise im Buch „Diagramme mit Excel“ aus dem BILDNER Verlag.

7 Einführung in die Datenmodellierung

In diesem Kapitel lernen Sie...

- Grundbegriffe und Grundlagen der Datenmodellierung
- Schlüsselfelder und Verbindungsarten
- Ein einfaches Datenmodell mit Excel erstellen
- Datenmodell mit Power Query importieren und nutzen

Das sollten Sie wissen

- Daten mit Power Query importieren
- Pivot-Tabellen erstellen und verwenden

7.1 Grundlagen und Grundbegriffe

Wenn Sie Daten mit einer Pivot-Tabelle auswerten und dazu Felder aus mehr als einer Tabelle benötigen, dann erstellen Sie ein Datenmodell. In den vorangegangenen Kapiteln haben Sie bereits ein mehrmals einfaches Datenmodell, bestehend aus zwei Excel-Tabellen, kennengelernt. Vereinfacht gesagt, setzen Datenmodelle Daten aus zwei oder mehr Tabellen in Beziehung zueinander. Sie können nicht nur die bekannten Excel-Verweisfunktionen (SVERWEIS, VERWEIS usw.) ersetzen, auch beim Import von Daten aus Datenbanken begegnen Sie häufig Datenmodellen.

Excel-Anwender verfügen nur selten über Kenntnisse der Datenmodellierung und Funktionsweise von relationalen Datenbanken, z. B. Microsoft Access. Andererseits sind zum Kombinieren von Daten aus mehreren Tabellen und zum sinnvollen Arbeiten mit Power Pivot zumindest Grundkenntnisse der Datenmodellierung erforderlich. Daher soll Ihnen dieses Kapitel eine erste Einführung vermitteln.

> **Definition Datenmodell**
> Grob vereinfacht beschreibt ein Datenmodell die Daten eines bestimmten Anwendungsbereichs und ihre Beziehungen zueinander. Die Verfahren zur Erarbeitung eines Datenmodells bezeichnet man als Datenmodellierung.

Das relationale Datenmodell einer einfachen Bestellverwaltung

Warenwirtschaft.accdb

Die meisten Datenbanken speichern die Daten in verteilten Tabellen, um Mehrfachspeicherung zu vermeiden. Als Beispiel im Bild unten, das vereinfachte Datenmodell einer Access-Datenbank zur Verwaltung von Bestellungen. Alle Merkmale von Produkten, Kunden usw. sind in je einer Tabelle gespeichert. Die Bestellungen selbst befinden sich in der Tabelle *tblBestellungen*, die Details der Bestellung hingegen, die einzelnen Posten sind in der Tabelle *tblBestelldetails* gespeichert. Die Tabellen sind über Beziehungen, im Bild unten die Linien, miteinander verbunden. Daher bezeichnet man solche Datenbanken auch als relationale Datenbanken (Relationen = Beziehungen).

Bild 7.1 Beispiel: Tabellen und Beziehungen in einer Access-Datenbank

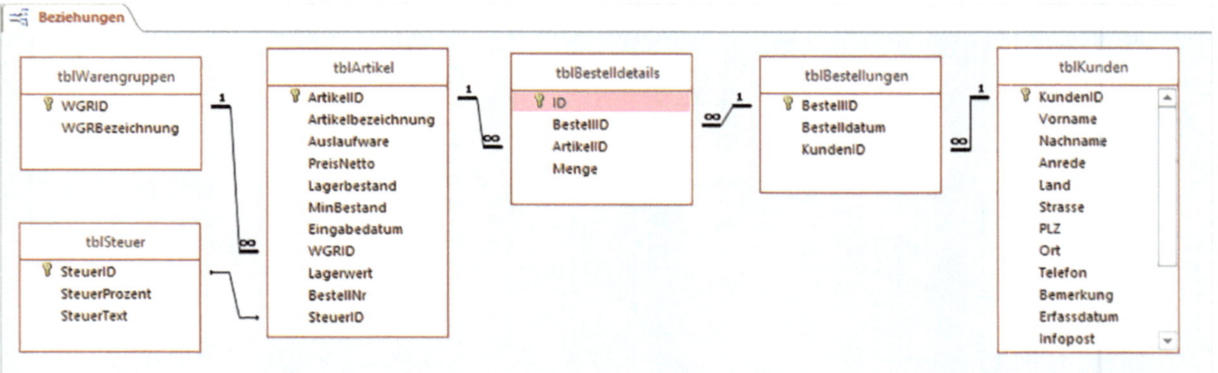

Eine Beziehung zwischen zwei Tabellen wird immer über ein gemeinsames Merkmal, d. h. über Felder mit gleichem Inhalt, erstellt. So wird zum Beispiel zwischen den Tabellen *tblKunden* und *tblBestellungen* eine Beziehung über die Kundennummer (Feld *KundenID*) hergestellt, dieses Feld muss also in beiden Tabellen vorhanden sein.

Beziehungen dienen unter anderem zur Vermeidung der Mehrfachspeicherung von Daten (Redundanz) und daraus resultierenden Fehlern. So enthält die Tabelle *tblBestellungen* statt Name und Anschrift des Kunden nur die Kundennummer (*KundenID*), siehe Bild 7.3. Über dieses Feld *KundenID* steht die Tabelle in Beziehung zur Tabelle *tblKunden*, dadurch sind in der Bestellung automatisch auch alle Kundeninformationen bzw. Felder dieser Tabelle verfügbar. Bild 7.2 zeigt einen Ausschnitt aus dieser Tabelle.

Genauso verhält es sich mit der Tabelle *tblBestelldetails* in Bild 7.1. Diese ist mit der Tabelle *tblArtikel* über das Feld *ArtikelID* verbunden. Es genügt daher, wenn als Bestellposten die Artikelnummer gespeichert wird, über die Beziehung erhalten Sie auch Zugriff auf alle anderen Merkmale eines Artikels, z. B. Artikelbezeichnung und Preis.

Bild 7.2 Die Tabelle tblKunden

KundenID	Vorname	Nachname	Anrede	Land	Strasse	PLZ
61	Rosa	Rosenberg	Frau	DE	Rote Hahnengasse 4	94053
62	Irene	Hartmann	Frau	DE	Gartenallee 199	04259
63	Klara	Billing	Frau	DE	Hafenstr. 7	04529
64	Jan	Futterfisch	Herr	DE	Fischmarkt 7	22043
65	Herta	Bartz-Heimlich	Frau	DE	Elbweg 5	22043
66	Werner	Rumraff	Herr	DE	Donauweg 7	94315
67	Julia	Bierstern	Frau	DE	Schnellstr. 6	90443
68	Sven	Hublacher	Herr	DE	Alte Fischgasse 13	93056
69	Wolfgang	Baumholtz	Herr	DE	Giselastr. 88	80638
70	Doris	Norfhoff	Frau	DE	Jahnstr. 9	22041
71	Julian	Runtinger	Herr	DE	Bierweg 40a	80639
72	Sabine	Emsig	Frau	DE	Birkenweg 6	78464
73	Franz	Werner	Herr	DE	Sommergasse 6	55129
74	Karl	Müller	Herr	DE	Hauptstrasse 86	20127
75	Karl-Friedrich	Wichtig	Herr	DE	Mooswiese 10	94078

Bild 7.3 Die Tabelle tblBestellungen

BestellID	Bestelldatum	KundenID
16	27.10.2019	25
17	04.10.2019	146
18	13.11.2019	147
19	17.11.2019	138
20	01.12.2019	120
21	06.12.2019	98
22	10.12.2019	17
23	12.12.2019	3
24	19.01.2020	69
25	15.03.2020	69
26	20.03.2020	115
27	01.05.2020	63
28	14.05.2020	69
29	01.06.2020	142
30	05.06.2020	5

Die Bedeutung von Schlüsselfeldern

Besondere Bedeutung kommt den Feldern zu, über die zwei Tabellen miteinander verbunden werden. Sie werden als Schlüsselfelder bezeichnet, wobei nach Primärschlüssel und Fremdschlüssel zu unterscheiden ist. Bleiben wir beim Beispiel der Tabellen *tblKunden* und *tblBestellungen*:

Primärschlüssel

Ein Kunde sollte eindeutig identifizierbar sein, daher wird für jeden Kunden eine eindeutige Nummer, die Kundennummer vergeben. Um Verwechslungen auszuschließen, darf also in der Kundentabelle in Bild 7.2 jede Kundennummer selbstverständlich nur ein einziges Mal vorhanden sein. Aus diesem Grund scheidet auch der Name als Identifizierungsmerkmal aus, denken Sie nur daran, wie viele „Müller" oder „Schmidt" eine solche Tabelle enthalten kann. Felder, über die sich jeder Datensatz einer Tabelle eindeutig identifizieren lässt, werden als **Primärschlüssel** bezeichnet, in der Tabelle *tblKunden* bildet also das Feld *KundenID* den Primärschlüssel. Weitere Beispiele für Primärschlüssel: IBAN einer Bankverbindung, Artikelnummern, Postleitzahlen, ...

Achtung: Der Begriff Primärschlüssel leitet sich **nicht** von der Reihenfolge der Felder in der Tabelle ab! Das Primärschlüsselfeld muss sich also nicht immer in der ersten Spalte der Tabelle befinden.

Fremdschlüssel

In der zweiten Tabelle, in diesem Fall der Tabelle *tblBestellungen*, ist zum Herstellen einer Beziehung ebenfalls ein Feld mit der Kundennummer erforderlich. Hier bildet die Kundennummer den **Fremdschlüssel**, da sie auf den Primärschlüssel einer anderen Tabelle verweist.

Da jeder Kunde auch mehrmals Bestellungen tätigen kann, können im Fremdschlüsselfeld auch Kundennummern mehrfach enthalten sein, so wie zum Beispiel die Nummer 69 im Bild 7.3 auf Seite 237. Tabellen mit dem Fremdschlüssel einer Beziehung werden auch als untergeordnete Tabellen in einer **1:n** Beziehung bezeichnet, wobei **1** für den Primärschlüssel und **n** für den Fremdschlüssel steht.

> Manchmal haben Primärschlüsselfeld und Fremdschlüsselfeld denselben Namen, dies ist aber nicht zwingend notwendig. Wichtig ist hingegen, dass beide unbedingt vom selben Datentyp (z. B. Zahl, Datum oder Text) sein müssen, da sonst keine Beziehung erstellt werden kann.

Verbindungsarten (Join)

Sinn und Zweck einer Beziehung ist die Verwendung von Feldern bzw. Spalten aus beiden verknüpften Tabellen. Welche Datensätze einbezogen werden, wird durch die Art der Verbindung (Join) festgelegt. Betrachten wir die wichtigsten Verbindungsarten wieder am Beispiel der Tabellen *tblKunden* und *tblBestellungen*. Nehmen wir außerdem an, die Kundentabelle umfasst ca. 5.000 Kunden, aber nur für einen Teil dieser Kunden liegen in der Tabelle *tblBestellungen* auch tatsächlich Bestellungen vor. Welche Verbindungsart Sie wählen, hängt davon ab, welche Informationen und Datensätze die Auswertung letztendlich liefern soll. Die wichtigsten Verbindungsarten sind Left Join, Right Join und Equal Join.

Alle Datensätze aus erster und übereinstimmende aus zweiter Tabelle (Left Join)

Diese Art der Verbindung liefert als Ergebnis alle Datensätze der ersten Tabelle und aus der zweiten Tabelle nur diejenigen Datensätze, zu denen ein Feldinhalt in der ersten Tabelle existiert.

Left bezieht sich immer auf die zuerst genannte oder ausgewählte Tabelle. Handelt es sich dabei beispielsweise um die Tabelle *tblKunden*, dann bedeutet Left Join: Das Ergebnis der Verbindung liefert **alle Kunden**, egal ob eine Bestellung vorhanden ist oder nicht und das Ergebnis sieht aus, wie in Bild 7.4.

Alle Datensätze aus zweiter und übereinstimmende aus erster Tabelle (Right Join)

Umgekehrt verhält es sich mit dieser Verbindungsart. Als Resultat erhalten Sie alle Datensätze der zweiten Tabelle, also **alle Bestellungen**, aus der Tabelle *tblKunden* dagegen nur diejenigen Kunden, von denen Bestellungen vorhanden sind. Sollte die

Tabelle *tblBestellungen* eine in der Kundentabelle nicht vorhandene Kundennummer enthalten, so wird diese trotzdem einbezogen.

Nur übereinstimmende (Equal Join)

Diese Verbindung kommt am häufigsten zum Einsatz und ist daher auch die Standardeinstellung. Sie liefert nur Datensätze, zu denen in beiden Tabellen Informationen existieren, siehe Bild 7.5.

Auf den ersten Blick ist dies dasselbe Ergebnis wie Right Join, allerdings mit einem kleinen Unterschied. Sollte die Tabelle *tblBestellungen* Kundennummern enthalten, die in der Tabelle *tblKunden* nicht vorhanden sind, so werden diese von einer Equal Join Verbindung nicht berücksichtigt.

Die Verbindungen im Vergleich

Ein Vergleich von Left Join und Equal Join in den Abbildungen unten zeigt den Unterschied. Die Tabelle *tblKunden* stellt hier die erste Tabelle (Left) dar, aus dieser stammen die Spalten *KundenID*, *Vorname* und *Nachname*. Die Spalten *BestellID* und *Bestelldatum* entstammen dagegen aus der Tabelle *tblBestellungen*.

Bild 7.4 Left Join Tabelle tblKunden

KundenID	Vorname	Nachname	BestellID	Bestelldatum
1	Hans	Hintermoser		
2	Frieda	Klein		
3	Thomas	Müller-Maus	23	12.12.2019
4	Richard	Lüderitz		
5	Paula	Thundorfer	5	06.09.2019
5	Paula	Thundorfer	8	20.09.2019
5	Paula	Thundorfer	14	18.10.2019
5	Paula	Thundorfer	30	05.06.2020
6	Ariane	Hardenbach		
7	Johnny	Hacker		
8	Jörg	Bechler		
9	Petra	Meyer	13	19.10.2019

Bild 7.5 Equal Join

KundenID	Vorname	Nachname	BestellID	Bestelldatum
3	Thomas	Müller-Maus	23	12.12.2019
5	Paula	Thundorfer	30	05.06.2020
5	Paula	Thundorfer	5	06.09.2019
5	Paula	Thundorfer	8	20.09.2019
5	Paula	Thundorfer	14	18.10.2019
9	Petra	Meyer	13	19.10.2019
11	Theo	Schmitz	2	17.08.2019
14	Ulrike	Schuhl-Eder	6	07.09.2019
15	Alfons	Kunze	12	05.10.2019
16	Maria	Stein	15	19.10.2019
17	Oliver	Schneider	22	10.12.2019
22	Otto	Klein	7	20.09.2019

Datenmodellierung mit Excel - ein Überblick

Datenmodelle werden von Excel seit der Version 2013 unterstützt. Abhängig von den Ausgangsdaten und vom gewünschten Ergebnis, kommen die folgenden Möglichkeiten in Betracht.

- **Auswertung mit Pivot-Tabellen**

  Bei der Auswertung externer Daten mit einer Pivot-Tabelle, müssen Sie im ersten Schritt alle benötigten Tabellen dem Datenmodell der Arbeitsmappe hinzufügen. Handelt es sich um Excel-Tabellen, dann müssen diese als Tabellenbereich formatiert sein. Anschließend stellen Sie entweder manuell oder automatisch eine Beziehung zwischen den Tabellen her und können danach in der Pivot-Tabelle Felder aus allen verbundenen Tabellen verwenden.

  In manchen Fällen wird beim Import externer Daten aus einer Datenbank, z. B. Microsoft Access, auch das Datenmodell importiert. In diesem Fall entfällt das Erstellen einer Beziehung mit Excel.

- **Datenmodell mit Power Pivot erstellen**
  Für eine Auswertung mit Pivot-Tabellen können Sie auch das Add-In Power Pivot zur Datenmodellierung einsetzen. Diese Lösung ist am komfortabelsten und bietet gleichzeitig den besten Überblick. Allerdings ist Power Pivot nicht in allen Excel-Editionen verfügbar. Mit diesem Thema befasst sich Kapitel 8 ausführlicher.
- **Mit Power Query Abfragen zusammenführen bzw. um Spalten erweitern**
  Die beiden oben genannten Lösungen eignen sich nur für Auswertungen mit Pivot-Tabellen. Wenn Sie dagegen Daten aus zwei oder mehr Tabellen in einer Tabelle zusammenführen möchten, dann erledigen Sie dies im Power Query-Editor durch Zusammenfuhren zweier Abfragen. Das Ergebnis ist allerdings kein echtes Datenmodell, sondern gilt nur für die betreffende Abfrage.

7.2 Ein Datenmodell mit Excel erstellen

Daten aus einer externen Quelle/Arbeitsmappe

Als erstes erstellen wir ein Datenmodell mit Tabellen aus einer externen Quelle. Diese liegen in der einfachsten Form als Excel-Tabellen vor, können aber auch aus anderen Quellen stammen. Vielleicht kennen Sie ja diesen Fall: Sie haben mit Excel manuell eine Liste erstellt und möchten diese auswerten. Daten mit weiteren Informationen, die ebenfalls in der Auswertung benötigt werden, befinden sich in einer zweiten Tabelle. Die Auswertung selbst erfolgt in einer weiteren gesonderten Arbeitsmappe.

Beispiel Reklamationsliste

Als Beispiel eine Reklamationsliste, die mit Excel erstellt und verwaltet wird, diese wurde als Tabellenbereich formatiert und hat den Namen *Reklamationsliste* erhalten (Bild 7.6). Sie enthält allerdings nur die Artikelnummer, weitere Informationen zum Artikel wie Bezeichnung, Preis und Lagerbestand sind in einer zweiten Excel-Tabelle mit dem Namen *Produktliste* gespeichert, Bild 7.7 zeigt einen Auszug. Zur Auswertung der Reklamationen benötigen Sie aus der Produktliste den Preis und die Bezeichnung.

Bild 7.6 Die Tabelle Reklamationsliste

Bild 7.7 Die Tabelle Produktliste

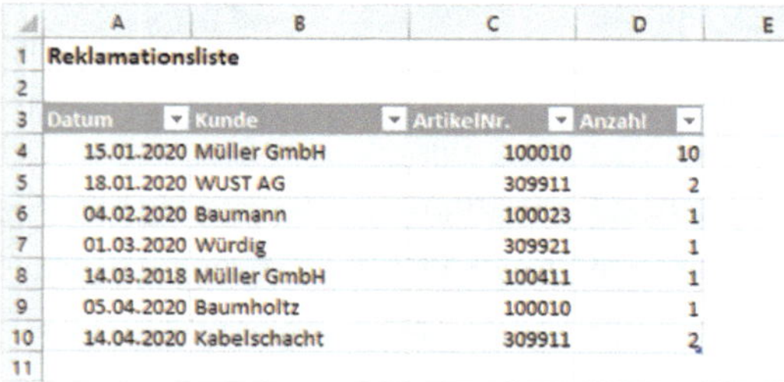

	A	B	C	D	E
1	**Reklamationsliste**				
2					
3	Datum	Kunde	ArtikelNr.	Anzahl	
4	15.01.2020	Müller GmbH	100010	10	
5	18.01.2020	WUST AG	309911	2	
6	04.02.2020	Baumann	100023	1	
7	01.03.2020	Würdig	309921	1	
8	14.03.2018	Müller GmbH	100411	1	
9	05.04.2020	Baumholtz	100010	1	
10	14.04.2020	Kabelschacht	309911	2	
11					

Reklamationen.xlsx

	A	B	C	D	E
1	ArtikelID	Artikelbezeichnung	Lagerbestand	PreisNetto	
2	100010	Arbeitsdrehstuhl, Holz mit Roll	1	89,00 €	
3	100023	Arbeitsdrehstuhl mit Bodengle	0	129,00 €	
4	100200	Kugelschreiber, transparent mi	200	1,50 €	
5	100230	Tischleuchte Modell "Einstein"	3	75,20 €	
6	100234	Arbeitsdrehstuhl Tec 20 mit Ro	1	59,00 €	
7	100245	Bleistifte, extra hart, 100 St.	15	6,23 €	
8	100248	PROFI Kugelschreiber, farbig sc	0	13,00 €	
9	100251	Klebestift, Sparkleber extrasta	600	0,35 €	
10	100256	IQ Kugelschreiber, Oberfläche	60	4,33 €	
11	100300	Kaffeetasse "Guten Morgen"	5	1,30 €	
12	100402	Kaffeetasse "Böhnchen"	15	2,10 €	
13	100405	Kaffeetasse "Wolke 7"	0	2,10 €	
14	100409	Kaffeetasse "Chefsache"	0	2,30 €	
15	100411	Tischleuchte schwenkbar, Halo	10	42,00 €	

Wichtige Voraussetzungen

Damit eine Beziehung erstellt werden kann, müssen die Tabellen die folgenden Voraussetzungen erfüllen:

- Beide Tabellen müssen über ein Feld mit gemeinsamem Inhalt verfügen (Schlüsselfelder), in diesem Beispiel ist dies die Artikelnummer bzw. ArtikelID.
- Die Excel-Tabellen sollten als Tabellenbereich formatiert sein (*Einfügen* ▶ *Tabelle* oder *Start* ▶ *Als Tabelle formatieren*) und Überschriften enthalten.
- Zur leichteren Identifizierung sollte außerdem jede Tabelle einen aussagekräftigen Namen erhalten (*Tabellentools-Entwurf* ▶ *Eigenschaften* ▶ *Tabellenname*).

Die Vorgehensweise

Da die Auswertung in einer gesonderten Arbeitsmappe erfolgt, müssen Sie zuerst mit Power Query bzw. über *Daten abrufen und transformieren* die Tabellen importieren. Es spiel keine Rolle, ob sich die beiden Tabellen in zwei getrennten Arbeitsmappe oder zusammen in einer Arbeitsmappe befinden.

Hinweis: Bei diesem Beispiel befinden sich beide Tabellen in derselben Arbeitsmappe.

Falls sich die Tabellen in zwei gesonderten Dateien befinden, müssen Sie den Import nacheinander für beide Dateien durchführen.

1 Klicken Sie dazu auf *Daten abrufen* ▶ *Aus Datei* und auf *Aus Arbeitsmappe* und wählen Sie die Arbeitsmappe/n aus.

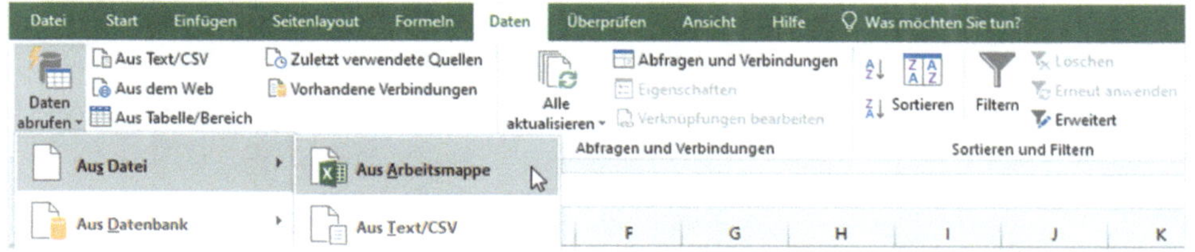

Bild 7.8 Daten importieren

2 Wählen Sie anschließend im Navigator die Tabellen aus. Wenn sich beide Tabellen in derselben Arbeitsmappe befinden, wie im unten abgebildeten Beispiel, dann aktivieren Sie zuvor das Kontrollkästchen *Mehrere Elemente auswählen* ❶ und wählen anschließend die Tabellenbereiche *Produktliste* und *Reklamationsliste* aus ❷.

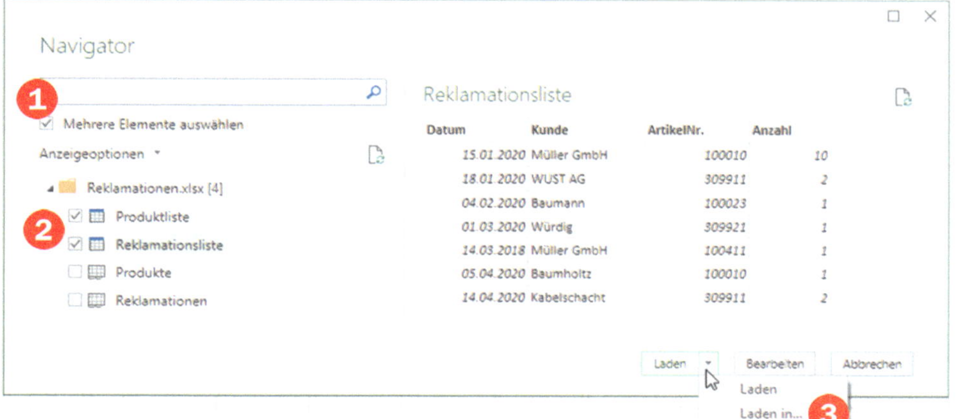

Datum	Kunde	ArtikelNr.	Anzahl
15.01.2020	Müller GmbH	100010	10
18.01.2020	WUST AG	309911	2
04.02.2020	Baumann	100023	1
01.03.2020	Würdig	309921	1
14.03.2018	Müller GmbH	100411	1
05.04.2020	Baumholtz	100010	1
14.04.2020	Kabelschacht	309911	2

Bild 7.9 Wählen Sie die Tabellenbereiche im Navigator aus

Theoretisch könnten bei Excel-Mappen als Datenquelle auch Tabellenblätter ausgewählt werden. Dies führt jedoch in der Praxis häufig zu Fehlern.

3 Kontrollieren Sie außerdem in der Vorschau des Navigators die Datentypen. Excel-Tabellen sollten allerdings in dieser Hinsicht keinerlei Probleme bereiten. Andernfalls müssen Sie diese über die Schaltfläche *Bearbeiten* im Power Query-Editor ändern, siehe Kapitel 5.

4 Klicken Sie auf den Dropdown-Pfeil der Schaltfläche *Laden* und auf *Laden in...* ❸.

5 Achten Sie unbedingt darauf, dass im nachfolgenden Fenster *Daten importieren* das Kontrollkästchen *Dem Datenmodell diese Daten hinzufügen* ❹ aktiviert ist und wählen Sie die Option *PivotTable Bericht* ❺. Klicken Sie zuletzt auf *OK*.

Bild 7.10 Dem Datenmodell diese Daten hinzufügen muss aktiviert sein!

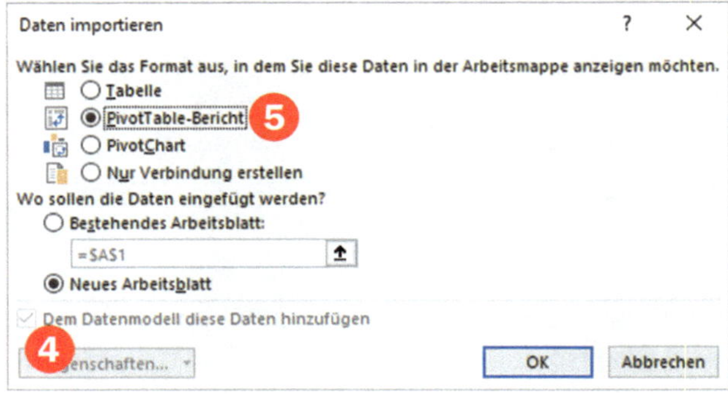

6 Die Verbindung zur Datenquelle wird hergestellt, dies kann je nach Umfang einige Sekunden dauern, und eine leere Pivot-Tabelle erstellt ❻. Der Aufgabenbereich *PivotTable-Felder* zeigt nun beide Tabellen an ❼ und mit Klick auf die Dreiecke blenden Sie die dazugehörigen Felder ein.

Bild 7.11 Der Aufgabenbereich PivotTable-Felder enthält alle Tabellen des Datenmodells

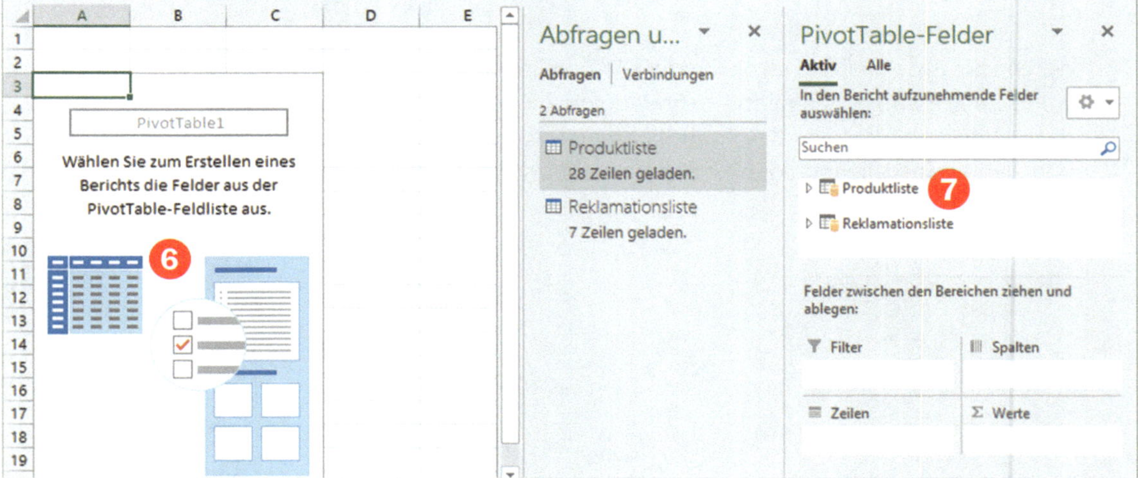

7 Sie erhalten allerdings noch nicht das gewünschte Ergebnis, wenn Sie anschließend aus der Tabelle *Produktliste* das Feld *Artikelbezeichnung* in den Bereich *Zeilen* und aus der Tabelle *Reklamationsliste* das Feld *Anzahl* in den Bereich *Werte* ziehen. Der Grund ist die fehlende Beziehung zwischen den beiden Tabellen.

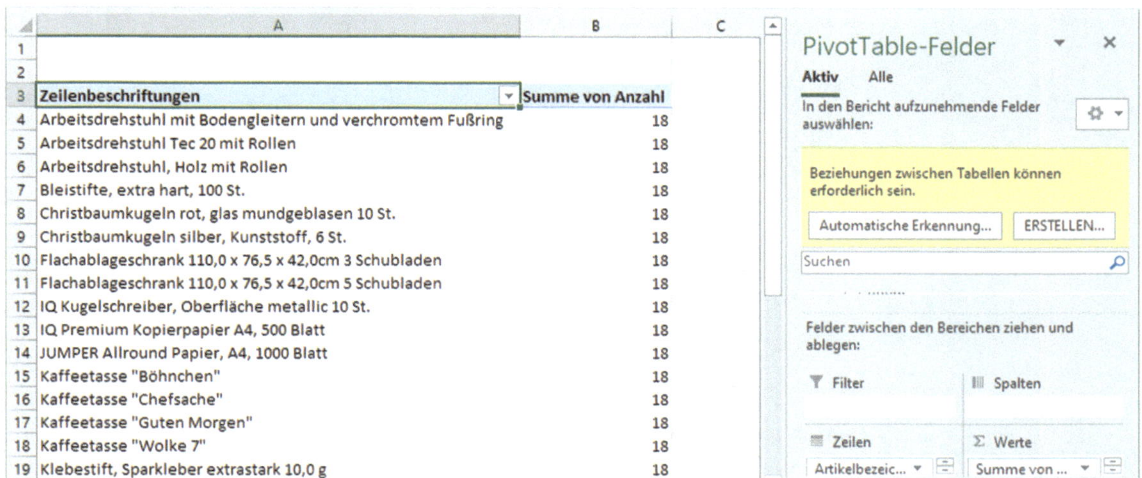

Bild 7.12 Diese Tabelle liefert aufgrund der fehlenden Beziehung falsche Ergebnisse

Achtung: Excel verfügt über eine automatische Erkennung mit der Sie eine Beziehung zwischen zwei Tabellen automatisch herstellen können. Allerdings funktioniert dies nur, wenn in beiden Tabellen die Namen der Schlüsselfelder übereinstimmen. Dies ist in der Praxis nicht immer der Fall und auch das abgebildete Beispiel verwendet unterschiedliche Bezeichnungen für die Artikelnummer.

8 Sollten Sie also nach einem Klick auf die Schaltfläche *Automatische Erkennung...* (Bild oben) eine Fehlermeldung erhalten, müssen Sie die Beziehung manuell herstellen. Klicken Sie dazu auf die Schaltfläche *Erstellen...*.

9 Im Fenster *Beziehung erstellen* (Bild unten) wählen Sie links zuerst die Tabelle mit dem Fremdschlüssel aus und daneben das Fremdschlüsselfeld (*Spalte fremd*). In diesem Beispiel die Tabelle *Reklamationsliste* mit dem Feld *ArtikelNr*.

Unterhalb wählen Sie im Feld *Verwandte Tabelle* die Tabelle mit dem Primärschlüssel und das dazugehörige Feld aus, hier die Tabelle *Produktliste* und das Feld *ArtikelID*. Klicken Sie auf *OK*, um die Beziehung zu erstellen.

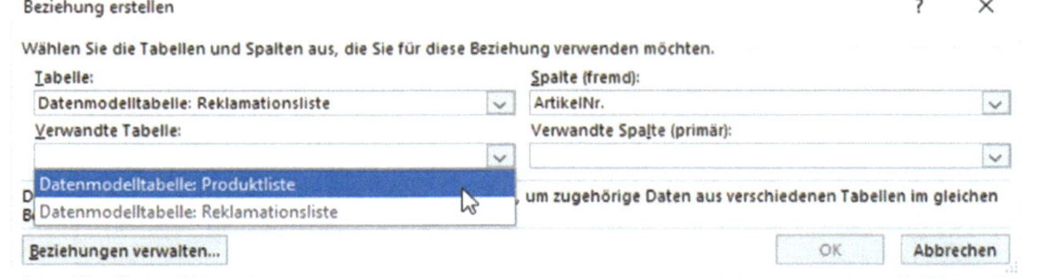

Bild 7.13 Wählen Sie im Fenster Beziehung erstellen die Tabellen und Felder aus

Sofort ändert sich das Aussehen der Pivot-Tabelle. Als Zeilen erscheinen nur noch Artikel, zu denen eine Reklamation vorliegt und die Summe der Reklamationen pro Artikel wird korrekt berechnet, siehe Bild 7.14 auf der nächsten Seite.

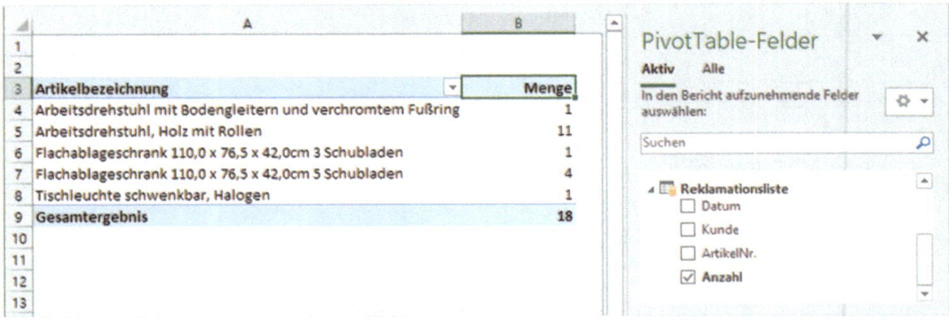

Artikelbezeichnung	Menge
Arbeitsdrehstuhl mit Bodengleitern und verchromtem Fußring	1
Arbeitsdrehstuhl, Holz mit Rollen	11
Flachablageschrank 110,0 x 76,5 x 42,0cm 3 Schubladen	1
Flachablageschrank 110,0 x 76,5 x 42,0cm 5 Schubladen	4
Tischleuchte schwenkbar, Halogen	1
Gesamtergebnis	18

Bild 7.14 Die fertige Pivot-Tabelle

Tipp: Artikelnummer und Preis zusammen mit der Bezeichnung in einer Zeile anordnen

Häufig werden in einer Pivot-Tabelle als Zeilenbeschriftung noch weitere Informationen benötigt, beispielsweise die Felder *ArtikelNr* und *PreisNetto*. Wenn Sie diese Felder allerdings einfach in den Bereich *Zeilen* ziehen, werden die Felder in der Standardeinstellung bzw. im Berichtslayout *Kurzformat* hierarchisch, d. h. in Zeilen untereinander angeordnet, wie im Bild unten.

Bild 7.15 Im Berichtslayout Kurzformat oder Gliederung werden die Zeilenfelder untereinander angeordnet

ArtikelNr.	Artikelbezeichnung	PreisNetto	Menge
100010			
	Arbeitsdrehstuhl, Holz mit Rollen		
		89,00	11
100023			
	Arbeitsdrehstuhl mit Bodengleitern und verchromtem Fußring		
		129,00	1
100411			
	Tischleuchte schwenkbar, Halogen		
		42,00	1
309911			
	Flachablageschrank 110,0 x 76,5 x 42,0cm 5 Schubladen		
		699,00	4
309921			
	Flachablageschrank 110,0 x 76,5 x 42,0cm 3 Schubladen		
		599,00	1
Gesamtergebnis			18

1 Um die Felder *ArtikelNr*, *Artikelbezeichnung* und *PreisNetto* nebeneinander in derselben Zeile anzuordnen, blenden Sie zunächst etwaige Teilergebnisse aus. Klicken Sie anschließend im Register *PivotTable-Tools* - *Entwurf* auf *Berichtslayout* und wählen Sie *Tabellenlayout*.

Bild 7.16 Die Tabelle im Tabellenlayout

ArtikelID	Artikelbezeichnung	PreisNetto	Menge
100010	Arbeitsdrehstuhl, Holz mit Rollen	89,00	11
100023	Arbeitsdrehstuhl mit Bodengleitern und verchromtem Fußring	129,00	1
100411	Tischleuchte schwenkbar, Halogen	42,00	1
309911	Flachablageschrank 110,0 x 76,5 x 42,0cm 5 Schubladen	699,00	4
309921	Flachablageschrank 110,0 x 76,5 x 42,0cm 3 Schubladen	599,00	1
Gesamtergebnis			18

2 Nun stören nur noch die Schaltflächen zum Erweitern/Reduzieren, da diese hier keine Funktion haben. Zum Ausblenden klicken Sie mit der rechten Maustaste in die Tabelle und auf *PivotTable-Optionen…*. Klicken Sie im gleichnamigen Fenster auf das Register *Anzeige* und deaktivieren Sie das Kontrollkästchen *Schaltflächen zum Erweitern/Reduzieren anzeigen*.

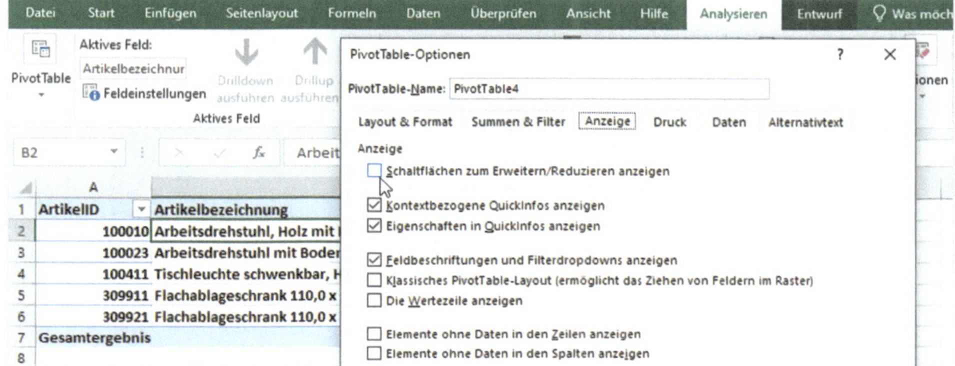

Bild 7.17 Schaltflächen zum Erweitern/Reduzieren ausblenden

Beziehung zwischen zwei Excel-Tabellen derselben Arbeitsmappe

Etwas anders gehen Sie vor, wenn sich beide Ausgangstabellen in derselben Arbeitsmappe befinden. Auch in diesem Fall müssen die Tabellen als Tabellenbereich formatiert sein und sollten aussagefähige Namen erhalten. Dieses Beispiel verwendet ebenfalls die Tabellen *Reklamationsliste* und *Produktliste*, diesmal aber wird die Auswertung in derselben Arbeitsmappe erstellt.

1 Klicken Sie im Register *Daten* ▶ *Datentools* auf *Beziehungen*. Klicken Sie dann im Fenster *Beziehungen verwalten* auf die Schaltfläche *Neu…*.

Bild 7.18 Register Daten ▶ Beziehungen

Bild 7.19 Beziehungen verwalten

2 Im nachfolgenden Fenster *Beziehungen erstellen* legen Sie nun wieder die Tabellen und Spalten fest:

Als erste Tabelle wählen Sie die Tabelle mit dem Fremdschlüssel, nämlich die Tabelle *Reklamationsliste*, und daneben im Feld *Spalte (Fremd)* den Fremdschlüssel dieser Tabelle, die *ArtikelNr*. Im Feld *Verwandte Tabelle* wählen Sie *Produktliste* aus und die Spalte *ArtikelID*. Klicken Sie dann auf *OK*.

Hinweis: Im Unterschied zum Datenmodell sind hier die Tabellen den Zusatz *Arbeitsblatttabelle* versehen, wie im Bild unten.

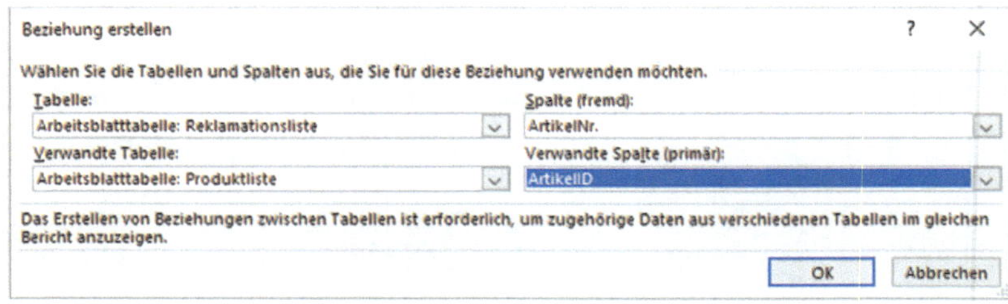

Bild 7.20 Tabellen und Spalten für die Beziehung festlegen

3 Die erstellte Beziehung erscheint nun im Fenster *Beziehungen verwalten*, anschließend können Sie dieses Fenster schließen.

4 Nun erstellen Sie aus dem Datenmodell eine Pivot-Tabelle: Klicken Sie im Register *Einfügen* auf *PivotTable* und wählen Sie die Option *Das Datenmodell dieser Arbeitsmappe verwenden*. In der Pivot-Tabelle können Sie nun ebenfalls Felder aus beiden Tabellen verwenden, siehe oben.

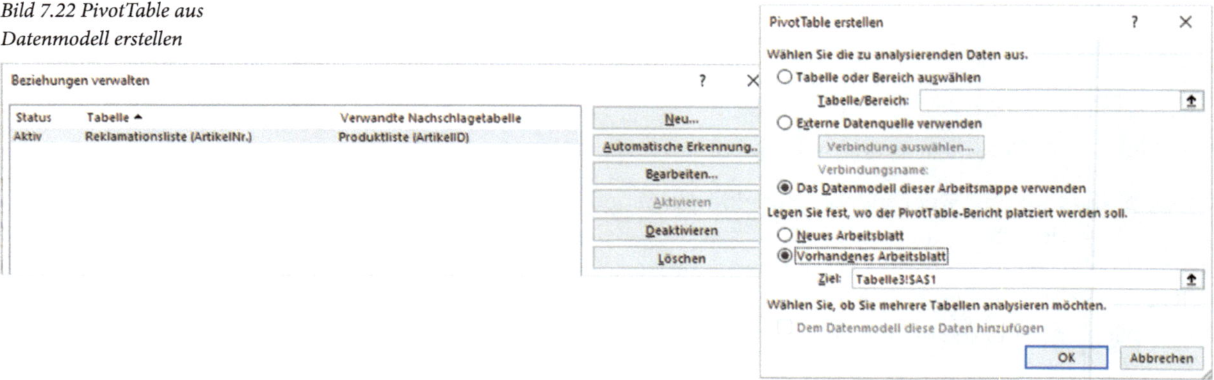

Bild 7.21 Die Beziehung im Fenster Beziehungen verwalten

Bild 7.22 PivotTable aus Datenmodell erstellen

7.3 Power Query und Datenmodelle

Manche Datenquellen, insbesondere Datenbanken, speichern auch Datenmodelle die mit Power Query zusammen mit den Tabellen importiert werden können. Als Beispiel der Import aus einer Microsoft Access-Datenbank.

Ausgangssituation

Sie möchten anhand der Bestellungen eine Umsatzauswertung nach Warengruppen erstellen. Außerdem benötigen Sie eine Filtermöglichkeit nach Monaten und Jahren. Die erforderlichen Informationen sind in der Access-Datenbank Warenwirtschaft in folgenden Tabellen gespeichert.

Warenwirtschaft.accdb

- Datum ➡ tblBestellungen
- Artikel und Menge ➡ tblBestelldetails
- Artikelbezeichnung und Einzelpreis ➡ tblArtikel
- Warengruppe ➡ tblWarengruppen

Das Datenmodell der Datenbank sehen Sie unten in Bild 7.23.

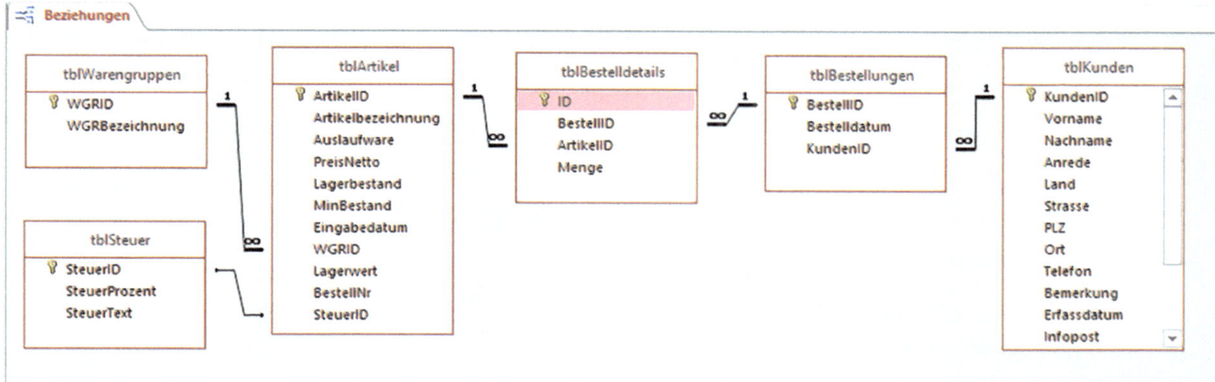

Bild 7.23 Das Datenmodell der Datenbank Warenwirtschaft

Tabellen und Datenmodell mit Power Query importieren

1 Klicken Sie auf *Daten* ▶ *Daten abrufen* ▶ *Aus Datenbank* ▶ *Aus Microsoft Access-Datenbank*. Wählen Sie die Datenbankdatei aus und klicken Sie auf *Importieren*.

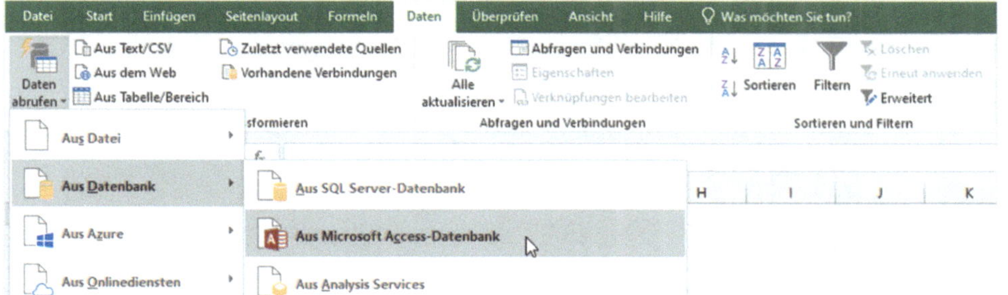

Bild 7.24 Daten abrufen

2 Aktivieren Sie im Navigator das Kontrollkästchen *Mehrere Elemente auswählen* ❶ und anschließend die Kontrollkästchen der Tabellen *tblArtikel*, *tblBestelldetails*, *tblBestellungen* und *tblWarengruppen* (Bild 7.25 auf der nächsten Seite).

Tipp: Enthält die Datenbank ein Datenmodell, dann können Sie auch mit Klick auf *Verknüpfte Tabellen auswählen* ❷ das Datenmodell mit allen verbundenen Tabellen auswählen. Allerdings kann die Analyse des Datenmodells etwas dauern, zudem werden dadurch meist auch nicht benötigte Elemente mit ausgewählt.

3 Markieren Sie dann links die Tabelle *tblBestellungen* und betrachten Sie die Vorschau genauer: Hier erscheinen die verbundenen Tabellen *tblBestelldetails* ❸ und *tblKunden* ❹ als weitere Spalten mit den Inhalten *Table* und *Value*.

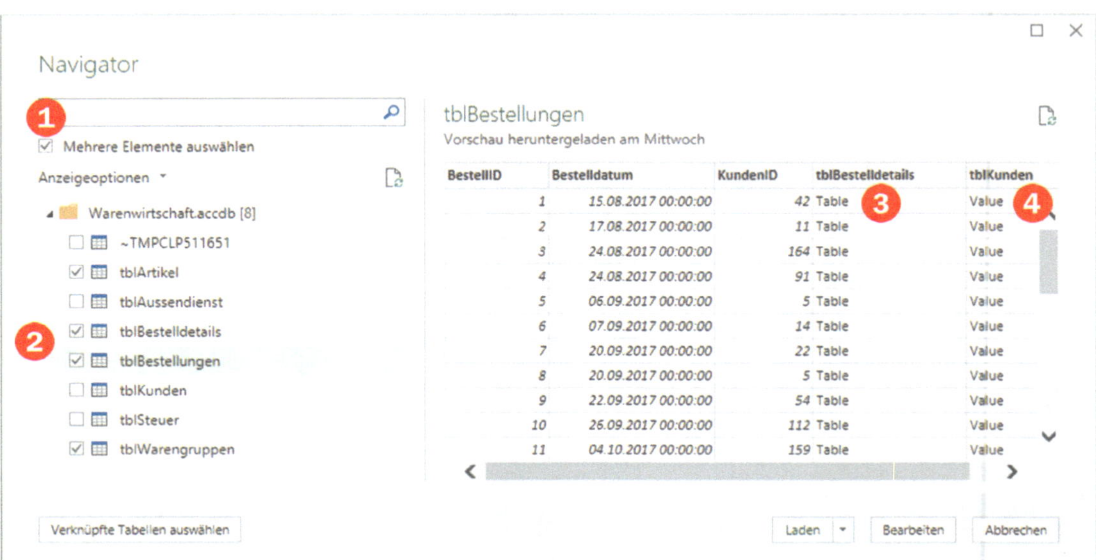

Bild 7.25 Die Tabelle tblBestellungen in der Vorschau

In einer Beziehung zu einer untergeordneten Tabelle enthält die aktuelle Tabelle den Primärschlüssel.

Beim Import von Tabellen, die Teil eines Datenmodells sind, erscheinen in der Vorschau die verbundenen Tabellen als weitere Spalten.

- Der Inhalt *Value* steht für eine Beziehung zu einer übergeordneten Tabelle über ein Fremdschlüsselfeld. Im abgebildeten Beispiel zur (hier nicht importierten) Tabelle *tblKunden* über das Feld *KundenID*.
- *Table* dagegen bedeutet, es handelt sich um eine Beziehung zu einer untergeordneten Tabelle, in diesem Beispiel die Tabelle *tblBestelldetails*, diese ist über das Feld *BestellID* verbunden (siehe Bild 7.23 auf Seite 247).

Verbindung erstellen und Tabellen dem Datenmodell hinzufügen

Wenn keine weitere Aufbereitung der Daten erforderlich ist, können Sie anschließend die Tabellen dem Datenmodell hinzufügen. Klicken Sie daher auf den Dropdown-Pfeil der Schaltfläche *Laden* und auf *Laden in....*

Bild 7.26 Als PivotTable-Bericht einfügen

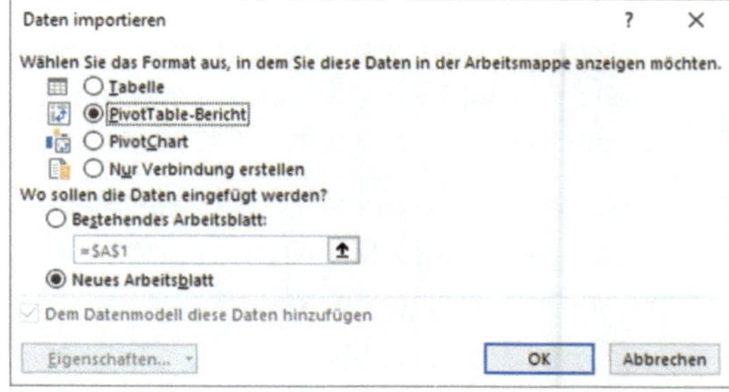

Um anschließend eine Pivot-Tabelle zu erstellen, wählen Sie die Option *PivotTable-Bericht*. Damit werden die Daten automatisch dem Datenmodell hinzugefügt. Wenn Sie dagegen vorerst nur eine Verbindung erstellen möchten, dann müssen Sie das Kontrollkästchen *Dem Datenmodell diese Daten hinzufügen* gesondert aktivieren.

Achtung: Mit der Auswahl *Tabelle* werden alle ausgewählten Tabellen in die Arbeitsmappe eingefügt. Dies ist in den meisten Fällen überflüssig, vor allem wenn ohnehin nur die Zusammenfassung benötigt wird.

Anschließend werden die Daten abgerufen, dies kann bei mehreren Tabellen auch etwas länger dauern, und eine leere Pivot-Tabelle erstellt. Die Feldliste enthält alle Tabellen des Datenmodells und Sie können in der Pivot-Tabelle beliebig Felder aus diesen Tabellen kombinieren. Als Beispiel im Bild unten die Summe der verkauften Mengen je Warengruppe.

Bild 7.27 Beispiel Pivot-Tabelle mit Warengruppen und verkaufte Menge

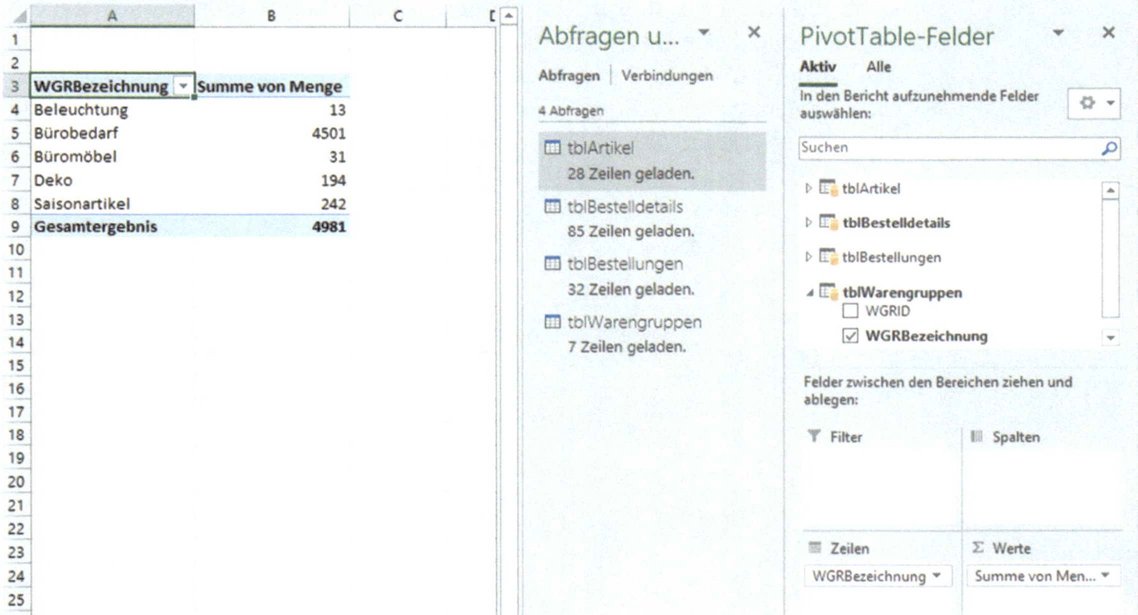

Beziehungen des Datenmodells kontrollieren

Wenn Sie die Beziehungen des importierten Datenmodells kontrollieren möchten, dann klicken Sie im Register *Daten* ▶ *Datentools* auf *Beziehungen*. Im Fenster *Beziehungen verwalten* erscheinen alle vorhandenen Beziehungen, Details zur markierten Beziehung erhalten Sie über die Schaltfläche *Bearbeiten....*

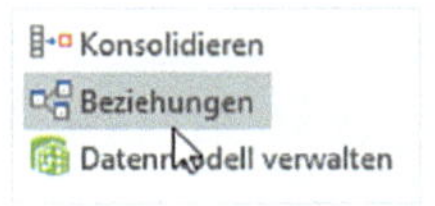

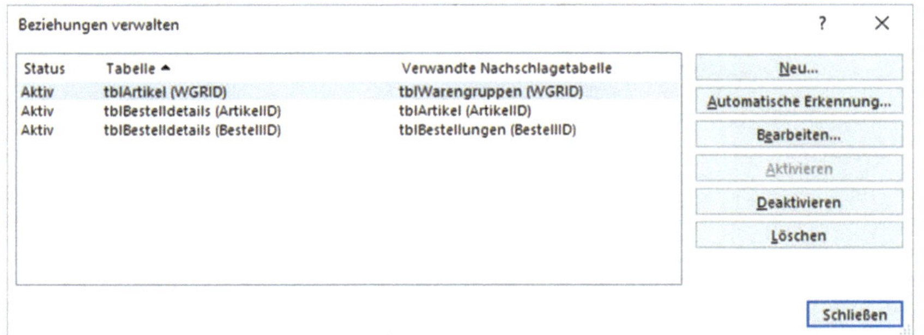

Bild 7.28 Die Beziehungen erscheinen im Fenster Beziehungen verwalten

In Power Query mit einem importierten Datenmodell arbeiten

Ganz zufriedenstellen ist das Ergebnis noch nicht, da noch der Umsatz berechnet werden muss. In der Pivot-Tabelle ist dies nicht möglich, da hier die Berechnung ausschließlich mit aggregierten Werten erfolgt, siehe Punkt 6.8 auf Seite 210. Sie müssen also den Umsatz mit Power Query berechnen.

Power Query-Editor öffnen

Klicken Sie entweder gleich nach der Auswahl der Tabellen im Navigator auf *Bearbeiten*, siehe Bild 7.25 auf Seite 248. Oder öffnen Sie nachträglich den Power Query-Editor, z. B. per Doppelklick auf eine beliebige Abfrage im Aufgabenbereich *Abfragen und Verbindungen*. Oder klicken Sie im Register *Daten* ▶ *Daten abrufen und transformieren* ▶ *Daten abrufen* auf *Power Query-Editor starten* (in Excel 2016 erhalten Sie diesen Befehl über *Abfragen kombinieren*).

Bild 7.29 Doppelklick auf eine beliebige Abfrage

Bild 7.30 Oder Daten abrufen

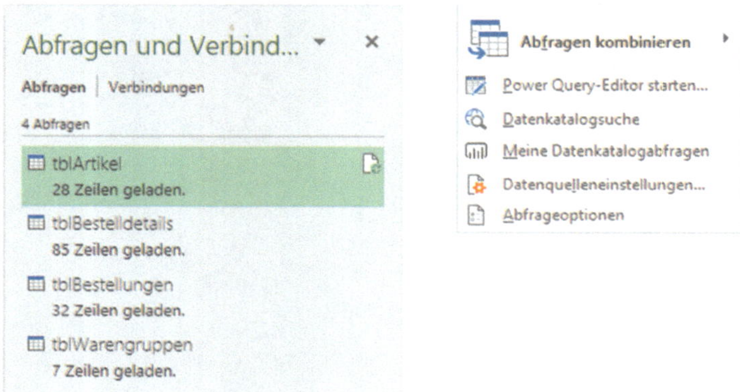

Tabelle erweitern

Die Tabelle *tblBestelldetails* enthält die bestellten Mengen und zur Berechnung des Umsatzes muss eigentlich nur aus der Tabelle *tblArtikel* der Einzelpreis hinzugefügt werden. So gehen Sie vor:

1 Wählen Sie links im Bereich *Abfragen* mit einem Klick die Tabelle *tblBestelldetails*.

2 Zum Erweitern klicken Sie in dieser Tabelle neben der Spaltenüberschrift *tblArtikel* auf die Schaltfläche mit den zwei auseinander weisenden Pfeilen ❶ (*Erweitern*).

Bild 7.31 Klicken Sie auf Erweitern

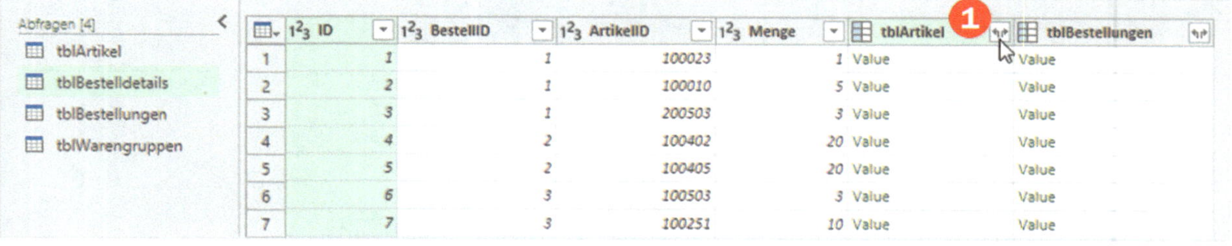

	ID	BestellID	ArtikelID	Menge	tblArtikel	tblBestellungen
1	1	1	100023	1	Value	Value
2	2	1	100010	5	Value	Value
3	3	1	200503	3	Value	Value
4	4	2	100402	20	Value	Value
5	5	2	100405	20	Value	Value
6	6	3	100503	3	Value	Value
7	7	3	100251	10	Value	Value

3 Es öffnet sich ein Feld mit allen Spalten dieser Tabelle, wählen Sie die Spalte *PreisNetto* ❷ aus. Die Verwendung des Tabellennamens als Präfix ist nicht nötig, deaktivieren Sie daher dieses Kontrollkästchen ❸ und klicken Sie auf *OK* ❹.

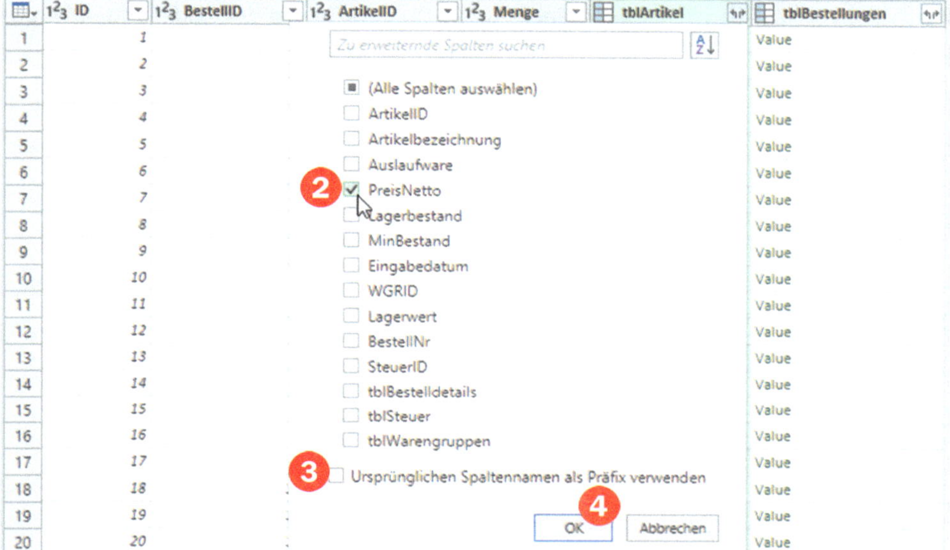

Bild 7.32 Erweitern Sie die Tabelle tblBestelldetails um Felder aus der Tabelle tblArtikel

4 Nun können Sie den Umsatz berechnen. Klicken Sie im Register *Spalte hinzufügen* auf *Benutzerdefinierte Spalte* und geben Sie hier die Formel ein. **Achtung**: Die berechnete Spalte muss anschließend noch unbedingt den Datentyp *Dezimalzahl* erhalten!

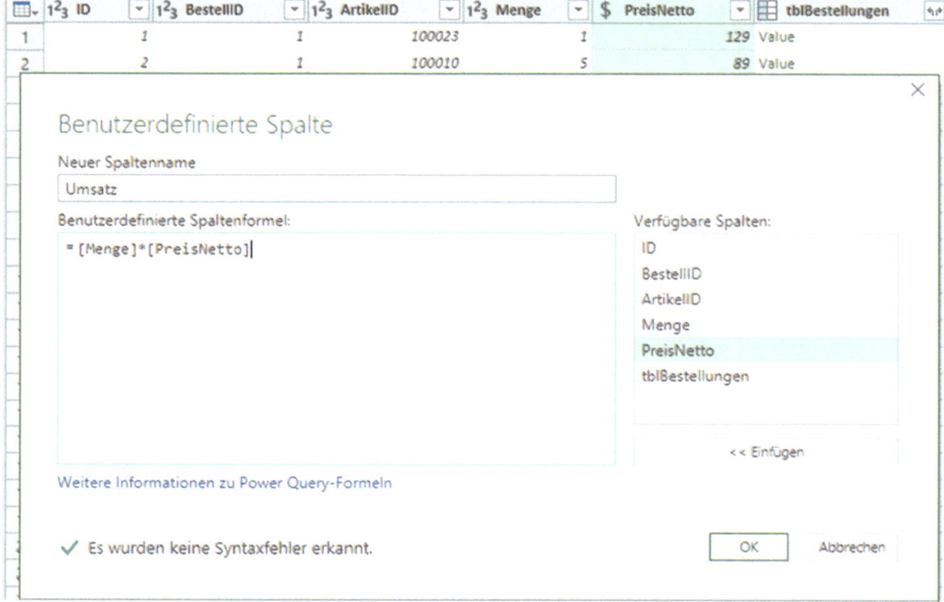

Bild 7.33 Neue benutzerdefinierte Spalte: Umsatz berechnen

Tipp: Falls Sie in der Pivot-Tabelle Monate und Jahre benötigen, können Sie diese in der Tabelle *tblBestellungen* anhand der Spalte *Bestelldatum* hinzufügen, siehe „Datumsinformationen extrahieren" auf Seite 119.

Nach dem Schließen des Power Query Editors und Speichern der Änderungen ist das Feld *Umsatz* in der Tabelle *tblBestelldetails* verfügbar und kann nun in der Pivot-Tabelle verwendet werden. Das Ergebnis könnte aussehen, wie im Bild unten.

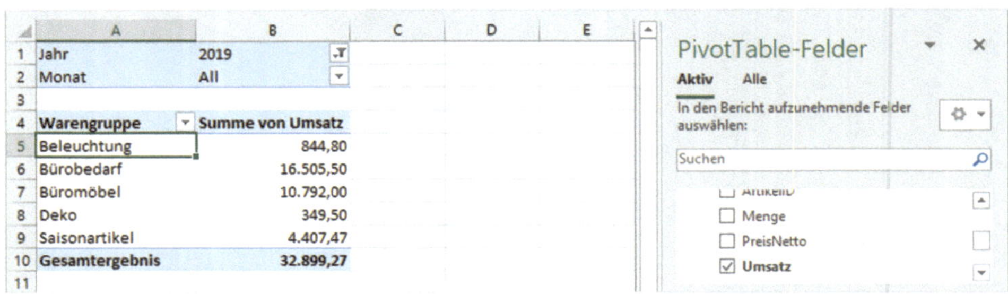

Warengruppe	Summe von Umsatz
Beleuchtung	844,80
Bürobedarf	16.505,50
Büromöbel	10.792,00
Deko	349,50
Saisonartikel	4.407,47
Gesamtergebnis	32.899,27

Bild 7.34 Das Feld Umsatz wurde der Feldliste hinzugefügt

Tabelle bzw. Abfrage nachträglich dem Datenmodell hinzufügen

Falls Sie die oben abgebildete Auswertung nachträglich noch um Kundendaten, z. B. Länder oder Postleitzahlenbereiche erweitern möchten, müssen Sie zuerst die Tabelle *tblKunden* importieren und anschließend dem Datenmodell der Arbeitsmappe hinzufügen, so gehen Sie vor:

1 Öffnen Sie den Power Query-Editor, klicken Sie im Register *Start* ▶ *Neue Abfrage* auf *Neue Quelle* ▶ *Datenbank* ▶ *Access* und wählen Sie wieder die Datenbank Warenwirtschaft. Klicken Sie auf die Tabelle *tblKunden* und übernehmen Sie mit *OK* die Tabelle in den Editor.

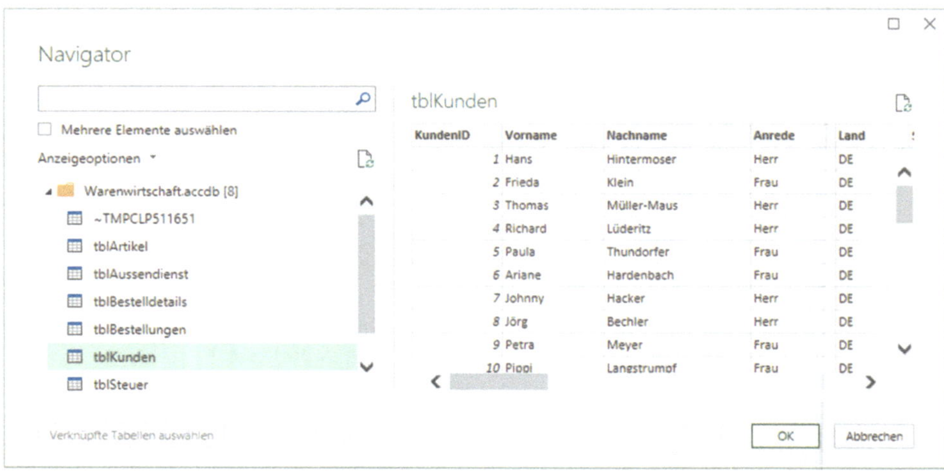

Bild 7.35 Wählen Sie die Tabelle tblKunden aus

2 Leider ist beim Schließen des Editors in den meisten Fällen der Befehl *Schließen & laden in...* inaktiv. Das bedeutet, beim Schließen wird die nachträglich hinzugefügte Abfrage automatisch in die Excel-Arbeitsmappe geladen. Damit Sie die

Abfrage trotzdem dem Datenmodell hinzufügen können, löschen Sie zunächst das Tabellenblatt mit den soeben eingefügten Kundendaten (Rechtsklick in das Blattregister und Befehl *Löschen*).

3 Es werden nur die Daten gelöscht, die Verbindung bleibt bestehen. Klicken Sie dann im Aufgabenbereich *Abfragen und Verbindungen* mit der rechten Maustaste auf die Verbindung und auf *Laden in...* ❶. Nun öffnet sich wieder das Fenster *Daten importieren*. Aktivieren Sie das Kontrollkästchen *Dem Datenmodell diese Daten hinzufügen* ❷ und klicken Sie auf *OK*.

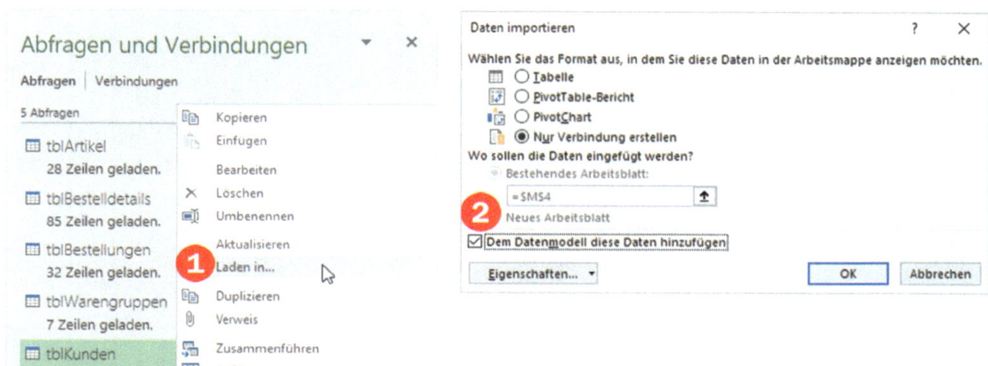

Bild 7.36 Rechtsklick und Laden in...

Bild 7.37 Dem Datenmodell hinzufügen

Sollte anschließend die Abfrage nicht in der Feldliste einer bereits vorhandenen Pivot-Tabelle erscheinen, so klicken Sie im Aufgabenbereich *PivotTable-Felder* auf das Register *Alle* ❸. Wenn die nachträglich importierte Tabelle bzw. Abfrage Teil des zuvor importierten Datenmodells ist, werden auch die Beziehungen zu den vorhandenen Tabelle automatisch übernommen. Dies können Sie auch im Fenster *Beziehungen verwalten* (Register *Daten* ▶ *Datentools* ▶ *Beziehungen*) kontrollieren.

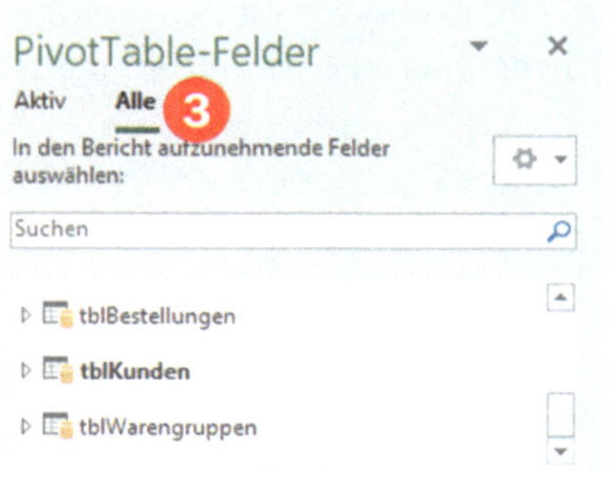

Bild 7.38 PivotTable-Felder, Register Alle

Im Power Query-Editor manuell zwei Abfragen zusammenführen

Wenn importierte Tabellen nicht Teil eines Datenmodells sind oder in der Datenquelle kein Datenmodell vorhanden ist, dann können Sie trotzdem im Power Query-Editor eine Abfrage um Spalten aus einer zweiten Abfrage erweitern, vorausgesetzt in beiden Tabellen ist ein entsprechendes Schlüsselfeld mit gleichem Inhalt und vom selben Datentyp vorhanden.

Achtung: Das Zusammenführen zweier Abfragen erstellt kein, für die gesamte Arbeitsmappe gültiges, Datenmodell sondern gilt ausschließlich in der betreffenden Abfrage.

Verwechseln Sie Beziehungen nicht mit Abfragen zusammenführen!
Mit Power Query können Sie zwar Datenmodelle importieren, nicht aber erstellen. Datenmodelle können in Excel nur mit dem Add-In Power Pivot oder über *Daten* ▶ *Datentools* und *Beziehungen* erstellt werden.

Wenn Sie dagegen im Power Query-Editor mit *Abfragen zusammenführen* eine Abfrage um Felder aus einer anderen Tabelle erweitern, hat dies keinerlei Wirkung auf das Datenmodell der Arbeitsmappe. Das bedeutet, wenn Sie später versuchen, in einer Pivot-Tabelle Felder zu verwenden, die Sie mit Power Query zusammengeführt haben, dann erhalten Sie eine entsprechende Warnung.

Beispiel: Abfragen aus Textdatei zusammenführen

Für dieses Beispiel verwenden wir wieder Bestellungen und Artikeldaten, siehe Datenbank Warenwirtschaft auf Seite 247. Allerdings liegen diesmal die Daten als Textdateien (Artikelstammdaten.txt und 012_Bestelldaten.txt) vor.

Bild 7.39 Artikelstammdaten.txt

```
Artikelstammdaten.txt - Editor
Datei  Bearbeiten  Format  Ansicht  Hilfe
"ArtikelID";"Artikelbezeichnung";"Auslaufware";"PreisNetto";"Lagerbestand";"MinBestand";"Eingabeda
100010;"Arbeitsdrehstuhl, Holz mit Rollen";0;89,00 €;1;5;5.12.2016 00:00:00;"BA";89,00 €;"BA-10001
100023;"Arbeitsdrehstuhl mit Bodengleitern und verchromtem Fußring";0;129,00 €;0;5;5.12.2016 00:00
100200;"Kugelschreiber, transparent mit Innenbeleuchtung";0;1,50 €;200;50;5.12.2016 00:00:00;"BW";
100230;"Tischleuchte Modell ""Einstein""";0;75,20 €;3;5;5.12.2016 00:00:00;"HU";225,60 €;"HU-10023
100234;"Arbeitsdrehstuhl Tec 20 mit Rollen";1;59,00 €;1;5;5.12.2016 00:00:00;"BA";59,00 €;"BA-1002
100245;"Bleistifte, extra hart, 100 St.";1;6,23 €;15;100;5.12.2016 00:00:00;"BW";93,45 €;"BW-10024
```

Bild 7.40 012_Bestelldaten.txt

```
012_Bestelldaten.txt - Editor
Datei  Bearbeiten  Format  Ansicht  Hilfe
"ID";"BestellID";"ArtikelID";"Menge"
1;1;100023;1
2;1;100010;5
3;1;200503;3
4;2;100402;20
5;2;100405;20
6;3;100503;3
```

Artikelstammdaten.txt

012_Bestelldaten.txt

Im Bild unten die beiden Abfragen im Power Query-Editor, Details zum Laden in den Power Query-Editor und Anpassen der Datentypen, siehe Kapitel 5.5.

Achtung: Die Spalten über die beide Abfragen zusammengeführt werden sollen, hier die ArtikelID, müssen unbedingt vom selben Datentyp sein.

Bild 7.41 Die Abfrage Artikelstammdaten

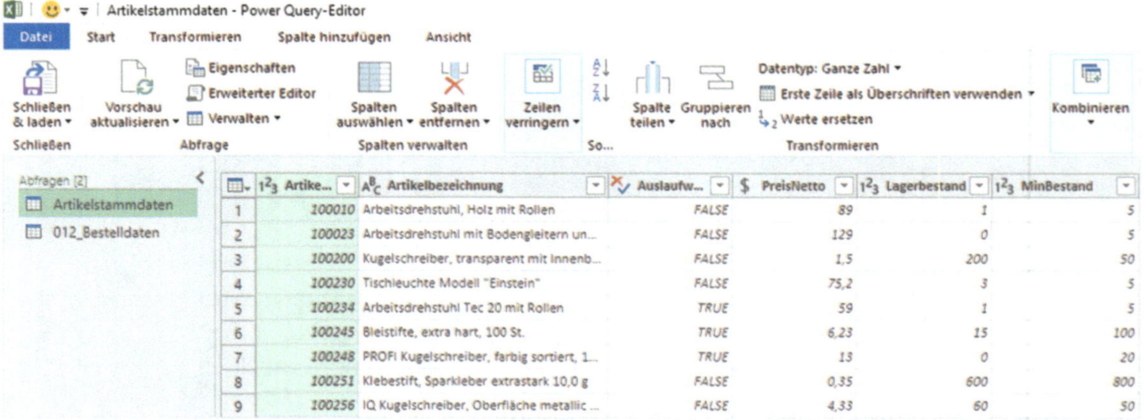

	Artike...	Artikelbezeichnung	Auslaufw...	PreisNetto	Lagerbestand	MinBestand
1	100010	Arbeitsdrehstuhl, Holz mit Rollen	FALSE	89	1	5
2	100023	Arbeitsdrehstuhl mit Bodengleitern un...	FALSE	129	0	5
3	100200	Kugelschreiber, transparent mit Innenb...	FALSE	1,5	200	50
4	100230	Tischleuchte Modell "Einstein"	FALSE	75,2	3	5
5	100234	Arbeitsdrehstuhl Tec 20 mit Rollen	TRUE	59	1	5
6	100245	Bleistifte, extra hart, 100 St.	TRUE	6,23	15	100
7	100248	PROFI Kugelschreiber, farbig sortiert, 1...	TRUE	13	0	20
8	100251	Klebestift, Sparkleber extrastark 10,0 g	FALSE	0,35	600	800
9	100256	IQ Kugelschreiber, Oberfläche metallic ...	FALSE	4,33	60	50

1 Wählen Sie im Power Query-Editor die *Abfrage 012_Bestelldaten* aus und klicken Sie im Register *Start* ▶ *Kombinieren* auf *Abfragen zusammenführen* ❶.

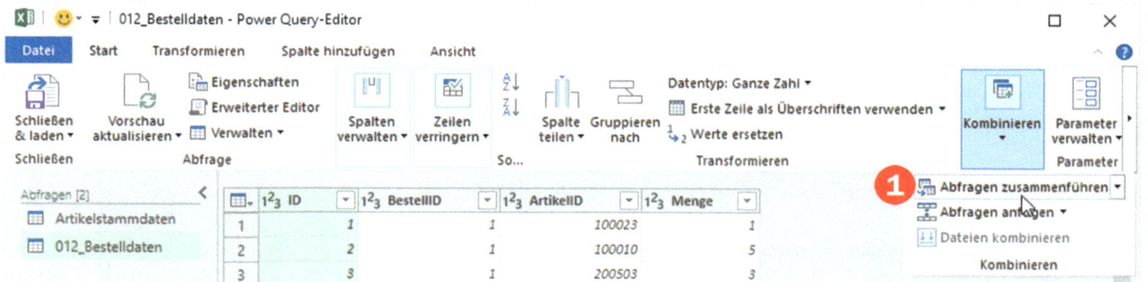

Bild 7.42 Abfragen zusammenführen

Hinweis: Dieser Befehl erweitert die aktuell ausgewählte Abfrage. Möchten Sie dagegen eine neue Abfrage erstellen, dann klicken Sie auf den Dropdown-Pfeil und auf *Abfragen als neue Abfrage zusammenführen*.

2 Im Fenster *Zusammenführen* sehen Sie nun die aktuelle *Abfrage 012_Bestelldaten* ❷. Wählen Sie unterhalb die zweite Abfrage, hier Artikelstammdaten, aus ❸.

3 Anschließend legen Sie die übereinstimmenden Felder fest: Klicken Sie dazu in der Vorschau in beiden Abfragen jeweils in das Feld, hier *ArtikelID* ❹.

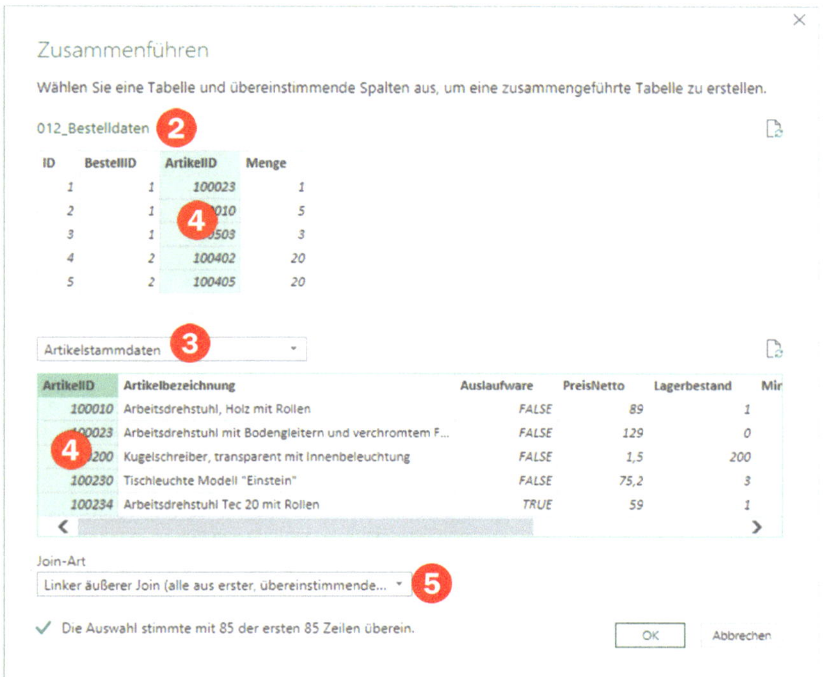

Bild 7.43 Wählen Sie die zweite Abfrage aus

4 Im Feld *Join-Art* ❺ geben Sie an, welche Datensätze die Abfrage liefern soll: die *Linker äußerer Join*, also alle aus der ersten Abfrage und nur übereinstimmende aus der zweiten Abfrage, kann hier beibehalten werden. Im Bild unten sehen Sie die übrigen Möglichkeiten. Klicken Sie zuletzt auf *OK*.

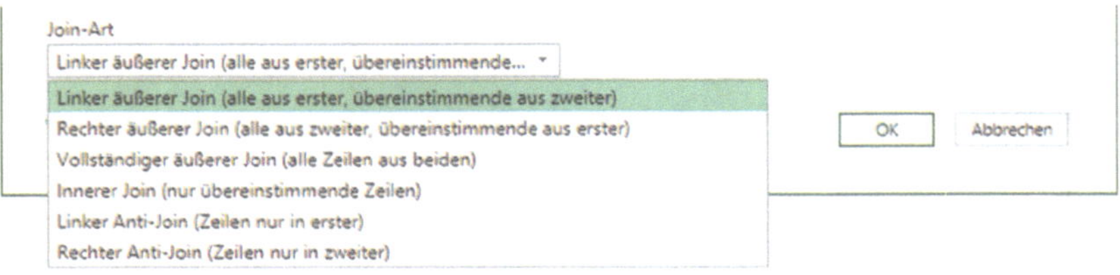

Bild 7.44 Join-Art wählen

5 Damit wird der Abfrage die zweite Abfrage zunächst als weitere Spalte hinzugefügt und mit Klick auf die Schaltfläche können Sie nun wieder angeben, um welche Spalten die Abfrage erweitert werden soll, z. B. Artikelbezeichnung und PreisNetto. Siehe auch Bild 7.32 auf Seite 251.

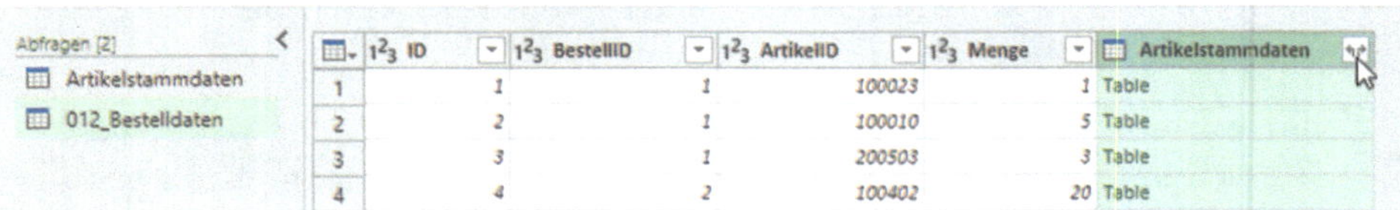

	ID	BestellID	ArtikelID	Menge	Artikelstammdaten
1	1	1	100023	1	Table
2	2	1	100010	5	Table
3	3	1	200503	3	Table
4	4	2	100402	20	Table

Bild 7.45 Abfrage um Felder aus der zweiten Abfrage erweitern

6 Das Ergebnis kann nun entweder in die Arbeitsmappe geladen oder als Datenquelle für eine Pivot-Tabelle verwendet werden.

Bild 7.46 Ergebnis

	ID	BestellID	ArtikelID	Menge	Artikelbezeichnung	PreisNetto
1	1	1	100023	1	Arbeitsdrehstuhl mit Bodengleitern und verchromt...	129
2	8	4	100023	2	Arbeitsdrehstuhl mit Bodengleitern und verchromt...	129
3	2	1	100010	5	Arbeitsdrehstuhl, Holz mit Rollen	89
4	28	18	100010	3	Arbeitsdrehstuhl, Holz mit Rollen	89
5	3	1	200503	3	Christbaumkugeln silber, Kunststoff, 6 St.	8,99
6	16	9	100200	3	Kugelschreiber, transparent mit Innenbeleuchtung	1,5
7	4	2	100402	20	Kaffeetasse "Böhnchen"	2,1
8	18	10	100402	10	Kaffeetasse "Böhnchen"	2,1
9	17	9	100230	3	Tischleuchte Modell "Einstein"	75,2
10	5	2	100405	20	Kaffeetasse "Wolke 7"	2,1
11	19	10	100405	10	Kaffeetasse "Wolke 7"	2,1

8 Datenmodelle und Berechnungen mit Power Pivot

In diesem Kapitel lernen Sie...

- Daten aus verschiedenen Quellen importieren
- Datenmodell erstellen und in Pivot-Tabellen nutzen
- Spalten mit DAX-Funktionen berechnen
- Measures statt berechneter Spalten erstellen und verwenden
- Visualisierung mit KPIs
- Zugriff auf das Datenmodell mit Cube-Funktionen
- Kalendertabelle erstellen und nutzen

Das sollten Sie wissen

- Grundlagen der Datenmodellierung
- Pivot-Tabellen einfügen
- Datenimport mit Power Query

8.1 Überblick und Vorbereitungen

Was ist Power Pivot?

Power Pivot unterstützt beim Import nicht jeden Dateityp. In solchen Fällen nehmen Sie den Import mit Power Query vor und übergeben die Abfrage an das Datenmodell für die weitere Aufbereitung mit Power Pivot.

Power Pivot ist nicht etwa eine Erweiterung normaler Pivot-Tabellen, sondern ein überaus leistungsfähiges Tool zum Import und zur Aufbereitung großer Datenmengen sowie zur Erstellung auch anspruchsvoller Datenmodelle. Berechnungen erfolgen in Power Pivot mit der Formelsprache, Data Analysis Expressions oder kurz DAX, die sich sowohl von der Power Query M-Sprache als auch von Excel-Funktionen unterscheidet. Hier liegt auch die große Stärke von Power Pivot gegenüber Power Query.

Genau wie mit Power Query lassen sich auch mit Power Pivot externe Daten importieren und anschließend aufbereiten, die Ausgangsdaten bleiben unverändert. Statt im Tabellenblatt, berechnen Sie weitere Felder mit Power Pivot und bei Änderung der Ausgangsdaten brauchen Sie nur das Datenmodell aktualisieren. Wenn Sie Daten aus zwei oder mehr Tabellen zusammenführen und auswerten möchten, erstellen Sie mit Power Pivot Beziehungen zwischen den Tabellen. Das Datenmodell wird mit der Arbeitsmappe gespeichert, da jedoch die Ausgangsdaten nicht im Tabellenblatt erscheinen, verringert dies den Speicherplatzbedarf und das Laden wird erheblich beschleunigt.

Ein weiterer Vorteil von Power Pivot

Ein Tabellenblatt kann maximal etwas mehr als 1 Mio. Zeilen umfassen, vorausgesetzt, die Mappe ist im .xlsx Dateiformat gespeichert. Diese Beschränkung ist beim Arbeiten mit Power Pivot aufgehoben. Power Pivot unterstützt außerdem Dateien mit bis zu 2 GB und ermöglicht das Arbeiten mit bis zu 4 GB an Daten im Arbeitsspeicher.

Achtung: Nicht in jeder Excel-Edition verfügbar

Für die Excel-Versionen 2013 und 2016 ist Power Pivot nur in den Office Professional/ Professional Plus Editionen sowie in den eigenständigen Editionen verfügbar, nicht aber für die Office-Pakete Home & Student und Home & Business. In allen Office 2019 Paketen und in Office 365 dagegen ist Power Pivot fest integriert.

Das Add-In Power Pivot

Bei Power Pivot handelt es sich um ein Add-In, das mit Ausnahme von Excel 2013 bei der ersten Verwendung automatisch installiert wird. Klicken Sie dazu im Register *Daten* ▶ *Datentools* auf *Datenmodell verwalten* .

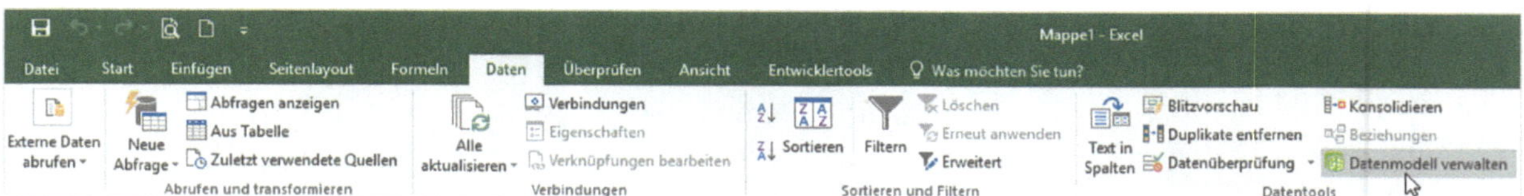

Bild 8.1 Klicken Sie auf Datenmodell verwalten

Falls Sie Power Pivot das erste Mal verwenden, erscheint anschließend die unten abgebildete Meldung. Klicken Sie auf *Aktivieren*.

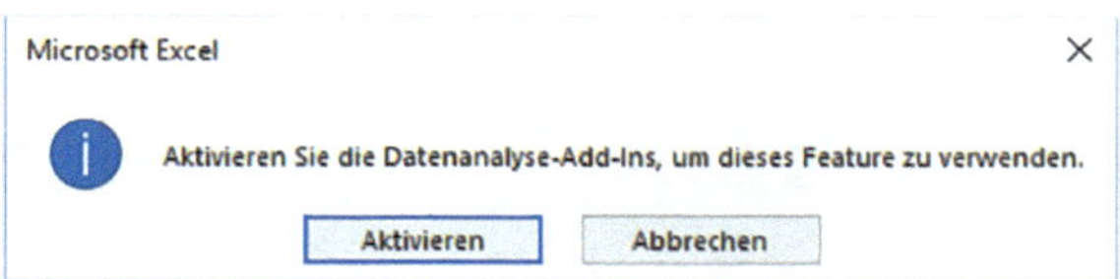

Bild 8.2 Beim ersten Aufruf aktivieren

Excel 2013: Add-In laden

In Excel 2013 muss das Add-In, genauer gesagt das COM-Add-In, in den Excel-Optionen manuell geladen werden. Klicken Sie hier auf *Add-Ins* ❶, wählen Sie im Feld *Verwalten* die *COM-Add-Ins* ❷ und klicken Sie auf *Los...*.

Bild 8.3 Klicken Sie in den Optionen auf Add-Ins

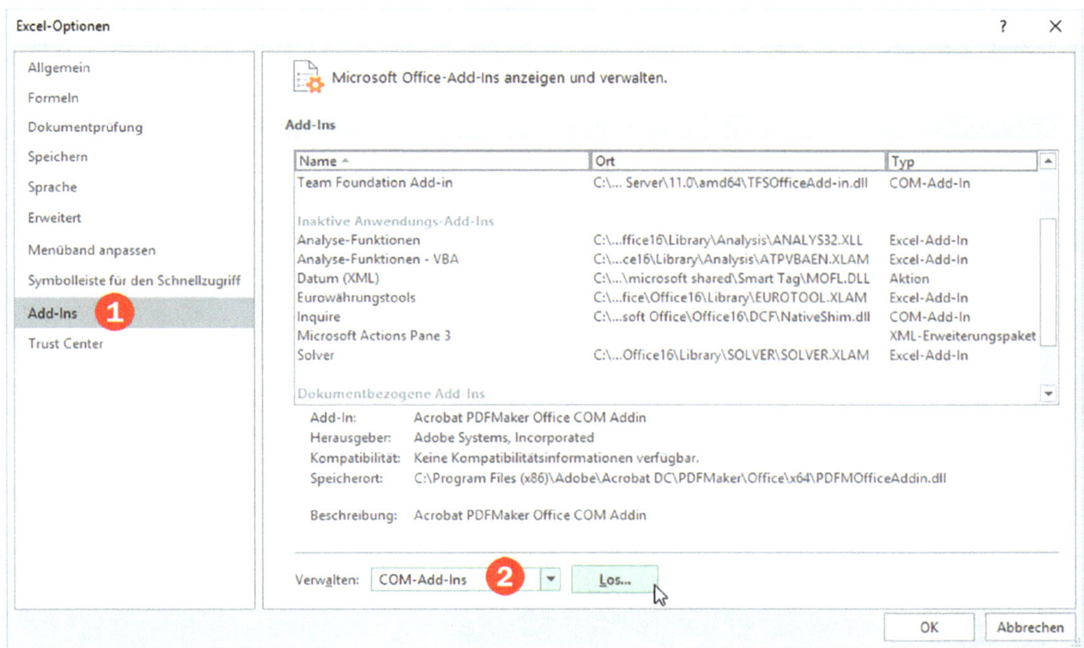

Aktivieren Sie *Microsoft Power Pivot für Excel* und klicken Sie auf *OK*.

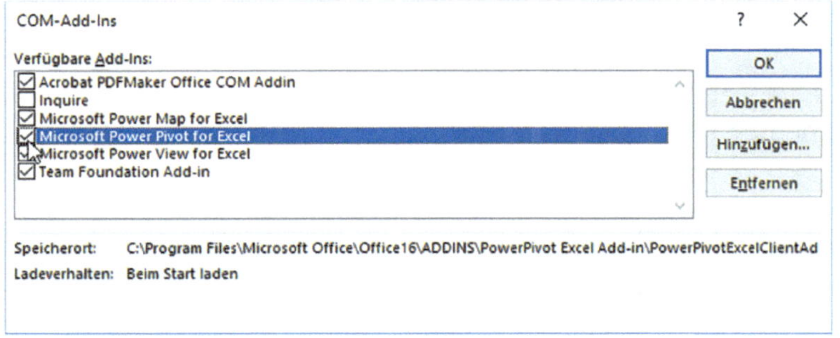

Bild 8.4 Das Add-In Power Pivot aktivieren

Das Register Power Pivot

Wenn das Add-In geladen ist, finden Sie in allen Excel-Versionen im Menüband das zusätzliche Register *Power Pivot*.

Bild 8.5 Das Register Power Pivot

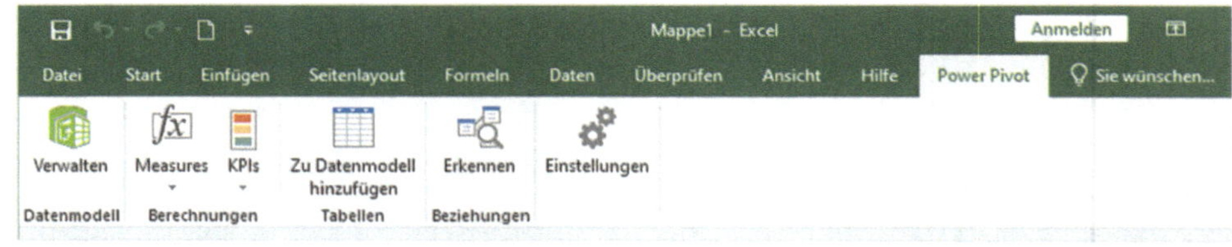

Sollte dieses Register nicht sichtbar sein, so klicken Sie mit der rechten Maustaste an eine beliebige Stelle des Menübands und auf *Menüband anpassen....* Aktivieren Sie in der rechten Spalte unter *Hauptregisterkarten* das Kontrollkästchen *Power Pivot* und klicken Sie auf *OK*.

Bild 8.6 Das Register Power Pivot einblenden

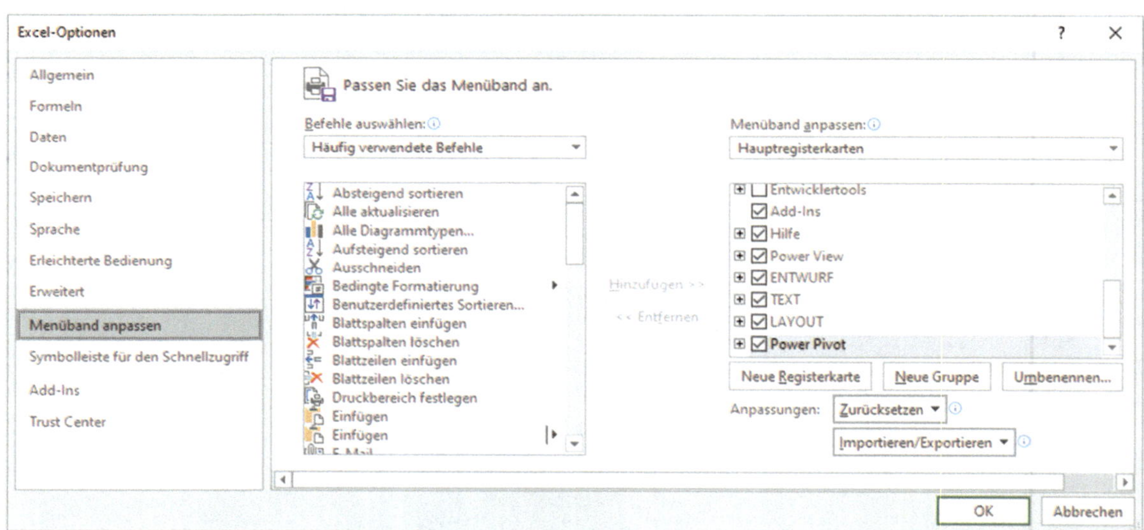

8.2 Erste Schritte: Ein einfaches Datenmodell mit Excel-Tabellen

Die aufzubereitenden Daten für das Datenmodell können, neben Excel-Tabellen, auch aus den üblichen externen Datenquellen stammen:

- Aus einer Datenbank, dabei werden alle gängigen Datenbanktypen unterstützt, neben Microsoft Access und Microsoft SQL Server z. B. auch Oracle und andere.
- Sie können auch Daten mit Power Query importieren z. B. aus dem Web; wenn Sie diese anschließend dem Datenmodell der Arbeitsmappe hinzufügen, können Sie die Daten mit Power Pivot weiter bearbeiten.

- Aus einer Textdatei (.txt oder .csv),
- Aus der aktuellen oder einer anderen einer Excel Arbeitsmappe. Beachten Sie in diesem Fall, dass die Tabelle Überschriften enthalten und als Tabellenbereich formatiert sein muss. Ein Beispiel dafür finden Sie gleich anschließend.
- Power Pivot übernimmt auch Datenmodelle, die Sie mit Excel erstellt haben (Register *Daten* ▶ *Datentools* ▶ *Beziehungen*).

Siehe Kapitel 7.

Tabellen dem Datenmodell hinzufügen

Personal_Auswertung.xlsx

Als erstes einfaches Beispiel die monatliche Auswertung geleisteter Arbeitsstunden. Diese befinden sich im Tabellenblatt *Stunden_Januar*. Standort und Kostenstelle gehen aus dem Tabellenblatt *Personal* hervor, beide befinden sich in derselben Arbeitsmappe und in dieser Mappe soll auch die Auswertung erfolgen. Bild 8.7 und Bild 8.8 zeigen je einen Auszug aus den Tabellen. Für eine Auswertung nach Kostenstellen und Standort werden Felder aus beiden Tabellen benötigt.

1 Im ersten Schritt müssen beide als Tabellen formatiert werden und eine aussagefähigen Namen erhalten, im Bild unten die Tabelle *Personaldaten* ❶. Die Tabelle mit den geleisteten Arbeitsstunden erhält den Namen *Stunden* ❷.

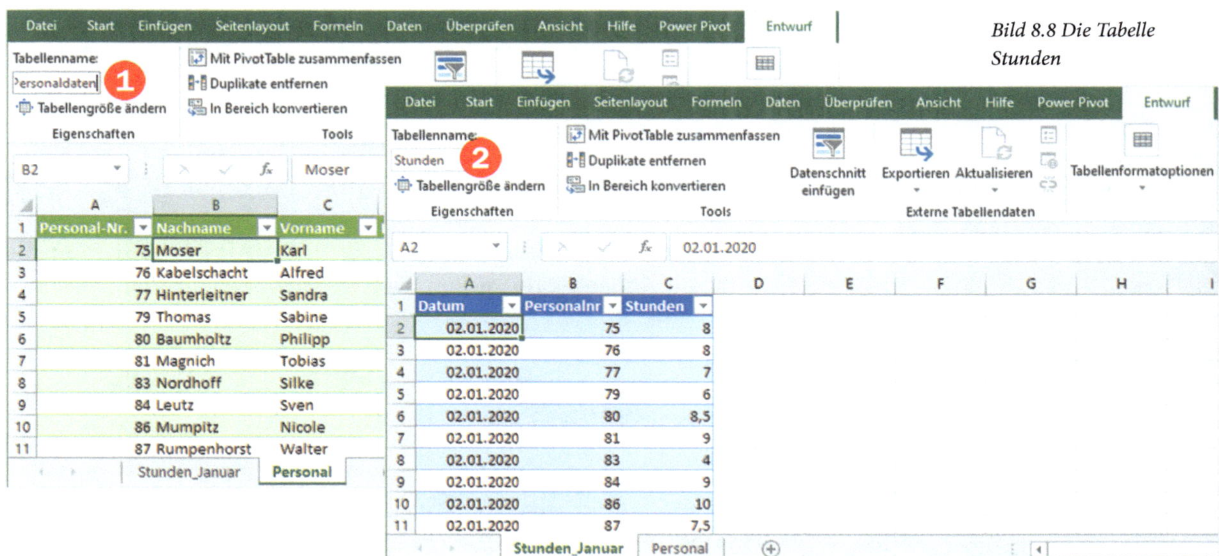

Personal-Nr.	Nachname	Vorname
75	Moser	Karl
76	Kabelschacht	Alfred
77	Hinterleitner	Sandra
79	Thomas	Sabine
80	Baumholtz	Philipp
81	Magnich	Tobias
83	Nordhoff	Silke
84	Leutz	Sven
86	Mumpitz	Nicole
87	Rumpenhorst	Walter

Datum	Personalnr	Stunden
02.01.2020	75	8
02.01.2020	76	8
02.01.2020	77	7
02.01.2020	79	6
02.01.2020	80	8,5
02.01.2020	81	9
02.01.2020	83	4
02.01.2020	84	9
02.01.2020	86	10
02.01.2020	87	7,5

Bild 8.7 Die Tabelle Personaldaten

Bild 8.8 Die Tabelle Stunden

2 Klicken Sie in die erste Tabelle, z. B. *Personaldaten* und im Register *Power Pivot* ▶ *Tabellen* auf *Zu Datenmodell hinzufügen*.

Bild 8.9 Klicken Sie auf Zu Datenmodell hinzufügen

Siehe Kapitel 2.2.

Hinweis: Sollten die Zellen nicht als Tabellenbereich formatiert sein, so werden diese anschließend automatisch in einen Tabellenbereich umgewandelt und Sie erhalten die Aufforderung, den Zellbereich festzulegen.

3 Anschließend wird die Tabelle mit Power Pivot in einem gesonderten Fenster geöffnet (Bild unten)., dies kann einige Sekunden dauern.

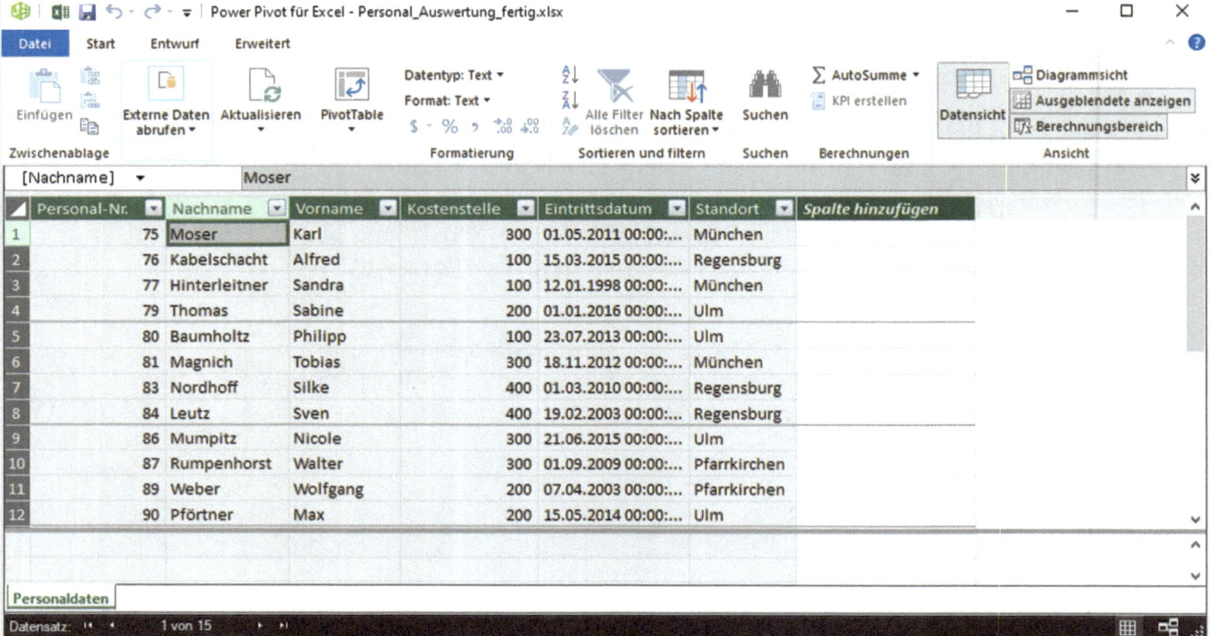

	Personal-Nr.	Nachname	Vorname	Kostenstelle	Eintrittsdatum	Standort
1	75	Moser	Karl	300	01.05.2011 00:00:...	München
2	76	Kabelschacht	Alfred	100	15.03.2015 00:00:...	Regensburg
3	77	Hinterleitner	Sandra	100	12.01.1998 00:00:...	München
4	79	Thomas	Sabine	200	01.01.2016 00:00:...	Ulm
5	80	Baumholtz	Philipp	100	23.07.2013 00:00:...	Ulm
6	81	Magnich	Tobias	300	18.11.2012 00:00:...	München
7	83	Nordhoff	Silke	400	01.03.2010 00:00:...	Regensburg
8	84	Leutz	Sven	400	19.02.2003 00:00:...	Regensburg
9	86	Mumpitz	Nicole	300	21.06.2015 00:00:...	Ulm
10	87	Rumpenhorst	Walter	300	01.09.2009 00:00:...	Pfarrkirchen
11	89	Weber	Wolfgang	200	07.04.2003 00:00:...	Pfarrkirchen
12	90	Pförtner	Max	200	15.05.2014 00:00:...	Ulm

Bild 8.10 Die erste Tabelle im Power Pivot-Fenster

4 Wechseln Sie zurück zur Excel-Arbeitsmappe, z. B. über die Taskleiste, klicken Sie in die zweite Tabelle *Stunden* und klicken Sie wieder auf *Zu Datenmodell hinzufügen*.

> Im Gegensatz zu Power Query können Sie jederzeit zwischen dem Power Pivot-Fenster und Excel wechseln, ohne dass Power Pivot zuvor geschlossen bzw. beendet werden muss.

5 Die zweite Tabelle *Stunden* erscheint ebenfalls im Power Pivot-Fenster (Bild 8.11). Beide Tabellen sind in Registerkarten angeordnet, die Register befinden sich am unteren Rand des Fensters ❶ und sind mit den Namen der Tabellen bzw. Tabellenbereiche beschriftet.

Standardansicht ist die *Datensicht* ❷. Der Berechnungsbereich ❸ wird vorerst nicht benötigt, es spielt also keine Rolle, falls dieser nicht sichtbar sein sollte.

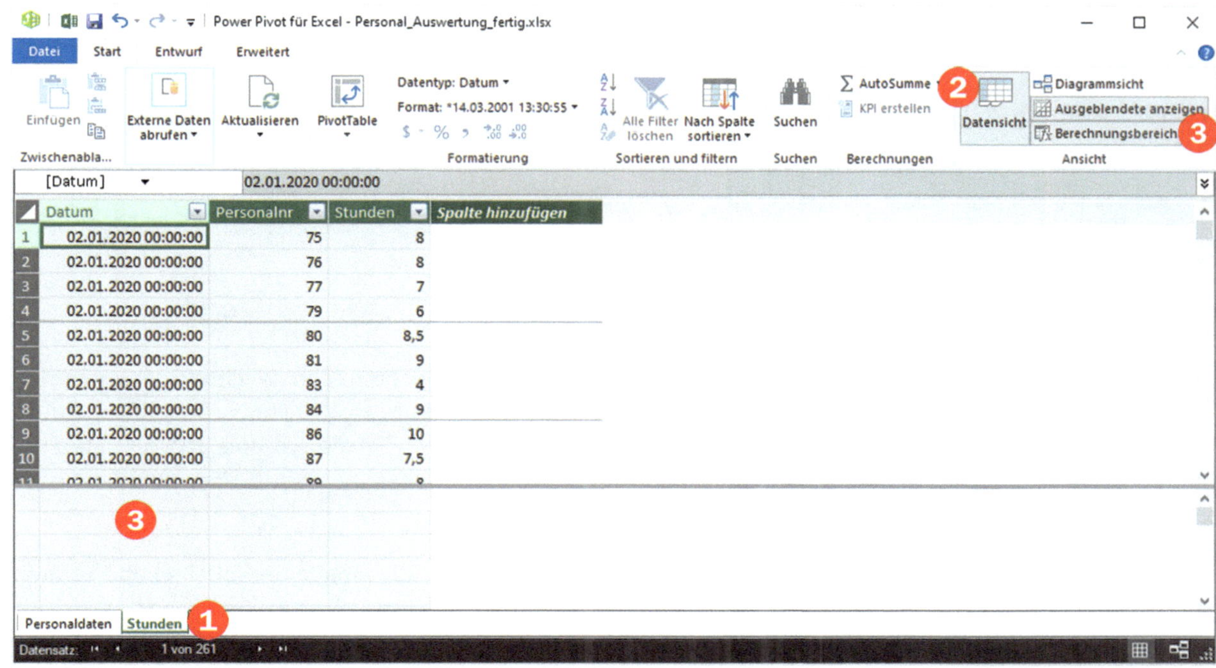

Bild 8.11 Die Tabellen sind in Registern angeordnet

Die Power Pivot Arbeitsumgebung

Zwischen Arbeitsmappe und Power Pivot wechseln

Sie können jederzeit über die Taskleiste oder das Excel-Symbol links oben ❶ zwischen Power Pivot und der Excel-Arbeitsmappe wechseln. Zum Schließen des Power Pivot-Fensters klicken Sie in der rechten oberen Ecke des Fensters auf das Symbol *Schließen* ❷ oder klicken Sie auf das Register *Datei* und hier auf *Schließen* ❸.

Die Daten bzw. das Datenmodell werden automatisch zusammen mit der Arbeitsmappe gespeichert, beim Schließen von Power Pivot erscheint daher keine Rückfrage nach dem Speichern von Änderungen.

Bild 8.12 Zu Excel wechseln / Power Pivot schließen

Power Pivot öffnen

Um aus der Excel-Arbeitsmappe heraus Power Pivot wieder zu öffnen, klicken Sie im Register *Power Pivot* ▶ *Datenmodell* auf *Verwalten*.

Bild 8.13 Power Pivot-Fenster öffnen

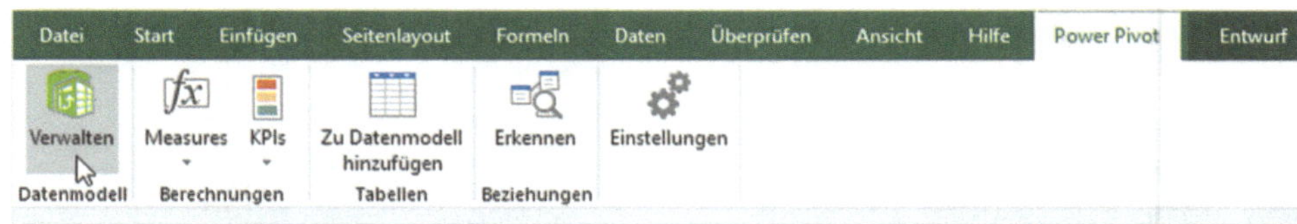

Die Ansichten von Power Pivot

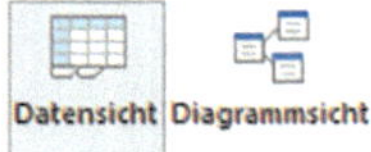

Power Pivot verfügt über zwei verschiedene Ansichten. Zum Wechseln zwischen den Ansichten klicken Sie entweder im Register *Start* ▶ *Ansicht* auf die Schaltflächen *Datensicht* ❶ und *Diagrammsicht* ❷. Oder benutzen Sie die Symbole in der rechten unteren Ecke des Fensters ❸.

Datensicht

In der Standardansicht, der *Datensicht*, sehen Sie die Inhalte der Tabellen und können diese bearbeiten, z. B. Datentypen ändern oder weitere Spalten berechnen.

Bild 8.14 Tabelle in der Datensicht

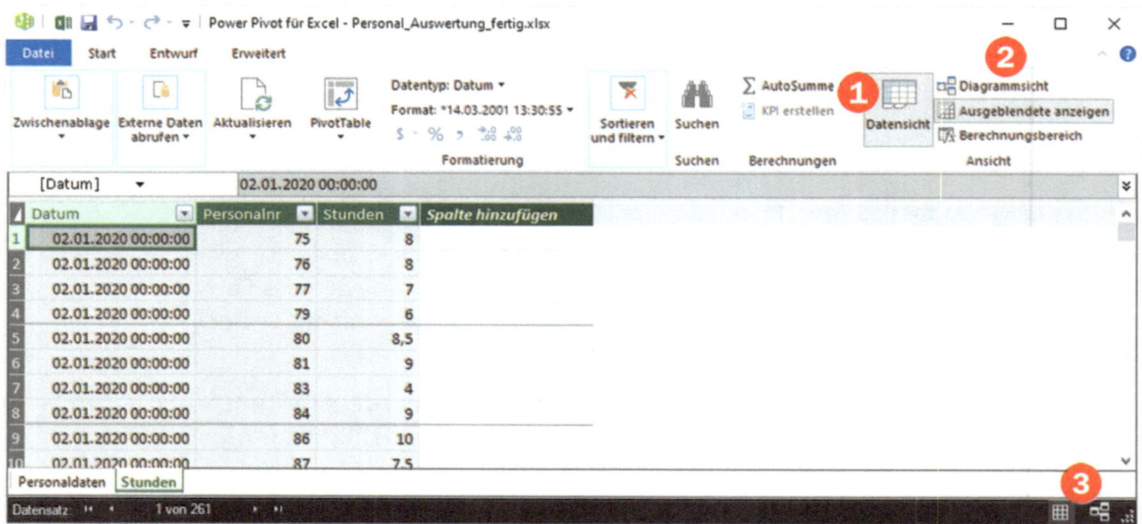

Datum	Personalnr	Stunden
02.01.2020 00:00:00	75	8
02.01.2020 00:00:00	76	8
02.01.2020 00:00:00	77	7
02.01.2020 00:00:00	79	6
02.01.2020 00:00:00	80	8,5
02.01.2020 00:00:00	81	9
02.01.2020 00:00:00	83	4
02.01.2020 00:00:00	84	9
02.01.2020 00:00:00	86	10
02.01.2020 00:00:00	87	7,5

Hinweis: Je nach Excel-Version kann das Register *Start* auch mit *Home* beschriftet sein.

Diagrammansicht

In der *Diagrammsicht* erhalten Sie eine grafische Darstellung des Datenmodells der Arbeitsmappe, im Bild unten die beiden Tabellen, allerdings noch ohne Beziehungen. In dieser Ansicht erstellen und bearbeiten Sie Beziehungen.

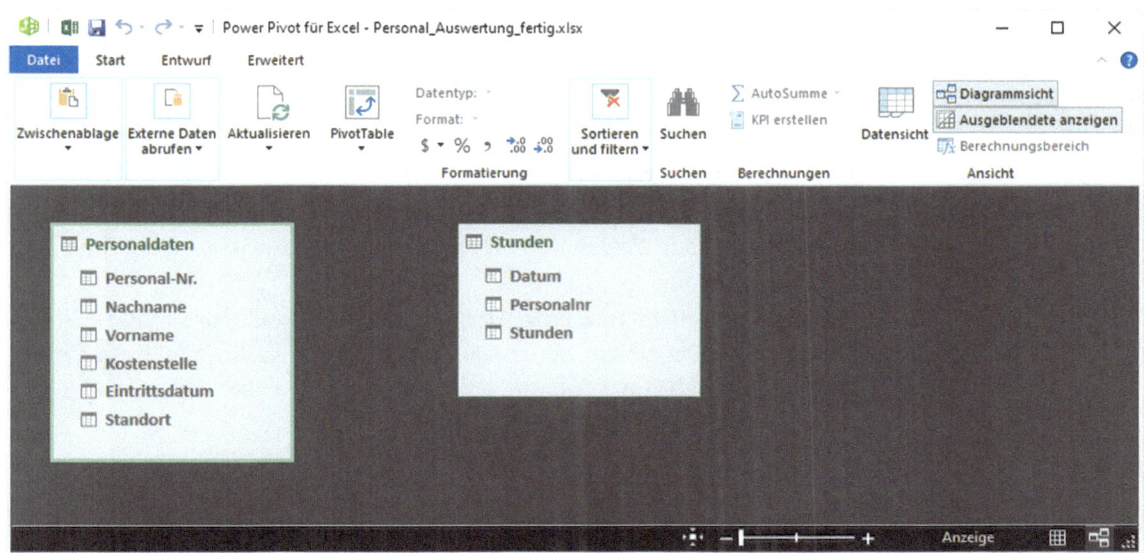

Bild 8.15 Das Datenmodell in der Diagrammsicht, allerdings noch ohne Beziehungen

Tipp: Diagrammsicht als Bild speichern
Um bei komplexen Datenmodellen den Überblick zu behalten, kann es sinnvoll sein, die Diagrammsicht als Bild zu speichern und später ggf. auszudrucken. Dazu klicken Sie in der Diagrammsicht auf das Register *Datei* und hier aus *Ansicht als Bild speichern*. Diese Möglichkeit ist allerdings nur mit Excel 2019 bzw. Office 365 verfügbar.

Beziehung zwischen den Tabellen herstellen

Bild 8.15 oben zeigt eigentlich noch kein richtiges Datenmodell, da die Beziehung zwischen den Tabellen fehlt. Dazu haben Sie mit Power Pivot zwei Möglichkeiten:

- In der Datensicht über das Register *Entwurf* ▶ *Beziehung erstellen*.
- Oder in der Diagrammsicht durch Ziehen mit der Maus. Da dies gleichzeitig die einfachste Möglichkeit darstellt, wählen wir diese für das erste Beispiel.

> Damit eine Beziehung erstellt werden kann, muss in jeder der beiden Tabellen ein Schlüsselfeld, d. h. ein gemeinsames Feld vorhanden sein. In diesem Beispiel ist dies die Personalnummer. Beide Spalten müssen gleiche Inhalte haben, die Spaltenüberschriften bzw. Feldnamen müssen dagegen nicht identisch sein.

Siehe Kapitel 7, Datenmodelle.

Wechseln Sie in die Ansicht *Diagrammsicht*. In dieser Ansicht brauchen Sie zum Erstellen einer Beziehung nur die Schlüsselfelder beider Tabellen durch Ziehen mit der Maus verbinden. So gehen Sie vor:

1 Klicken Sie in der Tabelle *Personaldaten* auf das Schlüsselfeld *Personal-Nr.* und ziehen Sie dieses Feld mit gedrückter Maustaste auf das dazugehörige Schlüsselfeld der Tabelle *Stunden*, hier *Personalnr*.

Die Richtung beim Ziehen ist in den meisten Fällen egal, Sie können also auch in der Tabelle Stunden beginnen.

Während des Ziehens erscheint eine Linie zwischen den Tabellen und am Mauszeiger ein Pfeil als Verknüpfungssymbol, sobald Sie auf ein Feld der zweiten Tabelle zeigen.

2 Nach dem Loslassen der Maustaste sind die beiden Tabellen mit einer Linie verbunden. Diese steht für die Beziehung, die Bedeutung der weiteren Zeichen:

- 1 bedeutet, das Feld bildet in dieser Tabelle den Primärschlüssel oder anders ausgedrückt: jede Personalnummer ist in dieser Tabelle genau ein einziges Mal (1) vorhanden.
- Der Stern * signalisiert, dass es sich um das Fremdschlüsselfeld handelt. Das bedeutet, die Personalnummer kann in der Spalte dieser Tabelle auch mehrfach vorkommen (1:n).
- Der Pfeil in der Mitte weist auf die Tabelle mit dem Fremdschlüssel, unabhängig davon, in welche Richtung Sie mit der Maus die Linie gezogen haben.

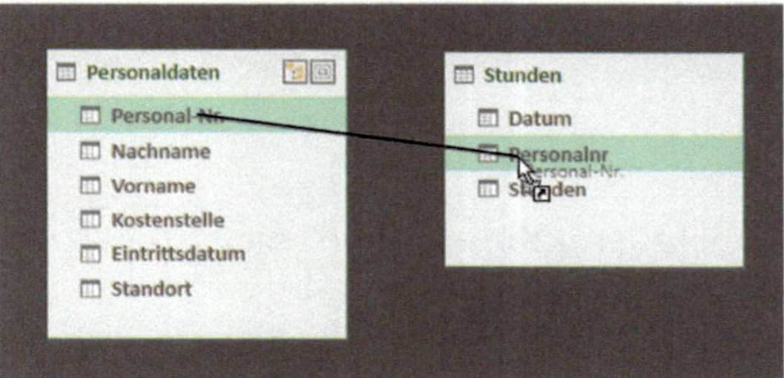

Bild 8.16 Durch Ziehen mit der Maus eine Beziehung erstellen

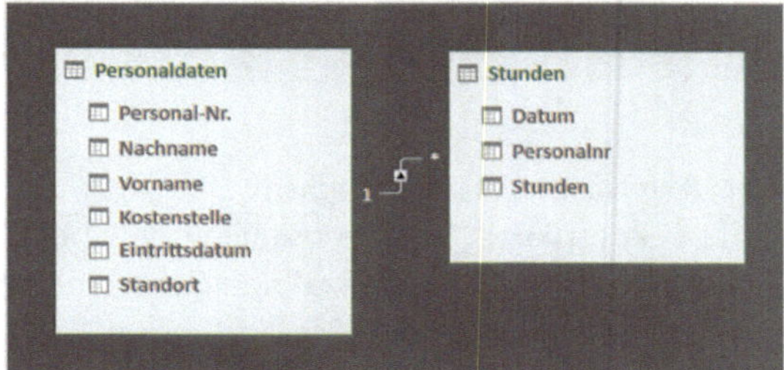

Bild 8.17 Die Beziehung wird durch eine Linie dargestellt

Verknüpfte Felder kontrollieren

Auf den ersten Blick erkennen Sie in der Diagrammsicht nicht, zwischen welchen Feldern die Beziehung besteht. Die Schlüsselfelder werden jedoch mit einem Rahmen hervorgehoben, sobald Sie auf die Verbindungslinie zeigen oder klicken.

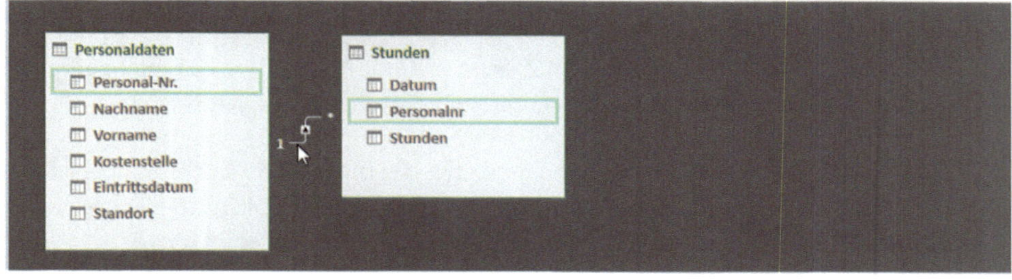

Bild 8.18 Schlüsselfelder hervorheben

Beziehung löschen

Oder klicken Sie mit der rechten Maustaste auf die Linie und auf *Löschen*.

Power Pivot hindert Sie leider nicht daran, auch völlig unsinnige Beziehungen zu erstellen, z. B. zwischen Nachname und Personalnummer. Sollten Sie versehentlich eine solche Beziehung erstellt haben, so klicken Sie zum Löschen auf die Beziehungslinie und betätigen die Entf-Taste. Bestätigen Sie die nachfolgende Rückfrage, dass Sie diese Beziehung endgültig aus dem Modell löschen möchten.

Pivot-Tabelle aus dem Datenmodell erstellen

Das erste Datenmodell ist damit komplett und die Pivot-Tabelle zur Auswertung kann erstellt werden.

- Am einfachsten erstellen Sie die Pivot-Tabelle aus dem Datenmodell und somit aus dem Power Pivot-Fenster heraus. Dazu klicken Sie im Register *Start* auf die Schaltfläche *PivotTable* und wählen, wo die Pivot-Tabelle eingefügt werden soll, am besten in einem neuen Arbeitsblatt.
- Sollten Sie Power Pivot bereits geschlossen haben, dann klicken Sie stattdessen im Arbeitsblatt auf *Einfügen* ▶ *PivotTable* und wählen als Datenquelle *Das Datenmodell dieser Arbeitsmappe verwenden*.

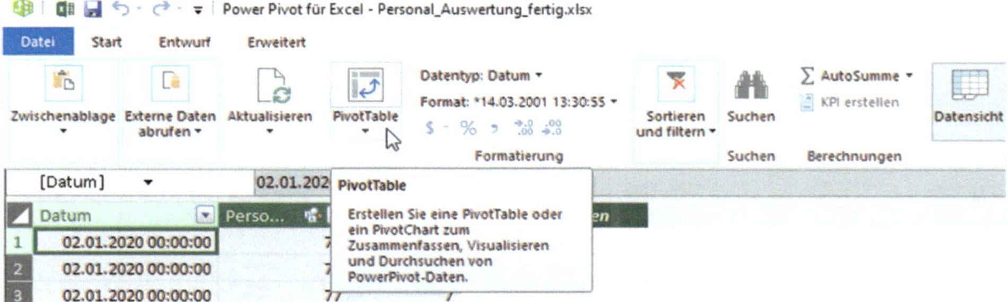

Bild 8.19 Pivot-Tabelle aus Power Pivot erstellen

Anschließend ordnen Sie die benötigten Felder in der Pivot-Tabelle an. Die Feldliste (Register *Alle*) enthält Felder aus beiden Tabellen, die Sie beliebig verwenden können. Im Bild unten wurden aus der Tabelle *Personaldaten* Standort und Kostenstelle als Zeilenbeschriftung verwendet und aus der Tabelle *Stunden* als Werte die Summen der Stunden berechnet. Bei einer Änderung der Ausgangsdaten brauchen Sie nur die Pivot-Tabelle aktualisieren, das Datenmodell wird dadurch automatisch ebenfalls aktualisiert.

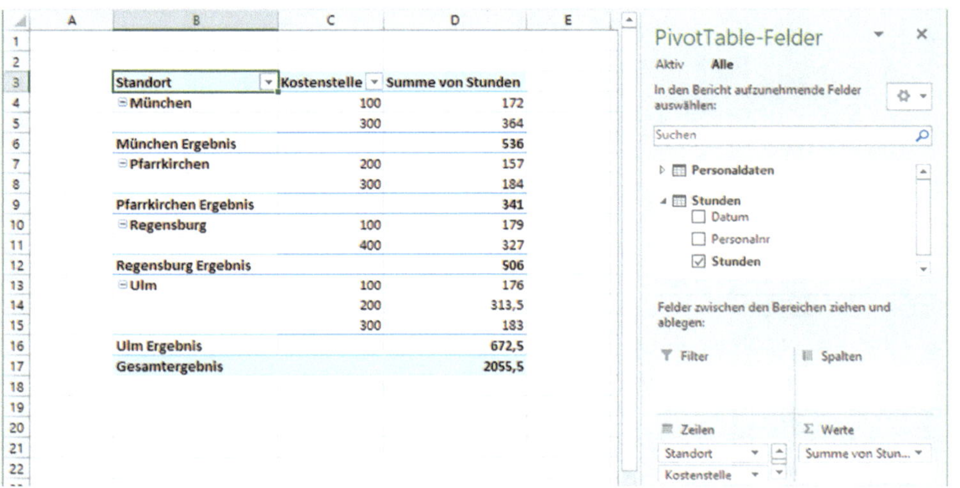

Standort	Kostenstelle	Summe von Stunden
München	100	172
	300	364
München Ergebnis		536
Pfarrkirchen	200	157
	300	184
Pfarrkirchen Ergebnis		341
Regensburg	100	179
	400	327
Regensburg Ergebnis		506
Ulm	100	176
	200	313,5
	300	183
Ulm Ergebnis		672,5
Gesamtergebnis		2055,5

Bild 8.20 Felder aus beiden Tabellen in der Pivot-Tabelle verwenden

8.3 Grundlegende Arbeitstechniken in Power Pivot

Datenimport aus Textdatei (.txt, .csv)

Ordner Gwand_GmbH

Diese Beispieldateien werden im gesamten Kapitel verwendet.

Excel-Tabellen als Datenquelle, wie im ersten Beispiel, dürften eher die Ausnahme sein. In der Praxis stammen die Ausgangsdaten meist entweder direkt aus einer Datenbank oder werden in Form einer Textdatei (.txt oder .csv) übergeben.

Hier ein Beispiel, wie Sie mit Power Pivot Daten direkt aus einer Textdatei importieren. Es handelt sich um den Bestelleingang des fiktiven Bekleidungsherstellers Gwand GmbH und zwar um die Dateien *tblBestellungen*, *tblPosten*, *tblProdukte* und *tblFarben*. Die Daten wurden aus einem Warenwirtschaftssystem als .txt Dateien exportiert.

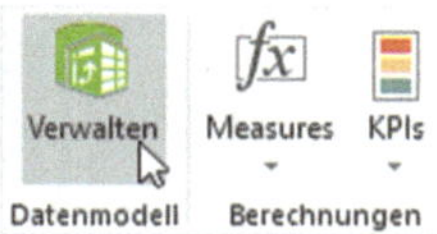

Beginnen Sie mit einer leeren Excel-Arbeitsmappe und speichern Sie diese. Öffnen Sie dann Power Pivot, indem Sie im Register *Power Pivot* ▶ *Datenmodell* auf *Verwalten* klicken. Klicken Sie im Register *Start* (*Home*) ▶ *Externe Daten abrufen* auf den entsprechenden Dateityp.

Hinweis: *Aus Datenbank* bietet hier nur SQL Server und Microsoft Access an, wesentlich mehr Datenbankformate erhalten Sie, wenn Sie auf *Aus anderen Quellen* klicken.

Bild 8.21 Aus Power Pivot heraus externe Daten abrufen

Zum Import aus Textdateien wählen Sie aus *Anderen Quellen*, klicken am Ende der Liste auf *Textdatei* und dann auf *Weiter*.

Bild 8.22 Textdatei importieren

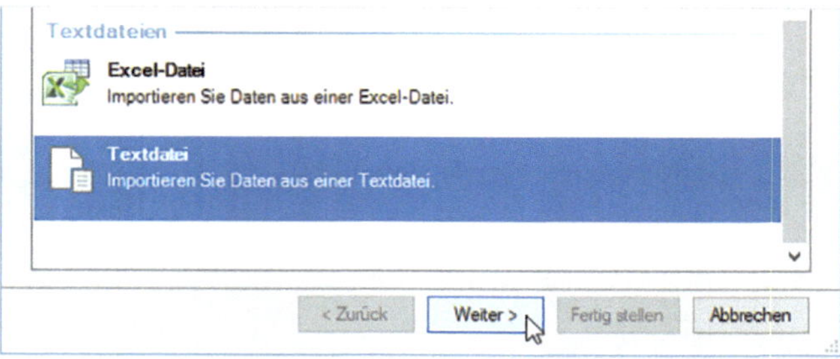

Im nachfolgenden Fenster benötigt der Tabellenimport-Assistent Informationen zur Datenquelle. Klicken Sie auf die Schaltfläche *Durchsuchen...* ❶, um den Dateipfad auszuwählen, als Spaltentrennzeichen wählen Sie *Semikolon (;)* ❷ aus. Damit die Spaltenüberschriften korrekt importiert werden, muss außerdem das Kontrollkästchen *Erste Zeile als Spaltenüberschriften verwenden* ❸ aktiviert sein. Anhand der Vorschau können Sie die Daten kontrollieren. Geben Sie noch einen Anzeigenamen für die Verbindung ein ❹ und klicken Sie auf *Fertig stellen*.

Je nach Datenumfang kann der Import auch etwas länger dauern. Abschließend erhalten Sie eine Zusammenfassung, die Sie dann schließen können.

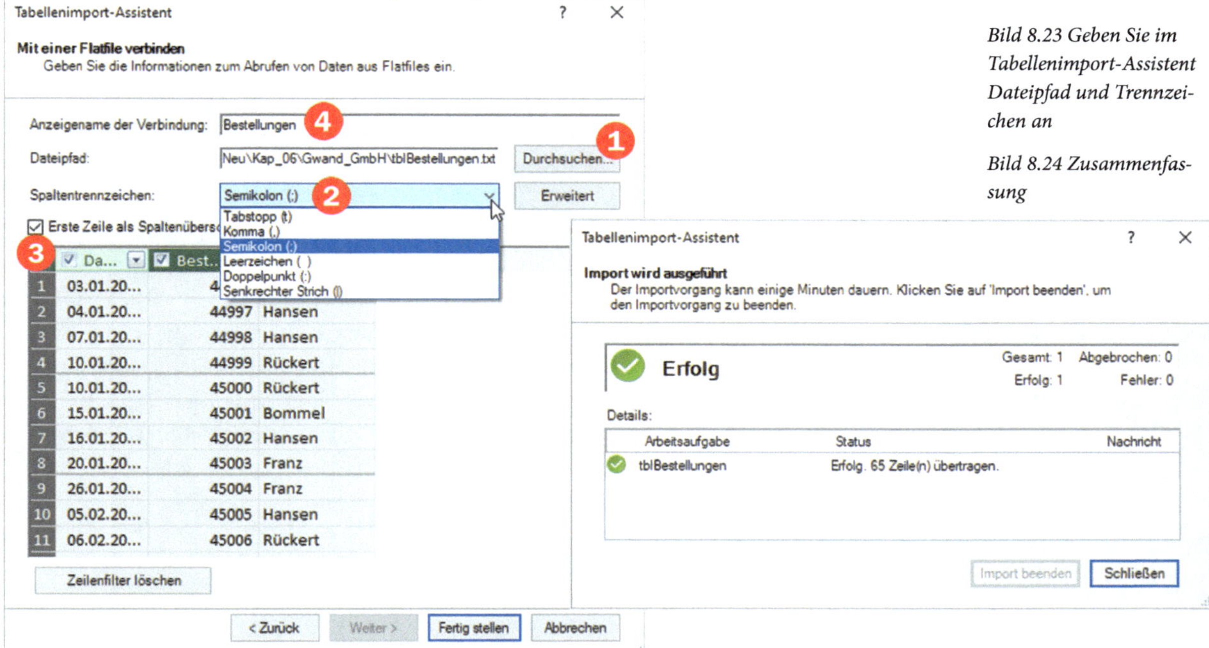

Bild 8.23 Geben Sie im Tabellenimport-Assistent Dateipfad und Trennzeichen an

Bild 8.24 Zusammenfassung

Der Import der ersten Tabelle ist damit abgeschlossen. Auf demselben Weg importieren Sie nun auch die drei übrigen Tabellen *tblPosten*, *tblProdukte* und *tblFarben*. Im Register müssten nun alle vier Tabellen erscheinen, wie im Bild unten.

	Datum	BestellID	Verkäufer
1	03.01.2019 00:00:00	44996	Bommel
2	04.01.2019 00:00:00	44997	Hansen
3	07.01.2019 00:00:00	44998	Hansen
4	10.01.2019 00:00:00	44999	Rückert
5	10.01.2019 00:00:00	45000	Rückert
6	15.01.2019 00:00:00	45001	Bommel
7	16.01.2019 00:00:00	45002	Hansen
8	20.01.2019 00:00:00	45003	Franz
9	26.01.2019 00:00:00	45004	Franz
10	05.02.2019 00:00:00	45005	Hansen

Bild 8.25 Die importierten Tabellen

Codierung und Gebietsschema beim Import festlegen

Nicht korrekt dargestellte Umlaute, nicht erkannte Datumswerte und Punkt statt Komma in Dezimalzahlen sind häufige Problem bei Datenimport. Klicken Sie in solchen Fällen im Tabellenimport-Assistent auf die Schaltfläche *Erweitert*. Zur richtigen Anzeige von Umlauten wählen Sie im Feld *Codierung* zwischen ANSI, UTF-8 und Unicode

(UTF-16) . Unterhalb können Sie bei Bedarf im Feld *Gebietsschema* ein Schema für die Ausgangsdaten auswählen

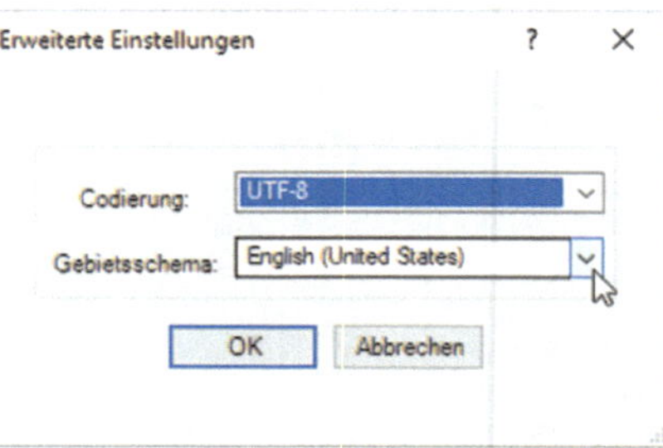

Bild 8.26 Klicken Sie auf Erweitert

Bild 8.27 Codierung und Gebietsschema wählen

> **Achtung**: Bei nicht oder falsch erkannten Dezimalzahlen und Datumswerten führt dieser Weg in Power Pivot nicht immer zum Erfolg! In solchen Fällen sollten Sie zunächst die wesentlich umfangreicheren Transformationsmöglichkeiten von Power Query nutzen, siehe Kapitel 5. Mit Power Query können Sie jeder Spalte einen Datentyp mit Gebietsschema zuweisen. Wenn Sie dann nur eine Verbindung erstellen und die Daten dem Datenmodell der Arbeitsmappe hinzufügen, dann brauchen Sie anschließend nur Power Pivot öffnen und können sofort mit den importierten Daten weiterarbeiten.

Datenimport aus Datenbank

Daten aus Access-Datenbank importieren

Warenwirtschaft.accdb

Als Beispiel für den Import aus einer Datenbank importieren wir die Daten aus der Access-Datenbank Warenwirtschaft.accdb.

1 Öffnen Sie Power Pivot und klicken Sie im Register *Start* ▶ *Externe Daten abrufen* auf *Aus Datenbank* und auf *Aus Access*. Wählen Sie dann die Datenbank aus und klicken Sie auf *Weiter*.

Falls die Datenbank eine Anmeldung erfordert, geben Sie zuvor noch Benutzername und Kennwort in die dazugehörigen Felder ein.

Bild 8.28 Aus Access-Datenbank importieren

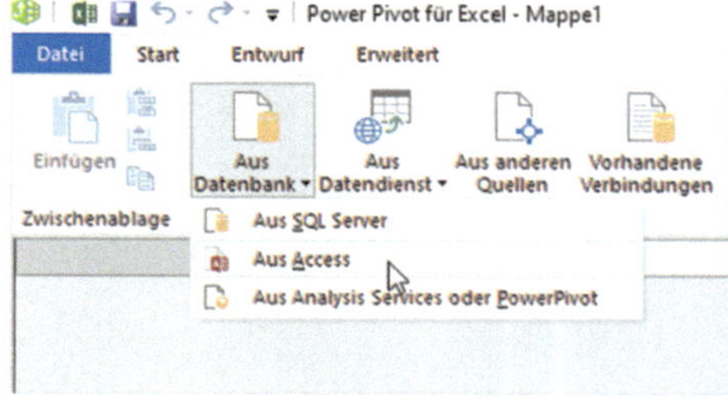

2 Im nächsten Schritt wählen Sie, wie die Daten importiert werden sollen, in den meisten Fällen aus einer Liste von Tabellen und Sichten (Abfragen). Mit der Option *Abfrage zur Angabe der zu importierenden Daten schreiben* könnten Sie die Daten auch mittels einer SQL-Abfrage auswählen. Allerdings erfordert dies SQL-Kenntnisse, so dass hier auf diese Vorgehensweise verzichtet wird.

SQL = Structured Query Language, eine Abfragesprache relationaler Datenbanken.

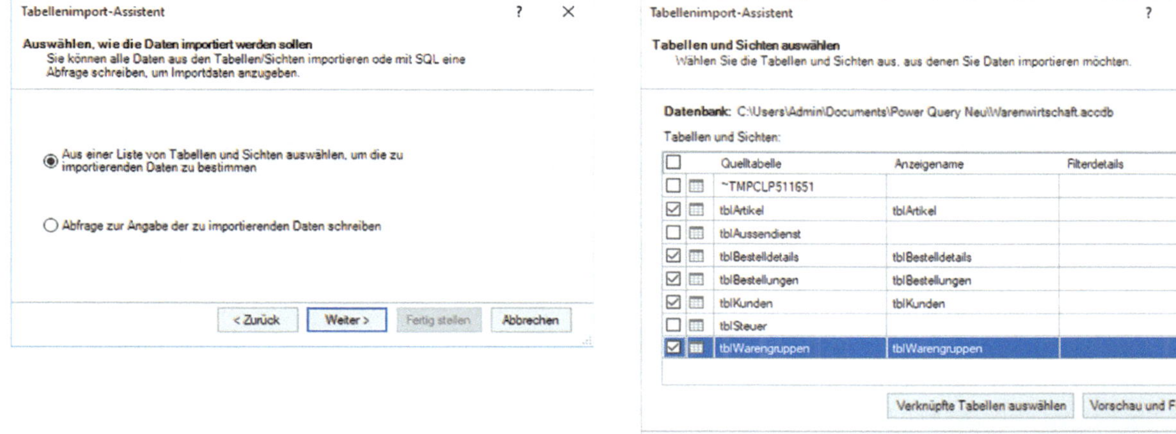

Bild 8.29 Importart auswählen

Bild 8.30 Tabellen und Sichten auswählen

3 Anschließend wählen Sie die benötigten Tabellen, Abfragen und Sichten über Kontrollkästchen aus.

- Mit Klick auf die Schaltfläche *Vorschau und Filter* erhalten Sie eine Vorschau auf das markierte Element und können bei Bedarf einzelne Datensätze oder Spalten ausschließen, siehe Seite 273.
- Wenn Sie alle Tabellen auswählen möchten, die in der Datenbank über Beziehungen verknüpft sind, dann klicken Sie auf *Verknüpfte Tabellen auswählen*.

4 Klick Sie auf *Fertig stellen*, um den Import zu starten. Dieser kann, je nach Datenumfang etwas länger dauern.

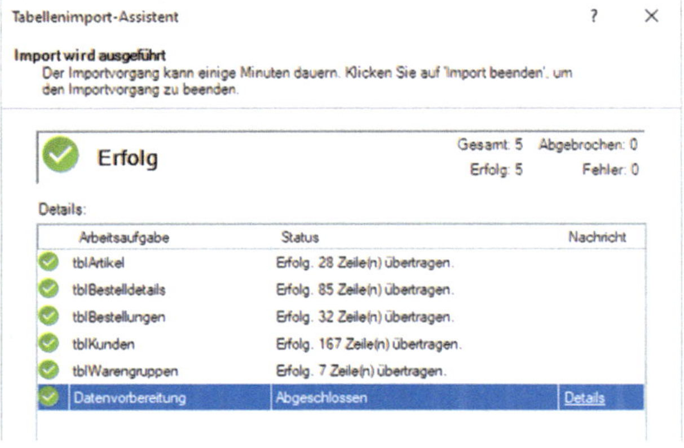

Bild 8.31 Import erfolgreich beendet

5 Schließen Sie zuletzt die zusammenfassende Meldung über den erfolgreichen Import. Damit sind alle ausgewählten Tabellen im Datenmodell vorhanden.

> Weitere Datenbanktypen finden Sie, wenn Sie unter *Externe Daten abrufen* auf *Aus anderen Quellen* klicken. Sollte sich die benötigte Datenquelle nicht darunter befinden, dann importieren Sie die Daten mit Power Query.

Beziehungen kontrollieren

Kontrollieren Sie anschließend in der Diagrammsicht, ob auch Beziehungen zwischen den Tabellen importiert wurden. Andernfalls müssen Sie diese im nächsten Schritt erstellen.

Daten aus Power Query übergeben

Power Pivot unterstützt beim Import nicht alle Dateiformate, so fehlen hier beispielsweise Daten aus dem Web oder XML-Dateien. Aber auch beim Import aus Textdateien kann eine abweichende Schreibweise von Dezimalzahlen und Datumswerten Probleme bereiten, siehe oben.

Power Query, siehe Kapitel 5 dieses Buches.

In diesen Fällen bieten sich ein Import mit Power Query und eine anschließende Datenübergabe an Power Pivot an. Der Ablauf gestaltet sich dann wie folgt:

1 Erstellen Sie mit Power Query für alle benötigten externen Daten jeweils eine Abfrage und weisen Sie im Power Query-Editor jeder Spalte den richtigen Datentyp zu. Das Zusammenfügen von Abfragen und die Berechnung weiterer Spalten sollte dagegen aufgrund der besseren Performance mit Power Pivot erfolgen.

2 Wählen Sie *Nur Verbindung erstellen* ❶ und fügen Sie die Daten dem Datenmodell der aktuellen Arbeitsmappe hinzu ❷.

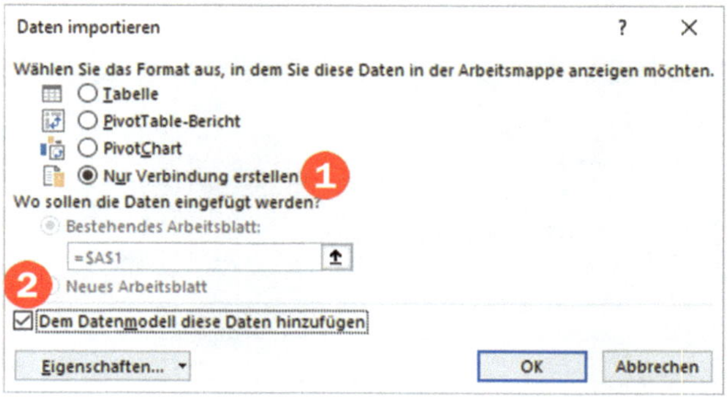

Bild 8.32 Power Query: Dem Datenmodell der Arbeitsmappe hinzufügen

3 Starten Sie Power Pivot. Hier finden Sie nun alle Abfragen und können im nächsten das Datenmodell bzw. Beziehungen zwischen den Abfragen erstellen und alle erforderlichen Werte berechnen.

Zeilen und/oder Spalten beim Import ausschließen

Datensätze filtern

Beispiel Gwand_ GmbH

Nicht immer werden alle Datensätze und alle Spalten benötigt. Sie können den Umfang erheblich verringern, wenn Sie nur die wirklich erforderlichen Daten importieren, z. B. nur die lieferbaren Produkte oder Bestellungen eines bestimmten Zeitraums. Dazu klicken Sie in der Vorschau des Tabellenimport-Assistenten auf den Dropdown-Pfeil der Spalte, nach der Sie filtern möchten, z. B. im Bild unten die Spalte *Lieferbar* ❶, und deaktivieren die Kontrollkästchen nicht benötigter Daten.

Weitergehende Filtermöglichkeiten erhalten Sie, je nach Datentyp, über den Befehl *Zahlenfilter* ❷, *Datumsfilter*, *Textfilter*. Mit Klick auf die Schaltfläche *Zeilenfilter löschen* ❸ lassen sich vorhandene Filter schnell wieder entfernen.

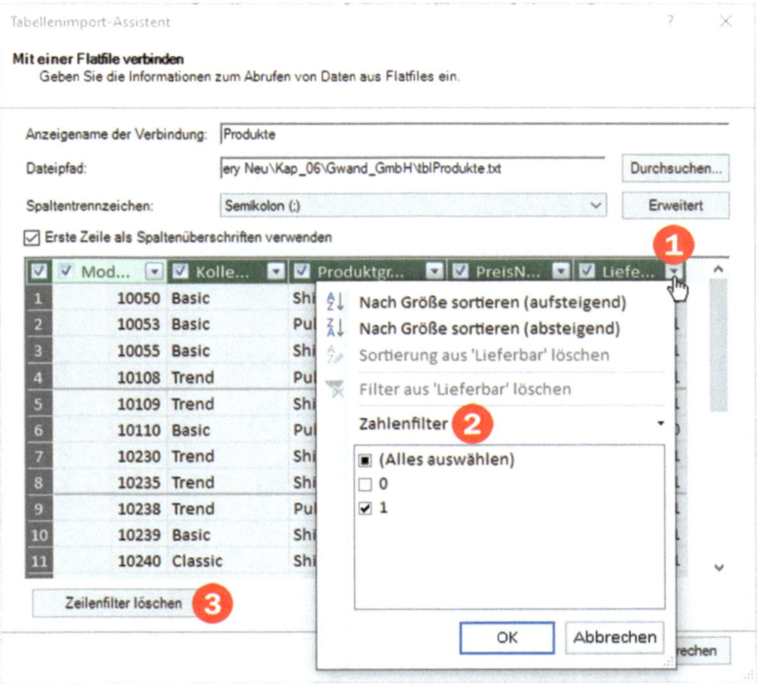

Bild 8.33 Nur lieferbare Produkte importieren

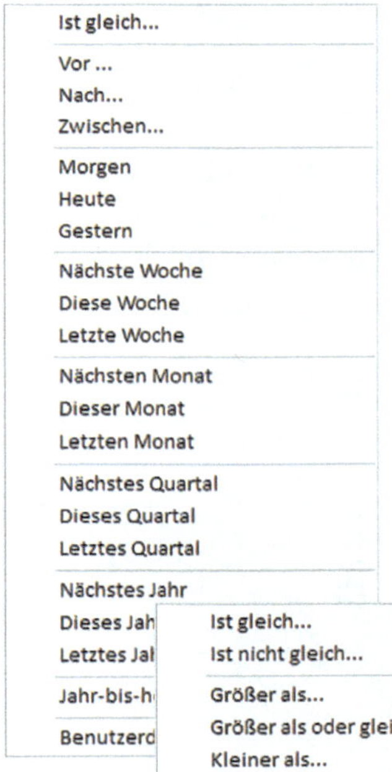

Bild 8.34 Datumsfilter

Bild 8.35 Zahlenfilter

Spalten ausschließen

Zum Ausschließen nicht benötigter Spalten deaktivieren Sie das Kontrollkästchen der betreffenden Spalte.

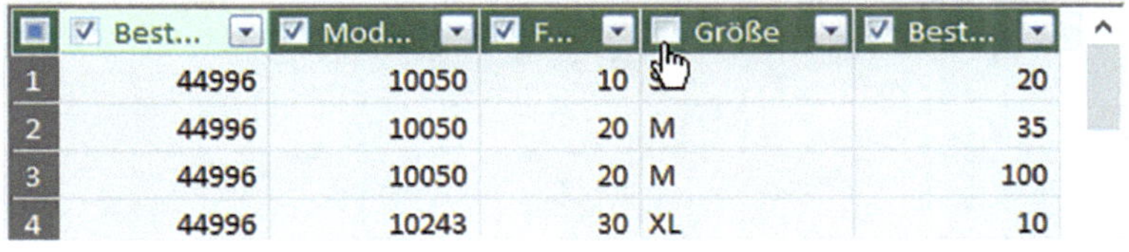

	Best...	Mod...	F...	Größe	Best...
1	44996	10050	10	S	20
2	44996	10050	20	M	35
3	44996	10050	20	M	100
4	44996	10243	30	XL	10

Bild 8.36 Spalte nicht importieren

Datentypen und Formate

Power Pivot versucht, beim Import den Datentyp jeder Spalte zu erkennen, jedoch beim Import aus Textdateien nicht immer mit dem richtigen Ergebnis. Sie sollten daher stets nach dem Import den Datentyp kontrollieren. Wichtig ist dies insbesondere bei Spalten, mit denen Sie weitere Berechnungen durchführen oder über die Sie Beziehungen herstellen möchten.

Datentyp: Ganze Zahl
Text
Dezimalzahl
✓ Ganze Zahl
Währung
TRUE/FALSE

Power Pivot unterscheidet zwischen den grundlegenden Datentypen Text, Datum, Dezimalzahl, Ganze Zahl, Währung und TRUE/FALSE. Der Datentyp der aktuell markierten Spalte ist im Register *Start* ▶ *Formatierung* auf der Schaltfläche *Datentyp* ❶ ersichtlich und kann mit Klick auf diese Schaltfläche geändert werden.

Zahlenformate

In der Tabelle *tblProdukte* wurde die Spalte *ModellID* mit dem richtigen Datentyp *Ganze Zahl* importiert, die Spalte *PreisNetto* ist ebenfalls korrekt vom Typ *Dezimalzahl*. Die Spalte *Lieferbar* lässt dagegen nur zwei Möglichkeiten zu: Ja oder Nein. Je nach Datenquelle erscheinen solche Werte entweder als *Ganze Zahl* mit 0 und 1 ❷ wie im Bild unten, oder als TRUE und FALSE. Es macht allerdings nur einen geringen Unterschied, ob Sie diese Spalte in den Typ TRUE/FALSE umwandeln oder die Zahlen beibehalten.

Bild 8.37 Datentyp ändern

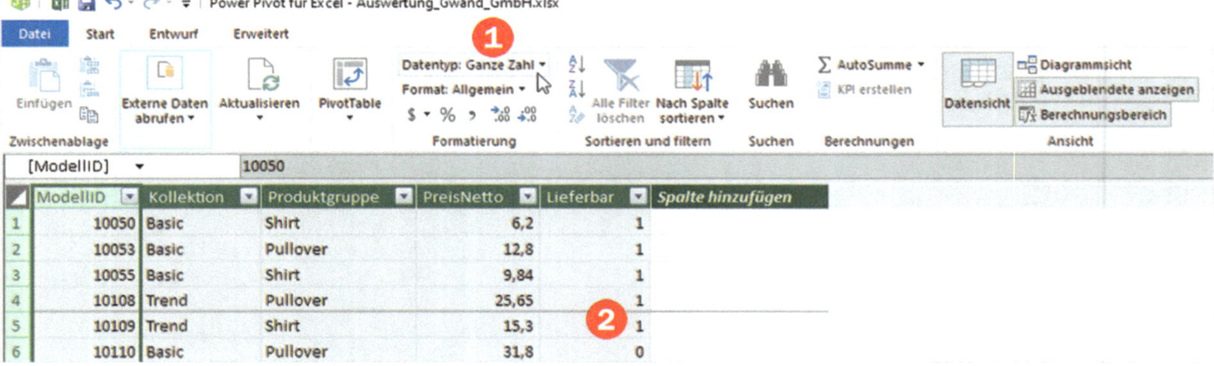

Unterhalb des Datentyps kann über *Format* oder die Symbole unterhalb ❸ jeder Spalte zusätzlich ein Format zugewiesen werden. Das Symbol *Komma* bedeutet hier Tausendertrennzeichen, das tatsächliche Zeichen folgt allerdings der Ländereinstellung.

Bild 8.38 Zahlenformate

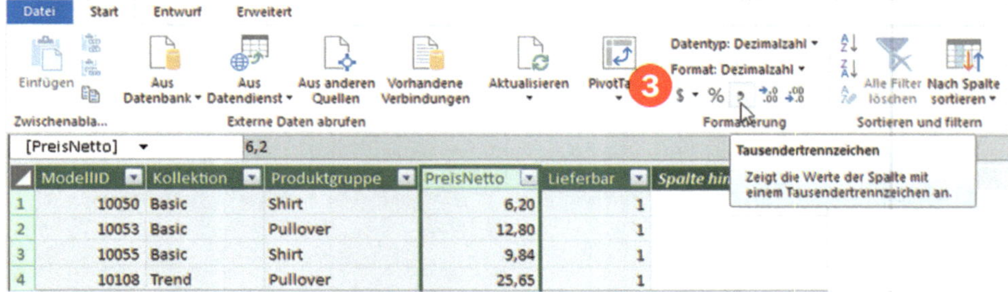

Damit die Nettopreise in der Tabelle *tblProdukte* mit zwei Dezimalstellen angezeigt werden, klicken Sie in diese Spalte und wählen über *Format* entweder *Dezimalzahl* oder *Währung* aus, siehe Bild oben. Oder klicken Sie auf das Symbol *Währung* und wählen Sie ein Währungssymbol. Die übrigen Symbole, *Prozentformat*, *Dezimalstellen hinzufügen* bzw. *verringern*, dürften aus Excel bekannt sein.

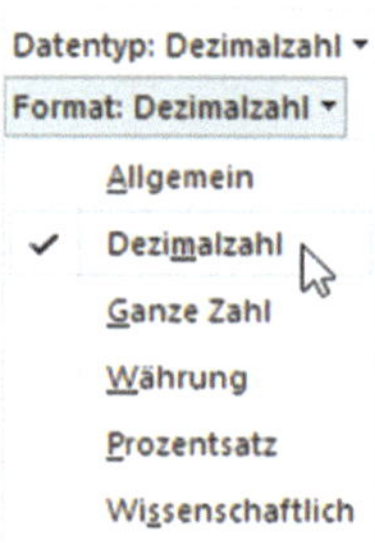

Tipp: Zeitaufwändige Formatierungen in der Pivot-Tabelle sparen
Im Gegensatz zu Power Query wird das Zahlen- oder Datumsformat in die Pivot-Tabelle übernommen und spart so zeitraubende Formatierungsarbeiten.

Datumsformat ändern

Kontrollieren Sie anschließend in der Tabelle *tblBestellungen* die Datumswerte (unten). Diese sind korrekt vom Datentyp *Datum*, erscheinen aber zusammen mit der Uhrzeit. Da die Uhrzeit nur selten benötigt wird, ändern Sie die Anzeige über die Schaltfläche *Format*. Wählen Sie hier das gewünschte Format, im Bild unten in der Schreibweise tt.mm.jjjj aus.

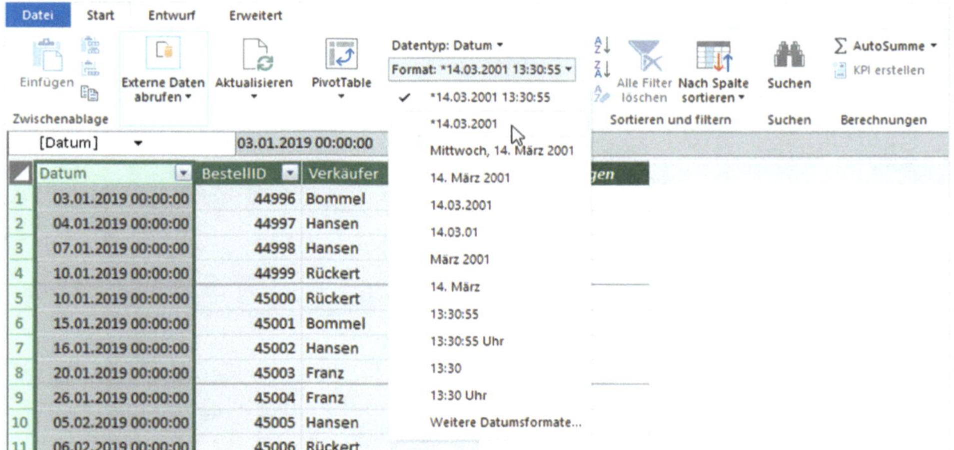

Bild 8.39 Datumsformat ändern

Kontrollieren Sie unbedingt die Datentypen aller Spalten, über die Beziehungen zwischen den Tabellen erstellt werden sollen. Der Datentyp muss in beiden Tabellen übereinstimmen. Das Format muss dagegen nicht zwingend dasselbe sein.

Beziehungen zwischen Tabellen erstellen und bearbeiten

Eine Beziehung in der Diagrammsicht erstellen

1 Im nächsten Schritt erstellen Sie die Beziehungen zwischen den Tabellen. Dazu wechseln Sie über *Start* ▶ *Ansicht* ▶ *Diagrammsicht* in die Diagrammsicht.

2 Ordnen Sie die Tabellen in der Reihenfolge an, in der sie später miteinander verbunden werden, wie im Bild unten. Dies ist zwar nicht zwingend erforderlich, verschafft Ihnen aber einen besseren Überblick. Vergrößern Sie außerdem nach Möglichkeit die Tabellen so, dass alle Felder sichtbar sind

Zum Ziehen mit der Maus benutzen Sie das Tabellensymbol in der linken oberen Ecke der jeweiligen Tabelle ❶ oder den Tabellennamen. Vergrößern oder Verkleinern erfolgt ebenfalls mit der Maus über die Ränder oder Ecken.

Bild 8.40 Ordnen Sie die Tabellen in der richtigen Reihenfolge an

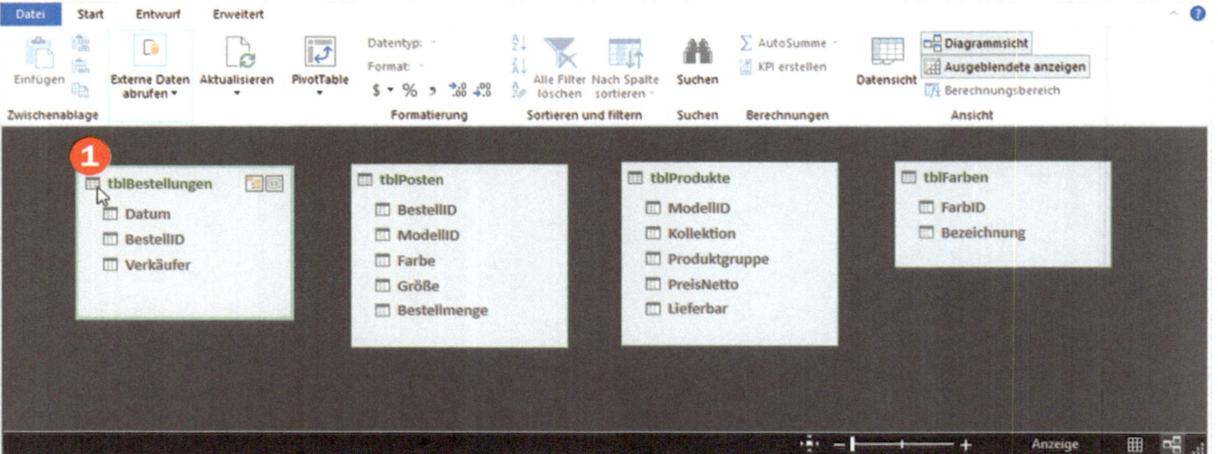

3 Verbinden Sie die Tabellen *tblBestellungen* und *tblPosten*, indem Sie in der Tabelle *tblBestellungen* auf das Feld *BestellID* klicken und es anschließend mit der Maus auf das Feld *BestellID* der Tabelle *tblPosten* ziehen ❷.

4 Die Tabelle *tblPosten* und *tblProdukte* werden über das Feld *ModellID* verbunden ❸ (Bild 8.41) und zuletzt ziehen Sie noch aus der Tabelle *tblPosten* das Feld *Farbe* auf das Feld *FarbID* der Tabelle *tblFarben*.

Bild 8.41 Verbinden Sie die Tabellen tblPosten und tblProdukte

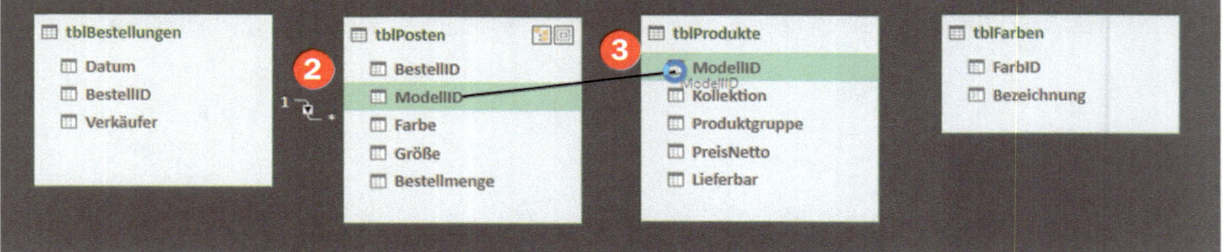

Das fertige Datenmodell sollte aussehen, wie im Bild unten. Wie bereits erwähnt, werden in der Diagrammsicht die verknüpften Felder umrandet hervorgehoben, wenn Sie auf eine Verbindungslinie zeigen.

Bild 8.42 Das fertige Datenmodell

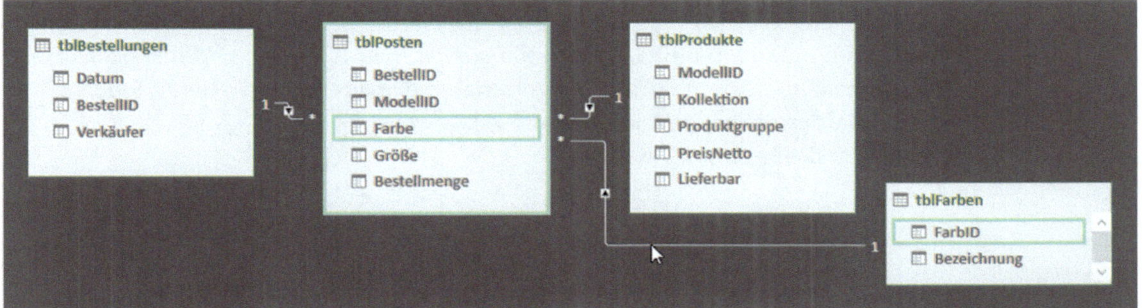

Beziehung bearbeiten

Zur genaueren Kontrolle einer Beziehung klicken Sie in der Diagrammsicht mit der rechten Maustaste auf die Verbindungslinie und auf den Befehl *Beziehung bearbeiten...*.

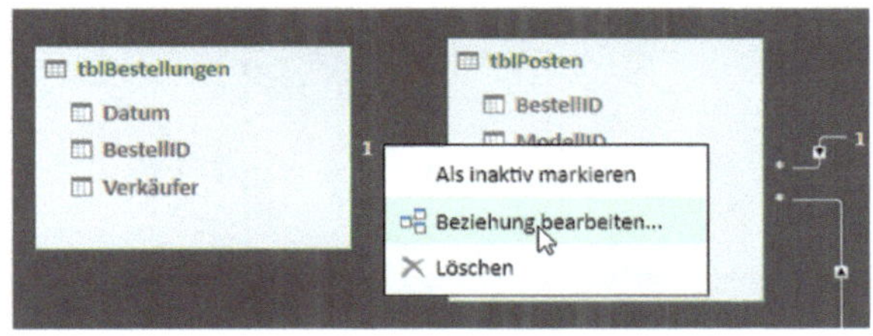

Im nachfolgenden Fenster sehen Sie eine Vorschau auf die Tabellen und die verknüpften Felder sind blau hervorgehoben, wie in Bild 8.44.

Beziehung löschen

Um eine Beziehung zu löschen, klicken Sie mit der rechten Maustaste auf die Verbindungslinie und auf *Löschen*. Anschließend müssen Sie noch die Rückfrage, ob Sie die Beziehung endgültig aus dem Datenmodell löschen möchten, bestätigen. Oder klicken Sie auf die Linie, diese ist nun grün markiert, und betätigen Sie die Entf-Taste.

Beziehungen in der Datensicht erstellen und verwalten

Eine Beziehung zwischen zwei Tabellen kann auch in der Datensicht erstellt werden, hier als Beispiel zwischen *tblPodukte* und *tblPosten*. Dazu klicken Sie auf das Register *Entwurf* und hier auf *Beziehung erstellen*.

Bild 8.43 Beziehung in der Datensicht erstellen

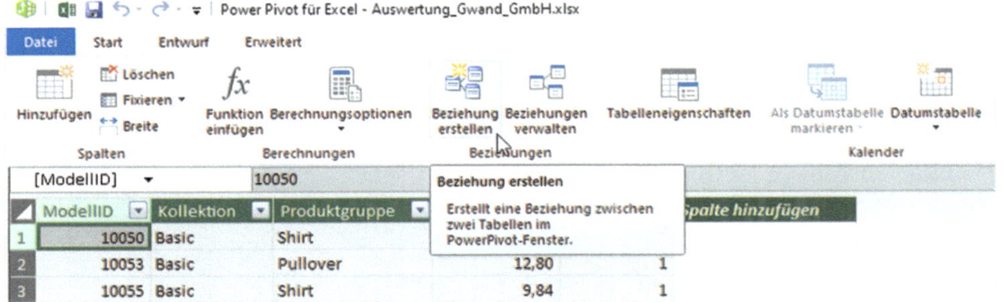

Im Fenster *Beziehung erstellen* erscheint die aktuelle Tabelle, im Bild unten *tblProdukte* ❶ und die Primärschlüsselspalte dieser Tabelle ist möglicherweise bereits blau hervorgehoben ❷. Sollte keine oder die falsche Tabelle ausgewählt sein, wählen Sie mit Klick auf den Pfeil die gewünschte Tabelle aus.

Wählen Sie unterhalb die zweite Tabelle aus ❸, hier *tblPosten*, und markieren Sie in jeder Tabelle mit einem Klick in die Vorschau die Spalte, über die beide Tabellen verknüpft werden sollen, im Bild unten ist dies jeweils das Feld *ModellID* ❹. Klicken Sie auf *OK*, um die Beziehung zu erstellen.

Bild 8.44 Die aktuelle Tabelle ist bereits ausgewählt, darunter wählen Sie die zweite Tabelle aus

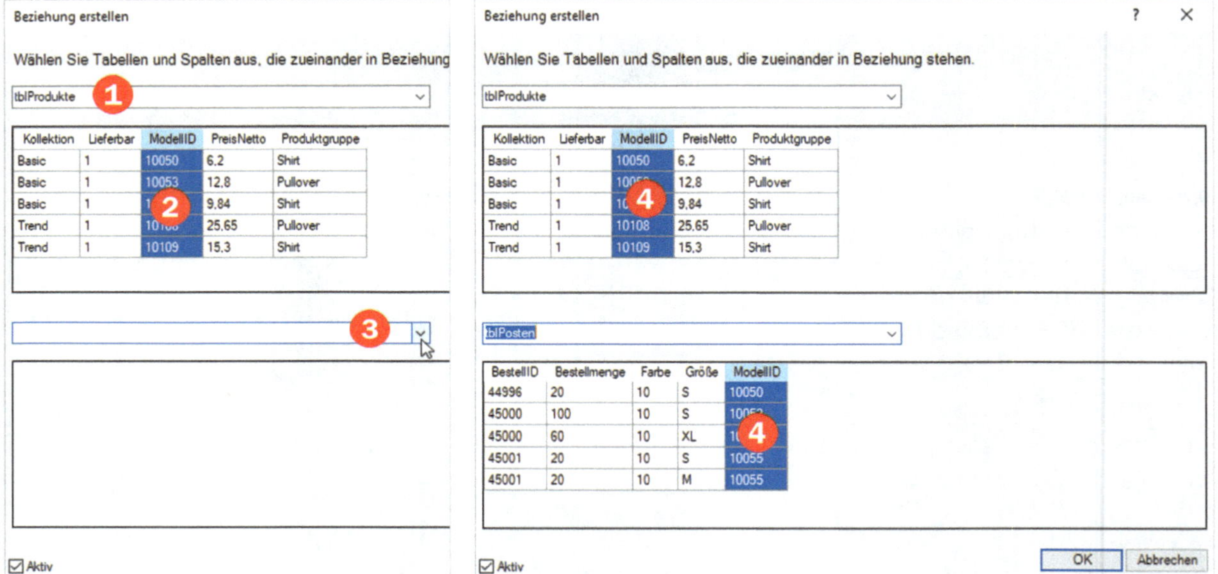

Hinweis: Das Fenster Beziehung erstellen sieht mit Excel 2013 etwas anders aus: Hier wählen Sie auch die Spalten über Auswahlfelder aus.

Alle Beziehungen anzeigen

Eine Übersicht in Tabellenform über alle vorhandenen Beziehungen erhalten Sie, wenn Sie auf das Register *Entwurf* und hier auf *Beziehungen verwalten* klicken. Dabei spielt es keine Rolle, ob gerade die Datensicht oder die Diagrammsicht aktiv ist. Die Spalte *Kardinalität* gibt Auskunft über den Beziehungstyp, in den meisten Fällen *N zu Eins (*:1)*, siehe Primärschlüssel und Fremdschlüssel auf Seite 238 ff.

Bild 8.45 Alle Beziehungen verwalten

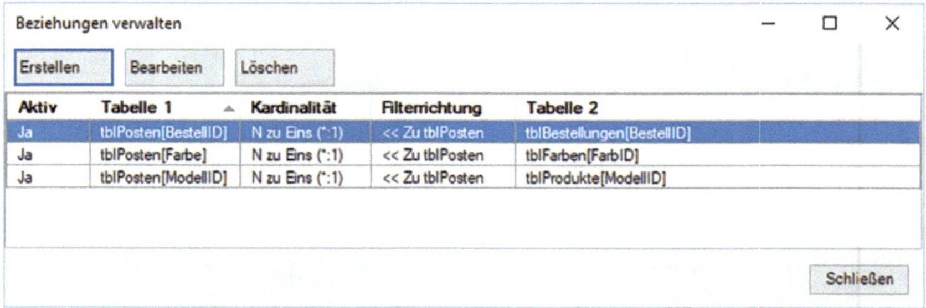

Um die markierte Beziehung zu ändern, klicken Sie auf die Schaltfläche *Bearbeiten*. Mit der Schaltfläche *Löschen* lässt sich die markierte Beziehung aus dem Datenmodell entfernen.

Tabelle aus Datenmodell löschen

Um eine Tabelle aus dem Datenmodell zu löschen, klicken Sie entweder in der Diagrammsicht mit der rechten Maustaste auf den Namen der Tabelle und auf *Löschen*. In der Datensicht klicken Sie ebenfalls mit der rechten Maustaste im Register auf den Namen der Tabelle und auf *Löschen* (Bild 8.46). In beiden Fällen müssen Sie vor dem endgültigen Löschen erst noch die Rückfrage bestätigen.

Achtung: Wenn Sie eine Tabelle aus dem Datenmodell löschen, werden auch alle Beziehungen und Berechnungen mit dieser Tabelle gelöscht.

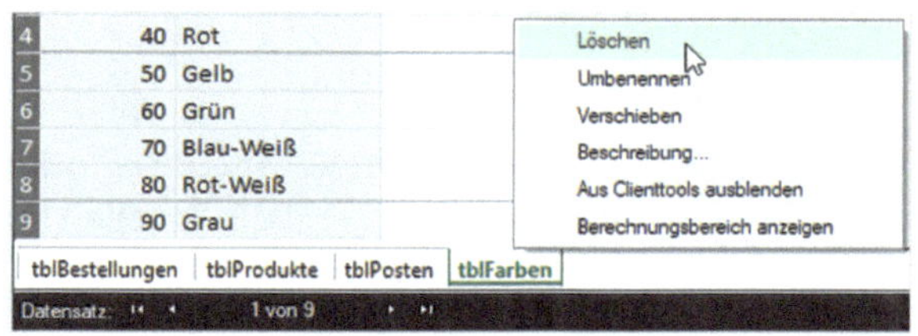

Bild 8.46 Tabelle aus Datenmodell löschen

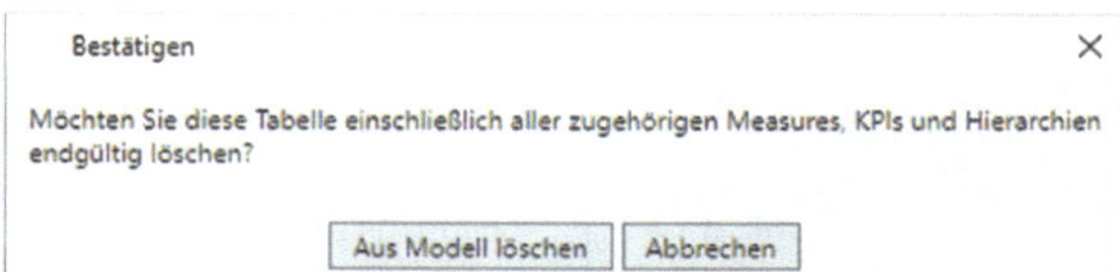

Bild 8.47 Rückfrage

Daten aktualisieren

Wie bei allen Daten aus externen Quellen, erfolgt auch mit Power Pivot keine automatische Aktualisierung, sondern diese muss manuell vorgenommen werden.

Vorschau in Power Pivot aktualisieren

Wenn Sie in Power Pivot die Daten aktualisieren möchten, dann klicken Sie im Register *Start* auf den Dropdown-Pfeil *Aktualisieren*. *Aktualisieren* bedeutet, nur die Daten der aktuellen Tabelle werden aktualisiert, dies ist auch die Standardeinstellung, wenn auf die Schaltfläche geklickt wird. Die Auswahl *Alle aktualisieren* aktualisiert dagegen alle Tabellen aus externen Quellen.

Bild 8.48 Tabellen aktualisieren

Anschließend sehen Sie für jede Tabelle den Status der Aktualisierung, siehe Bild unten. Sollten Sie einen Fehler, wie im Bild unten rechts erhalten, so wurde möglicherweise die Datenquelle verschoben, gelöscht oder umbenannt oder Sie verfügen über keine Zugriffsberechtigung.

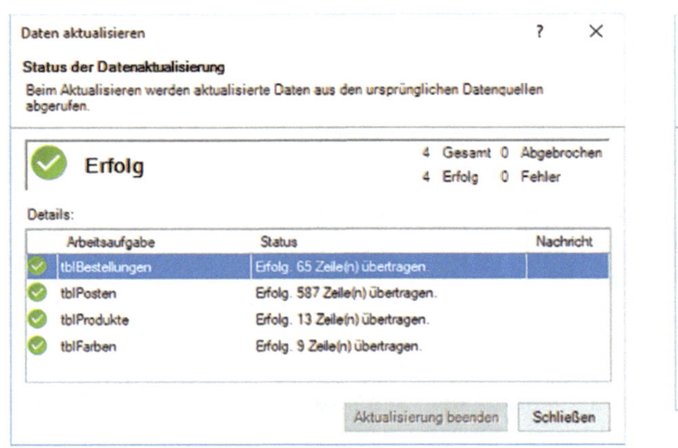

Bild 8.49 Status der Aktualisierung

Daten im Arbeitsblatt aktualisieren

Im Arbeitsblatt benutzen Sie im Register *Daten* ▶ *Abfragen und Verbindungen* oder im *PivotTable-Tools* Register *Analysieren* die Schaltfläche *Aktualisieren*. Die Tabellen im Datenmodell werden dadurch automatisch aktualisiert. Dies gilt auch für Abfragen, die mit Power Query erstellt wurden.

Externe Datenquelle ändern

Bei jeder Änderung von Speicherort und/oder Dateiname der Datenquelle muss auch die externe Verbindung entsprechend angepasst werden. Dazu klicken Sie in Power Pivot, Register *Start* ▶ *Externe Daten abrufen* auf *Vorhandene Verbindungen* ❶.

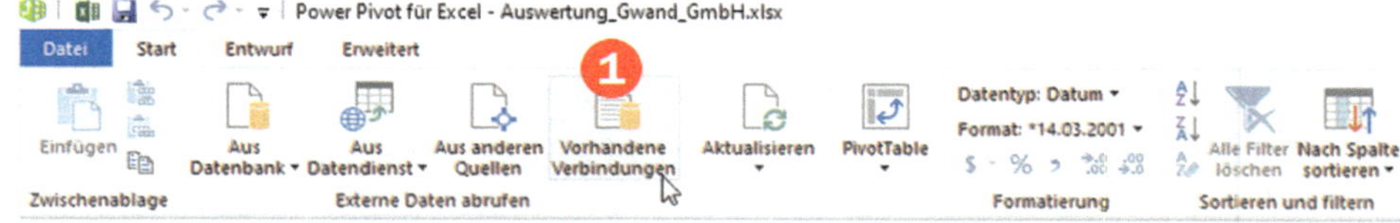

Bild 8.50 Verbindung ändern

1 Wählen Sie unter *Power Pivot-Datenverbindungen* die entsprechende Verbindung aus und klicken Sie auf *Bearbeiten* ❷. Anschließend klicken Sie auf *Durchsuchen...*, um den neuen Speicherort der Datenquelle auszuwählen.

2 Klicken Sie auf *Speichern*, um die geänderte Verbindung zu übernehmen und schließen Sie das Fenster *Vorhandene Verbindungen*.

> Beachten Sie, dass mit dieser Methode als neue Datenquelle nur eine Datenquelle vom selben Typ, z. B. Textdatei oder Access-Datenbank, aber mit geändertem Dateinamen oder Speicherort ausgewählt werden kann.

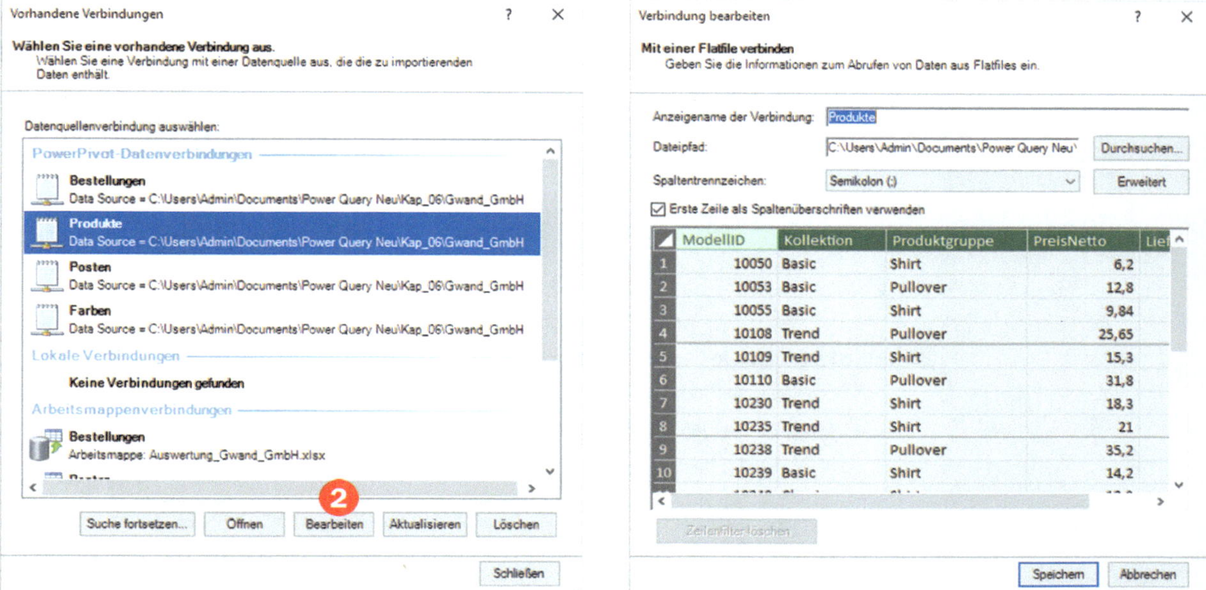

Bild 8.51 Vorhandene Verbindung auswählen

Bild 8.52 Klicken Sie auf Durchsuchen...

Hinweis: Das Aussehen des Fensters *Verbindung bearbeiten* ist abhängig vom Typ der externen Datenquelle und sieht z. B. bei einer Access- oder SQL Server Datenbank etwas anders aus.

Datenmodell aktualisieren, geändertes Datenmodell in Arbeitsmappe übernehmen

Nach jeder Änderung in Power Pivot, z. B. Erstellen von Beziehungen oder Berechnung von Spalten, siehe nächster Punkt, erscheint in der Excel Arbeitsmappe die Info (Bild unten), dass sich das Datenmodell geändert hat. Diese Meldung verschwindet, sobald Sie in die Arbeitsmappe klicken, da dadurch automatisch alle Änderungen des Datenmodells abgerufen werden. Sollte die Meldung trotzdem in seltenen Fällen noch bestehen bleiben, so klicken Sie im Power Pivot-Fenster auf *Speichern*.

Bild 8.53 Meldung in Excel

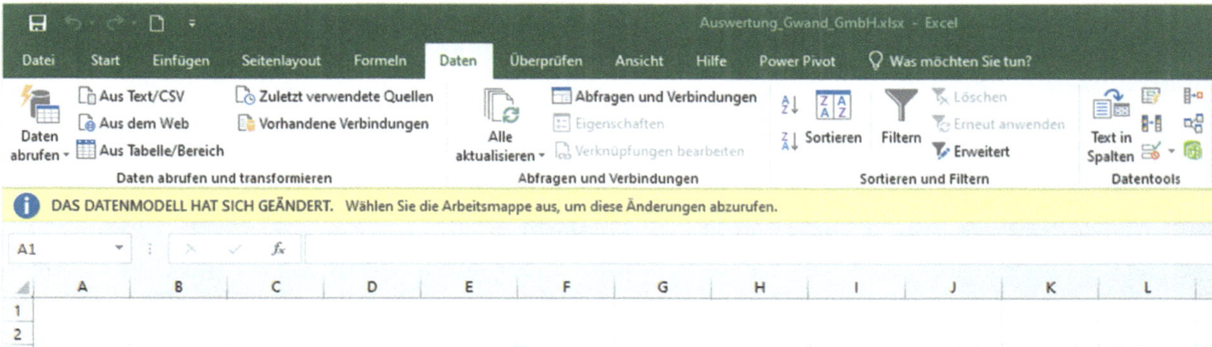

8.4 Spalten im Datenmodell berechnen

Weitere Spalten können Sie, wie in Excel, mit einer Formel oder mit Funktionen berechnen. Power Pivot verwendet dafür eine eigene Formelsprache, Data Analsyis Expressions oder kurz DAX. Diese unterscheidet sich in einigen Punkten von normalen Excel-Formeln und Funktionen und verwendet statt Zellbezügen grundsätzlich Spaltennamen.

Formel eingeben

Beachten Sie folgende Regeln für Formeln

- Die Eingabe von Formeln erfolgt wie im Excel-Tabellenblatt in der Bearbeitungsleiste.
- Jede Formel muss mit dem Gleichheitszeichen beginnen,
- Als Verweise sind nur Tabellen und Spalten zulässig, wobei die Namen von Spalten in eckige Klammern gesetzt werden müssen. Beide können aus Autovervollständigen übernommen werden.
- Dezimalzahlen in Formeln werden entsprechend der Ländereinstellungen des Systems eingegeben, also meist mit Komma.

Achtung: Bei Excel 2013 müssen Sie vor der Eingabe des Gleichheitszeichen erst in die Bearbeitungsleiste klicken.

Zur Eingabe der Formel klicken Sie in eine beliebige Zelle der freien Spalte (*Spalte hinzufügen* ❶) rechts von der letzten Spalte und geben Sie anschließend über die Tastatur das Gleichheitszeichen = ein. Dieses erscheint automatisch der Bearbeitungsleiste ❷ und Sie können anschließend die restliche Formel eingeben.

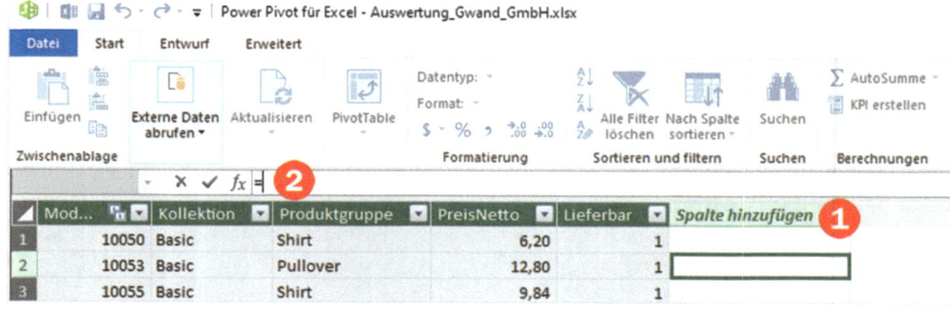

Bild 8.54 Formel eingeben

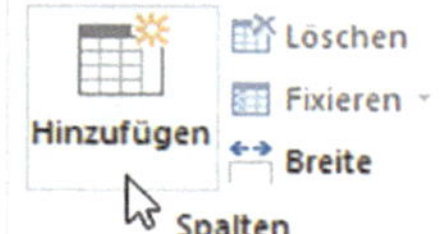

Sollte keine freie Spalte sichtbar sein, so klicken Sie im Register *Start* ▶ *Spalten* auf *Hinzufügen*.

Beispiel: Bruttoverkaufspreise berechnen

Als erstes Beispiel berechnen wir in der Tabelle *tblProdukte* anhand der Nettopreise zusätzlich die Bruttoverkaufspreise inklusive Umsatzsteuer. Hinweis: Der Einfachheit halber verwenden wir für alle Produkte einen einheitlichen Steuersatz von 19%. In der Praxis gelten zwei unterschiedliche Steuersätze (19% oder ermäßigt 7%) und diese befinden sich meist in einer gesonderten Tabelle.

1 Klicken Sie rechts von der letzten Spalte unter *Spalte hinzufügen* in eine beliebige Zelle dieser Spalte. Geben Sie das Gleichheitszeichen ein und klicken Sie zum Einfügen des Nettopreises einfach auf eine beliebige Zelle dieser Spalte.

Excel 2019 bzw. Office 365 fügt, wie im Bild unten, den Spaltennamen automatisch zusammen mit dem Namen der Tabelle ein, hier *tblProdukte[PreisNetto]* ❶. Excel 2016 hingegen fügt nur den Namen der Spalte ein.

Achtung Excel 2013: In Excel 2013 muss der Spalte immer der Name der Tabelle vorangestellt werden, also tblProdukte[PreisNetto].

	Mod...	Kollektion	Produktgruppe	PreisNetto	Lieferbar	Spalte hinzufügen
1	10050	Basic	Shirt	6,20	1	
2	10053	Basic	Pullover	12,80	1	
3	10055	Basic	Shirt	9,84	1	
4	10108	Trend	Pullover	25,65	1	
5	10109	Trend	Shirt	15,30	1	

Bild 8.55 Spaltenname durch Anklicken in Formel einfügen

2 Geben Sie dann über die Tastatur den Rest der Formel *1,19 ein und schließen Sie mit der Eingabetaste oder mit Klick auf das Symbol *Eingeben* ❷ in der Bearbeitungsleiste ab, die Formel lautet: =tblProdukte[PreisNetto]*1,19

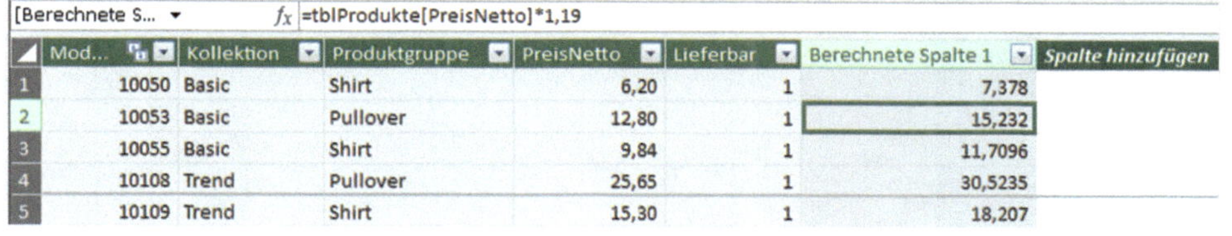

	Mod...	Kollektion	Produktgruppe	PreisNetto	Lieferbar	Berechnete Spalte 1	Spalte hinzufügen
1	10050	Basic	Shirt	6,20	1	7,378	
2	10053	Basic	Pullover	12,80	1	15,232	
3	10055	Basic	Shirt	9,84	1	11,7096	
4	10108	Trend	Pullover	25,65	1	30,5235	
5	10109	Trend	Shirt	15,30	1	18,207	

Bild 8.56 Die berechnete Spalte mit der Formel in der Bearbeitungsleiste

Formeleingabe per Tastatur

Alternativ geben Sie die Formel komplett über die Tastatur ein: Zum Einfügen des Spaltennamens tippen Sie die ersten Zeichen der Tabelle mit dem benötigten Feldnamen, *tblProdukte*, ein.

Es erscheint eine Liste von Funktionen, Tabellen und Spaltenüberschriften, die mit dieser Zeichenfolge beginnen (Autovervollständigen) und mit Doppelklick auf *tblProdkute[PreisNetto]* übernehmen Sie diese in die Formel.

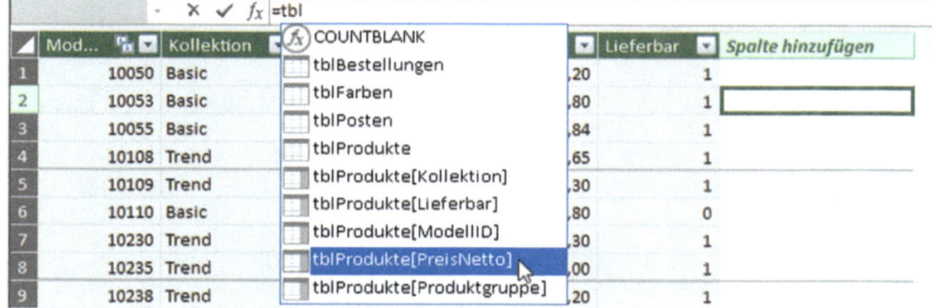

Bild 8.57 Spalte auswählen

Hinweis: Sie könnten auch die Spalte *PreisNetto* ohne vorangestellten Tabellennamen in der Formel verwenden, in der Praxis haben Sie aber einen besseren Überblick, wenn der Tabellenname mit angegeben ist.

Formel kontrollieren und korrigieren

Beim Klick auf eine beliebige Zelle einer berechneten Spalte erscheint die Formel erneut in der Bearbeitungsleiste und kann hier jederzeit geändert werden.

Berechnete Spalte löschen

Zum Löschen einer berechneten Spalte klicken Sie in die betreffende Spalte und im Register *Entwurf* ▶ *Spalten* auf *Löschen* und bestätigen Sie die Rückfrage mit *Ja*.

Hinweis: Nur die Formel in der Bearbeitungsleiste löschen funktioniert zwar auch, kann aber später zu Fehlern führen.

Bild 8.58 Spalte löschen

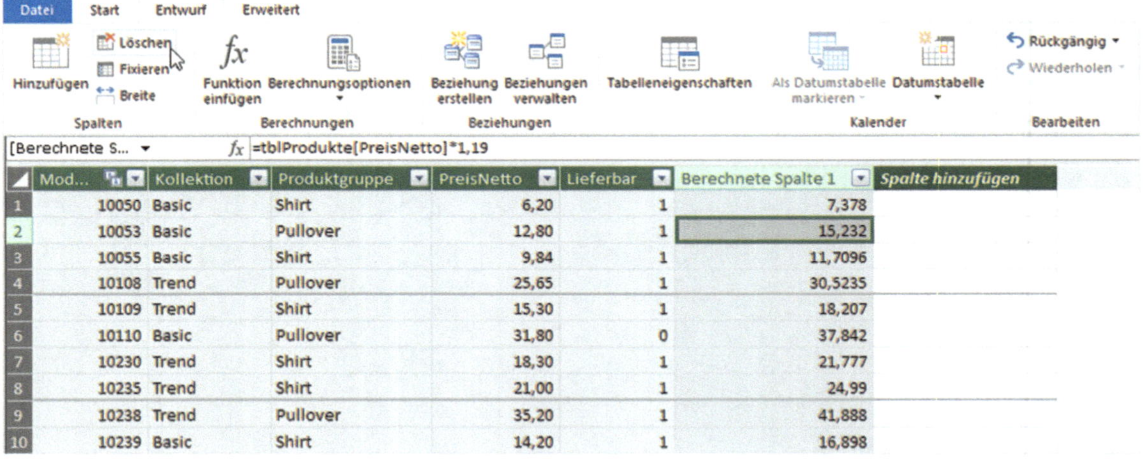

	Mod...	Kollektion	Produktgruppe	PreisNetto	Lieferbar	Berechnete Spalte 1	Spalte hinzufügen
1	10050	Basic	Shirt	6,20	1	7,378	
2	10053	Basic	Pullover	12,80	1	15,232	
3	10055	Basic	Shirt	9,84	1	11,7096	
4	10108	Trend	Pullover	25,65	1	30,5235	
5	10109	Trend	Shirt	15,30	1	18,207	
6	10110	Basic	Pullover	31,80	0	37,842	
7	10230	Trend	Shirt	18,30	1	21,777	
8	10235	Trend	Shirt	21,00	1	24,99	
9	10238	Trend	Pullover	35,20	1	41,888	
10	10239	Basic	Shirt	14,20	1	16,898	

Spalte umbenennen und formatieren

Excel 2013: Calculated Column 1

Im nächsten Schritt sollten Sie unbedingt die neu berechnete Spalte umbenennen, da der automatisch vergebene Name *Berechnete Spalte 1* wenig aussagekräftig ist. Klicken Sie mit der rechten Maustaste in die Spalte, dann auf den Befehl *Spalte umbenennen* und geben Sie einen eindeutigen Namen ein. Schneller geht das Umbenennen mit Doppelklick in die Spaltenüberschrift.

Bild 8.59 Spalte umbenennen

	Mod...	Kollektion	Produktgruppe	PreisNetto	Lieferbar	Bruttopreis	Spalte hinzufügen
1	10050	Basic	Shirt	6,20	1	7,378	
2	10053	Basic	Pullover	12,80	1	15,232	
3	10055	Basic	Shirt	9,84	1	11,7096	
4	10108	Trend	Pullover	25,65	1	30,5235	
5	10109	Trend	Shirt	15,30	1	18,207	
6	10110	Basic	Pullover	31,80	0	37,842	
7	10230	Trend	Shirt	18,30	1	21,777	

Der Datentyp *Dezimalzahl* wurde automatisch zugewiesen. Damit die Ergebnisse mit zwei Dezimalstellen angezeigt werden, erhält die berechnete Spalte zum Schluss außerdem noch das Format *Tausendertrennzeichen* (*Start* ▶ *Formatierung*). Andere Möglichkeiten wären *Währung* oder *Dezimalstellen hinzufügen* bzw. *verringern*.

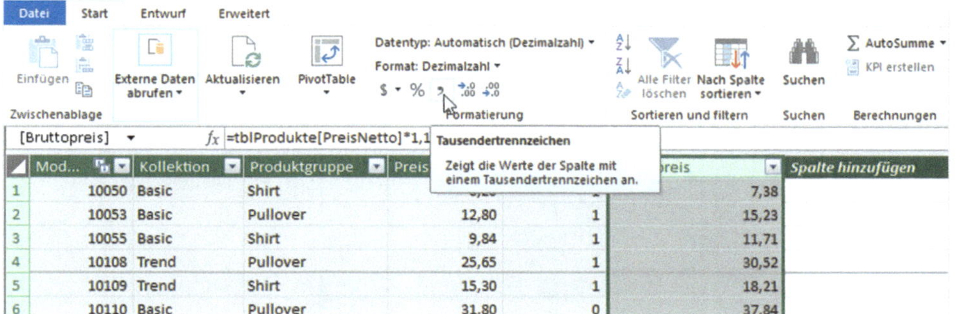

Bild 8.60 Benennen Sie die Spalte um und kontrollieren Sie den Datentyp

8.5 Berechnungen mit DAX-Funktionen

Auch Power Pivot verfügt über eine Sammlung von Funktionen, diese werden als DAX-Funktionen bezeichnet. Diese sind den Excel-Funktionen sehr ähnlich, haben aber englische Bezeichnungen. Hier einige der wichtigsten DAX-Funktionen, eine vollständige Liste erhalten Sie in der Excel-Hilfe, Stichwort DAX-Funktionsreferenz

Diese Bezeichnung hat nichts mit dem gleichnamigen Aktienindex zu tun, sondern ist die Abkürzung für Data Analysis Expressions.

Grundregeln für DAX-Funktionen

- Eine DAX-Funktion beginnt immer mit dem Gleichheitszeichen.
- Statt eines Zellbezug verweisen Sie in DAX-Funktionen auf Tabellen und Spalten.
- Die Funktionsargumente werden in Klammern und mit Semikolon (;) getrennt angegeben.
- Es können auch mehrere DAX-Funktionen verschachtelt werden.

Datumsfunktionen

Die Funktionen YEAR und MONTH

Die Excel Arbeitsblatt-Funktionen JAHR und MONAT dürften den meisten Excel-Anwendern geläufig sein. Dieselbe Aufgabe, nämlich Jahr und Monat aus einem Datum zu ermitteln, übernehmen die DAX-Funktionen YEAR und MONTH.

Beispiel: Bestellungen zu größeren Zeiteinheiten zusammenfassen

Die Tabelle *tblBestellungen* unseres Beispiels enthält in der Spalte *Datum* das Tagesdatum jeder Bestellung, für spätere Auswertungen wird jedoch eine Zusammenfassung nach Jahr und Monat benötigt.

Eine komfortable Möglichkeit der Berechnung von Datumseinheiten mittels einer Kalendertabelle finden Sie unter Punkt 8.9 auf Seite 324.

1 Wählen Sie die Tabelle *tblBestellungen* aus.

2 Klicken Sie in die freie Spalte (*Spalte hinzufügen*) und geben Sie in der Bearbeitungsleiste das Gleichheitszeichen und danach die ersten Zeichen der Funktion YEAR ein. Übernehmen Sie die Funktion YEAR mit Doppelklick, die öffnende Klammer wird automatisch mit in die Formel übernommen.

3 Geben Sie dann die ersten Zeichen der Spalte, *tblBestellungen[Datum]* ein und übernehmen Sie diese ebenfalls mit Doppelklick.

4 Zuletzt geben Sie die schließende Klammer ein und betätigen die Enter-Taste.

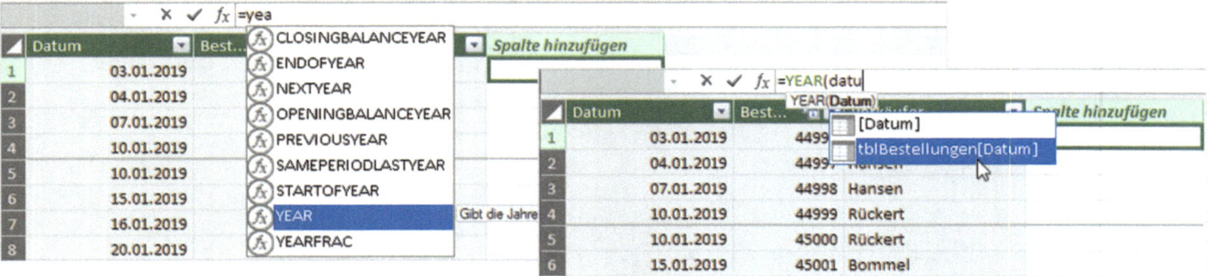

Bild 8.61 Übernehmen Sie die Funktion YEAR und die Spalte Datum aus der Liste Autovervollständigen

5 Benennen Sie dann die Spalte um, sie erhält den Namen *Jahr*, und kontrollieren Sie, ob der korrekte Datentyp *Ganze Zahl* verwendet wird.

6 Genauso verfahren Sie bei der Berechnung des Monats aus dem Datum, hierzu verwenden Sie die DAX-Funktion MONTH, siehe Bild unten.

[Monat] fx =MONTH(tblBestellungen[Datum])

	Datum	Best...	Verkäufer	Jahr	Monat	Spalte hinzufügen
1	03.01.2019	44996	Bommel	2019	1	
2	04.01.2019	44997	Hansen	2019	1	
3	07.01.2019	44998	Hansen	2019	1	
4	10.01.2019	44999	Rückert	2019	1	
5	10.01.2019	45000	Rückert	2019	1	
6	15.01.2019	45001	Bommel	2019	1	
7	16.01.2019	45002	Hansen	2019	1	
8	20.01.2019	45003	Franz	2019	1	
9	26.01.2019	45004	Franz	2019	1	
10	05.02.2019	45005	Hansen	2019	2	
11	06.02.2019	45006	Rückert	2019	2	

Bild 8.62 Jahr und Monat berechnen

Datumsgruppierungen aus Pivot-Tabelle übernehmen

Siehe Pivot-Tabellen, automatische Datumsgruppierung auf Seite 196.

Wenn Sie in einer Pivot-Tabelle ein Feld mit Datumswerten in einen Bereich ziehen, z. B. Zeilen, dann wird in den meisten Fällen automatisch eine Gruppierung nach Jahr, Monat und Quartal erstellt. Ein zweite Möglichkeit zum Erstellen von Datumsgruppierungen ist der Befehl *Gruppieren...* im Kontextmenü der rechten Maustaste.

Diese Gruppierung (siehe Bild 8.63 unten) wird automatisch auch nach Power Pivot übernommen, die Berechnung erfolgt allerdings mit etwas anderen Funktionen (Bild 8.64), mehr dazu weiter unten.

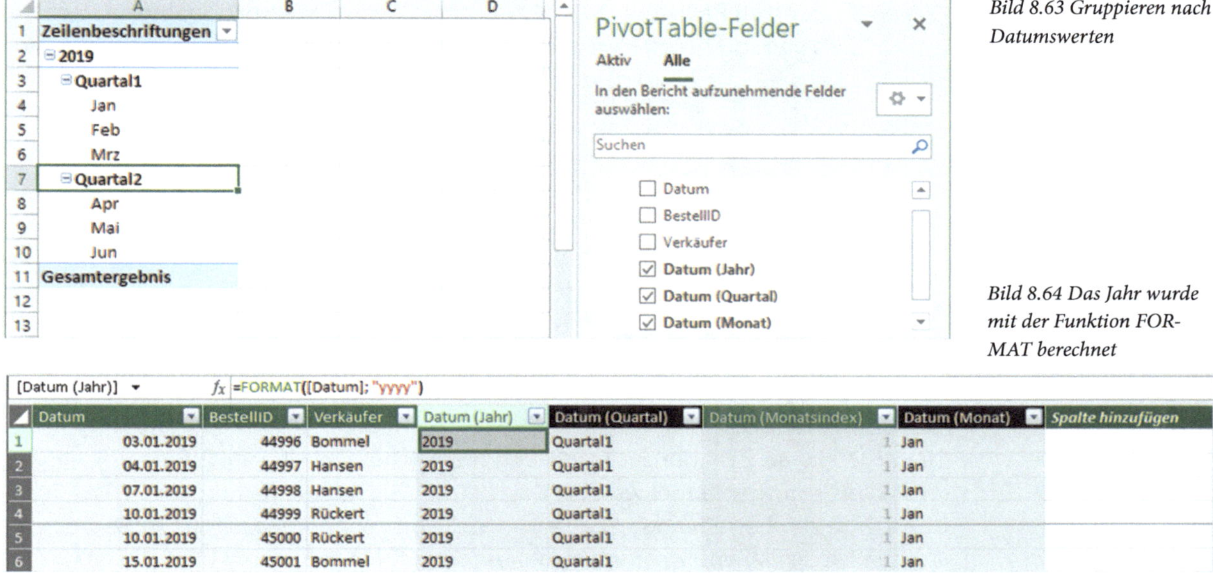

Bild 8.63 Gruppieren nach Datumswerten

Bild 8.64 Das Jahr wurde mit der Funktion FORMAT berechnet

Monat als Text mit der DAX-Funktion FORMAT

Benötigen Sie die Monate als Text, also z. B. Januar, Februar usw., dann verwenden Sie dazu die DAX-Funktion FORMAT. Diese kommt auch bei der automatischen Gruppierung von Datumswerten, siehe oben, zum Einsatz. Sie unterscheidet sich nur wenig von der Arbeitsblatt-Funktion TEXT und die Schreibweise wird durch das Argument *Textformat* festgelegt. Sollen beispielsweise die Monatsnamen auf drei Zeichen abgekürzt werden, so geben Sie das Format "MMM" an, mit "MMMM" erhalten Sie die vollen Monatsnamen. Mit der Funktion FORMAT und dem Argument "yyyy" kann auch das Jahr eines Datums vier- oder zweistellig ("yy") ermittelt werden, wie im Bild oben.

Tipp: Monate mit Namen anzeigen und trotzdem korrekt sortieren

Power Query verfügt auch über eine Lösung für ein altbekanntes Problem, nämlich Monatsnamen anzeigen und trotzdem in der korrekten Reihenfolge sortieren.

Dazu benötigen Sie zunächst den Monat zweimal: Als Zahl, am besten mit der Funktion MONTH und als Text mit der Funktion FORMAT, wie im Bild unten.

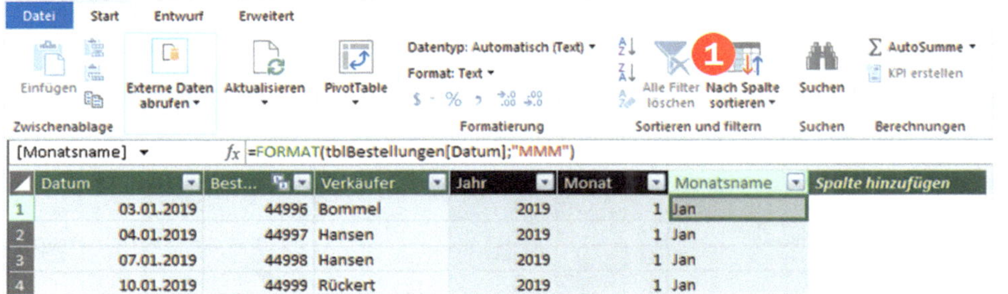

Bild 8.65 Monat als Zahl und als Text

Bild 8.66 Monatsnamen nach der Spalte Monat sortieren

Klicken Sie dann im Register *Start* ▶ *Sortieren und Filtern* auf *Nach Spalte sortieren* ❶. Wählen Sie als zu sortierende Spalte (*Sortieren*) die Spalte mit dem Monatsnamen (*Monatsname*) aus ❷ und im Feld *Nach* die Spalte mit dem Monat als Zahl (*Monat*) ❸.

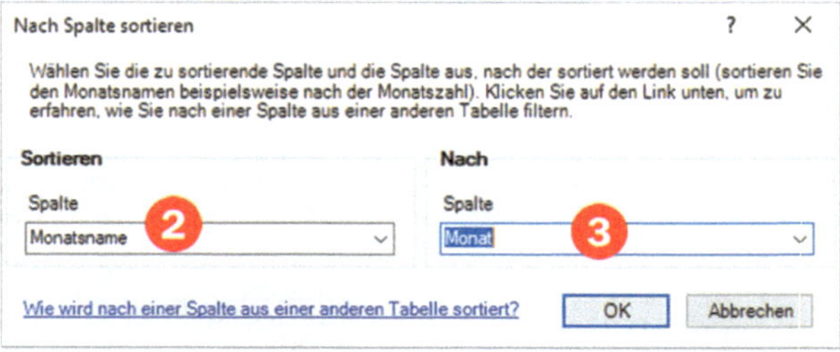

Monatsindex ausblenden

Da der Monat als Zahl nur zur Sortierung dient, kann diese Spalte für Benutzer in der Pivot-Tabelle ausgeblendet werden. Dazu klicken Sie mit der rechten Maustaste in die Überschrift der betreffenden Spalte und auf *Aus Clienttools ausblenden*. Diese Spalte erscheint anschließend in Power Pivot ausgegraut, wie in Bild 8.64 auf Seite 287.

Bild 8.67 Monat als Zahl ausblenden

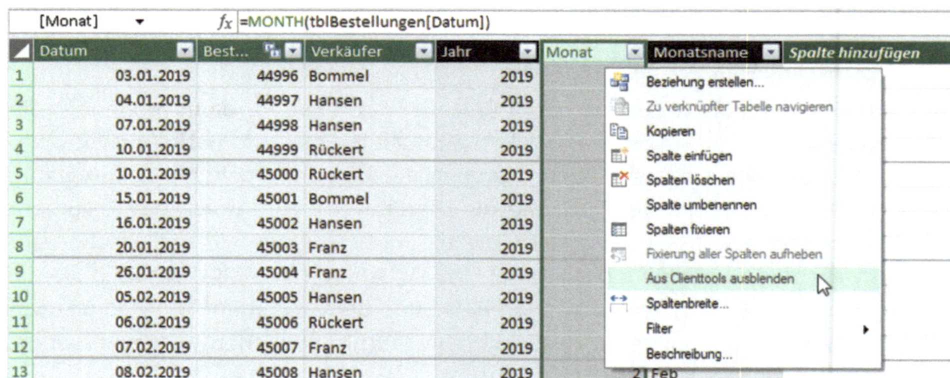

Weitere nützliche Datumsfunktionen

Funktion	Beschreibung	Beispiel
TODAY	Diese Funktion entspricht der Excel-Funktion HEUTE(). Sie liefert das aktuelle Datum und benötigt keine Argumente.	TODAY()
DATEADD	Addiert zu einem Datum die angegebene Anzahl Intervalle, als Anzahl können auch negative Werte angegeben werden. DATEADD([Datumsspalte];Anzahl;Intervall)	Zieht vom Geburtsdatum 1 Tag ab: DATEADD([Geburtsdatum]; -1; DAY)
DATEDIFF	Berechnet die Differenz zwischen zwei Datumswerten im angegebenen Intervall: DATEDIFF(Start_Datum;End_Datum;Intervall)	Differenz zwischen einer Datumsspalte und dem aktuellen Datum in Monaten: DATEDIFF([Datum];TODAY();MONTH)

Berechnungen mit Spalten verknüpfter Tabellen (Funktion RELATED)

Berechnungen lassen sich in Power Pivot nicht nur mit Spalten der aktuellen Tabelle, sondern auch mit Spalten aus verknüpften Tabellen durchführen. Dazu benötigen Sie die DAX-Funktion RELATED, in diese muss die Spalte der verknüpften Tabelle eingeschlossen werden. =RELATED(Tabelle[Spaltenname])

Beispiel: Umsatz aus Bestellmenge und PreisNetto berechnen

Als Beispiel soll in der Tabelle *tblPosten* der Umsatz aus den Spalten *Bestellmenge* (*tblPosten*) und *PreisNetto* (*tblProdukte*) berechnet werden. Da sich die zweite benötigte Spalte in einer verknüpften Tabelle befindet, muss diese in der Formel zusammen mit der DAX-Funktion RELATED angegeben werden. So gehen Sie vor:

1. Wählen Sie die Tabelle *tblPosten* aus und klicken Sie in die freie Spalte. Geben Sie das Gleichheitszeichen ein und übernehmen Sie über Autovervollständigen den Namen der ersten benötigten Spalte, *tblPosten[Bestellmenge]*. Geben Sie danach den Operator * ein.
2. Die Funktion RELATED können Sie nach Eingabe der ersten Zeichen ebenfalls aus der Autovervollständigen-Liste übernehmen.

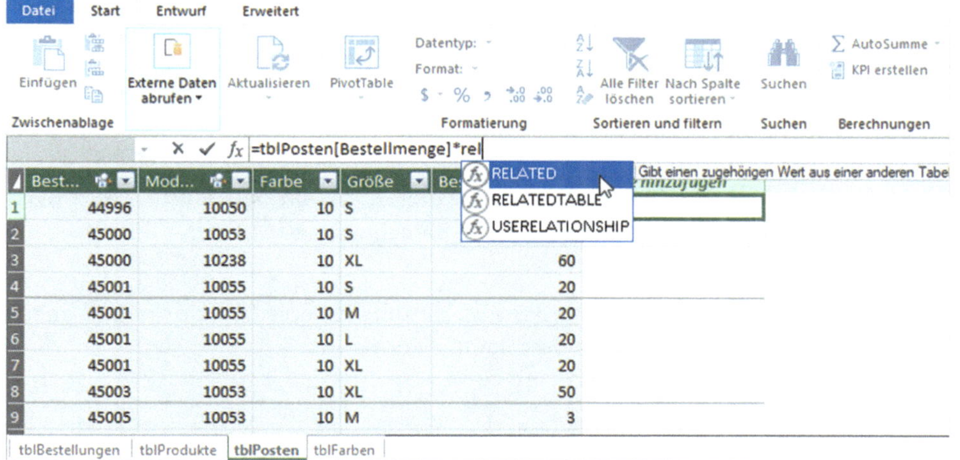

Bild 8.68 Vor der zweiten Spalte benötigen Sie die Funktion RELATED

3. Dahinter folgt in Klammern der Name der Spalte wobei diesmal der Name der Tabelle zwingend vorangestellt werden muss *tblProdukte[PreisNetto]*, siehe Seite 283.
4. Geben Sie zuletzt die schließende runde Klammer ein und schließen Sie die Formeleingabe mit der Eingabetaste ab. Benennen Sie außerdem die berechnete Spalte um in *UmsatzNetto* und formatieren Sie die Spalte im Format *Währung* oder *Tausendertrennzeichen*. Die Formel lautet:

```
=tblPosten[Bestellmenge]*RELATED(tblProdukte[PreisNetto])
```

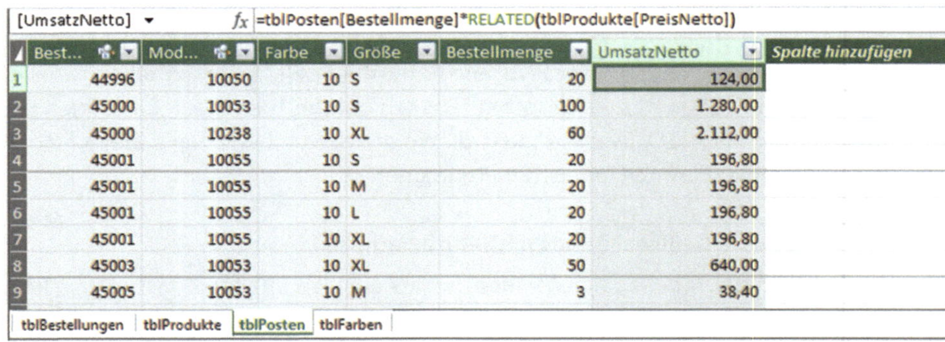

	Best...	Mod...	Farbe	Größe	Bestellmenge	UmsatzNetto	Spalte hinzufügen
1	44996	10050	10	S	20	124,00	
2	45000	10053	10	S	100	1.280,00	
3	45000	10238	10	XL	60	2.112,00	
4	45001	10055	10	S	20	196,80	
5	45001	10055	10	M	20	196,80	
6	45001	10055	10	L	20	196,80	
7	45001	10055	10	XL	20	196,80	
8	45003	10053	10	XL	50	640,00	
9	45005	10053	10	M	3	38,40	

Bild 8.69 Die berechnete Spalte UmsatzNetto

Wenn Sie sich auf eine Spalte in der verknüpften Tabelle beziehen möchten, dann benötigen Sie die DAX-Funktion RELATED(Tabellenname[Spalte]), siehe Beispiel oben. Manche Funktionen erfordern auch die Angabe der verknüpften Tabelle, dazu verwenden Sie RELATEDTABLE(Tabelle).

Bedingungen mit der Funktion IF

In Excel 2016 und 2013 sind die Argumente zwar etwas anders benannt, die Syntax ist jedoch identisch.

Für Berechnungen, abhängig von einer Bedingung verwenden Sie die DAX-Funktion IF, die Syntax unterscheidet sich kaum von der bekannten Excel-Funktion WENN.

```
=IF(Logical_Test; Result_True; Result_False)
```

Beispiel: Provision berechnen
Die Verkäufer erhalten auf alle Nettoumsätze der Produktgruppe „Shirt" 1,5% Provision, auf alle anderen Produktgruppen 2%, die Berechnung erfolgt in der Tabelle *tblProdukte* mit der Funktion IF.

1 Wählen Sie die Tabelle *tblProdukte* aus, klicken Sie in die freie Spalte und geben Sie in der Bearbeitungsleiste die folgende Formel ein:

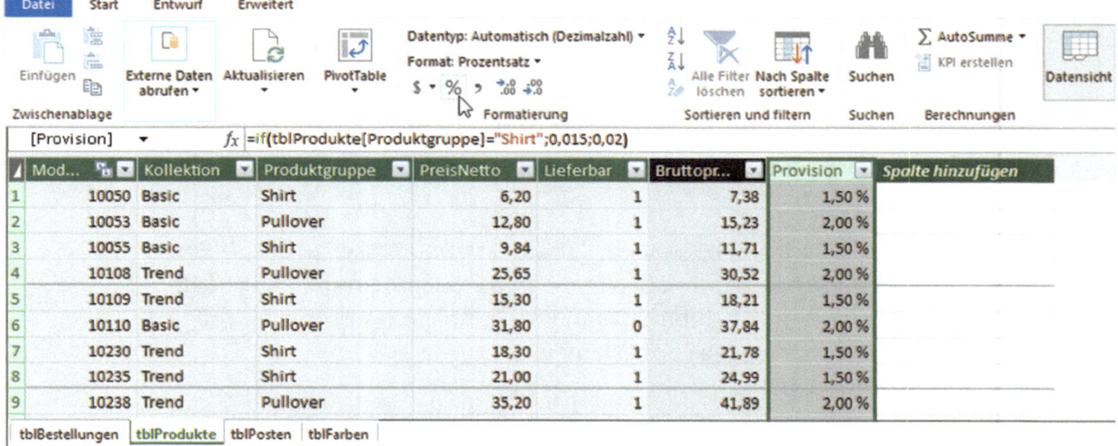

	Mod...	Kollektion	Produktgruppe	PreisNetto	Lieferbar	Bruttopr...	Provision	Spalte hinzufügen
1	10050	Basic	Shirt	6,20	1	7,38	1,50 %	
2	10053	Basic	Pullover	12,80	1	15,23	2,00 %	
3	10055	Basic	Shirt	9,84	1	11,71	1,50 %	
4	10108	Trend	Pullover	25,65	1	30,52	2,00 %	
5	10109	Trend	Shirt	15,30	1	18,21	1,50 %	
6	10110	Basic	Pullover	31,80	0	37,84	2,00 %	
7	10230	Trend	Shirt	18,30	1	21,78	1,50 %	
8	10235	Trend	Shirt	21,00	1	24,99	1,50 %	
9	10238	Trend	Pullover	35,20	1	41,89	2,00 %	

Bild 8.70 Provision mit einer Bedingung berechnen

```
=IF(tblProdukte[Produktgruppe="Shirt";0,015;0,02)
```

2 Benennen Sie die Spalte um in *Provision* und versehen Sie das Ergebnis noch mit dem Format *Prozent*, siehe Bild oben.

3 Anschließend kann in der Tabelle *tblPosten* in einer weiteren Spalte die Verkäuferprovision mit folgender Formel berechnet werden:

```
=tblPosten[UmsatzNetto]*RELATED(tblProdukte[Provision])
```

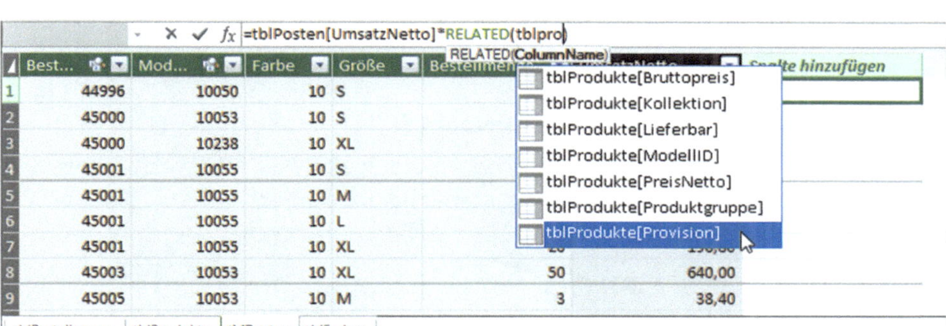

Bild 8.71 Verkäuferprovision berechnen

Mehrere IF-Funktionen verschachteln

Wie die Excel-Funktion WENN, lässt sich auch die DAX-Funktion IF mehrfach verschachteln. Zum Beispiel, wenn statt der Produktgruppe wie im vorhergehenden Beispiel, die Kollektion zur Berechnung der Provision herangezogen wird.

Nehmen wir an, die Verkäufer erhalten auf den Nettoumsatz der Kollektion Basic 2%, auf Trend 3% und auf alle übrigen 4% Provision. Dann müsste in der Tabelle *tblProdukte* die Formel lauten:

```
=IF(tblProdukte[Kollektion]="Basic";0,02;IF(tblProdukte[Kollektion] ="Trend";0,03;0,04))
```

Bild 8.72 IF-Funktionen verschachteln

[Berechnete S... =IF(tblProdukte[Kollektion]="Basic";0,02;IF(tblProdukte[Kollektion]="Trend";0,03;0,04))

	Mod...	Kollektion	Produktgruppe	PreisNetto	Lieferbar	Bruttopr...	Provision	Berechnete Spalte 1	Spalte hinzufügen
1	10050	Basic	Shirt	6,20	1	7,38	1,50 %	0,02	
2	10053	Basic	Pullover	12,80	1	15,23	2,00 %	0,02	
3	10055	Basic	Shirt	9,84	1	11,71	1,50 %	0,02	
4	10108	Trend	Pullover	25,65	1	30,52	2,00 %	0,03	
5	10109	Trend	Shirt	15,30	1	18,21	1,50 %	0,03	
6	10110	Basic	Pullover	31,80	0	37,84	2,00 %	0,02	
7	10230	Trend	Shirt	18,30	1	21,78	1,50 %	0,03	
8	10235	Trend	Shirt	21,00	1	24,99	1,50 %	0,03	
9	10238	Trend	Pullover	35,20	1	41,89	2,00 %	0,03	

tblBestellungen | tblProdukte | tblPosten | tblFarben

Bedingungen mit AND und OR verknüpfen

Zum Verknüpfen mehrerer Bedingungen können Sie die DAX-Funktionen AND und OR einsetzen, *Logical1* und *Logical2* stehen für die zu prüfenden Bedingungen:

AND(Logical1; Logical2)	**oder** Logical1 && Logical2
OR(Logical1; Logical2)	**oder** Logical1 || Logical2

> **Tipp:** AND und OR unterstützen nur zwei zu prüfende Ausdrücke. Kürzer sind stattdessen die Operatoren && und ||. Damit können Sie außerdem auch mehr als zwei AND und ODER Ausdrücke miteinander kombinieren.

Beispiel: Das Quartal mit der Funktion IF berechnen

Als Beispiel soll in der Tabelle *tblBestellungen* die Spalte *Quartal* berechnet werden, dazu wird der, auf Seite 285 berechnete, Monat herangezogen.

Bild 8.73 Zwei Bedingungen mit AND verknüpfen

```
[Quartal]  fx =IF([Monat]<=3;"Quartal 1";if(and([Monat]>=4;[Monat]<=6);"Quartal 2";if(AND([Monat]>=7;[Monat]<=9);"Quartal 3";"Quartal 4")))
```

	Datum	BestellID	Verkäufer	Jahr	Monat	Monatsname	Quartal	Spalte hinzufügen
1	03.01.2019	44996	Bommel	2019	1	Jan	Quartal 1	
2	04.01.2019	44997	Hansen	2019	1	Jan	Quartal 1	
3	07.01.2019	44998	Hansen	2019	1	Jan	Quartal 1	
4	10.01.2019	44999	Rückert	2019	1	Jan	Quartal 1	
5	10.01.2019	45000	Rückert	2019	1	Jan	Quartal 1	
6	15.01.2019	45001	Bommel	2019	1	Jan	Quartal 1	

Mit dem Operator && könnte die verschachtelte IF-Funktion auch so lauten:

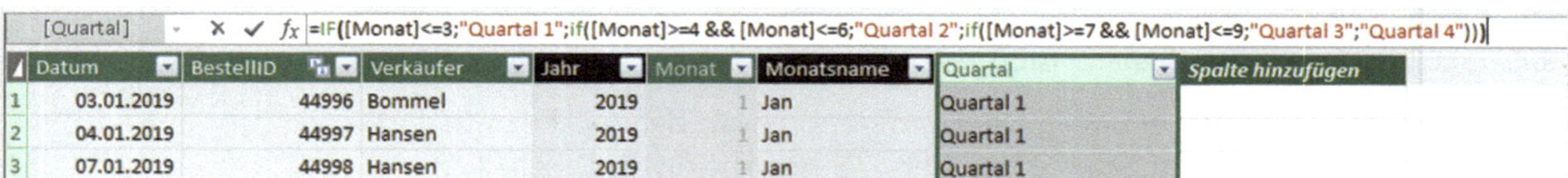

```
[Quartal]  fx =IF([Monat]<=3;"Quartal 1";if([Monat]>=4 && [Monat]<=6;"Quartal 2";if([Monat]>=7 && [Monat]<=9;"Quartal 3";"Quartal 4")))
```

	Datum	BestellID	Verkäufer	Jahr	Monat	Monatsname	Quartal	Spalte hinzufügen
1	03.01.2019	44996	Bommel	2019	1	Jan	Quartal 1	
2	04.01.2019	44997	Hansen	2019	1	Jan	Quartal 1	
3	07.01.2019	44998	Hansen	2019	1	Jan	Quartal 1	

Bild 8.74 Operator statt AND

So vermeiden Sie Fehler bei der Eingabe von Formeln und Funktionen

Schließende Klammern nicht vergessen!

Geben Sie nach dem Übernehmen einer Funktion sofort die schließende runde Klammer ein und erst dann zwischen den Klammern die Funktionsargumente. Auf diese Weise behalten Sie auch bei verschachtelten Funktionen den Überblick.

Spalten- und Tabellennamen aus der Liste übernehmen

- Übernehmen Sie Funktionen sowie die Namen von Spalten und Tabellen stets aus der Autovervollständigen-Liste. Anklicken der Spalte funktioniert nicht immer, in vielen Fällen erhalten stattdessen eine Fehlermeldung!

- Stellen Sie der Spalte immer den Tabellennamen voran. Dies ist zwar nur bei verknüpften Tabellen erforderlich (Ausnahme Excel 2013), macht aber Formeln besser nachvollziehbar, besonders in komplexen Datenmodellen.

Tipp: Funktion über ein Dialogfenster auswählen und einfügen

In den bisherigen Beispielen wurde die Funktion stets über Autovervollständigen eingegeben. Power Pivot unterstützt aber auch noch eine andere Möglichkeit, nämlich über die Schaltfläche *Funktion einfügen* ❶. Diese finden Sie im Register *Entwurf* ▶ *Berechnungen* oder in der Bearbeitungsleiste.

Ein Klick auf die Schaltfläche öffnet das gleichnamige Fenster. Wählen Sie eine Funktionskategorie, im Bild unten *Datum und Uhrzeit* ❷. Unterhalb werden alle dazugehörigen Funktionen aufgelistet, klicken Sie auf die gewünschte Funktion ❸ und übernehmen Sie diese mit *OK* ❹ oder Doppelklick. Anschließend erscheint die Funktion in der Bearbeitungsleiste und Sie geben nun die Argumente ein.

Bild 8.75 Das Fenster Funktion einfügen

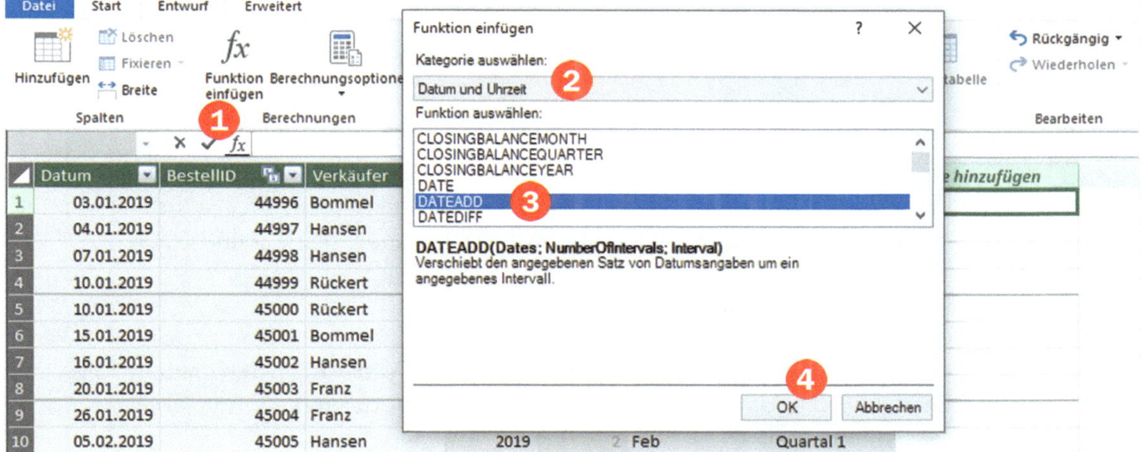

Weitere nützliche DAX-Funktionen

Power Pivot verfügt über eine ganze Reihe von DAX-Funktionen, hier alle aufzuführen würde den Rahmen dieses Buches sprengen. Einen guten Überblick erhalten Sie bei Microsoft im Web, geben Sie dazu einfach bei einem beliebigen Suchdienst, z. B. Bing oder Google den Suchbegriff „Microsoft DAX Referenz" ein.

Textfunktionen

Die Textfunktionen LEFT, MID und RIGHT entsprechen den Excel-Funktionen LINKS, TEIL und RECHTS und dienen zum Extrahieren von Teilen einer Spalte. So liefert zum Beispiel die Funktion LEFT die ersten Zeichen einer Spalte, im Bild unten die ersten zwei Stellen der ModellID.

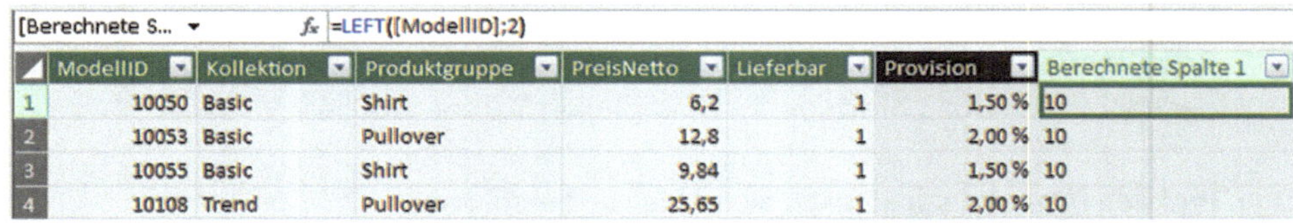

Bild 8.76 Die Funktion LEFT

DAX-Funktion	Beschreibung
LEFT([Text];AnzahlZeichen)	Liefert aus einer Spalte von links die angegebene Anzahl Zeichen.
RIGHT([Text];AnzahlZeichen)	Liefert aus einer Spalte von rechts die angegebene Anzahl Zeichen.
MID([Text];Startposition,AnzahlZeichen)	Liefert aus einer Spalte ab der Startposition die angegebene Anzahl Zeichen.

Zahlen runden

Die Funktion ROUND(Zahl;Anzahl Stellen) rundet Dezimalzahlen auf die angegebene Anzahl Stellen und vermeidet so Rundungsfehler bei der Weiterverwendung.

Summe der dazugehörigen Werte aus einer verknüpften Tabelle mit SUMX

Wenn Sie im Datenmodell in der übergeordneten Tabelle (1-Teil) die Summe oder die Anzahl von Werten aus der dazugehörigen verknüpften Tabelle (n-Teil) ermitteln möchten, dann verwenden Sie dazu die DAX-Funktionen SUMX und COUNTX.

Beispiel: Bestellmenge nach Farben

Um die beliebtesten Farben zu ermitteln, möchten Sie die Bestellmenge für jede Farbe berechnen. Dazu verwenden Sie in der Tabelle *tblFarben* die DAX-Funktion SUMX und berechnen die Summe der jeweiligen Bestellmenge der verknüpften Tabelle *tblPosten*. Die Syntax:

```
=SUMX([Tabelle];[Spalte])
```

Achtung: Der Name der verknüpften Tabelle muss mit der Funktion RELATEDTABLE angegeben werden.

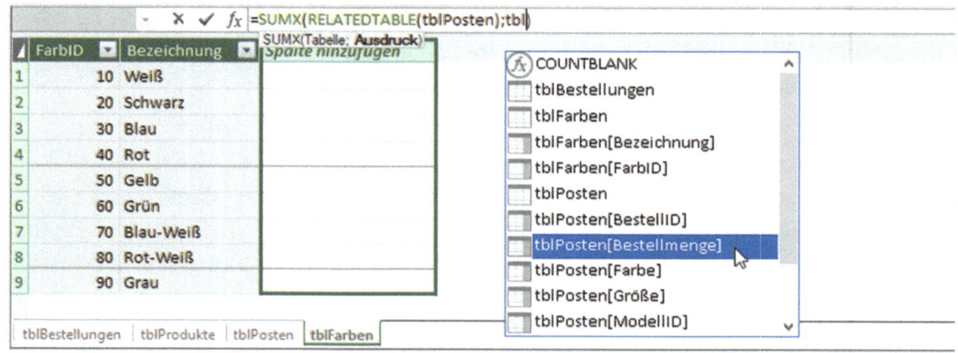

Bild 8.77 Geben Sie die Funktion RELATEDTABLE ein

Geben Sie dann die aufzusummierende Spalte in der verknüpften Tabelle an, die vollständige Funktion lautet wie im Bild unten, außerdem erhält die Spalte den Namen *SummeBestellungen*.

[SummeBeste... fx =SUMX(RELATEDTABLE(tblPosten);tblPosten[Bestellmenge])

	Fa...	Bezeichnung	SummeBestellungen	Spalte hinzufügen
1	10	Weiß	3.128	
2	20	Schwarz	1.207	
3	30	Blau	1.699	

Bild 8.78 Beispiel SUMX

Anzahl von Datensätzen aus einer verknüpften Tabelle mit COUNTX ermitteln

Wenn statt der Summe die Anzahl der dazugehörigen Datensätze einer verknüpften Tabelle berechnet werden soll, dann verwenden Sie die Funktion COUNTX, die Syntax ist dieselbe.

Berechnete Spalten in PivotTable verwenden

In einer Pivot-Tabelle lassen sich nun problemlos beispielsweise die oben berechneten Spalten *UmsatzNetto* und *Provision* entweder über den gesamten Zeitraum oder nach Monaten zusammenfassen. Im Bild unten wurde zur besseren Nachvollziehbarkeit zusätzlich die Produktgruppe hinzugefügt.

Bild 8.79 Provisionen mit einer Pivot-Tabelle berechnen

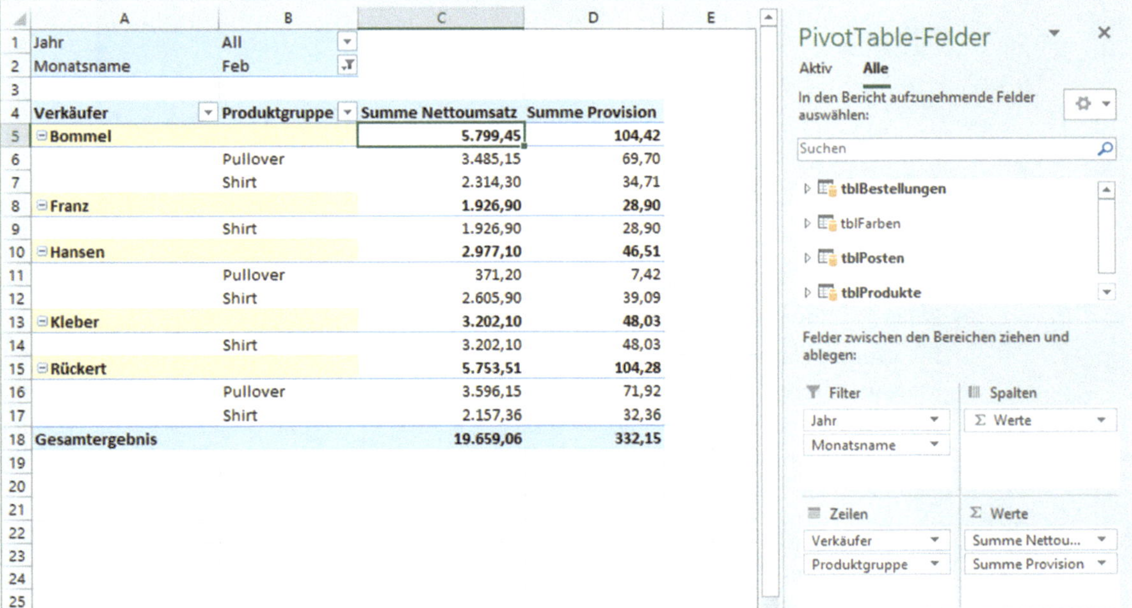

	A	B	C	D
1	Jahr	All		
2	Monatsname	Feb		
3				
4	Verkäufer	Produktgruppe	Summe Nettoumsatz	Summe Provision
5	Bommel		5.799,45	104,42
6		Pullover	3.485,15	69,70
7		Shirt	2.314,30	34,71
8	Franz		1.926,90	28,90
9		Shirt	1.926,90	28,90
10	Hansen		2.977,10	46,51
11		Pullover	371,20	7,42
12		Shirt	2.605,90	39,09
13	Kleber		3.202,10	48,03
14		Shirt	3.202,10	48,03
15	Rückert		5.753,51	104,28
16		Pullover	3.596,15	71,92
17		Shirt	2.157,36	32,36
18	Gesamtergebnis		19.659,06	332,15

8.6 Measures berechnen

Was sind Measures?

Implizite Measures besitzen nur für die jeweilige Tabelle Gültigkeit.

Statt zusätzlicher Spalten können Sie mit Power Pivot auch sogenannte Measures berechnen. Diese werden in Pivot-Tabellen und Pivot-Diagrammen im Bereich *Werte* verwendet, in den meisten Fällen kommen die Funktionen Summe, Anzahl, Min oder Max zum Einsatz, z. B. *Summe von Bestellmenge* ❶ in Bild 8.80. Wenn Sie ein Feld in den Wertebereich einer Pivot-Tabelle ziehen, dann erzeugen Sie ein sogenanntes implizites Measure.

Explizite Measures dagegen, die Sie mit Power Pivot erstellen, können in der gesamten Arbeitsmappe in allen Pivot-Tabellen verwendet werden, die auf derselben Datenquelle beruhen. Auf diese Weise berechnete Measures sind in der Feldliste mit dem Symbol *fx* ❷ gekennzeichnet (Bild 8.81) und können in der Pivot-Tabelle nicht mit dem Befehl *Werte zusammenfassen nach* geändert werden.

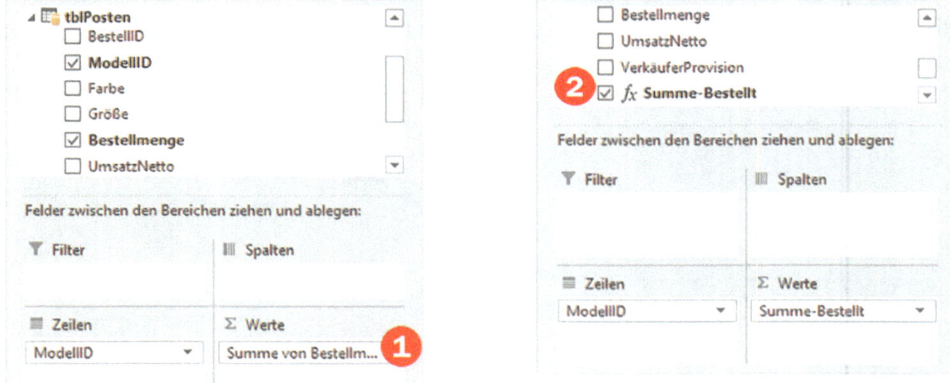

Bild 8.80 Measure, in der Pivot-Tabelle berechnet

Bild 8.81 Measure mit Power Pivot berechnet

Wann sollten Sie explizite Measures statt Spalten berechnen?

Bei großen Datenmengen sollten Sie prüfen, ob sich statt berechneter Spalten auch Measures berechnen lassen. **Der Vorteil expliziter Measures:** Bei der Berechnung einer Spalte muss stets jede Zeile berechnet werden, Measures werden dagegen nur berechnet, wenn Sie in der Auswertung bzw. in der PivotTable auch wirklich benötigt werden. was sich natürlich bei 100.000 und mehr Datensätzen auf die Geschwindigkeit auswirkt.

Die Formeln für Measures geben Sie im Berechnungsbereich von Power Pivot ein oder im Excel-Arbeitsblatt über *Power Pivot* ▶ *Berechnungen* und die Schaltfläche *Measures*.

Bild 8.82 Die Schaltfläche Measures im Arbeitsblatt

Measure im Arbeitsblatt erstellen

Beispiel: Umsatzsumme als Measure berechnen

1 In der einfachsten Form erstellen Sie ein Measure aus dem Excel-Arbeitsblatt heraus. Dazu klicken Sie im Register *Power Pivot* ▶ *Berechnungen* auf *Measures* und auf *Neues Measure...*.

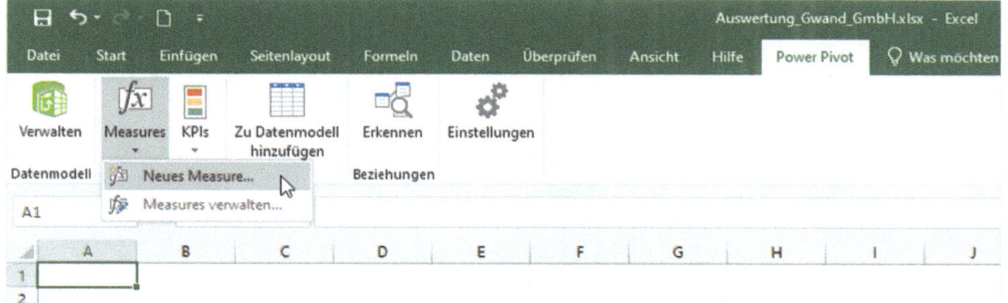

Bild 8.83 Klicken Sie im Arbeitsblatt auf Measures

2 Im gleichnamigen Fenster erstellen Sie nun die Formel.

- Wählen Sie im Feld *Tabellenname* ❶ die Tabelle aus, für die das Measure berechnet werden soll, hier *tblPosten* statt *tblBestellungen* (Bild 8.84).
- Geben Sie darunter einen aussagekräftigen Namen ein ❷, z. B. *Umsatzsumme*, siehe Bild 8.85 auf der nächsten Seite. Optional können Sie im Feld unterhalb eine kurze Beschreibung eingeben.
- Im Feld *Formel* geben Sie nach dem Gleichheitszeichen die Formel ein ❸ oder klicken Sie auf die Schaltfläche *Funktion einfügen* ❹, wenn Sie die Funktion anhand einer Kategorie suchen möchten.

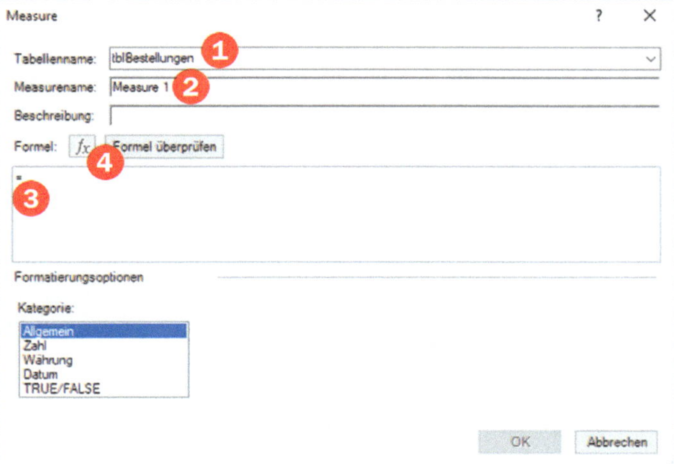

Bild 8.84 Neues Measure

3 Zur Berechnung der Umsatzsumme benötigen Sie die Funktion SUM, diese können Sie auch hier aus Autovervollständigen übernehmen.

4 Als Spalte wählen Sie *tblPosten[UmsatzNetto]* aus, diese Spalte wurde im Beispiel auf Seite 289 berechnet. Auch diese übernehmen Sie aus Autovervollständigen.

Tipp: Mit Klick auf die Schaltfläche *Formel überprüfen* können Sie anschließend die Formel auf Syntaxfehler, z. B. unvollständige Klammern prüfen.

Bild 8.85 Funktion SUM übernehmen

Bild 8.86 Spalte auswählen

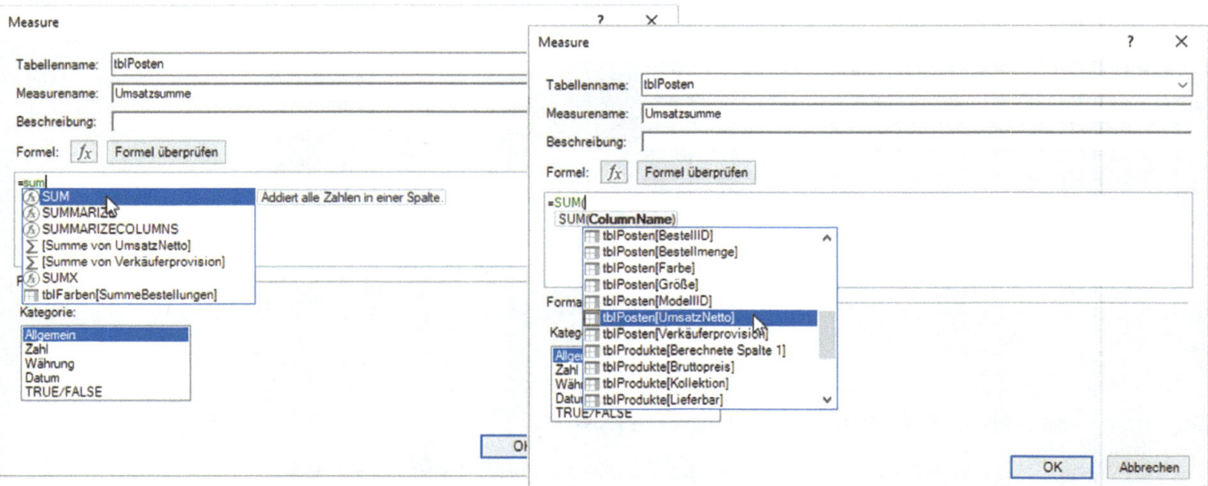

5 Zuletzt weisen Sie dem Measure ein Zahlenformat zu. Dieses wird in die Pivot-Tabelle übernommen und spart so lästige Formatierungsarbeiten. Wählen Sie z. B. die *Kategorie* Zahl und als *Format* Dezimalzahl mit zwei Dezimalstellen und 1000er-Trennzeichen, wie in Bild 8.87 unten.

Bild 8.87 Measure formatieren

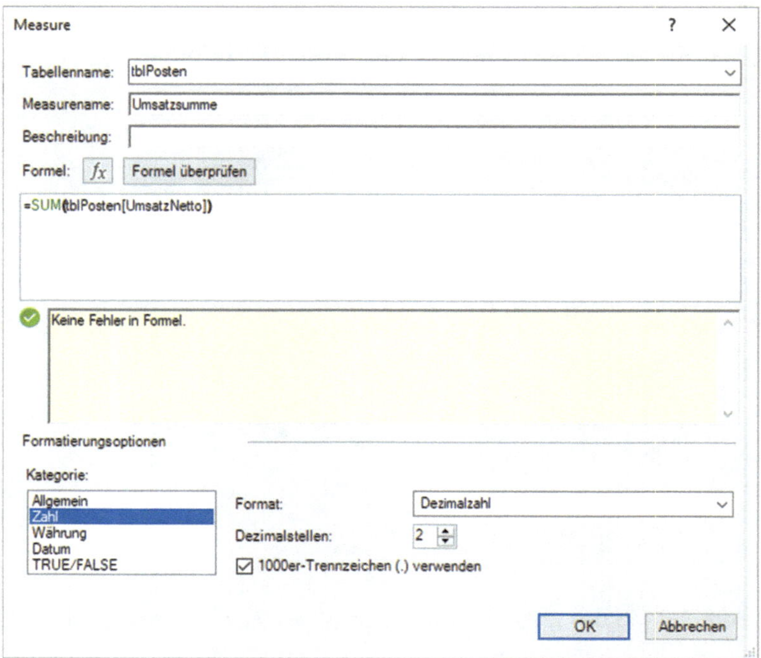

6 Mit Klick auf *OK* und nach dem Schließen des Fensters *Measures verwalten* wird das Measure dem Datenmodell hinzugefügt. Es erscheint in der Feldliste unter der dazugehörigen Tabelle sowie im Berechnungsbereich von Power Pivot.

Einfache zusammenfassende Funktionen im Power Pivot-Fenster berechnen

Im Power Pivot-Fenster werden Measures im sogenannten Berechnungsbereich ❶ unterhalb der Tabelle berechnet, im Bild unten finden Sie hier die zuvor berechnete Umsatzsumme. Der Berechnungsbereich kann über *Start* ▶ *Ansicht* ▶ *Berechnungsbereich* ❷ ein- und ausgeblendet werden.

Bild 8.88 Der Berechnungsbereich

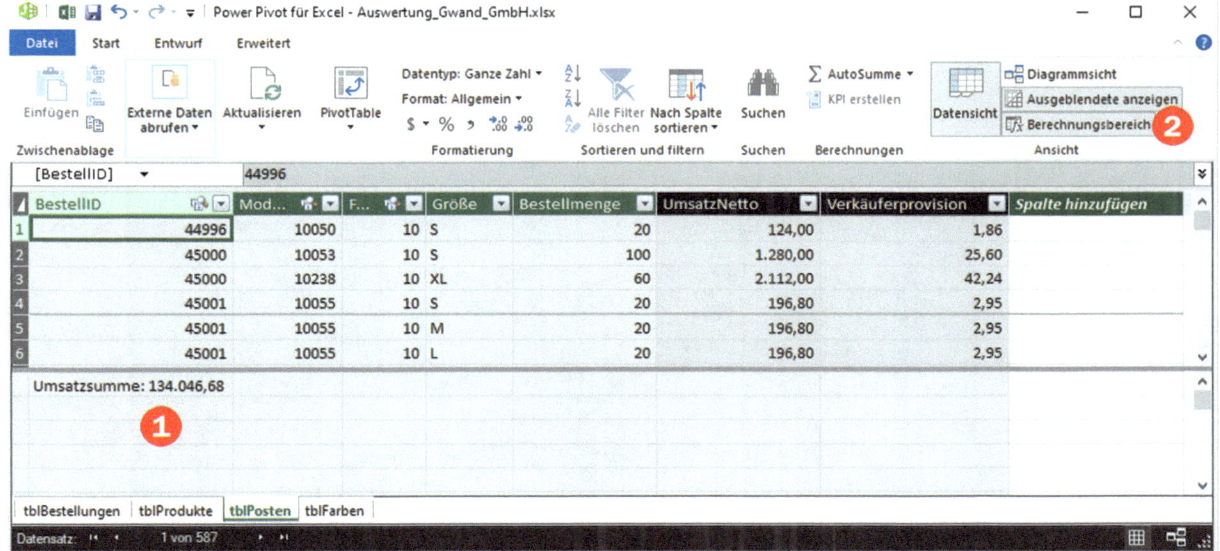

Measure als AutoSumme erstellen

Einfache Summen sind in Power Pivot schnell mit der AutoSumme erstellt, diese dürfte auch aus dem Excel-Tabellenblatt bekannt sein. Als Beispiel soll in der Tabelle *tblPosten* die Summe aller Bestellmengen als Measure berechnet werden.

1 Wählen Sie die Tabelle *tblPosten* aus und klicken Sie in die Spalte *Bestellmenge*.

2 Klicken Sie dann im Register *Start* ▶ *Berechnungen* auf *AutoSumme*.

Bild 8.89 Klicken Sie in die Spalte und auf AutoSumme

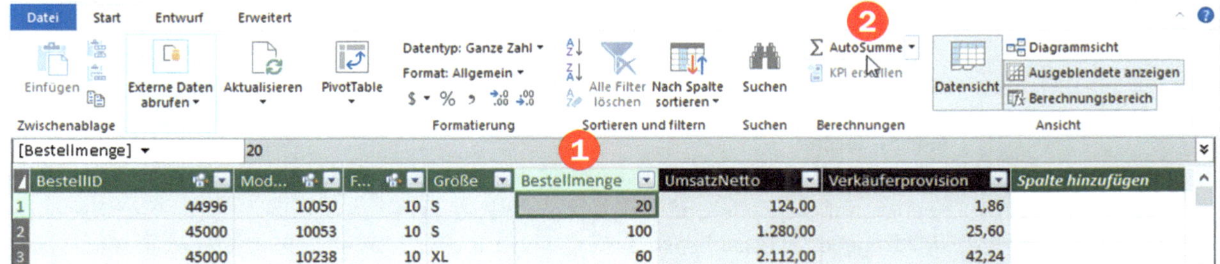

Die Summe wird im Berechnungsbereich unterhalb der Spalte *Bestellmenge* eingefügt und erhält automatisch den Namen *Summe Bestellmenge*.

Measure umbenennen und formatieren

Der Name kann jederzeit in der Bearbeitungsleiste geändert werden. Zum Formatieren markieren Sie das Measure und klicken im Register *Start* ▶ *Formatierung* auf das gewünschte Zahlenformat, z. B. Währung.

> **Beachten Sie bei Namen für Measures**
> - Die Namen von berechneten Spalten und Measures müssen innerhalb der Tabelle eindeutig sein.
> - Der Doppelpunkt trennt Name und Formel und darf beim Umbenennen nicht gelöscht werden!

Bild 8.90 Measure Summe Bestellmenge

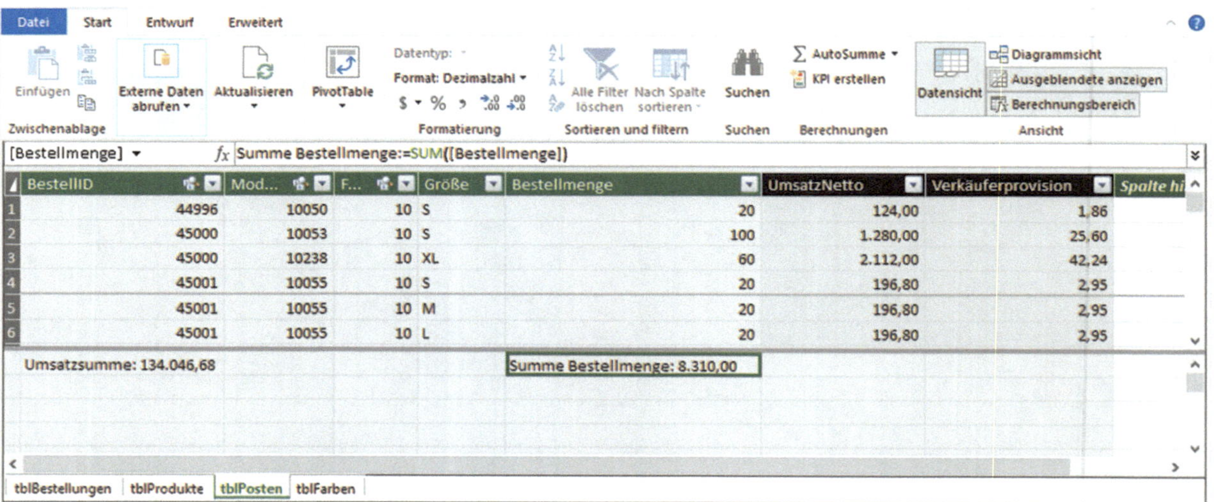

Durchschnitt, Anzahl, Min und Max berechnen

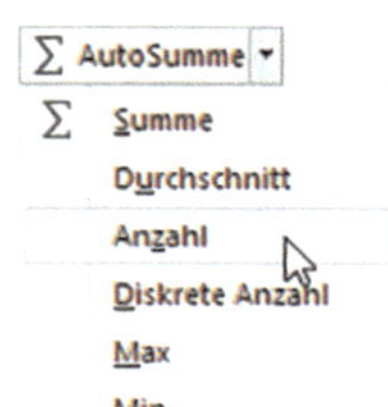

Wie im Excel-Tabellenblatt, erhalten Sie auch in Power Pivot mit Klick auf den Dropdown-Pfeil der Schaltfläche *AutoSumme* die Funktionen Durchschnitt, Min, Max und Anzahl. *Diskrete Anzahl* ignoriert Duplikate und erlaubt die Ermittlung der Häufigkeiten.

Hinweis: Measures können im Berechnungsbereich in jeder beliebigen Zelle berechnet werden, Sie können also beispielsweise das Ergebnis im Bild oben auch ausschneiden (Strg+X) und mit Strg+V in die erste Spalte einfügen. Wenn in der Formel der Spalte der Name der Tabelle vorangestellt wird, können Measures außerdem in jeder beliebigen Tabelle berechnet werden,

Measure löschen

Zum Löschen fehlerhafter oder nicht benötigter Measures klicken Sie im Berechnungsbereich auf die Zelle und betätigen die Entf-Taste. Bestätigen Sie die nachfolgende Rückfrage, ob dieses Measure endgültig aus dem Modell gelöscht werden soll.

Measure mit Formel oder Funktion berechnen

Wenn Sie Measures mit einer Formel berechnen möchten, dann markieren Sie im Berechnungsbereich von Power Pivot eine beliebige Zelle und geben das Gleichheitszeichen, gefolgt von der Formel ein.

Beispiel: Anzahl der Bestellungen

Als Beispiel soll in der Tabelle *tblBestellungen* die Anzahl der Bestellungen als Measure berechnet werden. Wählen Sie also zuerst die Tabelle *tblBestellungen* aus.

1. Markieren Sie im Berechnungsbereich unterhalb der Tabelle eine Zelle, hier unterhalb der ersten Spalte, und geben Sie folgende Funktion ein: =COUNT(tblBestellungen[BestellID]), siehe Bild 8.91.
2. Das Measure erhät automatisch den Namen *Measure 1*. Benennen Sie es in der Bearbeitungsleiste um in *AnzahlBestellungen*.

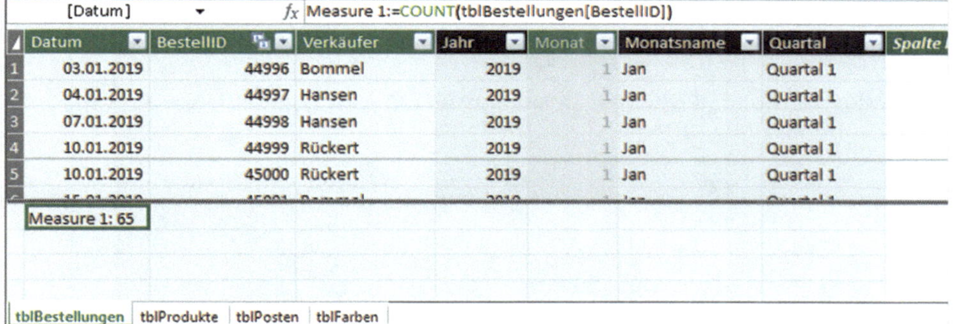

Bild 8.91 Anzahl mit COUNT berechnen

Für Measures häufig benötigte DAX-Funktionen

Funktion	Beschreibung
SUM(Spalte)	Berechnet die Summe der angegebenen Spalte.
SUMX([Tabelle];Ausdruck)	Liefert die Summe des angegebenen Ausdrucks, z. B. Multiplikation zweier Spalten. Diese Funktion entspricht der Excel-Funktion SUMMENPRODUKT.
AVERAGE(Spalte)	Berechnet das arithmetische Mittel (Durchschnitt) der angegebenen Spalte und entspricht der Excel-Funktion MITTELWERT.
COUNT(Spalte)	Ermittelt die Anzahl der Zahlen in der angegebenen Spalte. Berücksichtigt werden ausschließlich Zahlen, Datumswerte. Diese Funktion entspricht der Excel-Funktion ANZAHL.
COUNTA(Spalte)	Ermittelt die Anzahl der Werte in der angegebenen Spalte und berücksichtigt Zahlen und Zeichenfolgen. (Entspricht der Excel-Funktion ANZAHL2)
DISTINCTCOUNT(Spalte)	Ermittelt die Häufigkeiten und ignoriert Duplikate, siehe Diskrete Anzahl.

Zusammenfassung statt berechneter Spalten

Summe über Spalten aus verknüpften Tabellen

Bei großen Datenmengen sollten Sie aus Performance Gründen statt berechneter Spalten besser Measures einsetzen. So könnten Sie beispielsweise im hier verwendeten Beispiel den Umsatz statt in einer Spalte gleich als Measure berechnen.

Achtung: Die Formel SUM([tblPosten[Bestellmenge])*SUM(tblProdukte[PreisNetto]) ist hierzu ungeeignet, da sie die Summe aller Bestellmengen mit der Summe aller Nettopreise multipliziert und somit ein falsches Ergebnis liefert.

Stattdessen benötigen Sie die Funktion SUMX. Diese wertet für eine Tabelle den angegebenen Ausdruck für jede Zeile aus und liefert die Summe zurück, die Syntax:

```
=SUMX([Tabelle];Ausdruck)
```

Damit die berechnete Spalte *UmsatzNetto* überflüssig wird, berechnen Sie die Umsatzsumme, im Bild unten *Umsatzsumme_2*, mit folgender Formel:

```
=SUMX(tblPosten;tblPosten[Bestellmenge]*RELATED(tblProdukte[PreisNetto]))
```

Bild 8.92 Umsatz mit SUMX berechnen

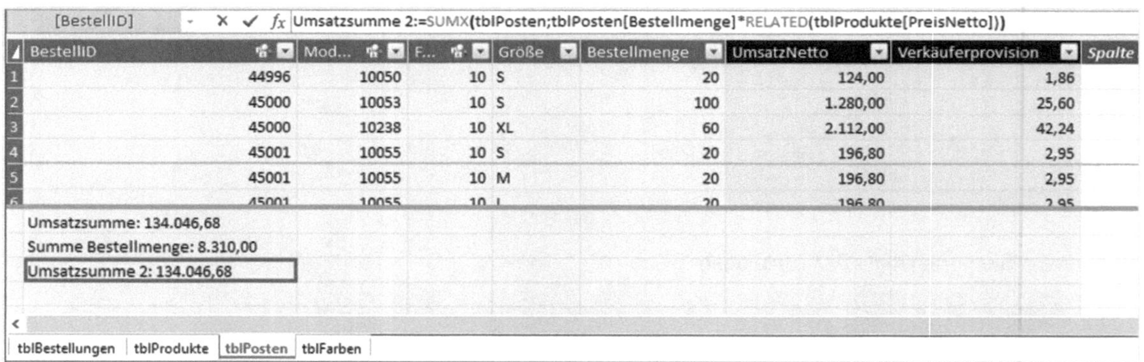

Hinweis: Zum Vergleich wurde im Bild oben das Measure *Umsatzsumme* mit der Funktion SUM über die Spalte *UmsatzNetto* berechnet. Beide sind in diesem Szenario eigentlich überflüssig.

Measures mit Bedingungen verknüpfen

Mit Hilfe der DAX-Funktion CALCULATE können Sie Measures auch mit Bedingungen kombinieren, die Syntax: =CALCULATE(Ausdruck;Filter1;Filter2;...)

Beispiel Umsatzprognosen: Sie möchten wissen, wie sich der Umsatz im zweiten Quartal im Vergleich zum ersten Quartal entwickelt hat, um daraus eine Prognose für das dritte Quartal zu erstellen. Dazu erstellen Sie jeweils ein Measure für die Umsätze des ersten und zweiten Quartals. Zur Berechnung des ersten Quartals geben Sie die folgende Formel ein, das Measure erhält den Namen *Quartal_1*:

```
=CALCULATE(SUM(tblPosten[UmsatzNetto]);MONTH(tblBestellungen[Datum])>=1
&& MONTH(tblBestellungen[Datum])<=3)
```

Bild 8.93 Umsatzsumme für das erste Quartal berechnen

[BestellID] fx Quartal_1:=CALCULATE(SUM(tblPosten[UmsatzNetto]);MONTH(tblBestellungen[Datum])>=1 && MONTH(tblBestellungen[Datum])<=3)

	BestellID	Mod...	F...	Größe	Bestellmenge	UmsatzNetto	Verkäuferprovisi
1	44996	10050	10	S	20	124,00	
2	45000	10053	10	S	100	1.280,00	
3	45000	10238	10	XL	60	2.112,00	
4	45001	10055	10	S	20	196,80	
5	45001	10055	10	M	20	196,80	

Umsatzsumme: 134.046,68
Summe Bestellmenge: 8.310,00
Umsatzsumme_2: 134.046,68
Quartal_1: 57.048,06

tblBestellungen | tblProdukte | tblPosten | tblFarben

Measure kopieren: Zur Berechnung der Umsatzsumme für das zweite Quartal brauchen Sie nur die erste Formel in die Zwischenablage kopieren, in die Zelle darunter einfügen und die Bedingungen anpassen.

Auf dieselbe Weise könnten Sie auch noch die Umsätze für die beiden restlichen Quartale berechnen oder die Bestellmengen je Quartal.

Bild 8.94 Quartal 2 berechnen

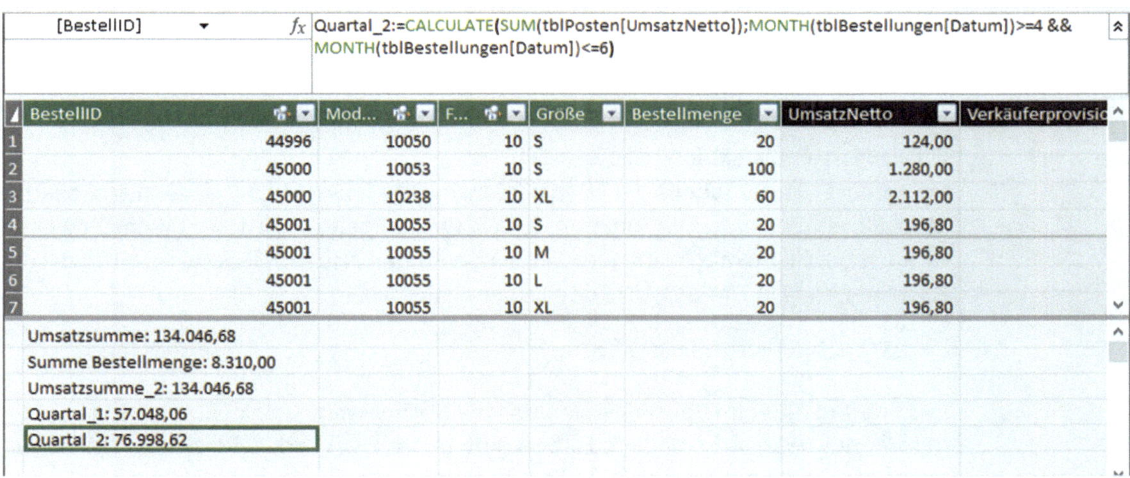

[BestellID] fx Quartal_2:=CALCULATE(SUM(tblPosten[UmsatzNetto]);MONTH(tblBestellungen[Datum])>=4 && MONTH(tblBestellungen[Datum])<=6)

	BestellID	Mod...	F...	Größe	Bestellmenge	UmsatzNetto	Verkäuferprovisi
1	44996	10050	10	S	20	124,00	
2	45000	10053	10	S	100	1.280,00	
3	45000	10238	10	XL	60	2.112,00	
4	45001	10055	10	S	20	196,80	
5	45001	10055	10	M	20	196,80	
6	45001	10055	10	L	20	196,80	
7	45001	10055	10	XL	20	196,80	

Umsatzsumme: 134.046,68
Summe Bestellmenge: 8.310,00
Umsatzsumme_2: 134.046,68
Quartal_1: 57.048,06
Quartal_2: 76.998,62

Tipp: Bearbeitungsleiste vergrößern
Um bei komplexen Formeln die Bearbeitungsleiste zu vergrößern, wie im Bild oben, klicken Sie auf den Doppelpfeil rechts im Eingabefeld.

Differenz gegenüber dem vorherigen Quartal berechnen

Measures können auch für weitere Berechnungen herangezogen werden, beispielsweise, um die prozentuale Zu- oder Abnahme gegenüber dem ersten Quartal zu berechnen. Die Formel lautet dann:

```
=([Quartal_2]-[Quartal_1])/[Quartal_1]
```

Tipp: Im Register *Start* ▶ *Formatierung* können Sie dem Ergebnis auch gleich das Prozentformat mit der gewünschten Anzahl Dezimalstellen zuweisen.

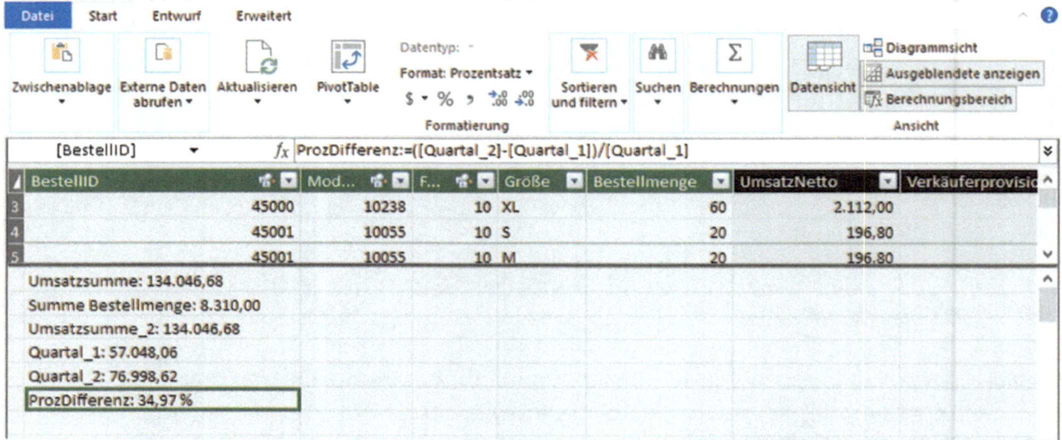

Bild 8.95 Prozentuale Differenz berechnen und formatieren

Achtung: Einige Funktionen, darunter CALCULATE dürfen nicht auf ein Measure verweisen!

Diskrete Häufigkeit mit DISTINCTCOUNT ermitteln

Beispiel: Bestellte Anzahl der Farben je Modell

Sie möchten in der Tabelle *tblPosten* wissen, in wie vielen verschiedenen Farben jedes Modell bestellt wurde. Die Funktion COUNT für die Spalte *Farbe* führt hier nicht weiter, da auch Duplikate mitgezählt werden. Sie benötigen also die Diskrete Anzahl bzw. die DAX-Funktion DISTINCTCOUNT und folgende Formel:

```
=DISTINCTCOUNT(tblPosten[Farbe])
```

Das Ergebnis, hier im Beispiel 9, sieht in Power Pivot wenig spektakulär aus, da es insgesamt nur neun verschiedene Farben gibt. In der Pivot-Tabelle dagegen können Sie damit die Modelle zusätzlich nach Farben differenzieren, wie in Bild 8.97.

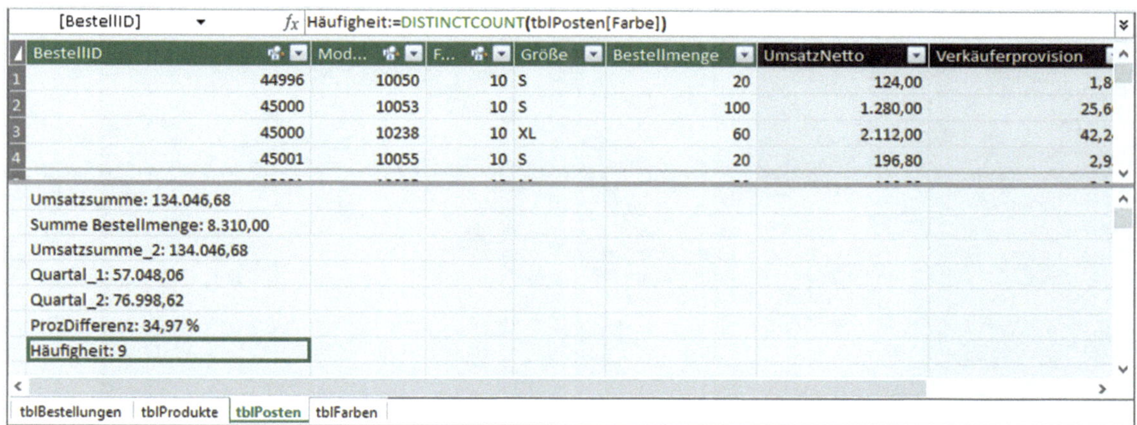

Bild 8.96 Diskrete Häufigkeit berechnen

Die Anzahl der verschiedenen Farben je Modell erhalten Sie über die Teilergebnisse, diese müssen Sie eventuell manuell hinzufügen. Das Gesamtergebnis für die Spalte wird dagegen nicht benötigt und kann ausgeblendet werden. Da Sie für jede Farbe als Häufigkeit 1 erhalten, sind auch die einzelnen Farben je Modell überflüssig und können ebenfalls ausgeblendet werden.

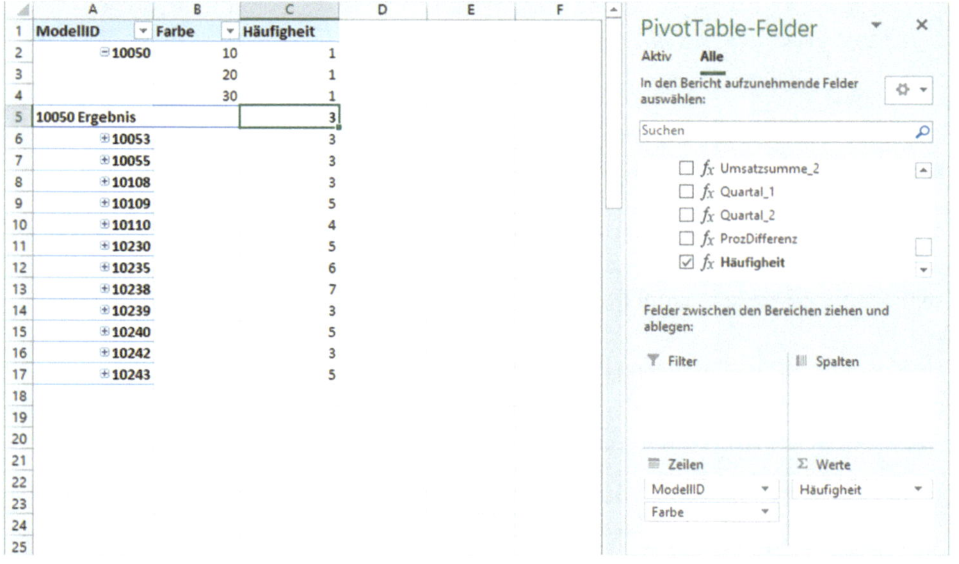

Bild 8.97 Häufigkeiten nach Modell und Farben in der Pivot-Tabelle

Measures in der Pivot-Tabelle verwenden

In der Feldliste der Pivot-Tabelle sind Measures am Funktionssymbol *fx* ❶ zu erkennen und können als Wertfelder verwendet werden. Im Bild unten wurde aus der Tabelle *tblPosten* eine einfache Pivot-Tabelle mit der jeweiligen ModellID und den Umsätzen der beiden ersten Quartale ❷ erstellt.

Dasselbe Ergebnis würden Sie ohne Verwendung von Measures erhalten, wenn Sie das Feld *Datum* der Tabelle *tblBestellungen* nach Quartalen gruppieren.

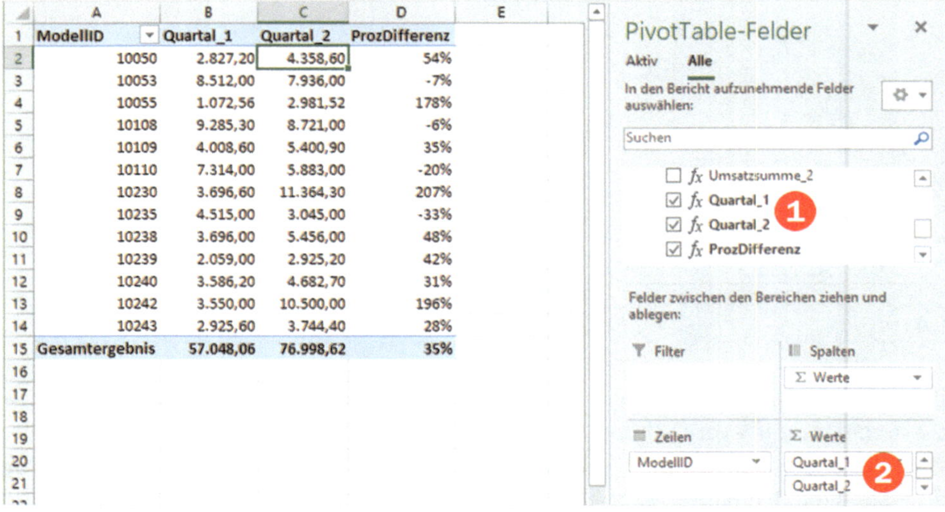

ModellID	Quartal_1	Quartal_2	ProzDifferenz
10050	2.827,20	4.358,60	54%
10053	8.512,00	7.936,00	-7%
10055	1.072,56	2.981,52	178%
10108	9.285,30	8.721,00	-6%
10109	4.008,60	5.400,90	35%
10110	7.314,00	5.883,00	-20%
10230	3.696,60	11.364,30	207%
10235	4.515,00	3.045,00	-33%
10238	3.696,00	5.456,00	48%
10239	2.059,00	2.925,20	42%
10240	3.586,20	4.682,70	31%
10242	3.550,00	10.500,00	196%
10243	2.925,60	3.744,40	28%
Gesamtergebnis	57.048,06	76.998,62	35%

Bild 8.98 Measures können als Wertefelder in der Pivot-Tabelle verwendet werden

> Große Datenmengen lassen sich wesentlich schneller laden, filtern und aktualisieren, wenn explizite Measures berechnet und verwendet werden.

Measures in einer gesonderten Tabelle berechnen

Measures können im Berechnungsbereich jeder beliebigen Tabelle berechnet werden. Wenn Sie sehr viele Measures benötigen, kann es für einen besseren Überblick sinnvoll sein, wenn Sie diese in einer gesonderten, aber ansonsten leeren Tabelle berechnen.

Eine leere Tabelle im Datenmodell erzeugen

Dazu müssen Sie im Datenmodell zunächst einmal eine leere Tabelle erzeugen. Dies geschieht etwas umständlich auf dem Weg über die Zwischenablage:

1 Markieren Sie im Arbeitsblatt eine beliebige leere Zelle und klicken Sie auf *Start* ▶ *Zwischenablage* ▶ *Kopieren* oder betätigen Sie die Tasten Strg+C.

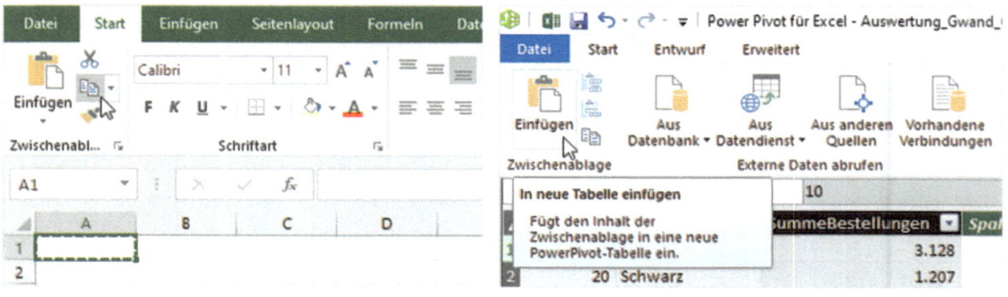

Bild 8.99 Kopieren Sie eine leere Zelle aus dem Arbeitsblatt in die Zwischenablage

Bild 8.100 In Power Pivot aus der Zwischenablage als Tabelle einfügen

2 Wechseln Sie zu Power Pivot und klicken Sie auf *Einfügen* (*Start* ▶ *Zwischenablage*). **Achtung**: Die Tasten Strg+V können hier nicht verwendet werden und die Schaltfläche *Einfügen* steht nur zur Verfügung, wenn eine Zelle oder Spalte des Tabellenbereichs markiert ist, nicht aber im Berechnungsbereich.

3 Anschließend können Sie im Fenster *Vorschau auf die einzufügenden Daten* der Tabelle einen Namen geben (Bild unten). Ob das Kontrollkästchen *Erste Zeile als Spaltenüberschriften verwenden* aktiviert ist, spielt in diesem Fall keine Rolle; falls eine Warnung auf ungültige Spaltenüberschriften erscheint, können Sie diese ignorieren. Klicken Sie dann auf *OK*.

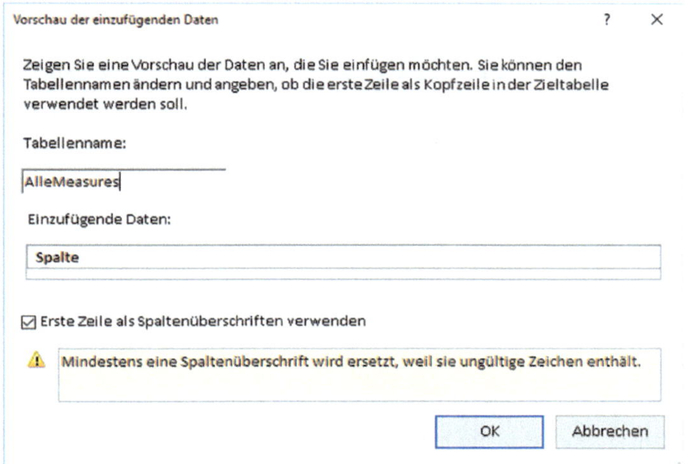

Bild 8.101 Geben Sie der neuen Tabelle einen Namen

4 Eine leere Tabelle, bestehend aus einer Spalte wird eingefügt. Falls Sie die leere Tabelle nachträglich umbenennen, verschieben oder löschen möchten, klicken Sie mit der rechten Maustaste im Tabellenregister auf den Namen der Tabelle.

Bild 8.102 Die leere Tabelle umbenennen, verschieben oder löschen

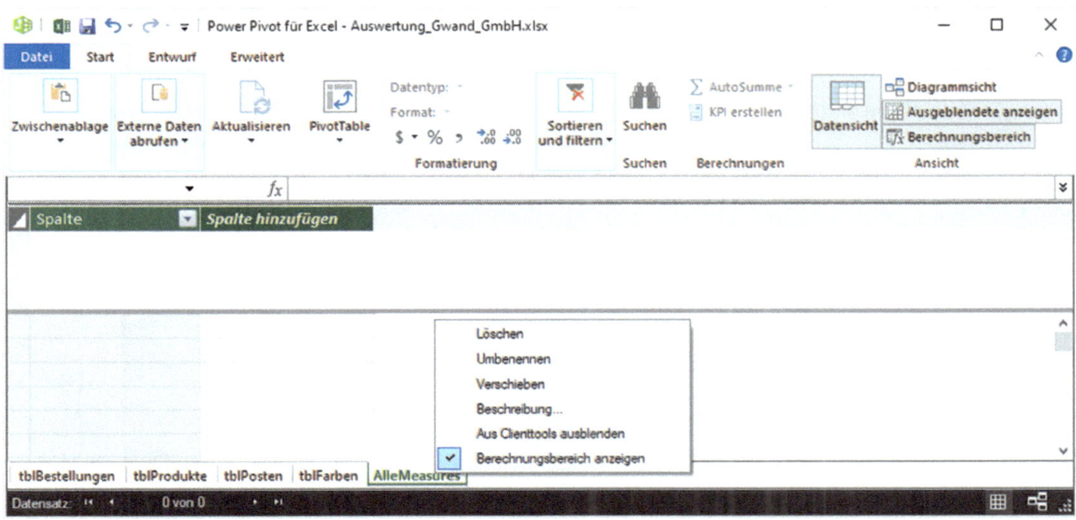

Zuletzt brauchen Sie in dieser Tabelle eigentlich nur noch den Berechnungsbereich anzeigen und hier alle erforderlichen Measures berechnen. Wenn Sie den Berechnungsbereich vergrößern möchten, dann verschieben Sie einfach die Trennlinie mit der Maus.

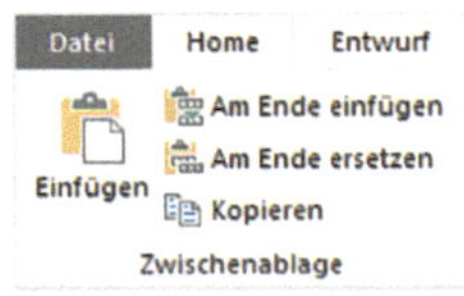

Achtung: Diese Befehle sind nur für kopierte, nicht aber verknüpfte Tabellen verfügbar!

Hinweise zur Verwendung der Zwischenablage in Power Pivot

Sie könnten über die Zwischenablage auch eine Excel-Tabelle nach Power Pivot und damit in das Datenmodell kopieren. Allerdings ist dies nur selten sinnvoll, da kopierte Daten nicht aktualisiert werden. In der Gruppe *Zwischenablage* finden Sie neben *Kopieren* und *Einfügen* zusätzlich die Schaltflächen *Am Ende einfügen* und *Am Ende ersetzen*, mit denen Sie einer kopierten Datentabelle nachträglich weitere Datensätze hinzufügen können, diese müssen die gleiche Anzahl Spalten besitzen. *Am Ende einfügen* fügt den Inhalt der Zwischenablage am Ende der Tabelle als zusätzliche Zeilen hinzu, *Am Ende ersetzen* ersetzt hingegen die ausgewählte Tabelle durch den Inhalt der Zwischenablage.

8.7 PivotTable und PivotChart mit Power Pivot

Überflüssige Spalten in der Feldliste verbergen

Berechnete Spalten und Measures machen einige der ursprünglichen Tabellenspalten überflüssig. Zum Beispiel wird aus der Tabelle *tblBestellungen* die Spalte *Datum* in der Pivot-Tabelle nicht benötigt, da die relevanten Datumsangaben Jahr, Monat und Quartal als zusätzliche Spalten berechnet wurden.

Um solche Spalten aus der Feldliste der Pivot-Tabelle auszublenden, klicken Sie in Power Pivot mit der rechten Maustaste auf die Überschrift der betreffenden Spalte und auf *Aus Clienttools ausblenden*. Die Spalte verschwindet aus der Feldliste und erscheint in Power Pivot ausgegraut (siehe im Bild unten die Spalte *Monat*). Auf demselben Weg und mit dem Befehl *In Clienttools einblenden* lässt sich die Spalte wieder anzeigen.

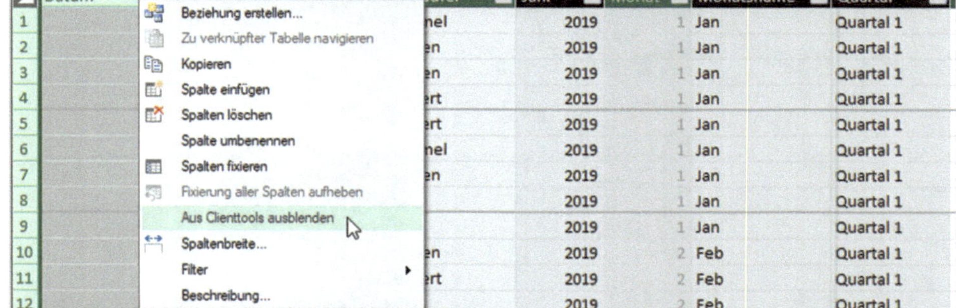

Bild 8.103 Die Spalte Datum ausblenden

Details anzeigen (Drilldown) und schnelle Filter

Auch in Pivot-Tabellen, die auf einem Datenmodell beruhen, können Sie zu Kontrollzwecken Details zu einem Ergebnis mittels Drilldown einsehen. Verwendet die Pivot-Tabelle Felder aus mehreren verknüpften Tabellen, können Sie wählen, welche Tabelle herangezogen werden soll.

Siehe Pivot-Tabellen, Seite 185.

Als Beispiel im Bild unten die Pivot-Tabelle mit den Umsatzsummen der Verkäufer. Klicken Sie auf den Namen eines Verkäufers oder den dazugehörigen Umsatz, so erscheint in der Tabelle das Symbol *Schnelleinblick* und mit Klick auf dieses Symbol können Sie weitere Details zu diesem Verkäufer und dem Umsatz anzeigen. Es öffnet sich das Feld *Durchsuchen* und Sie können wählen, welche Tabelle und welche Werte durchsucht werden sollen.

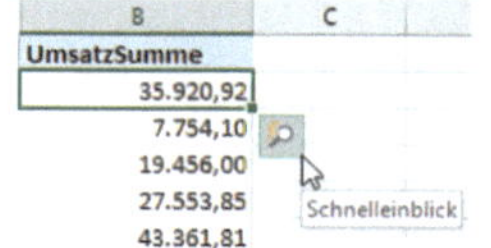

Achtung: Beim Drilldown in Pivot-Tabellen, die auf einem Datenmodell beruhen, sollten Sie wissen, dass im Gegensatz zu einfachen Pivot-Tabellen beim Drilldown keine Kopie erzeugt wird, sondern die Original-Tabelle umgestellt und gefiltert wird. Um die ursprüngliche Tabelle wiederherzustellen, müssen Sie also anschließend den Drilldown wieder rückgängig machen. Noch besser ist es, wenn Sie vor dem Drilldown das Tabellenblatt mit der Pivot-Tabelle kopieren und den Drilldown in der Kopie vornehmen.

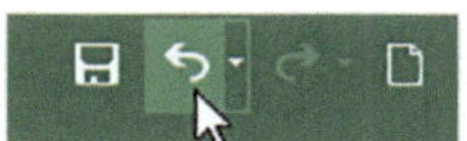

1. Klicken Sie beispielsweise auf den ersten Verkäufer, Bommel und auf das Symbol *Schnelleinblick* ❶. Im Feld *Durchsuchen* erscheinen nun alle Tabellen, klicken Sie links von der Tabelle *tblBestellungen* auf das kleine Dreieck, um alle Felder dieser Tabelle anzuzeigen.
2. Markieren Sie das Feld *Monat* ❷ und klicken Sie auf *Drilldown zu Monat* ❸. Anschließend erhalten Sie in der Tabelle die monatlichen Umsätze, gefiltert nach dem ausgewählten Verkäufer ❹.

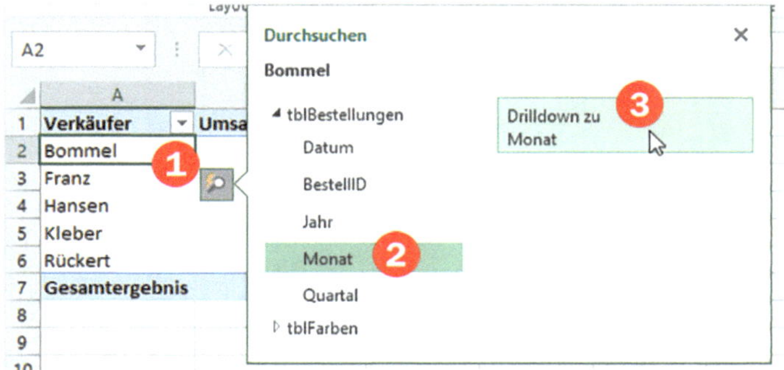

Bild 8.104 Klicken Sie auf Schnelleinblick und wählen Sie einen Drilldown

Bild 8.105 Das Ergebnis in der Tabelle

	A	B	C
1	Verkäufer	Bommel	
2			
3	Monat	UmsatzSumme	
4	1	1.916,70	
5	2	5.799,45	
6	3	6.553,40	
7	4	6.234,94	
8	5	8.674,48	
9	6	6.741,95	
10	Gesamtergebnis	35.920,92	
11			
12			

3. Wenn Sie nun weiter wissen möchten, mit welchen Modellen der Umsatz im Monat Januar erzielt wurde, dann markieren Sie diese Zahl oder diesen Monat und klicken wieder auf *Schnelleinblick*. Wählen Sie die Tabelle *tblPosten*, hier das Feld *ModellID* und klicken Sie dann auf *Drilldown zu ModellID*.

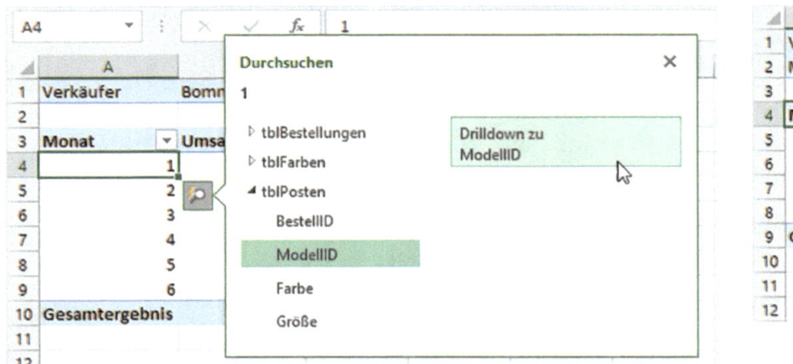

	A	B
1	Verkäufer	Bommel
2	Monat	1
3		
4	ModellID	UmsatzSumme
5	10050	961,00
6	10055	787,20
7	10109	76,50
8	10243	92,00
9	Gesamtergebnis	1.916,70
10		
11		
12		

Bild 8.106 Nächster Drilldown zu ModellID

Bild 8.107 Das Ergebnis

Hinweis: Da beim Drilldown jedes Mal die Tabelle umgestellt wird, stellen Sie die ursprüngliche Tabelle wieder her, indem Sie nacheinander den Drilldown über das Symbol der Symbolleiste für den Schnellzugriff wieder rückgängig machen.

Drilldown mit mehreren Spalten

Eine weitere Möglichkeit wäre, per Drilldown die Bestellmengen der einzelnen Modelle nach Farben und dann nach Größen anzuzeigen. Dies soll im nächsten Beispiel über mehreren Spalten gezeigt werden, hier Quartale.

Bild 8.108 Die Ausgangstabelle enthält die Bestellmengen der Modelle und Quartale

Bild 8.109 Drilldown nach Farben

1 Klicken Sie auf ein Modell, als Beispiel im Bild unten die ModellID 10055, und auf *Schnelleinblick*. Wählen Sie dann aus der Tabelle *tblFarben* das Feld *Bezeichnung* (=Farbbezeichnung) und klicken Sie auf *Drilldown zu Bezeichnung*.

	A	B	C	D
1	SummeBestellt	Quartal		
2	ModellID	Quartal 1	Quartal 2	Gesamtergebnis
3	10050	456	703	1.159
4	10053	665	620	1.285
5	10055	109	303	412
6	10108	362	340	702
7	10109	262	353	615
8	10110	230	185	415
9	10230	202	621	823
10	10235	215	145	360
11	10238	105	155	260
12	10239	145	206	351
13	10240	278	363	641
14	10242	142	420	562
15	10243	318	407	725
16	Gesamtergebnis	3.489	4.821	8.310
17				

	A			
1	SummeBestellt	Quart		
2	ModellID	Quart		
3	10050			
4	10053			
5	10055			
6	10108			
7	10109			
8	10110			
9	10230			
10	10235			
11	10238			
12	10239			
13	10240	278	363	641
14	10242	142	420	562
15	10243	318	407	725
16	Gesamtergebnis	3.489	4.821	8.310
17				

Durchsuchen
10055
tblBestellungen
tblFarben
FarbID
Bezeichnung
SummeBestellungen
tblPosten
tblProdukte
Drilldown zu Bezeichnung

2 Die Tabelle wird nach dem gewählten Modell gefiltert und die Farben für beide Quartale angezeigt (Bild 8.110). Die nächste Möglichkeit wäre, nun nach Größen zu differenzieren (*tblPosten* - *Größe*), wie in Bild 8.111. Über die Berichtsfilter kann jederzeit ein anderes Modell und eine andere Farbe ausgewählt werden.

Zum Wiederherstellen der ursprünglichen Tabelle machen Sie die Drilldown-Schritte nacheinander wieder rückgängig.

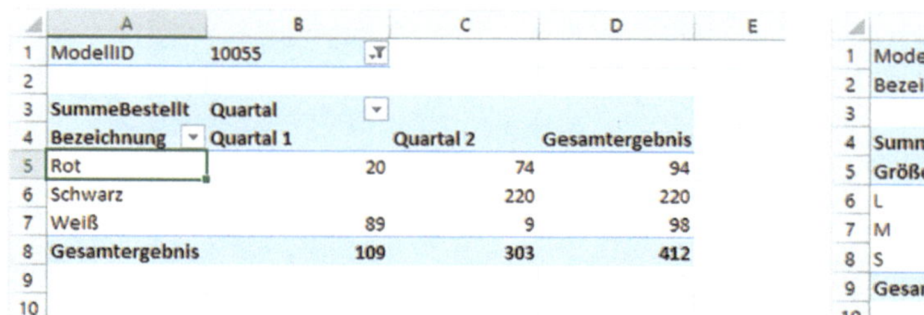

	A	B	C	D	E
1	ModellID	10055			
2					
3	SummeBestellt	Quartal			
4	Bezeichnung	Quartal 1	Quartal 2	Gesamtergebnis	
5	Rot	20	74	94	
6	Schwarz		220	220	
7	Weiß	89	9	98	
8	Gesamtergebnis	109	303	412	
9					
10					

	A	B	C	D
1	ModellID	10055		
2	Bezeichnung	Schwarz		
3				
4	SummeBestellt	Quartal		
5	Größe	Quartal 2	Gesamtergebnis	
6	L	90	90	
7	M	50	50	
8	S	80	80	
9	Gesamtergebnis	220	220	
10				

Bild 8.110 Modell nach Farbe

Bild 8.111 Filter Größe

Hierarchien einsetzen

Hierarchie erstellen

Sie können auch für bestimmte Felder auch eine Hierarchie erstellen. Wenn Sie dann in der Pivot-Tabelle die Hierarchie in einen Bereich, z. B. Zeilen ziehen, erhalten Sie hier automatisch auch alle dazugehörigen Felder. Hierarchien bieten sich für Datumswerte an, z. B. Jahr, Quartal, Monat oder auch für Produkte. Als Beispiel erstellen wir eine Hierarchie für Produkte mit den Feldern *ModellID*, *Farbe*, *Größe*.

1 Wechseln Sie in Power Pivot in die Diagrammsicht und zeigen Sie auf die Tabelle *tblPosten*. In der rechten oberen Ecke erscheinen die beiden Symbole *Maximieren* und *Hierarchie erstellen*. Klicken Sie auf *Hierarchie erstellen*. Oder klicken Sie mit der rechten Maustaste in die Tabelle und auf *Hierarchie erstellen*.

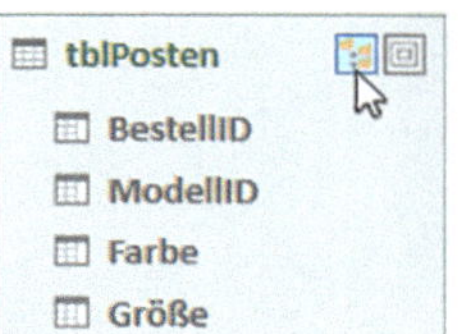

Bild 8.112 Hierarchie erstellen

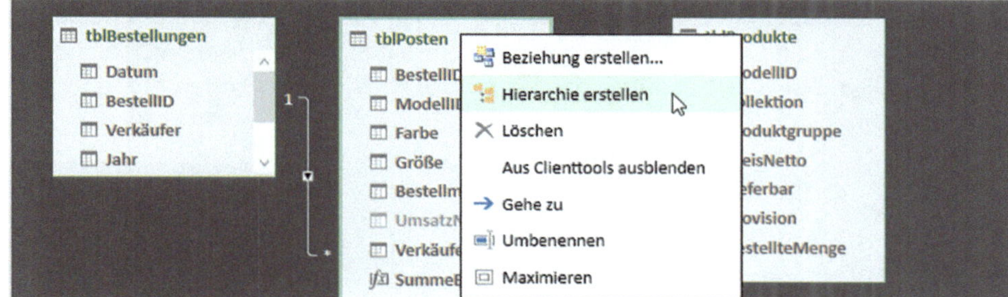

2 Die Hierarchie erscheint am Ende der Tabelle unter dem vorläufigen Namen *Hierarchie1* (Bild 8.113). Überschreiben Sie diesen Namen mit *Modellinfo* und schließen Sie mit der Eingabetaste ab. Per Rechtsklick auf den Namen der Hierarchie und den Befehl *Umbenennen* können Sie den Namen auch nachträglich ändern.

3 Ziehen Sie dann nacheinander die Spalten *ModellID*, *Farbe* und *Größe* auf den Namen der Hierarchie. Diese erscheinen unterhalb und etwas eingerückt. Die Reihenfolge innerhalb der Hierarchie legt gleichzeitig die Reihenfolge fest, in der in der Pivot-Tabelle die Elemente hierarchisch angeordnet werden.

Die Reihenfolge in der Hierarchie lässt sich schnell durch Ziehen mit der Maus ändern.

4 Damit die Spalten in der Feldliste der Pivot-Tabelle nicht doppelt erscheinen, sollten Sie anschließend die ursprünglichen Spalten über die rechte Maustaste und den Befehl *Aus Clienttools ausblenden* deaktivieren.

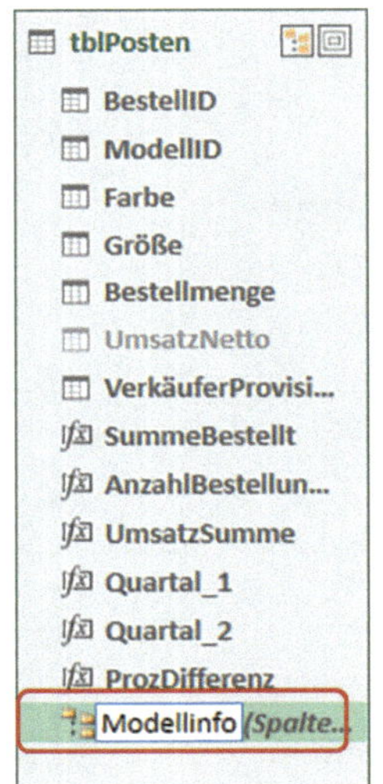

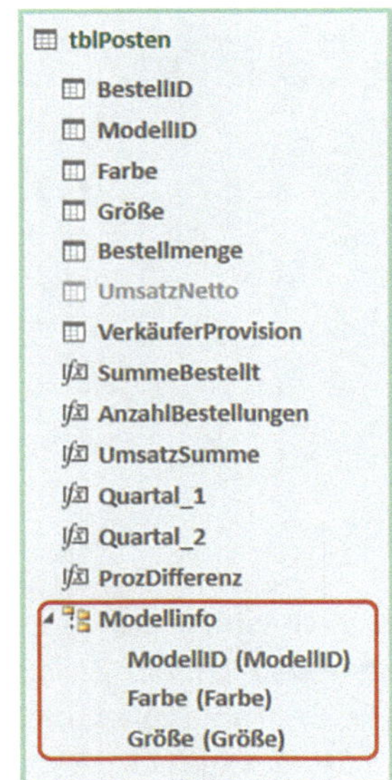

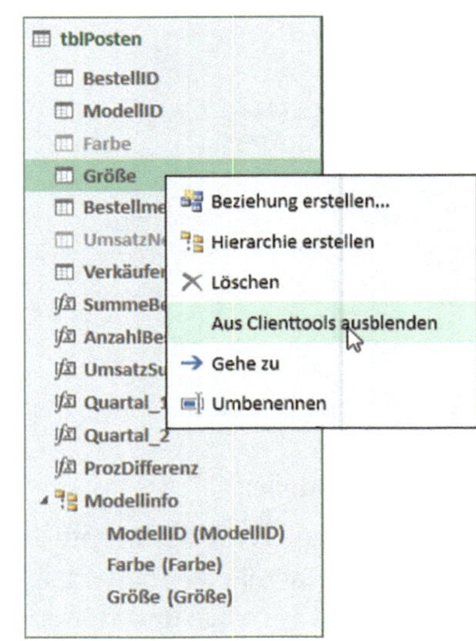

Bild 8.113 Ziehen Sie die Spalten auf die Hierarchie

Bild 8.114 Spalten ausblenden

Hierarchien in Pivot-Tabelle nutzen

In der Feldliste der Pivot-Tabelle erscheint nun unterhalb der Tabelle *tblPosten* zuerst die Hierarchie *Modellinfo*, die übrigen Spalten sind unter *Weitere Felder* verfügbar. Ziehen Sie *Modellinfo* in den Bereich *Zeilen* und die Umsatzsumme in der Wertebereich, so erhalten Sie die unten abgebildete Tabelle, die zur Hierarchie gehörenden Spalten *Farbe* und *Größe* sind in der Tabelle automatisch mit enthalten. Jedes Modell ist mit einem Plus-Symbol versehen, über das Sie schnell Farben und Größen ein- und ausblenden können.

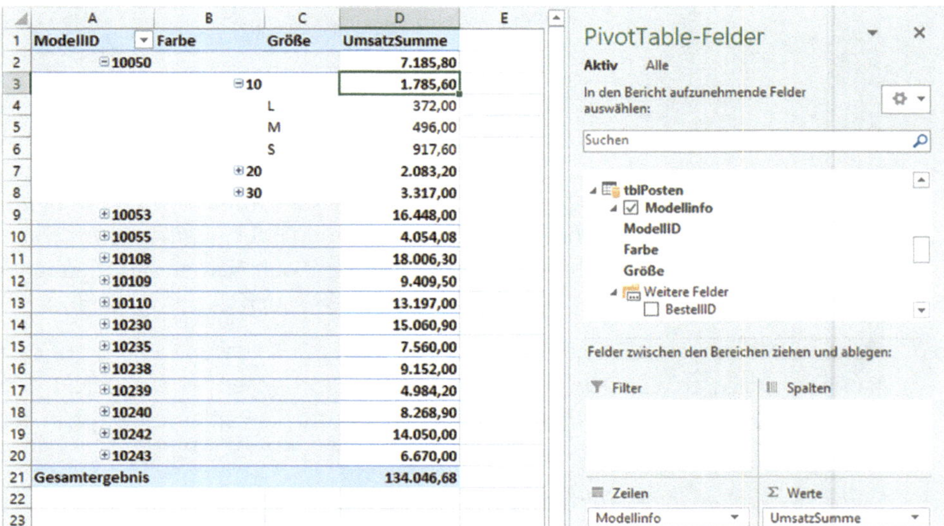

	A	B	C	D	E
1	ModellID	Farbe	Größe	UmsatzSumme	
2	⊟10050			7.185,80	
3		⊟10		1.785,60	
4			L	372,00	
5			M	496,00	
6			S	917,60	
7		⊞20		2.083,20	
8		⊞30		3.317,00	
9	⊞10053			16.448,00	
10	⊞10055			4.054,08	
11	⊞10108			18.006,30	
12	⊞10109			9.409,50	
13	⊞10110			13.197,00	
14	⊞10230			15.060,90	
15	⊞10235			7.560,00	
16	⊞10238			9.152,00	
17	⊞10239			4.984,20	
18	⊞10240			8.268,90	
19	⊞10242			14.050,00	
20	⊞10243			6.670,00	
21	Gesamtergebnis			134.046,68	
22					
23					

Bild 8.115 Die Hierarchie Modellinfo in der Pivot-Tabelle

So nutzen Sie Hierarchien zum Drilldown

Hierarchien erlauben auch beim Drilldown komfortables Navigieren zwischen den Ebenen. So erhalten Sie über das Symbol *Schnelleinblick* die Möglichkeit, in der Tabelle *tblPosten* die Hierarchie *Modellinfo* und damit den Drilldown zu *Farbe* auszuwählen.

Nach dem Drilldown zu *Farbe* können Sie in der Hierarchie über *Schnelleinblick* entweder einen weiteren *Drilldown* zu Größe durchführen oder mit *Drillup* eine Ebene höher zurück zur *ModellID* gelangen (Bild 8.117).

Bild 8.116 Drilldown in der Hierarchie

Bild 8.117 Drillup

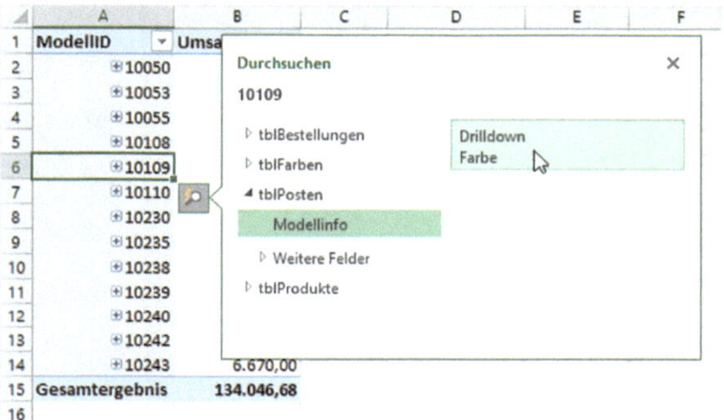

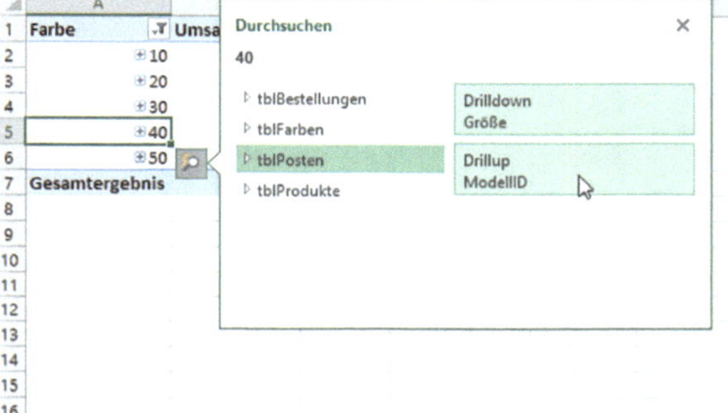

Drilldown in Pivot-Diagrammen

Wenn Sie Felder einer Hierarchie in einem Pivot-Diagramm verwenden, dann ist auch hier ein schneller Drilldown bzw. Drillup möglich. Als Beispiel wurde im Bild unten die Hierarchie *Zeitinfo* mit Quartalen und Monaten gebildet.

Hinweis: die Reihenfolge der Ebenen hängt von der Anordnung innerhalb der Hierarchie ab.

Mit den Schaltflächen + und - in der rechten unteren Ecke des Diagramms können Sie schnell die Anzeige von Quartalen auf Monate erweitern und wieder reduzieren.

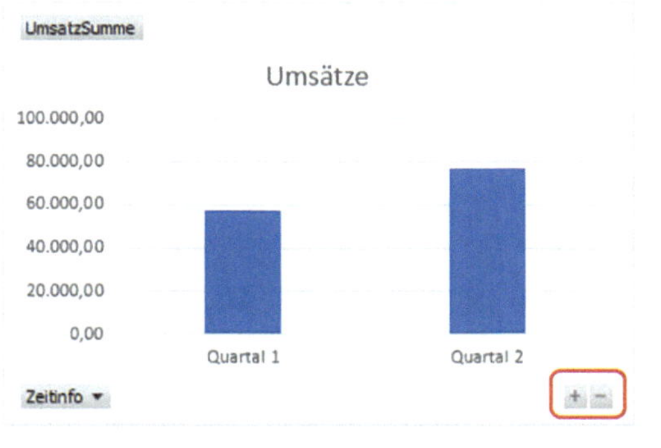

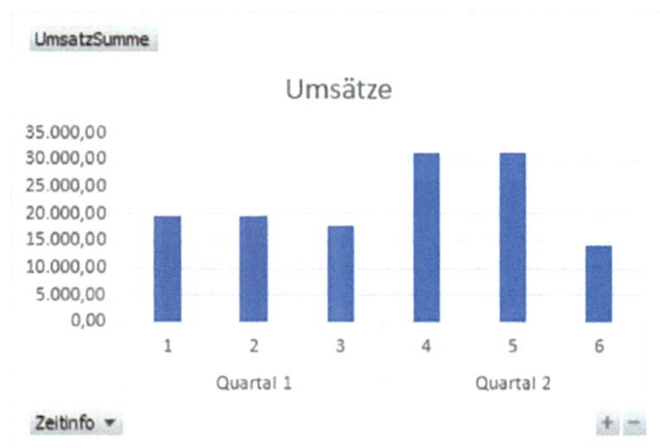

Bild 8.118 PivotChart: Drilldown Quartale und Monate

Daten mit KPI visualisieren

So genannte Key Performance Indicators oder kurz KPI lassen sich mit den Symbolsätzen der bedingten Formatierung vergleichen und dienen in Verbindung mit Power Pivot zur Visualisierung von Daten in einer Pivot-Tabelle.

> **Beachten Sie eine wichtige Voraussetzung**
> Key Performance Indicators (KPI) stehen nur für Measures zur Verfügung. Alle Werte, die Sie mit KPI verdeutlichen möchten, müssen als Measures erstellt werden.

Als Beispiel die Umsätze der Verkäufer im ersten und zweiten Quartal. Die Umsätze für Quartal 1 und Quartal 2 wurden als Measures berechnet, wie das Bild unten zeigt.

Bild 8.119 Die Umsätze des ersten und zweiten Quartals

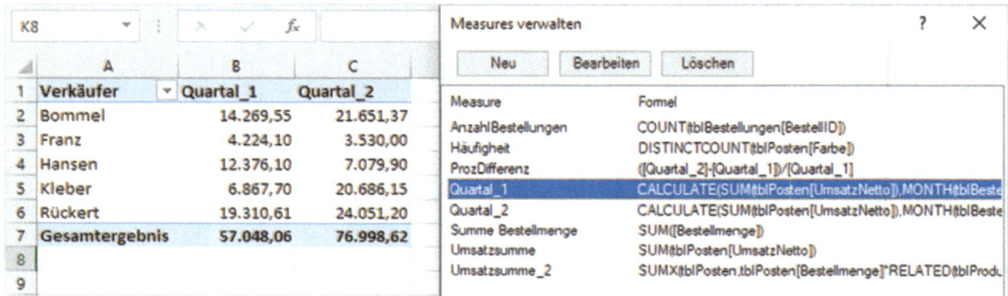

Sie möchten nun die Veränderung im zweiten Quartal gegenüber dem ersten Quartal optisch mit Ampelsymbolen (grün, gelb, rot) verdeutlichen.

1 Klicken Sie Excel-Arbeitsblatt im Register *Power Pivot* ▶ *Berechnungen* auf *KPIs* und auf *Neuer KPI....*

Bild 8.120 Klicken Sie auf KPIs und auf Neuer KPI...

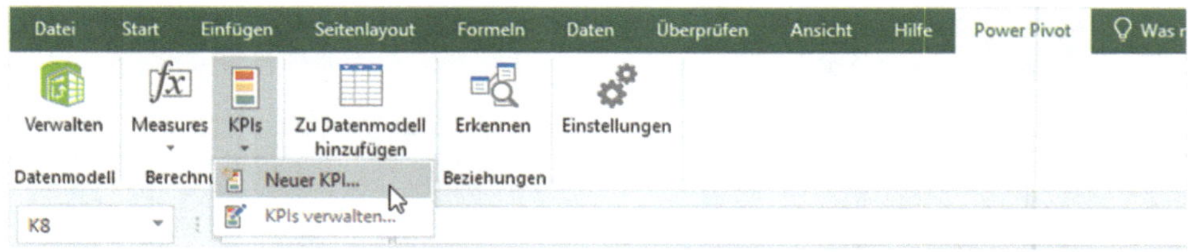

2 Im Fenster *Key Performance Indicator (KPI)* legen Sie nun die Parameter fest. Als erstes wählen Sie als Basisfeld das Measure *Quartal_2*. Diesem Basisfeld wird der KPI fest zugeordnet.

Bild 8.121 Basisfeld wählen

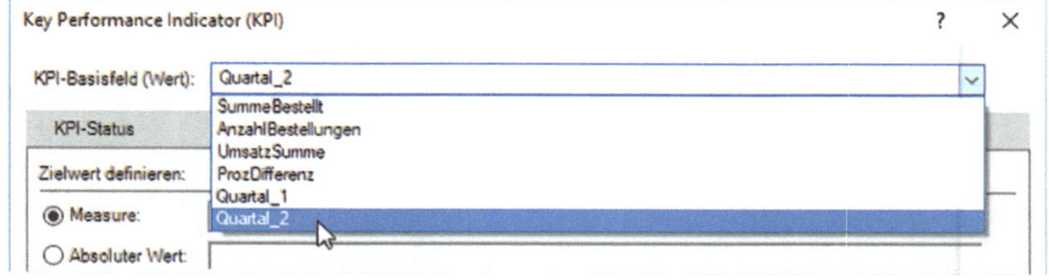

3 Unter *Zielwert definieren* geben Sie entweder einen festen bzw. absoluten Wert vor oder wählen ein Measure als Vergleichswert ❶. Da in diesem Beispiel ein Vergleich mit dem ersten Quartal erfolgen soll, klicken Sie auf die Option *Measure* und wählen das Feld *Quartal_1*.

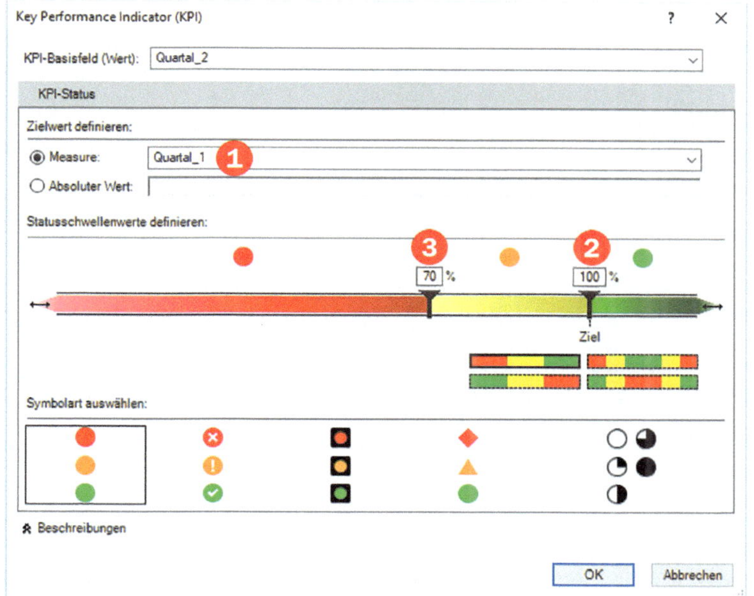

Bild 8.122 Parameter für KPI festlegen

4 Unter *Statusschwellenwerte definieren* legen Sie nun durch Verschieben der Marken die Schwellenwerte der Farben fest. Verkäufer, deren Umsätze höher oder gleich dem ersten Quartal sind, sollen ein grünes Symbol erhalten, verschieben Sie also den entsprechenden Schwellenwert ❷ auf 100% (Markierung *Ziel*).

Verkäufer, deren Umsätze nur 70% oder weniger des ersten Quartals erreicht haben, erhalten ein rotes Symbol; diese Marke verschieben Sie auf 70% ❸.

5 Unterhalb können Sie noch zwischen verschiedenen Symbolarten wählen. Klicken Sie dann auf *OK*.

6 In der Feldliste der Pivot-Tabelle erkennen Sie am Ampelsymbol (Bild unten), dass dem Measure *Quartal_2* ein KPI hinzugefügt wurde. Aktivieren Sie das Kontrollkästchen *Status*, um die Symbole der Pivot-Tabelle hinzuzufügen.

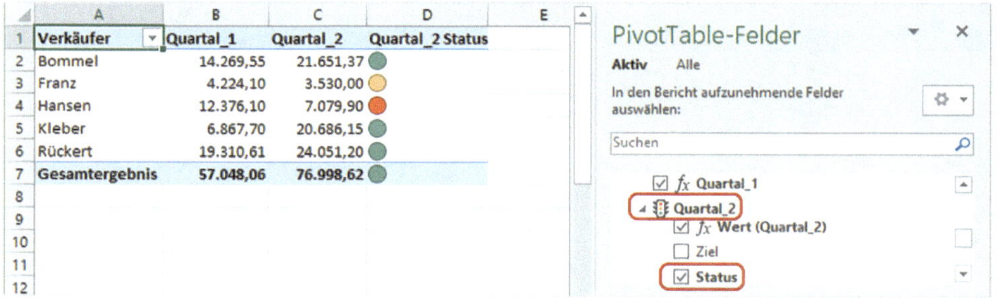

Verkäufer	Quartal_1	Quartal_2	Quartal_2 Status
Bommel	14.269,55	21.651,37	
Franz	4.224,10	3.530,00	
Hansen	12.376,10	7.079,90	
Kleber	6.867,70	20.686,15	
Rückert	19.310,61	24.051,20	
Gesamtergebnis	**57.048,06**	**76.998,62**	

Bild 8.123 Das Ergebnis in Pivot-Tabelle und Feldliste

KPIs werden dem Measure, das als KPI-Basisfeld ausgewählt wurde, hinzugefügt und stehen zusammen mit diesem Measure in der gesamten Arbeitsmappe zur Verfügung. Measures mit KPI sind am Ampelsymbol zu erkennen und über das Kontrollkästchen *Status* blenden Sie die Symbole ein bzw. aus. Mit dem Kontrollkästchen *Ziel* lassen sich auch die dazugehörigen Schwellenwerte in der Pivot-Tabelle anzeigen. Auch in Power Pivot erkennen Sie Measures mit KPI am Ampelsymbol, siehe Bild unten.

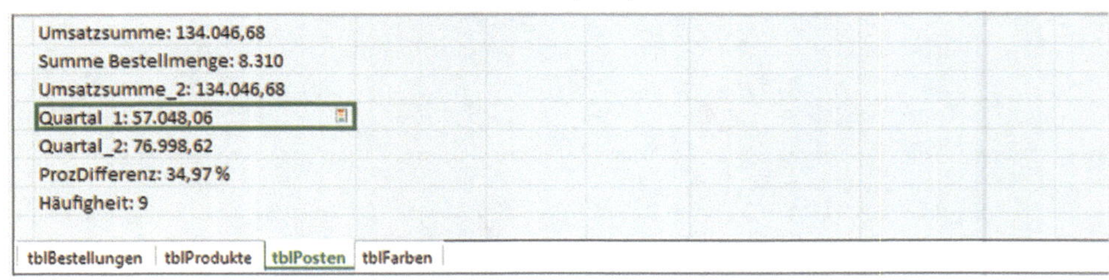

Bild 8.124 Measures mit KPI sind auch in Power Pivot am Ampelsymbol zu erkennen.

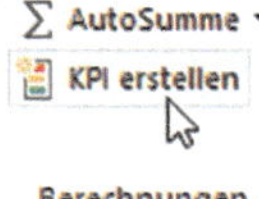

KPI in Power Pivot erstellen

Wenn Sie im Power Pivot-Fenster KPIs erstellen möchten, dann markieren Sie das Measure, das als Basisfeld dienen soll und klicken im Register *Start* ▶ *Berechnungen* auf *KPI erstellen*.

KPIs verwalten

Wenn Sie nachträglich KPIs ändern oder löschen möchten, dann beachten Sie, dass das Basisfeld, also das Measure, dem der KPI zugeordnet wurde, nachträglich nicht mehr geändert werden kann. Schwellenwerte und Vergleichswert lasen sich dagegen jederzeit anpassen.

- Im Arbeitsblatt klicken Sie im Register *Power Pivot* ▶ *Berechnungen* auf *KPIs* und auf *KPIs verwalten...*. Es öffnet sich das gleichnamige Fenster, markieren Sie den KPI und klicken Sie auf die Schaltfläche *Bearbeiten*. Mit der Schaltfläche *Löschen* kann der KPI entfernt werden (Bild 8.125).
- Im Power Pivot-Fenster klicken Sie mit der rechten Maustaste auf das entsprechende Measure und auf *KPI-Einstellungen bearbeiten...*. Im Kontextmenü erhalten Sie auch den Befehl *KPI löschen* (Bild 8.126).

Bild 8.125 KPIs verwalten

Bild 8.126 Kontextmenü im Power Pivot-Fenster

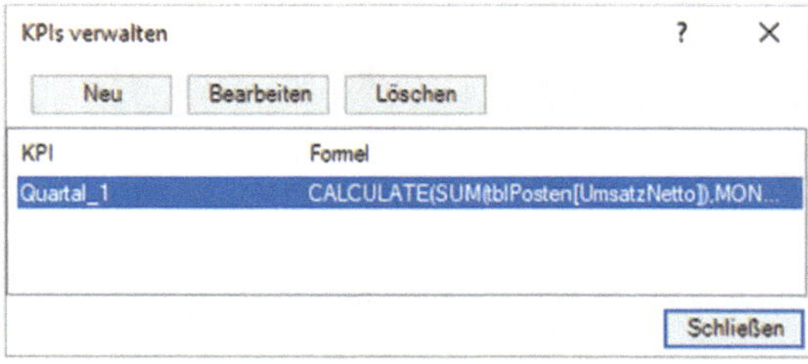

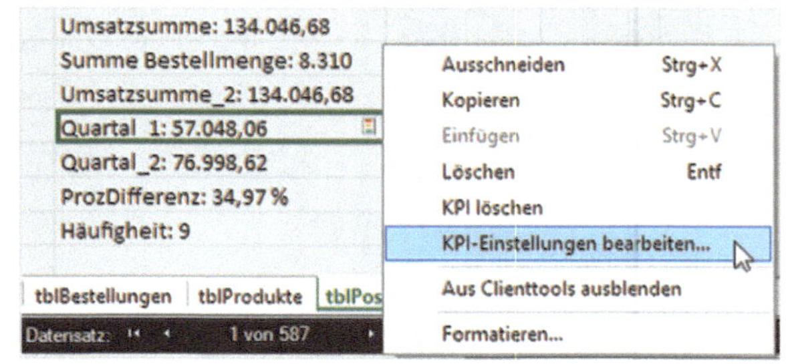

Mehrere PivotCharts einfügen und anordnen

Tabelle und Diagramm anordnen

Basierend auf dem Datenmodell können Sie eine Pivot-Tabelle oder ein Diagramm auf zwei Wegen einfügen:

- Mit dem Arbeitsblattbefehl *Einfügen* ▶ *PivotTable* bzw. *PivotChart*
- In Power Pivot über das Register *Start* und die Schaltfläche *PivotTable*.

Besonderheiten im Power Pivot-Fenster

Beim Einfügen einer Pivot-Tabelle aus Power Pivot heraus erhalten Sie einige zusätzliche Möglichkeiten, die nur hier verfügbar sind. Klicken Sie dazu auf den Dropdown-Pfeil der Schaltfläche. Im Auswahlfeld finden verschiedene Varianten der Anordnung im Arbeitsblatt und Sie können nicht nur eine Tabelle oder ein Diagramm, sondern auch gleich mehrere gleichzeitig in einem einzigen Arbeitsblatt einfügen, z. B. zu Vergleichszwecken.

Bild 8.127 Die verschiedenen Möglichkeiten der Anordnung

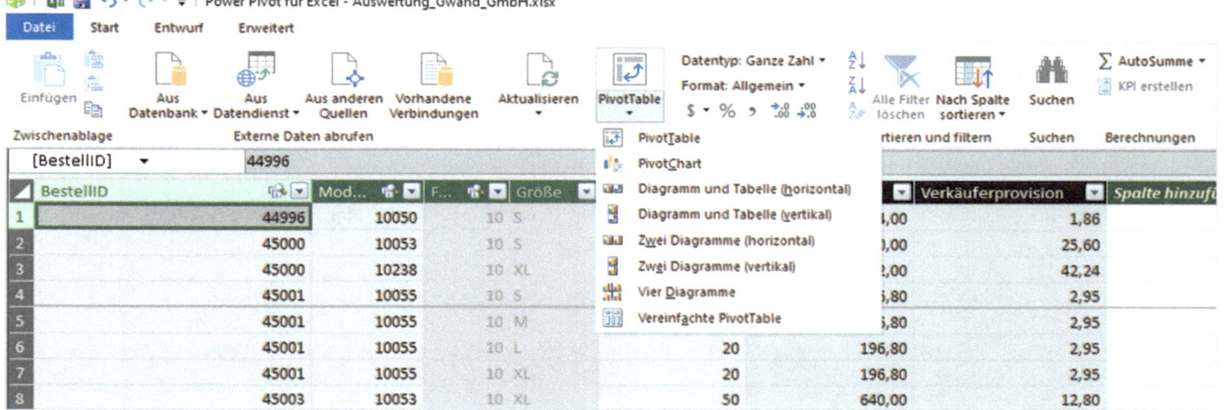

> **Achten Sie auf den Unterschied zu normalen PivotCharts**
> PivotCharts, die auf dem Datenmodell der Arbeitsmappe beruhen, werden ohne dazugehörige Pivot-Tabelle eingefügt, im Gegensatz zu Excel-Tabellen als Datenquelle. Wenn Sie beide benötigen, dann wählen Sie Diagramm und Tabelle.

8.8 Zugriff auf Werte des Datenmodells mit Cube-Funktionen

Wenn Sie mit Power Pivot ein Datenmodell erstellt und Werte mit Measures berechnet haben, dann haben Sie mit Cube-Funktionen die Möglichkeit, aus dem Arbeitsblatt heraus auch ohne Pivot-Tabellen auf einzelne Werte des Datenmodells zuzugreifen und diese in eine beliebige Zelle einzufügen. Cube-Funktionen werden zusammen mit dem Datenmodell aktualisiert.

Was ist unter Cube-Funktionen zu verstehen?
Der Begriff OLAP-Cube (Online Analytical Processing) dient in der Data-Warehouse Theorie zur logischen Darstellung von Daten. Die Daten bilden Elemente eines mehrdimensionalen Datenwürfels (Cube) wobei die Dimensionen die Daten beschreiben.

Beispiel OLAP-Cube zur Analyse von Unternehmensdaten: Mögliche Dimensionen können beispielsweise Zeit, Verkäufer und Produkte sein. Die Fakten, z. B. Umsätze und Bestellmengen werden abhängig von den Dimensionen Zeit, Verkäufer und Produkte dargestellt.

Eine Pivot-Tabelle ist nichts anderes als ein Werkzeug, mit denen sich ein Datenwürfel unter verschiedenen Aspekten betrachten bzw. drehen lässt, um einzelne Dimensionen genauer zu betrachten.

Die Funktion CUBEWERT

Der Zugriff auf einen einzelnen Wert des Datenmodells, z. B. den Umsatz, erfolgt mit der Funktion CUBEWERT, die Syntax:

```
CUBEWERT(Verbindung;[Element_Ausdruck_1];[Element_Ausdruck_2];...)
```

Argument	Beschreibung	Beispiel
Verbindung	Die Datenverbindung zum Datenmodell als Zeichenfolge, diese heißt immer ThisWorkbookDataModel	"ThisWorkbookDataModel"
Element_Ausdruck	Als Element_Ausdruck geben Sie einen mehrdimensionalen Ausdruck an, der ein Element ergibt. Measures beginnen immer mit [Measures].	"[Measures].[Umsatzsumme]"

Beachten Sie, dass sowohl *Verbindung* als auch *Element_Ausdruck* jeweils als Zeichenfolge und somit in Anführungszeichen eingegeben werden müssen!

Als Beispiel fügen wir die Summe aller Umsätze in die Zelle B2 eines Excel-Arbeitsblatts ein, die Umsatzsumme wurde als Measure unter dem Namen *Umsatzsumme* berechnet (siehe Seite 297). Die Funktion für dieses Beispiel muss lauten:

```
=CUBEWERT("ThisWorkbookModel";"[Measures].[Umsatzsumme]")
```

1 Markieren Sie die Zelle B2, geben Sie die ersten Zeichen des Funktionsnamens ein und übernehmen Sie die Funktion CUBEWERT.

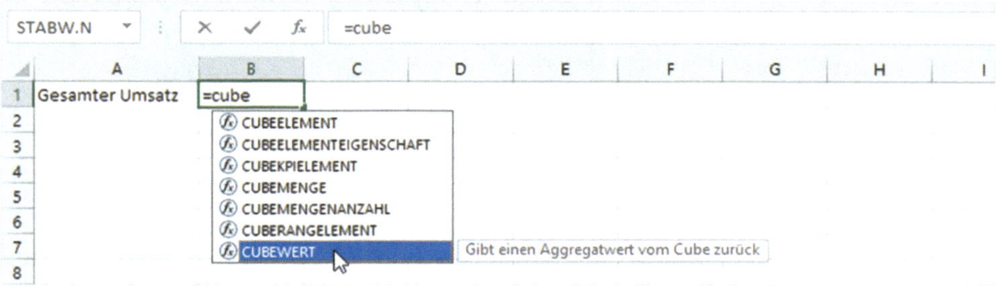

Bild 8.128 Die Funktion CUBEWERT einfügen

2 Anschließend geben Sie die Funktionsargumente ein.

Tipps zur Eingabe:

- Nach Eingabe des Anführungszeichens können Sie jeweils den Namen der Verbindung, [Measure] und Umsatzsumme übernehmen (siehe Bild unten).
- Die schließenden Anführungszeichen und das Trennzeichen ; müssen über die Tastatur eingegeben werden.

Bild 8.129 Verbindung übernehmen

Bild 8.130 Umsatzsumme

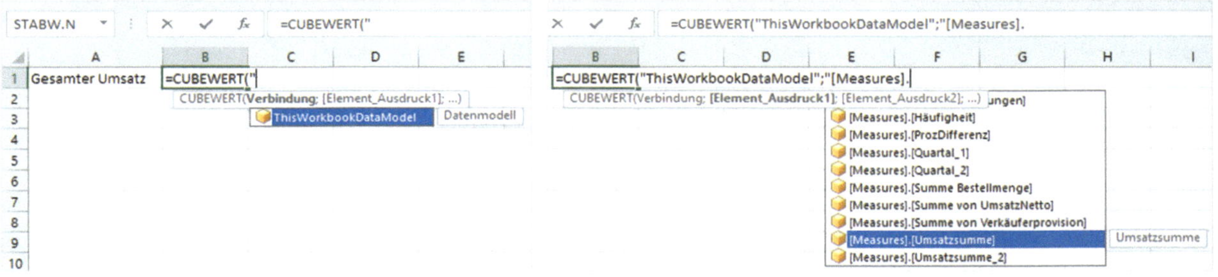

3 Nach Betätigen der Eingabetaste wird das Ergebnis abgerufen und erscheint in der Zelle.

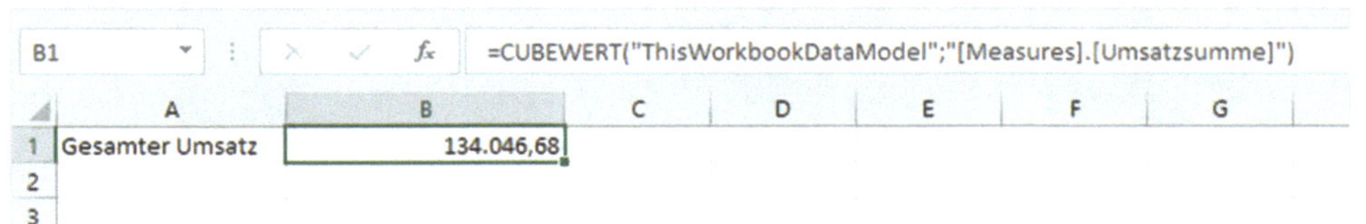

Bild 8.131 Das Ergebnis

Filter verwenden

Die Funktion CUBEWERT kann auch mit einem Filter kombiniert werden, z. B. wenn nur der Umsatz eines bestimmten Verkäufers oder Zeitraums benötigt wird. Als Beispiel der Umsatz des Verkäufers Hansen; dazu ergänzen Sie die Funktion wie folgt:

```
=CUBEWERT("ThisWorkbookModel";"[Measures].[Umsatzsumme]";"[tblBestellun-
gen].[Verkäufer].[Hansen]")
```

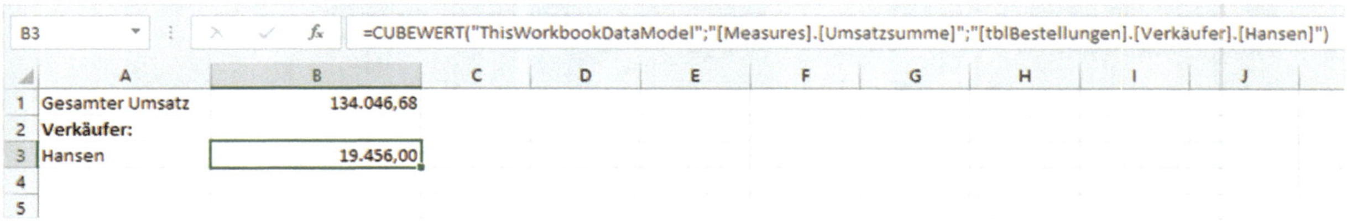

Bild 8.132 Umsatzsumme Verkäufer Hansen

Zellbezug als Filter

Wenn Sie die Funktion CUBEWERT flexibel halten und sich auf den Namen des Verkäufers in einer Zelle des Arbeitsblatts beziehen möchten, in diesem Beispiel in A4, dann verknüpfen Sie den Zellbezug mit dem &-Zeichen wie im folgenden Ausdruck:

Bild 8.133 Namen des Verkäufers aus einer Zelle beziehen

```
=CUBEWERT("ThisWorkbookModel";"[Measures].[Umsatzsumme]";"[tblBestellungen].[Verkäufer].["& A4 & "]")
```

B4 | =CUBEWERT("ThisWorkbookDataModel";"[Measures].[Umsatzsumme]";"[tblBestellungen].[Verkäufer].["&A4&"]")

	A	B
1	Gesamter Umsatz	134.046,68
2	**Verkäufer:**	
3	Hansen	19.456,00
4	Bommel	35.920,92
5		

Die Funktion CUBEELEMENT

Die Funktion CUBEELEMENT ruft ein bestimmtes Beschriftungselement ab. Um z. B. den Namen des Verkäufers Kleber einzufügen, geben Sie folgende Funktion ein:

```
=CUBEELEMENT("ThisWorkbookModel";"[tblBestellungen].[Verkäufer].&[Kleber]")
```

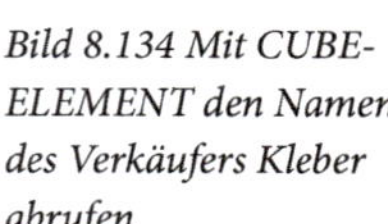

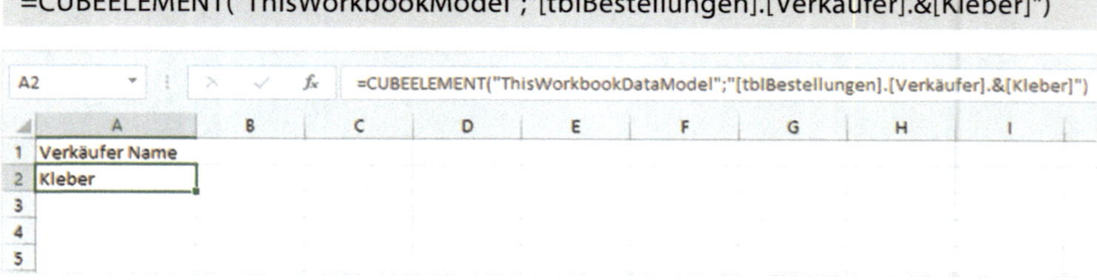

Bild 8.134 Mit CUBE-ELEMENT den Namen des Verkäufers Kleber abrufen

Datenschnitte mit CUBEWERT verbinden

Wie Sie oben gesehen haben, ist die Verwendung eines Filters in der Funktion CUBEWERT möglich, aber in der Praxis meist umständlich, da Sie ja jedes Mal die Funktion ändern müssten, wenn ein anderer Filter benötigt wird. Auch die Eingabe eines Verkäufernamens in eine Zelle setzt voraus, dass der Name bekannt ist.

Komfortabler und zudem auf den ersten Blick nachvollziehbar, ist die Verwendung von Datenschnitten, die Sie mit der Funktion CUBEWERT verbinden. Datenschnitte können auch ohne Pivot-Tabellen eingefügt werden, so gehen Sie vor:

1 Im ersten Schritt fügen Sie wieder mit CUBEWERT zunächst wieder die gesamte Umsatzsumme ein:

```
=CUBEWERT("ThisWorkbookModel";"[Measures].[Umsatzsumme]")
```

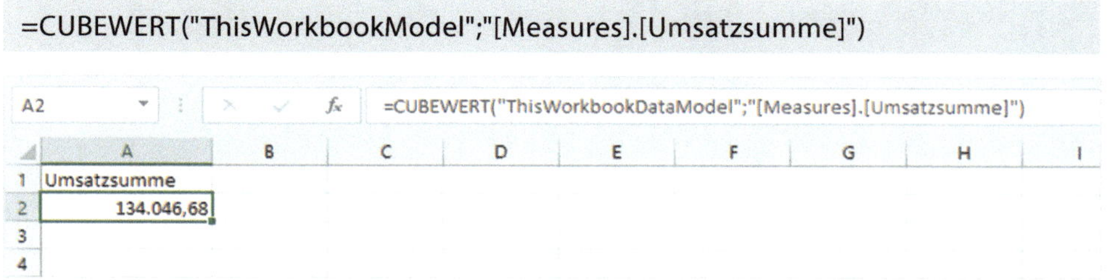

Bild 8.135 Rufen Sie die gesamte Umsatzsumme ab

2 Klicken Sie dann im Register *Einfügen* ▶ *Filter* auf die Schaltfläche *Datenschnitt*. Es öffnet sich das Fenster *Vorhandene Verbindungen*; um das Datenmodell der Arbeitsmappe anzuzeigen, klicken Sie auf das Register *Datenmodell* ❶.

3 Markieren Sie mit einem Klick das Datenmodell der Arbeitsmappe ❷ und klicken Sie auf *Öffnen*.

4 Nun öffnet sich das Fenster *Datenschnitt auswählen* mit allen Tabellen des Datenmodells ❸. Aktivieren Sie die Kontrollkästchen der benötigten Datenschnitte, in diesem Beispiel *Verkäufer* und *Monatsname*.

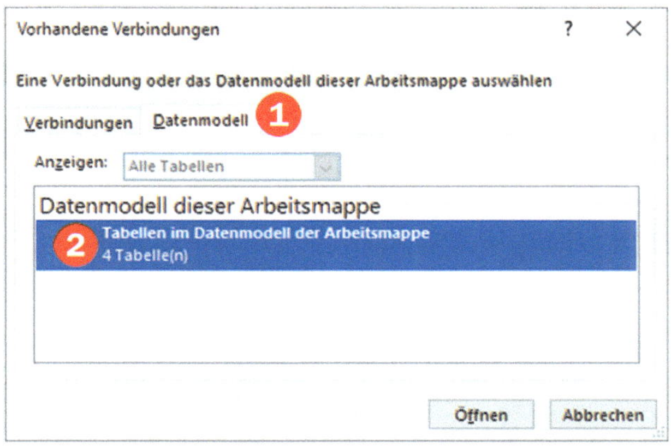

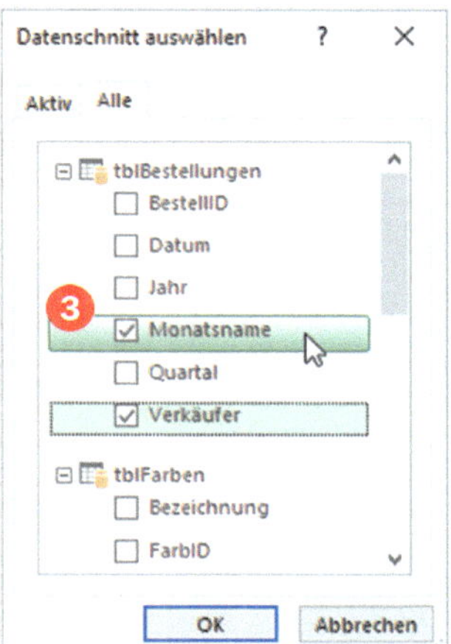

Bild 8.136 Klicken Sie auf das Register Datenmodell und auf das Datenmodell der Arbeitsmappe

Bild 8.137 Datenschnitt auswählen

5 Die Datenschnitte werden in das Arbeitsblatt eingefügt (Bild 8.138), allerdings noch ohne Wirkung auf den Gesamtumsatz. Dazu müssen Sie erst den Datenschnitt mit der Funktion verbinden bzw. die Funktion ergänzen.

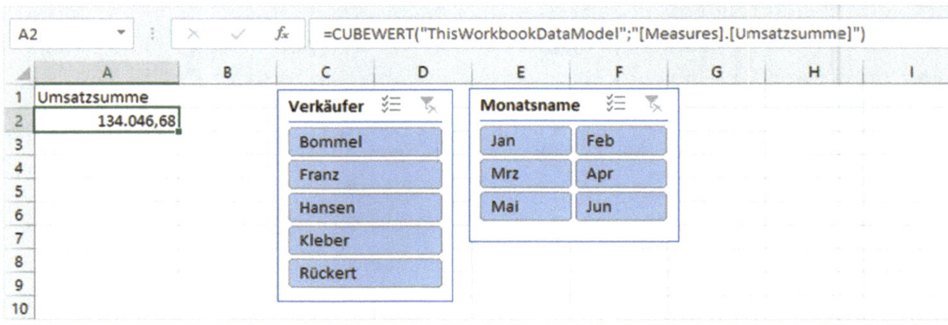

Bild 8.138 Platzieren Sie die Datenschnitte nach Belieben

6 Datenschnitt mit der Funktion verbinden

Dazu ergänzen Sie die Funktion CUBEWERT, indem Sie den Datenschnitt als weiteres Argument bzw. Filter hinzufügen. Datenschnitte beginnen mit d, geben Sie also den Buchstaben d ein und übernehmen Sie den ersten Datenschnitt, *Datenschnitt_Monat*. Geben Sie danach ein Semikolon ein und fügen Sie auch den zweiten Datenschnitt, *Datenschnitt_Verkäufer* hinzu.

Bild 8.139 Datenschnitt als weiteres Argument hinzufügen

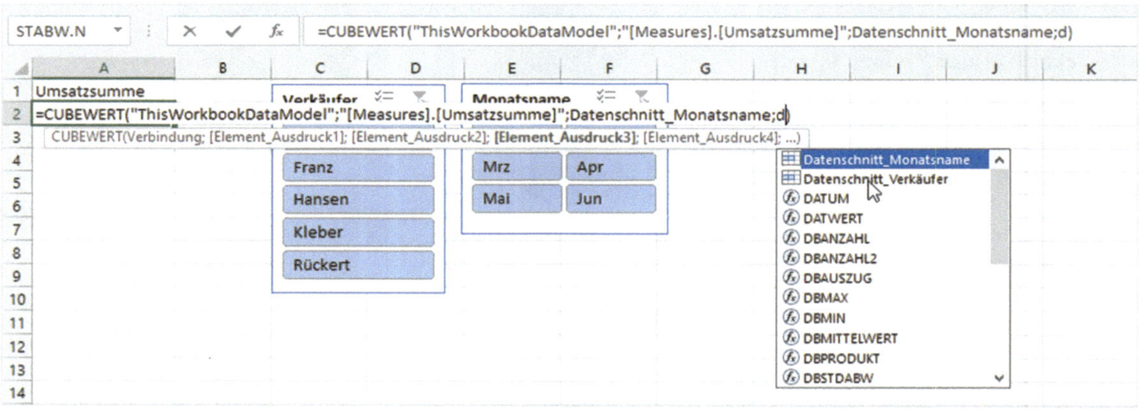

Anschließend können die Datenschnitte beliebig zum Filtern verwendet werden, wie im Bild unten.

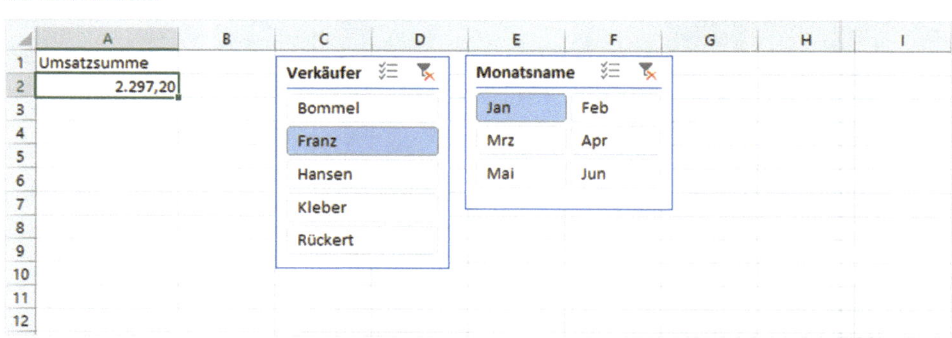

Bild 8.140 Die Umsatzsumme wird mit Datenschnitten gefiltert

Pivot-Tabelle in Cube-Funktionen konvertieren

Eine Pivot-Tabelle bildet bekanntlich eine Einheit und einzelne Werte können nicht herausgelöst, sondern höchstens als Bezug mit der Funktion PIVOTDATENZUORDNEN verwendet werden.

Eine Möglichkeit gibt es aber doch, nämlich wenn Sie die Pivot-Tabelle auflösen und in Formeln bzw. Cube-Funktionen konvertieren. Dazu klicken Sie in die Tabelle und anschließend im *PivotTable-Tools* Register *Analysieren* ▶ *Berechnungen* auf *OLAP-Tools* und auf *In Formeln konvertieren*.

Bild 8.141 Pivot-Tabelle in Cube-Funktionen konvertieren

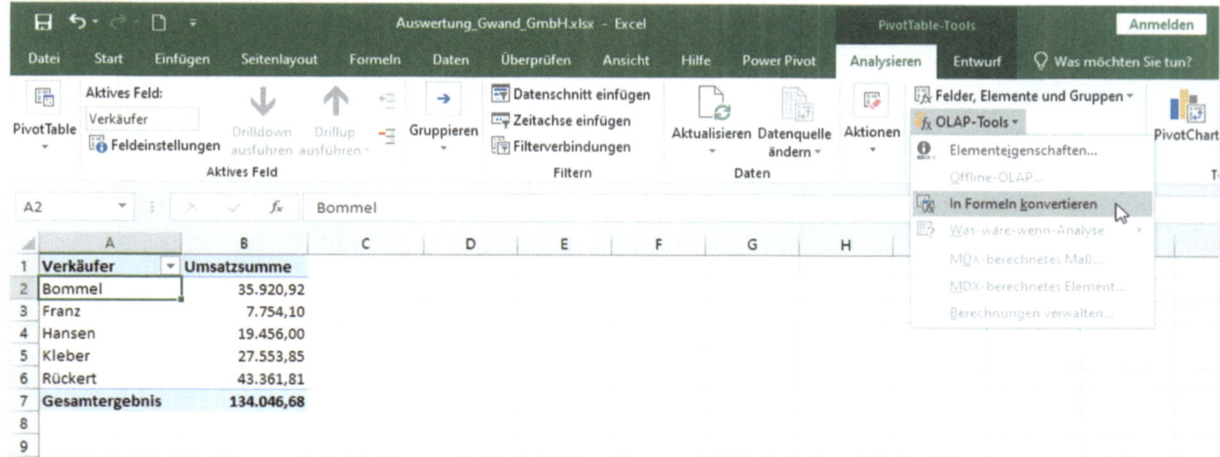

Die Pivot-Tabelle wird nun aus CUBE-Funktionen gebildet:

- Jedes einzelne Beschriftungselement wird mit CUBEELEMENT abgerufen, im unten abgebildeten Beispiel die Namen der Verkäufer als Zeilenbeschriftung.
- Der Umsatz wiederum wird mit CUBEWERT anhand der Zeilenbeschriftung bzw. Zelladresse ermittelt.

Sie können nun einzelne Werte beliebig in der Arbeitsmappe verschieben, kopieren oder löschen. Beim Aktualisieren des Datenmodells werden auch die Cube-Funktionen aktualisiert.

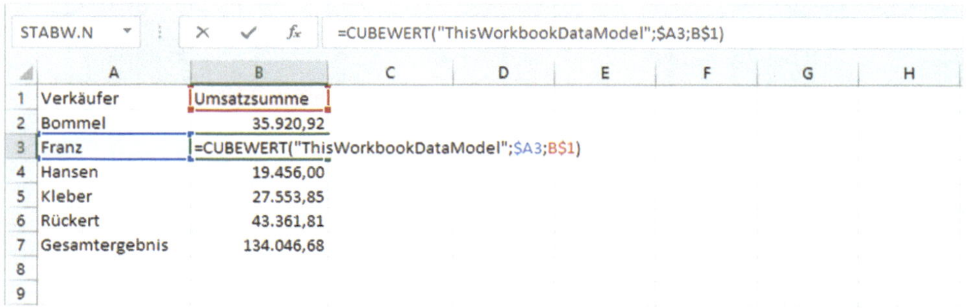

Bild 8.142 Die Werte der Pivot-Tabelle werden mit CUBEWERT abgerufen

8.9 Kalendertabelle erzeugen und nutzen

Wie Sie in den vorangegangenen Beispielen gesehen haben, sind Datumswerte bzw. Zeiträume ein wichtiger Bestandteil fast jeder Auswertung. Die Datumswerte können entweder mittels einer Zeitachse gefiltert oder mit DAX-Funktionen, z. B. YEAR und MONTH zu größeren Zeiträumen zusammengefasst werden.

Eine gute Alternative zu diesen beiden Methoden stellt eine gesonderte Kalendertabelle dar, die anschließend mit dem Datenmodell verknüpft wird. Grundsätzlich gibt es zwei Möglichkeiten, eine Kalendertabelle zu erzeugen:

- Sie erstellen aus den Datumswerten heraus mit Power Pivot eine passende Datumstabelle,
- oder Sie erstellen in einer gesonderten Excel-Arbeitsmappe eine Kalendertabelle in der Sie alle nötigen Informationen berechnen.

Datumstabelle mit Power Pivot erzeugen

Auftragsdaten_Kalender_Daten.xlsx

Als Beispiel die Aufträge mehrerer Jahre mit dem jeweiligen Auftragsdatum. Der Einfachheit halber hier als Excel-Tabelle und in derselben Arbeitsmappe. Die Tabelle wurde als Tabellenbereich formatiert und hat den Namen *Auftraege* erhalten.

1 Im ersten Schritt fügen Sie die Tabelle dem Datenmodell hinzu, indem Sie im Register *Power Pivot* auf *Zu Datenmodell hinzufügen* klicken.

Bild 8.143 Die Ausgangsdaten

Auftragsdatum	Land	Kunde	ArtikelNr	Produktgruppe	zelpreisNet	Menge	Umsatz	Aussendienst
02.01.2017	Italien	ADRIA AG	400	Unterhaltung	75,00	3	225,00	Gardelli
02.01.2017	Österreich	KARG AG	500	Unterhaltung	450,00	1	450,00	Kobler
03.01.2017	Italien	ADRIA AG	100	Büro	120,00	2	240,00	Gardelli
03.01.2017	Deutschland	ELCOX	600	Büro	377,00	2	754,00	Kobler
03.01.2017	Schweiz	Hügli	900	Haushalt	191,00	3	573,00	Kabelschacht
06.01.2017	Österreich	Tief & Brunnen	100	Büro	120,00	5	600,00	Baumholtz
06.01.2017	Österreich	KARG AG	200	Computer	85,00	12	1.020,00	Kobler
12.01.2017	Schweiz	Brettschneider	100	Büro	120,00	3	360,00	Fink
14.01.2017	Schweiz	Hügli	100	Büro	120,00	3	360,00	Kabelschacht
15.01.2017	Italien	ADRIA AG	100	Büro	120,00	7	840,00	Gardelli
17.01.2017	Deutschland	ELCOX	500	Unterhaltung	450,00	18	8.100,00	Kobler
19.01.2017	Österreich	KARG AG	500	Unterhaltung	450,00	1	450,00	Kobler
21.01.2017	Schweiz	Brettschneider	500	Unterhaltung	450,00	5	2.250,00	Fink
25.01.2017	Österreich	Tief & Brunnen	200	Computer	85,00	5	425,00	Baumholtz

2 Berechnen Sie dann in Power Pivot die beiden Measures *SummeUmsatz* und *SummeMenge*, siehe Bild unten. Die beiden ursprünglichen Spalten *Menge* und *Umsatz* werden damit in der Feldliste der Pivot-Tabelle nicht mehr benötigt; klicken Sie mit der rechten Maustaste jeweils in die betreffende Spalte und auf *Aus Clienttools ausblenden*.

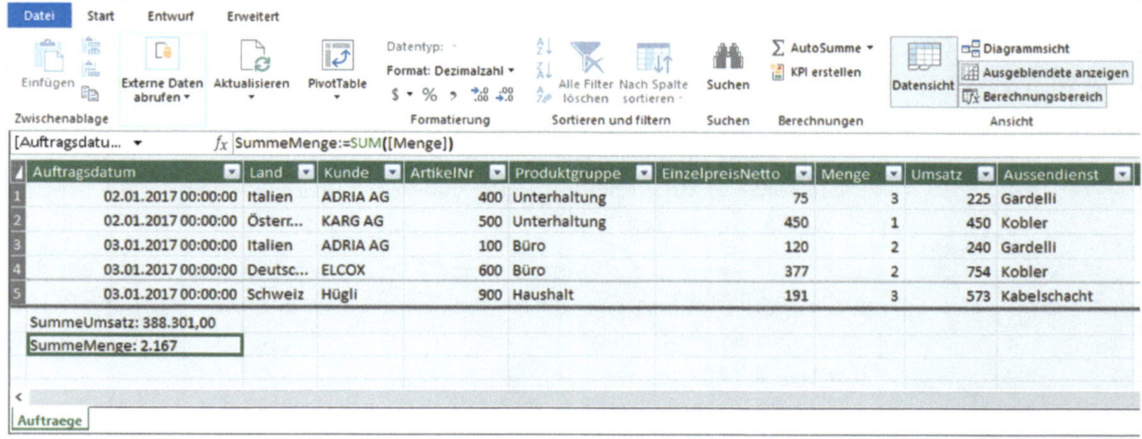

Bild 8.144 Measures berechnen

Datumstabelle erstellen

1 Um nun anhand der vorhandenen Datumswerte eine Datumstabelle zu erzeugen, klicken Sie in die Spalte *Auftragsdatum* und im Register *Entwurf* ▶ *Kalender* auf *Datumstabelle* und auf *Neu*.

Bild 8.145 Neue Datumstabelle

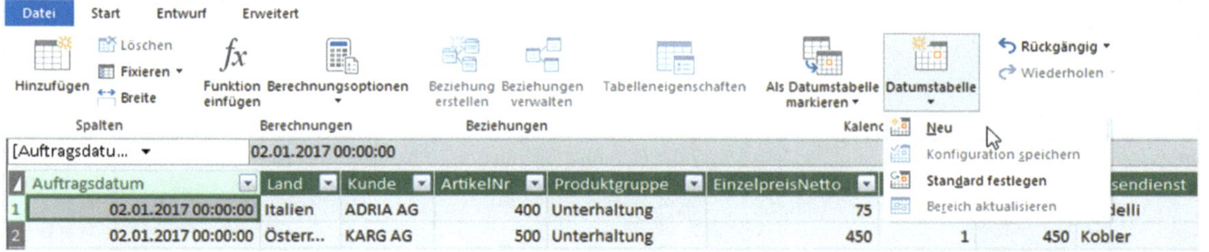

2 Die Datumstabelle wird unter dem Namen *Kalender* ❶ als weitere Tabelle hinzugefügt.

Bild 8.146 Als Datumstabelle markieren

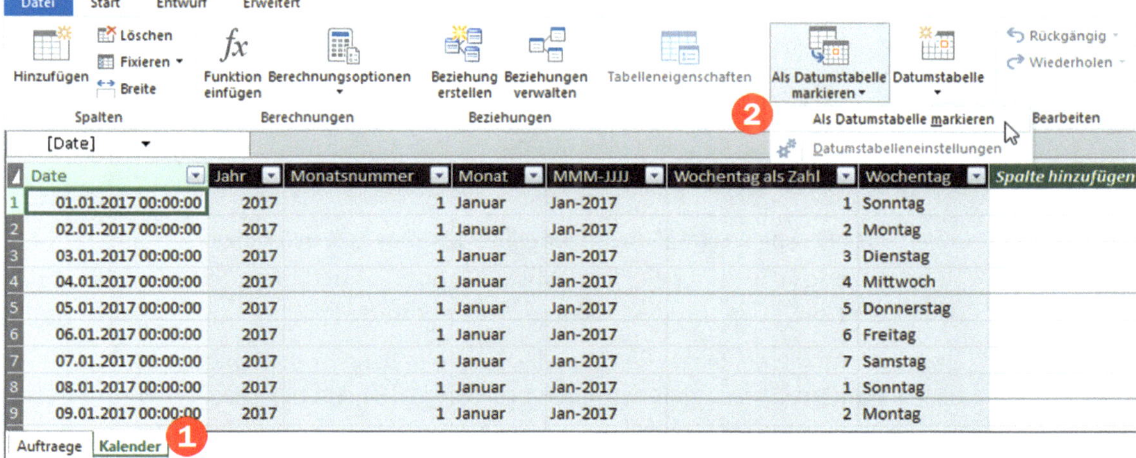

Die Tabelle umfasst den gesamten Zeitraum der Spalte *Auftragsdatum*, in diesem Beispiel vom 01.01.2017 bis zum 31.12.2019, sie bezieht auch Tage ein, die in der Ausgangstabelle nicht vorhanden sind. Einige Zeiträume wurden bereits automatisch berechnet, die Spalte *Auftragsdatum* hat den Namen *Date* erhalten.

3 Nun muss diese Tabelle als Datumstabelle festgelegt werden. Dazu klicken Sie im Register *Entwurf* auf *Als Datumstabelle markieren* und nochmals auf *Als Datentabelle markieren* ❷.

4 Anschließend werden Sie aufgefordert, die Spalte mit dem eindeutigen Bezeichner bzw. Primärschlüssel der Tabelle auszuwählen. Über diese wird später die Beziehung zur ersten Tabelle hergestellt. Wählen Sie das Auftragsdatum bzw. hier die Spalte *Date* aus.

Wenn die Tabelle bereits als Datumstabelle festgelegt wurde, erkennen Sie dies am Häkchen und mit Klick auf *Datumstabelleneinstellungen* sehen Sie auch, welche Spalte als eindeutiger Bezeichner festgelegt wurde.

5 **Ausgangstabelle mit Datumstabelle verbinden**
Im nächsten Schritt erstellen Sie eine Beziehung zur Kalendertabelle: Klicken Sie im Register *Startseite* ▶ *Ansicht* auf *Diagrammsicht* und verbinden Sie durch Ziehen mit der Maus die Spalten *Auftragsdatum* und *Date* miteinander.

In der Diagrammsicht sehen Sie außerdem, dass in der Kalendertabelle automatisch eine Datumshierarchie gebildet wurde (Bild unten).

Bild 8.147 Verbinden Sie die Spalten Auftragsdatum und Date

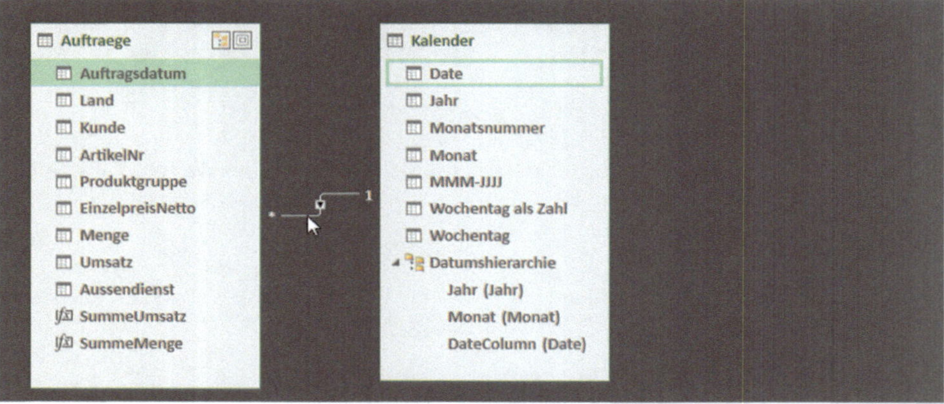

Spalten umbenennen und Formeln kontrollieren und weitere berechnen

In der Datensicht sollten Sie im nächsten Schritt bei Bedarf einzelne Spalten umbenennen, z. B. *Datum* statt *Date* oder *Monat_Jahr* statt *MMM-JJJJ*.

- Kontrollieren Sie außerdem die Formeln. Jahr und Monatsnummer wurden mit den DAX-Funktionen YEAR und MONTH berechnet, die Spalten *Monat* und *MMM-JJJJ* mit FORMAT.

Achtung: Der Wochentag als Zahl beginnt nach dem amerikanischen System mit dem Sonntag (1), statt am Montag. Ergänzen Sie daher die Funktion WEEKDAY um den Parameter 2, sie lautet dann: =WEEKDAY([Datum];2).

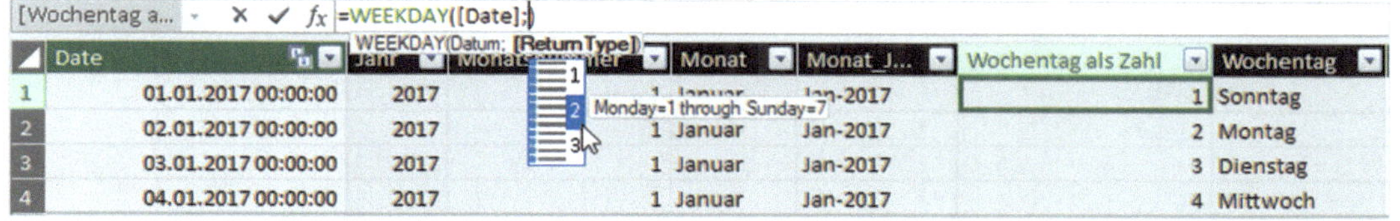

Bild 8.148 Funktion zur Berechnung das Wochentags ändern

Weitere Spalten, z. B. Quartale können in der Datumstabelle ebenfalls problemlos berechnet werden, siehe Seite 285.

Datumstabelle in Pivot-Tabelle verwenden

In der Pivot-Tabelle können Sie nun beliebig Spalten aus der Kalendertabelle oder die Datumshierarche, wie im Bild unten, verwenden. Auch Datenschnitte und Zeitachsen können aus der Kalendertabelle erstellt werden.

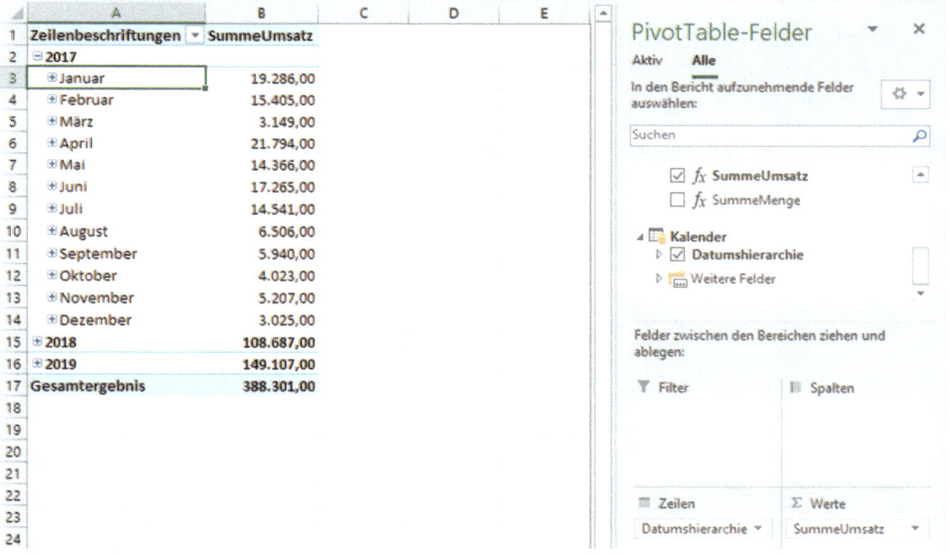

Bild 8.149 Spalten aus Datumstabelle verwenden

Kalendertabelle erweitern

Die Kalendertabelle ist statisch, d. h. wenn in der Datentabelle ein weiteres Jahr hinzukommt, wird diese auch nach dem Aktualisieren nicht automatisch erweitert. Dies müssen Sie in Power Pivot manuell vornehmen.

1 Wählen Sie dazu die Kalendertabelle aus und klicken Sie im Register *Entwurf* ▶ *Kalender* auf *Datumstabelle*.

2 Wählen Sie *Bereich aktualisieren* und geben Sie im nachfolgenden Fenster den neuen Bereich mit Start- und Enddatum an, entweder mit Klick auf das Kalender-

symbol im Eingabefeld oder durch direkte Eingabe. Falls z. B. das Jahr 2020 neu hinzukommt, dann überschreiben Sie einfach die Jahreszahl des Enddatums und übernehmen das geänderte Datum mit *OK*.

Bild 8.150 Datumstabelle Bereich aktualisieren

Bild 8.151 Neuen Bereich angeben

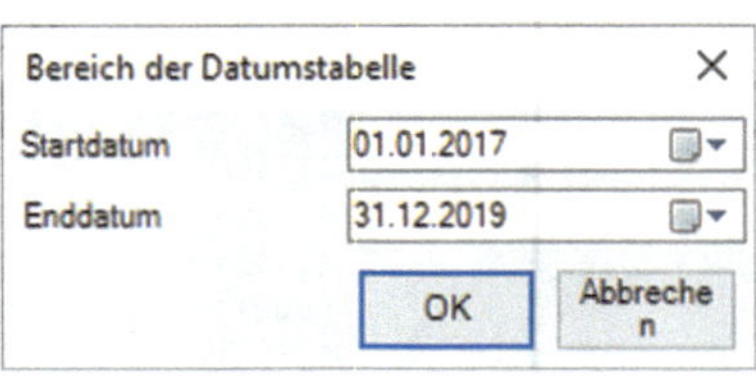

Kalendertabelle in gesonderter Arbeitsmappe erstellen

Kalender.xlsx

Wenn Sie als Alternative eine Kalendertabelle in einer gesonderten Arbeitsmappe erstellen, hat dies den Vorteil, dass die Tabelle auch mehrfach von verschiedenen Datenmodellen genutzt werden kann. In diesem Fall beginnen Sie mit einer leeren Arbeitsmappe und speichern diese z. B. unter dem Namen Kalender.xlsx.

Bild 8.152 Startdatum eingeben

Bild 8.153 Füllbereich ▶ Reihe

Bild 8.154 Endwert eingeben

1. Die Datumswerte (Tage) erstellen Sie am einfachsten mit der Excel-Funktion *Reihe ausfüllen*: Geben Sie in der ersten Spalte die Spaltenüberschrift ein, darunter das Startdatum, z. B. den 01.01.2016 und markieren Sie diese Zelle.
2. Klicken Sie im Register *Start* ▶ *Bearbeiten* auf *Füllbereich* und auf *Datenreihe....* Wählen Sie *Reihe in Spalten*, als Typ *Datum* und als Zeiteinheit *Tag*. Im Feld *Endwert* geben Sie den gewünschten letzten Tag ein, z. B. den 31.12.2023.

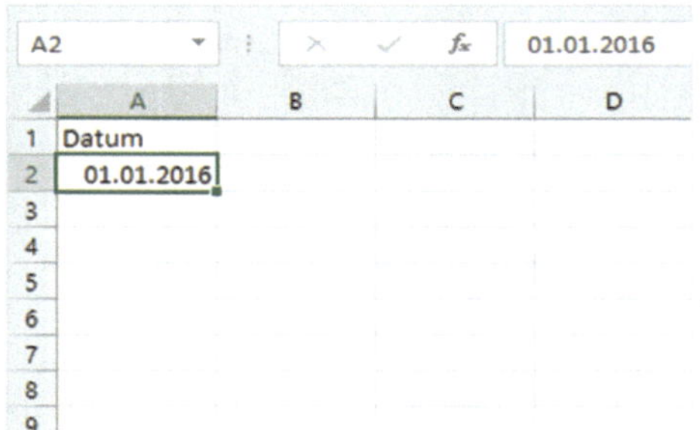

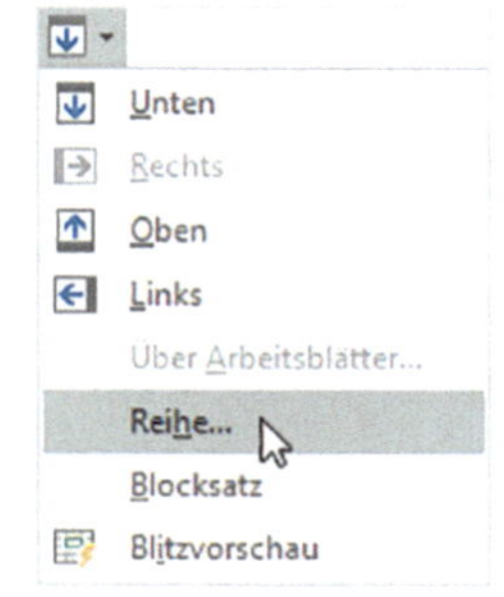

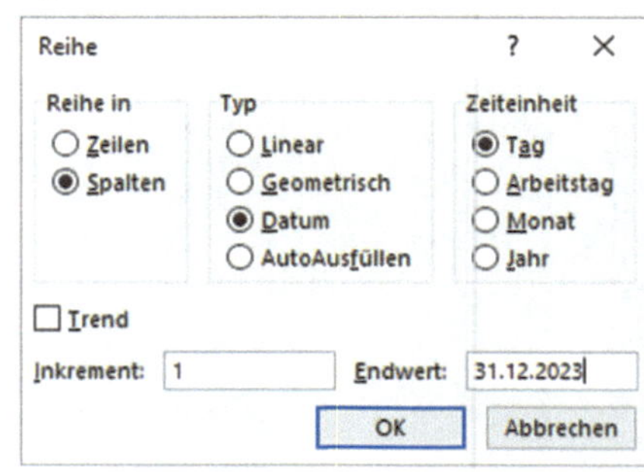

Der Vorteil des Tabellenbereichs: Alle Formeln werden nach der Eingabe automatisch kopiert.

3. Formatieren Sie anschließend den Zellbereich als Tabelle und berechnen Sie mit den entsprechenden Excel-Funktionen alle benötigten Zeiteinheiten. Im Bild unten einige der am häufigsten benötigten, die dazugehörigen Formeln finden Sie in der Tabelle unterhalb.

Bild 8.155 Die Kalendertabelle mit allen erforderlichen Zeiteinheiten

B2 =JAHR([@Datum])

Datum	Jahr	Monat_Zahl	Monat_Lang	Kalenderwoch	Quartal	Jahr_Monat	Jahr_Quartal
01.01.2016	2016	1	Januar	53	Q1	2016_01	2016_Q1
02.01.2016	2016	1	Januar	53	Q1	2016_01	2016_Q1
03.01.2016	2016	1	Januar	53	Q1	2016_01	2016_Q1
04.01.2016	2016	1	Januar	1	Q1	2016_01	2016_Q1

4 Zuletzt schließen und speichern Sie die Arbeitsmappe.

Übersicht über die verwendeten und weitere häufig benötigte Formeln

Spalte	Formel bzw. Funktion	als strukturierter Verweis (Tabellenbereich)
Jahr	=JAHR(A2)	=JAHR([@Datum])
Monat_kurz	=MONAT(A2)	=MONAT([@Datum])
Monat_lang	=TEXT(A2;"MMMM")	=TEXT([@Datum;"MMMM")
Tag	=TAG(A2)	=TAG([@Datum])
Wochentag_kurz	=WOCHENTAG(A2;2)	=WOCHENTAG([@Datum];2)
Wochentag_lang	=TEXT(A2;"tttt")	=TEXT([@Datum;"tttt")
Kalenderwoche	=ISOKALENDERWOCHE(A2)	=ISOKALENDERWOCHE([@Datum])
Quartal	="Q"&AUFRUNDEN(C2/3;0)	="Q"&AUFRUNDEN([@[Monat_kurz]]/3;0)
Jahr_Monat	=B2&"-"&TEXT(C2;"00")	=[@Jahr]&"-"&TEXT([@[Monat_kurz]];"00")
Jahr_Quartal	=B2&"-"&I2	=[@Jahr]&"-"&[@Quartal]

Kalendertabelle verwenden

1 **Kalender importieren**
Im ersten Schritt müssen Sie die erstellte Kalendertabelle in die Arbeitsmappe, in der sie benötigt wird, importieren. Klicken Sie in Power Pivot auf *Start* ▶ *Externe Daten abrufen* auf *Aus anderen Quellen* und wählen Sie *Excel-Datei*.

2 Klicken Sie anschließend auf *Durchsuchen* und wählen Sie die Arbeitsmappe Kalender aus. Aktivieren Sie außerdem das Kontrollkästchen *Erste Zeile als Spaltenüberschriften verwenden* (Bild 8.157) und klicken Sie auf *Weiter*.

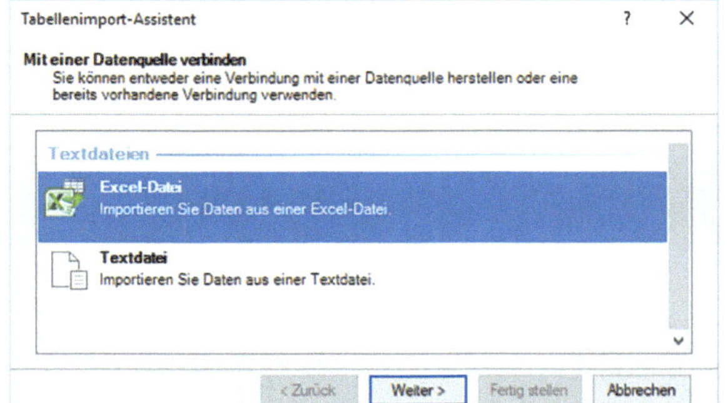

Bild 8.156 Tabelle aus Excel-Datei abrufen

Bild 8.157 Kalender auswählen

3 Anschließend wählen Sie das Tabellenblatt *Tabelle1* aus und klicken auf *Fertig stellen*. Falls gewünscht, können Sie vorher über die Schaltfläche *Vorschau und Filter* in der Vorschau die Daten kontrollieren und ggf. filtern.

4 Tabelle umbenennen

Die Tabelle wird unter dem Namen des Tabellenblatts in Power Pivot importiert und sollte im nächsten Schritt umbenannt werden: Doppelklicken Sie auf den Namen *Tabelle1* im Blattregister und überschreiben Sie diesen.

Achtung: Sämtliche, mit Excel-Formeln berechneten, Spalten wurden als Werte importiert.

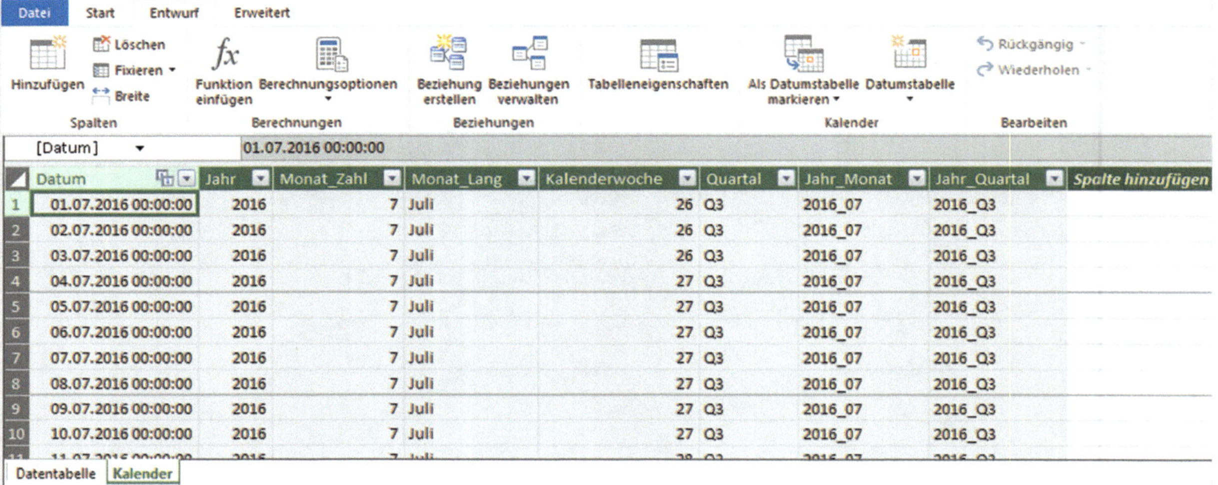

	Datum	Jahr	Monat_Zahl	Monat_Lang	Kalenderwoche	Quartal	Jahr_Monat	Jahr_Quartal	Spalte hinzufügen
1	01.07.2016 00:00:00	2016	7	Juli	26	Q3	2016_07	2016_Q3	
2	02.07.2016 00:00:00	2016	7	Juli	26	Q3	2016_07	2016_Q3	
3	03.07.2016 00:00:00	2016	7	Juli	26	Q3	2016_07	2016_Q3	
4	04.07.2016 00:00:00	2016	7	Juli	27	Q3	2016_07	2016_Q3	
5	05.07.2016 00:00:00	2016	7	Juli	27	Q3	2016_07	2016_Q3	
6	06.07.2016 00:00:00	2016	7	Juli	27	Q3	2016_07	2016_Q3	
7	07.07.2016 00:00:00	2016	7	Juli	27	Q3	2016_07	2016_Q3	
8	08.07.2016 00:00:00	2016	7	Juli	27	Q3	2016_07	2016_Q3	
9	09.07.2016 00:00:00	2016	7	Juli	27	Q3	2016_07	2016_Q3	
10	10.07.2016 00:00:00	2016	7	Juli	27	Q3	2016_07	2016_Q3	

Bild 8.158 Die importierte Kalendertabelle

5 Als Datumstabelle festlegen

Klicken Sie im Register *Erweitert* auf *Als Datumstabelle markieren* und legen Sie die Spalte *Datum* bzw. die Spalte mit dem vollständigen Datum als eindeutigen Bezeichner der Tabelle fest.

6 Beziehung erstellen

In der Diagrammsicht verbinden Sie dann die beiden Tabellen über die Spalten *Auftragsdatum* und *Datum* miteinander.

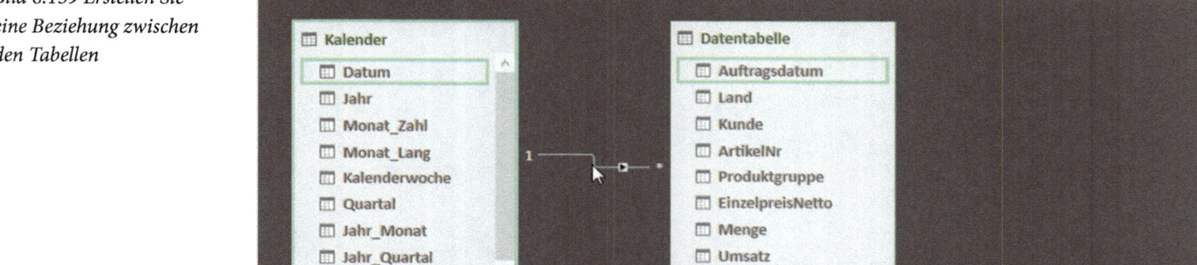

Bild 8.159 Erstellen Sie eine Beziehung zwischen den Tabellen

Wenn Sie anschließend aus diesem Datenmodell eine Pivot-Tabelle oder ein Pivot-Diagramm erstellen, dann stehen Ihnen ebenfalls wieder sämtliche Spalten der Kalendertabelle zur Verfügung, im Bild unten als Beispiel PivotChart mit Datenschnitt.

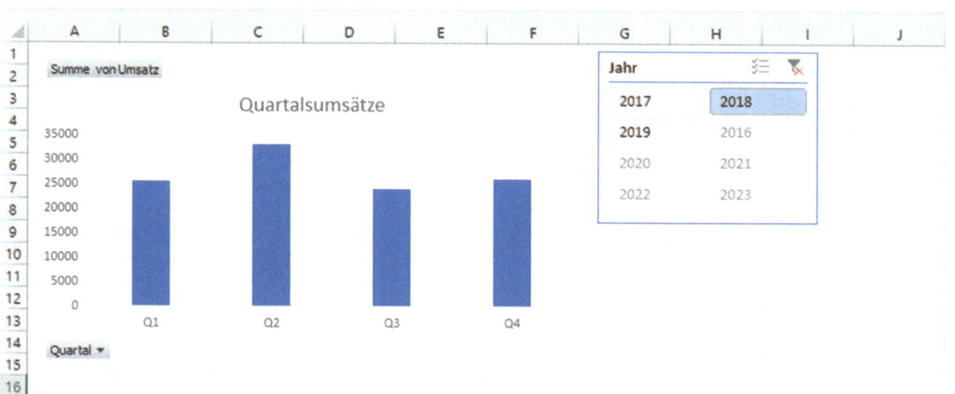

Bild 8.160 Quartalsumsätze mit Datenschnitt Jahr

Nicht verwendete Jahre der Kalendertabelle ausblenden

Der Datenschnitt im Bild oben offenbart einen kleinen Schönheitsfehler: Er enthält alle Jahre der Kalendertabelle, also auch solche, zu denen in der Auftragstabelle (noch) keine Daten existieren. Um diese auszublenden, klicken Sie mit der rechten Maustaste in den Datenschnitt und auf *Datenschnitteinstellungen....* Aktivieren Sie dann das Kontrollkästchen *Elemente ohne Daten ausblenden*.

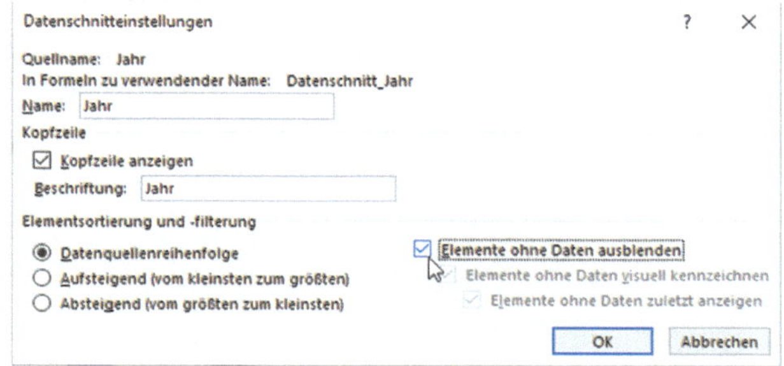

Bild 8.161 Elemente ohne Daten ausblenden

Kalendertabelle um weitere Jahre ergänzen

Reihe ausfüllen, siehe Seite 328.

Wenn Sie die Kalendertabelle um weitere Jahre ergänzen möchten, dann öffnen Sie die Excel-Arbeitsmappe Kalender.xlsx, markieren das erste Datum, klicken im Register *Start* ▶ *Bearbeiten* auf *Ausfüllen* ▶ *Datenreihe* und geben anschließend das neue Enddatum, z. B. den 31.12.2025 ein. Auch hier zeigt sich wieder der Vorteil des Tabellenbereichs gegenüber normalen Zellbereichen: Beim Anfügen weiterer Jahre wird der Tabellenbereich automatisch erweitert und alle Formeln in die neuen Zeilen kopiert.

Wenn Sie anschließend die Pivot-Tabelle aktualisieren, werden alle neuen Datumswerte in das Datenmodell und die Pivot-Tabellen übernommen.

Eine Sortierung nach Monatsnamen erzeugen

Vermutlich haben Sie schon einmal versucht, eine Tabelle nach Monatsnamen zu sortieren und als Resultat die Reihenfolge April, August, Dezember, usw. erhalten. Um dies zu verhindern, können Sie mit Power Pivot für einzelne Spalten auch eine Sortierung nach einer anderen Spalte festlegen.

1 Klicken Sie dazu in der Datensicht von Power Pivot in die betreffende Spalte, hier *Monat_lang* und im Register *Start* ▶ *Sortieren und Filtern* auf *Nach Spalte sortieren*.

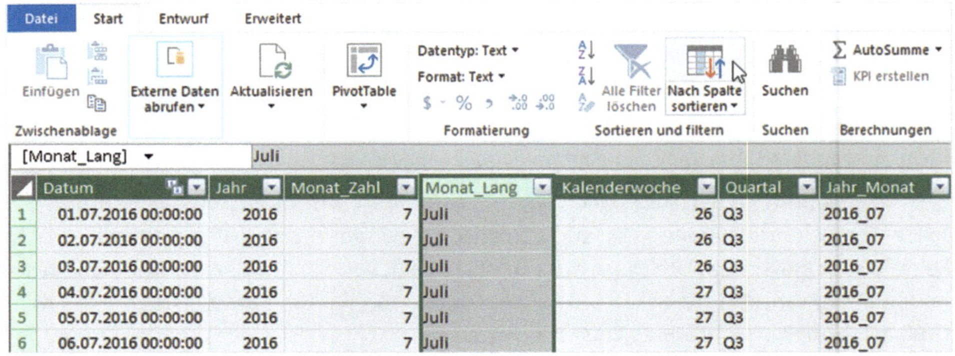

	Datum	Jahr	Monat_Zahl	Monat_Lang	Kalenderwoche	Quartal	Jahr_Monat
1	01.07.2016 00:00:00	2016	7	Juli	26	Q3	2016_07
2	02.07.2016 00:00:00	2016	7	Juli	26	Q3	2016_07
3	03.07.2016 00:00:00	2016	7	Juli	26	Q3	2016_07
4	04.07.2016 00:00:00	2016	7	Juli	27	Q3	2016_07
5	05.07.2016 00:00:00	2016	7	Juli	27	Q3	2016_07
6	06.07.2016 00:00:00	2016	7	Juli	27	Q3	2016_07

Bild 8.162 Klicken Sie auf Nach Spalte sortieren

2 Die zu sortierende Spalte, *Monat_lang* ist bereits ausgewählt, könnte aber hier geändert werden. Klicken Sie unter *Nach* auf den Dropdown-Pfeil und wählen Sie *Monat_Zahl* aus. Dieselbe Vorgehensweise könnten Sie auch auf Wochentage anwenden, falls in der Tabelle vorhanden.

In der Pivot-Tabelle werden nun die Monate in der richtigen Reihenfolge sortiert, wie das Bild 8.163 zeigt.

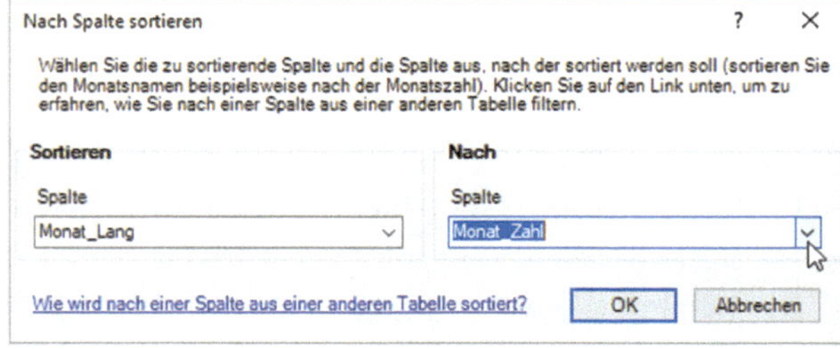

Bild 8.163 Nach welcher Spalte soll die Spalte der Monatsnamen sortiert werden?

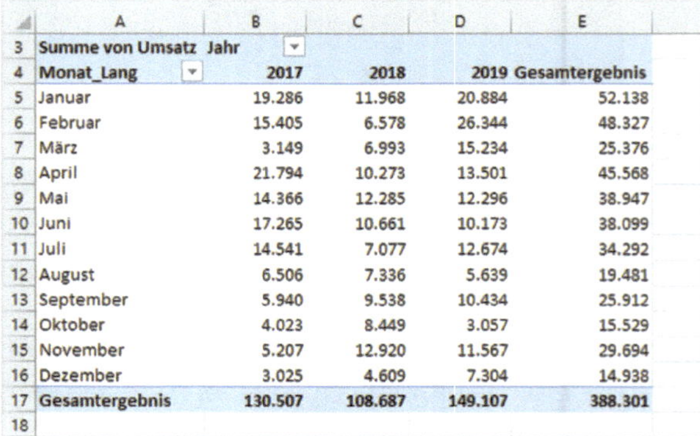

	A	B	C	D	E
3	Summe von Umsatz	Jahr			
4	Monat_Lang	2017	2018	2019	Gesamtergebnis
5	Januar	19.286	11.968	20.884	52.138
6	Februar	15.405	6.578	26.344	48.327
7	März	3.149	6.993	15.234	25.376
8	April	21.794	10.273	13.501	45.568
9	Mai	14.366	12.285	12.296	38.947
10	Juni	17.265	10.661	10.173	38.099
11	Juli	14.541	7.077	12.674	34.292
12	August	6.506	7.336	5.639	19.481
13	September	5.940	9.538	10.434	25.912
14	Oktober	4.023	8.449	3.057	15.529
15	November	5.207	12.920	11.567	29.694
16	Dezember	3.025	4.609	7.304	14.938
17	Gesamtergebnis	130.507	108.687	149.107	388.301
18					

Bild 8.164 Sortierung in der Pivot-Tabelle

Stichwortverzeichnis

Symbole

& 67
&& 292
|| 292
1:n 238, 266
.csv 63
.txt 60

A

ABC-Analyse 188, 204
Abfrage 76
Access-Datenbank 100
Aktualisieren 96
Aneinanderfügen 152
Angewendete Schritte 86
Arbeitsschritt löschen 110
Aus dem Web 102
Automatisch aktualisieren 97
Bedingte Spalte 132
Dateiname 150
Datenmodell hinzufügen 94
Datenquelle 87
Datenquelle ändern 111, 117, 157
Datentyp ändern 89, 115
Datentyp Gebietsschema 91, 115
Duplizieren 135
Erstellen 85
Excel-Arbeitsmappe 101
Extrahieren 150
Filtern 116
Formel berechnen 121
Gruppieren 136
Importschritte 87
Inhalt aktivieren 95
Kombinieren 154
Kopieren 135
Leerzeichen entfernen 129
Mehrere Elemente 142
Navigator 103
Nullwerte 127
Nullwert in Formel 134
Öffnen 96
Optionen 155
Runden 125
Sicherheit 95
Spalte hinzufügen 119
Spalten aufteilen 150
Spalten entfernen 112
Spaltenüberschriften 111
Spalten umbenennen 113
Spalten zusammenführen 125
Spalte teilen 126
Spalte transformieren 124
Tabelle erstellen 95
Text 150
Trennzeichen 150
Umbenennen 135
Verbindung erstellen 93
Verbindungseigenschaften 97
Verweis 135
Werte ersetzen 127
Zahlen runden 125
Zusammenführen 145
Abfragen und Verbindungen 95
Abrufen und transformieren 72; *Siehe auch* Power Query
Access-Datenbank 100, 236
Aktualisieren 80, 96, 279
Fehler 279
Als Tabelle formatieren; *Siehe* Tabellenbereich
Ampelsymbole 314
Angewendete Schritte 86
ANSI 269
Anzahl 216
Arbeitsmappenabfragen 95
Aus Clienttools ausblenden 308
Auswahlliste 36
AutoFilter 46
Automatisch aktualisieren 97
Automatische Fehlererkennung 68
Autovervollständigen 283

B

Bearbeitungsleiste vergrößern 308
Bedingte Formatierung 57, 178
Bedingte Spalte 132
Benutzerdefinierte Seitenfelderstellung 218

Beziehung 236
1:n 238
Anzeigen 278
Bearbeiten 277
Erstellen 221, 265
Excel 221
Excel-Tabellen 240
Löschen 266, 279
PowerPivot 265, 276
Beziehungen verwalten 225, 278

C

Clienttools ausblenden 308
Codierung 111
COM-Add-In 76, 259
CSV-Datei
Importieren 85
Öffnen 63
Cube-Funktionen 318
CUBEELEMENT 320
CUBEWERT 318
Datenschnitt 321
Pivot-Tabelle konvertieren 323

D

Data Analsyis Expressions 282
Data-Warehouse 318
Dateinamenerweiterung 63
Daten abrufen 77
Datenbank 22
Datenfeld 22
Datenmodell 94, 221, 236
Abfrage hinzufügen 252
Aktualisieren 281
Cube-Funktionen 318
Excel-Tabellen 240, 260
Formel 251
Importieren 247
Leere Tabelle 306
Pivot-Tabelle erstellen 267
Power Pivot 240, 261
Power Query 246
Spalten berechnen 282
Tabelle hinzufügen 261
Verwalten 258
Datenquelle ändern 117, 280
Datensatz 22
Datensätze filtern 116, 273
Datenschnitte 50, 190
CUBEWERT 322
Einstellungen 192
Elemente ohne Daten 331
Formatieren 52
Gelöschte Elemente 192
Mit Tabelle verbinden 191
PivotTable 190
Spalten 52
Datentyp 114
Datentypenerkennung 79
Datenüberprüfung 33
Ändern 38
Auswahlliste 36
Datentyp 34
Datum 34
Dropdown-Liste 36
Eingabemeldung 35
Fehlermeldung 35
Formel 38
Leere Zellen 34
Textlänge 34
Übernehmen 39
Ungültige Daten 40
Wertebereich 34
Zellbezüge 35
Datenverbindung; *Siehe* Verbindung
Datenverbindung deaktiviert 81
Datumstabelle 325
Datumswerte gruppieren 285
DAX 19, 258
DAX-Funktion 285
AND 292
AVERAGE 301
CALCULATE 302
COUNT 301
COUNTA 301
COUNTX 294
DATEADD 288
DATEDIFF 288
Diskrete Anzahl 301
DISTINCTCOUNT 301, 304
Einfügen 293
FORMAT 287
IF 290
LEFT 293

MID 293
MONTH 286
OR 292
RELATED 289
RELATEDTABLE 290
RIGHT 293
ROUND 294
Suchen 293
SUM 297, 301
SUMX 294, 302
TODAY 288
Verschachteln 291
WEEKDAY 327
YEAR 286
Designfarben 233
Dezimalzeichen 62, 91
Diagrammsicht 276
Diskrete Anzahl 207, 300, 304
Drilldown 185, 309
Hierarchien 313
Drillup 313
Dropdown-Liste 36
Duplikate 55, 207
Duplizieren 135
Durchschnitt; *Siehe* Mittelwert

E

Empfohlene PivotTables 165
Entpivotieren 139
Equal Join 238
Ergebniszeile 28
Excel-Funktion
AUFRUNDEN 329
CUBEELEMENT 320
CUBEWERT 318
ERSETZEN 64
FINDEN 66
GLÄTTEN 64
ISOKALENDERWOCHE 66, 329
JAHR 66, 329
LINKS 65
MONAT 66, 329
PIVOTDATENZUORDNEN 214
RECHTS 65
SÄUBERN 64
SUMMENPRODUKT 301
SVERWEIS 221, 236
TAG 66, 329
TEIL 65
TEXT 329
TEXTKETTE 67
TEXTVERKETTEN 67
VERKETTEN 67
WENN 132, 211
WOCHENTAG 329
ZAHLENWERT 69
Explizite Measures 296
Externe Daten 280

F

Fehlererkennung 68
Fehlermeldung 35
Fehlerwerte ausblenden 203
Filter 46, 117, 169
AutoFilter 46
Datenschnitte 50
Datumsfilter 47
Entfernen 47
Kopieren 50
Kriterien 46, 48
Operatoren 48
Spezialfilter 48
Zeitachse 193
Filterschaltflächen 28
FINDEN 66
Fremdschlüssel 237, 238, 266
Füllbereich 328
Funktion; *Siehe* Excel-Funktion

G

Gebietsschema 91, 115
Geschützte Leerzeichen 130
Gültigkeitsregeln 23

H

Häufigkeit 210, 215, 300
Hierarchie
Drilldown 313
Erstellen 311

I

Implizites Measure 296
Import
Access-Datenbank 99
CSV-Datei 85
Excel-Arbeitsmappe 101
HTML-Datei 102
Navigator 100
Ordner 147
PowerPivot 268
SQL-Abfrage 271
SQL Server 100
Textdatei 73, 78, 85, 268
XML-Datei 104
Zeilenfilter 273

J

Join 238
Join-Art 145

K

Kalendertabelle 324
Akualisieren 327
Arbeitsmappe 328
Beziehung erstellen 330
Erweitern 327, 331
PivotTable 327
Spalten berechnen 326
Key Performance Indicators 314
Konsolidieren 101, 147, 216
KPI 314
Schwellenwerte 315
Verwalten 316
Kreuztabelle 138, 162
Entpivotieren 139

L

Leere Werte 127, 134
Leere Zellen 34
Leerzeichen 64
Geschützte 130
Leerzeichen entfernen 129
Left Join 238

M

Measure 296
Arbeitsblatt 297
AutoSumme 299
Bedingungen 302
Berechnen 300
DAX-Funktionen 301
Diskrete Anzahl 300
Explizites 296
Formel eingeben 296
Formel überprüfen 298
Implizites 296
Kopieren 303
KPI berechnen 314
Löschen 300
Namen 300
PivotTable 305
Verwalten 297
Zahlenformat 298
Monate sortieren 332
M-Sprache 131
Formeleingabe 133
Hilfe 131
MySQL 100

N

Namens-Manager 30
Navigator 100, 142
Nullwerte 127, 134

O

OLAP-Cube 318
Operatoren 48
Ordner importieren 147

P

PivotChart 226
Achsenbeschriftungen 233
Assistent 217
Beschriftung 233
Datenschnitte 230
Diagrammtyp ändern 231
Drilldown 313
Einfügen 227, 317

Farben 233
Felder 228
Feldschaltflächen 230
Filter 229
Filterschaltflächen 230
Formatvorlagen 233
Legende (Reihe) 229
Mehrere 317
Sortieren 232
Verbindung 227
Pivot-Tabelle
ABC-Analyse 188, 204
Abweichungen 202
Aktualisieren 173
Anordnen 317
Anzahl 216
Assistent 217
Aufgabenbereich 168
Automatische Gruppierung 196
Bedingte Formatierung 178
Begriff , 20
Berechnetes Element 213
Bereich auswählen 166
Bereiche 169
Berichtsfilter 183, 187
Berichtslayout 181
Beschriftung 180
Besonderheiten 163
Beziehung erstellen 221
Datenquelle 163
Datenquelle ändern 175
Datensätze anzeigen 185
Datenschnitte 190
Datum gruppieren 196
Details anzeigen 172
Diagramme 226
Differenz von 202
Diskrete Anzahl 207
Drilldown 185, 309
Einfügen 161, 165, 166, 317
Einzeldatensätze 185
Einzüge 182
Element berechnen 212
Elemente gruppieren 195
Elemente markieren 176
Element suchen 189
Externe Datenquelle 167
Fehlende Werte 183
Feld berechnen 210
Feldelement berechnen 212
Felder 161, 170
Felder anordnen 168
Feld erweitern/reduzieren 172
Feldkopfzeilen 190
Feldliste 169
Feldliste anzeigen 168
Filter 187, 190, 309
Filterschaltflächen 190
Formatieren 176
Formatvorlagen 175
Formel eingeben 210
Formeln konvertieren 323
Funktion wählen 172
Gelöschte Elemente 192
Gesamtergebnisse 183
Gliederungsformat 181
Gruppieren 195
Häufigkeit 207
Hierarchie 312
Kalendertabelle 327
KPI 314
Kumulierte Werte 204
Kurzformat 181
Löschen 170
Markieren 176
Measures 305
Mittelwert 172
Name 183
OLAP-Tools 323
Optionen 182
PIVOTDATENZUORDNEN 214
PivotTable-Felder 168
PowerPivot 267
Prozentanteile 199
Rangfolge 206
Seitenfelder 220
Sortieren 186
Spalten ausblenden 187, 308
Spaltenbreite 182
Summe 172
Tabellenformat 181
Tabellen zusammenführen 216
Teilergebnisse 184

Top 10 188
Umbenennen 183
Verbindung 174
Verschieben 170
Vorlage 165
Wertebereich 169
Wertefilter 188
Werte vergleichen 202
Wertfeldeinstellungen 173, 178
Zahlenformat 177
Zahlen gruppieren 199
Zeilen ausblenden 187
Zeitachse 192
Zwischenergebnisse 183
PivotTable- und PivotChart-Assistent 217
Platzhalter 48
Postleitzahlen 62
Power Pivot 258
Access-Datenbank 270
Aktualisieren 279
Ansichten 264
AutoSumme 299
Autovervollständigen 292
Beziehung bearbeiten 277
Beziehung erstellen 265, 276
Codierung 269
csv Import 268
Datenmodell 260
Datenquelle ändern 280
Datenquellen 260
Datensätze filtern 273
Datensicht 262
Datentyp 274
Datumsformat 275
Datumsfunktionen 285
Datumstabelle 325
Datumswerte 285
DAX-Funktionen 285
Diagrammsicht 264, 276
Diskrete Anzahl 301
Drilldown 309
Excel 2013 259
Formel eingeben 282
Funktion verschachteln 291
Hierarchie 311
Import Datenbank 270
Kalendertabelle 324
KPI 314
Leere Tabelle einfügen 306
Measures 296
Öffnen 264
PivotTable erstellen 267
Register 260
Register Home 264
Register Start 264
Schließen 263
Sortieren Spalte 332
Spalte hinzufügen 283
Spalten ausblenden 288, 308
Spalten ausschließen 273
Spalten berechnen 282
Spalte umbenennen 284
Zahlenformat 274
Zeilenfilter 273
Zwischenablage 308
Power Query 84
Abfrage; Siehe auch Abfrage
Abfragebereich 109
Abfrageeinstellungen 87, 109
Abfrage erstellen 85
Abfragen zusammenführen 253
Access-Datenbank 99
Angewendete Schritte 86, 110
Anmeldeinformationen 156
Bearbeitungsleiste 131
Codierung ändern 111
csv 147
csv-Datei importieren 85
Daten abrufen 77
Datenmodell 246, 250
Datenmodell hinzufügen 94
Datenquelle ändern 117, 157
Datenquellen 78
Datenschutzeinstellungen 158
Datentyp ändern 89, 114
Datentyperkennung 79
Editor 86, 108
Editoreinstellungen 156
Editor öffnen 96, 108
Editor schließen 92
Entpivotieren 139
Excel 2013 76
Excel-Tabelle importieren 101
Formel 251

Formel eingeben 121
Gebietsschema 91, 116
Hilfe 131
HTML-Datei 102
Kreuztabelle 138
Laden 93
Leerzeilen 112
M-Sprache 121
Navigator 100
Ordner importieren 147
Schließen & laden 93
Sicherheit 95
Sicherheitswarnung 81
Tabelle erweitern 146, 250
Tabellen zusammenführen 143
Textdatei 85
Trennzeichen 86
Übergabe an Datenmodell 272
Überschriften 88
Verbindung erstellen 93
Webabfragen 102
XML-Datei 104
Zeichensatz 86
Zeilen entfernen 144
Präfix 105, 146
Primärschlüssel 237, 266

R

Redundanz 237
Reihe ausfüllen 328
Relationale Datenbank 236
Right Join 238
Runden 125, 294

S

Schließen & laden in 93
Schlüsselfeld 23, 34, 221, 237, 265
Schnellanalyse
Pivot-Tabellen 166
Schnelleinblick 309
SharePoint 103
Sortieren 40
Benutzerdefiniert 43
Ebenen 44
Farben 45
Mehrere Spalten 43
Monatsnamen 288, 332
Spalten 44
Überschriftzeilen 45
Spalten
Aufteilen 53, 126
Aus Clienttools ausblenden 308
Berechnen 121, 282
Entfernen 112
Hinzufügen 119
Teil 65
Transformieren 119, 124
Überschriften 23, 111
Zusammenfügen 66
Zusammenführen 125
Spezialfilter 48
Duplikate 56
SQL-Abfrage 271
SQL Server 100
Steuerzeichen 64
Strukturierte Verweise 31
Suchen 190

T

Tabelle 22
Filtern 46
Sortieren 40
Tabellen
Aneinanderfügen 147, 152
Datenmodell 236
Kopieren 308
Leere Tabelle 306
Zusammenführen 143, 145, 154, 216
Tabellenbereich 174
Definition 24
Ergebniszeile 28
Erstellen 25
Erweitern 28
Formatvorlagen 27
Formeln 31
Konvertieren 30
Name 29
Tabellenelemente 32
Umbenennen 29
Verweise 31
Tausenderzeichen 62

Teilergebnisse 184
Text
  Extrahieren 150
  in Spalten aufteilen 53, 66
  In Zahl umwandeln 68
  Trennzeichen 150
  Verketten 67
Textdatei 60
  Dezimalzeichen 62
  Öffnen 60
  Trennzeichen 61
  Verbindung 73
  Zeichensatz 61
Text in Spalten 57
Textkonvertierungs-Assistent 53, 61
Trennzeichen 53, 60, 61, 150

U

Überschriftzeile 41
Umfrage auswerten 215
UTF-8 61, 79, 269

V

Verbindung
  Aktualisieren 80
  Automatisch aktualisieren 80
  Bearbeiten 281
  Dem Datenmodell hinzufügen 74
  Eigenschaften 97
  Entfernen 81
  Inhalt aktivieren 81, 95
  Join 145
  Löschen 98
  Sicherheitswarnung 81, 95
  Textdatei 73
  Textkonvertierungs-Assistent 72
  Verbindungeigenschaften 80
Verbindungsarten 238
Verbindungslinie 266, 277
Verweis 135
Verweisfunktionen 236

W

Webabfrage 102
Werte ersetzen 127

X

XML-Datei 104

Z

Zahlenformat konvertieren 69
Zahl umwandeln 68
Zeichensatz 61, 111
Zeilen löschen 112
Zeilenumbruch 64
Zeitachse 192
Zusammenführen 143, 154
Zwischenablage 306, 308